Dialogo tra passato e presente

Coordinamento editoriale: Amelia Sbandati
Coordinamento redazionale: Valentina Mazzanti
Redazione: Valentina Mazzanti, Lorenzo Bassi, Veronica Gabbrielli
Ricerca iconografica: Valentina Mazzanti

Progettazione e stesura degli apparati didattici: prof. Giovanni Casalegno

Redazione digitale: Elisa Gallo
Mappe digitali per la didattica inclusiva: Silvia Maffei e Chiara Petri dello Studio il Girasole, Firenze

Progetto grafico: Alessandro Gandini - Gandini & Rendina, Milano
Fotocomposizione e impaginazione: Massimo Vallese, Firenze
Cartografia: Editmedia, Omegna (VB)
Copertina: Zetalab, Milano
Stampa: Rotolito Lombarda, Pioltello (MI)

In copertina: dettaglio dalla processione degli arcieri (515 a.C.), fregio proveniente dal palazzo di Dario il Grande a Susa, oggi conservato al Louvre, Parigi (Lessing/CONTRASTO)

Il materiale illustrativo proviene dall'archivio iconografico della Nuova Italia.
L'editore è a disposizione degli eventuali aventi causa.

La realizzazione di un libro presenta aspetti complessi e richiede particolare attenzione in tutte le fasi della lavorazione. Revisioni e riletture vengono effettuate più volte; ciò nonostante, sappiamo per esperienza che è molto difficile evitare completamente errori o imprecisioni. Ringraziamo sin da ora chi vorrà segnalarli alla redazione.
Per segnalazioni relative al seguente volume scrivere a: supporto@rizzolieducation.it

Il processo di progettazione, sviluppo, produzione e distribuzione dei testi scolastici dell'Editore è certificato UNI EN ISO 9001.

L'Editore è presente su Internet all'indirizzo: **http://www.rizzolieducation.it**

ISBN 978-88-221-8161-9

Prima edizione: gennaio 2014

Ristampe
2021 2020 8 9

Antonio Brancati
Trebi Pagliarani

Dialogo tra passato e presente

CORSO DI STORIA PER IL PRIMO BIENNIO

1 Dalla preistoria all'età di Cesare

La Nuova Italia

Com'è fatto

Dialogo tra passato e presente

LA STRUTTURA DEL CORSO

Ogni volume è suddiviso in **3 unità**, organizzate in capitoli.

PER INIZIARE: UN QUADRO D'INSIEME

Ogni **capitolo** si apre con una **doppia pagina** che fornisce:

- una **grande carta** commentata, con lo scenario geopolitico in cui si svolgono gli eventi
- una **cronologia** essenziale del periodo preso in esame
- un breve **testo** che sintetizza i **contenuti fondamentali** del capitolo, evidenziando le **parole chiave**

PER FACILITARE LO STUDIO E L'APPRENDIMENTO

Il profilo è corredato da numerosi **facilitatori**:

- box **lessico** con le definizioni dei termini di base della storia
- box **ti ricordi?** per richiamare alla memoria personaggi ed eventi studiati in capitoli precedenti
- box **concetti chiave** per approfondire concetti e categorie storiografiche
- **schemi** e **mappe concettuali** che facilitano la comprensione e consentono di visualizzare nessi e relazioni
- **carte storiche** con lettura guidata
- **guida allo studio** alla fine di ogni paragrafo

IL PARAGRAFO SOCIETÀ E CULTURA

Speciali paragrafi sono dedicati agli aspetti sociali, economici e culturali.

Le novità di questa edizione

PASSATO/PRESENTE
Per collegare i territori delle civiltà antiche alla geografia politica contemporanea

IL TERRITORIO COME FONTE STORICA
Per imparare a riconoscere nel territorio che ci circonda le tracce e le testimonianze del passato

SCIENZA E TECNOLOGIA
Il punto sulle più importanti innovazioni tecnologiche e sui progressi nelle conoscenze scientifiche dalla preistoria all'età feudale

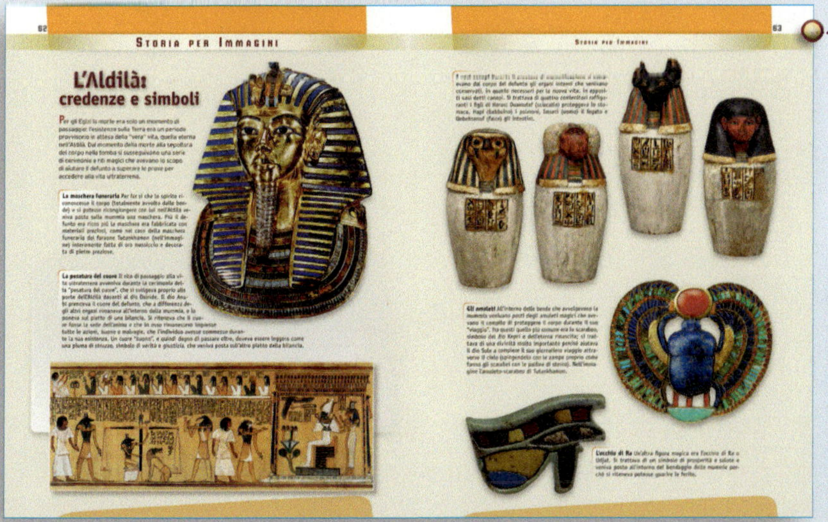

STORIA PER IMMAGINI
Un approccio immediato alla vita quotidiana delle antiche civiltà attraverso grandi immagini e brevi testi esplicativi

UNA FINESTRA SUL MONDO
Le grandi civiltà diverse da quella occidentale (come India, Cina, Mesoamerica) tratteggiate nei loro aspetti più rilevanti, per consentire il confronto tra aree geografiche e culturali nello stesso periodo storico.

LAVORARE CON LE FONTI

Una lettura guidata di **diverse tipologie di documenti** (letterarie e iconografiche), per imparare a ricavare informazioni dai testi e dalle immagini collegandole agli eventi storici studiati.

STORIA AL FEMMINILE

Un percorso che rende visibile la presenza e il ruolo delle **donne** nella storia antica e altomedievale.

STORIA E...

Approfondimenti **pluridisciplinari** (letteratura, arte, architettura) in parallelo con la storia.

LA STORIA AL CINEMA

Indicazioni sui **film** da vedere, ambientati nelle diverse epoche storiche.

CITTADINANZA E COSTITUZIONE

Per riconoscere le origini storiche delle principali istituzioni politiche, economiche e religiose nel mondo attuale e le loro interconnessioni, con precisi riferimenti alla **Costituzione italiana** e alla Carta dei diritti fondamentali dell'Unione Europea.

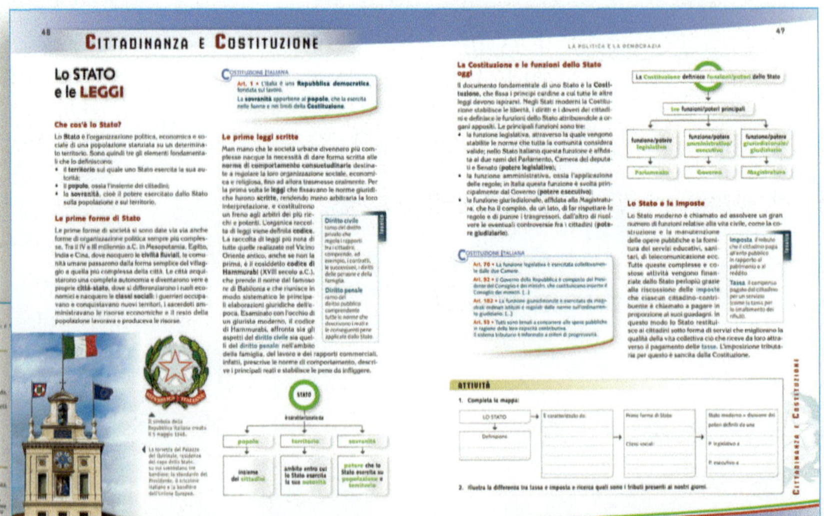

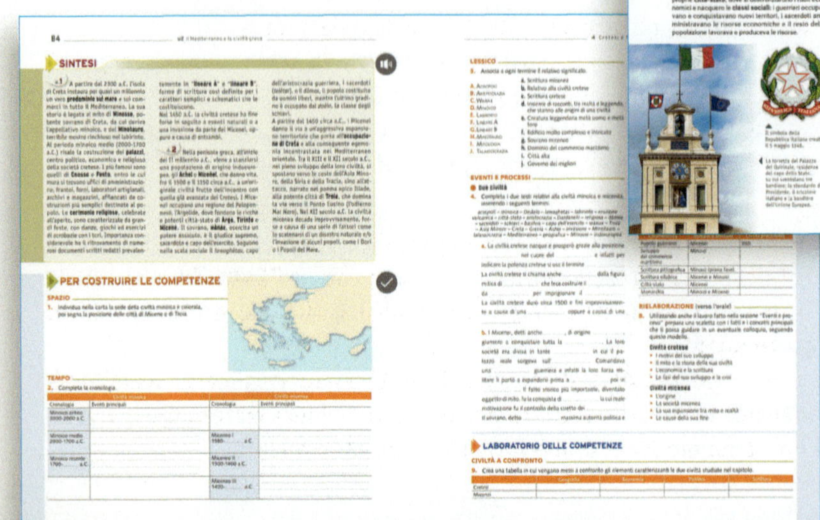

PER COSTRUIRE LE COMPETENZE

Un apparato didattico completamente rinnovato, per sviluppare le **competenze storiche**.

I contenuti digitali di
Dialogo tra passato e presente

Tutti i contenuti digitali e i servizi per la didattica di *Dialogo tra passato e presente* sono reperibili in **hubScuola**, l'ambiente virtuale e collaborativo che risiede su **www.rizzolieducation.it.** In particolare, in **hubScuola** si possono trovare l'**OpenBook** e l'**ExtraKit** di *Dialogo tra passato e presente*.

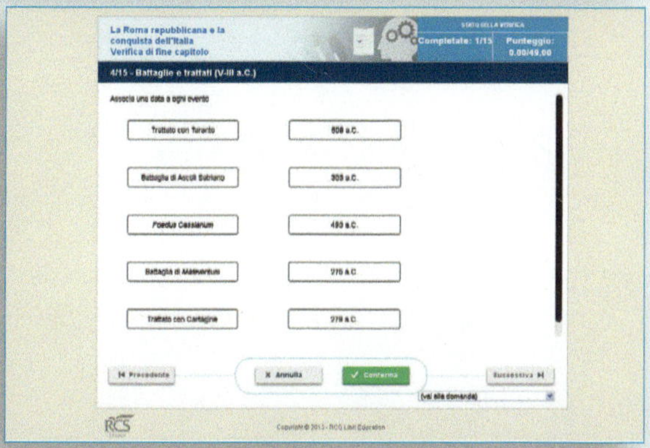

L'**OpenBook** è il **libro di testo digitale, interattivo e multimediale**, fruibile su computer e tablet, arricchito di strumenti e contenuti digitali che non si trovano nel tradizionale libro di carta. Nelle pagine dell'**OpenBook** di *Dialogo tra passato e presente* i contenuti digitali integrativi sono attivati toccando o cliccando le icone:

Video storici: gli ambienti e i popoli delle antiche civiltà, ma anche le scoperte archeologiche, le grandi battaglie, le testimonianze artistiche in video di grande effetto, che appassionano alla storia

Carte e cronologie interattive, approfondimenti multimediali con gallery di immagini: una ricca offerta di contenuti integrativi per uno studio attivo e coinvolgente

Sintesi di ogni capitolo in formato **audio**

Test interattivi per l'autoverifica in ogni capitolo

Per ogni **paragrafo** sono disponibili **mappe riassuntive** appositamente costruite per gli allievi con disturbi specifici dell'apprendimento (DSA) e realizzate in **carattere EasyReading®**, font ad alta leggibilità.

Nell'**OpenBook** è inoltre possibile sottolineare ed evidenziare parti di testo, inserire note scritte o vocali, lavorare sulle pagine in autonomia o condividere con gli altri i risultati di quello che si fa.
Il testo può essere visualizzato in formato adattabile ai vari supporti, con la possibilità di variare la grandezza e il tipo di carattere; è fruibile anche in un carattere ad alta leggibilità o con l'ausilio di un sintetizzatore vocale, che aiutano nella lettura gli allievi dislessici.

L'insieme dei **contenuti digitali integrativi** di *Dialogo tra passato e presente* è raccolto anche nell'**ExtraKit** disponibile in **hubScuola** Periodicamente nell'**ExtraKit** saranno reperibili **eventuali aggiornamenti.**
Inoltre in **hubScuola** studenti e docenti possono cercare, scegliere e aggregare contenuti, costruire percorsi, condividere materiali e attività, confrontarsi nei blog, e fare insieme molto altro ancora.

Indice

u1 La preistoria e le civiltà del Vicino Oriente

capitolo 1 La preistoria

capitolo 2 Le civiltà del Vicino Oriente

capitolo 3 L'antico Egitto

u2 Il Mediterraneo e la civiltà greca

capitolo 4 Cretesi e Micenei

capitolo 5
La Grecia arcaica e la nascita della pòlis

capitolo 6
Sparta e Atene: due modelli politici

capitolo 7 Le guerre persiane e l'Atene di Pericle 122

capitolo 8 La crisi delle pòleis e l'ascesa della Macedonia 152

capitolo 9 Alessandro Magno e l'ellenismo 168

u3 L'Italia antica e la Roma repubblicana

capitolo 10 L'Italia dalla preistoria alla Roma monarchica 186

capitolo 11 La nascita della repubblica romana 208

capitolo 12 Roma conquista la penisola 232

unità 1

La preistoria e le civiltà del Vicino Oriente

Cittadinanza e Costituzione

Lo Stato e le leggi
La sovranità

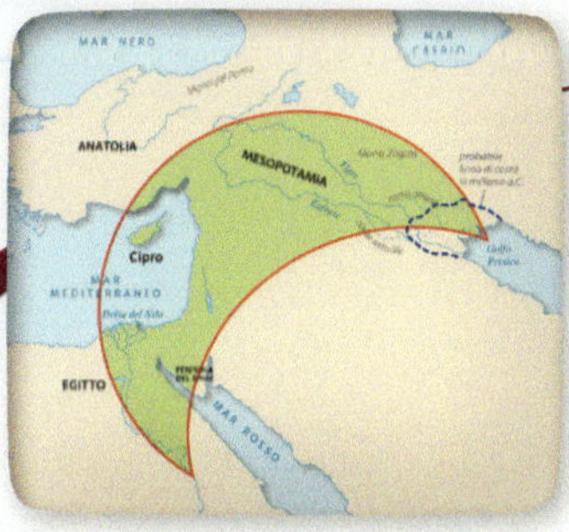

IV millennio a.C.
Rivoluzione agricola; canalizzazione in Mesopotamia e in Egitto

3 milioni di anni fa
Inizio del Paleolitico

2350-2200 a.C.
Impero accadico

1284 a.C.
Battaglia di Qadesh fra Egizi e Ittiti

3100 a.C.
Il faraone Menes unifica l'Alto e il Basso Egitto

XVIII secolo a.C.
Codice di Hammurabi

1200 a.C.
Invasione dei Popoli del Mare nel Vicino Oriente

1020 a.C.
Regno unitario di Israele

capitolo 1

La preistoria

L'origine dell'uomo e la sua diffusione

3 L'**Uomo di Neandertal** occupa le regioni dell'Europa centro-meridionale e alcune aree del Vicino Oriente.

4 Attraverso lo stretto di Bering, che durante le glaciazioni si era trasformato in un ponte terrestre, l'***Homo sapiens*** passa nel continente americano.

1 Le tracce dei **primi ominidi** sono state rinvenute in una regione dell'Africa centro-orientale chiamata **Rift Valley** e per questo considerata "culla dell'umanità".

2 L'***Homo erectus*** è stato il primo a spostarsi dall'Africa verso le regioni europee e asiatiche, fino a raggiungere l'odierna Cina e l'arcipelago indonesiano.

4,5 milioni di anni fa
Tracce di primi ominidi

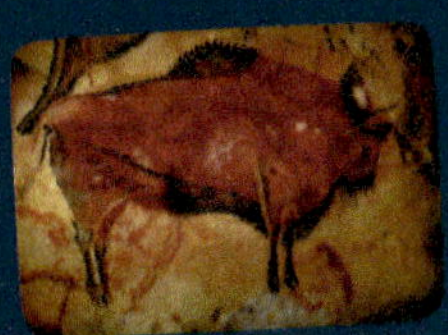

2,5 milioni di anni fa-10.000 a.C.
Paleolitico

200.000 anni fa
Comparsa dell'*Homo sapiens*

8000 a.C. circa
Inizio del Neolitico

V/IV millennio a.C.
Inizio dell'età dei metalli

Il **pianeta Terra** si formò circa 4,5 miliardi di anni fa. Rispetto a un orizzonte di tempo così vasto, l'evoluzione del genere umano risulta relativamente "recente": solo 4,5 milioni di anni fa comparvero infatti i **primi ominidi**, la cui primitiva esistenza era strettamente legata alle trasformazioni geologiche del nostro pianeta.
Durante un lungo arco di tempo, a partire dall'**Africa**, "culla dell'umanità", l'uomo sviluppò gradualmente le capacità che lo portarono alle prime fondamentali innovazioni tecniche: la lavorazione della **pietra**, la gestione del **fuoco**, l'**agricoltura** e l'**allevamento** degli animali, la fusione dei **metalli**, grazie alle quali riuscì a non dipendere più totalmente dalla natura.
Anzi, il genere umano iniziò pian piano a modificare volontariamente l'ambiente circostante in base alle proprie necessità e ad allontanarsi così da uno stadio di vita primitivo per organizzarsi in comunità e in società sempre più grandi e articolate fino al costituirsi di vere e proprie città.
La specie umana quindi non comparve sulla Terra all'improvviso ma ha seguito una lunga **evoluzione genetica e culturale** che viene comunemente chiamata "**preistoria**".

1.1 L'evoluzione della Terra

La formazione del pianeta Terra

Circa 4,5 miliardi di anni fa, molto prima della comparsa dell'uomo, il nostro pianeta era costituito da una massa incandescente di materia allo stato liquido e gassoso, priva di qualsiasi forma di vita. Molto lentamente la Terra iniziò a solidificarsi fino ad assumere la forma attuale.
In un periodo corrispondente a circa 1,5 miliardi di anni, il materiale magmatico di cui era formato il pianeta andò gradualmente raffreddandosi: ne derivarono una crosta solida, costituita inizialmente da un blocco unico detto **Pangea** (dal greco *pan*, "tutto" e *gea* "terra"), e una massa di acqua che la circondava, detta **Panthàlassa** (dal greco *pan*, "tutto" e *thàlassa* "mare"). A causa degli assestamenti geologici della Terra, questa crosta iniziò a subire una lentissima ma progressiva suddivisione in placche; queste placche, che corrispondono all'incirca agli odierni continenti, iniziarono a spostarsi e ad allontanarsi tra loro fino a disporsi nell'attuale posizione: è il fenomeno che va sotto il nome di **deriva dei continenti**.
Il lungo e complesso periodo di formazione e trasformazione del pianeta Terra è stato suddiviso dai geologi in **cinque diverse ere geologiche**.

L'origine e lo sviluppo della vita

Le prime forme di vita sulla Terra erano organismi unicellulari (cioè formati da una sola cellula) come i batteri e le alghe, in grado di sopravvivere in un ambiente molto inospitale. Nel corso di milioni di anni l'atmosfera si arricchì di ossigeno, consentendo la lenta evoluzione di forme di vita più complesse, vale a dire di organismi pluricellulari come alghe e meduse. Gradualmente queste forme di vita iniziarono ad adattarsi a nuovi ambienti e a diffondersi anche sulla terraferma, differenziandosi in un numero sempre maggiore di specie vegetali e animali. Tra queste ultime i **dinosauri**, enormi rettili che dominarono la Terra per milioni di anni. La loro improvvisa scomparsa, attorno a 65 milioni di anni fa, è da attribuire molto probabilmente alla caduta di un enorme meteorite che provocò un'alterazione dell'equilibrio ambientale del pianeta e l'estinzione di numerose specie animali e vegetali.

GUIDA allo STUDIO

1. Che cosa si intende per deriva dei continenti?
2. A quale era risale la comparsa della specie umana sulla Terra?

LE ERE GEOLOGICHE

ERA	DURATA	TRASFORMAZIONI GEOLOGICHE
Era archeozoica (dal greco *archàios*, "originario, primitivo" e *zoon*, "essere vivente")	da 3,5 miliardi a 570 milioni di anni fa	Si forma il pianeta Terra con i suoi principali elementi (rocce e acqua). Profondi sconvolgimenti naturali (eruzioni vulcaniche e terremoti) provocano mutamenti climatici e della conformazione terrestre. Compaiono le **prime forme di vita** unicellulari (batteri e alghe)
Era paleozoica (dal greco *palaiòs*, "antico" e *zoon*, "essere vivente") o primaria	da 570 milioni a 230 milioni di anni fa	Si formano la crosta terrestre e un'enorme massa di acqua. Si sviluppano i primi **organismi pluricellulari** e successivamente anche i **primi vertebrati** (pesci)
Era mesozoica (dal greco *mèsos*, "mezzo" e *zoon*, "essere vivente") o secondaria	da 230 a 65 milioni di anni fa	Iniziano a formarsi i **continenti**, circondati dagli oceani. Numerose specie di **piante e animali**, tra cui i **dinosauri**, popolano ormai l'intero pianeta
Era cenozoica (dal greco, kainòs, "nuovo" e *zoon*, "essere vivente") o terziaria	da 65 a 2,5 milioni di anni fa	La conformazione della crosta terrestre si avvicina a quella odierna. Estinti i dinosauri, le terre emerse sono dominate dai **mammiferi**
Era neozoica o **antropozoica** (dal greco, *nèos*, "recente" – *ànthropos*, "uomo" – e *zoon*, "essere vivente") o quaternaria	da 2,5 milioni di anni fa e tutt'oggi in atto	La crosta terrestre assume l'aspetto che ha tutt'oggi. La Terra è popolata dalle più varie specie vegetali e animali, la cui esistenza viene ampiamente influenzata da quattro **glaciazioni**. A partire da alcuni primati inizia il lungo percorso evolutivo della **specie umana**

1.2 Origine ed evoluzione dell'uomo

L'evoluzione delle specie viventi: interpretazioni e teorie

Fino alla fine del Settecento la corrente di pensiero dominante riteneva, basandosi sul racconto biblico della creazione, che l'uomo fosse comparso sulla Terra circa 4000 anni prima di Cristo (teoria del creazionismo). Si pensava inoltre che anche tutte le altre specie viventi della Terra fossero fisse, cioè immutate dal momento della loro creazione. Grazie ai progressi compiuti dal pensiero scientifico e in particolare dalle scienze naturali, tra la fine del Settecento e gli inizi del secolo successivo l'origine dell'uomo venne spostata indietro nel tempo in epoche molto più remote.
Un'importante svolta negli studi sull'origine dell'uomo derivò dalla **teoria dell'evoluzione** formulata da Jean-Baptiste **Lamarck** ed elaborata successivamente dal naturalista inglese Charles **Darwin**. Darwin sosteneva che l'essere umano si fosse evoluto da altre forme animali, le stesse da cui derivavano le scimmie.

Gli antenati dell'uomo: dalle scimmie agli ominidi

Oggi gli scienziati, pur riconoscendo un'origine comune tra la scimmia e l'uomo, sostengono che a un certo momento si determinò una decisa differenziazione da cui derivarono due diverse specie: quella delle scimmie propriamente dette e quella dei cosiddetti **ominidi, ovvero esseri affini all'uomo**, ma con caratteristiche ancora differenti da quelle umane. Pur essendo mammiferi primati e presentando caratteristiche comuni, come gli **arti prensili**, il **pollice opponibile** e gli **occhi frontali**, le due specie svilupparono forme differenti di adattamento, di sopravvivenza e di comportamento a causa della diversificazione dovuta ai cambiamenti climatici e ambientali.

L'aspetto dei nostri antenati
Ricostruzione del cranio di un piccolo *Australopitecus africanus* (molto probabilmente un bambino di circa 3 anni) rinvenuto a Taung in Sudafrica.

I primi passi: l'Australopiteco

Tracce dei primi ominidi risalenti a circa 4,5 milioni di anni fa sono state rinvenute dagli antropologi nel continente africano, culla della specie umana, e in particolare in una zona dell'**Africa centro-orientale** chiamata **Rift Valley**. Questi resti appartenevano al cosiddetto **Australopiteco**. Gli Australopitechi presentavano un cranio di dimensioni assai ridotte e quindi con una limitata quantità di materia cerebrale (dai 450 ai 500 cm^3) e un'accentuata sporgenza dello scheletro facciale; inoltre camminavano quasi prevalentemente sui due ar-

lessico
Australopiteco
scimmia (in greco *pithekos*) australe, perché i suoi resti furono rinvenuti nell'Africa australe o del sud.

concetti chiave

Evoluzione

Fino alla fine del Settecento, la corrente di pensiero dominante riteneva che l'uomo fosse rimasto immutato dai tempi della creazione. Si pensava inoltre che la storia della Terra fosse misurabile in poche migliaia di anni. Successivamente, gli studi del biologo francese Jean-Baptiste de Lamarck (1744-1829) rivelarono che gli organismi viventi sulla Terra avevano vissuto una progressiva trasformazione durata milioni di anni. Lamarck collegava l'evoluzione a processi di adattamento all'ambiente di vita; le nuove caratteristiche venivano poi trasmesse alla prole (principio dell'ereditarietà dei caratteri acquisiti).Famoso è l'esempio proposto da Lamarck riguardo il collo delle giraffe, che avrebbe iniziato ad allungarsi per raggiungere i rami più alti degli alberi.
A differenza di Lamarck Charles Darwin (1809-1882), nella sua opera *L'origine delle specie* (1859), riteneva che l'evoluzione non fosse il risultato di un adattamento diretto all'ambiente ma il frutto di un diverso meccanismo di selezione naturale.
In pratica avevano maggiori possibilità di sopravvivenza quegli individui dotati di mutazioni genetiche casuali che consentivano loro di adattarsi meglio all'ambiente e alle sue continue trasformazioni; tali caratteristiche "vincenti" sarebbero state poi trasmesse per via ereditaria alla prole garantendo così la conservazione della specie.

Charles Darwin in un ritratto ad acquerello di George Richmond degli anni Trenta dell'Ottocento.

ti posteriori anziché a quattro zampe, fattore che consentiva loro di avere gli arti anteriori liberi e una capacità visiva migliore.
Riguardo a questa specie di ominidi oggi possediamo pochi dati, e sappiamo solo che dopo alcuni milioni di anni finì per estinguersi.

Dall'*Homo habilis* all'*Homo erectus*: i primi uomini preistorici

Intorno a 2,5 milioni di anni fa l'Australopiteco si estinse, lasciando spazio alla diffusione del cosiddetto ***Homo habilis*** (ovvero "uomo capace di realizzare strumenti"), il primo rappresentante del genere ***Homo***. Questi risultava dotato di un cervello di dimensioni più ampie rispetto a quelle del suo predecessore (circa 600 cm^3), di una mano più robusta e di un pollice in grado di ruotare e di garantire una presa sicura e più precisa (**pollice specializzato**): le dita dell'*Homo habilis* consentivano infatti di afferrare e tenere saldamente in pugno un sasso o un bastone e di rendere più tagliente una pietra attraverso la sua **scheggiatura**. Tale abilità, che le scimmie comuni non posseggono, costituiva un notevole traguardo nel percorso evolutivo dell'uomo primitivo, rivelando una certa capacità di **intervenire sull'ambiente circostante** e di **pianificare le azioni** in base alle sue necessità.

I primi utensili
Battendo insieme due ciottoli l'*Homo habilis* cambiò forma a un oggetto proveniente dalla natura rendendolo il primo strumento della storia.

In un'epoca imprecisabile, tra 2 e 1,5 milioni di anni fa, all'*Homo habilis* subentrò gradualmente l'***Homo erectus***, così chiamato in quanto capace di camminare senza aiutarsi con le braccia. Alcuni studiosi distinguono dall'*Homo erectus* l'***Homo ergaster*** (ovvero "uomo capace di lavorare") anch'esso dotato di una struttura fisica piuttosto evoluta. Da questa specie sarebbe poi derivato l'uomo moderno (il *sapiens*).
L'*Homo erectus* risultava a sua volta provvisto di un'intelligenza e di un'operatività decisamente superiori rispetto a quelle del suo antenato, in quanto dotato di un cranio molto più voluminoso (circa 1000 cm^3), che gli permettevano di lavorare la pietra in modo da renderla tagliente su due lati (bifacciali), con forme più elaborate e funzionali. Egli imparò a custodire e poi a controllare il **fuoco**; inoltre possedeva la **capacità di comunicare** ai propri simili messaggi più articolati dei semplici segnali di pericolo e di richiamo a cui si erano limitati i suoi predecessori, divenendo in grado anche di trasmettere le abilità da individuo a individuo. Fu l'insieme di queste caratteristiche fisiche e mentali a consentire proprio all'*Homo erectus*, a partire da 2 milioni di anni fa e nel corso di molte migliaia di anni, di diffondersi anche al di fuori del continente africano, in Asia, in Australia e da ultimo in Europa, forse alla ricerca di nuove mandrie da cacciare. Non furono ondate esplorative né intenzionali, ma si trattò di una **lenta occupazione di nuovi territori** sempre più lontani che richiedeva anche un necessario e continuo adattamento.

La gola di Olduvai
Olduvai, nel nord della Tanzania, è uno dei più importanti siti archeologici africani, con ritrovamenti che vanno dall'Australopiteco all'*Homo sapiens*.

L'UOMO: UNA CARTA D'IDENTITÀ

NOME	DATA E LUOGO DI NASCITA	SEGNI PARTICOLARI
Australopiteco	4,5 milioni di anni fa in Africa centro-occidentale	• Cranio di dimensioni assai ridotte (volume del cervello pari a circa 450-500 cm^3) • **Andatura** prevalentemente **bipede** che gli permette di avere le **braccia libere** e una **migliore capacità visiva**
Homo habilis	2,5 milioni di anni fa in Africa centro-meridionale	• Cranio più sviluppato (volume del cervello pari a circa 600 cm^3) • **Pollice specializzato** in grado di ruotare e avere una presa più precisa • Inizia a realizzare i primi **manufatti in pietra** scheggiando i ciottoli
Homo erectus	2/1,5 milioni di anni fa in Africa; si diffonde poi negli altri continenti	• Cranio molto più voluminoso (volume del cervello pari a circa 1000 cm^3) • Struttura fisica più sviluppata e **postura** definitivamente **eretta** • Capacità di **comunicazione** più evoluta • Realizza **strumenti più complessi** lavorati su entrambe le facce (bifacciali) • Utilizza il **fuoco**
***Homo sapiens* di Neandertal**	200.000 anni fa in Europa e in Asia occidentale	• Ampio volume cerebrale (pari a circa 1200-1600 cm^3) • **Struttura corporea robusta** e volto caratterizzato da una fronte ridotta, un naso largo e schiacciato e un mento sporgente • **Seppellisce i morti** • Utilizza forme semplici ma articolate di **linguaggio vocale** e **gestuale**
***Homo sapiens* o Uomo di Cro-Magnòn**	200.000 anni fa; dall'Africa si sposta poi in tutti gli altri continenti arrivando in Europa circa 40.000 anni fa	• Struttura corporea e cerebrale molto complessa (volume del cervello pari a circa 1500 cm^3 di media) • Elevate **capacità manuali**, **di pensiero** e **di linguaggio** • Realizza oggetti tecnologicamente più avanzati e inizia a produrre anche **oggetti artistici**

L'*Homo sapiens*, ultima tappa dell'evoluzione umana

La comparsa dell'*Homo sapiens* (ovvero "uomo dotato di intelligenza") rappresenta l'ultima tappa dell'evoluzione umana. Di esso ci sono giunte numerose testimonianze, in particolare di due:

- L'***Homo sapiens* di Neandertal**, così chiamato dalla valle di Neander in Germania, dove nel 1856 vennero trovati per la prima volta i suoi resti. Vissuto in quasi tutta l'Europa e l'Asia occidentale tra 200.000 e 40.000 anni fa, presentava una struttura corporea robusta, piuttosto simile a quella dell'uomo odierno; era dotato di ampio volume cerebrale (1200-1600 cm^3) e il volto era caratterizzato da una fronte ridotta, un naso largo e schiacciato e da un mento sporgente.
  Era capace di fabbricare attrezzi elaborati con cui cacciava grossi animali, di seppellire i morti e di interagire con forme semplici ma articolate di linguaggio vocale e gestuale.
- L'***Homo sapiens*, l'ultimo stadio dell'evoluzione biologica umana** (ovvero noi), era un individuo fornito di una struttura corporea e cerebrale molto complessa (in media 1500 cm^3 di volume), come dimostrano le sue concrete capacità manuali, ormai a un alto livello di sviluppo tecnologico e specializzazione nella lavorazione della pietra e di altri materiali (avorio, pelli e legno).
  Era dotato di facoltà mentali di pensiero e di linguaggio ormai paragonabili alle nostre, con una comunicazione vocale e un'interazione sociale sofisticate e ampie.
- La culla del suo sviluppo fu ancora l'Africa, intorno a 200.000 anni fa; da qui si diffuse poi nel resto del mondo, arrivando in Europa all'incirca 40.000 anni fa, dove convisse con l'Uomo di Neandertal, prima che quest'ultimo si estinguesse. Nel 1868 a Cro-Magnòn, in Francia, vennero scoperti per la prima volta suoi resti, per questo motivo viene anche chiamato **Uomo di Cro-Magnòn**.

GUIDA allo STUDIO

1. In che cosa consiste la svolta della teoria di Charles Darwin sull'origine dell'uomo?
2. Quali sono le caratteristiche comuni tra gli ominidi e i primati?
3. Quali elementi caratterizzarono rispettivamente l'*Homo habilis*, l'*Homo erectus*, l'Uomo di Neandertal e l'Uomo di Cro-Magnòn?

1.3 Gli uomini del Paleolitico: cacciatori e raccoglitori

L'evoluzione tecnologica e le fasi della preistoria

Gli storici individuano le tappe fondamentali del progresso umano soprattutto nei **cambiamenti tecnologici**, in quanto essi risultano sempre strettamente connessi alla nascita di nuovi modi di pensare e di nuove forme di vita associata. La **fabbricazione di utensili** è considerata in questo senso un'espressione specifica della forma di vita umana: l'uomo inizia consapevolmente a fabbricare strumenti e li migliora via via nel tempo, favorito anche dall'uso delle mani sempre più abili e libere grazie alla posizione eretta.

Stando così le cose, quindi, l'evoluzione dell'uomo può essere letta come la successione di varie rivoluzioni tecnologiche e l'inizio dell'età preistorica può essere fatto risalire a circa 2,5 milioni di anni fa, quando l'*Homo habilis* iniziò a realizzare i **primi rudimentali manufatti in pietra** scheggiando ciottoli di fiume per renderli più taglienti (i cosiddetti *chopper*).

> **lessico**
> **Manufatto**
> oggetto la cui lavorazione è fatta a mano o grazie all'aiuto di arnesi manuali.

La maggior parte degli studiosi concorda sulla suddivisione dell'età preistorica in tre fasi:

- il **Paleolitico** ("età antica della pietra"), la prima fase della preistoria dalla comparsa dell'*Homo habilis*, 2,5 milioni di anni fa, fino al 10.000 a.C. circa;
- il **Mesolitico** ("età di mezzo della pietra"), un'età intermedia, dal 10.000 all'8000 a.C. circa;
- il **Neolitico** ("età nuova della pietra"), dall'8000 al 3000 a.C. circa.

Il Paleolitico (2,5 milioni-10.000 a.C.): nomadi, cacciatori e raccoglitori

Il Paleolitico ebbe una durata molto lunga e fu caratterizzato da forti sconvolgimenti di assestamento della superficie terrestre (grandi terremoti, eruzioni vulcaniche, ecc.) e da profondi cambiamenti climatici, come le **glaciazioni**, che ebbero un grandissimo impatto sulla vita terrestre. L'abbassamento delle temperature e l'avanzamento dei ghiacci provocarono tra l'altro radicali cambiamenti nella flora e nella fauna: molte specie scomparvero e altre, compresi i primi esseri umani, furono costrette a migrare verso climi più temperati. Il congelamento delle acque marine portò a un notevole abbassamento del livello dei mari, che consentì anche il passaggio tra un continente e l'altro.

Strumenti in selce
Le rocce utilizzate nel Paleolitico erano molto varie; in Europa fu sfruttata maggiormente la selce, ma si trovano anche strumenti in diaspro, quarzite e ossidiana.

In questo periodo gli uomini vivevano ancora **allo stato puramente selvaggio e nomade** di cacciatori-raccoglitori continuamente insidiati da una natura ostile dalla quale si proteggevano rifugiandosi nelle caverne. Alla continua ricerca di cibo, si spostavano da una regione all'altra praticando la caccia e la pesca e raccogliendo erbe, frutti, radici e quant'altro di commestibile la terra spontaneamente produceva (**economia di caccia e raccolta**).

Per far fronte alle difficoltà di sopravvivenza, nel corso del Paleolitico gli uomini si ingegnarono a utilizzare come armi e utensili ciottoli, ossa di animali e legno, ai quali modificavano grossolanamente la forma per usarli come punte o mazzuoli. In un secondo momento iniziarono a servirsi di una tecnica più avanzata di **scheggiatura**: se colpiti da un percussore, cioè una pietra o un osso, alcuni tipi di pietra, tra cui la selce, si frantumano determinando il distacco di schegge dai margini estremamente taglienti. Queste schegge poi venivano ulteriormente lavorate fino a che acquisivano la forma voluta: punte di freccia, coltelli o raschiatoi, usati per pulire pelli di animale.

La "scoperta" del fuoco e l'invenzione dell'arco

A circa 1,5 milioni di anni fa, nella fase evolutiva dell'*Homo erectus*, risale la **"scoperta" del fuoco**. All'inizio l'uomo conservava nella caverna il fuoco che aveva trovato in natura, causato magari da un fulmine; poi nel tempo riuscì ad accenderlo e ad avere quindi un maggior controllo nel suo uso. Il fuoco permise di **riscaldare** e **illuminare** le grotte (rendendole più sicure dall'attacco delle belve), di **cuocere** e di conservare meglio i cibi. Il consumo di carne cotta portò a un rafforzamento della salute fisica, non più soggetta a problemi di infezioni e malattie derivate dai batteri presenti nella carne cruda. Non per ultimo all'uso del fuoco è dovuto probabilmente anche lo **sviluppo del linguaggio**, poiché l'illuminazione allungava la giornata portando quindi gli uomini ad avere del "tempo libero" che man mano poté essre dedicato a momenti di interazione e comunicazione. I cacciatori del Paleolitico idearono inoltre l'**arco**, arma fondamentale ed efficace destinata a non essere superata fino alla scoperta della polvere da sparo. L'arco consentì non solo di facilitare il lancio della freccia, prima scagliata con la sola forza delle braccia, ma anche di potenziarlo e di regolarne meglio la direzione.

Le comunità umane del Paleolitico

Nel Paleolitico gli uomini vivevano in **piccoli gruppi** di circa 15-30 individui accomunati da legami di sangue. In queste piccole comunità pian piano si stabilirono ruoli e compiti per far fronte all'approvvigionamento del cibo: la caccia era praticata soprattutto dai maschi, mentre la raccolta di frutti e bacche commestibili o di erbe medicinali per le ferite era una mansione femminile, oltre alla cura e allevamento dei figli e al mantenimento del fuoco.
Alcuni antropologi hanno così ritenuto che all'interno di questi gruppi vigesse il **matriarcato**, un tipo di organizzazione sociale in cui era la donna a svolgere la funzione centrale; oggi per lo più si tende a escluderlo, ma la donna dovette sicuramente ricoprire un ruolo importante nelle comunità paleolitiche, confermato dal ritrovamento di numerose statuette che riproducono simboli di maternità e fertilità, dette "**Veneri paleolitiche**".

La nascita del linguaggio

L'organizzazione della vita in gruppi, l'esercizio della caccia condotta da più individui, il tempo in più che l'uomo poté passare socializzando con i membri del gruppo intorno al fuoco, portarono alla **nascita del linguaggio**. Le prime forme di linguaggio si ebbero nell'*Homo habilis*, e consistevano nell'associare a determinati suoni determinati significati e nell'assegnare a ogni richiamo o grido un vero e proprio valore discorsivo; le forme più complete e articolate furono poi sviluppate dall'*Homo sapiens*.
Il linguaggio era necessario per insegnare e trasmettere il patrimonio di conoscenze tecniche al resto della collettività e alle nuove generazioni. Molti storici ritengono che sia stato proprio lo sviluppo del linguaggio a innescare la lunga ma profonda **evoluzione culturale** che nei millenni ha trasformato l'ominide preistorico dotato di pensiero istintivo in uomo evoluto capace di pensiero astratto e pienamente consapevole.

Le prime manifestazioni artistiche e il culto dei morti

Nel tardo paleolitico, l'*Homo sapiens* iniziò a dedicare del tempo anche alla riflessione e a manifestare per la prima volta la propria fantasia creatrice, attraverso vere e proprie espressioni artistiche. Questi uomini infatti modellarono statuette, oppure decorarono le pareti delle caverne realizzando **incisioni**, ottenute con punteruoli acuminati, e **pitture rupestri**, che rappresentavano con evidente realismo animali ed esseri umani, isolati o in gruppo.

"Venere paleolitica"
Uno dei più belli esempi di "Venere" proviene da Willendorf, in Austria; si tratta di una statuetta di 11 cm in pietra calcarea con tracce di ocra rossa, che viene fatta risalire a 25.000 anni fa.

A quest'epoca risalgono anche le prime testimonianze della **pratica del culto dei morti**. I defunti venivano seppelliti in posizione rannicchiata all'interno delle caverne; dapprima non vi era **corredo funebre**, ma in seguito, a partire dall'Uomo di Neandertal e poi con l'*Homo sapiens*, venivano deposti braccialetti e collane fatti con denti di animali, ossa e conchiglie, schegge di selce, utensili di varia natura e anche cibi: segno evidente della credenza in una vita oltre la morte e di un primo atteggiamento religioso.

lessico
Corredo funebre l'insieme degli oggetti deposto con il defunto nella tomba.

Il Mesolitico (10.000-8000 a.C.)

Il **Mesolitico** presenta limiti cronologici piuttosto incerti: si tratta di una vera e propria fase di transizione dal Paleolitico al Neolitico, tanto che da alcuni studiosi è considerato lo sviluppo finale del Paleolitico.
Durante questa fase, che inizia con la fine dell'ultima glaciazione, i ghiacci si ritirarono dando luogo a un lungo periodo di inondazioni, a causa delle quali gran parte della Terra si ricoprì di zone paludose e di vegetazione acquatica; poi il clima si fece più secco e le condizioni di vita divennero più favorevoli.
I cambiamenti climatici causarono la **riduzione della grossa selvaggina** da clima freddo (mammut, renne, bisonti, orsi), che aveva costituito fino ad allora la principale risorsa di caccia, e quindi il diffondersi di animali più piccoli.
Pur continuando a vivere grazie alla caccia di piccoli animali e alla raccolta di frutti e vegetali spontanei, l'uomo iniziò per la prima volta a **mietere il grano selvatico**, che cresceva in alcune vaste zone della Palestina, della Siria, dell'Iraq e dell'Iran, e ad **addomesticare alcuni animali** (all'inizio soltanto capre, poi anche pecore, maiali, buoi).

GUIDA allo STUDIO

1. Quali furono le invenzioni più importanti del Paleolitico?
2. Come erano organizzate le comunità umane?
3. Quali fattori determinarono lo sviluppo del linguaggio?

Storia e... Arte Architettura

Le pitture rupestri

Le pitture rupestri rappresentano un'eccezionale testimonianza della vita nel Paleolitico. Ancora oggi è possibile ammirare questi capolavori preistorici in molti siti, i più famosi dei quali sono la grotta di Lascaux e quella di Chauvet in Francia e le grotte di Altamira in Spagna.
Si tratta per la maggior parte di scene che rappresentano, con evidente realismo, animali ed esseri umani, generalmente in attività di caccia. Dalle prime rappresentazioni di colore nero gli uomini si specializzarono in dipinti multicolore, realizzati con pigmenti naturali (ocra gialla e rossa, carbone, terre colorate, ecc.) mescolati a resina o grasso di animale.
Gli studiosi hanno attribuito un significato non solo artistico, ma anche religioso e magico, alle pitture rupestri preistoriche. Probabilmente le immagini dipinte sulle pareti delle grotte avevano sia il preciso scopo di narrare degli eventi realmente accaduti, sia quello di facilitare e propiziare la cattura dell'animale, principale fonte di sopravvivenza.

Un bisonte dalle grotte di Altamira in Cantabria, nella Spagna settentrionale.

1.4 La rivoluzione neolitica

Il Neolitico e la rivoluzione agricola (8000-3000 a.C.)

Le trasformazioni del Mesolitico condussero lentamente e progressivamente verso l'ultima fase della preistoria: il **Neolitico**, età "nuova" della **pietra**, non più scheggiata ma **levigata**.

Il processo più importante di questa età, avviatosi già durante il Mesolitico, fu la nascita dell'**agricoltura**, favorita in parte da fattori ambientali, quali il miglioramento del clima e la scomparsa della grossa selvaggina avvenuti nel Mesolitico, in parte dalle elevate capacità manuali e intellettive raggiunte ormai dall'uomo. Fino ad allora l'uomo aveva cercato di adeguarsi all'ambiente esterno e alle variazioni climatiche, ed era riuscito a superare le difficoltà e a sopravvivere grazie alle sue capacità di adattamento.

Se la caccia e la raccolta avevano rappresentato la risposta umana alle sollecitazioni dell'ambiente, con l'agricoltura, che in pochi millenni si diffuse nelle comunità di tutto il mondo, l'uomo dimostrò di saper ormai **intervenire attivamente sulla natura**, per addomesticarla e piegarla alle proprie necessità. Si pensa che siano state le donne, grazie alla loro lunghissima esperienza nella raccolta di piante selvatiche, a intuire il **processo di germogliazione**, fino ad allora casuale, e a saperlo riprodurre in una coltivazione consapevole e organizzata. Questo nuovo modo di affrontare il mondo esterno determinò la **prima grande "rivoluzione" della storia (rivoluzione agricola)**, che costituì il punto di partenza di una serie di successive e rilevanti conquiste sociali e culturali dell'intero genere umano.

Gli uomini del Neolitico: agricoltori e allevatori

L'agricoltura indusse l'uomo del Neolitico ad abbandonare a poco a poco la vita nomade per una **vita stanziale** ed erigere le prime **capanne** di legno. Non più costretto a una continua migrazione l'uomo cominciò ad aggregarsi per superare meglio le infinite difficoltà di ogni giorno e a uscire dalla lunga fase nella quale aveva consumato solamente quanto la natura gli offriva, per entrare in quella in cui riusciva con il proprio lavoro a produrre quanto gli era indispensabile per la vita.

La semplice **economia di sussistenza** delle età precedenti, di caccia e di raccolta, lasciò il posto all'**economia produttiva** del Neolitico, la quale contribuì anche a **modificare** in tempi relativamente brevi **l'ambiente e il suo aspetto**, e a creare un nuovo rapporto tra l'uomo e la terra.

L'altra importante conquista del Neolitico fu lo sviluppo dell'**allevamento**, inizialmente di piccoli animali (ovini e suini) poi anche di bovini, asini e cavalli; gli animali, oltre che per la carne, il latte e le pelli, furono usati nell'agricoltura per coltivare e concimare i campi.

Ceramiche, tessuti e scambi commerciali

La rivoluzione agricola rese necessaria la fabbricazione di strumenti più complessi: le prime **van-**

lessico

Vita stanziale caratterizzata da una sede fissa di esistenza e quindi con una dimora stabile, opposta alla vita nomade e itinerante.

Economia di sussistenza l'insieme delle attività di una comunità in grado di produrre soltanto i mezzi strettamente necessari alla semplice sopravvivenza.

L'ETÀ DELLA PIETRA (3 MILIONI DI ANNI FA-3000 a.C.)

Paleolitico (2,5 milioni di anni fa-10.000 a.C.)	• Primi **utensili** di pietra • **Nomadismo** • Economia di **caccia** e **raccolta**
Mesolitico (10.000 a.C.- 8000 a.C.)	• Miglioramento del clima in seguito alla **fine delle glaciazioni** • **Sparizione** della grossa **selvaggina** • Prime forme di **allevamento** • Mietitura del **grano selvatico**
Neolitico (8000 a.C.- 3000 a.C.)	• Economia produttiva basata sull'**agricoltura** e sull'**allevamento** • Importanti **innovazioni tecnologiche** • **Sedentarizzazione** • Aumento della popolazione; nascita dei **primi villaggi** • Avvio della **divisione del lavoro** fra i membri della comunità

ghe e **zappe in pietra**, i primi **aratri in legno**, il giogo e la mola di pietra per la macinazione dei cereali; inoltre favorì anche la nascita dell'industria della **ceramica**, cioè la produzione di vasellame di argilla modellata a mano e cotta al fuoco, necessario per cuocere e conservare i prodotti della terra. Accanto alla produzione della ceramica, si diffuse l'arte della **filatura** e della **tessitura**, che determinò la nascita e lo sviluppo di un vero e proprio artigianato tessile. In seguito alla diffusione dell'agricoltura e dell'allevamento, infatti, si scoprì che da alcune piante coltivate, come il cotone e il lino e dal mantello lanoso di ovini e caprini, era possibile ricavare delle fibre resistenti e trasformarle in fili. A rendere possibile la trasformazione di questi fili in un tessuto fu l'invenzione del **telaio**, indispensabile nell'attività della tessitura.

STORIA al **cinema**

10 000 A.C.

Stati Uniti, Nuova Zelanda, 2008,110'
Regia di Roland Emmerich

Il film segue il viaggio di D'Leh, cacciatore di un'isolata tribù nomade delle montagne, alla ricerca dell'amata Evolet rapita da una banda di misteriosi guerrieri a cavallo a caccia di schiavi. Radunato un piccolo gruppo, D'Leh parte per un lungo viaggio verso i "confini del mondo"; il giovane guerriero e i suoi compagni si battono contro animali feroci e percorrono terre sconosciute e misteriose, dove scoprono l'esistenza di altre civiltà ed entrano in contatto con popoli più evoluti rispetto alla loro tribù di cacciatori-raccoglitori. Nel tragitto molti guerrieri si uniscono al gruppo, anch'essi danneggiati dai mercanti di schiavi. Giunti alla meta dovranno combattere contro un esercito guidato da un re-tiranno. Sulla via del ritorno un capo tribù donerà a D'Leh un sacchetto di semi di grano che gli consentirà di imparare e praticare l'agricoltura, attività finora sconosciuta alla sua gente.

Grazie a queste nuove attività fu possibile raggiungere una certa specializzazione e realizzare prodotti destinati a diventare addirittura oggetto di **scambi commerciali** anche a vasto raggio. Potendo disporre di un **surplus**, cioè di una quantità di prodotti superiore all'effettivo bisogno, l'uomo cominciò infatti a servirsene per scambiarli con altri di cui aveva necessità (per esempio grano con carne, cibi con attrezzi da lavoro, pelli con latte ecc.). Nacque così il **baratto**, ovvero la prima forma di commercio della storia, che inizialmente coinvolse solamente i villaggi vicini, ma poi si estese anche a villaggi e luoghi lontani, specie dopo che la **scoperta della ruota** rese possibile l'uso dei carri. A favorire gli scambi via acqua contribuì a sua volta la costruzione delle **prime imbarcazioni**.

lessico

Surplus quantità di prodotti (cibo, materie prime o manufatti) che supera il fabbisogno necessario per la sopravvivenza di una comunità e che viene accumulata per periodi di carenza alimentare o scambiata con prodotti di altre comunità.

La rivoluzione neolitica

In relazione ai profondi cambiamenti economici e sociali avvenuti durante il Neolitico, a partire dall'area del Vicino Oriente, grazie all'adozione dell'agricoltura e dell'allevamento, gli studiosi parlano dunque di una vera e propria **"rivoluzione neolitica"**; questa rivoluzione modificò radicalmente le condizioni di vita dell'uomo e determinò non solo un **aumento della popolazione**, ma anche l'aggregazione di comunità umane molto più ampie di quelle paleolitiche, che raramente superavano le poche decine di unità. Nel corso del Neolitico infatti, sia pure in tempi lunghi, si svilupparono **forme di vita sempre più e sempre meglio "associate" e "organizzate"**, che permisero di superare l'isolamento che aveva caratterizzato le fasi preistoriche precedenti.

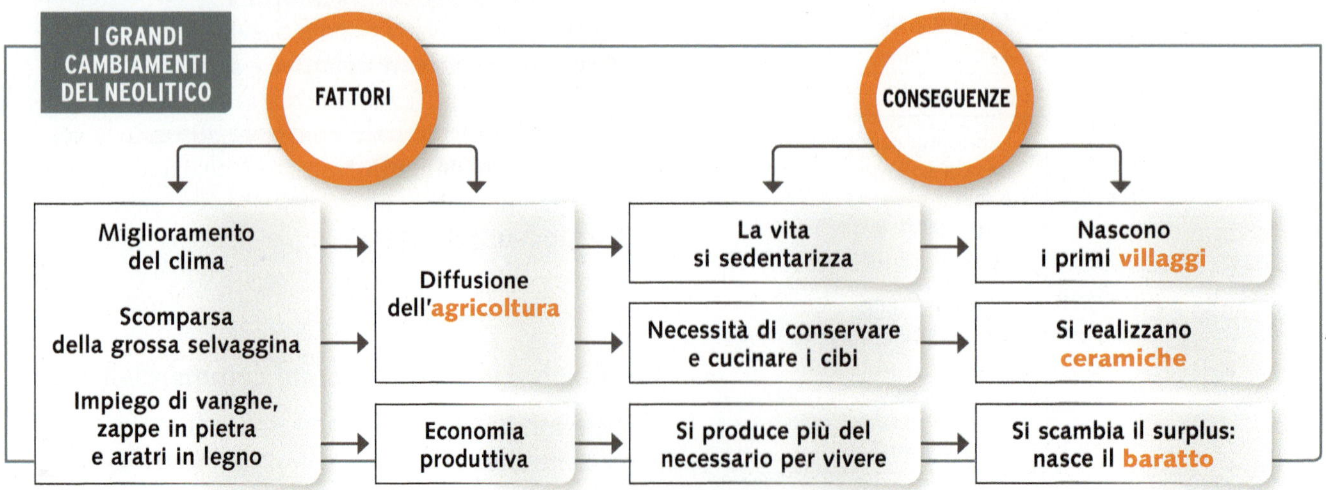

Nuove forme di vita associata

L'età neolitica segnò innanzitutto profonde trasformazioni nei nuclei familiari e l'**affermarsi** di un diverso **ruolo della figura maschile**, che nelle comunità stanziali divenne il perno delle nuove attività (aratura dei campi, allevamento degli animali, costruzione di case o canali ecc.), molto gravose fisicamente, in cui era richiesta una forza fisica maggiore rispetto a quella femminile. L'uomo finì quindi per assumere una posizione di primo piano e di comando nell'ambito della famiglia e della collettività, tanto che alcuni antropologi parlano di **patriarcato**. Le donne persero progressivamente parte dell'autorità che avevano ricoperto durante il Paleolitico, continuando tuttavia a collaborare all'economia del villaggio con altre mansioni quali la raccolta, la produzione di ceramica, la filatura e la tessitura.

Nel periodo neolitico comparve anche la **prima forma di società**, detta **clan**, costituita da varie famiglie legate per lo più da vincoli di parentela, le quali eleggevano come **capo** l'uomo più autorevole per capacità e per età e si dividevano le diverse occupazioni, fissando i compiti di ciascuno. In età più recenti, con il complicarsi delle strutture sociali, fu avvertita la necessità di trovare una forma di convivenza più stabile e più sicura che portò alla nascita di un tipo di raggruppamento sociale più ampio, definito **tribù**, retto da un capo forte che decideva della guerra e della pace, sostenuto da un **consiglio** di persone particolarmente autorevoli, una prima forma di assemblea, che il capo doveva convocare nei momenti di maggiore gravità, come nel caso dei sempre più frequenti conflitti con i villaggi vicini per il possesso di campi e pascoli.

Dal villaggio alla città-stato: fine della preistoria e inizio della storia

Le tribù neolitiche dettero vita ad aggregati di abitazioni, nei pressi dei campi e dei pascoli: nacquero i primi **villaggi neolitici**, inizialmente costruiti con rami, pietre e fango e successivamente con legno e mattoni crudi di argilla. Questi villaggi raggruppavano generalmente diverse centinaia di abitanti che andarono sviluppandosi in comunità più vaste e complesse.

L'organizzazione tribale iniziò a dimostrarsi insufficiente e questa situazione aprì la strada a nuovi scenari, con il **passaggio all'età storica vera e propria**: le persone più importanti e più abili cominciarono a esigere dal loro capo maggiore rispetto e più ampi riconoscimenti; vennero così delineandosi a poco a poco nuove e **più complesse forma di vita associata**, fino alla nascita di villaggi sempre più grandi e organizzati che siamo soliti definire **città-stato**.

▲ **Le sepolture del Neolitico**
Gli uomini del Neolitico seppellivano i morti di alto rango in grandi monumenti di pietra, i megaliti (dal greco *mègas*, "grande", e *lìthos*, "pietra"), che probabilmente servivano anche per le cerimonie sacre. Numerosi di questi edifici sono stati ritrovati nell'Europa occidentale e hanno svariate forme; tra i più famosi vi sono i dolmen (dal bretone *doul*, "tavola" e *men*, "pietra"). Nell'immagine, il dolmen di Pentre Ifan, nel Galles, datato al 3500 a.C.

Le città-stato: specializzazione del lavoro e classi sociali

La fine dell'organizzazione in tribù fu caratterizzata anche da un altro evento di portata eccezionale: la **suddivisione della popolazione in classi**, cioè in gruppi ben distinti e separati fra loro per ruoli produttivi e per condizioni economiche e sociali. Ma quali furono le cause che dettero luogo a tale fenomeno? Va ricordato anzitutto che la società primitiva si era retta su un regime paritario: tutto ciò che era possibile ottenere dalla natura per vivere veniva considerato di proprietà comune e perciò era distribuito fra tutti in parti uguali. In seguito all'introduzione dell'agricoltura e dell'allevamento si rese necessaria una divisione delle mansioni, una **specializzazione del lavoro**, che fu una delle caratteristiche più importanti delle società della successiva epoca storica.

GUIDA allo STUDIO

1. Qual è e che cosa comportò la prima grande "rivoluzione" della storia?
2. Perché l'uomo iniziò ad addomesticare alcuni animali?
3. Quali furono le innovazioni tecnologiche del Neolitico?

1.5 Verso l'età storica

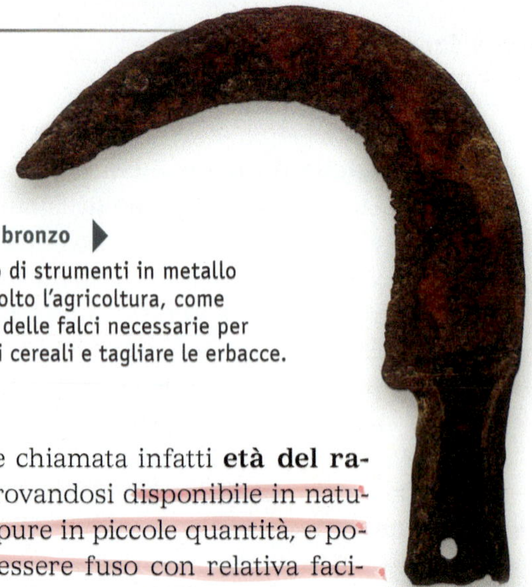

Falce di bronzo
L'utilizzo di strumenti in metallo favorì molto l'agricoltura, come nel caso delle falci necessarie per mietere i cereali e tagliare le erbacce.

Preistoria, storia e scrittura

Quando finisce la preistoria e inizia la storia? La questione è stata ampiamente dibattuta. Tradizionalmente l'inizio della **storia propriamente detta** si colloca nel momento in cui l'uomo, intorno al 3000 a.C. in Mesopotamia, comincia a incidere segni astratti e simbolici: cioè quando inventa la **scrittura**, uno strumento attraverso il quale si hanno le prime notizie autentiche degli avvenimenti. Si tratta tuttavia di una convenzione non condivisa da tutti gli studiosi, innanzitutto perché la scrittura non fu inventata contemporaneamente in ogni luogo della Terra né con le stesse finalità. Poi perché anche altre acquisizioni tecnologiche dell'umanità sono state fondamentali nella sua evoluzione quanto l'invenzione della scrittura. Infine perché anche in età preistorica l'uomo ha lasciato sue testimonianze (materiali e pittoriche), che grazie agli studi archeologici e paleontologici è oggi possibile analizzare ricostruendo diversi aspetti della vita degli uomini preistorici anche in assenza di documenti scritti.

L'età dei metalli: il rame (IV-III millennio a.C.)

Un momento di passaggio dalla preistoria alla storia ebbe a determinarsi ad esempio quando l'uomo passò **dalla lavorazione della pietra a quella dei metalli**, che può essere ritenuta una fase di ulteriore sviluppo della civiltà. La transizione dal Neolitico all'età dei metalli inizia nel Vicino Oriente tra il 4000 e il 3000 a.C.: questo fatto non provocò l'immediata scomparsa dell'uso della pietra, data la scarsezza dei metalli e i loro alti costi; inoltre il passaggio avvenne con tempi diversi a seconda delle civiltà e delle aree geografiche.
Il primo metallo conosciuto e utilizzato dagli uomini fu il **rame** (la prima fase dell'età dei metalli viene chiamata infatti **età del rame**). Trovandosi disponibile in natura, sia pure in piccole quantità, e potendo essere fuso con relativa facilità, questo materiale fu trasformato sin dal IV millennio a.C., in Egitto e in Oriente, non solo in armi e vari utensili come falci, aratri e zappe, ma anche in oggetti di lusso e di ornamento (cinture, collane, anelli, fibbie), con i quali l'uomo continuò a dare vita a più progredite forme di attività.

L'età del bronzo (III-II millennio a.C.) e la nascita delle civiltà fluviali

Con la successiva età del **bronzo**, iniziata quando l'uomo apprese a **fondere insieme rame e stagno**, ci veniamo a trovare in un'epoca che segna in forma ormai definitiva lo stabilirsi di relazioni fra popoli lontani, rese ancor più intense dal commercio dei metalli e favorite dallo sviluppo della tecnica e dalla produzione di oggetti dalla spiccata sensibilità artistica.
Una delle più importanti novità di questa età fu la nascita, fra il IV e il III millennio a.C., di **fiorenti civiltà** intorno a nuovi centri, soprattutto **nelle fertili vallate dei grandi fiumi**: il Tigri e l'Eufrate in Mesopotamia e il Nilo in Egitto, l'Indo e i suoi affluenti nell'odierno Pakistan, l'Huang-he (Fiume Giallo) nella Cina settentrionale. Le civiltà

concetti chiave

Fonte storica

Le fonti storiche sono gli strumenti primari della ricerca storiografica e archeologica perché permettono di ricostruire avvenimenti anche lontani grazie alle testimonianze che l'uomo ha lasciato. Lo storico compie un lavoro approfondito su di esse. Anzitutto le ricerca, le raccoglie, le seleziona, le data, ne valuta l'autenticità e l'attendibilità, le mette a confronto e le interpreta. Le fonti storiche si dividono in **fonti primarie** (dette anche fonti dirette) e **fonti secondarie** (indirette). Le prime sono tutti i documenti coevi all'epoca che si sta studiando, mentre quelle indirette provengono da epoche successive. Le fonti inoltre si dividono in **scritte**: testi letterari, storici, scientifici, oppure epigrafi; e **non scritte**: immagini, dipinti, monumenti, siti, ma anche utensili e oggetti come monete o strumenti di lavoro. Una ulteriore suddivisione è quella tra fonti **volontarie**, quelle che l'uomo ha consapevolmente lasciato per segnalare la propria esistenza (ad esempio testi scritti o monumenti commemorativi) e fonti involontarie (ad esempio gli strumenti di lavoro). Nell'età moderna (soprattutto a partire dagli inizi del XIX secolo) sono "nate" nuove tipologie di fonti: quelle radiofoniche, filmiche e televisive. Anche Internet oggi può essere considerato una fonte.

LE CIVILTÀ DEI GRANDI FIUMI

In **Mesopotamia**, ricca regione che si estende tra i fiumi Tigri ed Eufrate, a partire dal IV millennio a.C. si succedono numerose civiltà: Sumeri, Accadi, Assiri e Babilonesi.

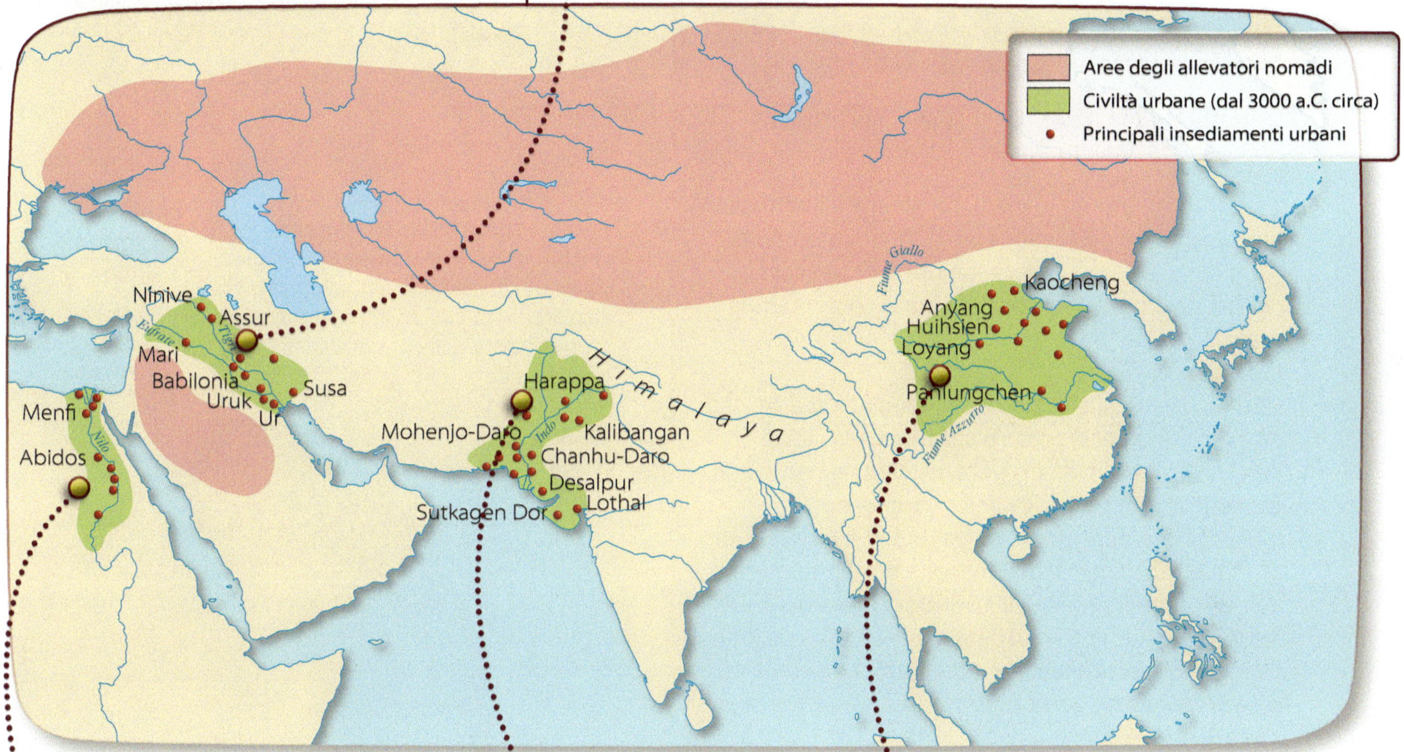

Verso la fine del IV millennio a.C. ha inizio in **Egitto** la più lunga esperienza di Stato unitario indipendente dell'età antica. La presenza del fiume **Nilo** rende possibile la nascita precoce di una civiltà urbana, che durerà immutata per quasi 3000 anni.

Fra il 2600 e il 1500 a.C. circa, lungo il **fiume Indo**, si evolve una fiorente civiltà caratterizzata dallo sviluppo dell'agricoltura e dalla formazione di grandi città.

Fra il V e il IV millennio a.C. lungo le sponde del **Fiume Giallo** sorge una civiltà basata sull'agricoltura, che raggiunge un altissimo livello nelle opere idrauliche (canali, dighe, acquedotti).

cui dettero vita sono pertanto definite dagli storici "civiltà fluviali".

L'età del ferro (dal II millennio a.C.)

Una trasformazione ancor più importante si ebbe quando nel II millennio a.C. fu scoperto il **ferro**, che venne adoperato per la fabbricazione sia di utensili sia di armi. L'uso di armi di ferro – ben più robuste e resistenti di quelle di bronzo – permise ad alcuni popoli di sottomettere quelli rimasti alla più primitiva età del bronzo. L'impiego del ferro dette inoltre un forte impulso all'agricoltura e all'edilizia e favorì un **generale sviluppo della tecnologia**, che ebbe le sue più rilevanti manifestazioni nell'invenzione della **ruota**, nell'uso della **bardatura** per l'attacco **dei cavalli** e nell'applicazione della **vela** alle prime imbarcazioni.

Le grandi migrazioni

Questo periodo fu anche scenario di numerose migrazioni di popoli, attratti dalla fertilità del terreno e dall'abbondanza di acqua che si trovava nella zona mesopotamica, la cosiddetta "**mezzaluna fertile**", e sulle rive del Mediterraneo.

Gli studiosi sono soliti suddividere tali popolazioni in tre grandi gruppi: quello dei **Camiti**, di cui fanno parte i Libici e gli Egizi; dei **Semiti**, a cui appartengono gli Assiri, i Babilonesi, i Fenici, gli Ebrei e gli Arabi; e degli **Indoeuropei**, detti anche Arii. Quest'ultimi, tra i quali rientrano i Medi-Persiani, gli Ittiti, gli Slavi, i Celti, i Greci e gli Italici, occuparono un vastissimo territorio che andava dall'India, dove nella valle dell'Indo dettero origine alla civiltà indiana, all'Europa (da qui il nome di Indoeuropei dato loro).

GUIDA allo STUDIO

1. Quando inizia convenzionalmente la storia propriamente detta?
2. Quale fu una delle novità più importati dell'età del bronzo?
3. Per che cosa fu determinante l'impiego del ferro?

Dalla pietra ai metalli:
tecniche e invenzioni preistoriche

Favorito dall'uso delle **mani**, considerate anch'esse uno strumento estremamente raffinato e potente, l'uomo ha iniziato a fabbricare utensili. Nel corso del tempo a questi strumenti è stata conferita una grande varietà di forme adatte ai diversi scopi: tagliare, raschiare, rompere, ferire.
Così da un semplice **ciottolo scheggiato** si è passati ad avere strumenti sempre più complessi: dalle **selci** lavorate fino ad arrivare successivamente agli **utensili in metallo** (asce, falci, vanghe ecc.).
Il Neolitico fu caratterizzato da una brillante fase di sviluppo tecnologico; la diffusione dell'agricoltura e dell'allevamento portò all'invenzione del **telaio**, per tessere fibre animali e vegetali, e alla fabbricazione di oggetti in **ceramica**, per poter cuocere e conservare i cibi.

I primi strumenti della storia furono i **ciottoli** di fiume rozzamente scheggiati, chiamati *chopper*. Con un colpo perpendicolare, dato con un'altra pietra, si otteneva il distaccamento di alcune schegge che rendeva il bordo del ciottolo appuntito. Questo permetteva di utilizzare il *chopper* come strumento da taglio.

Per ottenere una **scheggia** si percuoteva una pietra di selce con un colpo secco (percussione) dato con un'altra pietra ancora più dura (percussore). Le schegge ottenute venivano ulteriormente ritoccate per conferire loro le **diverse forme**, dalle lame, ai raschiatoi, alle punte di freccia.

Le **pietre levigate** venivano ottenute con la tecnica dell'**abrasione**: con una grossa pietra larga e piatta (come nell'immagine) si sfregava con forza sulla superficie da levigare aiutandosi con acqua e una polvere di materiale duro, ad esempio la sabbia.

Il **telaio** era costituito da due pali di legno piantati in terra e da uno sistemato trasversalmente. Da quest'ultimo pendeva un gran numero di fili tenuti tesi verso il basso da pietre forate (i pesi da telaio) che formavano l'**ordito** (parte verticale del tessuto). Tra i fili dell'ordito veniva poi fatta passare avanti e indietro una navetta o spola che permetteva di inserire il filo della **trama** (parte orizzontale del tessuto); l'unione di trama e ordito dava origine al tessuto vero e proprio.

Il disegno mostra la **tecnica della colata**. Il **metallo fuso** veniva colato in uno stampo di pietra al quale era stata conferita la forma voluta, in questo caso un'**ascia**. Una volta raffreddato, l'oggetto veniva rifinito e montato, come in questo caso, su un manico di legno.

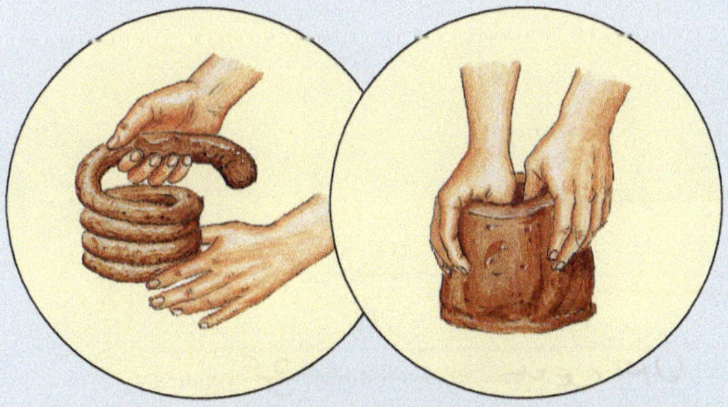

La tecnica base per ottenere un **vaso di ceramica** consisteva nel sovrapporre a spirale uno o più cilindri di argilla e modellarlo poi con le mani. In seguito fu inventato il **tornio**, una ruota girevole in legno o pietra che permetteva di dare al vaso una forma più regolare. Il manufatto veniva poi decorato con semplici motivi geometrici, e cotto in forno.

SINTESI

1.1 La storia della **Terra** ha inizio con il progressivo raffreddamento di una massa originaria di gas liquido, che porta lentamente alla formazione di una **crosta superficiale solida**; questo strato si suddivide e si assesta attraverso sconvolgimenti e adattamenti fino alla comparsa di grandi masse di terra separate da enormi bacini oceanici. In questo sviluppo si distinguono cinque **ere geologiche**: archeozoica, paleozoica, mesozoica, cenozoica e neozoica o antropozoica, nella quale viviamo ancora oggi.

1.2 L'origine della **specie umana** è vista oggi come l'esito di un'**evoluzione** avvenuta lungo milioni di anni. A un determinato stadio di questo processo esseri simili all'uomo si differenziano dalle scimmie: si tratta degli **ominidi**, la cui specie più antica è chiamata Australopiteco. A questo succedono specie diverse, raggruppate tutte nel genere *Homo*: *Homo habilis*, *Homo erectus*, Uomo di Neandertal e *Homo sapiens* (o Uomo di Cro-Magnòn). Ognuna di queste specie è caratterizzata da una capacità di interagire con l'ambiente sempre più ampia.

1.3 La preistoria dell'uomo viene divisa in tre fasi principali: il **Paleolitico**, da 2,5 milioni di anni fa al 10.000 a.C.; il **Mesolitico**, dal 10.000 all'8000 a.C. e il **Neolitico** dall'8000 al 3000 a.C.
Il Paleolitico è caratterizzato da una serie di **glaciazioni**, periodi nei quali la temperatura del pianeta si abbassa drasticamente. In questo periodo gli uomini vivono allo stato selvaggio dedicandosi essenzialmente alla **caccia** e alla **raccolta** di frutti, erbe e radici, utilizzando come armi e utensili strumenti in selce, osso e legno. Al Paleolitico risale anche l'utilizzo del **fuoco**, impiegato per riscaldare, illuminare e cuocere i cibi, e all'invenzione dell'arco. Si sviluppa inoltre il **linguaggio**, che consente una comunicazione più efficace, e varie forme di **espressione artistica** e magico-religiosa.
Durante il Mesolitico, cambiamenti climatici e ambientali, come la diminuzione della selvaggina, spingono l'uomo preistorico a cercare nuove vie per assicurarsi un'esistenza meno precaria.

1.4 L'accumulo delle esperienze precedenti porta nel Neolitico a una vera e propria **rivoluzione** nelle condizioni di vita: l'uomo interviene sempre di più sulla natura piegandola alle proprie necessità. Nascono l'**agricoltura** e l'**allevamento** che inducono l'uomo verso una **vita stanziale** e non più nomade. Si formano i primi **villaggi** e le espressioni della vita di gruppo si fanno più complesse: dagli originari raggruppamenti temporanei si passa a organizzazioni stabili, come il **clan** e la **tribù**. In questo nuovo contesto si creano le condizioni per una **specializzazione del lavoro** e una netta divisione in classi a esse legate (agricoltori, pastori, mercanti, artigiani). Si supera così l'organizzazione tribale e sorge un nuovo modello di convivenza, la **città-stato**.

1.5 Tradizionalmente la fine della preistoria e l'inizio della storia propriamente detta viene fatta risalire al momento in cui l'uomo inventa la **scrittura**.
Questo fatto coincide anche con il passaggio dalla lavorazione della pietra a quella dei **metalli**. Si distinguono tre fasi storiche a seconda del metallo esclusivamente o prevalentemente impiegato: età del **rame** (IV-III millennio a.C.), età del **bronzo** (III-II millennio a.C.), età del **ferro** (dal II millennio a.C.). Tra il IV e il III millennio a.C. sorgono vere e proprie civiltà intorno alle vallate di **grandi fiumi**; attirati dalla fertilità del terreno numerosi gruppi si spostano verso la zona mesopotamica, l'Egitto e l'Europa, dando vita a un periodo di grandi **migrazioni**.

PER COSTRUIRE LE COMPETENZE

TEMPO

1. Completa la cronologia.

Era archeozoica	Formazione della TERRA. Compaiono le prime forme di vita UNICELL. Si colloca tra i 3,5 miliardi e i 570 MILIONI di anni fa.
Era paleozoica	Si forma la CROSTA TERRESTRE detta PANGEA circondata da una massa d'acqua detta ....
Era mesozoica	Si compie la deriva dei CONTINENTI. Compaiono varie specie animali tra cui i DINOS.
Era cenozoica	Si ESTINGUONO i dinosauri. La specie animale dominante è quella dei MAMMIFERI
Era neozoica o antropozoica	Si verificano quattro GLACIAZIONI. Compare la specie UMANA. Comincia circa 2,5 milioni di anni fa.
Paleolitico	Coincide con la comparsa dell'*Homo* HABILIS, all'incirca 2,5 milioni di anni fa.
Mesolitico	Dal 10.000 a.C. all' 8000 a.C. circa.
Neolitico	Dura sino al 3000 a.C. circa.

LESSICO

2. Associa a ogni termine il relativo significato.

A. Pangea
B. Ominide
C. Homo ergaster
D. Uomo di Cro-Magnòn
E. Chopper
F. Matriarcato
G. Venere paleolitica
H. Economia di sussistenza
I. Surplus

a. Raccolta e produzione di beni sufficienti solo per la sopravvivenza
b. Sistema sociale basato sulla centralità della donna
c. Stadio evolutivo posteriore all'*Homo habilis*
d. Utensile di pietra scheggiata
e. Stadio evolutivo finale della specie umana
f. Statua che simboleggia la fertilità
g. Eccesso di produzione rispetto al fabbisogno
h. Mammifero primate che precede l'uomo nella scala evolutiva
i. Blocco unico di terra emersa

EVENTI E PROCESSI

L'evoluzione

3. Crea una tabella riepilogativa in cui riprendi le informazioni fondamentali relative all'evoluzione umana.

	Aspetto fisico	Abilità	Capacità comunicative, cultura e riti
Australopiteco			
Homo habilis			
Homo erectus			
Uomo di Neandertal			
Homo sapiens			

Le prime forme di società

4. Spiega come erano organizzati i gruppi umani nel Paleolitico, specificando: densità, tipologia di parentela, ruoli degli uomini e delle donne, ipotesi del matriarcato.

La rivoluzione del Neolitico

5. Spiega perché il Neolitico è stata la prima "rivoluzione" nella storia umana.

TECNOLOGIA E LAVORO

6. Assegna alle tipologie del genere *homo* le specifiche caratteristiche relative alle abilità.

A. Homo habilis
B. Homo erectus
C. Uomo di Neandertal
D. Homo sapiens

a. Realizzazione di oggetti artistici
b. Controllo del fuoco
c. Scheggiatura di ciottoli
d. Fabbricazione di bifacciali
e. Filatura e tessitura
f. Sepoltura dei morti

7. Completa il testo sulla scoperta e la lavorazione dei metalli, inserendo i seguenti termini.

agricoltura – bronzo – rame – agricoli – pietra – Vicino Oriente – stagno – metalli – ornamento – armi – ferro

Un evento epocale fu il passaggio dalla lavorazione della …… alla scoperta e all'utilizzo dei ……, che avvenne tra il 4000 e il 3000 a.C. nel ……. Il primo fu il ……, utilizzato sia per attrezzi …… sia per oggetti di ……. Quando l'uomo imparò a fondere il rame con lo ……, ottenne il ……. Dal II millennio a.C. venne scoperto un metallo ancora più robusto, il ……, che ebbe un utilizzo molto ampio, dalle …… agli utensili per l' …….

8. Tra le invenzioni tecnologiche che hai incontrato nel capitolo, quale è stata secondo te la più importante? (motiva anche la scelta) ……

NESSI

Il fuoco

9. Completa la mappa sulla scoperta del fuoco.

FUOCO

Usi: ……
Conseguenze: ……

Usi: ……
Conseguenze: ……

RIELABORAZIONE (verso l'orale)

10. Utilizzando anche il lavoro fatto nella sezione "Eventi e processi" prepara una scaletta con i fatti e i concetti principali che ti possa guidare in un eventuale colloquio, seguendo questo modello.

La Terra
- La formazione
- Le ere geologiche

L'evoluzione umana
- Le teorie sull'evoluzione
- Lo sviluppo del genere *homo*

La pietra e i metalli
- La divisione cronologica dell'età della pietra
- Le età dei metalli

La società umana
- I gruppi paleolitici
- Il matriarcato
- I gruppi sociali più ampi e la divisione in classi

Il lavoro
- Il nomadismo e la caccia
- L'agricoltura e l'allevamento
- La divisione del lavoro

capitolo 2

Le civiltà del Vicino Oriente

Mesopotamia, Anatolia e area siro-palestinese

3 Nel XVIII secolo a.C. i **Babilonesi** unificano tutti i piccoli regni della Mesopotamia meridionale, creando un impero destinato a durare fino alla metà del XII secolo a.C. circa, quando passa sotto il dominio degli **Assiri**.

2 Il **primo impero** della storia viene fondato alla fine del III millennio a.C. dagli **Accadi**.

1 La **civiltà sumerica** si sviluppa tra il IV e il III millennio a.C. intorno alle città-stato di Uruk, Ur, Larsa e Lagash.

4 Tra il XVII e il XIV secolo a.C., nella penisola anatolica, sorge il regno degli **Ittiti**. La potenza ittita cresce tanto da competere con l'Egitto faraonico, ma all'inizio del XII secolo a.C. le invasioni dei **Popoli del Mare** segnano il tramonto del loro impero.

5 La regione tra il Mar Morto, il fiume Giordano e il Mediterraneo viene occupata, attorno al 2000 a.C., da un popolo di etnia semitica fino allora nomade, gli **Ebrei**. Verso il 1020 a.C. gli Ebrei danno origine a un regno unitario, che poi si dividerà nel **Regno di Israele** e **Regno di Giuda**, finché Assiri e Babilonesi impongono la propria egemonia su tutta l'area.

6 A nord della Terra di Canaan, altre popolazioni semitiche, i **Fenici**, danno vita a una pluralità di città-stato autonome e dedite al **commercio marittimo**, che fondano numerose colonie in tutto il Mediterraneo.

L'Africa era stata la "culla dell'umanità", sede delle rivoluzioni preistoriche. La **Mesopotamia**, nel Vicino Oriente, fu la "culla della civiltà": qui per la prima volta uomini e donne passarono da una vita nomade dedita alla caccia e alla raccolta a un'esistenza **sedentaria** dedita alla coltivazione e alla pastorizia. Furono proprio l'**agricoltura** e l'**allevamento** a rendere possibile, e anzi necessaria, la trasformazione dei piccoli villaggi neolitici in forme di convivenza più ampie e complesse, fino al sorgere delle prime e più **antiche città** del mondo (Gerico, Ur, Uruk) e dei primi **grandi regni** della storia.

Durante questa trasformazione, chiamata "**rivoluzione urbana**", sorsero e si consolidarono tutte quelle strutture politiche, sociali, culturali e urbanistiche che per millenni sono state la base della storia dell'umanità, molte delle quali sopravvivono ancora oggi: i re e gli imperi, le classi sociali e le leggi, i templi e i palazzi pubblici, ma anche la scrittura, la letteratura, le scienze e le prime grandi religioni.

Le civiltà del Vicino Oriente segnarono dunque il definitivo superamento della preistoria e il **passaggio alla storia** a cui ancora oggi apparteniamo.

IV-III millennio a.C.
Sviluppo delle città-stato sumere

2350-2200 a.C.
Impero accadico

XVIII secolo a.C.
Codice di Hammurabi

1284 a.C.
Battaglia di Qadesh

XI secolo a.C.
Indipendenza delle città-stato fenicie

1020 a.C.
Regno di Davide e di Salomone

2.1 L'inizio dell'età storica in Mesopotamia: dai villaggi alle città

I villaggi preistorici in Mesopotamia

Gli antichi Greci chiamavano Mesopotamia, cioè "terra in mezzo ai fiumi", l'area dell'attuale Iraq, compresa tra i fiumi Tigri ed Eufrate. I villaggi che durante il Neolitico erano sorti nel sud della Mesopotamia, come tutti i villaggi preistorici, erano **piccole comunità** formate da vari gruppi familiari, **che vivevano di un'economia semplice**: ogni gruppo era autosufficiente e traeva le proprie risorse dalla coltivazione di un piccolo campo, e ogni membro era in grado di svolgere le mansioni necessarie al sostentamento del proprio nucleo familiare.

La Mezzaluna fertile
La carta mostra la "Mezzaluna fertile", così chiamata per la forma e la produttività del suolo. Si trattava di una vasta regione che si estendeva dalla Mesopotamia fino all'Egitto ed era solcata dai grandi fiumi, Tigri, Eufrate e Nilo.

La Mesopotamia tra preistoria e storia

Tra il 3500 e il 3000 a.C. le comunità di villaggio sperimentarono nuove tecniche per la raccolta delle acque dei fiumi e l'irrigazione dei campi, come **lo scavo di pozzi e canali**. Ciò rese possibile un migliore sfruttamento delle risorse del terreno e un forte **aumento della produzione agricola**. Questo aspetto favorì la **crescita della popolazione** e rese necessario il passaggio a **forme organizzative più complesse** per gestire la vita di comunità più numerose.
La sovrabbondanza di prodotti agricoli non solo assicurava la sussistenza di tutta la comunità, ma permetteva anche di dedicarsi ad attività diverse da quelle legate al lavoro dei campi. Non era più necessario che tutti lavorassero la terra per sostenersi, così alcuni membri della comunità iniziarono a **specializzarsi** in mansioni particolari. Pian piano dunque si svilupparono, accanto alla coltivazione dei campi, anche altre attività come l'allevamento, l'arboricoltura, l'artigianato, la lavorazione dei metalli e il commercio.

Dai villaggi alle città: la rivoluzione urbana

La specializzazione del lavoro fu il primo passo verso un radicale mutamento della società dei villaggi mesopotamici. Le mansioni si diversificarono e si rese necessaria una prima divisione del lavoro tra i membri delle comunità. Chi sapeva svolgere mansioni specializzate costituiva la manodopera più richiesta e meglio retribuita. Così, dalle precedenti condizioni di autonomia e uguaglianza, che caratterizzavano le antiche comunità

L'Eufrate
Il fiume Eufrate è il corso d'acqua più lungo dell'Asia occidentale; nasce in Turchia e sfocia nel golfo Persico dopo essersi unito con il Tigri nei pressi di Bassora. Il suo nome deriverebbe dall'accadico *Purattu*, che significa "grande fiume".

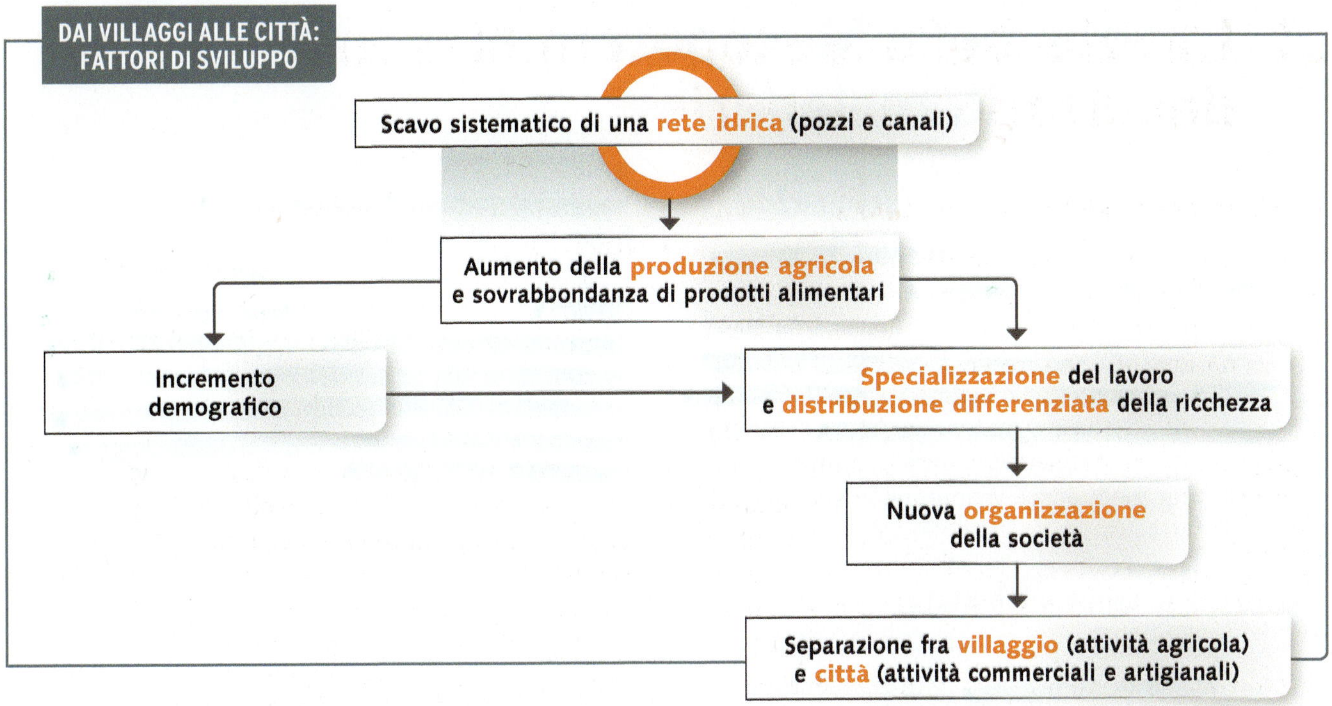

di villaggio, iniziarono a crearsi le condizioni per una prima forma di **differenziazione sociale**.
Altre conseguenze riguardarono l'evoluzione urbanistica degli antichi villaggi. Alle semplici case delle famiglie contadine si aggiunsero le grandi case delle famiglie dei mercanti, dei ricchi produttori, dei funzionari, degli uomini di legge, degli architetti. In più, i villaggi si ampliarono con altri edifici adatti a ospitare le diverse attività lavorative, appositamente costruiti per questo scopo. **Botteghe**, **magazzini** e **laboratori artigianali** erano inizialmente autonomi o legati alle case, ma quando la struttura urbana si fece più evoluta e complessa, furono costruiti all'interno dei templi e dei palazzi reali, che divennero in questo modo i centri di potere e di amministrazione delle risorse.
Gli antichi villaggi mutarono così radicalmente aspetto, divenendo gradualmente **vere e proprie città**. Questa progressiva evoluzione dei villaggi è chiamata "**rivoluzione urbana**", proprio perché investì ogni settore della vita comunitaria di allora.

Distribuzione del lavoro e della ricchezza

La regione in cui sorsero le prime città fu la Bassa Mesopotamia. Qui, a causa di una diversa distribuzione delle attività economiche, si creò una prima differenziazione tra i vari centri abitati: alcuni si ingrandirono e divennero città, altri rimasero villaggi sottoposti all'influenza di queste.
La coltivazione della terra e la produzione alimentare rimasero di competenza dei villaggi; le altre **attività più prestigiose** e remunerative (artigianato, commercio, burocrazia ecc.) furono invece **concentrate nelle città**. Inoltre **le terre** dei villaggi non furono più esclusiva proprietà delle famiglie o patrimonio comune del villaggio, ma divennero **proprietà del tempio**, del **palazzo reale** o delle **famiglie più ricche e potenti**, in grado di assumere la manodopera necessaria alle coltivazioni.

Le nuove città: eserciti e cinte murarie

Le misure difensive naturali, che avevano protetto l'antico villaggio per secoli, si rivelarono in questa nuova fase di sviluppo urbano insufficienti e non più adatte alla difesa di queste grandi e fiorenti città che attiravano popoli vicini o gruppi nomadi: si formarono pertanto a questo scopo **corpi militari specializzati** e si innalzarono **grandi cinte murarie**. I villaggi, non avendo nessuna ricchezza da custodire e da difendere, rimasero invece privi di mura e i loro abitanti furono in parte reclutati come soldati negli eserciti cittadini.

GUIDA allo STUDIO

1. Quali sono le caratteristiche più importanti dei primi villaggi preistorici in Mesopotamia?
2. Quali furono i fattori principali che concorsero alla trasformazione dei villaggi in città?
3. Quali conseguenze comportò la cosiddetta "rivoluzione urbana"?

2.2 I popoli della Mesopotamia: una storia millenaria

Frammentazione politica e cultura unitaria

La millenaria storia della Mesopotamia vede avvicendarsi regni e popoli diversi che, attirati dalla fertilità della sua terra, sopraggiunsero dalle regioni circostanti sfruttando l'assenza di barriere naturali. A questa frammentazione politica corrispose però un'effettiva continuità culturale, per cui si può parlare di una civiltà mesopotamica unitaria che per molti secoli mantenne la sua identità complessiva.

I Sumeri e le prime città-stato

Fra i diversi popoli che vivevano in Mesopotamia tra il IV e il III millennio a.C. inizialmente furono i **Sumeri** a emergere, dando vita alla prima civiltà urbana e ai primi regni della storia. La loro **etnia** è sconosciuta, ma sicuramente non erano di origine semitica. Dopo aver occupato la parte meridionale della Mesopotamia (la "terra di Sumer"), vissero per lungo tempo divisi in un certo numero di **città-stato**, tra le quali le più importanti furono Uruk, Ur, Larsa e Lagash. Si trattava di città politicamente indipendenti e autosufficienti sul piano economico, governate da sovrani spesso in guerra fra loro. I **re sumeri**, chiamati *lugal* ("grande uomo"), erano considerati i rappresentanti delle divinità sulla terra; il loro potere politico era comunque limitato dalla presenza di un'assemblea dei nobili che veniva convocata quando si dovevano prendere decisioni particolarmente importanti.

> lessico
> **Etnia** gruppo di persone accumunate dagli stessi tratti somatici, che parlano la stessa lingua e che possiedono lo stesso patrimonio di usi e costumi.

I caratteri fondamentali della civiltà sumerica

I Sumeri dettero vita a una civiltà ricca di aspetti innovativi, soprattutto nel campo dell'agricoltura, del commercio e dell'istruzione.
Essi infatti risolsero efficacemente il problema delle piene stagionali del Tigri e dell'Eufrate, grazie alla costruzione di una vasta e ingegnosa **rete idrica artificiale**, costituita da dighe, canali e argini, che consentì un approvvigionamento regolare di acqua, necessario per la coltivazione dei terreni, nei quali erano seminati soprattutto **grano** e **orzo**. Inoltre possedevano **carri dotati di ruote piene**, le prime della storia, utilizzavano il **mattone** – crudo e cotto – per costruire, perfezionarono il telaio, l'aratro e le imbarcazioni, dotandole di **vela**. L'evento più rilevante fu però l'invenzione della **scrittura**, che segna convenzionalmente il **passaggio dalla preistoria all'epoca storica**. I Sumeri furono tra i primi a organizzare delle vere e proprie **scuole** e, per sottrarre all'arbitrio dei potenti l'esercizio della giustizia, realizzarono le **prime raccolte di leggi scritte**.

Lo standardo di Ur
Lo standardo di Ur è una stretta cassetta lignea la cui funzione è ancora incerta. Le due facce più grandi sono decorate da pannelli intarsiati di conchiglie e lapislazzuli che mostrano scene di un trionfo militare sumero. Nel particolare qui riportato si vedono due carri da guerra con le ruote piene che travolgono i nemici.

La nascita della scrittura

Dagli archivi dei templi delle città sumere ci sono pervenute centinaia di migliaia di tavolette d'argilla, recanti testi con caratteri chiamati **cuneiformi**, in quanto incisi sull'argilla fresca con uno stilo di legno a punta di chiodo o cuneo. Per scrivere la loro lingua, i Sumeri utilizzarono inizialmente dei **pittogrammi** (dal latino *pictus*, "dipinto", e dal greco *gràpho*, "incido, scrivo"), cioè disegni stilizzati di oggetti, animali ma anche concetti astratti; in seguito passarono ai **logogrammi**, ovvero dei segni che assunsero la funzione di indicare visivamente parole (da *lògos* che in greco significa appunto "parola"): è proprio la scrittura di parole (ad esempio un segno per la parola "grano", uno per la parola "olio", un altro per la parola "casa") ciò che noi intendiamo per scrittura vera e propria. Soltanto in un secondo momento furono introdotti segni che indicavano sillabe: una parola dunque risultava dall'unione di vari segni, ognuno dei quali rappresentava una sillaba (**scrittura sillabica**), creando la prima corrispondenza tra **segno e suono**.

Registrazioni contabili
Conteggi, liste e inventari venivano abitualmente trascritti su blocchetti d'argilla con l'impiego di logogrammi cuneiformi, come quelli presenti in questa tavoletta di contabilità del 2400 a.C.

Scrittura contabile e scrittura letteraria

Nelle città sumeriche la scrittura nacque per ragioni economiche e amministrative legate alla **gestione della ricchezza**. Le molte attività sorte con la rivoluzione urbana avevano creato nuove esigenze: bisognava fare conti, amministrare, registrare quali e quanti beni venivano prodotti e commerciati, ma anche più semplicemente indicare sui contenitori delle merci che cosa il recipiente conteneva e in quale quantità.

I Sumeri però non ci hanno tramandato solo documenti di tipo economico-amministrativo, ma anche molti **testi di argomento letterario, storico e religioso**, che testimoniano l'elevato livello culturale di questo popolo. Il testo letterario più rappresentativo, e anche il più antico della storia, è la ***Saga di Gilgamesh***, un lungo poema epico, composto circa nel 2500 a.C., di grande ricchezza di contenuti e di alto valore letterario, che racconta le leggendarie gesta di Gilgamesh, re sumero della città di Uruk vissuto intorno al 2600 a.C.

Bassorilievo raffigurante un genio protettore, che alcuni storici identificano con l'eroe Gilgamesh (VIII-VII secolo a.C.).

Storia e... Letteratura — Gilgamesh, l'eroe alla ricerca dell'immortalità

La *Saga di Gilgamesh*, risalente alla metà del III millennio a.C., è il più antico poema epico-eroico finora conosciuto. Questo poema ebbe una vastissima influenza nella cultura dell'epoca e in quella successiva: molte sono le redazioni esistenti in varie lingue e in varie zone del Vicino Oriente antico (le ultime risalgono al 500 a.C.). La narrazione delle imprese di Gilgamesh, che secondo la leggenda era figlio della dea Khubaba e di un mortale, diventa lo spunto per riflessioni profonde su temi che riguardano l'uomo di ogni tempo, come il significato dell'esistenza, il mistero della morte, l'importanza degli affetti umani. L'eroe Gilgamesh non accetta di essere soltanto un uomo e decide di cercare l'immortalità, profondamente colpito dalla morte di Enkidu, dapprima suo acerrimo nemico e in seguito suo amico grazie al valore e al coraggio dimostrato da quest'ultimo. Gilgamesh piange la morte dell'amico per sette giorni e per sette notti, dopodiché reagisce con il proposito di conquistare l'immortalità e di riscattare l'umanità dolente dalla propria sorte. Dopo una serie di peripezie si rende conto che questo non è possibile e arriva ad accettare il suo destino: viene rappresentata dunque anche la condizione degli uomini come esseri deboli, inevitabilmente destinati alla morte.

Gli Accadi e il primo impero della storia

Tra il 2350 e il 2200 a.C. i Sumeri passarono sotto la dominazione degli Accadi, i quali, guidati dal re **Sargon** e attratti dalle grandi ricchezze delle città sumere, unificarono per la prima volta tutta la Mesopotamia, fondando **il primo impero della storia**.

Il fondatore dell'impero di Akkad
Questa testa in bronzo rappresenta probabilmente Sargon, il guerriero nomade che fondò l'impero accadico.

Gli Accadi erano una popolazione semitica: non appartenevano alla stessa etnia dei Sumeri e parlavano una lingua completamente diversa, che da allora in poi divenne la più importante del Vicino Oriente, l'**accadico**.

L'impero accadico ebbe come capitale **Akkad**, città che assunse ben presto una posizione predominante tale da togliere qualsiasi autonomia e vitalità economiche alle città-stato sumere. Già intorno al 2200 a.C., però, l'impero accadico crollò sotto la pressione degli **Amorrei**, popoli semitici nomadi provenienti da ovest, e dei **Gutei**, popolazione originaria del Nord, che occupò la Mesopotamia centrale.

Il primo impero babilonese

Le città-stato sumeriche si ribellarono ai Gutei, ma la loro rinascita fu di breve durata e non riuscirono più a riconquistare la gloria di un tempo. Agli inizi del II millennio a.C. emersero infatti altri due grandi popoli, i **Babilonesi** e gli **Assiri**, stanziati rispettivamente nella Bassa e nell'Alta Mesopotamia. A intraprendere l'unificazione dei piccoli regni della Mesopotamia meridionale fu **Hammurabi** (1792-1750 a.C.), re di una popolazione semitica che si era stanziata nel territorio della città di **Babilonia** (che in babilonese significa "porta degli dei") intorno al XIX secolo a.C.
Hammurabi estese il proprio dominio sui territori che circa due secoli prima erano stati possedimento accadico; inoltre assoggettò a ovest la città siriana di Mari e a nord la Mesopotamia centrale.

Il codice di Hammurabi

All'epoca di Hammurabi risale la **raccolta di leggi** più famosa del Vicino Oriente, anche se non la più antica, altri **codici** erano infatti già esistenti in epoca sumera. In essa – passata alla storia come il "**codice di Hammurabi**" – si stabiliscono delle pene per chi infrange le norme di comportamento nei rapporti familiari, commerciali e lavorativi. Questa regolamentazione si basa sulla cosiddetta **legge del taglione** (dal latino *talis*, "uguale", "simile"), cioè sul principio della necessità di infliggere la pena in modi e forme uguali alla colpa commessa, conosciuto anche nella formula "occhio per occhio, dente per dente".

lessico

Codice in origine il termine significava "tronco d'albero, legno"; in seguito passò a indicare le tavolette di legno cerate su cui si scriveva e infine il libro manoscritto, anche se ormai fatto di carta o pergamena. In ambito giuridico il codice costituisce una raccolta di leggi.

Gli Assiri nell'Alta Mesopotamia

Il primo regno babilonese continuò a prosperare a lungo, ma nel 1146 a.C. il regno cadde per mano degli **Assiri**, che attaccarono e occuparono la stessa città di Babilonia. Questo popolo era stanziato già da molti secoli nelle regioni settentrionali (Alta Mesopotamia); qui, durante l'età del bronzo, diede vita a piccole organizzazioni cittadine e

concetti chiave

Civiltà

I termini "civiltà" e "civile" derivano dal vocabolo latino *civis*, ovvero "cittadino", che si contrappone a *barbarus*, "straniero", considerato inferiore in quanto appartenente a una comunità "non evoluta". Questa contrapposizione è stata ripresa successivamente per indicare, da una parte, chi è civilizzato, ossia conosce le regole della società e partecipa all'organizzazione delle istituzioni sociali, dall'altra i "selvaggi", cioè chi vive al di fuori di tutto questo. Con il passare del tempo si sono sovrapposti molti significati diversi. Per "civiltà", infatti, si è inteso sia il governo di una comunità, sia – a partire dal Rinascimento (XV-XVI secolo) – il buon comportamento di chi sa vivere in una società evoluta e ne accetta le regole. Quest'ultimo significato del termine"civiltà" nasceva dalla convinzione che un certo modo di vivere e di pensare fosse migliore di quello di altri.
Di conseguenza, per molti secoli "la civiltà" per eccellenza è stata quella cristiana occidentale, che si è assunta arbitrariamente il diritto di civilizzare gli "altri popoli", considerati incivili. Dal XIX e, soprattutto, dal XX secolo si inizia invece a usare il plurale, "le civiltà"; questo implica la consapevolezza che esistono tanti modi diversi per organizzare la vita sociale, ognuno con una propria dignità e coerenza. "Civiltà", dunque, definisce gli aspetti culturali, politici e sociali che caratterizzano un determinato popolo.

Lavorare con le FONTI

Laboratorio

Il codice di Hammurabi

Opera Codice di Hammurabi
Data XVIII secolo a.C.
Tipologia fonte codice di leggi

Il codice di Hammurabi – la cui versione più celebre è riportata su una stele di basalto nero ritrovata a Susa, in Iran, e oggi esposta al Louvre di Parigi – è composto da un prologo e un epilogo che racchiudono 282 paragrafi di norme, distribuiti per argomento in dieci sezioni. Si tratta di disposizioni che riguardano i danni alle persone e alle proprietà e i risarcimenti relativi, i rapporti tra le persone (cittadini, uomini liberi, schiavi), le accuse e i procedimenti di giudizio, come si può vedere dagli articoli riportati di seguito.
Nell'insieme, questo codice si presenta come una sintesi fra la mentalità giuridica sumerica, più "moderna", e quella mesopotamica, basata su antiche e rigide regole tribali. Tuttavia non si tratta di un codice di leggi concepito per regolamentare la vita sociale, ma piuttosto di una raccolta delle leggi già esistenti e applicate dai vari funzionari, che potesse servire da modello per la futura amministrazione della giustizia.

Se un uomo accusa un altro uomo di omicidio senza averne le prove, sarà giustiziato.
Se un uomo ha rapito il bambino di un altro uomo, verrà giustiziato.
Se un uomo ha compiuto una rapina, verrà giustiziato.
Se un uomo ha rinforzato il suo argine e questo cede e i campi vengono spazzati via dall'acqua, l'uomo, il cui argine ha ceduto, risarcirà il grano che è stato perduto in questo modo.
Se egli non è in grado di risarcire il grano, verrà venduto insieme a tutta la sua proprietà e i vicini, il cui grano è stato spazzato via dall'acqua, si divideranno il ricavato.
Se un uomo cava un occhio al figlio di un altro uomo, gli verrà cavato un occhio.
Se un uomo durante una rissa fa cadere un dente a un altro uomo suo pari, gli verrà tolto uno dei denti.
Se egli fa cadere il dente di un uomo a lui inferiore, pagherà un terzo di denaro d'argento.
Se uno schiavo percuote la guancia del figlio di un uomo libero, gli si taglierà l'orecchio.

argine: la regolamentazione delle acque era alla base della civiltà babilonese: il sistema andava dunque protetto, ma nello stesso tempo ciascuno doveva svolgere correttamente le proprie mansioni.

uomo suo pari; uomo a lui inferiore: presso i Babilonesi ogni individuo aveva un "valore" secondo il posto che occupava nella società: la legge era perciò applicata in maniera diversa. Infatti, se qualcuno danneggiava un uomo libero, veniva punito secondo la "legge del taglione"; se però la vittima era uno schiavo, l'autore del reato se la cavava con una multa.

Hammurabi fece incidere il codice su grandi pietre collocate nelle diverse città, in modo che tutti potessero conoscerne il contenuto. Nell'immagine è riprodotta la parte superiore di una delle pietre: Hammurabi è raffigurato in piedi di fronte al dio del Sole e della giustizia, mentre riceve le leggi.

Per COMPRENDERE

1. Sottolinea gli articoli del testo dove è chiaramente applicata la "legge del taglione" ("occhio per occhio, dente per dente").
2. Sottolinea gli articoli che indicano come nella società babilonese esistessero individui di classi differenti.

a una fiorente economia basata sull'agricoltura e sul commercio.
Intorno alla seconda metà del XIV secolo a.C. si costituì un regno, ma fu solo tra il X e il IX secolo a.C. che gli Assiri diedero vita a un vero e proprio impero, servendosi di mezzi feroci e spietati: stragi, spostamenti forzati di popolazioni, annientamento fisico e culturale dei popoli vinti. Questa espansione fu resa possibile grazie a un **esercito efficientissimo** che disponeva di veloci carri da battaglia, di reparti di arcieri a cavallo e di possenti macchine da guerra. L'impero assiro divenne così il più vasto mai esistito nel mondo orientale prima dell'impero persiano: nel VII secolo a.C. si estendeva su quasi tutta la zona tra il Golfo Persico e il Mediterraneo, compresi l'Egitto, Israele, la Siria e la Fenicia e aveva le sue capitali nelle città di **Ninive** e **Assur**. Importanti sovrani furono **Sargon II**, abile guerriero e diplomatico, e **Assurbanipal**, amante dell'arte, della cultura e noto per aver raccolto nel palazzo reale di Ninive la biblioteca più ricca del tempo. Tutti i territori erano amministrati da funzionari locali di nomina regia, comprese alcune spie fedeli al sovrano, che controllavano ogni settore della vita pubblica e che, su ordine dei loro sovrani, avevano il compito di "assirizzare" le popolazioni assoggettate, cioè di modificarne profondamente la loro identità culturale, politica e religiosa.

La porta di Ishtar di Babilonia

La porta di Ishtar, oggi interamente ricostruita all'interno del Pergamon Museum di Berlino, era la porta principale di Babilonia. Costruita nel VI secolo a.C. per volere di Nabuccodonosor, il monumento era completamente rivestito di mattoni smaltati azzurri, sui quali erano state modellate a rilievo raffigurazioni di animali veri e fantastici.

I Medi e Neobabilonesi

La durezza e l'aggressività di questa politica assira suscitarono alla lunga l'odio dei popoli sottomessi e di quelli vicini. Nel 612 a.C., i **Medi**, provenienti dall'attuale Iran, aiutati da insorti Babilonesi, attaccarono e distrussero Ninive e si divisero le province dell'impero assiro. La caduta degli Assiri lasciò campo libero al **secondo impero babilonese**, che raggiunse la sua massima espansione sotto **Nabucodonosor** (604-562 a.C.). Il sovrano conquistò vasti territori in area siro-palestinese e distrusse il regno di Giuda, mettendo a ferro e fuoco la capitale Gerusalemme e deportandone gli abitanti. I primi segni di decadenza dell'impero babilonese si manifestarono però già sotto i successori di Nabucodonosor. Nel 539 a.C. Babilonia e tutto il territorio da essa dipendente caddero infine sotto il potere di Ciro, re dei Persiani.

GUIDA allo STUDIO

1. Quali furono gli aspetti innovativi che caratterizzarono la civiltà sumerica?
2. In che modo l'impero assiro divenne il più vasto mai esistito nel mondo orientale prima di quello persiano?
3. Come si formò il secondo impero babilonese?

LA MESOPOTAMIA TRA XII E VI SECOLO A.C.

XII secolo a.C.	L'impero babilonese entra in crisi e viene conquistato dagli Assiri (1146 a.C.), popolo stanziato nel nord della Mesopotamia.
X-IX secolo a.C.	Gli Assiri creano un immenso impero, esteso dal Golfo Persico al Mar Mediterraneo e gravitante intorno alle città di Ninive e Assur.
VII secolo a.C.	L'impero assiro crolla sotto l'attacco di Medi e Neobabilonesi.
VI secolo a.C.	Babilonia e tutta la Mesopotamia vengono conquistate dai Persiani guidati dal re Ciro (539 a.C.).

Canalizzazione e gestione delle acque in Mesopotamia

Fin dai tempi più remoti, già dal V millennio a.C., le popolazioni mesopotamiche furono costrette a ingegnarsi per sfruttare al meglio l'acqua dei fiumi Tigri ed Eufrate e limitare i danni delle loro **piene stagionali**, spesso irruente, che provocavano danni e devastazioni. Grazie alla costruzione di una **fitta rete di canali** fu possibile utilizzare le acque fluviali per rendere produttivi i terreni e sviluppare una fiorente agricoltura.
Ancora oggi in **Iraq**, lo stato che attualmente occupa all'incirca il territorio dell'antica Mesopotamia, le opere di canalizzazione caratterizzano il paesaggio, soprattutto nella regione paludosa del sud.

Veduta odierna della zona dove scorre lo Shatt-al-Arab, il fiume dell'Iraq meridionale formato dalla confluenza del Tigri e l'Eufrate prima di sfociare nel golfo Persico.

Gli interventi "ingegneristici" dei popoli mesopotamici furono di diverso tipo: per prima cosa furono costruiti degli **argini rialzati** come barriere in caso di piena; poi, grazie ad abili calcoli matematici, venne realizzato **un sistema di canali** di varie dimensioni in cui scorreva con regolarità l'acqua proveniente dai due fiumi. I canali, che erano intervallati da vasche o dighe per regolare il flusso idrico, scorrevano ortogonalmente rispetto al corso del fiume, ed erano tanto numerosi da creare una **suddivisione a scacchiera** delle terre. Gli appezzamenti di terreno, gli *ikum*, erano per lo più lunghi e stretti, di piccole dimensioni e disposti uno accanto all'altro. Le colture si differenziavano in base alla vicinanza al fiume: prima gli ortaggi e gli alberi da frutto, poi i cereali, e infine le coltivazioni più povere e i pascoli.

Un complesso apparato amministrativo gestiva e controllava tutto il sistema: operai, guardie e funzionari ispezionavano i canali e le dighe e vigilavano sulla loro efficienza. I singoli contadini erano obbligati a effettuare regolari lavori di manutenzione dietro la minaccia di pesanti punizioni.

Sui canali furono aggiunti pozzi, acquedotti e vari **sistemi di prelievo manuale dell'acqua**, come lo *shaduf*, un attrezzo formato da due pali che sorreggono una pertica ai cui estremi sono disposti un peso e un secchio, e la noria, una grande ruota in legno che solleva l'acqua sfruttando la corrente. Questi strumenti sono ancora oggi utilizzati in alcune parti del mondo.

Norie sul fiume Oronte, nei pressi della città di Hama in Siria.

Uno *shaduf* nell'Anatolia centrale (Turchia).

L'Iraq

La Mesopotamia oggi coincide grosso modo con l'**Iraq** (in persiano *Eraq* "terre basse"). Quest'area ha visto fiorire le civiltà più antiche della storia. Il suo territorio ha visto passare Alessandro Magno, i Romani con Diocleziano, gli Arabi (che le hanno dato il nome attuale), i Mongoli e gli Ottomani.
Al termine della prima guerra mondiale il paese fu occupato dagli inglesi (interessati al petrolio, ormai divenuto il "sangue del mondo"), che lo dichiararono **indipendente** e favorirono la nascita di una **monarchia**.
Il presente e il recentissimo passato dell'Iraq sono legati alla figura del dittatore **Saddam Hussein** che ha governato il paese dal 1979 al 2003, costringendolo a **guerre continue**. Prima il quasi decennale **conflitto con l'Iran** (1980-1988), poi la **prima guerra del Golfo** - provocata dall'invasione irachena del Kuwait che si risolse in pochi mesi (1990-1991); infine la **seconda guerra del Golfo**, decisa dopo l'11 settembre 2001 dal governo degli Stati Uniti, che accusavano il dittatore di collusione con il terrorismo islamico. In seguito alla caduta di Saddam sono scoppiate guerre civili e tribali in contemporanea all'occupazione da parte di una coalizione internazionale. Oggi l'Iraq sta cercando di raggiungere una faticosa stabilità.

Istantanea

BAGHDAD è la città delle *Mille e una notte* e la città dei libri. Un vecchio detto mediorientale dice: "Gli egiziani scrivono, i libanesi commerciano i libri, ma è a Baghdad che vengono letti". È la città dove sorgeva la più grande biblioteca del mondo arabo, il Bayt al-Hikma ("la Casa della Sapienza"), che conservava mezzo milione di testi e che fu distrutta dai Mongoli nel 1258. È la città dove, nell'invasione del 2003, un'altra grandiosa biblioteca venne incendiata, saccheggiata, inondata dai liquami delle fogne: la Biblioteca Nazionale.

2.3 I tratti comuni dei popoli mesopotamici

La piramide sociale: dagli schiavi al sovrano

Dal punto di vista dell'organizzazione politica e sociale, la civiltà mesopotamica presenta complessivamente tratti molto originali soprattutto rispetto alla contemporanea civiltà egizia. La popolazione era infatti divisa in **classi sociali aperte**, ai cui membri era dato di poter mutare, almeno entro certi limiti, la propria condizione di vita. Vi erano infatti gli **uomini liberi**, a cui appartenevano sacerdoti, guerrieri, funzionari statali, commercianti, grandi proprietari terrieri; i **semiliberi**, di cui facevano parte quanti, un tempo in stato di servitù, avevano in seguito conquistato la libertà o quanti, al contrario, avevano perduto la libertà per particolari colpe; la terza classe era infine quella degli **schiavi**. Al vertice della piramide sociale stava il **re**. La maggior parte dei sovrani mesopotamici proseguì l'antica tradizione sumerica, secondo la quale il re era il "grande uomo", sommo **sacerdote** e **capo di tutto l'esercito**, incaricato dagli dèi di **garantire la giustizia e la pace** al paese e di assicurare benessere e prosperità al suo popolo. Alcuni sovrani, tuttavia, scelsero di farsi **divinizzare**, cioè di essere venerati come dèi.

Un alto funzionario
La statuetta, rinvenuta nella città di Mari e databile al 2500 a.C. circa, rappresenta un sacerdote-alto funzionario. L'uomo porta la testa rasata e la lunga barba, caratteristica dei sacerdoti, e un'ampia gonna di lana, tipico indumento maschile dell'epoca.

Il sovrano in preghiera
Gudea, sovrano della città sumera di Lagash, raffigurato in atteggiamento di preghiera, 2200-2100 a.C. (Parigi, Museo del Louvre).

I sacerdoti: una categoria privilegiata

Particolarmente importante era il ruolo svolto dalla **classe sacerdotale**. I sacerdoti erano a capo dei **templi**, che avevano una funzione religiosa ma anche economica: nei magazzini dei templi erano infatti custodite le offerte agli dèi, il raccolto agricolo e le altre ricchezze della città. Parte di queste ricchezze poteva essere ceduta dai sacerdoti ai sudditi attraverso un prestito con **interesse**: anche per questo motivo, oltre che per le loro funzioni religiose, essi ricoprivano un ruolo fondamentale e godevano di grande **prestigio**.
Il mestiere di sacerdote era un **privilegio** esclusivo di poche famiglie ricche, che lo custodivano gelosamente, tramandandolo di generazione in generazione.

lessico

Interesse somma che il debitore si impegna a restituire in più rispetto a quella ricevuta.

Eliocentrismo teoria astronomica che pone il sole al centro del sistema planetario (dal greco *hèlios*, "sole" e *kèntron*, "centro").

Religione e astronomia

I sacerdoti erano quotidianamente dediti allo **studio degli astri**, e alcune importantissime osservazioni astronomiche risalgono addirittura al 2000 a.C., come, ad esempio, il calcolo del moto del sole in una visione **eliocentrica** e la divisione dell'anno in 12 mesi lunari. Soprattutto presso i Babilonesi questa scienza godeva di una particolare considerazione, nell'ambito di una religione **politeista** che divinizzava le forze e le leggi della natura. Le più importanti divinità babilonesi, infatti, erano **Shamash**, personificazione del sole e dio della giustizia, **Nanna**, dio-luna, e **Ishtar**, dea dell'amore, della guerra e personificazione del pianeta Venere; queste divinità, seppur con nomi diversi, erano comuni anche alle altre civiltà mesopotamiche. La convinzione che nel cielo fosse scritto chiaramente ciò che sarebbe accaduto sulla terra portò alla nascita dell'**astrologia**, l'arte di prevedere il futuro attraverso l'osservazione delle stelle.

lessico
Politeismo forma di religione fondata sul culto di più divinità (dal greco *polýs*, "molto" e *theòs*, "dio").

Architettura e matematica

I popoli mesopotamici raggiunsero un notevole livello anche nell'architettura e nella scultura, in particolare nella realizzazione di fortezze, palazzi e altri imponenti edifici. Simbolo dell'architettura assiro-babilonese furono le *ziqqurat*, templi costruiti su vari terrazzamenti sovrapposti, ognuno dei quali più piccolo del precedente e diversamente colorati, che terminavano con una terrazza piana. Invenzioni mesopotamiche di grande valore furono anche l'**arco** e la **volta**, ambedue ignoti sia agli Egizi che ai Greci e solo più tardi riscoperti dagli Etruschi in Italia e poi ampiamente utilizzati dai Romani. Altri elementi architettonici caratteristici erano i grandi portali, ornati di eleganti rilievi e i giardini pensili (costruiti cioè su delle terrazze), tra i quali i più splendidi furono quelli di Babilonia.
A Sumeri, Assiri e Babilonesi sono attribuite anche importanti **scoperte matematiche**, dalla misurazione degli angoli alla divisione del cerchio in 360 gradi, alla determinazione di aree e volumi, nonché all'uso di una tavola per il calcolo delle moltiplicazioni.

GUIDA allo STUDIO

1. Quali erano le principali classi sociali presso i popoli mesopotamici?
2. Perché i templi assolvevano anche a una funzione economica?
3. Quali furono le invenzioni di maggior rilievo che i popoli mesopotamici ci hanno lasciato?

Storia e... Arte Architettura

La *ziqqurat*, il simbolo dell'architettura mesopotamica

Nell'intera area mesopotamica le *ziqqurat* erano templi dedicati alle principali divinità protettrici delle città. Gli esemplari più antichi risalgono al III millennio a.C. Si trattava generalmente di edifici massicci a pianta rettangolare che si elevavano su terrazzamenti a scala, in numero variabile da tre a sette, e ogni terrazzamento era protetto da alte mura; l'accesso era consentito da lunghe scalinate rettilinee: una principale sul davanti e due laterali.
Sulla sommità era situato il santuario, una torretta più piccola ritenuta la dimora della divinità; nelle aree più alte e sacre l'ingresso era consentito soltanto al re e ai sacerdoti.
Nelle aree più basse si trovavano invece le sale per i funzionari del tempio e i magazzini per le scorte di cibo. La *ziqqurat* infatti, oltre ad avere una funzione religiosa e cultuale, era anche un centro economico e sociale della città. La scrittura era nata proprio intorno ai più antichi templi per esigenze contabili e di culto.
L'imponente e solida struttura consentiva di raggiungere notevoli altezze allo scopo sia di proteggere il tempio dalle piene del Tigri e dell'Eufrate, sia di avvicinarsi maggiormente verso il cielo e quindi verso la divinità.
Sfortunatamente nessuna *ziqqurat* è giunta fino a noi completa in tutte le sue parti, per cui le ricostruzioni degli archeologi si basano, oltre che sui resti visibili, anche sulle rare testimonianze degli scrittori antichi.

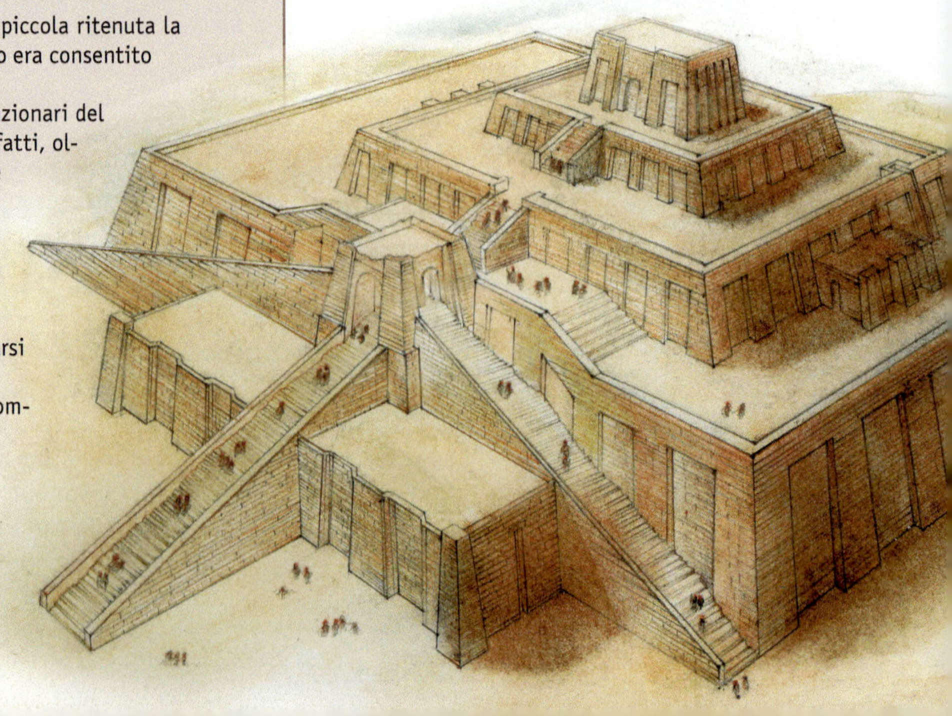
Disegno ricostruttivo della ziqqurat di Ur.

L'astronomia presso i popoli mesopotamici

Presso i popoli mesopotamici lo studio delle stelle, dei pianeti e dei loro moti nacque da esigenze prettamente religiose. I sacerdoti infatti iniziarono a **osservare la volta celeste** in cerca di fenomeni, come fulmini, eclissi o comete, che rivelassero la volontà divina.
Fin dal III millennio a.C. le loro conoscenze astronomiche raggiunsero un alto livello di precisione. Basandosi su complessi calcoli matematici e geometrici, infatti, riuscirono a stimare il **moto ellittico del Sole** e delle **orbite degli altri pianeti**, a misurare la distanza tra la Terra e alcuni pianeti, a mappare le **costellazioni dello zodiaco** e addirittura a prevedere le **eclissi lunari**.

Le religioni dei popoli mesopotamici annoveravano **numerose divinità** che venivano **personificate negli astri** e **nelle forze celesti**, come è narrato in numerosi racconti mitologici e poemi epici. Ad esempio le due principali divinità babilonesi erano Shamash, dio del Sole e della giustizia, e Ishtar, dea del pianeta Venere, dell'amore e della guerra.
In questa stele sono rappresentati il disco solare di Shamash, il pianeta Venere di Ishtar e la falce di luna del dio Sin.

I sacerdoti assiri erano soliti rappresentare la volta celeste e le costellazioni su **tavolette** o **dischi di argilla**. In questo planisfero celeste in caratteri cuneiformi del VII secolo a.C., proveniente dai resti della **biblioteca del re Assurbanipal**, sono individuabili i disegni di alcune costellazioni come le rappresentiamo anche noi oggi e dalle quali derivano molti dei nomi tuttora in uso: Toro, Gemelli, Cancro, Vergine, Bilancia e altre. Secondo alcuni studiosi esso riporta incise le stelle come erano visibili nel cielo dalla città di Ninive esattamente nella notte tra il 3 e il 4 gennaio del 650 a.C.

2.4 Gli Ittiti, grande civiltà dell'Anatolia

L'ascesa dell'impero ittita

Altra importantissima civiltà del Vicino Oriente antico fu quella degli **Ittiti**, popolo **indoeuropeo** che intorno al 1800 a.C. si era stabilito lungo le rive del fiume Halys, in una delle fertili vallate che fiancheggiano il freddo e talora desertico **altopiano anatolico**, al centro dell'Asia Minore.

Qui, dopo un primo tentativo di unificazione territoriale da parte di un principe locale, si passò, circa un secolo più tardi, alla creazione di un regno unitario per iniziativa del re **Hattusili I**, dal quale prese nome la capitale, **Hattusa** (1650 a.C ca.). Fonti ittite documentano la presenza in Anatolia, fin dal 1600 a.C., di un regno detto Mitanni, abitato dal popolo degli Hurriti. Il regno degli Ittiti e quello degli Hurriti convissero fino a quando quest'ultimo non venne inglobato nel nuovo impero ittita fondato dal re **Suppiluliuma I** (1370 - 1342 a.C.), artefice di una politica espansionistica. I suoi successori estesero ulteriormente i confini dell'impero spingendosi fino a raggiungere le città della Mesopotamia e della Siria nord-occidentale, come Ugarit, Amurru, Qadesh. Fu allora che gli Ittiti entrarono in contrasto con gli Egizi, che avevano anch'essi mire su quella regione. I due popoli si scontrarono nella **battaglia di Qadesh** (1284 a.C. ca.): anche se non vi fu un vero e proprio vincitore gli Ittiti imposero comunque il controllo sulla regione siriana riuscendo a respingere l'avanzata egizia. Alcuni anni più tardi il re ittita Hattusili III e il faraone Ramses II decisero di stipulare un trattato di pace, che rappresenta il più antico documento diplomatico giunto fino a noi.

ti ricordi?

Gli **Indoeuropei** erano quei popoli che, insieme ai Camiti e ai Semiti, furono protagonisti delle ondate migratorie durante l'età dei metalli.

I punti di forza dell'esercito ittita

Tra le principali ragioni del successo militare dagli Ittiti vi fu l'adozione di **carri da guerra** leggeri e dotati di **ruote a raggi**, al posto delle più pesanti ruote piene tipiche dei carri sumeri. L'introduzione di questi carri, trainati da un cavallo, portò un notevole cambiamento nelle tattiche militari, diminuendo l'importanza delle truppe appiedate: queste infatti venivano facilmente messe in fuga dalle cariche dei carri, che trasportavano due soli guerrieri, uno che guidava e l'altro armato di arco. Un ulteriore motivo della superiorità ittita consistette nell'utilizzo di **armi di ferro**: grazie all'invenzione di un particolare procedimento di riscaldamento, martellamento e successiva immersione nell'acqua (la cosiddetta "**tempera**"), furono infatti in grado di creare armi molto più resistenti di quelle in bronzo in uso allora presso gli altri popoli.

Il carro da guerra

Progettato in modo che pesasse il meno possibile, il carro da guerra ittita era formato da un telaio di legno. Le due ruote, a raggi, avevano i cerchioni realizzati in materiale più resistente, capace di sopportare le pesanti sollecitazioni del terreno.

La religione ittita

Presso gli Ittiti il potere politico era strettamente legato alla sfera religiosa. Il **sovrano** infatti, pur non essendo divinizzato, veniva considerato il **rappresentante delle divinità sulla Terra**. Come i popoli mesopotamici e gli Egizi, anche gli Ittiti erano **politeisti**. Le divinità erano collegate alle forze della natura e fra queste la più importante era **Teshup**, dio della tempesta, che abitava sulle montagne e assicurava il benessere del paese con la pioggia. Il **pantheon** ittita tuttavia era molto più numeroso rispetto a quello delle altre società mesopotamiche perché venivano accolti anche i culti dei popoli conquistati, ciascuno dei quali doveva avere un proprio tempio nella capitale Hattusa.

lessico
Pantheon dal greco *pan*, "tutto" e *theòs*, "dio", è l'insieme di tutte le divinità relative alla religione di un popolo.

Il crollo dell'impero

Il potere del sovrano ittita non era incontrastato bensì limitato da un'**assemblea di nobili**. L'impero era inoltre organizzato intorno a una serie di **principati locali** dotati di ampia autonomia e affidati a funzionari scelti dal re. Una simile struttura favoriva però le mire di indipendenza dei principi, che cercarono spesso di distaccarsi dal potere centrale. Oltre a ciò, la successione al potere era spesso accompagnata da aspre lotte e intrighi all'interno della famiglia reale. Per questi motivi l'impero ittita si indebolì gradualmente, tanto che non riuscì a sostenere gli attacchi delle popolazioni esterne e all'inizio del XII secolo a.C. crollò sotto i colpi dei cosiddetti **Popoli del Mare**, che in quel periodo avevano invaso anche l'Egitto e tutta l'area mediterranea. Sulle rovine ittite si formarono due piccoli nuovi regni, quello di **Frigia** e più tardi quello di **Lidia**.

IL CROLLO DELL'IMPERO ITTITA

Lacerazioni interne alla corte
↓
Spinte indipendentiste dei principati locali
↓
Incursioni delle **tribù nomadi** del nord e dei **Popoli del Mare**

GUIDA allo STUDIO

1. Quali furono i principali fattori alla base dell'espansione del regno ittita?
2. Quali erano le caratteristiche della monarchia ittita e in cosa si differenziava dagli altri regni del Vicino Oriente?

Hattusa, la capitale ittita
Suddivisa in città alta o acropoli e città bassa, Hattusa era protetta da maestose fortificazioni, sulle quali si aprivano ampie porte di ingresso. Oggi sono ancora visibili i resti della Porta dei leoni, così chiamata perché sui bastioni sono scolpiti due leoni (nell'immagine), della Porta del re, che prende il nome dalla rappresentazione di una figura maschile in vesti di guerriero, e della Porta delle sfingi, "sorvegliata" da due animali fantastici.

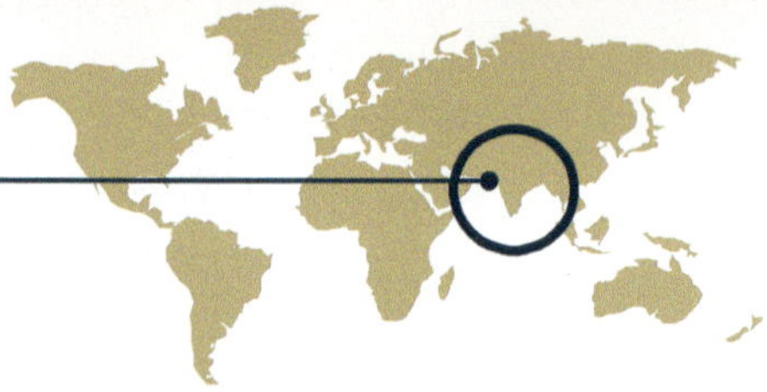

ASIA: LE "ALTRE" CIVILTÀ URBANE

Le CIVILTÀ dell'INDO e della CINA

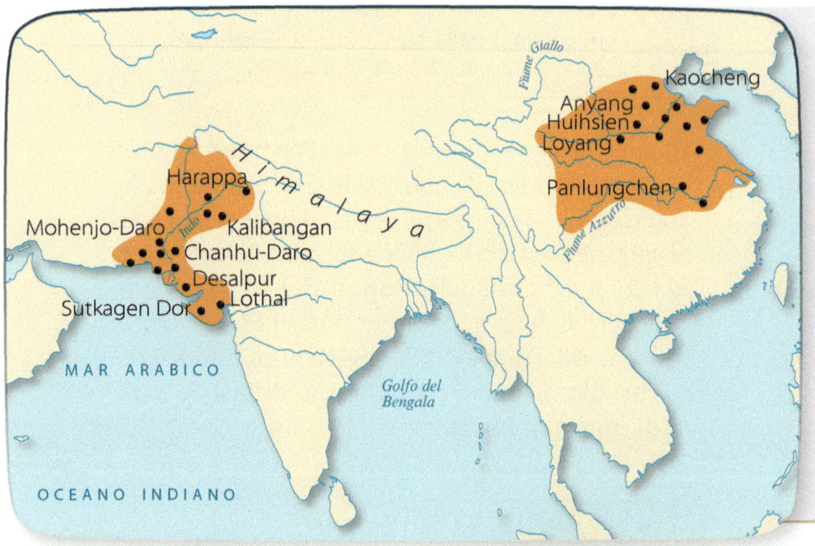

Le civiltà fluviali sono caratterizzate dalla nascita delle città. Oltre che in Mesopotamia, sin dal III millennio a.C. si manifestò, nella valle del fiume Indo, una fiorente civiltà urbana, documentata dai resti di due grandi città, Mohenjo-Daro ("il monte dei morti") e Harappa, dedite all'agricoltura e al commercio fluviale. Nel corso del II millennio a.C. anche in **Cina** si sviluppò precocemente una civiltà urbana, lungo il basso corso del **Fiume Giallo**, e più a sud, nella valle del **Fiume Azzurro**. La prima dinastia che creò uno stato unitario fu quella Xia (2195-1675 a.C.).

Mohenjo-Daro e **Harappa**, riportati alla luce nei primi decenni del XX secolo, hanno molti tratti in comune: lo **schema urbanistico a scacchiera**, la presenza di una **cittadella sopraelevata** (un'acropoli), le case costruite in legno indurito e mattoni, l'**organizzazione politica accentrata**, guidata forse da un re-sacerdote. La prima città raggiunse i 70.000 abitanti, la seconda 40.000 (Uruk arrivò a 80.000, Ur a 30.000). Il declino di questa civiltà avvenne intorno al 1500 a.C., probabilmente a causa dell'invasione degli Arii, un popolo nomade di origine indoeuropea.

La civiltà cinese di questo periodo conobbe la scrittura (a partire dal 1500 a.C., quindi dopo quella cuneiforme), il cavallo e il carro da guerra, mentre l'economia si basava sui commerci e sulla coltivazione di numerose piante, fra le quali la più importante era il riso.

Osso oracolare iscritto, dinastia Shang (XVII-X secolo a.C.).

Mohenjo-Daro, i cui resti, come quelli di Harappa, si trovano oggi in Pakistan.

2.5 Gli Ebrei e la nascita del regno d'Israele

Un popolo nomade

L'esistenza degli **Ebrei** o **Israeliti**, popolo di etnia semitica come gli Assiri e i Babilonesi, risulta ampiamente documentata nei testi sumeri già dalla fine del III millennio a.C. Queste fonti parlano spesso degli Ebrei come di una popolazione nomade, presente soprattutto nei dintorni delle città-stato mesopotamiche. Secondo la Bibbia – fonte principale per la ricostruzione della storia ebraica – intorno al 2000 a.C. gruppi di Ebrei mossero dal territorio della città sumera di Ur, sotto la guida del **patriarca** Abramo, e arrivarono nella zona meridionale della Siria, chiamata dagli Ebrei **Terra di Canaan** e in seguito dai Greci **Palestina** (dai *Pelishtìm*, o Filistei, uno dei popoli che l'abitava). Intorno al 1800 a.C. gli Ebrei subirono l'invasione degli Hyksos, popolo di origine asiatica che poco tempo dopo si impossessò anche della corona egizia; questa minaccia, insieme a una gravissima carestia, li indusse a spostarsi verso le fertili terre dei faraoni, dove, dopo una permanenza durata oltre quattrocento anni, divennero vittime di un regime oppressivo e di una crudele persecuzione.

lessico

Israeliti il termine, che significa "uomo che vide Dio" oppure "uomo che lotta con Dio", era il nome che, secondo un episodio narrato nell'Antico Testamento, Dio avrebbe dato al patriarca Giacobbe. Anche un documento egizio risalente alla fine del XIII secolo a.C. indica in tal modo uno dei popoli nomadi che abitavano la terra di Canaan.

Patriarca nell'Antico Testamento era detto tale ogni capo tribù degli Ebrei vissuto prima di Mosè. In seguito il termine passò a indicare i vescovi di alcune città (come Costantinopoli o Gerusalemme).

La fuga dall'Egitto

Secondo la Bibbia, intorno al 1250 a.C., sotto la guida di **Mosè**, gli Ebrei si sollevarono contro gli Egizi e, attraversato il Mar Rosso, vagarono nel deserto del Sinai per quarant'anni, nel corso dei quali Mosè educò il popolo a una **religione monoteista** (dal greco *mònos* "unico" e *theòs*, "dio"), legata cioè al culto di un solo Dio. Secondo il racconto biblico, durante questo tempo Mosè, ispirato da Dio, dette al suo popolo le **Tavole della Legge**, cioè i Dieci Comandamenti, insieme ad altre leggi che regolavano la vita religiosa e pubblica. Mosse infine verso la Terra di Canaan, indicata da Dio come la "terra promessa", ma morì poco prima di poterla raggiungere. Assunse allora la guida degli Israeliti **Giosuè** che, secondo il racconto biblico, passò il fiume Giordano, conquistò la città di Gerico e verso il 1200 a.C. s'insediò con il suo popolo in Palestina.

Il Regno di Israele

Gli Ebrei erano suddivisi sin dall'età più antica in **dodici tribù** – non sempre in accordo tra loro – e conservarono questa loro organizzazione per lungo tempo: solo in caso di gravi pericoli veniva eletto un capo comune e comandante di tutto l'esercito. Proprio per la mancanza di un governo unitario e stabile, essi erano sempre sottoposti agli attacchi dei popoli confinanti e in particolare dei Filistei, molto aggressivi e forniti di armi di ferro, tra le più moderne e solide del tempo.

Il trionfo di un principe
Questa placca di avorio intagliata mostra un principe della Terra di Canaan mentre festeggia una vittoria sui suoi nemici. Il principe è seduto su un trono a forma di sfinge mentre i suoi attendenti gli portano doni e prigionieri in catene e un musicista suona la lira e canta la vittoria del suo padrone.

Ecco perché intorno al **1020 a.C.**, per meglio resistere ai nemici, gli Ebrei adottarono una forma di governo monarchico ed elessero un sovrano, dando così origine a quella unità politica che li avrebbe portati al massimo sviluppo economico.

L'età dei re

Il primo re fu **Saul**, che morì combattendo contro i Filistei. Il suo successore, **David**, fu il vero unificatore della sua gente: egli scelse **Gerusalemme** come capitale e ne fece il centro religioso della comunità, trasportandovi le Tavole della Legge custodite in una cassa di legno chiamata Arca dell'Alleanza, simbolo della concreta presenza di Dio in mezzo al popolo ebraico. A lui succedette il figlio **Salomone**, abilissimo e saggio legislatore, famoso anche per le importanti costruzioni fatte realizzare a Gerusalemme: le mura, la reggia, il tempio. Grazie alla presenza di alcune vie carovaniere che attraversavano il territorio ebraico collegandolo con la pianura mesopotamica, il sovrano riuscì inoltre a trasformare la Palestina in un importante centro di smistamento delle merci più diverse tra Oriente e Occidente e gli Ebrei diventarono insuperati maestri nelle attività commerciali. Negli ultimi anni del suo regno, gli enormi costi delle opere pubbliche e la necessità di riorganizzare l'esercito costrinsero Salomone a imporre pesanti tasse. Ciò scatenò il malcontento del popolo, che alla sua morte si ribellò costituendo due distinti regni: il **Regno di Israele** a nord, con capitale Samaria, e il **Regno di Giuda** a sud, con capitale Gerusalemme (932 a.C.).

LE MIGRAZIONI DEL POPOLO EBRAICO

1 Gli **Ebrei**, popolo nomade di origine semitica, partono dalla **città di Ur** e giungono, sotto la guida di **Abramo**, in **Palestina** o **Terra di Canaan**.

2 L'invasione degli **Hyksos** costringe gli Ebrei a migrare in **Egitto**, dove vengono ridotti in schiavitù dai faraoni.

3 Sotto la guida di **Mosè** gli Ebrei riescono a tornare verso la Terra di Canaan, indicata da Dio come la "**terra promessa**".

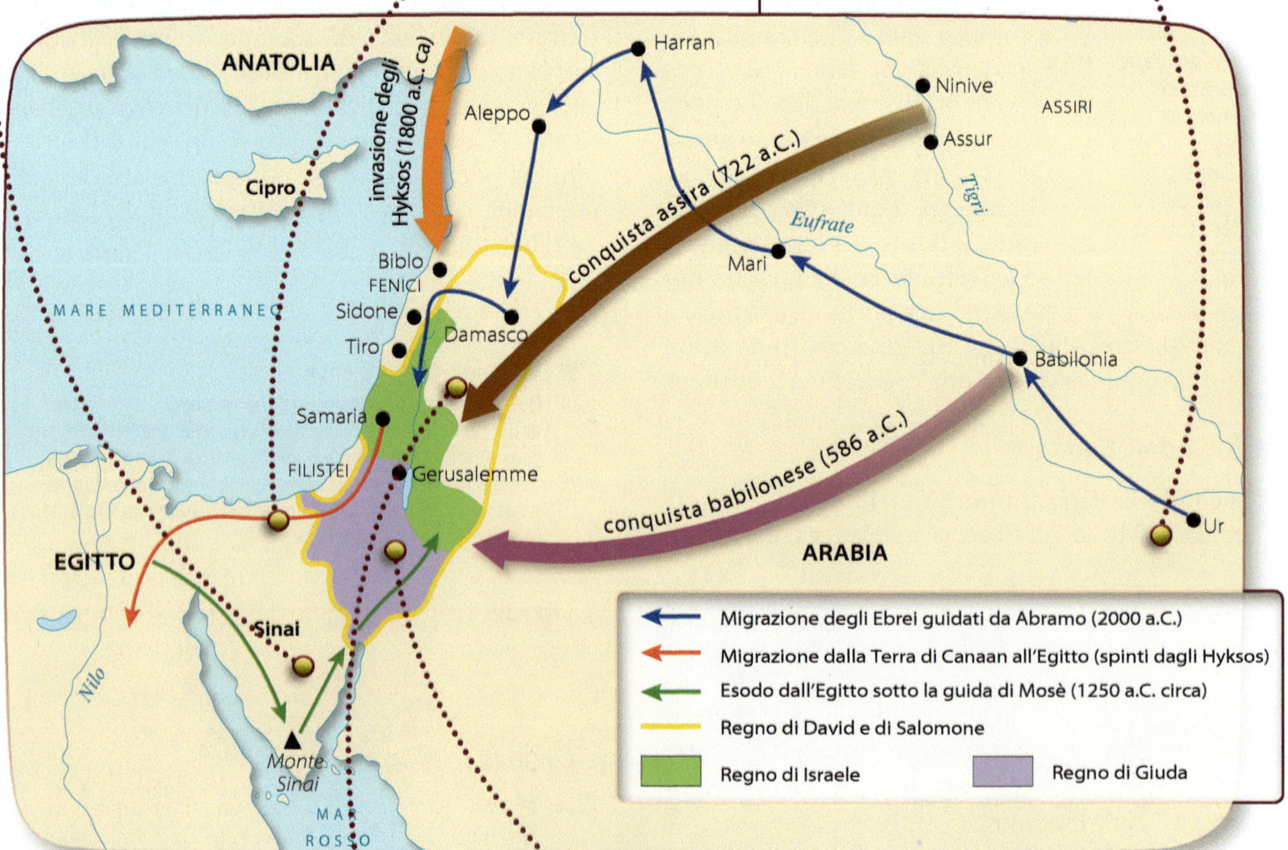

4 Le tribù ebraiche si uniscono in un **unico regno** ed eleggono un sovrano. Sotto il re **David** e il figlio **Salomone** il regno raggiunge il suo massimo sviluppo.

5 Alla morte di Salomone il regno si divide in **Regno di Israele** e **Regno di Giuda**: il primo sarà conquistato dagli **Assiri** nel 722 a.C., mentre il secondo cadrà per mano dei **Babilonesi**, nel 586 a.C.

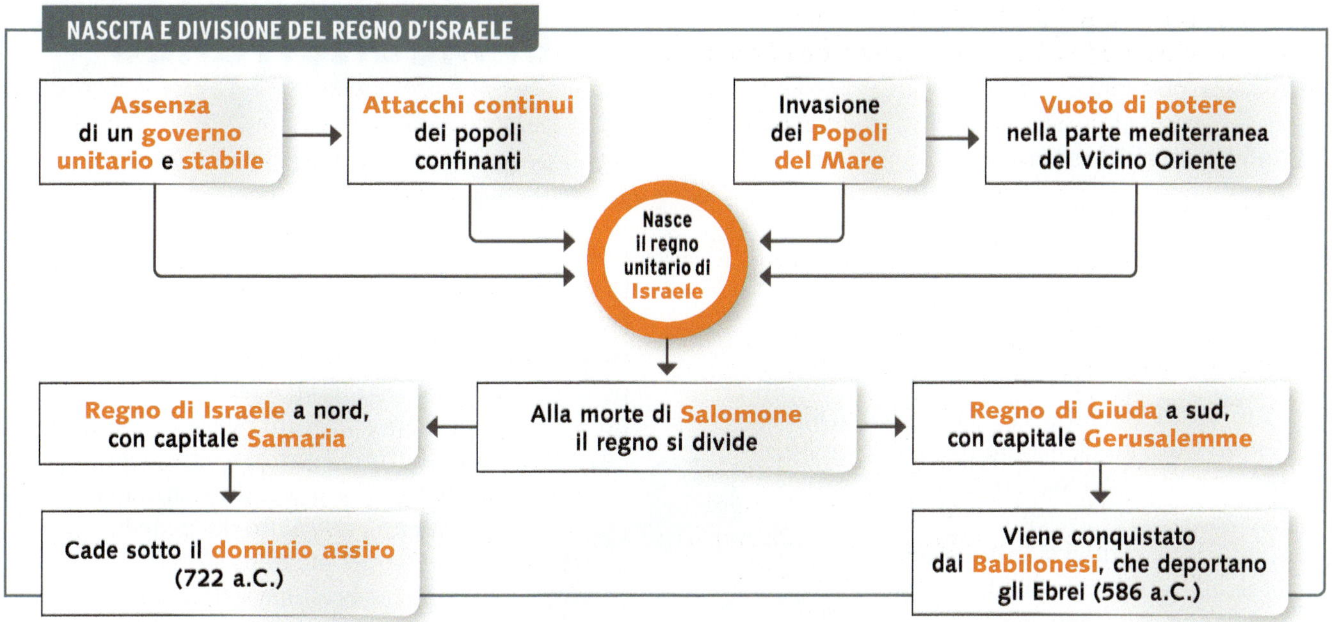

La dominazione dei grandi imperi

A causa delle continue discordie interne, i due regni andarono però sempre più indebolendosi e divennero facile preda dei popoli vicini: nel **722 a.C.** il Regno di Israele cadde sotto il dominio degli Assiri, mentre il Regno di Giuda nel **586 a.C.** fu invaso dai Babilonesi, i quali, dopo avere raso al suolo Gerusalemme, ne trasferirono forzatamente gli abitanti a Babilonia.

Ebbe così origine un lungo periodo di schiavitù, comunemente indicato come "**cattività babilonese**", nel corso del quale un motivo di grande conforto furono la fede e la speranza in una futura liberazione. Tale speranza fu esaudita solo dopo un esilio durato circa mezzo secolo, quando il re dei Persiani, Ciro, conquistata Babilonia, concesse agli Ebrei superstiti di tornare in Palestina e di riedificare Gerusalemme e il tempio (538 a.C.).

L'ebraismo: prima religione monoteista

Anche quando gli Ebrei abbandonarono il nomadismo e la pastorizia per divenire sedentari e agricoltori, restarono comunque legati a uno stile di vita semplice e sobrio, lontano dai fasti raggiunti ad esempio dagli Assiri o dai Babilonesi.

Ciò che li distingueva maggiormente dagli altri popoli del Vicino Oriente tuttavia era la particolarità della loro religione. Presso nessun popolo antico, infatti, il fattore religioso ebbe tanto rilievo come presso gli Ebrei. Guidato e sorretto in ogni circostanza da una viva e profonda fiducia in un unico Dio (in ebraico *Yahvè*), il popolo ebraico diede vita a un'innovazione assai originale per quel tempo: il **monoteismo**, che secondo la narrazione biblica sarebbe stato trasmesso agli Ebrei da Dio stesso. L'ebraismo quindi si differenziò nettamente dalle altre religioni del Vicino Oriente antico, che erano **politeiste** e veneravano molte divinità. La fede in un unico dio fu il punto di arrivo di una lunga evoluzione durata secoli, durante i quali fondamentale a tal fine fu l'esperienza della deportazione da parte degli Assiri e dei Babilonesi: il culto di Dio divenne per gli Ebrei l'unico mezzo per **conservare l'identità nazionale**.

La volontà di *Yahvè* era espressa, oltre che nei Dieci Comandamenti, anche nell'*Antico Testamento*, il libro sacro degli Ebrei. Il dio degli Ebrei, allora come oggi, è unico, onnipotente e creatore di tutte le cose, totalmente diverso dall'uomo e a lui così superiore da non poter essere rappresentato con immagini **antropomorfe** né di animali, come accadeva invece nelle religioni degli altri popoli antichi, non solo dei Mesopotamici e degli Egizi ma anche successivamente dei Greci e dei Romani.

lessico

Cattività dal latino *captivitas*, "prigionia".

Antropomorfismo dal greco *ànthropos*, "uomo" e *morphè*, "forma", è la tendenza ad attribuire a esseri animati o inanimati, soprattutto alle divinità, aspetto, caratteristiche e sentimenti tipici dell'essere umano.

GUIDA allo STUDIO

1. Perché gli Ebrei adottarono una forma di governo monarchico?
2. Quali furono le conseguenze della politica di Salomone?
3. Perché la religione ha assunto un ruolo così centrale nella storia degli Ebrei?

2.6 I Fenici e il commercio nel Mediterraneo

I Fenici e le città-stato

Intorno alla fine del III millennio a.C., la fascia costiera del Mediterraneo orientale, delimitata a nord dalla Siria e a sud dal monte Carmelo (l'attuale Libano), era stata occupata dai **Fenici**, una popolazione di origine semitica, che durante l'età del ferro (II - I millennio a.C.), vi aveva fondato **numerose città-stato** fiorenti tra cui **Biblo**, **Tiro**, **Sidone**. Sottoposte a lungo al dominio del vicino Egitto, a cui dovevano pagare ingenti tributi, nell'XI secolo a.C. le città-stato fenicie riuscirono a **rendersi indipendenti** in seguito alle incursioni dei **Popoli del Mare** che colpirono la potenza egizia e la fecero ritirare dall'area siriana. Tuttavia la mancanza di unità politica e la rivalità fra le varie città provocarono la caduta dei Fenici sotto il predominio straniero, dagli Assiri ai Babilonesi, dai Persiani fino ai Greci e ai Romani.

Un popolo di grandi navigatori e commercianti

Costretti a vivere in una ristretta striscia di terra poco adatta all'agricoltura e circondati da regni potenti, i Fenici iniziarono a dedicarsi alla **navigazione** e al **commercio marittimo**, diventando in breve tempo assai abili e famosi. Essi introdussero alcune importanti innovazioni tecniche di navigazione: furono i primi a utilizzare l'ancora e il timone, e a praticare la **navigazione notturna** con l'aiuto della stella polare. Fino a quel momento infatti la navigazione era avvenuta soltanto di giorno, "a vista", senza allontanarsi dalla costa sia per non perdere i punti di riferimen-

Maestri dell'arte vetraria
L'invenzione del vetro si deve ai popoli mesopotamici; i Fenici però si distinsero per la loro abilità nella fabbricazione di eleganti manufatti con tale materiale. Nell'immagine, pendente di collana in pasta vitrea.

I PRODOTTI E LE ROTTE DEL COMMERCIO FENICIO

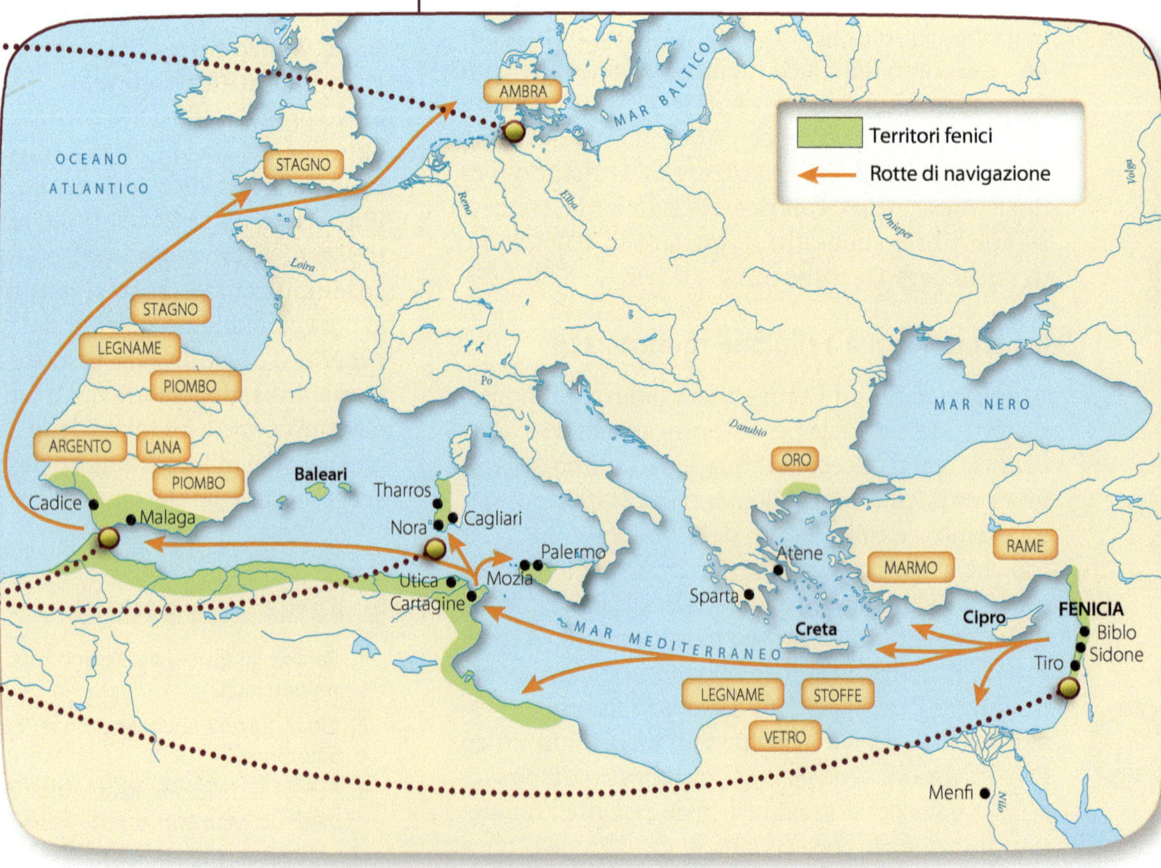

3 Attraverso i freddi mari dell'**Europa settentrionale**, i Fenici si spingono fino alle isole britanniche e ai paesi scandinavi, dove, in cambio di stoffe e oggetti preziosi, ottengono **stagno** e **ambra**, una resina fossile ricercatissima per la realizzazione di gioielli e ornamenti.

2 Alla ricerca di preziose **materie prime** come il piombo, il rame e l'argento, i Fenici fondano **numerose colonie** soprattutto nel Mediterraneo occidentale

1 Dalla Fenicia partono navi cariche di **prodotti di lusso**: vetri soffiati, oggetti d'avorio, **legno di cedro** e stoffe tinte con **porpora**, una preziosa sostanza estratta da un mollusco chiamato murice.

to, sia perché le navi non erano adatte ad affrontare il mare aperto. Viaggiando **riuniti in piccole flotte** composte da navi robuste e veloci, i Fenici riuscirono a raggiungere ogni punto del **Mediterraneo**: dalle coste dell'Asia Minore alle isole del Mar Egeo e ancora più a ovest fino alla Sicilia, alla Sardegna e alla penisola iberica, arrivando a spingersi addirittura fino al Mare del Nord e al Mar Baltico in ricerca di stagno e ambra.

Scali e colonie

In ognuno di questi luoghi i Fenici crearono degli **scali**: si trattava di zone di approdo attrezzate e sicure dove era possibile rifornirsi di acqua e di viveri, acquistare le merci locali e vendere quelle di loro produzione; fra questi i più importanti erano il legname proveniente dai boscosi monti del Libano, i vetri colorati, ma soprattutto la pregiata porpora, che serviva per tingere i tessuti.

Grazie anche alla loro vasta rete di scali, i Fenici esercitarono il più attivo traffico fra l'Oriente e l'Occidente, scambiando i prodotti della Mesopotamia e della zona del Golfo Persico con quelli dell'Europa e dell'Africa settentrionale. I Fenici, dunque, oltre che a vendere merci facevano anche da **intermediari** tra produttori lontani, diventando un veicolo di **scambio culturale** tra popolazioni diverse e favorendo la diffusione di idee e tecniche attraverso tutto il Mediterraneo.

A partire dall'VIII secolo a.C., gli scali creati in ogni angolo del Mediterraneo si trasformarono in **colonie**. Alcune di esse non tardarono a divenire famose: ad esempio Cadice e Malaga in Spagna, Cagliari e Palermo in Italia. La più importante però fu **Cartagine**, fondata nell'814 a.C. da cittadini di Tiro sulle coste dell'Africa settentrionale (nell'attuale Tunisia), destinata a dominare il Mediterraneo occidentale prima di scontrarsi con Roma.

lessico

Colonia nell'età antica il termine indica un gruppo di persone che si trasferisce dalla madrepatria in un altro territorio, in genere scarsamente popolato, per risiedervi stabilmente.

Alfabeto il termine deriva dalle prime due lettere dell'alfabeto greco, *alpha* e *beta*.

L'invenzione della scrittura alfabetica

Spinti da esigenze di carattere commerciale, intorno al XIV secolo a.C. i Fenici inventarono una **scrittura alfabetica** formata da soli 22 segni, ciascuno corrispondente a un suono. Essi consentirono il passaggio da un sistema di scrittura basato sui segni sillabici (come ad esempio il cuneiforme) a uno che utilizzava soltanto semplici segni consonantici, riducendo così la quantità di simboli necessari a comporre le parole. Se prima, infatti, si ricorreva a tre modi diversi per scrivere le tre sillabe "ba, bi, bu", in seguito fu necessario un solo segno, cioè quello consonantico della "b", con tre letture possibili: "ba", "bi", oppure "bu", poiché la lingua scritta fenicia non faceva uso delle vocali. Questo **alfabeto** fu in seguito adottato anche dai Greci che a loro volta (alla fine dell'VIII secolo a.C.) lo trasmisero agli Etruschi, i quali lo diffusero in Italia e in Europa.

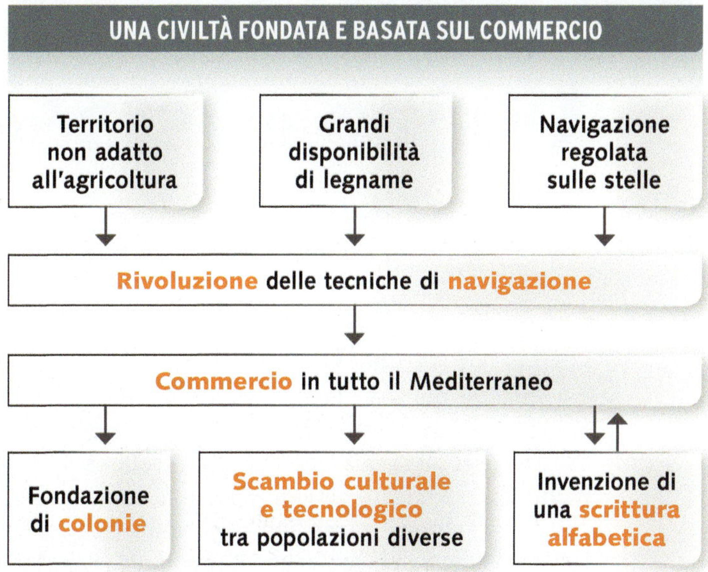

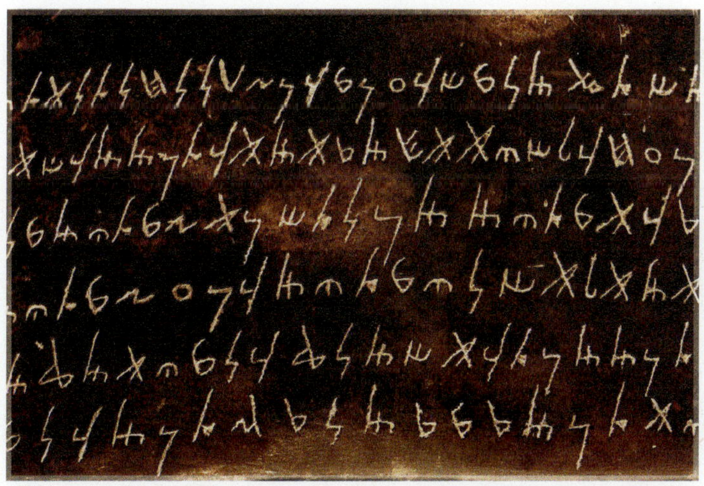

▲ **Il primo alfabeto**
Particolare di un'iscrizione fenicia incisa su un sarcofago del V secolo a.C.

GUIDA allo STUDIO

1. Quale originale pratica di commercio fu adottata dai Fenici? Che cosa comportò?
2. Perché la scrittura fenicia può considerarsi rivoluzionaria?

Libano e Israele

L'antico territorio dei Fenici corrisponde all'attuale **Libano**. Le città-stato fenicie vennero conquistate dai Persiani, poi fecero parte dei regni ellenistici nati dopo Alessandro Magno e infine dell'impero romano. Nel VII secolo arrivarono gli Arabi - e il nome risale a questo periodo - poi gli Ottomani che governarono il paese fino alla Grande Guerra. Nel 1943 il Libano divenne uno **Stato indipendente** e non restò immune dai conflitti scoppiati nel Medio Oriente negli ultimi ottant'anni. Nel 1990 si è conclusa una **terribile guerra civile** ed è potuta ripartire una ripresa economica basata soprattutto sulla finanza bancaria: il Libano, infatti, prima della guerra veniva definito "la Svizzera d'Oriente".
La Terra di Canaan coincide oggi con lo **Stato di Israele** e con lo **Stato di Palestina**. Il primo è nato nel 1948, in seguito alle tragiche vicende della seconda guerra mondiale e della Shoah (lo sterminio degli ebrei), con l'ostilità dei paesi arabi confinanti che immediatamente gli mossero guerra. Il secondo si è proclamato indipendente nel 1988 ed è riconosciuto dall'ONU come "Stato osservatore" dal 2012. I conflitti tra arabi e israeliani - prima sotto forma di guerre vere e proprie, poi con le cosiddette "intifade", cioè rivolte dei palestinesi contro gli israeliani ritenuti invasori - hanno di continuo modificato i confini, creando il problema politico e umanitario dei profughi palestinesi, scacciati dai territori occupati da Israele e non sempre ben accolti dai paesi confinanti. Tuttora la questione non è risolta definitivamente. La soluzione invocata da più parti, esclusi gli estremisti sia ebrei sia islamici, è quella definita "**due stati per due popoli**", la quale però non ha ancora trovato una piena attuazione.

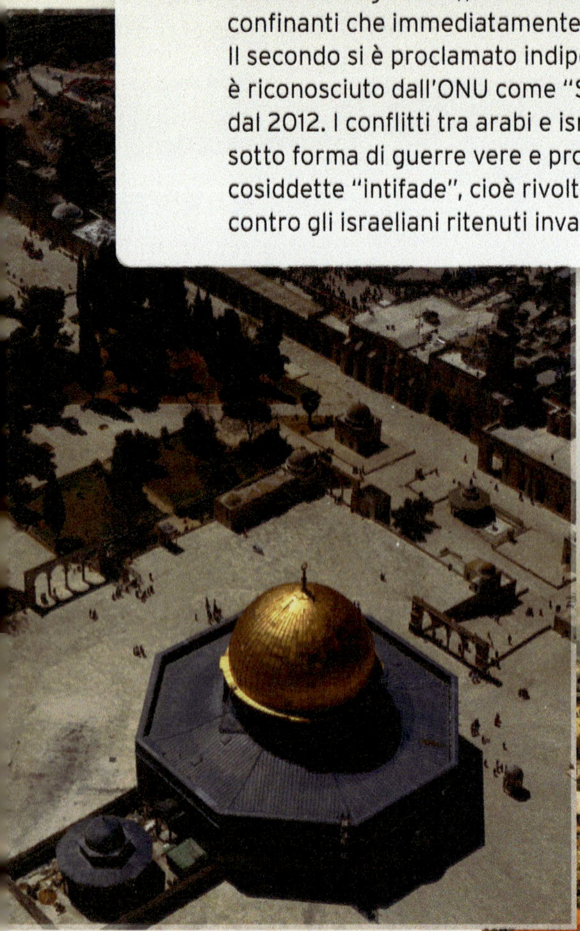

Istantanea

GERUSALEMME e **BEIRUT** accolgono in sé le tensioni e le contraddizioni del Medio Oriente. La prima è città santa per gli ebrei, i cristiani e i musulmani, e la sovranità è rivendicata sia da Israele sia dai palestinesi. In particolare si discute su Gerusalemme Est (la città vecchia, cuore delle religioni) che l'ONU non accetta come pertinenza esclusiva dello Stato ebraico. Anche Beirut è una città multireligiosa. Dopo la guerra civile la parte a est è per lo più cristiana, mentre quella occidentale è soprattutto musulmana. La presenza ebraica è ora molto ridotta.

SINTESI

2.1 Nel sud della **Mesopotamia**, la terra tra i fiumi Tigri ed Eufrate, tra il **3500** e il **3000 a.C.** i miglioramenti nella produzione agricola consentono una divisione del lavoro che porta a una differenziazione sociale: nascono figure come il mercante, il funzionario, l'uomo di legge e l'architetto. Sorgono allora le prime città, in posizione di predominio rispetto ai villaggi agricoli circostanti (**"rivoluzione urbana"**). Le terre diventano proprietà del tempio, del palazzo reale o delle famiglie più potenti.

2.2 Tra il IV e il III millennio a.C. nel sud della Mesopotamia sorgono le **città-stato** indipendenti dei **Sumeri**, come Uruk, Ur e Lagash. La civiltà sumerica è ricca di aspetti innovativi, come il carro a ruota piena e una evoluta rete idrica; ancora più importante è l'invenzione della **scrittura**, documentata da tavolette d'argilla incise con segni a forma di cuneo e per questo chiamata scrittura **cuneiforme.** Ai Sumeri risalgono anche le prime **leggi scritte.** Tra il 2350 e il 2200 a.C. la Mesopotamia viene unificata sotto il primo impero della storia, l'**impero accadico**, con capitale Akkad.

Agli inizi del II millennio a.C. si affermano due grandi civiltà: quella **babilonese** e quella **assira.** Al sovrano babilonese **Hammurabi** si deve il più famoso codice di leggi del Vicino Oriente basato su antiche regole tribali, come la"legge del taglione".
Gli Assiri, mediante una aggressiva politica di conquista, creano un vasto impero sottomettendo tutti i popoli mesopotamici, ma nel 612 a.C. vengono sconfitti dai Medi e dai Babilonesi.

2.3 La società mesopotamica è caratterizzata dalla presenza di **classi sociali aperte;** i **sovrani** detengono un potere assoluto e i **sacerdoti** esercitano un decisivo ruolo politico, religioso ed economico. Ai popoli mesopotamici si devono progressi negli **studi astronomici** e **matematici**, i primi codici di leggi e imponenti **opere architettoniche.**

2.4 Intorno al 1800 a.C. si sviluppa in **Anatolia** la civiltà degli **Ittiti**. Il punto di forza di questa civiltà è l'esercito, che utilizza veloci **carri da guerra** con **ruote a raggi** e **armi in ferro.** Intorno al 1200 a.C. gli Ittiti vengono conquistati dai Popoli del Mare.

2.5 Intorno al 2000 a.C. gli Ebrei si stabiliscono in **Palestina** o **Terra di Canaan.** Spesso vittime dei potenti regni vicini sono costretti a compiere **numerose migrazioni**, ma intorno al 1020 a.C. raggiungono l'unità politica con un governo monarchico. Il primo re fu **Saul**, cui seguì **David**, che sceglie **Gerusalemme** come capitale, e poi **Salomone.** Alla morte di quest'ultimo il regno si divide in due.
Gli Ebrei si distinguono dagli altri popoli soprattutto per la loro religione, la prima nella storia a credere in un solo dio (monoteismo).

2.6 Intorno al III millennio a.C., la stretta fascia costiera del Mediterraneo orientale è occupata dai **Fenici**, una popolazione dedita alla **navigazione** e al **commercio** marittimo. I Fenici creano scali commerciali e **colonie** in tutto il Mediterraneo, in particolar modo in Sicilia e Sardegna e sulle coste della Spagna e del Nord Africa. Per motivi commerciali inventano la **scrittura alfabetica** formata da soli 22 segni consonantici, che attraverso i Greci si diffonde poi in Europa.

PER COSTRUIRE LE COMPETENZE

SPAZIO

1. Inserisci nella carta le seguenti città:
   - Ur
   - Uruk
   - Akkad
   - Babilonia
   - Ninive
   - Assur
   - Hattusa
   - Sidone
   - Gerusalemme
   - Samaria

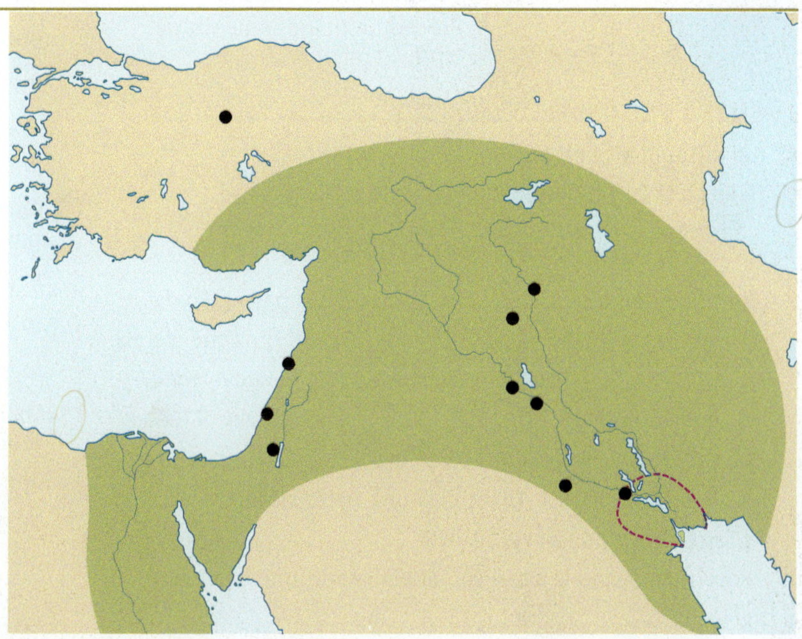

TEMPO

2. Completa la cronologia.

2350 a.C.	Inizio del dominio accadico sui ....
2200 a.C.	Caduta dell'impero degli ....
2000 a.C.	Gli Ebrei migrano da Ur nella ....
1800 a.C.	Insediamento degli .... in Anatolia
1792-1750 a.C.	Anni in cui visse il sovrano babilonese ....
1284 a.C.	Battaglia di Qadesh tra .... e ....
1146 a.C.	Gli Assiri conquistano ....
605-562 a.C.	Anni in cui visse il sovrano babilonese ....
539 a.C.	L'impero babilonese viene conquistato dal persiano ....

LESSICO

3. Associa a ogni termine il relativo significato.

A. Codice B
B. Legge del taglione
C. Lugal
D. Scrittura alfabetica
E. Cattività
F. Pantheon
G. Semita
H. Ziqqurat G
I. Città-stato
J. Tempera

a. Nome dei re sumeri
b. Insieme di leggi
c. Unità politica indipendente costituita da una singola città
d. Appartenente a una popolazione derivante secondo la Bibbia da Sem
e. Uniformità tra la colpa e la pena
f. Schiavitù
g. Grande tempio assiro-babilonese
h. Insieme delle divinità di una religione
i. Sistema basato sulla corrispondenza tra segno e suono
j. Procedura di indurimento del ferro

EVENTI E PROCESSI

Dai villaggi alle città

4. Completa le frasi inserendo i seguenti termini:

funzionari – agricola – palazzi – artigiani – città – urbana – villaggio – lavoro – templi – commercianti

La "rivoluzione ...." fu il passaggio dal .... alla .... Con la divisione del .... nacquero nuove attività e nuovi edifici, quali laboratori di .... e magazzini. Questi col tempo diventarono parte dei .... e dei .... reali. Ci fu così una netta divisione tra i villaggi, dove prevaleva l'attività ...., e le città dove risiedevano le classi sociali più importanti, quali artigiani, ... e ....

Sumeri, Accadi e Babilonesi

5. Rispondi sinteticamente alle seguenti domande.

a. In quale area si sviluppò la civiltà sumera?
b. Cos'è una città-stato sumera? Quali furono le più importanti?
c. Quale fu la motivazione che portò alla nascita della scrittura?
d. Quale fu l'aspetto originale dell'impero degli Accadi?
e. Distingui le due fasi della civiltà babilonese.

Gli Ittiti

6. Rispondi sinteticamente alle seguenti domande.

a. Quale origine avevano gli Ittiti, dove si insediarono e quando?
b. Quale forma di Stato si venne a creare con il re Hattusili I?
c. Qual era l'origine della forza militare ittita?

Gli Ebrei

7. Rispondi sinteticamente alle seguenti domande.

a. Quali furono le migrazioni del popolo ebraico?
b. Quale fu la peculiarità della religione ebraica?

I Fenici

8. Completa le seguenti affermazioni scegliendo la giusta opzione.

I Fenici si stabilirono sulle coste dell'attuale *Siria* | *Libano* e crearono *uno Stato unitario* | *diverse città-stato*. Si caratterizzarono per il *commercio* | *forte esercito*. Crearono in tutto il Mediterraneo moltissime colonie, le più importanti tra le quali furono *Atene* | *Cartagine* | *Palermo* | *Babilonia* | *Tangeri* | *Roma*. Per motivi *militari* | *commerciali* inventarono una scrittura *alfabetica* | *pittografica*, costituita da *22* | *21 vocali* | *consonanti*, che verrà poi adottata dai Greci.

TECNOLOGIA E LAVORO

9. Quali furono le principali invenzioni o innovazioni introdotte dai Sumeri?

Costruzione di una rete .... per l'irrigazione
Carri dotati di ....
Costruzioni edili usando i ....
Imbarcazioni dotate di ....
Invenzione della .... e istituzione delle prime ....
Prima raccolta di ....

10. Quali erano le conoscenze scientifiche dei popoli mesopotamici?

In astronomia: ....
In architettura: ....
In matematica: ....

11. Gli Ittiti erano molto evoluti nella metallurgia: spiega quale procedimento usavano e quali vantaggi ne derivarono.

....
....
....
....

LAVORO SULLE FONTI

12. Ti viene proposto un passo della *Saga di Gilgamesh*: l'episodio del diluvio. Dopo un'attenta lettura, rispondi alle seguenti domande.

[Parla un antenato di Gilgamesh]

Una cosa nascosta, Gilgamesh, ti voglio rivelare,
e il segreto degli dei ti voglio manifestare.
Bramò il cuore dei grandi dei di mandare il diluvio.
Appena spuntò l'alba,
dall'orizzonte salì una nuvola nera.
Il mortale silenzio di Adad [dio del cielo] avanza nel cielo,
in tenebra tramuta ogni cosa splendente.
Il paese come un vaso egli ha spezzato.
Per un giorno intero la tempesta infuriò,
il vento del sud si affrettò per immergere le montagne nell'acqua:
come un'arma di battaglia la distruzione si abbatte
sugli uomini.
A causa del buio il fratello non vede più suo fratello,
dal cielo gli uomini non sono più visibili.
Sei giorni e sette notti
soffia il vento, infuria il diluvio, l'uragano livella il paese.
Quando giunse il settimo giorno, la tempesta, il diluvio
cessa la battaglia,
dopo aver lottato come una donna in doglie.
Si fermò il mare, il vento cattivo cessò e il diluvio si fermò.
Io osservo il giorno, vi regna il silenzio.
Ma l'intera umanità è ridiventata argilla.
Come un tetto è pareggiato il paese.

a. Chi ha deciso di mandare il diluvio sulla Terra?
b. Quanto è durato?
c. Quali danni ha arrecato?

13. Rispondi ora alle stesse domande utilizzando l'episodio del diluvio contenuto nella *Bibbia* (in particolare nella *Genesi*, 6-8). Il testo è disponibile anche in rete.

RIELABORAZIONE (verso l'orale)

14. Utilizzando il lavoro fatto nella sezione "Eventi e processi" prepara una scaletta con i fatti e i concetti principali che ti possa guidare in un eventuale colloquio, seguendo questo modello.

Dai villaggi alle città
- La rivoluzione agricola e il passaggio dai villaggi alle città
- La divisione del lavoro e la divisione sociale

I popoli mesopotamici
- La zona di sviluppo delle civiltà mesopotamiche
- La nascita della città-stato
- Dalle città-stato indipendenti ai grandi imperi

Gli Ittiti
- La zona di insediamento
- Le caratteristiche di questa popolazione

Gli Ebrei
- L'arrivo nella Terra di Canaan
- L'esodo in Egitto e il ritorno alla "Terra promessa"
- L'età dei re
- La divisione del regno e la cattività babilonese

I Fenici
- La zona di insediamento
- L'organizzazione politica
- L'economia
- La nascita della scrittura alfabetica

LABORATORIO DELLE COMPETENZE

PASSATO/PRESENTE

15. Le aree geografiche che hai incontrato nel capitolo sono tutt'oggi al centro di eventi storico-politici di rilievo. Prendendo spunto dalle relative schede inserite nel capitolo e ricercando informazioni su Internet, sviluppa i punti della colonna di destra della tabella sottostante.

Passato	Presente	Aspetti
Mesopotamia	Iraq	Illustra in sintesi questi aspetti: L'importanza strategica del paese La figura di Saddam Hussein La I guerra del Golfo La II guerra del Golfo
Fenici	Libano	Spiega perché è definito "la Svizzera del Medio Oriente"
Ebrei	Israele	Illustra schematicamente questi eventi: La nascita dello Stato di Israele I conflitti arabo-israeliani Le due intifade La questione palestinese

CULTURE A CONFRONTO

16. Crea una tabella in cui vengono messi a confronto gli elementi caratterizzanti delle civiltà studiate nel capitolo.

	Geografia	Religione	Scienza e tecnica	Organizzazione sociale	Scrittura
Sumeri					
Assiri					
Babilonesi					
Ittiti					
Ebrei					
Fenici					

Lo STATO e le LEGGI

COSTITUZIONE ITALIANA

Art. 1 • L'Italia è una **Repubblica democratica**, fondata sul lavoro.
La **sovranità** appartiene al **popolo**, che la esercita nelle forme e nei limiti della **Costituzione**.

Che cos'è lo Stato?

Lo **Stato** è l'organizzazione politica, economica e sociale di una popolazione stanziata su un determinato territorio. Sono quindi tre gli elementi fondamentali che lo definiscono:

- il **territorio** sul quale uno Stato esercita la sua autorità;
- il **popolo**, ossia l'insieme dei cittadini;
- la **sovranità**, cioè il potere esercitato dallo Stato sulla popolazione e sul territorio.

Le prime forme di Stato

Le prime forme di società si sono date via via anche forme di organizzazione politica sempre più complesse. Tra il IV e III millennio a.C. in Mesopotamia, Egitto, India e Cina, dove nacquero le **civiltà fluviali**, le comunità umane passarono dalla forma semplice del villaggio a quella più complessa della città. Le città acquistarono una completa autonomia e diventarono vere e proprie **città-stato**, dove si differenziarono i ruoli economici e nacquero le **classi sociali**: i guerrieri occupavano e conquistavano nuovi territori, i sacerdoti amministravano le risorse economiche e il resto della popolazione lavorava e produceva le risorse.

Il simbolo della Repubblica italiana creato il 5 maggio 1948.

La torretta del Palazzo del Quirinale, residenza del capo dello Stato, su cui sventolano tre bandiere: lo stendardo del Presidente, il tricolore italiano e la bandiera dell'Unione Europea.

Le prime leggi scritte

Man mano che le società urbane divennero più complesse nacque la necessità di dare forma scritta alle **norme di comportamento consuetudinarie** destinate a regolare la loro organizzazione sociale, economica e religiosa, fino ad allora trasmesse oralmente. Per la prima volta le **leggi** che fissavano le norme giuridiche furono **scritte**, rendendo meno arbitraria la loro interpretazione, e costituirono un freno agli arbitri dei più ricchi e potenti. L'organica raccolta di leggi viene definita **codice**. La raccolta di leggi più nota di tutte quelle realizzate nel Vicino Oriente antico, anche se non la prima, è il cosiddetto **codice di Hammurabi** (XVIII secolo a.C.), che prende il nome dal famoso re di Babilonia e che riunisce in modo sistematico le principali elaborazioni giuridiche dell'epoca. Esaminato con l'occhio di un giurista moderno, il codice di Hammurabi, affronta sia gli aspetti del **diritto civile** sia quelli del **diritto penale**: nell'ambito della famiglia, del lavoro e dei rapporti commerciali, infatti, prescrive le norme di comportamento, descrive i principali reati e stabilisce le pene da infliggere.

lessico

Diritto civile ramo del diritto privato che regola i rapporti tra i cittadini; comprende, ad esempio, i contratti, le successioni, i diritti delle persone e della famiglia.

Diritto penale ramo del diritto pubblico comprendente tutte le norme che descrivono i reati e le conseguenti pene applicate dallo Stato.

STATO

è caratterizzato da

popolo	territorio	sovranità
insieme dei **cittadini**	ambito entro cui lo Stato esercita la sua **autorità**	**potere** che lo Stato esercita su **popolazione** e **territorio**

La Costituzione e le funzioni dello Stato oggi

Il documento fondamentale di uno Stato è la **Costituzione**, che fissa i princìpi cardine a cui tutte le altre leggi devono ispirarsi. Negli Stati moderni la Costituzione stabilisce le libertà, i diritti e i doveri dei cittadini e definisce le funzioni dello Stato attribuendole a organi appositi. Le principali funzioni sono tre:

- la funzione legislativa, attraverso la quale vengono stabilite le norme che tutta la comunità considera valide; nello Stato italiano questa funzione è affidata ai due rami del Parlamento, Camera dei deputati e Senato (**potere legislativo**);
- la funzione amministrativa, ossia l'applicazione delle regole; in Italia questa funzione è svolta principalmente dal Governo (**potere esecutivo**);
- la funzione giurisdizionale, affidata alla Magistratura, che ha il compito, da un lato, di far rispettare le regole e di punire i trasgressori, dall'altro di risolvere le eventuali controversie fra i cittadini (**potere giudiziario**).

COSTITUZIONE ITALIANA

Art. 53 • Tutti sono tenuti a concorrere alle spese pubbliche in ragione della loro capacità contributiva.
Il sistema tributario è informato a criteri di progressività.

Art. 70 • La funzione legislativa è esercitata collettivamente dalle due Camere.

Art. 92 • Il Governo della Repubblica è composto del Presidente del Consiglio e dei ministri, che costituiscono insieme il Consiglio dei ministri. [...]

Art. 102 • La funzione giurisdizionale è esercitata da magistrati ordinari istituiti e regolati dalle norme sull'ordinamento giudiziario. [...]

La **Costituzione** definisce **funzioni/poteri** dello Stato
↓
tre funzioni/poteri principali
↓

funzione/potere **legislativo**	funzione/potere **amministrativo/esecutivo**	funzione/potere **giurisdizionale/giudiziario**
↓	↓	↓
Parlamento	**Governo**	**Magistratura**

Lo Stato e le imposte

Lo Stato moderno è chiamato ad assolvere un gran numero di funzioni relative alla vita civile, come la costruzione e la manutenzione delle opere pubbliche e la fornitura dei servizi educativi, sanitari, di telecomunicazione ecc. Tutte queste complesse e costose attività vengono finanziate dallo Stato perlopiù grazie alla riscossione delle **imposte** che ciascun cittadino-contribuente è chiamato a pagare in proporzione ai suoi guadagni. In questo modo lo Stato restituisce ai cittadini sotto forma di servizi che migliorano la qualità della vita collettiva ciò che riceve da loro attraverso il pagamento delle **tasse**. L'imposizione tributaria per questo è sancita dalla Costituzione.

lessico

Imposta il tributo che il cittadino paga all'ente pubblico in rapporto al patrimonio o al reddito.

Tassa il compenso pagato dal cittadino per un servizio (come la tassa per lo smaltimento dei rifiuti).

ATTIVITÀ

1. **Completa la mappa:**

LO STATO → È caratterizzato da: .... → Prime forme di Stato: .... Classi sociali: .... → Stato moderno = divisione dei poteri definiti da una .... P. legislativo a .... P. esecutivo a ....

LO STATO ↓ Definizione ....

2. **Illustra la differenza tra tassa e imposta e ricerca quali sono i tributi presenti ai nostri giorni.**

capitolo 3

L'antico Egitto

Il territorio dell'antico Egitto

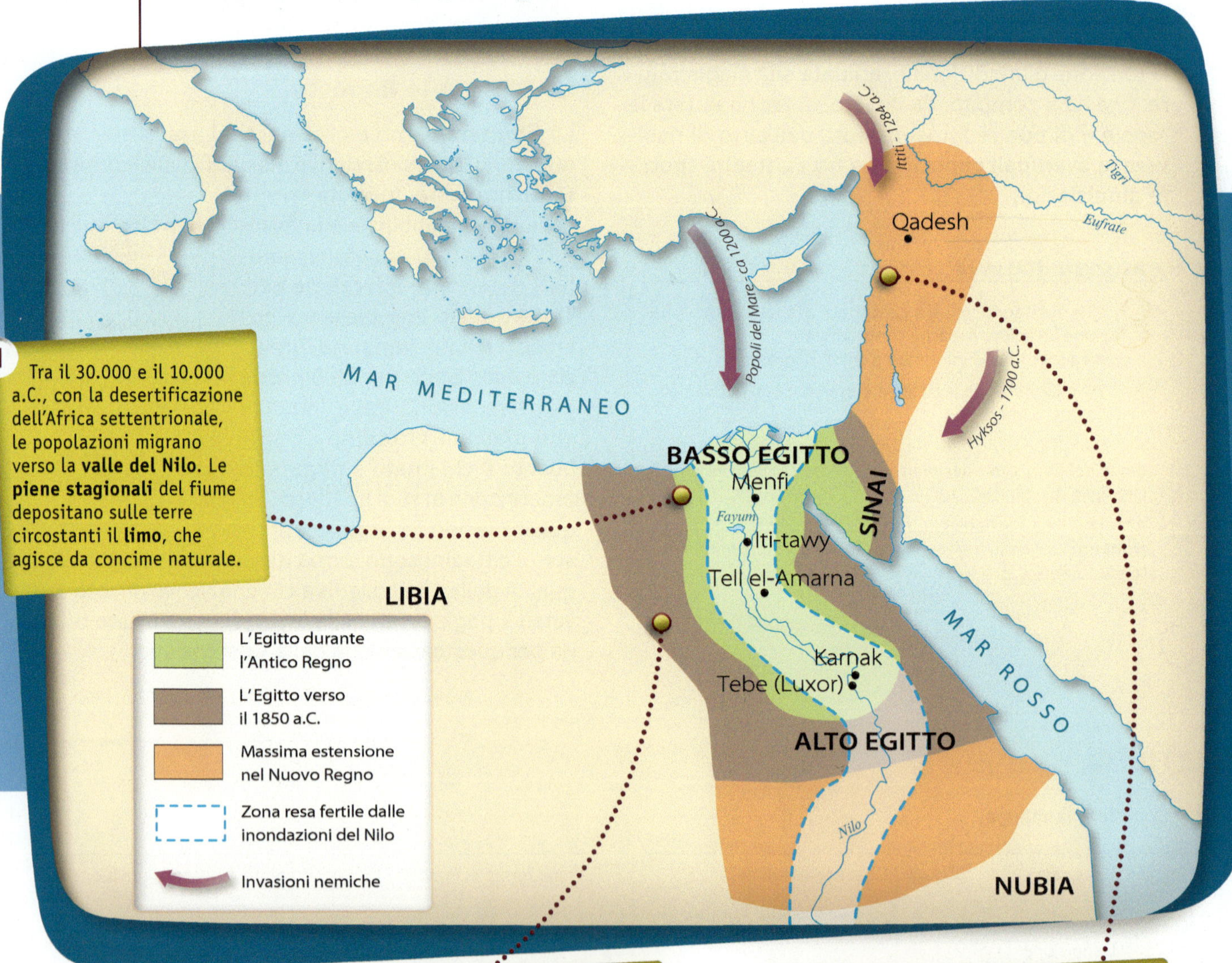

1 Tra il 30.000 e il 10.000 a.C., con la desertificazione dell'Africa settentrionale, le popolazioni migrano verso la **valle del Nilo**. Le **piene stagionali** del fiume depositano sulle terre circostanti il **limo**, che agisce da concime naturale.

2 Dopo l'unificazione della parte meridionale e settentrionale del paese la storia dell'Egitto si sviluppa in tre tappe fondamentali, **Antico**, **Medio** e **Nuovo Regno**, caratterizzate dall'avvicendarsi sul trono di varie **dinastie di faraoni**.

3 L'isolamento culturale del paese non impedisce ai faraoni di intraprendere una **politica di espansione**, soprattutto verso le zone costiere del Vicino Oriente. Presso **Qadesh**, nel 1284 a.C., l'esercito egizio guidato da Ramses II si scontra con quello ittita per il controllo dei territori siriani.

3100 a.C.
Unificazione dell'Alto e Basso Egitto

2700- 2250 a.C.
Antico Regno

2030-1700 a.C.
Medio Regno

1700- 1550 a.C.
Invasione degli Hyksos e Secondo periodo intermedio

1550-1070 a.C.
Nuovo Regno

La storia dell'**antico Egitto**, come quella della Mesopotamia, è profondamente legata alla conformazione geografica della regione e in particolare alla presenza di un abbondante corso d'acqua, presupposto imprescindibile e comune a entrambe le civiltà, definite per questo "**civiltà fluviali**".
Il territorio egiziano si estendeva lungo il corso del **Nilo**, le cui **regolari inondazioni** rendevano fertili le terre circostanti, fattore che consentì la nascita e la sopravvivenza di questa civiltà.
Come in Mesopotamia, anche in Egitto le prime popolazioni, insediate in quei luoghi fin dalla preistoria, si erano raccolte in **villaggi** e avevano poi dato vita alle prime **città**; anche qui ben presto gli abitanti sentirono l'esigenza di una gestione più controllata delle acque che portò alla formazione di una struttura politica forte e centralizzata, che ruotava intorno alla figura del **faraone**.
A differenza di quanto accadde in Mesopotamia, il cui territorio privo di ostacoli naturali era teatro di conquiste e invasioni, la lunga storia dell'antico Egitto fu in gran parte **pacifica** e **autonoma**, grazie a un territorio protetto ai lati da un deserto arido e inospitale. Queste caratteristiche geografiche, infatti, favorirono la formazione di un **regno unitario** che per quasi tremila anni mantenne inalterato il proprio aspetto.

3.1 I caratteri generali della civiltà egizia

L'Egitto "dono del Nilo"

Erodoto, storico greco vissuto nel V secolo a.C., definiva l'Egitto "dono del Nilo". In effetti senza il fiume Nilo la civiltà egizia non avrebbe potuto fiorire e svilupparsi, tanto da diventare una delle più significative e durevoli del mondo antico. Il Nilo nasce nell'attuale Sudan (l'antico regno di Nubia), attraversa tutto il territorio egiziano e sfocia nel Mediterraneo, ramificandosi in un ampio **delta**.

lessico
Delta particolare forma assunta dalla foce di alcuni fiumi, che, in conseguenza dell'accumulo di detriti, si dividono in due o più ramificazioni, formando una specie di triangolo in tutto simile alla delta maiuscola (Δ) dell'alfabeto greco.

Le piene periodiche del Nilo tra il giugno e il settembre di ogni anno, dovute allo scioglimento delle nevi nella zona delle sue sorgenti nell'Africa equatoriale, inondavano i terreni circostanti il corso del fiume: al ritirarsi delle acque restava sul terreno una fanghiglia fine di colore scuro, il **limo**, che agiva sul suolo come un **concime naturale**. Gli Egizi impararono a controllare la distribuzione delle acque e misero a punto **sistemi di canalizzazione** che permisero di irrigare le terre in modo sistematico e razionale. Per millenni lo sfruttamento controllato delle acque del fiume garantì la fertilità dei terreni e quindi abbondanti raccolti per la popolazione.

Le migrazioni verso il Nilo e i primi insediamenti nella valle

Non disponiamo di notizie precise relative all'origine degli insediamenti umani lungo il corso del Nilo. Si ritiene comunque che quando, tra i 30.000 e i 10.000 anni fa, l'area settentrionale dell'Africa (la zona in cui si estende l'attuale deserto del Sahara) cominciò a inaridirsi, le popolazioni che vi abitavano furono costrette a spostarsi e a raccogliersi nella valle del Nilo e nel suo delta. La concentrazione della popolazione intorno a un'area ristretta in un primo tempo favorì la nascita di piccoli villaggi, basati ancora su un'economia di caccia e di raccolta. A partire approssimativamente dall'8000 a.C., la necessità di aumentare il rendimento delle terre circostanti il Nilo portò i vari villaggi a unire le forze e a razionalizzare i sistemi di distribuzione delle acque del fiume mediante la costruzione di canali adeguati e di dighe. Grazie a questa **rete idrica**, proprio come in Mesopotamia, anche in Egitto si ebbe il passaggio a un'**economia produttiva** basata sull'agricoltura.

ti ricordi?
L'**economia produttiva** è un tipo di economia in cui gli esseri umani, modificando l'ambiente, riescono con il lavoro a produrre una quantità di prodotti superiori all'effettivo bisogno.

Il faraone, padrone assoluto dell'Egitto

Il bisogno di organizzare tutte le vitali ma complesse procedure legate alla canalizzazione e all'irrigazione influenzò la stessa struttura politica dell'antico Egitto: fin dall'inizio la forma di governo fu basata su un **potere centrale forte**, in grado di pianificare i lavori e di assicurare l'approvvigionamento idrico di tutto il territorio. Tutta la vita politica, amministrativa e militare dell'antico Egitto fu infatti concentrata intorno alla figura del **faraone**, il quale, dal momento in cui saliva al trono, regnava con potere assoluto. Identificato con il dio **Horus**, il faraone era venerato come una divinità, temporaneamente scesa sulla Terra e destinata dopo la morte a tornare in cielo per riunirsi agli altri dèi.

L'importanza dei contadini
La componente più numerosa della società egizia era data dai contadini, impegnati, oltre che nella coltivazione dei campi, anche nella manutenzione delle dighe e dei canali di irrigazione. Nell'immagine, particolare di un affresco proveniente da una tomba della XIX dinastia.

Il regime politico su cui si basava l'antico Egitto era dunque la **teocrazia**. Per gli Egizi infatti **tutto dipendeva dal faraone**: le piene del Nilo, la pace e la guerra tra gli uomini, la vita e la morte delle singole persone, la loro condizione di salute e persino la fertilità della terra. Solo lui infatti poteva fare le leggi e applicarle; solo lui poteva garantire il "funzionamento del mondo", far sorgere e tramontare il sole ogni giorno e far piovere al momento opportuno, assicurando la regolarità delle piene del fiume e la maturazione del grano. Il grande potere del faraone si reggeva dunque non solo sulla forza, ma anche sul consenso della popolazione, procuratogli dalla venerazione e dal senso di sicurezza che produceva nei sudditi la convinzione di essere governati da un dio grande e benefico. Per questo la struttura politica si mantenne sostanzialmente invariata per l'intera storia della civiltà egizia.

Il ruolo politico della nobiltà e dei sacerdoti

Il faraone disponeva di una schiera di **funzionari** alle sue strette dipendenze, indispensabili per il funzionamento della complessa e rigida amministrazione del regno. Essi ricoprivano le più autorevoli cariche di corte svolgendo i compiti più disparati: da quelli più elevati di tipo militare, in veste di ufficiali dell'esercito che provvedevano alla difesa dello Stato, a quelli religiosi e amministrativi, ad altri ancora come l'istruzione, la redazione di testi e la progettazione degli edifici sacri. Tutto l'apparato amministrativo era controllato dal **primo ministro** e supremo consigliere del faraone, detto **visir**.

Un'enorme influenza, sia sul piano religioso sia in campo politico, economico e culturale, era esercitata anche dai **sacerdoti**, cioè la classe del **clero.** Essi consigliavano il faraone, amministravano la giustizia e si occupavano di attività scientifiche. La loro importanza era tale che quando, tra il VII secolo a.C. e il IV secolo a.C., l'autorità del faraone declinò fino a scomparire del tutto e il potere passò nelle mani di dominatori stranieri, furono proprio i sacerdoti a mantenere viva la cultura e l'**identità** del popolo egizio. D'altra parte, nel corso della storia egizia, i funzionari e i sacerdoti costituirono una **minaccia per l'unità politica del paese**: con l'andare del tempo infatti, le cariche politiche, amministrative e religiose divennero patrimonio di alcune famiglie influenti, che se le trasmettevano per via ereditaria. Questa **ristretta minoranza cercò** in diversi momenti della storia egizia **di rendersi indipendente dal potere centrale**.

GUIDA allo STUDIO

1. Per quale motivo Erodoto definiva l'Egitto "dono del Nilo"?
2. Perché in Egitto si costituì sin dai tempi più remoti un potere forte e centralizzato?
3. Perché possiamo definire il regime politico dell'antico Egitto una teocrazia?

I simboli del potere

Su questo sarcofago (che racchiudeva la mummia di Tutankhamon) il faraone è raffigurato con i simboli del potere: il flagello (con cui si batteva il grano) e il bastone dei pastori. È evidente il riferimento al potere del faraone di assicurare cibo e sostentamento. Un altro simbolo è il cobra, detto "ureo", segno di forza.

concetti chiave

Teocrazia

Quando la gestione degli affari politici è fortemente legata alla sfera religiosa, si parla di potere teocratico o di teocrazia (dal greco *theòs*, "dio", e *kràtos*, "potere, comando"). La concezione del potere incarnata dalla figura del faraone nell'antico Egitto può essere considerata un tipico esempio di teocrazia. Dal momento dell'incoronazione, il faraone diventava non solo il garante della pace e della sicurezza dell'Egitto al cospetto degli dèi, ma anche il proprietario del paese, che era considerato un suo possedimento privato, con tutto ciò che conteneva, compresi i suoi abitanti. Dal dio-faraone dipendeva l'ordine cosmico, che assicurava giustizia e prosperità al paese. Il legame tra politica e credenze religiose spiega anche il motivo per cui nell'antico Egitto il potere si trasmetteva esclusivamente per via ereditaria.

Ancora oggi esistono delle forme di teocrazia, come lo Stato del Vaticano, in cui il papa ha la pienezza dei poteri, oppure la Repubblica Islamica dell'Iran, dove un consiglio religioso interferisce per alcuni aspetti sulla politica. Un caso particolare è il Regno Unito, dove il sovrano è formalmente anche il Supremo Governatore della Chiesa, ma è una carica cerimoniale e di fatto in Gran Bretagna è la chiesa ad essere sottoposta allo Stato.

3.2 I grandi periodi della storia egizia

Le origini della storia egizia

Il periodo di formazione della civiltà egizia è detto **epoca predinastica** (5500-3100 a.C.), perché nell'arco di questo periodo non ci sono giunte testimonianze di re che abbiano ottenuto il potere per via ereditaria, come succederà in seguito. A quest'epoca risalgono la nascita delle prime città sorte lungo il corso del Nilo e la divisione del territorio in due regni: il **Basso Egitto**, nella zona settentrionale del delta, e l'**Alto Egitto**, corrispondente alla parte meridionale della valle del Nilo **(v. carta iniziale)**. Grazie alla ricca produttività dei terreni e allo sbocco sul mare, il Basso Egitto esercitò sempre un ruolo di primaria importanza nella storia del paese.

L'inizio della storia egizia vera e propria si fa tradizionalmente risalire alla fine del IV millennio a.C. Questa fase è scarsamente documentata e molte notizie oscillano tra il mito e la realtà. Tuttavia, secondo alcuni testi nel 3100 a.C. si verificò l'**unificazione del Basso e dell'Alto Egitto** ad opera del re **Narmer**. Alcuni studiosi ritengono che questo sovrano sia da identificare con **Menes**, mitico fondatore della prima **dinastia** di faraoni, che fece della città di **Tinis** la capitale del nuovo Stato. Circa un secolo più tardi (3000 a.C.) la capitale fu trasferita a **Menfi**, potente città nella zona del delta del Nilo.

Anche se i dati storici di questo periodo non sono precisi quel che è certo è che questi fatti portarono in Egitto alla formazione un **regno unitario** che, a differenza dei regni mesopotamici, si manterrà tale per la gran parte della sua storia.

lessico

Dinastia il termine indica una serie di re appartenenti a una stessa famiglia. All'interno di una dinastia la trasmissione del potere avviene soltanto per via ereditaria, cioè nel rispetto dei legami di sangue. L'Egitto fu governato, nel corso della sua storia, da trentuno diverse dinastie di faraoni.

L'Antico Regno (2700-2250 a.C. circa)

Una delle fasi di maggiore interesse della storia egizia è quella che va sotto il nome di **Antico Regno**, durante la quale furono intraprese **vittoriose spedizioni militari** verso la Nubia, il Sinai e la Libia. Le popolazioni locali furono costrette a pagare pesanti tributi in oro, legno e schiavi.

All'Antico Regno risale anche la costruzione delle prime **piramidi**, monumenti tra i più affascinanti dell'antichità e il simbolo stesso dell'Egitto. Alla piramide a gradoni del faraone Djoser, a Saqqara, seguirono le grandiose piramidi dei faraoni Cheope, Chefren e Micerino, ancora oggi visibili a Giza, nel complesso monumentale che comprende anche la Sfinge.

Alla fine della V dinastia, intorno al 2350 a.C., il potere statale cominciò a indebolirsi, probabilmente a causa della corruzione che dilagava nell'amministrazione a tutti i livelli. Le ambizioni di potere di molti funzionari reali, che si resero indipendenti dal controllo del faraone, crearono una profonda frattura politica all'interno del paese.

La stele di Narmer

La cosiddetta stele di Narmer è una tavoletta votiva datata all'inizio del III millennio a.C. e decorata su entrambi i lati. La faccia riportata nell'immagine mostra il faraone Narmer, al centro con la corona dell'Alto Egitto, mentre colpisce un nemico. In alto a destra, la testa di un altro nemico è sormontata da sei piante di papiro e dal dio-falco Horus. Secondo gli egittologi questa scena rappresenterebbe la conquista della palude del delta del Nilo e l'unificazione delle due terre.

L'unione di Alto e Basso Egitto
Il dio-falco Horus è qui raffigurato con un particolare copricapo che simboleggia l'unione dei due regni: la "corona bianca" è infatti il simbolo dell'Alto Egitto; quella rossa, che si intravede dietro, è invece il simbolo del Basso Egitto.

Il Primo periodo intermedio (2250-2030 a.C. circa)

Molte città allora si ribellarono al potere centrale e si resero indipendenti. Seguì una **fase di instabilità e anarchia**, che va sotto il nome di **Primo periodo intermedio**. Menfi perse il ruolo di città guida del paese, che aveva esercitato fin dal 3000 a.C. La nuova capitale fu scelta nella regione del Fayum, nel Basso Egitto, e fu chiamata **Iti-tawy**, "la città del sovrano delle due terre".

lessico
Anarchia dal greco *an*, "senza", e *archè*, "comando", significa dunque "assenza di governo", ovvero indica uno stato di disordine dovuto alla mancanza o alla debolezza della direzione politica.

In quest'area, anticamente utilizzata come riserva di caccia e pesca, fu allora avviata un'intensa attività di bonifica per rendere l'intera zona abitabile: lo testimoniano le numerose tombe di funzionari e le tracce dell'esistenza di villaggi per ospitare coloro che erano impiegati nei lavori edili. Il **Fayum** divenne così una delle **più ricche e fertili** regioni d'Egitto e un granaio capace di rifornire di cereali l'intero paese.

Il Medio Regno (2030-1700 a.C. circa)

Intorno al 2030 a.C. l'Egitto **recuperò l'unità politica** e riacquistò il controllo della **Nubia**, dando così inizio a un nuovo periodo di grande espansione militare, indicato dagli egittologi come **Medio Regno**; durante questa fase l'esercito egizio si spinse a nord verso la **Siria** e la **Palestina** e a sud oltre la Nubia fino a raggiungere il "Paese di Punt", l'odierna Somalia, di cui gli Egizi sfruttarono le ricchezze offerte dall'ambiente naturale, importando soprattutto incenso e legno pregiato. Con l'ascesa al potere di faraoni deboli, iniziarono a verificarsi nuovi disordini interni fomentati dalla nobiltà, che minacciarono a più riprese l'unità del regno. La crisi politica favorì la lenta e progressiva **infiltrazione degli Hyksos**, un popolo di origine asiatica, che, penetrato in Egitto intorno al 1700 a.C., probabilmente sotto la pressione di altre popolazioni, finì per occupare l'intera zona del delta del Nilo.

La Sfinge di Giza
La Sfinge è lunga 73 m e alta 20 m; ha la forma di un leone accovacciato con la testa del faraone Chefren. C'è chi pensa che potesse essere il guardiano delle piramidi oppure chi la mette in relazione con il dio Sole, poiché, essendo perfettamente orientata da est a ovest, si è pensato che assistesse il dio durante la sua rinascita quotidiana.

Gli Hyksos e il Secondo periodo intermedio (1700-1550 a.C. circa)

L'invasione degli Hyksos segna l'inizio del cosiddetto **Secondo periodo intermedio**, una fase oscura e scarsamente documentata in cui il paese perse nuovamente la sua unità. Nel 1600 a.C. circa l'Egitto si trovava quindi diviso in tre stati: il Basso Egitto a nord, controllato dagli Hyksos, l'Alto Egitto sotto la guida di prìncipi egizi, e la Nubia, a sud, territorio passato sotto il governo di sovrani locali.
L'occupazione dell'Egitto da parte degli Hyksos rappresenta comunque uno dei pochi casi nella storia in cui un popolo conquistato, in virtù delle proprie tradizioni politiche e culturali, sia riuscito a imporsi sul popolo conquistatore. Gli Hyksos, infatti, **cercarono di integrarsi con la popolazione egizia**, conservando l'organizzazione politica preesistente e rispettando le tradizioni locali; inoltre introdussero importanti innovazioni nella tattica militare egizia: l'uso del **cavallo** e del **carro da guerra**. Proprio per merito del carro, che permetteva di muoversi in battaglia con una maggiore velocità e con minore fatica, essi poterono avere la meglio sull'esercito egizio, costituito da soli fanti.

Il giubileo dei faraoni
Questa statua, conservata al Museo egizio del Cairo, appartiene al faraone Mentuhotep II dell'XI dinastia. La scultura, di arenaria dipinta, mostra il sovrano seduto sul trono con un particolare mantello bianco che veniva indossato durante la cosiddetta "Festa del giubileo", una cerimonia celebrata ogni trent'anni di regno che mirava a riaffermare e rinnovare i poteri del faraone.

Il Nuovo Regno (1550-1070 a.C. circa)

Il paese riconquistò la sua unità intorno al 1550 a.C., grazie alle vittorie militari del principe tebano **Kamose**, che intraprese la riconquista e la riunificazione di tutti i territori. Con le imprese di Kamose ebbe inizio una nuova fase di splendore della civiltà egizia: il **Nuovo Regno**. Gli **Hyksos vennero cacciati** e la capitale fu trasferita a **Tebe**, nell'Alto Egitto.
Con l'ascesa di Tebe, si diffuse in tutto l'Egitto un nuovo culto, quello di **Amon**, divinità guerriera protettrice della città che venne assimilata al dio del Sole **Ra** (Amon-Ra). Di conseguenza, anche i suoi sacerdoti divennero sempre più influenti, tanto che il sacerdote-capo di Amon era secondo solo al faraone. Accanto al tempio del dio Amon sorse il palazzo reale, una vera e propria città nella città, che ospitava una folta schiera di cortigiani con le loro famiglie, tutti alle dipendenze del faraone.
Insieme alla riunificazione dei territori e alla riorganizzazione dello Stato, l'Egitto condusse anche una politica di espansione nelle zone costiere del Vicino Oriente antico. Nella regione siro-palestinese sorsero molti avamposti del potere egizio. I grandi popoli confinanti, **Assiri**, **Babilonesi e Ittiti**, divennero per un periodo **tributari dell'Egitto**; grazie alla sua felice collocazione geografica il paese avviò anche un'intensa **attività commerciale** con **Creta** e con le **isole del Mare Egeo**. Fu allora che il regno egiziano divenne il più vasto, ricco e potente dell'epoca.

La riforma religiosa di Amenofi IV

In questo periodo di prosperità economica e di stabilità politica salì al potere il faraone **Amenofi IV** (1350 a.C. circa), che passò alla storia per la sua radicale riforma, con cui **cercò di introdurre in Egitto una nuova pratica religiosa**. Anche se il culto di Amon-Ra era il più importante del paese, quella egizia era una religione politeista, caratterizzata da un grande numero di divinità collegate ad animali, a elementi naturali come la Terra o il Sole, e a città importanti. Si credeva che gli dèi avessero sentimenti e passioni al pari degli uomini e che si rallegrassero del comportamento giusto di chi li venerava; anche per questo venivano rappresentati con sembianze umane (antropomorfismo). Amon-Ra, ad esempio, veniva raffigurato come un uomo con il capo coperto da una corona dotata di due piume.
Amenofi IV, in contrasto con la tradizione, proibì il culto di tutti gli dèi fuorché di **Aton**, il dio-so-

La benedizione di Aton
Su questa lastra decorata la famiglia del faraone riceve la benedizione di Aton. Sulla sinistra, il sovrano Akhenaton protende una delle sue due figlie verso il dio, che "accarezza" la fanciulla con i suoi raggi; davanti a lui la moglie Nefertiti tiene sulle ginocchia l'altra figlia. A differenza delle altre divinità egizie, Aton non aveva un aspetto umano o animale: l'unico elemento antropomorfo ammesso dal sovrano nella rappresentazione del dio erano le mani poste alla fine dei suoi raggi.

le, superiore a tutte le altre divinità, che era una sorta di padre celeste il cui potere si manifestava nella luce che discendeva dal **disco solare**. Per dare un segno tangibile di questi cambiamenti, il faraone mutò il proprio nome in **Akhenaton** ("il favorito di Aton") e fondò una nuova capitale, che chiamò **Akhetaton** ("l'orizzonte di Aton"), dove si trasferì con la moglie Nefertiti e con tutta la corte.
Questa riforma religiosa, che instaurava una sorta di monoteismo, aveva come scopo reale quello di impedire che la maggior parte delle ricchezze si concentrasse nei grandi templi e quindi nelle mani del clero, che stava diventando sempre più influente tanto da contrastare il potere del faraone. Così facendo il faraone, che mirava a ristabilire la sua supremazia, si inimicò l'intera classe sacerdotale, poiché ne metteva in discussione i privilegi: anche per questo la riforma non sopravvisse alla morte di Amenofi IV, ma fu subito abolita dal suo successore, **Tutankhamon**, che riportò la capitale a Tebe.

La civiltà egizia verso il declino

Amenofi IV-Akhenaton si era dedicato soprattutto alla riforma religiosa e aveva trascurato le questioni relative alla sicurezza del suo regno; anche per questo fu un'impresa facile per gli **Ittiti**, che nel contempo avevano fondato un florido impero nella penisola anatolica, **sottrarre all'Egitto i territori siriani**. Il contrasto fra i due popoli per il controllo della regione si acuì e nel 1284 a.C., nella città di **Qadesh**, ebbe luogo una battaglia decisiva tra l'esercito egizio del faraone **Ramses II** (1290-1224 a.C.) e quello di **Mawatalli** re degli Ittiti. Pochi anni dopo questo scontro, che si era concluso senza un vero vincitore ma che aveva comunque costretto Ramses II ad arrestare la sua avanzata, le due parti stipularono un **trattato di pace** per spartirsi l'area siriana, del quale conserviamo sia la redazione egizia sia quella accadica: si tratta dunque della prima battaglia dell'antichità ben documentata.

La bella tra le belle
Busto di Nefertiti, il cui nome significa "la bella è arrivata"; la regina era chiamata anche Nefer-neferu-Aton, che significa "la bella tra le belle di Aton".

Nonostante tutto, il regno di Ramses II rappresentò l'ultima fase di vero splendore della civiltà egizia. Infatti intorno al 1200 circa a.C., durante il passaggio tra età del bronzo ed età del ferro, l'Egitto, insieme all'impero ittita, subì un'**invasione di vasta portata**: quella dei **Popoli del Mare**, misteriose popolazioni di origine indoeuropea documentate con questo nome nei testi egizi. L'invasione dette un duro colpo alla prosperità dell'Egitto, segnando l'inizio del suo lento, ma inesorabile declino.

Altri avvenimenti determinarono naturalmente il crollo della civiltà egizia. Un'ondata di carestie, infatti, si abbatté sul paese e il potere centrale non fu in grado di opporre nessuna contromisura: col tempo, infatti, i faraoni avevano perso il loro millenario prestigio e la loro autorità a tutto vantaggio della casta dei sacerdoti tebani di Amon-Ra. Tra i sacerdoti e i faraoni si aprì una stagione di lotte interne che indebolirono profondamente il regno egizio.

L'Egitto dall'età del ferro alla fine dell'indipendenza

A partire dall'XI secolo a.C. alcuni popoli del Vicino Oriente come gli Assiri, che, a differenza dell'Egitto e dell'Anatolia, non avevano subito l'invasione dei Popoli del Mare, crebbero di importanza e finirono per assumere un ruolo di primo piano tra le civiltà del Mediterraneo, al punto da imporre agli Egizi di non oltrepassare i confini del loro paese. L'Egitto, pur senza perdere l'indipendenza, venne così a trovarsi in una condizione di **totale isolamento**, finché nel 900 a.C., ormai lontano il periodo in cui era stato un grande regno unitario, divenne possedimento di una **dinastia straniera di prìncipi della Libia**.

Successivamente il paese cadde nelle mani dell'impero assiro, finché, nel VII secolo a.C., una **nuova dinastia egizia**, chiamata **saitica** dal nome della capitale Sais, cacciò i dominatori stranieri e assicurò alcuni decenni di stabilità.

Si trattò però di una rinascita effimera: nel 525 a.C. l'Egitto fu conquistato dal re Cambise e divenne una **provincia dell'impero persiano**. Successivamente, nel 332 a.C., il paese cadde sotto Alessandro Magno, e, dopo alcuni fiorenti secoli sotto la dinastia greca dei **Tolomei**, i Romani privarono definitivamente il millenario regno egizio della sua autonomia e indipendenza inglobandolo nel loro impero (I secolo a.C.).

GUIDA allo STUDIO

1. Chi erano gli Hyksos e cosa introdussero in Egitto?
2. In cosa consisteva la riforma religiosa di Amenofi IV?
3. Quali eventi determinarono il declino dell'impero egizio?

I GRANDI PERIODI DELLA STORIA EGIZIA

PERIODO E DURATA	EVENTI PRINCIPALI
Epoca predinastica e I e II dinastia 5500-2700 a.C.	Nascita delle prime civiltà. Divisione dell'Egitto. Il faraone Menes riunifica Alto e Basso Egitto.
Antico Regno 2700-2250 a.C.	Massimo splendore dei faraoni. Capitale Menfi. Piramidi di Cheope, Chefren, Micerino.
Primo periodo intermedio 2250-2030 a.C.	Crisi del potere centrale.
Medio Regno 2030-1700 circa a.C.	Riunificazione politica ed espansione verso Nubia e Siria. Capitale Tebe.
Secondo periodo intermedio 1700-1550 a.C.	Invasione degli Hyksos.
Nuovo Regno 1550-1070 a.C.	Periodo di prosperità. Capitale Tebe. Nel 1284 a.C. Egizi e Ittiti si scontrano a Qadesh. Dal 1200 a.C. inizia la decadenza, con l'invasione dei Popoli del Mare.
Epoca dei domini stranieri dal 900 circa a.C.	L'Egitto passa sotto la dinastia dei prìncipi libici; dominazione assira; rinascita sotto la dinastia saitica; conquista persiana, poi greca e infine romana.

L'Egitto

Anche dopo l'epoca dei faraoni la storia egiziana è ricca di avvenimenti, ma l'Egitto gioca un ruolo importante, soprattutto in epoca contemporanea, dopo l'apertura del **canale di Suez** nel 1869. Il canale era controllato dagli inglesi che si ritirarono dopo il colpo di Stato del 1952. Nel 1956 diventò presidente **Nasser** che nazionalizzò il canale: questo fatto provocò una guerra che coinvolse direttamente Israele, Inghilterra e Francia, e indirettamente l'Unione Sovietica e gli USA. Nel 1967 ci fu la cosiddetta "**Guerra dei sei giorni**" con Israele, che portò alla perdita egiziana del Sinai, che fu in gran parte recuperato grazie a una pace stipulata nel 1979. Nel 1970 morì Nasser e gli succedette **Sadat**, ucciso nel 1981 in un attentato provocato da fanatici islamici. Seguì un trentennio di presidenza da parte di **Mubarak**, che fu costretto a dimettersi nel 2011 per le clamorose proteste popolari. Oggi l'Egitto vive un periodo di grande confusione a causa dei numerosi gruppi che aspirano al potere: i Fratelli Musulmani, i militari legati al precedente regime e i partiti di ispirazione democratica.

Istantanea

IL CAIRO sorge non distante dall'antica capitale Menfi. Il nome *al-Q'hira*, che significa "la soggiogatrice", è stato dato dalla dinastia araba dei Fatimidi, che fondarono la città nel 969. Nel 1517 venne conquistata dagli Ottomani. Alla città sono legate le gesta del leggendario Lawrence d'Arabia, l'agente britannico che sposò il nazionalismo arabo. La città oggi è l'emblema di tutte le contraddizioni del mondo arabo: alterna quartieri moderni con edifici all'avanguardia a sobborghi miserabili. Il suo cuore è la piazza Tahrir, dove si affacciano la moschea, il Museo Egizio e la Mogamma (il gigantesco palazzo governativo). Piazza Tahrir è diventata nota a livello mondiale a causa delle oceaniche proteste del 2011 contro il regime.

3.3 La società nell'antico Egitto

Una società fortemente stratificata

La società dell'antico Egitto era rigorosamente gerarchica e articolata in un sistema piramidale di classi sociali ben distinte, differenziate fra loro per compiti e livello di ricchezza, ma sostanzialmente uguali di fronte alla legge. Le classi sociali comunque non erano rigidamente chiuse, e alle cariche più alte potevano accedere, per meriti personali, anche cittadini di umile provenienza sociale. Il vertice della scala gerarchica era costituito dal **faraone**, subito sotto il quale stavano la classe dei **funzionari** più importanti, primo fra i quali il **visir**, e la classe dei **sacerdoti**, che consigliavano il faraone e amministravano l'intero apparato burocratico; seguivano poi i capi militari. Alla base si trovava invece la massa della popolazione, composta per la maggior parte di contadini, ma anche di operai, artigiani, commercianti. La **donna** nell'Antico Egitto godeva di parità di diritti rispetto all'uomo, nonostante avesse in casa delle mansioni specifiche; molto venerate erano le mogli dei faraoni, che in alcuni dipinti furono rappresentate come donne di rara bellezza ed eleganza.

Un uomo colto
Statua di un funzionario della V dinastia rappresentato come uno scriba a simboleggiare un dignitario colto in grado di leggere e scrivere.

La funzione degli scribi

Il nucleo centrale della burocrazia era costituito dalla classe degli **scribi**. Detentori della cultura e tecnici della scrittura, gli scribi formavano una vera e propria classe intellettuale. Dal momento che tutti gli aspetti della vita civile dell'antico Egitto erano registrati per iscritto, dai decreti reali alle ricevute di pagamento delle compravendite, gli scribi erano indispensabili al corretto funzionamento dello Stato e pertanto richiesti dovunque. Oltre che alle pratiche amministrative, gli scribi erano addetti alla scrittura dei testi religiosi.

Artigiani e contadini

La ricchezza economica dell'Egitto fu in gran parte merito degli **artigiani**. Costoro erano divisi in scuole, ciascuna con a capo uno o più maestri, che operavano in campi molto diversi (falegnami, muratori, vasai). Coloro che progettavano e sovrintendevano ai lavori di edilizia sacra, ovvero gli **architetti** e le **maestranze specializzate**, godevano di una buona reputazione presso il popolo e ricevevano un trattamento economico dignitoso.

Storia al femminile

Regine e donne faraone

Alla corte dei faraoni alcune donne ebbero un ruolo prestigioso ed esercitarono una forte influenza sul sovrano e sull'intera corte: stiamo parlando delle regine. Tra le più famose ricordiamo Nefertiti, moglie di Amenofi IV (Akhenaton), passata alla storia per la sua bellezza e per l'appoggio dato al marito nella riforma religiosa; oppure Nefertari, moglie di Ramses II, una delle più influenti e amate dal popolo egizio. Soltanto cinque donne però furono incoronate sovrane. Una delle prime fu Hatshepsut, una donna saggia ma determinata che usurpò il trono del figliastro Tuthmosi III e indossò abiti maschili e barba finta per farsi accettare dai sudditi. Moderni studi sulla sua mummia indicano la causa della sua morte nelle sostanze altamente tossiche presenti nella sua crema di bellezza. L'ultima e più famosa sovrana fu Cleopatra, divenuta faraone alla fine del I secolo a.C. grazie all'aiuto del condottiero romano Giulio Cesare.

Particolare di un affresco dalla tomba di Nefertari, in cui la regina porge offerte agli dèi.

Intorno ai luoghi in cui venivano eretti questi grandi edifici sorgevano villaggi, destinati ad accogliere gli operai insieme alle loro famiglie. Come nel resto del Vicino Oriente, anche in Egitto l'agricoltura aveva un ruolo fondamentale nell'economia del paese. Rispetto agli artigiani, i **contadini** occupavano un gradino più basso della piramide sociale. Oltre a pagare pesanti tributi, versavano parte dei loro raccolti al tesoro reale. Quando erano liberi dal lavoro nei campi finivano nel serbatoio della bassa manovalanza da reclutare in occasione della costruzione dei grandi edifici.

Soldati e schiavi

La difesa e l'ampliamento di un regno come quello egizio rendeva indispensabile avere a disposizione un **esercito** efficiente. Gli unici militari di ruolo erano tuttavia gli ufficiali o coloro i quali ricoprivano i gradi più importanti; i soldati semplici invece erano spesso stranieri provenienti dalle regioni confinanti (famosi erano gli arcieri della Nubia), arruolati come **mercenari**, oppure contadini reclutati temporaneamente che in cambio ricevevano porzioni di terreno coltivabile.

lessico

Mercenari soldati che combattono per mestiere o dietro pagamento.

Alla base della piramide sociale vi erano poi gli **schiavi**: si trattava per lo più di stranieri provenienti dalla Nubia, di nomadi reclutati nel Vicino Oriente, oppure di prigionieri di guerra.

La religione

Per quanto riguarda la religione gli Egizi erano politeisti. Oggetto di venerazione erano numerose divinità, adorate principalmente sotto forma di **animale** oppure rappresentate con la testa di animale e il corpo umano. Si trattava di un culto che risaliva ai tempi più antichi, quando questi animali – ad esempio lo sciacallo, lo sparviero, l'ibis, il coccodrillo, il gatto – iniziarono a godere di un trattamento privilegiato per il fatto che si erano rivelati particolarmente utili agli uomini nella gestione del territorio; i coccodrilli, ad esempio, segnalavano con la loro discesa verso il delta del Nilo l'avvicinarsi di una piena; il gatto invece cacciava i topi che divoravano i raccolti di frumento.

Oltre al dio sole **Amon-Ra**, molto venerata e temuta era la triade Osiride-Iside-Horus: **Osiride**, signore dell'Oltretomba, rappresentava la vittoria del bene sul male, personificato invece da suo fratello Seth, il dio delle tenebre; **Iside**, moglie e sorella di Osiride, era la più importante divinità femminile e tutelava la maternità e la fertilità delle donne; il dio-falco **Horus**, figlio di iside e Osiride, proteggeva il faraone, che era appunto l'incarnazione del dio sulla terra.

▲ **La dea Hathor**
Hathor, rappresentata come una vacca con il disco solare tra le corna, era la dea dell'amore e la madre universale che assisteva i defunti durante la rinascita alla nuova vita nell'Aldilà.

LA PIRAMIDE SOCIALE DELL'ANTICO EGITTO

Una divinità tenuta in grande considerazione, in quanto creduta intermediaria fra gli dèi e gli uomini, era poi **Anubi**, il dio dalla testa di sciacallo, che accompagnava il defunto nell'Aldilà.

L'arte dell'imbalsamazione

Gli antichi egizi ritenevano dunque che la vita continuasse dopo la morte. Di qui anche la massima cura che essi posero nell'imbalsamazione, ossia nella complessa tecnica di conservazione dei cadaveri. Coloro che effettuavano l'imbalsamazione si tramandavano i segreti del mestiere di padre in figlio e godevano di grande considerazione. Il procedimento prevedeva anzitutto l'**estrazione degli organi interni**, tranne il cuore, che venivano preparati per la conservazione e deposti in appositi vasi, detti **canopi**. Il cadavere veniva quindi immerso per quaranta giorni in una miscela purificante a base di **natron**, un sale naturale che serviva a disidratare; in seguito le cavità svuotate venivano riempite con paglia e bende imbevute di resine, che garantivano la conservazione e la profumazione del corpo. La salma veniva poi avvolta in **bende di lino**, secondo una serie di movimenti rituali che seguivano un ordine preciso. La procedura prevedeva anche l'inserimento in corrispondenza di alcune membra di **amuleti magici** e anche di testi religiosi a carattere funebre. Infine si copriva il volto della salma con una **maschera**, realizzata con materiali tanto più preziosi quanto più elevato era il livello sociale del defunto.

Grazie alla raffinata tecnica dell'imbalsamazione gli Egizi furono in grado di approfondire la **conoscenza del corpo umano** e sviluppare un'evoluta **scienza medica**, nella quale primeggiarono rispetto ad altri popoli del Vicino Oriente antico. Giunsero infatti a individuare sia le **cure** per diverse patologie, sia le **terapie** per la riduzione del dolore, sia metodi di **prevenzione**.

Architettura e matematica

Gli Egizi svilupparono competenze tecniche e conoscenze molto avanzate anche nel campo dell'architettura, dell'ingegneria, dell'aritmetica e della geometria. Grazie all'invenzione di strumenti come la squadra, la livella, il filo a piombo, le aste di misurazione, furono ad esempio in grado di realizzare opere complesse e grandiose, dai **sistemi di canalizzazione** alle grandi costruzioni come gli **obelischi** (monumenti quadrangolari costituiti da un unico pezzo di pietra e simboleggianti i raggi pietrificati del sole), i **templi** e le **piramidi**. Le conoscenze di geometria erano anche legate all'esigenza di misurare rigorosamente i terreni, in modo che gli agricoltori potessero riprendere possesso delle loro terre quando queste venivano invase dalle periodiche inondazioni del Nilo, e a loro volta i funzionari potessero fissare con precisione le tasse da pagare allo Stato.

Storia e... Arte Architettura

La piramide, eterna dimora dei faraoni

Presso gli antichi Egizi l'importanza attribuita alla religione e al culto dei morti si rispecchiava nell'arte e in particolare nelle grandi e mirabili costruzioni funerarie destinate a durare per l'eternità. Il tipo di tomba più famoso era la piramide, monumento tipico dell'Antico Regno. A Saqqara è ancora oggi visibile la piramide a gradoni del faraone Djoser (III dinastia), ma gli esemplari più famosi si trovano a Giza (nei pressi del Cairo) e appartengono ai faraoni della IV dinastia, Cheope, Chefren e Micerino. Per costruire queste tombe "speciali" fu impiegata la pietra; questa scelta fu dettata da un preciso intento religioso: tale materiale infatti durava per sempre al contrario dei mattoni crudi, solitamente impiegati nell'edilizia egiziana ma soggetti a deterioramento.
All'interno della piramide venivano costruite molte stanze destinate a raccogliere il ricchissimo corredo funerario del sovrano, ma la camera più importante era destinata al sarcofago entro il quale veniva conservato il corpo imbalsamato del faraone.
Intorno alla grande piramide si raccoglievano le cosiddette piramidi "satellite", più piccole e destinate a ai membri della famiglia reale – in special modo alle mogli dei sovrani – e le mastabe (che in arabo significa "panca"), ossia le tombe dei dignitari di corte, che anche nella morte godevano del privilegio di stare vicino al faraone.

Le tre grandi piramidi di Giza con le piramidi più piccole dedicate alle mogli.

Tra scienza e magia: la medicina nell'antico Egitto

In Egitto la medicina, come anche le scienze in generale, era un privilegio, anzi un segreto, della classe sacerdotale. In apposite scuole situate nei templi i **sacerdoti** istruivano i giovani trasmettendo loro l'esperienza e la cultura necessaria affinché divenissero a loro volta scienziati e ministri del culto. Il sapere degli Egizi conviveva infatti con un complesso patrimonio di **credenze religiose** e di **superstizioni**: tutte le loro conoscenze tecniche, anche le più evolute, erano sempre intrecciate a **pratiche magiche**.

Per gli Egizi le malattie erano il risultato dello scatenamento di forze soprannaturali avverse; ecco perché la loro evoluta scienza medica era strettamente legata a tutta una serie di **rituali** anch'essi mirati alla salute del corpo: per proteggersi, insomma, essi utilizzavano tanto le medicine e gli interventi chirurgici, quanto i portafortuna e le preghiere agli dèi.

Per quanto riguarda le cure, gli Egizi utilizzavano una vasta gamma di **rimedi naturali**, tra cui il miele, i fichi, i datteri, il succo di melagrana, l'olio di ricino, le ninfee e l'oppio. Facevano inoltre ricorso alla **chirurgia**, anche se raramente: sono stati infatti rinvenuti strumenti come pinze, coltelli, fili di sutura e trapani (come quelli della foto, scolpiti sulla parete del tempio di Kom Ombo). Si sa per certo che trapanavano il cranio per curare mali di testa e disturbi mentali, e che eseguivano operazioni odontoiatriche: il ritrovamento di ponti dentari dimostra come le cure dentistiche avessero raggiunto un livello elevato se rapportato alle conoscenze di allora. La **prevenzione** si basava soprattutto, come del resto anche oggi, sull'**igiene** e la **pulizia**: fondamentale era perciò l'importanza dell'acqua nella vita quotidiana.

Gli Egizi facevano largo uso di ***kohl*** (o *kajal*), una mistura di minerali polverizzati (di colore verde scuro o nero) mista a grasso animale che veniva applicata intorno agli occhi con un bastoncino (l'equivalente dell'odierno *eyeliner*). Oltre che per uso cosmetico il *kohl* era impiegato anche a scopo medico. Grazie al suo colore scuro aiutava a **proteggere gli occhi** dal sole e teneva lontano le mosche, portatrici di gravi infezioni. Nelle immagini un vasetto per il *kohl* a forma di ippopotamo e una statua di divinità con gli occhi ridisegnati.

L'Aldilà: credenze e simboli

Per gli Egizi la morte era solo un momento di passaggio: l'esistenza sulla Terra era un periodo provvisorio in attesa della "vera" vita, quella eterna nell'Aldilà. Dal momento della morte alla sepoltura del corpo nella tomba si susseguivano una serie di cerimonie e riti magici che avevano lo scopo di aiutare il defunto a superare le prove per accedere alla vita ultraterrena.

La maschera funeraria Per far sì che lo spirito riconoscesse il corpo (totalmente avvolto dalle bende) e si potesse ricongiungere con lui nell'Aldilà, veniva posta sulla mummia una maschera. Più il defunto era ricco più la maschera era fabbricata con materiali preziosi, come nel caso della maschera funeraria del faraone Tutankhamon (nell'immagine) interamente fatta di oro massiccio e decorata di pietre preziose.

La pesatura del cuore Il rito di passaggio alla vita ultraterrena avveniva durante la cerimonia della "pesatura del cuore", che si svolgeva proprio alle porte dell'Aldilà davanti al dio Osiride. Il dio Anubi prendeva il cuore del defunto, che a differenza degli altri organi rimaneva all'interno della mummia, e lo poneva sul piatto di una bilancia. Si riteneva che il cuore fosse la sede dell'anima e che in esso rimanessero impresse tutte le azioni, buone e malvagie, che l'individuo avesse commesso durante la sua esistenza. Un cuore "buono", e quindi degno di passare oltre, doveva essere leggero come una piuma di struzzo, simbolo di verità e giustizia, che veniva posta sull'altro piatto della bilancia.

I vasi canopi Durante il processo di mummificazione si estraevano dal corpo del defunto gli organi interni che venivano conservati, in quanto necessari per la nuova vita, in appositi vasi detti canopi. Si trattava di quattro contenitori raffiguranti i figli di Horus: Duamutef (sciacallo) proteggeva lo stomaco, Hapi (babbuino) i polmoni, Imseti (uomo) il fegato e Qebehsenuf (falco) gli intestini.

Gli amuleti All'interno delle bende che avvolgevano la mummia venivano posti degli amuleti magici che avevano il compito di proteggere il corpo durante il suo "viaggio". Tra questi quello più comune era lo scarabeo, simbolo del dio Kepri e dell'eterna rinascita; si trattava di una divinità molto importante perché aiutava il dio Sole a compiere il suo giornaliero viaggio attraverso il cielo (spingendolo con le zampe proprio come fanno gli scarabei con le palline di sterco). Nell'immagine l'amuleto-scarabeo di Tutankhamon.

L'occhio di Ra Un'altra figura magica era l'occhio di Ra o Udjat. Si trattava di un simbolo di prosperità e salute e veniva posto all'interno del bendaggio delle mummie perché si riteneva potesse guarire le ferite.

L'arte della scrittura in Egitto

Un'altra caratteristica originale della civiltà egizia, rispetto agli altri popoli dell'antichità, fu l'invenzione e l'utilizzo di **tre diversi tipi di scrittura**. Il primo tipo fu la scrittura **geroglifica** (parola di origine greca composta da *hieròs*, "sacro", e *gliphè*, "incisione"), risalente alla fine del IV millennio a.C. Questa scrittura era composta da **pittogrammi**, piccole immagini riprodotte in modo accurato e raffiguranti piante, animali, utensili e parti del corpo umano.

Intorno alla metà del III millennio a.C. alla pietra, supporto sul quale fino ad allora si era scritto, subentrò un nuovo materiale scrittorio, il foglio di **papiro**, ricavato da una pianta che cresceva in abbondanza lungo il corso del Nilo. Questo nuovo supporto facilitò l'utilizzo della scrittura e permise anche la circolazione dei documenti, migliorando in tal modo la gestione del grande apparato burocratico.

Inoltre, per velocizzare i complessi caratteri geroglifici, soprattutto in ambito quotidiano commerciale e amministrativo, si iniziò a utilizzare una scrittura più snella, veloce e meno curata nei particolari. Questa specie di "geroglifico corsivo" veniva scritto essenzialmente da destra a sinistra ed era chiamato dai Greci **ieratico** (da *hieròs*, "divino, sacro"), perché più tardi fu impiegata dai sacerdoti scribi anche nei testi religiosi.

Intorno al VII secolo a.C. venne introdotto un terzo tipo di scrittura detta dai Greci **demotico** (cioè popolare, dal greco *dèmos*, "popolo"). Questa scrittura, anch'essa scritta da destra a sinistra e utilizzata essenzialmente per le esigenze di vita quotidiana, derivava dalla ieratica ma non ne era una semplificazione; anzi, ricchissima com'era di nuovi segni, non tardò a configurarsi come una scrittura del tutto nuova, senza più alcun legame con la "scrittura madre". L'impiego simultaneo delle tre scritture, geroglifica, ieratica e demotica, durò fino al III secolo d.C., quando prese il sopravvento l'alfabeto **copto**, un tipo di scrittura che utilizzava l'alfabeto greco, con l'aggiunta di nuove lettere.

Di tutte e tre le scritture quella che nel corso del tempo interessò maggiormente gli studiosi fu sicuramente il geroglifico, che per la sua originalità e indecifrabilità creò intorno a sé un alone di mistero. Un tale stato di cose mutò radicalmente dopo il ritrovamento della **stele di Rosetta**, un'iscrizione trilingue (geroglifico, demotico, greco) scoperta durante la spedizione militare in Egitto compiuta da Napoleone nel 1798. Le informazioni contenute nella stele permisero allo studioso francese Jean-François Champollion (1790-1832) di porre le basi della completa decifrazione dei geroglifici.

Professionista della scrittura
La formazione degli scribi cominciava sin dall'infanzia e avveniva in scuole apposite oppure nelle cosiddette "case della vita", le sale di scrittura dei templi più importanti. Nell'immagine un capo-scriba degli archivi reali di Saqqara, ritratto mentre scrive su una tavoletta.

La stele di Rosetta
La stele, rinvenuta presso la città di Rosetta (l'odierna Rashid), è una lastra di basalto nero sulla quale è inciso (in geroglifico, demotico e greco) un decreto del II secolo a.C., emesso in occasione del primo anno di regno del faraone Tolomeo V.

GUIDA allo STUDIO

1. Come era strutturata la piramide sociale in Egitto?
2. Perché gli scribi godevano di grande prestigio?
3. Quali sono le caratteristiche principali dei tre tipi di scrittura utilizzati dagli Egizi?

Lavorare con le FONTI

Laboratorio

La dura vita dei lavoratori egizi

Il frammento di papiro, che risale al Nuovo Regno, testimonia le pesanti condizioni di vita imposte ad artigiani, contadini e pescatori.

Data VIII secolo a.C.
Tipologia fonte papiro

Ho visto un fonditore all'imboccatura della fornace: aveva le dita dure come scaglie di coccodrillo, ed era maleodorante come un barile di pesce. Ogni artigiano che usa il cesello, è ridotto peggio di ciò che incide [...]. Lo scalpellino è stanco per il lavoro della dura pietra: quando ha terminato, le sue braccia sono distrutte [...]. Il barbiere rade fino a tarda sera [...]; il costruttore di mura è spesso malato [per il troppo lavoro]; ciò che mangia è solo pane e si lava una sola volta. Egli è talmente misero che la sua condizione difficilmente si può descrivere: è come un blocco di pietra e il pane lo dà in casa, mentre i suoi bambini vengono da lui picchiati [a causa del malumore]. Il giardiniere trasporta i prodotti del giardino e le sue braccia e il collo si curvano sotto di essi. Il lavoratore dei campi è [preoccupato] sempre per i conteggi [...] e se la passa bene come uno potrebbe passarsela con i leoni. Spesso è malato e, quando la sera torna a casa, la lunga strada lo ha ridotto a pezzi. L'artigiano nella bottega di lavoro si sente più debole di una donna e non respira aria. Il calzolaio è afflitto e chiede sempre l'elemosina. Ciò che mangia è il cuoio! [...] Né dimenticare si può il pescatore, più infelice degli altri, visto che il suo lavoro si svolge sotto l'incubo continuo dei coccodrilli.

fonditore: gli Egizi erano estremamente abili nella lavorazione dei metalli. Grazie agli abbondanti giacimenti di oro e argento della Nubia, si distinsero nella creazione di gioielli; per le armi e gli utensili invece veniva utilizzato quasi esclusivamente il rame, non avendo a disposizione giacimenti di ferro.

conteggi: il sistema di calcolo nell'antico Egitto era basato sul criterio decimale: le unità erano segnate ciascuna con un tratto, mentre per le decine, le centinaia ecc. (fino al milione) si ricorreva a simboli grafici diversi.

scalpellino: la perizia degli Egizi nella lavorazione della pietra dura era riconosciuta ampiamente in tutto il mondo antico; gli scalpellini egizi vennero chiamati addirittura dai re persiani per le statue e i rilievi dei loro palazzi.

coccodrilli: la pesca era una delle più importanti attività legate al Nilo. Il fiume era però infestato di coccodrilli di grossa mole, che costituivano un serio pericolo per gli uomini. Tuttavia in alcune regioni, ad esempio presso Tebe, questi animali erano considerati sacri, tanto che esisteva una divinità, Sobek, associata alla fertilità e rappresentata come un uomo con la testa di coccodrillo.

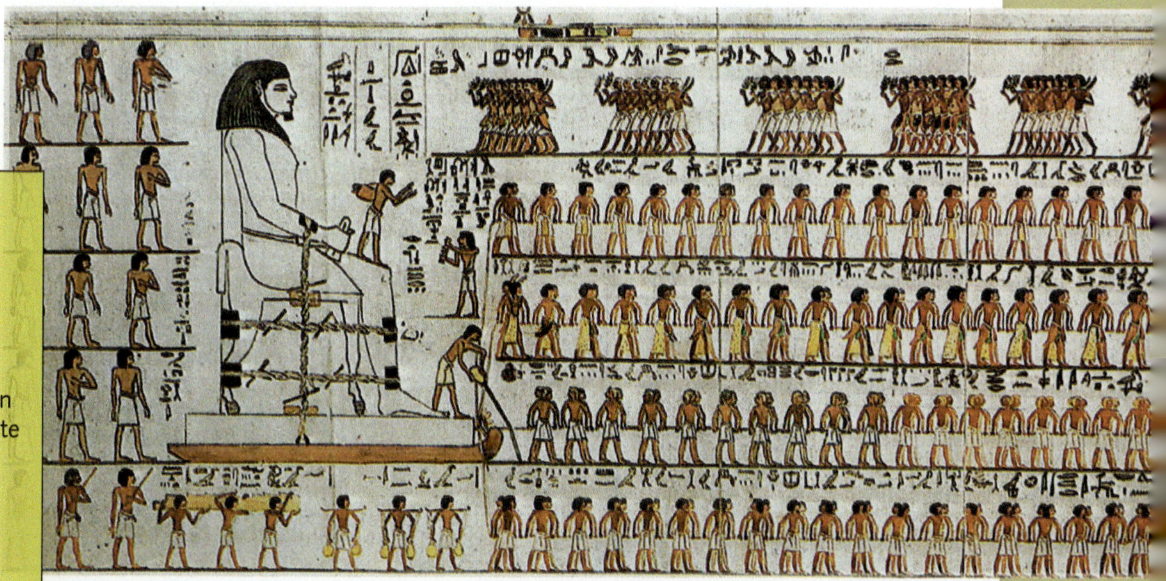

▲ Il trasporto di una statua colossale dalla tomba di Dehutihopet presso il villaggio di Deir el-Bersha (XII dinastia).

Per COMPRENDERE

1 Quali grandi opere dell'antico Egitto testimoniano il fervore edilizio che emerge dalla lettura del documento?
2 Quali categorie sociali non menzionate in questa fonte godevano di condizioni di vita più agevoli o privilegiate?
3 Quale immagine complessiva della società egizia traspare dal documento?

SINTESI

3.1 La civiltà dell'antico Egitto è nata e si è sviluppata grazie alle **piene periodiche del Nilo**, che fertilizzano le sponde con il limo, e a una complessa **rete idrica** al servizio dell'agricoltura.
L'organizzazione della produzione e dei lavori di canalizzazione richiede sin dai tempi più remoti un'autorità politica forte: è questo il ruolo del **faraone**, sovrano assoluto e proprietario di tutto il regno, venerato come una divinità e simbolo vivente dell'armonia dell'universo. Un vasto **apparato burocratico** e una **potente classe sacerdotale** lo assiste e lo affianca.

3.2 Con l'unificazione del **Basso Egitto** (la zona del delta) e dell'**Alto Egitto** (la parte sud), si fa tradizionalmente iniziare la storia egizia vera e propria.
Durante l'**Antico Regno** (2700-2250 a.C.) furono intraprese vittoriose spedizioni militari verso la Nubia, il Sinai e la Libia. Intorno al 2350 a.C. il potere statale comincia a indebolirsi e molte città si rendono indipendenti. Questa fase di instabilità va sotto il nome di **Primo periodo intermedio** (2250-2030 a.C.). La nuova capitale Iti-tawy viene fondata nella regione del Fayum, che diventa una delle più ricche e fertili d'Egitto.
Intorno al 2030 a.C. il paese recupera l'unità politica: ha così inizio un nuovo periodo di grande espansione militare, il **Medio Regno** (2030-1700 circa a.C.). Intorno al 1700 a.C. però l'Egitto viene attaccato dagli Hyksos, un popolo di origine asiatica: ha così inizio il **Secondo periodo intermedio** (1700-1550 a.C.), che vede il predominio dei conquistatori, i quali però adottano l'organizzazione politica e le tradizioni locali.
Con la cacciata degli Hyksos il paese recupera l'unità: inizia il **Nuovo Regno** (1550-1070 a.C.), caratterizzato da una politica di espansione in Siria e Palestina e da un'intensa attività commerciale nel Mediterraneo.
In questo periodo il faraone **Amenofi IV-Akhenaton** impone il culto del dio unico Aton; ma alla sua morte la riforma viene abolita. Negli anni successivi gli Ittiti, stanziati nella penisola anatolica, entrano in contrasto con l'Egitto per il possesso della Siria. Con la **battaglia di Qadesh** (1284 a.C.), gli Egizi devono cedere ai rivali il controllo sull'area siriana.
A partire dal 1200 circa a.C., con l'invasione dei **Popoli del Mare**, inizia il lento declino del potere faraonico. Nel 900 a.C. l'Egitto passa sotto il dominio di una dinastia libica, aprendo la strada a una serie di domini stranieri che termineranno con la conquista romana e la perdita dell'indipendenza nel I secolo a.C.

3.3 Al vertice della società egizia c'è il **faraone**; sotto di lui, la classe dei **funzionari** più importanti e dei **sacerdoti**, che gode di enorme prestigio e minaccia in più momenti l'unità politica del regno.
Parte della classe intellettuale è costituita dagli **scribi**, impegnati nell'amministrazione dello Stato e nella composizione di testi. Il gradino più basso della piramide sociale è occupato dai **contadini** che pagano i tributi e versano parte dei loro raccolti al tesoro reale, e dagli **schiavi**. L'esercito è composto da **mercenari stranieri** comandati da ufficiali di ruolo.
La religione è **politeista**, con numerose divinità adorate sotto forma di animali o elementi naturali. Gli antichi egizi ritengono che la vita continui dopo la morte: di qui la massima cura posta nell'**imbalsamazione** dei cadaveri, che consente fra l'altro di sviluppare evolute conoscenze mediche. Gli Egizi sviluppano **competenze tecniche** e conoscenze molto avanzate anche nel campo dell'architettura, dell'ingegneria, dell'aritmetica e della geometria, realizzando opere grandiose come le piramidi. Questo popolo si distingue inoltre in maniera del tutto particolare per l'impiego simultaneo di **tre diverse scritture**: geroglifica, ieratica e demotica.

PER COSTRUIRE LE COMPETENZE

SPAZIO

1. Inserisci nella carta la linea di divisione tra Basso e Alto Egitto, i nomi delle capitali dell'Antico, del Medio, e del Nuovo Regno e la capitale attuale.

TEBE

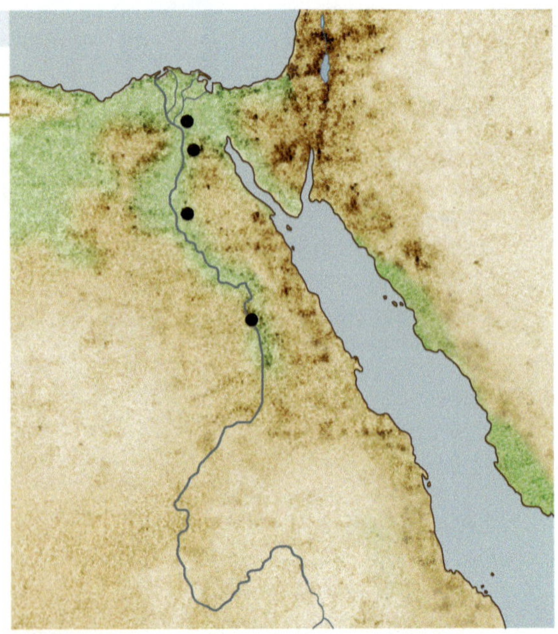

TEMPO

2. Completa la cronologia.

5500-3100 a.C.	Epoca ....
9 000	Unificazione ....
2700-2250 a.C.	.... Regno
2250-2030 a.C.	....
2030	Medio Regno
1700 a.C.	Invasione ....
1550 a.C.	Ritorno ....
1550-1070 a.C.	....
1350 a.C.	Diventa faraone ....
1284 a.C.	Battaglia ....
525 a.C.	L'Egitto viene conquistato dai ....

LESSICO

3. Associa a ogni termine il relativo significato.

A. Burocrazia G
B. Copto H
C. Delta A
D. Dinastia C
E. Canopo D
F. Obelisco F
G. Sacerdote E
H. Teocrazia

a. Foce di un fiume
b. Identificazione tra il potere politico e quello religioso
c. L'insieme di regnanti appartenenti alla stessa famiglia
d. Vaso per la conservazione delle viscere
e. Chi gestisce il culto religioso
f. Struttura architettonica che rappresenta un raggio di sole
g. Sistema amministrativo di uno Stato
h. Tipo di alfabeto egizio

EVENTI E PROCESSI

Una civiltà fluviale

4. Completa il seguente testo inserendo i termini appropriati.

L'Egitto è stato definito dallo storico Erodoto ...., in quanto il grande fiume ha permesso la nascita della civiltà egizia. Al ritiro delle acque dopo le ...., restava sul terreno una fanghiglia, detta ...., che lo rendeva fertile. L'intervento umano consisté in opere di .... per convogliare e distribuire l'acqua. Grazie a queste opere la produzione agricola crebbe e si passò da una economia di .... ad una economia .... La stessa organizzazione sociale, a forma ...., è nata dalla necessità di organizzare il lavoro intorno al fiume. La necessità di un potere centrale originò la figura del ....

La società egizia

5. Assegna a ogni elemento della società egizia il ruolo o la funzione.

Faraone – Funzionari e sacerdoti – Scribi – Artigiani – Contadini – Schiavi

La scrittura

6. Completa il testo sulla scrittura utilizzando i seguenti termini.

pittogrammi – stele di Rosetta – geroglifico – tre – iscrizione – greco – fogli di papiro – ieratico – Champollion – demotico – incisione sacra – testi religiosi – vita quotidiana

Gli egizi elaborarono .... tipi di scrittura. Il più antico è detto .... che significa .... ed era una scrittura formata da immagini, dette .... I supporti su cui scrivevano erano .... Una scrittura più veloce della precedente era il cosiddetto ...., così chiamato perché usato nei .... Una successiva tipologia fu il ...., che si usava per lo più nella .... La scrittura geroglifica venne decifrata grazie a .... dopo il ritrovamento della ...., un'........ trilingue: geroglifico, demotico e ....

TECNOLOGIA E LAVORO

7. Spiega perché le seguenti attività lavorative o conoscenze tecniche si erano sviluppate in Egitto (fai anche riferimento alla scheda di Laboratorio – Lavorare con le fonti)

Agricoltura – Architettura – Artigianato – Geometria – Idraulica

CONFRONTI

8. Oltre a quella egizia, quali altre civiltà facevano parte della cosiddetta "Mezzaluna fertile"?

9. Le civiltà sin ora studiate hanno elaborato diverse tipologie di scrittura. Completa il quadro sinottico e assegna a ogni immagine la scrittura di appartenenza.

Sumeri	Scrittura a caratteri ....; uso di logogrammi, ossia	Immagine ....
Fenici	Inventarono la scrittura .... in cui ogni segno corrispondeva a	Immagine ....
Egizi	Usarono 3 tipologie di scrittura: Il ...., basato sui pittogrammi, ossia	Immagine ....
	Il geroglifico semplificato chiamato	Immagine ....
	Il ...., una scrittura usata a livello	Immagine ....

1 2 3 4 5

LAVORO SULLE FONTI

10. L'antico Egitto ha prodotto anche alcuni testi letterari. Questo è il celebre Inno al Nilo, risalente al Medio Regno. Leggi la poesia e rispondi alle domande che seguono.

Salute a te, o Nilo che sei uscito dalla terra,
che sei venuto per far vivere l'Egitto!
Occulto di natura, oscuro di giorno, lodato dai suoi seguaci;
è lui che irriga i campi, che è creato da Ra per far vivere tutto il bestiame;
che disseta il deserto, lontano dall'acqua:
è la sua rugiada, che scende dal cielo.
[...]
Signore dei pesci, che fa risalire gli uccelli acquatici [verso sud];
è lui che produce l'orzo e fa nascere il grano perché siano in festa i templi.
[...]
Quando [il Nilo] comincia ad alzare, il paese è in giubilo, tutti sono in gioia.
Ogni mascella prende a ridere, tutti i denti sono scoperti [nel riso].
Portatore di nutrimento, ricco di alimenti, creatore di ogni cosa buona,
signore di riverenza, dal dolce odore, benigno quando viene;
è lui che fa nascere le erbe per il bestiame e dà vittime a ogni dio.
[...]
Quando è adirato, i sudditi sono indigenti,
sono distrutti i cibi dell'anno,
si vede il ricco preoccupato, si vede ognuno con le sue armi,
il compagno aggredisce il suo compagno;
non ci sono vesti per vestire, non ci sono ornamenti per i figli del nobile.
Non c'è parto di madre, per la sterilità [causata] dalla sua mancanza.

(da Edda Bresciani, *Letteratura e poesia dell'Antico Egitto*, Torino, Einaudi, 1969)

a. Quali sono i motivi per cui il fiume viene ringraziato?
b. Chi è Ra?
c. Quali effetti negativi può provocare?

RIELABORAZIONE (verso l'orale)

11. Utilizzando anche il lavoro fatto nella sezione "Eventi e processi" prepara una scaletta con i fatti e i concetti principali che ti possa guidare in un eventuale colloquio, seguendo questo modello.

Il Nilo
- Il ruolo del fiume
- Gli interventi umani
- Lo sviluppo della civiltà

Le fasi della storia egizia
- Antico Regno
- Medio Regno
- Nuovo Regno

La società egizia
- Il ruolo del faraone
- La piramide sociale

La religione
- Le caratteristiche generali
- Le divinità maggiori
- I riti di sepoltura

La scrittura
- Le tre tipologie e gli ambienti d'uso
- Geroglifico
- Ieratico
- Demotico

LABORATORIO DELLE COMPETENZE

PASSATO/PRESENTE

12. L'antico Egitto continua ad avere il suo fascino e i siti archeologici sono sempre meta di numerosi turisti. Prova a organizzare un viaggio turistico in Egitto, preparando breve schede di presentazione per un depliant di circa 4 pp., che proponga un itinerario classico.

Per reperire informazioni, oltre al libro di testo, utilizza Internet e in particolare alcuni siti di carattere turistico.

- Arrivo al Cairo. Presenta il Museo, la Moschea di Muhamad Alì, la Cittadella.
- Visita a Giza. Illustra il sito con informazioni sulle Piramidi e sulla Sfinge.
- Visita a Saqqara. Presenta il sito con la Piramide a gradoni di Djoser.
- Visita a Menfi. Illustra il sito e il Museo.
- Trasferta a Luxor. Presenta i templi del sito e i principali monumenti.
- Visita alla vicina Valle dei Re. Prepara una scheda sul sito in generale e individua due tombe da illustrare.

La SOVRANITÀ

La sovranità nel mondo antico

Con il termine di **sovranità** si indica il potere originario (non deriva da un altro potere), universale (le sue decisioni sono valide per tutti), supremo e indipendente da ogni altro potere. Nel mondo antico tale potere era detenuto dal **sovrano**, colui "che sta sopra", cioè che non riconosce oltre di sé alcuna autorità, come era, ad esempio, il faraone in Egitto. Per molti secoli le organizzazioni politiche si sono rette su forme di Stato di tipo **monarchico**, in cui il titolare della sovranità era il re.

lessico
Monarchia forma di governo in cui i poteri dello Stato sono accentrati in una sola persona (re, sovrano, monarca) che ha ottenuto il potere senza elezione.

Le città-stato sumere erano governate da sovrani chiamati **lugal**, cioè "uomini grandi", considerati i vicari del dio protettore della città, alla quale garantivano la giustizia e la prosperità. Erano dunque **re-sacerdoti**, che prima di tutto si occupavano del tempio e poi esercitavano la tutela dell'ordine, l'amministrazione della giustizia, la protezione dei più deboli e la difesa della città. Un'evoluzione significativa della regalità si ebbe con la nascita dell'impero accadico. La monarchia del suo fondatore, **Sargon di Akkad** (2334-2279 a.C.), si definiva **universale**, non più limitata alla singola città-stato: egli si faceva infatti chiamare "re delle quattro parti della terra". Il modello di sovranità accadico venne ripreso in parte dai **Babilonesi** e dagli **Assiri**, i cui sovrani esercitavano un controllo diretto su tutti i settori della vita sociale, politica ed economica attraverso un'efficiente rete di funzionari.

Immagine del faraone egizio Ramses II. Nell'antico Egitto la sovranità assoluta risiedeva nel faraone.

COSTITUZIONE ITALIANA

Art. 1 • [...] La sovranità appartiene al **popolo**, che la esercita nelle forme e nei limiti della **Costituzione**.

Art. 11 • L'Italia [...] consente, in condizioni di parità con gli altri Stati, alle **limitazioni di sovranità** necessarie ad un ordinamento che assicuri la pace e la giustizia fra le Nazioni; promuove e favorisce le organizzazioni internazionali rivolte a tale scopo.

Diversa era la concezione della sovranità in **Egitto**: il potere assoluto risiedeva nella figura del **faraone**, che era considerato sia la massima autorità terrena sia una vera e propria divinità. Il suo compito era quello di realizzare ciò che gli Egizi chiamavano la *maat*, una parola che racchiudeva in sé molti significati: armonia del mondo, responsabilità del governo dello Stato, ordine e solidarietà sociale. Dal punto di vista terreno, il faraone aveva autorità assoluta in tutti i campi: rispetto delle leggi, attività economiche e amministrative, questioni militari.

La sovranità negli stati contemporanei e in Italia

In epoca contemporanea la sovranità si può definire come il **potere esercitato legittimamente da uno Stato**. In qualunque modo esso si formi, lo Stato è dotato di sovranità e il suo potere ha la supremazia su ogni altro.

All'**interno** dello Stato l'esercizio della sovranità si esplica in alcune funzioni fondamentali: il mantenimento dell'ordine pubblico e della pace sociale, l'amministrazione della giustizia, la riscossione delle imposte e la coniazione della moneta. Ciò avviene attraverso funzionari incaricati di quel compito dai vari ordinamenti dello Stato.

All'**esterno** lo Stato esercita la sua sovranità rispetto agli altri stati affermando la sua indipendenza e la inviolabilità del suo territorio, cioè il diritto di difendere i propri confini dalle aggressioni esterne. Tuttavia, oggi, lo Stato, entrando a far parte di ordinamenti più ampi, come le **organizzazioni internazionali**, può incontrare delle **limitazioni** nell'esercizio della propria sovranità, che derivano dal rispetto di vincoli internazionali; l'Italia, ad esempio, ha previsto questa ipotesi inserendola nella stessa Costituzione (art. 11).

Negli stati moderni **la sovranità appartiene al popolo** ed è la Costituzione a sancirlo: è infatti la volontà espressa dalla comunità dei cittadini che legittima l'esistenza dello stesso Stato. Anche la Costituzione italiana riconosce il valore fondamentale della sovranità popolare. Il popolo esercita questo potere attraverso il **voto:** o direttamente, ad esempio, nel **referendum**, o indirettamente, attraverso l'**elezione** dei suoi **rappresentanti** in Parlamento o nei Consigli degli enti locali. Dunque la sovranità è esercitata in nome del popolo da una pluralità di organi (Parlamento, Governo, Magistratura, Presidente della Repubblica, ecc.) i cui poteri sono definiti e delimitati dalla carta costituzionale.

La **divisione dei poteri** è uno dei princìpi cardine dell'ordinamento degli stati moderni. Tale principio oggi è alla base anche di molte monarchie, tra cui, ad esempio, il Regno Unito di Gran Bretagna o la Svezia, in cui il sovrano è ormai solo il rappresentante dell'unità nazionale, mentre il potere effettivo spetta al Parlamento e al Governo, secondo quanto stabilito nella Costituzione.

In Italia, il ruolo di capo dello Stato è affidato al Presidente della **Repubblica**, che esercita una funzione di controllo e coordinamento dei poteri dello Stato.

lessico

Referendum istituto giuridico in base al quale il corpo elettorale viene chiamato a pronunciarsi direttamente, mediante votazione, su una determinata questione (per la Costituzione italiana esso è solo abrogativo, cioè può solo annullare una legge vigente).

Repubblica forma di governo in cui il potere politico è esercitato dal capo dello Stato, e in questo caso si parla di repubblica presidenziale, o dal Parlamento, e in questo caso si tratta di repubblica parlamentare.

COSTITUZIONE ITALIANA

Art. 48 • Sono elettori tutti i cittadini, uomini e donne, che hanno raggiunto la maggiore età.

Il voto è personale ed eguale, libero e segreto. Il suo esercizio è dovere civico. [...]

Art. 56 • La Camera dei deputati è eletta a suffragio universale e diretto.[...]

Art. 75 • È indetto *referendum* popolare per deliberare l'abrogazione, totale o parziale, di una legge o di un atto avente valore di legge, quando lo richiedono cinquecentomila elettori o cinque Consigli regionali. [...]

ATTIVITÀ

1. Completa la mappa:

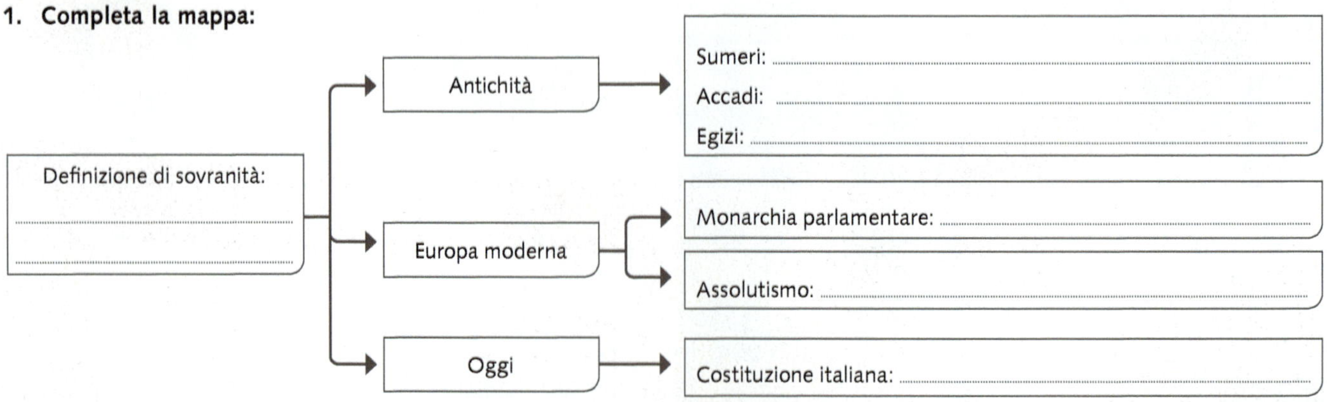

unità **2**

Il Mediterraneo e la civiltà greca

2000 a.C.
Costruzione dei primi palazzi a Creta

1200 a.C.
Migrazione dei Dori nel Peloponneso

X secolo a.C.
Prima colonizzazione greca

VIII secolo a.C.
Nascita della *pólis* e seconda colonizzazione greca

776 a.C.
Prime Olimpiadi

492-479 a.C.
Guerre persiane

431-404 a.C.
Guerra del Peloponneso

323 a.C.
Morte di Alessandro Magno

capitolo 4

Cretesi e Micenei

Il bacino del Mediterraneo tra III e II millennio a.C.

1 Fin dalla metà del III millennio a.C. la felice posizione geografica di **Creta** rende l'isola un **punto d'incontro** della **vie commerciali** che collegano Oriente e Occidente.

2 Intorno al 2000 a.C. gli **Achei** o **Micenei**, popolo di origine indoeuropea, si stanziano nella **penisola greca**, fondando importanti **città-stato** come Tirinto, Argo e Micene.

3 Verso il 1450 a.C. un'**improvvisa catastrofe** distrugge i centri principali della civiltà minoica: si tratta o di una **calamità naturale** o dell'**invasione degli Achei**, oppure alla concomitanza di entrambi i fattori.

4 Una volta vinta la potenza cretese i **Micenei** intraprendono un'aggressiva politica di **espansione**; una coalizione di città-stato muove guerra contro la potente città di **Troia**, in Frigia, e la distrugge.

2300 a.C.
Inizio della talassocrazia cretese

2000-1700 a.C.
Costruzione dei palazzi minoici

1500 a.C. ca
Inizio della civiltà micenea

1450 a.C.
Fine della civiltà minoica

Metà XII secolo a.C.
Inizio del declino dei Micenei

Le prime grandi civiltà della storia, la mesopotamica e l'egizia, si erano sviluppate intorno ai grandi fiumi, che fornivano l'acqua per poter irrigare e coltivare. L'acqua fu fondamentale anche per lo sviluppo della **civiltà minoica** e della **civiltà micenea**: ma in questo caso fu il **mare** a costituire la principale risorsa naturale.

A **Creta**, isola favorita dalla sua posizione al centro del Mediterraneo orientale, si sviluppò una civiltà dalle origini sconosciute ma ricca e raffinata, senza eserciti né mura difensive, dedita alla **navigazione** e ai **commerci**. Qui nacque la prima vera flotta del mondo occidentale, in grado di affrontare lunghe distanze in mare aperto e capace di imporre il proprio dominio mercantile.

Per la prima volta nella storia del mondo antico il **Mediterraneo** non fu più una barriera che separava le civiltà e le culture ma anzi consentì loro di avvicinarsi, di condividere, di confrontarsi, e anche di scontrarsi.

Grazie alla loro abilità nell'arte della navigazione e alla loro propensione nello stabilire rapporti con altre genti, Cretesi e Micenei, come anche i Fenici, divennero attivi propagatori di una cultura che può essere definita "mediterranea", dando vita a modelli di sviluppo più aperti e mobili, basati sull'esplorazione geografica e sull'attività commerciale.

La civiltà minoica, spentasi quasi all'improvviso, fu assorbita dai Micenei, i quali, sebbene più arretrati, ne ripresero molti aspetti.

La civiltà micenea, anch'essa estintasi quasi all'improvviso, fu la progenitrice della grande civiltà ellenica, alla quale, attraverso i secoli, lasciò in eredità molti tratti culturali, religiosi e linguistici. Con i Micenei iniziò quindi il lungo percorso della **storia greca**.

4.1 La civiltà minoica

L'isola di Creta: un ponte tra Oriente e Occidente

La fortuna della civiltà cretese deve moltissimo alla felice posizione geografica dell'isola in cui essa nacque e si sviluppò: **Creta** infatti, trovandosi al centro del bacino orientale del Mediterraneo, era un passaggio obbligato per le rotte commerciali che dal Mar Egeo, l'area siro-palestinese e l'Egitto raggiungevano le coste del Mediterraneo occidentale. Inoltre la scarsità di terreni adatti alla coltivazione e la quasi assenza di materie prime, soprattutto di metalli, portarono gli abitanti dell'isola a prendere la via del mare.

Perciò, a partire dal 2300 a.C. circa – e per quasi un millennio – Creta instaurò il **predominio sul mare e sui commerci** nel Mediterraneo orientale, imponendo il proprio controllo sui traffici marittimi non solo con le isole del mare Egeo e con Cipro, ma anche con la penisola greca, con l'Egitto, con le coste dell'Asia Minore e con la Sicilia, giungendo fino alla Spagna. Per questo motivo gli storici, a proposito del ruolo storico ed economico di Creta, hanno parlato di **talassocrazia**. Fattore determinante dell'egemonia cretese fu l'allestimento di una flotta tecnicamente assai avanzata, gestita da navigatori esperti: si trattò della prima vera **flotta mercantile** del mondo antico, la prima a essere così attrezzata e organizzata da poter affrontare anche il mare aperto e in grado di raggiungere località così distanti.

La civiltà cretese tuttavia non fu contrassegnata soltanto dall'intensa attività commerciale: all'interno dell'isola, infatti, si sviluppò una delle forme culturali più originali del mondo antico, caratterizzata da un ampio uso della scrittura ed espressa da un'arte e da un artigianato molto raffinati.

Origine della civiltà minoica: tra mito e storia

L'origine dei Cretesi è tuttora incerta, forse provenivano dall'Anatolia ma soltanto la decifrazione di una delle forme di scrittura da loro usata, la cosiddetta "lineare A", potrebbe fornire nuove e più precise conoscenze.

La storia dei Cretesi è comunque strettamente legata alla mitica figura del re **Minosse** ed è per questo che gli abitanti dell'isola sono detti anche **Minoici**. Per comprendere il reale significato di questo nome, occorre far riferimento alla **mitologia** e ricordare la leggenda del **Minotauro** e del **labirinto**. Secondo tale mito Minosse avrebbe ordinato la costruzione di un labirinto – sulla base di un complicatissimo progetto dell'architetto Dedalo – allo scopo di tenervi rinchiuso il Minotauro, terribile mostro mezzo uomo e mezzo toro, al quale ogni anno la città greca di Atene doveva offrire in sacrificio sette giovinetti e sette giovinette come tributo per una sconfitta subita. Da questa tragica situazione gli Ateniesi vennero però liberati grazie all'intervento dell'eroe **Teseo**, che riuscì a entrare nel labirinto, a uccidere il Minotauro e a uscirne fuori con l'aiuto di **Arianna**, figlia di Minosse, e del suo famoso stratagemma del filo da srotolare all'andata e seguire al ritorno. Sebbene si tratti di un racconto fantastico, gli studiosi sono concordi nell'affermare che sia possibi-

lessico

Talassocrazia dal greco *thálassa*, "mare", e *kràtos*, "potere", è il pieno e assoluto dominio che un paese riesce a imporre su una determinata area marittima, della quale controlla e gestisce tutti i traffici commerciali.

Mitologia dal greco *mýthos*, "favola", e *lògos*, "discorso", il termine mitologia indica un insieme di racconti (miti) che contengono verità fondamentali per la vita di una comunità, espresse in una veste favolosa e fantastica.

Un'arte naturalistica
La ceramica minoica testimonia gli alti livelli raggiunti dai Cretesi nell'arte decorativa, che traeva ispirazione essenzialmente dal mondo marino, a loro così familiare.

CITAZIONE D'AUTORE

Minosse

Minosse fu infatti il più antico di quanti conosciamo per tradizione ad avere la flotta e a dominare per la maggiore estensione il mare ora greco, a signoreggiare sulle isole Cicladi e a colonizzarne la maggior parte [...]. Eliminò, poi, per quanto poté, la pirateria del mare, com'è naturale, perché meglio gli giungessero i tributi [...]. Al crearsi della flotta di Minosse, la navigazione tra un popolo e l'altro si sviluppò [...] e coloro che abitavano presso il mare, acquistando maggiori ricchezze, vivevano con maggior sicurezza, e alcuni si cinsero anche di mura, come era naturale per persone divenute più ricche.

(Tucidide, *La guerra del Peloponneso*, V secolo a.C.)

Il toro sacro
Questo prezioso vaso rituale a forma di testa di toro è stato ritrovato a Cnosso e risale al 1500 a.C. circa; la testa dell'animale è in steatite, una pietra verde scuro, le corna rivestite d'oro, gli occhi in cristallo di rocca e il muso in madreperla.

le ritrovarvi alcuni elementi di verità, strettamente legati alla storia dell'isola di Creta:

- **Minosse**, ovvero *minos*, non sarebbe un nome proprio, bensì il nome comune usato per indicare genericamente la figura dei re cretesi;
- il nome "Minotauro" (che significherebbe quindi "re del toro") andrebbe spiegato facendo riferimento alla consuetudine dei re cretesi di ornarsi con pelli e corna di toro, simbolo di fecondità e ricchezza, usanza ben nota anche nel Vicino Oriente antico;
- il termine "**labirinto**" (*labýrinthos*) potrebbe voler indicare il palazzo di Cnosso, dimora di Minosse, e deriverebbe dal fatto che sui suoi muri erano scolpite o graffite delle *lábrys*, ossia delle asce a doppio taglio; inoltre il palazzo era così grande e pieno di stanze da risultare difficile uscirne per chi non lo conosceva;
- l'invio dei quattordici giovinetti farebbe riferimento al tributo che la città di Atene era tenuta a pagare ai Cretesi in virtù del loro **predominio marittimo** sul Mediterraneo e quindi anche sulla penisola greca;
- l'**uccisione** del Minotauro da parte di Teseo sarebbe una rievocazione della reazione di Atene al predominio cretese e la conseguente riconquista della sua libertà e indipendenza.

I periodi della civiltà cretese

La storia cretese viene suddivisa dagli archeologi in tre grandi periodi: **minoico antico** (3000-2000 a.C. circa), **minoico medio** (2000-1700 a.C. circa), **minoico recente** (1700-1450 a.C. circa). Poiché durante queste tre fasi l'economia legata al villaggio fu progressivamente sostituita da quella cittadina, incentrata sul palazzo, gli storici parlano anche di età **prepalaziale**, **protopalaziale** e **neopalaziale**.

I palazzi reali

La vita delle città cretesi ruotava interamente intorno ai grandi e possenti **palazzi**, in cui vivevano i sovrani. Gli scavi archeologici all'inizio del Novecento hanno riportato alla luce gli imponenti resti di due importantissime dimore reali, quella di **Cnosso** e quella di **Festo**. Queste costruzioni, che risalgono al periodo minoico medio (2000-1700 a.C.), furono erette su lievi pendii e su larghi basamenti di pietra e presentano un gran numero di corridoi, stanze, saloni.

I PERIODI DELLA STORIA CRETESE

PERIODO E DURATA	CARATTERISTICHE
Minoico antico 3000-2000 a.C.	Manifestazioni artistiche ancora incerte.
Minoico medio 2000-1700 a.C.	Rapido ed eccezionale sviluppo artistico. Edificazione di **palazzi** a vari piani, per esempio a **Cnosso** e a **Festo**.
Minoico recente 1700-1450 a.C.	**Fioritura artistica**, periodo di pace nell'isola, sviluppo di **commerci marittimi**. Nel 1450 a.C. circa, improvvisa **scomparsa** della civiltà cretese, probabilmente a causa d'invasori provenienti dalla penisola greca, gli Achei-Micenei.

Al loro interno vi erano **uffici** per le attività amministrative, **frantoi** per la spremitura delle olive, **forni** per la cottura della ceramica, **laboratori** per la fabbricazione delle anfore, **archivi** e **magazzini**. Degni di nota sono poi i locali da bagno (forniti di acqua per mezzo di tubi cilindrici di terracotta collegati con grandi cisterne), gli efficienti impianti di illuminazione a olio, nonché le grandi scalinate, di così originale struttura che non è dato ritrovarne di simili presso alcun altro popolo del Vicino Oriente. Accanto a costruzioni imponenti non mancavano tuttavia edifici più semplici, fatti di mattoni essiccati al sole o di altro materiale di fortuna e destinati al popolo.
I palazzi oltretutto non avevano nessuna cinta di mura a protezione dei beni in essi conservati: pare infatti che la potente flotta cretese rappresentasse l'unica difesa dell'isola contro la minaccia di sbarchi nemici. Questo fatto dimostra il carattere pacifico della civiltà minoica, confermato dall'assenza di figure o scene di guerra negli **affreschi** rinvenuti nelle rovine dei palazzi.

Il commercio: l'anima di Creta

Abili mercanti e marinai, i Cretesi furono in questo i precursori dei Fenici e i primi a portare prodotti artigianali e alimentari su tutte le sponde del Mediterraneo orientale e centrale. Solcando i mari con **navi robuste e veloci**, lunghe circa venti metri, questo popolo commerciava con l'isola di Cipro, dove barattava vasi e armi con rame e legname, con la Grecia, dalla quale acquistava argento e marmi in cambio di stoffe e manufatti, con l'Egitto, dove esportava olio e vino e dal quale importava avorio, perle, oro e vetri colorati.
Tuttavia quando l'Egitto subì la dominazione degli Hyksos (1700 a.C. circa) le relazioni commerciali fra i due popoli si interruppero. Questo evento – oltre a determinare la fine di ogni riferimento ai Cretesi nelle fonti scritte egizie con la conseguente perdita per gli storici di preziose notizie su questa civiltà – influì notevolmente sul commercio cretese. Da allora infatti l'esportazione di beni si diresse verso il nord e specialmente verso la regione greca dell'Argolide, occupata in quel periodo dai **Micenei**, ai quali i Cretesi trasmisero non solo i metodi di coltivazione della vite, del fico e dell'olivo, ma anche le tecniche della metallurgia, del commercio, della navigazione, nonché l'uso dei pesi e delle misure.

La scrittura minoica

Gli scavi archeologici condotti nei palazzi cretesi hanno riportato alla luce numerosi documenti scritti costituiti da tavolette di argilla, redatte con **tre diverse forme di scrittura**. Una scrittura di tipo pittografico, più antica, che utilizzava disegni al posto di lettere, e due scritture sillabiche di tipo più semplice e dette per questo "**lineare A**" e "**lineare B**".
Sia la scrittura pittografica che la "lineare A" non sono state ancora decifrate, ma gli studiosi ritengono che non esprimessero lingue indoeuropee. Invece la "lineare B", databile intorno al XV secolo a.C. e ormai decifrata, era la scrittura che i Micenei derivarono dalla "lineare A" in seguito al loro arrivo nell'isola.
Sia "lineare A" sia la "lineare B" venivano usate per **scopi** prevalentemente **contabili e amministrativi**, come importante strumento di gestione dei palazzi e dei loro magazzini.

L'isola di Thera
Questo affresco, che raffigura un giovane pescatore, proviene dal sito di Akrotiri sull'isola di Santorini, il cui nome antico era Thera. Verso la metà del II millennio (1600 a.C. circa) l'isola fu devastata da una violentissima eruzione vulcanica che colpì non solo gli insediamenti dell'isola, compreso Akrotiri che andò completamente distrutto, ma anche tutte le isole vicine e le coste cretesi.

Tori e acrobati
Questo affresco mostra il gioco del salto del toro. Le figure laterali sono delle donne, che nella civiltà cretese, a differenza di quanto accadeva nella gran parte delle società antiche, godevano di una certa considerazione tanto da poter partecipare ai giochi solitamente riservati agli uomini.

Feste religiose e competizioni sportive

Il ritrovamento nei palazzi di statuette di divinità e di affreschi raffiguranti scene di vita quotidiana ha permesso agli archeologi di ricostruire alcuni aspetti importanti della vita sociale e religiosa di questa civiltà. Le cerimonie religiose si svolgevano generalmente all'aperto nei pressi di altari eretti nei boschi o sulla vetta dei monti. Queste celebrazioni erano caratterizzate da **grandi feste**, allietate da **danze**, **giochi** e **giostre con i tori**, un esercizio acrobatico che consisteva nell'afferrare per le corna l'animale in movimento e compiere un pericoloso volteggio al di sopra di esso. Si trattava di una prova difficile ma eccitante, legata al **culto del toro** tipico del mondo mediterraneo.

Tali giochi potevano avere come protagoniste anche le **donne**, la cui audacia non era da meno di quella degli uomini: questo fatto dimostra l'alta considerazione della quale godeva la donna nella società cretese, confermata anche da affreschi che ritraggono dee, sacerdotesse e donne riccamente vestite e ben curate. Centrale era anche il culto della **Dea Madre**, identificata con la natura stessa che procrea e nutre.

Il disco di Festo
Questo disco di terracotta, di circa 16 cm di diametro, fu rinvenuto nel 1908 nel palazzo di Festo da una spedizione archeologica italiana. Il disco riporta impressi sulle due facce una serie di pittogrammi disposti a spirale; ancora oggi la sua funzione rimane del tutto sconosciuta, anche perché non è stato ancora decifrato.

Fine della civiltà minoica: due ipotesi

Non meno misteriosa della sua origine è la fine della civiltà cretese. Sappiamo che verso il **1450 a.C.** dovette abbattersi sull'isola una **catastrofe improvvisa e irreparabile**, che ne distrusse i centri più importanti, ma ignoriamo che cosa sia veramente accaduto. Secondo alcuni storici, la fine fu causata da eventi naturali: un'eruzione vulcanica, che distrusse l'intera isola di Thera (l'odierna Santorini), seguita da violenti terremoti e maremoti. Altri ritengono che la causa di questa distruzione fu l'invasione di un popolo proveniente dalla penisola greca, gli Achei o **Micenei**. Secondo altri storici, infine, entrambi i fattori contribuirono all'indebolimento e alla successiva estinzione della civiltà cretese.

GUIDA allo STUDIO

1. Che cosa si intende per talassocrazia cretese?
2. Quali erano le caratteristiche e le funzioni dei palazzi cretesi?
3. Che tipi di scrittura usavano i Minoici?

Gli affreschi del palazzo di Cnosso

Il **palazzo di Cnosso** fu scoperto e scavato dall'archeologo inglese Arthur Evans (1851-1941), il quale dedicò tutta la sua vita allo studio di questa originale civiltà. Tra le macerie del palazzo furono rinvenuti **numerosi frammenti di affreschi**, a partire dai quali Evans incaricò vari artisti di ricreare i dipinti che decoravano le stanze più importanti. Il restauro è stato spesso oggetto di controversie tra gli studiosi che rimproverano all'archeologo e ai pittori un eccesso di immaginazione e fantasia. Le scene rappresentate ci permettono comunque di ricostruire in parte la vita quotidiana, gli usi e i costumi dei Minoici.

L'importanza del vino e dell'olio I due giovani coppieri recano in processione vasi e anfore contenenti **vino** e **olio**. Si trattava di prodotti di importanza vitale per la civiltà cretese: infatti la produzione e l'esportazione di vino, e soprattutto di olio, assicurarono all'economia dell'isola una posizione privilegiata in tutto il mondo egeo.

Il principe dei gigli Il personaggio qui rappresentato fu interpretato come un **re-sacerdote**; per i fiori inseriti dal restauratore sullo sfondo viene anche chiamato "principe dei gigli". Il giovane indossa il tipico gonnellino corto minoico e porta sulla testa una specie di corona fatta di piume di pavone.

I delfini della regina Questo affresco decorava una parete del *mègaron* della **regina**, ovvero le stanze private attribuite dagli scavatori alla signora del palazzo. Si tratta di una scena di **vita marina** in cui grandi delfini nuotano insieme ad altri pesci e nel fondale sono visibili ricci di mare.

Il grifone della sala del trono La sala del trono era interamente decorata da una serie di **grifoni** accosciati, animali mitologici con il corpo di leone e la testa di rapace. Si riteneva che il grifone rappresentasse **tre diversi aspetti della divinità:** quella celeste (uccello rapace), quella terrestre (leone) e quella sotterranea, perché talvolta l'animale viene ritratto con la coda di serpente, simbolo degli Inferi.

Le "dame in blu" Questo affresco, quasi interamente ricostruito, mostra tre donne che indossano il **tipico corpetto cretese** aperto sul davanti, che lasciava scoperto il seno. Negli affreschi minoici il corpo maschile è convenzionalmente indicato dal colore della pelle scuro, mentre quello femminile dal bianco.

4.2 La civiltà micenea

Le migrazioni degli Indoeuropei

Mentre nel Mediterraneo orientale la civiltà cretese assumeva l'egemonia marittima e culturale, nella penisola greca, all'inizio del II millennio a.C., venivano a stanziarsi gruppi di stirpe indoeuropea. Fra questi, i **Micenei** o **Achei**, sebbene di origine agricola e guerriera, diedero vita fra il 1500 e il 1150 circa a.C. a una civiltà dai tratti originali, frutto dell'incontro con il più progredito popolo minoico. Dopo aver imposto il proprio dominio su Creta, i Micenei acquisirono sempre più importanza nel Mediterraneo, giungendo a conquistare tutta la Grecia

Come quella minoica, anche la storia micenea è stata suddivisa dagli storici in tre fasi: **Miceneo I** (1580-1500 a.C. circa), **Miceneo II** (1500-1400 a.C. circa) e **Miceneo III** (1400-1150 a.C. circa).

LE FASI DELLA CIVILTÀ MICENEA

PERIODO E DURATA	EVENTI
Miceneo I 1580-1500 a.C.	**Prime testimonianze** della civiltà micenea, influenzata dalla cultura minoica
Miceneo II 1500-1400 a.C.	I Micenei **conquistano Cnosso** e si sostituiscono ai Cretesi nel controllo dei traffici mediterranei
Miceneo III 1400-1150 a.C.	**Espansionismo** e guerra di Troia. Invasioni esterne e cause naturali determinano la distruzione dei palazzi micenei.

La struttura politica e la società micenea

L'**Argolide**, una regione nella parte orientale del Peloponneso, fu il primo centro di questa nuova civiltà e fu la terra dove i Micenei fondarono le ricche e potenti città di **Micene**, **Argo** e **Tirinto**. Il territorio era suddiviso in tante piccole **città-stato**, arroccate su impervie alture e protette da possenti mura. Il cuore di ciascuna cittadella era costituito dal palazzo reale che sorgeva sull'**acropoli**, la parte più alta della città. Il **sovrano** era chiamato *wànax*, cioè "signore", ed esercitava un forte **potere**: in tempo di pace egli era anche giudice supremo e sacerdote, in tempo di guerra era capo dell'esercito con diritto di vita e di morte su quanti si trovavano sotto il suo comando. Al suo fianco vi era il *lawaghètas*, esponente delle famiglie più in vista per ricchezza e forza militare e capo dell'**aristocrazia** guerriera (*lawòs*), e i *basilèis*, funzionari a capo delle varie comunità locali. Seguivano nella scala sociale i sacerdoti (*telètai*), molto potenti e gli unici, insieme al re, a possedere dei terreni. Il resto delle terre era adibito all'uso comune e veniva coltivato dagli uomini liberi (*dàmos*) – contadini, artigiani e marinai – che però avevano l'obbligo di versare al sovra-

lessico

Micenei, Achei il nome di questa popolazione deriva da Micene, una delle loro principali città; nei poemi omerici sono però chiamati Achei.

Acropoli dal greco *àkros*, "alto", e *pòlis*, "città", indica la parte più alta delle città greche, che venivano costruite sulle alture per ragioni difensive. In età micenea nella parte alta vi era la residenza dei sovrani ma con il tempo divenne la sede dei templi e dei luoghi di riunione della comunità.

Aristocrazia governo dei nobili, dal greco *àristoi*, "i migliori" e *kràtos*, "potere".

La città dalle possenti mura
Micene è situata in Argolide e sorge su una collina in una posizione strategica che dominava le strade che portavano a Nord, verso Corinto e a Ovest verso il Peloponneso centrale.
Le sue mura difensive erano così possenti che, secondo il mito, erano state costruite, insieme con quelle di Tirinto, dai Ciclopi, mitici giganti dotati di un solo occhio.

no una parte consistente del raccolto. L'ultimo gradino della scala sociale era occupato dai *doèlo*, ovvero gli schiavi.

Il volto di Agamennone
Questa maschera in lamina d'oro fa parte del corredo funebre delle tombe reali di Micene. Venne ritrovata dall'archeologo Heinrich Schliemann e fu da lui erroneamente attribuita al leggendario re acheo Agamennone. Oggi è conservata al Museo Archeologico Nazionale di Atene.

I palazzi reali, centri di potere e di amministrazione della ricchezza

L'intera vita economica dei Micenei era concentrata nei **palazzi** reali, che a differenza di quelli minoici erano vere e proprie **fortezze** nelle quali venivano raccolti tutti i beni prodotti dai villaggi circostanti. Questi edifici si sviluppavano attorno al *mègaron*, un ampio locale con al centro un focolare, che fungeva da sala del trono e dei banchetti.
La scoperta di migliaia di **tavolette di argilla** scritte in "lineare B" ha indotto gli archeologi a ipotizzare l'esistenza all'interno dei palazzi di sale adibite ad **archivi**. Qui probabilmente lavorava, alle dipendenze del sovrano, una fitta schiera di scribi addetti a catalogare scrupolosamente tutto ciò che faceva parte del patrimonio reale: beni mobili e immobili, ogni tipo di merce acquistata, venduta o donata, le quantità di grano destinate alla semina, il numero dei carri presenti nei magazzini e dei fabbri in attività presso ogni villaggio.

La scrittura micenea

In seguito ai contatti con la cultura minoica i Micenei adattarono la "lineare A"(la scrittura cretese non ancora decifrata) alla propria lingua dando vita a un'altra scrittura, la "**lineare B**". La lingua micenea, a differenza della lingua minoica, era di origine indoeuropea e costituiva la forma più antica del greco. La "lineare B" fu decifrata nel 1952 dal linguista britannico John Chadwick e da Michael Ventris, un giovane architetto inglese appassionato di lingue antiche, che sfruttò l'esperienza acquisita durante la seconda guerra mondiale quando aveva fatto parte del servizio segreto britannico con il compito di interpretare i messaggi in codice che i comandi tedeschi si scambiavano via radio.

Religione e culto dei morti

Il ritrovamento delle tavolette ha fornito informazioni dettagliate sull'organizzazione economica e sociale dei Micenei; meno dettagliate sono invece le notizie relative alla sfera religiosa e spirituale. Sappiamo tuttavia dell'esistenza di santuari costruiti sulle montagne e di un culto riservato a **diverse divinità**, i cui nomi sono stati ritrovati nelle tavolette degli archivi del palazzo di Pilo: accanto alla dea madre di derivazione cretese, vi sono menzionati i nomi di molti dèi, come Zeus, Atena, Poseidone, che secoli dopo entrarono a far parte del pantheon della Grecia classica.
La presenza di tombe imponenti e fastose, le ricche offerte funerarie costituite da armi magnificamente lavorate, gioielli e materiali preziosi in parte provenienti da bottini di guerra, testimoniano la loro credenza in una **vita ultraterrena**.

L'espansione micenea nel Mediterraneo

I Micenei, grazie ai Cretesi da cui appresero l'arte della navigazione, si dedicarono presto ai commerci marittimi, raggiungendo, oltre Creta, anche molte altre parti del Mediterraneo orientale e occidentale.
A una prima fase di espansione, durante la quale i Cretesi continuarono a esercitare il loro predominio (Miceneo II), ne seguì una seconda più attiva e più intraprendente (Miceneo III, a partire dal 1450 a.C. circa) in cui emerse appieno anche il **carattere guerriero e aggressivo della società micenea**. Grazie

L'armatura micenea
Questo raro esempio di armatura micenea proviene dalla città di Dendra in Argolide. Si tratta di una corazza composta da quindici lamine di bronzo tenute insieme da lacci di cuoio e un elmo ricoperto da zanne di cinghiale.

alla coalizione fra le diverse città-stato, gli Achei compirono infatti vere e proprie azioni di conquista. Fu proprio una di queste forti alleanze a portare a termine l'**occupazione di Creta**, inaugurando così il periodo di dominio miceneo sul Mediterraneo orientale.
Tra il XIII e il XII secolo a.C., nel periodo di maggiore sviluppo della loro civiltà, i Micenei raggiunsero il più alto livello di espansione: dal continente essi vennero a poco a poco spostandosi verso le isole prossime alle coste greche e di qui alle non lontane coste dell'**Asia Minore**, della **Siria** e della **Tracia**. Risale all'incirca all'inizio del XII secolo a.C. uno degli avvenimenti più famosi di tutta la storia antica, narrato nel celebre poema epico *Iliade*, capolavoro della letteratura greca: l'attacco da parte degli Achei, guidati dal mitico re di Micene **Agamennone**, alla ricca e potente città di **Troia**, che signoreggiava sulle coste della Frigia (regione dell'Anatolia centrale) e dominava la rotta marittima nello stretto dei Dardanelli che conduceva ai mercati del Ponto Eusìno (l'odierno Mar Nero). Fu infatti proprio per liberarsi dal pesante controllo esercitato dai Troiani sulle navi in transito nello stretto che i popoli achei mossero guerra contro la città di Troia, la quale fu difesa invano da una lega di quasi tutti i popoli limitrofi e cadde dopo un lungo assedio, durato, secondo la leggenda, dieci anni.

Il mistero sulla fine della civiltà micenea

Intorno alla metà del XII secolo a.C. la civiltà micenea si avviò tuttavia verso un **progressivo declino** fino a scomparire del tutto. In questo periodo tutti i palazzi micenei subirono una violenta distruzione, sulle cause della quale, in assenza di fonti scritte, non abbiamo certezze. Alcuni storici hanno sostenuto che fu soprattutto una serie di **catastrofi naturali** a provocare quel disastro. Altri invece hanno attribuito la fine dei Micenei all'**arrivo dei Dori**, una popolazione indoeuropea che già conosceva l'uso delle armi in ferro più resistenti di quelle micenee di bronzo; questo popolo muovendo da nord-ovest si stanziò nel Peloponneso e nell'isola di Creta, già sedi della civiltà minoica e micenea.
Studi più recenti tuttavia hanno ipotizzato che a determinare il declino del popolo miceneo fu l'**invasione** subita da parte dei cosiddetti **Popoli del Mare**, che già in quel periodo avevano inferto un grave colpo ai potenti regni egizio e ittita.
Con la distruzione dei palazzi micenei termina **l'età del bronzo** e ha inizio, anche nel Mediterraneo centro-orientale, una nuova fase storica, caratterizzata da profondi cambiamenti: **l'età del ferro**.

GUIDA allo STUDIO

1. Qual è l'origine dei Micenei e in quali fasi è stata suddivisa la loro storia?
2. Perché il ruolo degli scribi era così importante?
3. Quali sono i fattori che determinarono il crollo della società micenea?

Gli scavi di Micene
Veduta del circolo monumentale delle tombe di Micene, detto "Circolo A", scavato nel 1876 da Heinrich Schliemann, lo stesso che pochi anni prima aveva scoperto la mitica città omerica di Troia.

Lavorare con le FONTI

Laboratorio

L'archivio di un palazzo miceneo a Pilo

Data XV-XIV secolo a.C.
Tipologia fonte iscrizione

Negli archivi dei palazzi micenei venivano conservate le tavolette di argilla, sulle quali gli scribi riportavano tutto ciò che riguardava la complessa struttura amministrativa della corte. Il brano che segue costituisce un breve stralcio tratto da una delle 1200 tavolette scritte in lineare B ritrovate nella città di Pilo, nel Peloponneso. Pur trattandosi di inventari e registri contabili, la loro decifrazione ha fornito un contributo decisivo per una conoscenza più precisa della civiltà micenea.

1. Eritha, la sacerdotessa, ha un terreno e dichiara solennemente che lo ha in godimento privilegiato per la dea, ma il popolo dice che lo ha in godimento ordinario dei terreni coltivabili in comune.

2. Pilo invia a Zeus, reca doni, conduce portatori: per Zeus un vaso d'oro, un uomo; per Era un vaso d'oro, una donna.

3. Kokalos ha pagato a Eumede olio tanto: 648 litri d'olio.

4. Donne [schiave] di Cnido: 21 donne, 12 fanciulle, 10 fanciulli.

5. Così gli abitanti ingrasseranno i porci: a Pi[?] 3 porci, a Metopa 3 porci, a Pethnos 6 porci, a Pakjiana 2 porci ecc.

6. Una corazza; 20 lamine grandi; 10 piccole; 4 lamine per casco; 2 guanciali.

7. Tante ruote di carri vecchie ma servibili: 30 paia e una sola; ruote del tipo di Zante: 32 paia.

sacerdotessa: la società micenea era profondamente maschilista: le donne, infatti, venivano relegate ad attività secondarie, fatta eccezione per alcune funzioni religiose, come le sacerdotesse di divinità femminili.

Zeus, Era: tra le divinità venerate dai Micenei vi erano Zeus, Era, Poseidone, Atena, Ermes, che verranno successivamente assorbite dalla cultura della Grecia classica.

olio: l'olio non veniva consumato solo come alimento, ma era utilizzato come unguento, come ingrediente per la preparazione di profumi e di rimedi farmaceutici, come lubrificante per gli strumenti da lavoro, come combustibile per l'illuminazione, come offerta nei riti religiosi.

corazza: l'armatura dei guerrieri achei era composta da una corazza di bronzo a lamelle, un elmo, spesso guarnito da zanne di cinghiale e dotato di guanciali a protezione del volto, uno scudo di cuoio e legno, una spada e un pugnale.

carri: i carri micenei, costruiti prevalentemente in legno e trainati da due cavalli, erano utilizzati non soltanto per combattere, ma anche per la caccia o più semplicemente come mezzi di trasporto.

Tavoletta d'argilla incisa in Lineare B, scrittura nella quale convivono sillabe e ideogrammi (XIII secolo a.C.).

Per COMPRENDERE

1. Che cosa si registrava abitualmente sulle tavolette di argilla?
2. Quali erano i più importanti impieghi dell'olio nell'economia micenea?
3. Quali caratteri della civiltà micenea emergono dalla lettura di questa fonte?

SINTESI

4.1 A partire dal 2300 a.C. l'isola di Creta instaura per quasi un millennio un vero **predominio sul mare** e sui commerci in tutto il Mediterraneo. La sua storia è legata al mito di **Minosse**, potente sovrano di Creta, da cui deriva l'appellativo minoico, e del **Minotauro**, terribile mostro rinchiuso nel labirinto. Al periodo minoico medio (2000-1700 a.C.) risale la costruzione dei **palazzi**, centro politico, economico e religioso della società cretese. I più famosi sono quelli di **Cnosso** e **Festo**, entro le cui mura si trovano uffici di amministrazione, frantoi, forni, laboratori artigianali, archivi e magazzini, affiancati da costruzioni più semplici destinate al popolo. Le **cerimonie religiose**, celebrate all'aperto, sono caratterizzate da grandi feste, con danze, giochi ed esercizi di acrobazie con i tori. Importanza considerevole ha il ritrovamento di numerosi documenti scritti redatti prevalentemente in "**lineare A**" e "**lineare B**", forme di scrittura così definite per i caratteri semplici e schematici che le costituiscono.
Nel 1450 a.C. la civiltà cretese ha fine forse in seguito a eventi naturali o a una invasione da parte dei Micenei, oppure a causa di entrambi i fattori.

4.2 Nella penisola greca, all'inizio del II millennio a.C., viene a stanziarsi una popolazione di origine indoeuropea, gli **Achei** o **Micenei**, che danno vita, fra il 1500 e il 1150 circa a.C., a un'originale civiltà frutto dell'incontro con quella già avanzata dei Cretesi. I Micenei occupano una regione del Peloponneso, l'Argolide, dove fondano le ricche e potenti città-stato di **Argo**, **Tirinto** e **Micene**. Il sovrano, ***wànax***, esercita un potere assoluto, è il giudice supremo, sacerdote e capo dell'esercito. Seguono nella scala sociale il *lawaghètas*, capo dell'aristocrazia guerriera, i sacerdoti (*telètai*), e il *dàmos*, il popolo costituito da uomini liberi, mentre l'ultimo gradino è occupato dal *doèlo*, la classe degli schiavi.
A partire dal 1450 circa a.C., i Micenei danno il via a un'aggressiva espansione territoriale che porta all'**occupazione di Creta** e alla conseguente egemonia incontrastata nel Mediterraneo orientale. Tra il XIII e il XII secolo a.C., nel pieno sviluppo della loro civiltà, si spostano verso le coste dell'Asia Minore, della Siria e della Tracia, sino all'attacco, narrato nel poema epico *Iliade*, alla potente città di **Troia**, che domina la via verso il Ponto Eusìno (l'odierno Mar Nero). Nel XII secolo a.C. la civiltà micenea decade improvvisamente, forse a causa di una serie di fattori come lo scatenarsi di un disastro naturale oppure l'invasione di alcuni popoli, come i Dori o i Popoli del Mare.

PER COSTRUIRE LE COMPETENZE

SPAZIO

1. Individua nella carta la sede della civiltà minoica e colorala, poi segna la posizione delle città di Micene e di Troia.

TEMPO

2. Completa la cronologia.

Civiltà minoica		Civiltà micenea	
Cronologia	Eventi principali	Cronologia	Eventi principali
Minoico antico 3000-2000 a.C.	PRIME MANIFESTAZIONI ARTISTICHE		
Minoico medio 2000-1700 a.C.	SVILUPPO ARTISTICO EDIFICIO PALAZZI	Miceneo I 1580-...... a.C.	
Minoico recente 1700-1450 a.C.	FIORITURA ARTISTICA SVILUPPO COMMERCI MARITTIMI	Miceneo II 1500-1400 a.C.	
		Miceneo III 1400-1200 a.C.	GUERRA DI TROIA (10 ANNI)

LESSICO

3. Associa a ogni termine il relativo significato.

A. Acropoli
B. Aristocrazia
C. Wanax
D. Minoico
E. Labirinto
F. Lineare A
G. Lineare B
H. Minotauro
I. Mitologia
J. Talassocrazia

a. Scrittura micenea
b. Relativo alla civiltà cretese
c. Scrittura cretese
d. Insieme di racconti, tra realtà e leggenda, che stanno alle origini di una civiltà
e. Creatura leggendaria metà uomo e metà toro
f. Edificio molto complesso e intricato
g. Sovrano miceneo
h. Dominio del commercio marittimo
i. Città alta
j. Governo dei migliori

EVENTI E PROCESSI

Due civiltà

4. Completa i due testi relativi alla civiltà minoica e micenea, inserendo i seguenti termini.

acropoli – minoica – Dedalo – lawaghètas – labirinto – eruzione vulcanica – città-stato – aristocrazia – Dardanelli – religiosa – dàmos – sacerdoti – schiavi – basileis – capo dell'esercito – wànax – Troia – Asia Minore – Creta – Grecia – Achei – invasione – Minotauro – talassocrazia – Mediterraneo – geografica – Minosse – indoeuropea

a. La civiltà cretese nacque e prosperò grazie alla posizione ______ nel cuore del ______ e infatti per indicare la potenza cretese si usa il termine ______. La civiltà cretese si chiama anche ______ dalla figura mitica di ______ che fece costruire il ______ da ______ per imprigionare il ______. La civiltà cretese durò circa 1500 e finì improvvisamente a causa di una ______ oppure a causa di una ______.

b. I Micenei, detti anche ______, di origine ______, giunsero a conquistare tutta la ______. La loro società era divisa in tante ______ in cui il palazzo reale sorgeva sull'______. Comandava una ______ guerriera e infatti la loro forza militare li portò a espandersi prima a ______ poi in ______. Il fatto storico più importante, diventato oggetto di mito, fu la conquista di ______ la cui reale motivazione fu il controllo dello stretto dei ______. Il sovrano, detto ______ massima autorità politica e ______, nonché, in tempo di guerra, ______. Egli era affiancato dal ______, il comandante militare, e dai ______ i funzionari locali. C'erano poi i ______, gli unici, dopo il re, a possedere i terreni. Questi venivano lavorati dal ______ cioè l'insieme degli uomini liberi, e dagli ______ che erano posti al gradino sociale più basso.

TECNOLOGIA E LAVORO

5. Il palazzo di Cnosso era anche un centro produttivo. Quali attività lavorative venivano effettuate? Quali reperti ci permettono di saperlo? (fai riferimento alle immagini inserite nel capitolo)

NESSI

6. Quali furono le cause che portarono alla fine delle due civiltà studiate nel capitolo?

PERSISTENZE E CAMBIAMENTI

7. Recupera alcune informazioni sulle civiltà precedenti e completa la tabella

Caratteristica	Minoici e Micenei	Civiltà precedente
Popolo guerriero	Micenei	Ittiti
Sviluppo del commercio marittimo	Minoici	
Scrittura pittografica	Minoici (prima fase)	
Scrittura sillabica	Micenei e Minoici	
Città-stato	Micenei	
Monarchia	Minoici e Micenei	

RIELABORAZIONE (verso l'orale)

8. Utilizzando anche il lavoro fatto nella sezione "Eventi e processi" prepara una scaletta con i fatti e i concetti principali che ti possa guidare in un eventuale colloquio, seguendo questo modello.

Civiltà cretese
- I motivi del suo sviluppo
- Il mito e la storia della sua civiltà
- L'economia e la scrittura
- Le fasi del suo sviluppo e la crisi

Civiltà micenea
- L'origine
- La società micenea
- La sua espansione tra mito e realtà
- Le cause della sua fine

LABORATORIO DELLE COMPETENZE

CIVILTÀ A CONFRONTO

9. Crea una tabella in cui vengano messi a confronto gli elementi caratterizzanti le due civiltà studiate nel capitolo.

	Geografia	Economia	Politica	Scrittura
Cretesi				
Micenei				

capitolo 5

La Grecia arcaica e la nascita della pòlis

La Grecia e l'Asia Minore durante la prima colonizzazione

1 Tra il XII e il IX secolo a.C., in seguito al crollo della civiltà micenea, la Grecia attraversa una fase di ristagno economico e di frazionamento politico, definita **medioevo ellenico**. Il sopraggiungere dei **Dori** determina lo spostamento di diverse etnie greche, tra le quali si distinguono, oltre ai Dori, gli **Eoli** e gli **Ioni**.

2 Intorno al 1000 a.C. gruppi di Dori, Ioni e Eoli si stanziano sulle coste dell'**Asia Minore**, dove fondano nuove città; questo fenomeno prende il nome di "**prima colonizzazione**".

3 Nel corso dell'VIII secolo a.C. nascono in Grecia le ***pòleis***, libere città-stato che costituiscono un organismo politico nuovo, in cui i **cittadini** si autogovernano attraverso leggi che regolano la vita in comune.

XII-IX secolo a.C.
Medioevo ellenico

VIII secolo a.C.
Nascita della *pòlis*

Metà VIII secolo a.C.
Inizio della seconda colonizzazione

VIII-VII a.C.
Affermazione del *dèmos*

776 a.C.
Prima olimpiade

Con il crollo della civiltà micenea per la Grecia si aprì un'età buia, il **medioevo ellenico**, caratterizzato dall'assenza di fonti scritte, e da un marcato regresso culturale e demografico, con strutture sociali arcaiche di tipo aristocratico e un'economia agro-pastorale.

L'arrivo dei **Dori** spinse le altre popolazioni di etnia greca, gli **Ioni** e gli **Eoli**, a trovare una propria collocazione nella penisola greca e in parte a migrare sulle coste dell'**Asia Minore**.

Soltanto dall'VIII secolo a.C. la civiltà ellenica cominciò a realizzare forme politiche, sociali e religiose del tutto nuove e originali e i Greci iniziarono a maturare il senso di una comune identità.

Nacque la ***pòlis***, la città-stato, nella quale si sperimentarono nuovi valori civili, nuove istituzioni e le prime costituzioni scritte. I Greci scoprirono la dimensione dell'**uomo-cittadino**, rifiutando quella del suddito, tipica delle monarchie orientali. Ciò fu possibile grazie a una fondamentale novità: il cittadino era libero di esercitare i propri diritti e doveri partecipando direttamente alla vita della città.

Il **periodo arcaico** della storia greca conobbe però anche una spaccatura della cittadinanza in due classi sociali: l'**aristocrazia**, ricca e potente, e il ***dèmos***, più povero ed escluso dal potere ma intenzionato a conquistarsi un proprio ruolo sociale e politico.

Le *pòleis* si radicarono anche fuori dalla penisola ellenica: furono fondate numerose colonie, che in Sicilia e nell'Italia meridionale raggiunsero un tale splendore da meritarsi il nome di **Magna Grecia**.

In questo periodo nacquero la filosofia, la poesia, la storiografia e un senso più raffinato dell'arte e dell'architettura abbellì le città con templi e teatri.

5.1 Il medioevo ellenico e la prima colonizzazione greca

Una fase oscura della storia greca

I quattro secoli (XII-IX a.C.) che seguirono alla distruzione della civiltà micenea sono chiamati dagli storici "secoli oscuri" o "**medioevo ellenico**" a causa del regresso economico e culturale che segnò la Grecia dopo gli splendori dell'epoca minoica e micenea e della scarsa conoscenza che abbiamo di questo periodo. Questa fase della storia greca è caratterizzata, infatti, dall'assenza di testimonianze scritte e di ogni forma di architettura monumentale, dal momento che i palazzi dei sovrani micenei, una volta distrutti, non vennero più ricostruiti. Come nel Vicino Oriente, anche nel Mediterraneo occidentale il XII secolo a.C. segnò **il passaggio dall'età del bronzo all'età del ferro**.

I profondi mutamenti che accompagnarono l'inizio dell'età del ferro in Grecia vengono messi dagli storici in relazione con la **discesa dei Dori**, una popolazione bellicosa di origine indoeuropea proveniente dal nord della Grecia.

Spinti dai Dori, gli altri gruppi di etnia greca, che già abitavano la penisola ellenica, si ridistribuirono sul territorio. **Eoli**, **Ioni** e **Dori**, che si distinguevano gli uni dagli altri solo perché parlavano un dialetto greco diverso (eolico, ionico e dorico), si stanziarono rispettivamente nel nord della Grecia (Tessaglia e Beozia), al centro (Attica ed Eubea) e al sud (Peloponneso e Creta).

Anfora in stile geometrico
Durante il medioevo ellenico si affermò un nuovo stile di decorazione vascolare, detto geometrico poiché utilizzava motivi più semplici come linee, punti e figure estremamente stilizzate.

Un evento di grande importanza: la prima colonizzazione greca

Intorno al 1000 a.C. parte di queste popolazioni migrò anche sulle coste dell'**Asia Minore**, ampliando in modo significativo l'area di diffusione della loro civiltà. Questo fenomeno, che va sotto il nome di "**prima colonizzazione greca**", portò alla fondazione di numerose città come Mileto, Efeso e Smirne.

Il contatto con le popolazioni di origine asiatica suscitò in loro un forte **senso di identità**: i nuovi arrivati cioè si resero conto che lingua, cultura e religione li differenziavano dalle altre genti e, allo stesso tempo, li accomunavano tra di loro. Fu proprio allora, infatti, che iniziarono a chiamarsi con un unico nome: **Elleni**.

> **lessico**
> **Elleni** nome che i Greci davano a se stessi, per distinguersi dai non-greci; il nome latino *graecus*, da cui deriva "greco", è il termine che verrà utilizzato dai Romani per indicare gli Elleni.

I poemi omerici e la Grecia dei "secoli bui"

Il medioevo ellenico rappresenta dunque un periodo poco conosciuto a causa della mancanza assoluta di fonti scritte dirette. Per avere quindi un'idea della società e delle istituzioni della Grecia durante questa fase dobbiamo basarci esclusivamente sui resti materiali portati alla luce dagli archeologi e su due poemi epici, ***Iliade*** e ***Odissea***, la cui composizione risale circa all'VIII secolo a.C. ed è attribuita al poeta greco Omero.

Anche se descrivono vicende relative al periodo miceneo, come la guerra di Troia, nella narrazione compaiono informazioni in gran parte incompatibili con quanto conosciamo della civiltà micenea, e che invece fanno riferimento a usi e costumi di un'epoca successiva.

Un esempio evidente è l'uso da parte degli eroi omerici di armi di ferro, sconosciute ai Micenei;

> **concetti chiave**
> ### Colonizzazione
> Nel corso della storia si sono spesso verificati spostamenti di popolazioni, che di volta in volta, spinte da cause diverse, hanno lasciato la propria patria per stabilirsi in una terra straniera e sconosciuta. Questo fenomeno si è concretizzato anche nella fondazione di colonie, cioè nella creazione di nuove comunità, che in particolare nel caso della Grecia riflettevano le caratteristiche politiche, sociali e culturali della madrepatria, alla quale rimanevano profondamente legate. Se le colonie fenicie furono essenzialmente basi commerciali, la colonizzazione greca rappresentò anche una risposta alla fame di terre di una popolazione in continuo aumento. La portata della colonizzazione greca si riflette nella vitalità delle nuove città: le colonie fondate dai Greci furono infatti entità indipendenti, che ebbero un importante ruolo politico e culturale nello scenario storico contemporaneo.

IL MEDIOEVO ELLENICO (XII-IX SECOLO a.C.)

Attorno al 1200 a.C. la Grecia subisce l'invasione da parte dei Dori

- Crollo definitivo della **civiltà micenea**
- **Prima colonizzazione** greca dell'Asia Minore (X secolo a.C.)
  - Il contatto con le popolazioni asiatiche risveglia nei Greci il **senso di identità** politica e culturale
- **Regresso** culturale e materiale
  - Scomparsa della **scrittura**
  - Scomparsa dell'**architettura monumentale**

inoltre i palazzi dei re descritti nell'*Iliade* e nell'*Odissea* non mostrano traccia del grande apparato produttivo e burocratico che ruotava intorno ai grandiosi palazzi di Micene o di Tirinto, ma si presentano piuttosto come semplici dimore di potenti aristocratici che, nello stesso tempo, erano proprietari terrieri e capi militari. Anche i riti funebri sono diversi: le spoglie dei guerrieri omerici vengono arse sul rogo, mentre sappiamo che i sovrani micenei erano sepolti in ricche tombe a fossa o a cupola.

Da queste fonti emerge dunque che il mondo greco dei "secoli oscuri" era privo di forti centri di potere e caratterizzato da un grande frazionamento politico, e che ogni comunità aveva per capo un ***basilèus***, un sovrano dotato di un potere non assoluto, affiancato da un'**aristocrazia guerriera**. La restante popolazione tuttavia non era del tutto esclusa dalla vita politica: le decisioni più importanti che riguardavano la comunità venivano discusse in **assemblee**, le cui delibere però non erano vincolanti per il sovrano.

L'**economia era agricola e pastorale** di semplice sussistenza, e i soli proprietari di terre e di mandrie erano gli aristocratici, tra le cui principali fonti di ricchezza rimanevano comunque anche le razzie a danno di popolazioni nemiche. All'interno dell'aristocrazia guerriera era molto praticato l'uso dello **scambio di doni** con i loro pari, nelle forme previste dal senso di appartenenza allo stesso gruppo sociale e dal vincolo dell'ospitalità.

GUIDA allo STUDIO

1. Perché i secoli XII-IX a.C. vengono definiti "oscuri"?
2. Quali fattori hanno favorito la prima colonizzazione greca?
3. Che ruolo hanno avuto i poemi omerici nello studio della storia della Grecia antica?

Storia e... Letteratura

I poemi omerici, caposaldo della letteratura occidentale

La letteratura greca nasce con l'*Iliade* e l'*Odissea*, due poemi epici in versi di argomento eroico, concepiti come esaltazione dell'aristocrazia guerriera. L'*Iliade* narra l'ultimo anno della guerra di Troia (o Ilio) mentre l'*Odissea* descrive il lungo e avventuroso viaggio di ritorno di Odisseo nella patria Itaca, dopo la fine della guerra. Nei poemi non si ritrovano notizie relative a "uomini comuni" ma a eroi guerrieri come Achille, Ettore, Agamennone e Odisseo, le cui vicende si intrecciano con quelle degli dèi; ne deriva dunque l'immagine di una società in cui i protagonisti – appartenenti a un ceto che riconosceva come suoi fondamentali valori la forza fisica e il coraggio in battaglia – sono in competizione per affermare il proprio onore.
Questi temi, originari del patrimonio leggendario e mitologico greco, erano trasmessi oralmente dai cantori finché uno o più autori, tra l'VIII e il VII secolo a.C., li hanno messi per iscritto. La tradizione identifica un possibile autore con Omero, rappresentato come poeta cieco, anche se oggi gran parte della critica moderna lo considera una figura leggendaria.

Scontro tra guerrieri, scena rappresentata su un vaso a figure nere del VI secolo a.C.

Lavorare con le FONTI

Laboratorio

La società omerica

L'Iliade rappresenta una fonte preziosa per comprendere la società greca dei "secoli oscuri". Dalla sua lettura emerge, ad esempio, che per gli aristocratici del tempo il valore di una persona si misurava soprattutto in base alla stima e alle lodi che la comunità le riconosceva pubblicamente. Il brano che segue, tratto dal I libro del poema di Omero, descrive un momento del litigio tra Agamennone e Achille: il sovrano acheo, sottraendo davanti a tutti la schiava ad Achille, reca all'eroe una pubblica offesa. Un gesto, questo, in grado di screditare il guerriero agli occhi dei suoi pari e della società.

Autore Omero
Opera Iliade , I, 172-187
Epoca VIII secolo a.C.
Tipologia fonte testo letterario

Ma guardandolo bieco Achille piedi rapido disse:
"[...] Ma ora andrò a Ftia, perché certo è molto meglio
andarsene in patria sopra le concave navi. Io non intendo per te,
restando qui umiliato, raccoglier beni e ricchezze".
Lo ricambiò allora il sire d'eroi Agamennone:
"Vattene, se il cuore ti spinge; io davvero
non ti pregherò di restare con me, con me ci son altri
che mi faranno onore soprattutto c'è il saggio Zeus.
[...]
ma mi prendo Briseide guancia graziosa,
andando io stesso alla tenda, il tuo dono, sì, che tu sappia
quanto son più forte di te, e tremi anche un altro
di parlarmi alla pari, o di levarmisi a fronte".

Ftia: regione della Grecia settentrionale di cui Achille è il re. Achille può a buon diritto decidere di far ritorno in patria e abbandonare Agamennone sul campo di battaglia: ciascuno dei sovrani greci che partecipa alla guerra non è infatti legato da alcun vincolo di sudditanza al comandante supremo della spedizione (in questo caso Agamennone).

Briseide: è la schiava che Achille ha ricevuto come bottino di guerra e che doveva celebrarne il valore di guerriero. Quella di offrire in dono delle schiave era una pratica assai diffusa nella società greca del tempo, premonetaria, agricola e pastorale, in cui la donna rappresentava una merce di scambio.

umiliato: la forza morale della società omerica risiede soprattutto nel timore che un determinato comportamento venga disapprovato dagli altri: di qui il sentimento di "umiliazione o vergogna" che un individuo prova quando sente di aver perso la pubblica stima.

onore: in greco *timè*; è la rispettabilità che deriva a un individuo da una pubblica attestazione di stima. Non si tratta di un concetto astratto, ma di qualcosa che si poteva misurare in base ai doni e alle parole di elogio che venivano riservate alle persone più valorose.

dono: la pratica di offrire dei doni era utilizzata dagli aristocratici non solo per riconoscere pubblicamente l'onore di un loro pari, ma anche come strumento per tessere rapporti di solidarietà tra i clan gentilizi di cui era composta la società descritta da Omero.

Interno di una coppa realizzata dal vasaio Sosia, che rappresenta Achille intento a fasciare l'amico Patroclo ferito in guerra.

Per COMPRENDERE

1. Perché Achille decide di ritirarsi dalla battaglia?
2. Quali caratteri della società greca emergono dalle parole di Agamennone?

5.2 La nascita della pòlis e l'età arcaica

La fine dei "secoli oscuri"

L'"età oscura" della storia della Grecia termina con l'VIII secolo a.C., momento di inizio di una nuova età chiamata dagli storici **arcaica** (VIII-VI secolo a.C.).
A questo periodo (750 a.C. circa) risalgono le prime testimonianze di una **nuova scrittura**, il greco, basata sull'alfabeto fenicio al quale i Greci avevano aggiunto le vocali.
Questo fatto non fu il solo a rendere l'VIII secolo a.C. uno dei periodi più densi di fermenti innovativi in tutta la storia greca: lo sviluppo dell'agricoltura – ora più produttiva grazie all'utilizzo di attrezzi agricoli in ferro –, la conseguente crescita **demografica**, l'aumento dei traffici commerciali e della ricchezza e l'emergere di forze politiche nuove furono fattori determinanti nel processo di sviluppo **istituzionale** che portò alla nascita della ***pòlis***.

ti ricordi?

Le civiltà del Vicino Oriente antico utilizzarono per prime la **scrittura** con i caratteri cuneiformi intorno al III millennio a.C., per motivi che in origine furono essenzialmente economici. Per merito dei Fenici i sistemi di scrittura si avviarono a una semplificazione, preparando le condizioni per la nascita dell'alfabeto, basato sui soli segni consonantici.

Verso una nuova organizzazione politica

Le origini delle *pòleis* risalgono al periodo del medioevo ellenico: l'**assenza di un forte potere centrale** in grado di amministrare e coordinare la vita delle varie città permise loro di svilupparsi come entità politiche indipendenti, fatto incentivato anche dalla estrema frammentazione geografica del territorio greco.

LA NASCITA DELLA *PÓLIS*

Mancanza di un forte potere centrale	Aumento della popolazione nell'VIII secolo a.C.

↓

Necessità di trovare una **nuova forma di governo** che coordini le varie città

↓

Nascita della *pòlis*

L'alfabeto greco
La cosiddetta coppa di Nestore, rinvenuta in una necropoli sull'isola di Ischia e databile alla metà dell'VIII secolo a.C. L'iscrizione presente costituisce una delle prime attestazioni di scrittura alfabetica greca.

Nell'VIII secolo a.C. si verificò inoltre un notevole **aumento della popolazione**, testimoniato dalla scoperta di un elevato numero di sepolture, risalenti a quel periodo, in diverse città come Atene, Argo, Corinto e Sparta. Questa crescita demografica ebbe delle conseguenze immediate sulla società: da una parte spinse la popolazione a emigrare alla ricerca di nuove terre e di materie prime attraverso **una nuova colonizzazione** (la seconda); dall'altra invece indusse gli abitanti delle *pòleis* maggiormente popolate a cercare **nuove forme di governo** e di amministrazione delle proprie risorse, più adatte alle nuove realtà sociali ed economiche cittadine.
Le *pòleis* non avevano tutte le stesse dimensioni e comprendevano – oltre al centro urbano – una più o meno ampia parte del territorio circostante, per lo più agricolo. La *pòlis* di Atene, per esempio, nel 450 a.C. contava circa 250.000 abitanti e il suo governo si estendeva su un raggio di circa settanta chilometri di distanza dal nucleo cittadino (cioè sull'intera penisola Attica), mentre altre *pòleis* governavano territori che si potevano attraversare con poche ore di cammino.

lessico

Demografico relativo alla popolazione (dal greco *dèmos*, "popolo").

Istituzionale riguardante gli aspetti normativi e organizzativi, ad esempio, di una società o Stato.

Pòlis "città" in greco, al plurale *pòleis*; è il nome con cui generalmente si indicano le città-stato della Grecia.

Tutte erano però caratterizzate da una struttura urbanistica simile, costituita da due elementi fondamentali: l'**acropoli**, ovvero la città alta, retaggio dell'antica civiltà micenea, dove si concentravano i principali edifici sacri, e l'**agorà**, la piazza centrale posta nella città bassa, centro politico, civile e commerciale, sede sia dell'assemblea cittadina sia del mercato.

Il governo dei cittadini

La caratteristica più interessante e originale della *pòlis*, senza precedenti nella storia dell'umanità, stava nel fatto che il governo della città era affidato ai **cittadini** stessi, che godevano del diritto di riunirsi per discutere e decidere le sorti della comunità: essi infatti non dovevano sottostare alla volontà e alle decisioni di un singolo sovrano ma avevano libertà decisionale (si parla infatti di cittadini e non di sudditi). Bisogna subito precisare, però, che "cittadini" non erano tutti gli abitanti di una città in quanto il **diritto di cittadinanza** era **ereditario e limitato** a coloro che avevano il padre cittadino. Le **donne** non potevano goderne, come neppure gli stranieri e gli schiavi.

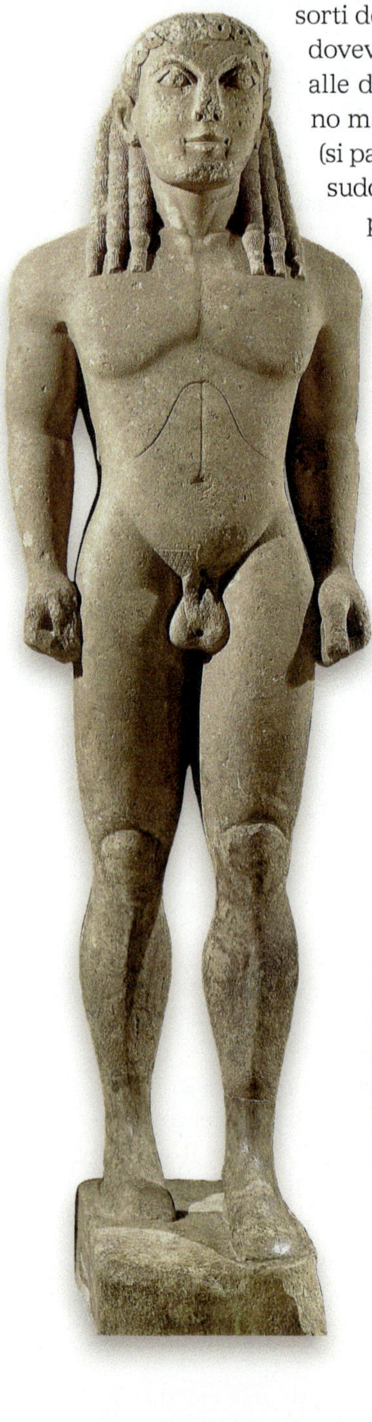

Giovani aristocratici
I *kouroi*, statue che raffigurano giovani uomini, iniziano a diffondersi in Grecia dalla metà del VII secolo a.C. e rappresentano l'ideale di forza, bellezza e valore incarnato dagli aristocratici che governavano le neonate città-stato.

I POTERI DELLA *PÓLIS*

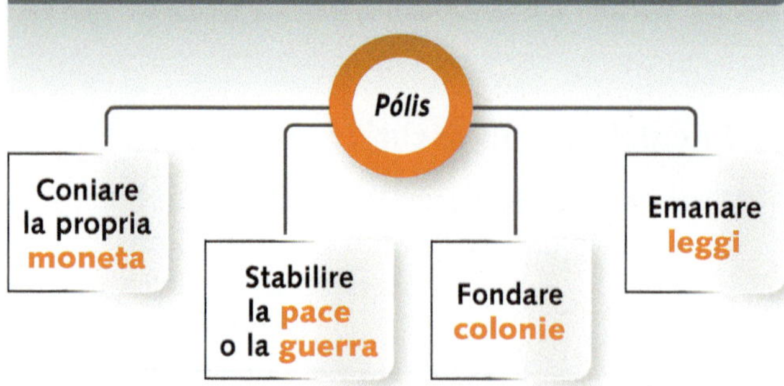

Le norme per poter ottenere il diritto di cittadinanza si resero nel tempo ancora più restrittive: fu così che il governo cittadino si concentrò sempre di più nella mani dell'aristocrazia, chiudendosi fino al punto che alcune *pòleis*, tra cui Atene, giunsero in seguito a deliberare che cittadini potevano essere solo i nati sia da padre sia da madre ateniese. Ogni *pòlis* aveva il diritto di emanare le proprie **leggi**, stabilire la **pace o la guerra**, coniare la propria **moneta**, trattare con le altre *pòleis* da pari a pari e fondare **colonie**. Da questa condizione di **indipendenza** e **autonomia politica** nasceva nei Greci il disprezzo per gli imperi assolutistici, come quello persiano, presso i quali chi faceva le leggi era uno solo, il re, senza intervento alcuno da parte della popolazione, costretta invece a obbedire alla volontà del sovrano. I Greci dunque sentivano fortemente la loro diversità rispetto a tutti gli altri popoli, tanto che chiunque non parlasse greco era da loro chiamato "**barbaro**".

lessico
Barbaro
"straniero", da *barbar*, voce che imita il suono delle lingue straniere, percepito dai Greci come duro e indistinto.

GUIDA allo STUDIO

1. Quali fattori determinarono la fine del "medioevo ellenico"?
2. Come era organizzata una *pòlis*?
3. Chi era cittadino di una *pòlis*? Chi non lo era?

concetti chiave

Cittadino

Nell'antica Grecia, il *polites*, ossia il cittadino, era colui che aveva il diritto di partecipare attivamente alla vita della *pòlis*, ricoprendo cariche pubbliche. Il diritto di cittadinanza rappresentava l'unico modo con cui un individuo poteva essere riconosciuto parte integrante della comunità cittadina, non solo sul piano sociale ed economico, ma anche su quello politico e amministrativo. In un primo tempo erano considerati cittadini soltanto gli aristocratici, che avevano ricchezze sufficienti per combattere in difesa della *pòlis* e acquisire quindi il diritto di assumersi responsabilità politiche. La nascita dell'esercito oplitico consentì di estendere la cittadinanza a chi contribuiva alla difesa della città perché in grado di potersi comprare un'armatura e non perché nobile di nascita. Le successive trasformazioni sociali accrebbero il numero dei cittadini, che però rimase sempre molto ristretto.

5.3 La seconda colonizzazione e lo sviluppo del dèmos

Una nuova migrazione

A partire dall'VIII secolo a.C., e per gran parte del secolo successivo, l'aumento di produttività agricola e la ripresa dei commerci determinò una crescita della popolazione, che a sua volta portò a un massiccio esodo da parte dei Greci alla ricerca di nuove terre e nuove risorse necessarie alla loro sussistenza. Tale migrazione è conosciuta con il nome di "**seconda colonizzazione**" e si distingue dalla prima, avvenuta intorno al X secolo, sia per le proporzioni – perché fu più vasta e intensa – sia per i luoghi verso i quali si orientò. Mentre la prima colonizzazione aveva interessato esclusivamente le coste dell'Asia Minore, la seconda si rivolse prevalentemente verso il Mediterraneo occidentale – soprattutto verso la Sicilia e l'Italia meridionale, spingendosi poi fino alla Spagna e alla Francia – ma anche verso est, nella zona del Mar Nero e dello stretto dei Dardanelli. La fondazione di nuove colonie lungo le coste italiane fu così intensa e le città divennero così floride che questo territorio fu definito **Magna Grecia**, ovvero "grande Grecia".

Le colonie e la madrepatria

La fondazione di una colonia non era un'impresa individuale affidata alla decisione e allo spirito d'iniziativa dei singoli cittadini; era piuttosto la risposta istituzionale e collettiva della *pòlis* a particolari momenti di crisi demografica, economica o politica. La *pòlis* infatti, per mezzo dei suoi organi di governo, decideva la fondazione di una colonia, stabiliva chi dovesse parteciparvi, forniva le navi per trasportare i coloni e nominava un "fondatore", l'**ecista**. Di solito si trattava di un uomo di particolare prestigio incaricato di organizzare la vita politica e religiosa della nuova città **secondo gli usi della madrepatria**, di cui venivano riprodotti l'ordinamento giuridico e l'assetto amministrativo. Ciò di fatto permise il mantenimento di forti legami tra le colonie e la **madrepatria** (detta metropoli, "città madre") e favorì la diffusione della cultura e delle istituzioni greche in un'area geografica molto ampia, che si estendeva dalle coste del Mar Nero al bacino occidentale del Mediterraneo. Inoltre i Greci entrarono in diretto contatto, e non di rado in scontro, con altre civiltà: i Fenici, che da secoli praticavano i commerci nel Mediterraneo e che avevano fondato molte colonie entrate ora in competizione con le nuove colonie greche; gli Etruschi, popolo che in quel periodo dominava in Italia centrale.

Lo sviluppo dell'economia

Le conseguenze più vistose di un così complesso movimento colonizzatore e dell'attività svolta dai coloni nei nuovi centri urbani e nel territorio circostante interessarono anzitutto l'economia delle *pòleis*.

La seconda colonizzazione, infatti, determinò un deciso incremento delle **attività artigianali** e degli **scambi commerciali** in tutte le città greche che mantenevano rapporti d'affari con le colonie, specialmente nelle città sul mare, dove a un'economia chiusa, a carattere quasi esclusivamente agricolo, si venne a poco a poco affiancando un'**economia a carattere commerciale** destinata a espandersi in gran parte del Mediterraneo.

Un incentivo notevole agli scambi venne dall'introduzione della **moneta**; coniata per la prima volta nel VII secolo a.C. nelle colonie greche dell'Asia Minore, pian piano si diffuse in tutto il mondo greco e in altre aree mediterranee e del Vicino Oriente dove soppiantò il semplice baratto fino ad allora diffusamente praticato.

Verso nuove terre
Coloro che si avventuravano alla ricerca di nuove terre potevano contare su un bagaglio di conoscenze, racconti e raccomandazioni dei viaggiatori che fin dall'epoca micenea avevano solcato il Mediterraneo.

Le testimonianze greche in Italia: Magna Grecia e Sicilia

A partire dall'VIII secolo a.C. gruppi di cittadini greci lasciarono la loro madrepatria e navigarono verso le **coste italiche** alla ricerca di nuove terre. Intorno al 775 a.C. venne fondata **Pitecusa** (in greco "l'isola delle scimmie"), sull'odierna isola di Ischia; non si trattava di una vera e propria colonia ma di un **approdo commerciale**. Da Ischia i Greci si spostarono poi sul litorale campano, ricco di fertili pianure: qui fondarono **Cuma**, la prima colonia della penisola. Tra l'VIII secolo e il VI secolo a.C. sulle coste dell'Italia meridionale e della Sicilia furono fondate **decine di colonie**, le quali raggiunsero una vitalità economica, culturale e artistica tale che questa parte di Italia venne chiamata *Megàle Hellàs*, ovvero "Grande Grecia", tradotto poi dai romani in **Magna Grecia**.

L'isola di Ischia, ricca di insenature e approdi sicuri.

Dall'alto al basso: l'acropoli di Selinunte, il porto di Taranto, il teatro di Taormina.

I coloni erano guidati da un capogruppo, l'**ecista**, il quale tra i suoi importanti compiti aveva quello di scegliere con cura il luogo ottimale in cui fermarsi e fondare la nuova colonia. Il sito di insediamento doveva rispondere a criteri ben precisi che consentissero non solo la sopravvivenza ma anche un fiorente sviluppo per tutta la cittadinanza.
Per prima cosa il luogo doveva essere **protetto** e **facile da difendere**; per questo venivano scelte alture o rocche naturali, oppure le isole (utili per gli avvistamenti), come l'isola di **Ortigia** davanti a Siracusa. Fondamentale era anche la presenza di **acqua dolce**, in genere un fiume o una sorgente.

Le colonie erano concentrate lungo le **coste**, sia perché la convivenza con le popolazioni locali spesso non era pacifica e impediva insediamenti nell'interno, sia perché l'economia delle colonie si basava sul **commercio marittimo**. Infatti, uno dei criteri di scelta del sito di fondazione era legato alla presenza di **golfi** e **insenature**, necessari per l'ormeggio e la difesa delle navi. Un esempio tipico è **Taranto**, fondata dagli spartani nel 706 a.C. intorno a un'ampia insenatura naturale ben difendibile, ideale come porto in grado di accogliere una grande flotta commerciale. Ancora oggi quello di Taranto è infatti uno dei più ampi porti italiani e ospita un importante arsenale militare.

La disponibilità di terreno fertile ed edificabile era un altro presupposto fondamentale nella fondazione di una colonia. Una volta compiuti i riti religiosi, l'ecista distribuiva i **lotti di terra** da coltivare ai coloni, tracciava la **struttura urbanistica** della città distinguendo le aree degli abitati privati da quelle pubbliche. In queste ultime venivano edificati i **templi**, i **santuari** e gli altri edifici della vita collettiva, che ancora oggi sono testimonianza di questo glorioso passato: dai resti dei numerosi templi, come quelli di Agrigento o di Paestum, solo per citare i più famosi, ai teatri, come quello di Siracusa o di Taormina, usati tutt'ora per manifestazioni culturali.

Un nuovo gruppo sociale: il *dèmos*

Dal punto di vista socio-politico, lo sviluppo economico e la seconda colonizzazione ebbero una conseguenza importantissima per la storia della Grecia: la formazione di **una classe di "nuovi ricchi"**, composta da commercianti, artigiani e "imprenditori" mercantili, che nel corso dei secoli VIII-VII a.C. ebbe sempre più rilievo nella vita di molte città greche. Questo ceto – insieme ai contadini, ai braccianti e ai pastori – fu definito ***dèmos*** ed era costituito da tutti coloro che non appartenevano alle famiglie aristocratiche e che pertanto erano esclusi dall'esercizio del potere, anche se alcuni di loro godevano ormai di una solida posizione economica. Va infatti ricordato che non era prevista una retribuzione per chi ricopriva delle cariche pubbliche e quindi soltanto i cittadini più ricchi che non avevano l'obbligo di lavorare quotidianamente (cioè gli aristocratici grandi proprietari terrieri che facevano lavorare i propri servi) erano in grado di dedicarvisi.

Il nuovo ruolo del *dèmos* fu favorito anche dal mutamento avvenuto nella composizione dell'esercito, che vide l'affermarsi al suo interno del corpo degli **oplìti**, guerrieri appiedati muniti di scudo (in greco *hóplon*) e di un'armatura pesante, che combattevano in formazione serrata, la **falange**. Gli oplìti venivano reclutati fra coloro che appartenevano al *dèmos*, come mercanti, artigiani e piccoli proprietari sufficientemente ricchi da potersi dotare a proprie spese delle armi necessarie.

Presto il loro peso militare divenne fondamentale, soppiantando quello della **cavalleria**, composta da aristocratici e basata su singoli scontri individuali. La difesa della *pòlis* finì così per essere affidata soprattutto a cittadini benestanti: i **cittadini-soldato** che erano chiamati a difendere la propria città solo in caso di necessità.

Gli appartenenti al *dèmos*, ritenendosi indispensabili alla difesa della *pòlis*, si sentirono sempre più degni di **prendere parte attiva alla vita pubblica**. Questa rivendicazione non rimase inappagata: infatti essi vennero favoriti dalla debolezza dello Stato aristocratico e soprattutto dal fatto che grazie ai commerci e ai nuovi mercati potevano arricchirsi, guadagnare quanto o anche più degli aristocratici, comprare terre e diventare così finanziariamente pari a loro.

I "nuovi" ricchi

Stele funeraria di Santippo, un calzolaio. Alcuni cittadini, appartenenti al *dèmos*, erano divenuti abbastanza ricchi da potersi permettere "lussi" che prima erano riservati solo all'aristocrazia, come in questo caso una stele funeraria fatta su ordinazione.

La nascita delle leggi scritte

A mano a mano che si consolidava il ruolo del *dèmos*, il conflitto tra quest'ultimo e l'aristocrazia divenne inevitabile, soprattutto in merito alla richiesta di una **parità di diritti e di doveri di fronte alla legge**. La **giustizia**, infatti, era amministrata unicamente dagli aristocratici e **non vi erano leggi scritte**. In questa situazione, le **ingiustizie** da parte della classe aristocratica dominante si ripetevano di continuo e restavano impunite. Questo stato di cose iniziò a cambiare nel momento in cui il *dèmos* acquisì una più viva coscienza giuridica che portò alle prime **codificazioni scritte delle norme** consuetudinarie orali finalmente sottratte al monopolio degli aristocratici.

Con la fissazione e l'unificazione delle leggi non vi fu ancora un'effettiva parificazione dei diritti dei cittadini; si pose però un freno a interpretazioni arbitrarie delle norme che regolavano la vita della *pòlis*. Ciò rappresentava un passo tra i più importanti verso l'affermazione dell'**idea di Stato**, cioè di una concezione collettiva e pubblica della *pòlis* e delle sue istituzioni, non più private ed esclusive di una classe sociale predominante sulle altre, che arriverà a maturazione nel corso del VI secolo a.C.

Un nuovo fenomeno politico: la tirannide

La codificazione delle leggi, tuttavia, non bastò a fermare il fermento sociale. Attraverso conflitti e contrasti interni, in molte città greche, a partire dai secoli VII e VI a.C., la forma di governo iniziò a trasformarsi da aristocratica, cioè controllata dai gruppi nobiliari, in **timocratica**, cioè basata sulla ricchezza e sul censo.

Si trattava comunque sempre di una forma di **oligarchia**, ossia di predominio dei pochi (*olìgoi* in greco) sui più, in quanto sia nei regimi aristocratici sia in quelli timocratici l'**esercizio del potere restava un privilegio di pochi**, fossero essi nobili o semplicemente ricchi, e non già della totalità della popolazione, che ne era invece esclusa. Era perciò inevitabile il perdurare di disordini e di lotte cruente fra le opposte fazioni.

Questo stato di cose condusse, intorno al 650 a.C. e per un secolo circa, alla nascita in numerose *pòleis* greche di un nuovo fenomeno politico: la **tirannide**. Alcuni uomini particolarmente abili e ambiziosi, approfittando dello stato di conflitto sociale che regnava nelle diverse città si impadronirono del potere con metodi violenti e illegali e lo esercitarono in maniera autoritaria. Benché avessero spesso raggiunto il potere con un atto di forza e quindi senza alcuna giustificazione giuridica, i tiranni potevano contare sul sostegno delle masse popolari, che guardavano a loro come dei liberatori dal predominio degli aristocratici e dei ricchi.

Fu così che nella *pòlis* si passò gradualmente, in un arco di tempo abbastanza limitato, dalla monarchia del *basilèus* all'oligarchia aristocratica e poi timocratica, e da questa alla tirannide.

La tirannide tuttavia non poteva durare a lungo, nonostante in alcune città avesse garantito delle riforme e uno certo sviluppo economico e culturale. Infatti il *dèmos* avvertì ben presto la necessità di contrastare la figura del tiranno – che non esaudiva le esigenze di rinnovamento di gran parte della cittadinanza e spesso era troppo autoritaria – e di sostituirla poco a poco con nuove forme di governo. Alcune città ritornarono a regimi aristocratici, ma più moderati; altre giunsero a governi più propriamente **democratici**, frutto evidente di una più chiara coscienza politica ormai raggiunta dal *dèmos*.

lessico

Timocrazia
governo in cui il potere è esercitato dai cittadini forniti di un determinato reddito, indipendentemente dal ceto di appartenenza (dal greco *timè*, "prestigio, ricchezza", e *kràtos*, "potere").

Democrazia
governo del popolo, dei non nobili (dal greco *dèmos*, "popolo", e *kràtos*, "potere").

concetti chiave

Tirannide

Le *pòleis* greche, nel corso della loro storia, sperimentarono numerose esperienze di tirannide. Il tiranno è un personaggio particolarmente ambizioso, in genere di famiglia aristocratica, che raggiunge una posizione di predominio politico in maniera illegale, ossia senza il consenso dei cittadini. Nella tirannide l'esercizio e la gestione del potere politico, giudiziario e militare si concentrano nelle mani di un unico individuo e come tali non sono soggetti ad alcun controllo da parte della comunità cittadina. Non mancarono però i tiranni dal governo illuminato.

L'EVOLUZIONE DELLA FORMA DI GOVERNO NELLA *PÓLIS*

Monarchia retta da un *basilèus*
↓
Oligarchia aristocratica, alla vita politica possono partecipare solo i nobili
↓
Oligarchia timocratica, anche i più ricchi possono ricoprire le cariche pubbliche
↓
Dai contrasti tra classi sociali emergono figure autoritarie che danno vita alle **tirannidi**
↓ ↓
Governi democratici | **Regimi aristocratici più moderati**

Verso l'emergere di due grandi città

La storia greca è dunque nel suo insieme la storia di numerose *pòleis* in cui tutto gravitava intorno alla vita comunitaria della città, gelosa della propria autonomia. Tutte le *pòleis* però dal VII secolo a.C. iniziarono a gravitare intorno ai due centri principali che si andavano affermando in Grecia in quel periodo: **Sparta** e **Atene**.

Entrambe alla ricerca di una **posizione egemonica**, queste due città costituivano nell'antichità il simbolo di **due ben diversi modelli di governo**: quello spartano, conservatore e aristocratico, restio alle trasformazioni; quello ateniese, innovatore e democratico, capace di aggiornarsi ai continui mutamenti propri dell'evolversi dei tempi. La storia greca dei secoli successivi sarà dominata dalla lotta, e talvolta dall'alleanza, tra questi due grandi centri di potere.

GUIDA allo STUDIO

1. Che ruolo aveva la madrepatria nel processo di formazione delle colonie greche?
2. Chi erano gli oplìti?
3. Chi erano i tiranni e perché riuscirono a imporre il loro potere nelle città-stato?

5.4 Il patrimonio comune delle pòleis

L'identità ellenica

A mantenere saldo il **vincolo di appartenenza** fra le varie stirpi greche, pur senza determinare una vera e propria unità territoriale, oltre alla lingua, all'organizzazione politica, a una particolare sensibilità verso l'arte, contribuirono alcune **istituzioni comuni** a tutte le *pòleis*. Queste erano le credenze e le feste religiose, gli oracoli, le **anfizionìe** e infine i giochi sportivi pubblici.

> lessico
> **Anfizionìa** dal greco *amphì*, "intorno", e *ktizein*, "istituire", indica una lega di popoli o città vicine accomunate da fini politici o religiosi.

Il pantheon greco

I Greci erano politeisti e veneravano molti dèi dalle caratteristiche più o meno simili agli uomini, anche se più forti e più grandi di loro.
La forma più tipica con cui i Greci parlavano dei loro dèi erano i **miti**, un insieme di racconti che esprimevano verità fondamentali per la vita della comunità, anche se trasmesse in termini favolosi e spesso fantasiosi. Secondo il mito, gli dèi abitavano sulla cima del monte Olimpo, in Tessaglia, selvaggia regione a nord della Grecia.
Signore degli dèi era **Zeus** (identificato poi dai Romani con Giove), dio del cielo, del fulmine e del tuono, con il quale nessuno poteva competere. Anche Zeus però era sottomesso al **Fato** (destino), una forza misteriosa e invisibile a cui sia gli dèi sia gli uomini dovevano sottostare perché regolava gli eventi in maniera immodificabile.
Oltre a Zeus esistevano altre divinità con un proprio nome e una propria funzione, tra le quali le principali erano:

- **Era**, moglie di Zeus, dal carattere scontroso e spesso intrigante e litigiosa, era venerata come protettrice dei matrimoni e dei parti;
- **Atena**, giovane dea della sapienza e della forza, nata dalla testa di Zeus, proteggeva la politica, le lettere e le arti;
- **Afrodite**, dea dell'amore, nata dalla spuma del mare a indicare la sua instabilità di propositi e i suoi improvvisi mutamenti di umore;
- **Apollo** (o Febo), dio del sole, di cui conduceva il carro, e simbolo della poesia, della musica e della scienza che illumina l'intelletto;
- **Ade**, fratello di Zeus e signore dell'Oltretomba, governava sul regno dei morti assieme alla moglie Persefone;

Storia e... Arte Architettura — Il tempio greco

Il tempio greco non era un luogo di riunione per i fedeli, ma solo un ricovero per l'immagine della divinità cui era consacrato; proprio perché si riteneva che il dio abitasse al suo interno – nella parte più intima del tempio era infatti collocata la cella o camera del dio, entro la quale si trovava la statua della divinità – l'accesso era vietato a tutti fuorché ai sacerdoti. Spesso di modeste proporzioni, il tempio era solitamente privo di finestre, talvolta aperto solo in alto e ornato di pitture, fregi e doni votivi. La sua struttura era caratterizzata sempre da un perfetto equilibrio tra i pieni e i vuoti, tra elementi orizzontali ed elementi verticali, tanto che fu il campo di prova delle capacità architettoniche elleniche. La parte alta del tempio era solitamente costituita da un timpano triangolare decorato all'interno da un frontone composto da statue che rappresentavano spesso i personaggi del mito. Il frontone poggiava su un architrave decorato da un fregio, che a sua volta poggiava su una fila di colonne. Lo stile del tempio variava da regione a regione; in base alla forma delle colonne è stato possibile distinguere tre stili architettonici: uno stile dorico, semplice e massiccio, con un capitello a tronco di cono rovesciato e una colonna priva di base, scanalata e ristretta verso l'alto; uno stile ionico, dalle forme snelle e dalla colonna più alta e leggiadra, appoggiata su una base con una serie di modanature circolari; uno stile corinzio, di epoca più tarda (V secolo a.C.), con colonne simili a quelle ioniche e capitelli a forma di cesto e ornati con foglie d'acànto (pianta dalle grandi foglie con le estremità appuntite).

Il tempio di Segesta, in Sicilia.

Zeus, padre degli dèi
Zeus, il giudice supremo nelle questioni umane e divine, viene spesso rappresentato come una figura imponente con una lunga barba.

- **Poseidone**, dio del mare e fratello di Zeus, concedeva la buona navigazione o scatenava tempeste e terremoti;
- **Efesto**, dio del fuoco e protettore dei fabbri, aveva la sua officina sotto l'Etna, dove con l'aiuto dei Ciclopi – giganti da un occhio solo – forgiava le armi degli dèi.

Alle varie divinità erano dedicati i numerosi **templi** presenti in tutte le città, diversi per dimensione e fattura, ma tutti accomunati dall'essere luoghi sacri gestiti da sacerdoti, nonché importanti simboli della collettività cittadina.

La religione del popolo

La vita religiosa dei Greci non si esauriva nel culto degli dèi del *pantheon*. Esisteva infatti una serie di **antichi riti popolari**, praticati prevalentemente in privato o in piccoli gruppi, con i quali si veneravano divinità spesso legate al mondo contadino. Tra questi molto diffuso era il **culto di Dioniso**, dio del vino e quindi dell'inebriamento e dell'irrazionale: in suo onore venivano celebrate particolari cerimonie, a cui partecipavano soprattutto donne, le quali, inebriate dal vino, evocavano la presenza della divinità con canti, danze e altri riti. Questi particolari culti restavano strettamente legati alla sfera privata dei cittadini ed erano quindi difficilmente controllabili dalle autorità che li consideravano un fattore di instabilità. Proprio per questo essi continuarono a essere praticati in segreto, favorendo la nascita di vere e proprie sette, alle quali era possibile accedere tramite particolari riti di iniziazione (**misteri**).

ti ricordi?
Antropomorfismo: tra i popoli del Vicino Oriente, gli Egizi erano soliti attribuire ai loro dèi sembianze e sentimenti umani. Talvolta questi potevano avere anche fattezze animali.

L'importanza dell'antropomorfismo

Tutte queste divinità, oltre a possedere un corpo simile a quello umano, avevano anche pregi e difetti, vizi e virtù, abitudini e passioni proprie degli uomini e delle donne.
L'**antropomorfismo**, concezione particolare che attribuisce alle divinità caratteri fisici e psicologici tipici del mondo umano, non è stato inventato dai Greci: già le civiltà del Vicino Oriente e quella egizia credevano che gli dèi fossero molto simili agli uomini. Un tale modo di concepire la sfera religiosa, oggi molto lontano dalla nostra mentalità, segnò per l'umanità un concreto passo avanti verso la civiltà, una vera e propria conquista. Non dobbiamo infatti dimenticare che prima di giungere al politeismo le popolazioni primitive rappresentavano le loro divinità in maniera vaga e generica come forze della natura (luce, sole, pioggia, terremoti), che atterrivano gli uomini più che rasserenarli.
I Greci, avendo maturato la loro peculiare forma di politeismo grazie anche ai contatti con il Vicino Oriente, guardavano ai loro dèi come a vere e proprie persone dotate di ragione, sentimenti e passioni, simili agli uomini e per questo motivo comprensibili. Ecco perché essi impararono a pregare fiduciosi, scoprendo ciò che gli uomini erano tenuti a fare per piacere agli dèi o che cosa dovevano aspettarsi come punizione per i loro errori. La religione diventò, così, capace di creare **valori e norme** di grande importanza: rispetto dell'autorità, venerazione per i genitori, amore per gli amici, odio per i nemici ecc. Non per nulla si riteneva che le **leggi** delle città greche fossero state **date agli uomini dagli dèi** e come tali erano considerate sacre e inviolabili.

Processioni e sacrifici
I Greci erano soliti ingraziarsi gli dèi sia sacrificando in loro onore degli animali (capre, buoi o maiali) oppure riunendosi in processione per portare delle offerte al tempio, come mostra l'immagine.

L'ombelico del mondo
Il santuario di Delfi era talmente importante da essere definito dagli stessi Greci "ombelico del mondo". Nell'immagine i resti della cosiddetta *Tholos* di Atena, un piccolo tempio dedicato alla dea.

Oracoli e anfizionìe

Un altro vincolo di nazionalità, anch'esso ispirato dalla religione, era dato dall'abitudine dei greci di consultare gli **oracoli** per conoscere la volontà degli dèi in merito a vicende particolari della vita pubblica o privata. Era infatti comune consuetudine non intraprendere alcun atto o assumere decisioni d'importanza, come ad esempio la dichiarazione di una guerra o la stipulazione di un trattato, senza prima chiedere il consiglio ai **numi**. Di qui l'importanza dei tanti **santuari** sparsi per l'intera Grecia, dove uomini comuni o di potere interrogavano l'oracolo, un sacerdote o una sacerdotessa che comunicava il responso degli dèi, spesso in modo oscuro o ambiguo, cadendo in uno stato di *trance*. Fra questi il più conosciuto era quello di **Delfi**, un santuario situato alle pendici del monte Parnaso, nella Grecia settentrionale, dedicato al culto del dio Apollo.
Non meno importanti ai fini del consolidamento di un sentimento nazionale fra le diverse *pòleis* erano poi le **anfizionìe**, associazioni religiose e politiche costituite da diverse città vicine, ognuna delle quali inviava i propri rappresentanti nel **Consiglio anfizionico**, chiamato a riunirsi in primavera e in autunno per assumere decisioni relative al culto e all'organizzazione del tempio, ma che aveva anche funzioni di tipo amministrativo. L'anfizionìa spesso svolgeva anche il ruolo di mediatore, con il compito di dirimere i conflitti fra le *pòleis* membre dell'associazione.

I giochi sportivi e le Olimpiadi

Stessa funzione unificatrice della società ellenica, era svolta dai **giochi pubblici**, detti anche **panellenici**, perché animati da un sentimento di identità etnica e culturale diffuso fra i Greci.
Si trattava di eventi collettivi che inizialmente prevedevano lo svolgimento di esercizi ginnici a cui in seguito furono aggiunte gare d'ingegno: poeti e artisti si contendevano la vittoria leggendo i loro canti o esponendo le loro opere.

lessico

Numi dal latino *numen*, "volontà divina", "potenza del dio", è un sinonimo di dio o divinità.

Panellenico dal greco *pan* "tutto" ed *ellenicós* "ellenico, greco" è tutto ciò che unisce le stirpi greche.

Storia al femminile

Dee e sacerdotesse: le donne nella religione greca

Diversamente da quanto avveniva nella vita sociale privata e pubblica, nella cultura religiosa dei Greci il ruolo delle figure femminili era molto importante. Vi erano infatti numerose divinità femminili che occupavano una posizione rilevante all'interno del *pantheon* greco. Era, moglie di Zeus, era in grado di tenergli testa durante i frequenti litigi, causati spesso dall'infedeltà del marito, e poteva essere anche molto vendicativa; Atena era dea della saggezza ma anche della guerra, aspetto centrale nella civiltà greca, come anche Artemide, dea della caccia e della natura; Demetra proteggeva i raccolti e la fertilità, quindi il ciclo della vita agricola. C'erano poi le Muse, protettrici della poesia, del canto e di tutte le arti e per questo molto venerate nella cultura greca. Anche le sacerdotesse dei santuari godevano di grande considerazione. Tra queste la più temuta e rispettata era Pizia, la sacerdotessa di Apollo a Delfi, che prevedeva il futuro rivelando gli oracoli del dio in preda a uno stato di trance provocato dai vapori solforosi di una fessura del sottosuolo o dalla masticazione di foglie d'alloro. Il suo responso, spesso breve ed oscuro, era così influente da determinare o evitare guerre, spedizioni e fondazioni di città.

La Pizia nell'atto di pronunciare un responso, fondo di coppa del V secolo a.C.

Lavorare con le FONTI — Laboratorio

I giochi olimpici

Autore Pausania
Opera *Viaggio in Grecia*
Data II secolo d.C.
Tipologia fonte testo letterario

L'idea di celebrare le festività religiose anche con delle competizioni sportive caratterizzò fin dai tempi antichi la civiltà greca. Come in battaglia, lo scopo degli atleti era di primeggiare e di mostrare attraverso la loro agilità e forza fisica l'onore e la superiorità della propria pólis.
La lunga tradizione di questi giochi continua ancora oggi: sull'onda degli scavi archeologici nel sito di Olimpia, rinvenuto nella seconda metà dell'Ottocento, nacque il progetto di rinnovare gli antichi giochi. Un'idea che divenne realtà grazie al barone francese Pierre de Coubertin: le prime Olimpiadi dell'era moderna si svolsero nel 1896 ad Atene e da allora si sono tenute ogni quattro anni nelle città dei diversi continenti, venendo sospese solo durante le due guerre mondiali.
In questo brano Pausania, scrittore vissuto intorno al II secolo d.C. e autore di un'opera dal titolo Viaggio in Grecia, *descrive le varie specialità sportive che si praticavano nei giochi di Olimpia, i più famosi di tutta la Grecia.*

Da quando i ricordi hanno trovato la loro continuità basata sulle Olimpiadi, sappiamo che dapprima (776 a.C.) fu proposta la gara di corsa, che fu vinta da Corebo eleo [...]. Nella diciottesima Olimpiade (708 a.C.) si recuperò il ricordo del pentatlon e della lotta e la vittoria in queste gare toccò a Lampide, per l'una, e, per la lotta, a Euribato, anch'essi Spartani. Nella ventitreesima Olimpiade (688 a.C.) ripristinarono la gara del pugilato: ne colse la vittoria Onomasto di Smirne, nel tempo in cui Smirne faceva già parte della Lega ionica. Nella venticinquesima (680 a.C.) riaccolsero la corsa dei cavalli adulti e fu proclamato vincitore nella gara delle quadrighe il tebano Pagonda. Le gare dei ragazzi invece non si rifanno ad alcun ricordo di fatti più antichi. Furono gli Elei a istituirle e per propria decisione. Furono proposte per i ragazzi la gara della corsa e quella della lotta in occasione della trentasettesima Olimpiade (632 a.C.): vinsero Ippostene spartano nella lotta e Polinice eleo nella corsa. Nella quarantunesima Olimpiade (616 a.C.) furono invitati i giovanetti pugilatori e Filita di Sibari superò tutti i competitori.
La corsa degli opliti fu ammessa ai giochi nella sessantacinquesima Olimpiade (520 a.C.), per favorire, io credo, l'esercizio delle attività militari. Il primo che vinse la gara della corsa con lo scudo fu Damareto ereeo.

pentatlon: il pentatlon (dal greco *pènte*, "cinque" e *àtlhon*, "gara, lotta") era una gara composta da cinque discipline diverse: corsa, salto in lungo, tiro del giavellotto, lancio del disco e lotta. Il pentatlon viene disputato ancora oggi ma con discipline diverse.

pugilato: il pugilato è uno sport molto antico; i lottatori si proteggevano le mani con lunghe strisce di cuoio che venivano arrotolate più volte sul palmo, il polso e l'avambraccio lasciando libere le dita.

vincitore: i vincitori delle varie discipline sportive erano incoronati con una corona di alloro ma non ricevevano medaglie o denaro bensì un premio per loro più prezioso: la fama e l'onore per se stessi e per la propria città.

corsa degli opliti: la corsa degli opliti, o corsa con le armi, prima di divenire una disciplina sportiva era un esercizio di preparazione per i soldati (gli opliti, appunto). Si correva nudi – come in tutte le altre gare – indossando l'elmo, lo scudo e gli schinieri, la parte di armatura che proteggeva le gambe.

Interno di una coppa su cui sono rappresentate alcune discipline sportive: lancio del disco, lancio del giavellotto, lotta e salto in lungo.

Per COMPRENDERE

1. Perché per un atleta era importante vincere?
2. In base anche alle tue conoscenze, quali sono le differenze tra i giochi antichi e le Olimpiadi moderne?

La palestra di Olimpia
La palestra di Olimpia, i cui resti sono visibili nell'immagine, veniva utilizzata dagli atleti partecipanti ai giochi per gli allenamenti di lotta, pugilato e salto. Era composta da un grande cortile centrale ai cui lati si aprivano vari locali utilizzati come bagni e spogliatoi.

Tra i giochi più famosi vi erano sicuramente quelli che si celebravano ogni quattro anni in agosto nel **santuario di Zeus** a Olimpia, nel Peloponneso, e che secondo il mito erano stati istituiti dal leggendario eroe Eracle. Le prime **Olimpiadi** si svolsero nel **776 a.C.** (anno a partire dal quale i Greci fecero poi derivare l'organizzazione del loro calendario) e rappresentano il primo evento documentato della storia greca; le ultime si datano al 393 d.C., quando furono abolite, insieme alle altre cerimonie religiose **pagane**, dall'imperatore romano cristiano Teodosio.

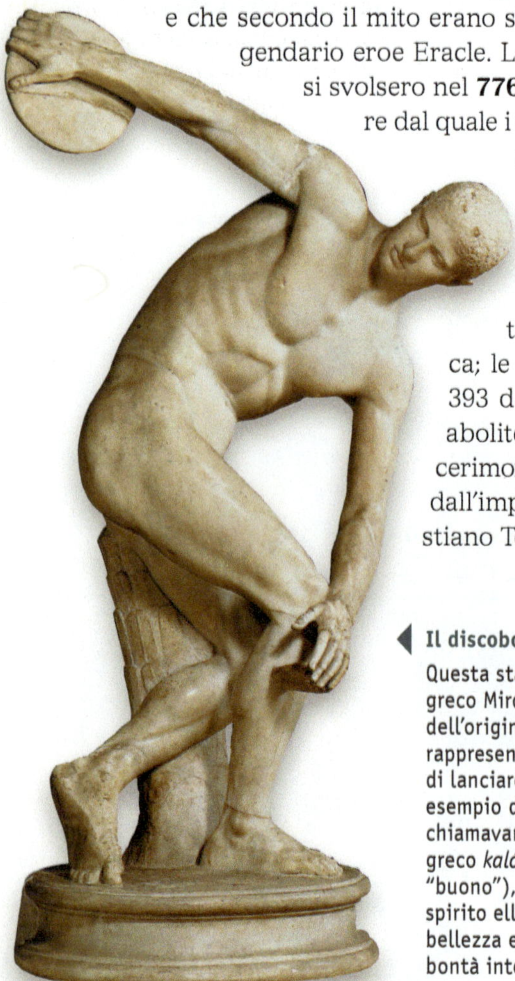

Il discobolo di Mirone
Questa statua dello scultore greco Mirone (copia romana dell'originale greca in bronzo), che rappresenta un atleta nell'atto di lanciare il disco, è un tipico esempio di quello che i greci chiamavano *kalokagathìa* (dal greco *kalós* "bello" e *agathós* "buono"), l'ideale supremo dello spirito ellenico secondo cui alla bellezza esteriore corrisponde la bontà interiore.

I giochi Olimpici, come tutte le altre manifestazioni sportive greche, rappresentavano un evento di **carattere** fondamentalmente **religioso**, rispetto al quale il momento agonistico passava in secondo piano. Non a caso i giorni di apertura e di chiusura dei giochi erano esclusivamente riservati a riti e sacrifici, mentre le eventuali guerre in corso venivano temporaneamente sospese. Per la stessa ragione, poco prima dell'inizio delle gare gli atleti giuravano di astenersi dal compiere qualsiasi tipo di atto sleale. In base alle regole delle gare olimpiche potevano partecipare ai giochi solo i cittadini greci, mentre venivano esclusi i barbari (cioè gli stranieri), le donne, gli schiavi, nonché gli omicidi e i sacrileghi. Gli atleti olimpici si affrontavano in diverse discipline sportive: dalla corsa a cavallo a quella sui carri, dalla lotta al pugilato, dal salto alla corsa a piedi. Ogni competizione, regolamentata da norme precise, era sottoposta al controllo scrupoloso dei giudici di gara, e ai vincitori spettavano premi e onori.

La nascita della filosofia

Accanto a una visione del mondo strettamente legata alla religiosità e al mondo degli dèi, i Greci iniziarono ben presto a indagare ogni aspetto della vita sociale e individuale attraverso l'elaborazione di un pensiero basato sulla ragione: nacque così la **filosofia**. La prima corrente filosofica, che si può far risalire a **Talete** di Mileto (seconda metà del VII secolo a.C.), si occupò di tematiche legate alla realtà che ci circonda, alla natura e alle origini del mondo. Egli sosteneva che il principio razionale da cui derivano tutte le cose non dipendesse dalle divinità o da un fenomeno soprannaturale, ma da un elemento naturale: l'acqua. Discepolo di Talete fu **Anassimandro**, che non solo indagò l'origine del cosmo, ma si interessò anche di matematica e astronomia, realizzando le prime carte geografiche.

lessico

Pagano dal latino *pagus* "villaggio", indica tutto ciò che è relativo alla religione politeista greco-romana; dopo la diffusione del cristianesimo i "vecchi" culti seguitarono a essere praticati soprattutto nei villaggi di campagna piuttosto che nelle città.

Filosofia dal greco *philìa*, "amore", e *sophìa*, "saggezza, sapienza", è l'attività intellettiva volta all'indagine critica e alla riflessione sui principi fondamentali della realtà e dell'essere.

GUIDA allo STUDIO

1. Quali caratteristiche avevano le divinità greche?
2. Che cosa erano gli oracoli?
3. Quali caratteristiche assunsero originariamente i giochi olimpici?

SINTESI

5.1 Il periodo che va dal XII al IX secolo a.C. viene definito "**medioevo ellenico**", a causa dell'assenza di fonti scritte, del regresso culturale ed economico e della scarsa conoscenza che si ha di questa epoca. Spinti dai **Dori** le altre popolazioni di stirpe greca, **Eoli** e **Ioni**, si ridistribuiscono nella penisola ellenica, arrivando anche a migrare, intorno al X secolo a.C., sulle coste dell'Asia Minore: fenomeno conosciuto come **prima colonizzazione.**
Questo periodo può in parte essere ricostruita grazie ai poemi omerici, l'*Iliade* e l'*Odissea*, e ai pochi ritrovamenti archeologici. Si tratta di un mondo politicamente diviso, dominato da una **classe aristocratica** e **guerriera**, e caratterizzato da un'economia agricola e pastorale.

5.2 L'VIII secolo a.C. è uno dei periodi più innovativi della storia greca, caratterizzato dalla ricomparsa della **scrittura**, da una forte **crescita demografica**, da un nuovo **sviluppo economico** e dall'emergere di nuove forze politiche e sociali. Nasce la *pòlis*, la città-stato, in cui l'insieme dei **cittadini** discute e prende decisioni che riguardano tutta la comunità, senza lasciarle a una sola persona o a un gruppo ristretto. Ogni *pòlis* è **indipendente:** conia la propria moneta, emana leggi, tratta la pace e la guerra, fonda colonie. Proprio quest'autonomia unisce i Greci, contrapposti ai "barbari", i popoli di lingua non greca, in un senso di appartenenza comune.

5.3 Tra l'VIII e il VII secolo a.C. una **seconda colonizzazione** fa sorgere insediamenti nel Mediterraneo occidentale, in particolare sulle coste della penisola italica (Magna Grecia) e della Sicilia, e nel Mar Nero, che mantengono saldi legami con la madrepatria, di cui riproducono l'organizzazione interna. Si sviluppa un'economia a carattere commerciale in gran parte del Mediterraneo.
All'interno delle *pòleis* si forma il ***dèmos***, una classe di "nuovi ricchi" (mercanti, artigiani, commercianti) e nucleo vitale di un esercito di fanteria pesante, gli **opliti**, che soppianta la cavalleria aristocratica. Cosciente della sua forza, il *dèmos* chiede gli stessi diritti della classe nobiliare, facendo scoppiare dei conflitti sociali. In alcune città la lotta si inasprisce al punto da favorire il sorgere dei **tiranni**, personaggi spregiudicati che governano da soli al di fuori della legge. Ben presto però le tirannidi cedono il passo a regimi aristocratici moderati o democratici. Due *pòleis*, Atene e Sparta, emergono come le più solide diventando presto rivali.

5.4 Pur non costituendo un'unità territoriale le *pòleis* sono legate da un forte vincolo di appartenenza alla **cultura greca**, basato sull'identità della lingua, della religione e delle tradizioni comuni.
Il ***pantheon*** è composto da numerose divinità, venerate nei **templi** e nei **santuari**, che intervengono nella vita delle comunità e dei singoli. Questo rapporto con divinità simili agli uomini, contribuisce al formarsi di valori e norme condivise e accettate come provenienti dalla sfera del divino. Significato religioso hanno anche i giochi sportivi, occasioni di consolidamento dei legami tra le popolazioni: famosissime le **Olimpiadi**, alle quali partecipano atleti da ogni angolo del mondo greco.

PER COSTRUIRE LE COMPETENZE

SPAZIO

1. Individua nella carta le seguenti regioni, e indica poi dove si sono stanziate le popolazioni degli Eoli, degli Ioni e dei Dori.

- Tessaglia
- Beozia
- Attica
- Eubea
- Peloponneso
- Asia Minore

TEMPO

2. Completa la cronologia.

XII-IX sec. a.C.	Periodo dei "secoli oscuri" o ......
XII sec. a.C.	Passaggio dall'età del bronzo all'età del ......
...... a.C. circa	Fenomeno della prima ......
VIII-VI sec. a.C.	Età arcaica e seconda ......
...... a.C.	Si svolgono le prime Olimpiadi
750 a.C. circa	Rinascita della ......, basata su quella fenicia a cui vengono aggiunte le vocali

LESSICO

3. Associa a ogni termine il relativo significato.

A. Barbaro
B. Basilèus
C. Colonia
D. Democrazia
E. Elleni
F. Oligarchia
G. Opliti
H. Aristocrazia
I. Timocrazia
J. Tiranno

a. Insediamento di un gruppo di persone in un altro territorio che resta legato alla madrepatria
b. Sovrano nelle prime città greche
c. Nome con cui i greci chiamavano se stessi
d. Straniero
e. Governo dei migliori
f. Potere basato sulla ricchezza
g. Potere gestito da un gruppo ristretto
h. Persona che si impadronisce del potere con la forza
i. Potere esercitato dal popolo
j. Fanti greci

EVENTI E PROCESSI

Le colonizzazioni

4. Completa lo schema relativo alle due colonizzazioni.

Prima colonizzazione	Seconda colonizzazione
Quando: 1000 a.C	Quando: ......
Dove:	Dove: ......
Cause:	Cause: Magna Grecia

La cittadinanza

5. Indica chi nelle *pòleis* godeva del diritto di cittadinanza.

Erano cittadini ......

......

Non erano cittadini ......

......

Le pòleis

6. Completa la mappa sull'evoluzione politica delle *pòleis*.

Prima fase delle *pòleis*: governo di tipo ......, ossia ......

↓

Fase della timocrazia, ossia ......

↓

Si tratta comunque di un tipo di ......, che significa ......

↓

Tutto questo provoca malcontento da parte ......

↓

Nascita di un nuovo fenomeno: ......, ossia ......

↓

Ritorno a regimi Aristocratici

Nascita di governi Democrazia come accadrà ad Sparta

La religione

7. Completa il seguente testo scegliendo la giusta opzione.

La religione greca *era comune a tutte le pòleis* | *era diversa da pòlis a pòlis*, si basava su *fatti reali* | *miti* e l'insieme degli dèi era detto *pantheon* | *tempio*. Essi vivevano sul monte *Olimpo* | *Pentelico* e aveva caratteristiche *umane* | *animali*. Il signore degli dèi greci era *Giove* | *Zeus*, marito di *Era* | *Atena* e padre di *Atena* | *Ade*, nonché fratello di *Apollo* | *Ade* e di *Poseidone* | *Dioniso*. Per onorarli vennero istituiti i giochi olimpici detti anche *elennici* | *panellenici*. I più famosi erano quelli che si svolgevano a *Olimpia* | *Atene*. Essi durarono circa *quattro* | *dieci* secoli e furono aboliti dall'imperatore romano *Teodosio* | *Costantino* perché giochi *pericolosi* | *pagani*.

NESSI

8. Svolgi una breve relazione sulla *pòlis* che recuperi i concetti fondamentali, seguendo questa scaletta:

- La causa che l'ha fatta nascere
- La caratteristica urbanistica
- L'evoluzione delle forme di governo
- I due modelli di città che prendono forma

RIELABORAZIONE (verso l'orale)

9. Utilizzando il lavoro fatto nella sezioni precedenti prepara una scaletta con i fatti e i concetti principali che ti possa guidare in un eventuale colloquio, seguendo questo modello.

Il medioevo ellenico
- Le caratteristiche di quest'epoca
- Dori, Eoli e Ioni
- La società dei "secoli bui"

L'evoluzione della civiltà
- La nascita dell'identità greca
- Le due colonizzazioni e la loro importanza
- Dalla monarchia alla democrazia (le fasi)
- Le caratteristiche della cittadinanza

I tratti comuni delle *pòleis*
- La religione
- Le anfizionie
- I giochi panellenici

LABORATORIO DELLE COMPETENZE

PASSATO/PRESENTE

10. Scrivi un elaborato sulle Olimpiadi, attingendo alle informazioni del libro di testo (cartaceo e digitale), a Internet o ad altre fonti a tua scelta, che sviluppi la seguente scaletta.
- Il valore religioso delle Olimpiadi nella Grecia antica
- Lo svolgimento
- La rinascita nel 1896
- Le connessioni tra le gare olimpiche e i fatti storici del Novecento, citando almeno un caso tra Berlino 1936, Monaco 1972 e Mosca 1980
- L'aspetto economico e spettacolare
- Opinione personale sull'esistenza o meno dello spirito olimpico oggi

CULTURE A CONFRONTO

11. Nelle civiltà finora studiate hai incontrato diversi modelli di città. Recupera dai capitoli precedenti le informazioni necessarie e organizza la tabella.

Paragrafo	Civiltà/Periodo	Caratteristiche
1.4	Neolitico	Nascono le prime città come evoluzione dei ....
2.2 e 2.3	Sumeri, Assiri e Babilonesi	Caratteristiche delle città-stato mesopotamiche .... Città principali: ....
2.6	Fenici	Le loro città erano anch'esse .... e le più importanti furono ....
3.1 e 3.2	Egizi	Il ruolo delle maggiori città degli Egizi: Tinis .... Menfi .... Iti-tawy .... Tebe ....
4.1	Cretesi	Le caratteristiche delle città-palazzo: ....
4.2	Micenei	Le più importanti città-stato micenee: .... La localizzazione geografica .... Chi detiene il potere: ....
5.2 e 5.3	Greci	L'origine della *pòlis*: le cause: .... La forma urbanistica: .... La cittadinanza: ....

capitolo 6

Sparta e Atene: due modelli politici

Il territorio di Atene e di Sparta

1 Sparta, situata in **Laconia**, regione pianeggiante del **Peloponneso**, e circondata da un territorio montuoso e inadatto alle coltivazioni, afferma la propria **potenza sulla terraferma**. La ricchezza di Sparta si fonda sul possesso della terra, conquistata e suddivisa tra i vincitori, al tempo delle invasioni doriche. Lo Stato spartano è **autoritario** e **oligarchico**, suddiviso in rigide classi sociali. Il commercio è affidato ai perieci, mentre la terra viene coltivata dagli iloti, schiavi di proprietà statale: ciò consente agli aristocratici spartiati di dedicarsi all'**attività militare**, per mezzo della quale assicurano l'ordine dello Stato.

2 **Atene**, città di origine ionica, sorge in **Attica**, una regione caratterizzata sia da zone pianeggianti adatte all'agricoltura sia da zone con colline e rilievi, che definiscono il territorio e rappresentano una difesa naturale per le città della regione. Sviluppatasi nei pressi del mare, Atene è destinata a imporsi come **potenza marittima**. La notevole intraprendenza degli Ateniesi favorisce inoltre la nascita di un **regime democratico**.

IX secolo a.C. circa
Prima costituzione spartana ad opera di Licurgo

VI secolo a.C.
Sparta costituisce la Lega del Peloponneso

594 a.C.
Costituzione timocratica di Solone

560-528 a.C.
Tirannide di Pisistrato

508 a.C.
Riforma democratica di Clistene

La *pòlis*, dalla sua affermazione nell'VIII secolo a.C., conobbe un percorso di sperimentazione politica e istituzionale unica nel mondo antico. Crollate le monarchie micenee, il potere era passato a una ristretta **oligarchia aristocratica**, ricca e potente, che lo deteneva escludendo il resto della popolazione.
Ma la parte più ricca del ***dèmos***, cioè i mercanti e gli artigiani, iniziò a rivendicare nuovi diritti e un ruolo politico che non aveva mai avuto prima.
Si intensificarono così gli **scontri politici e sociali**, non di rado aspri, che in varie forme percorreranno gran parte della successiva storia greca.
In molte *pòleis* questi scontri portarono prima a oligarchie timocratiche, cioè governate solo dai cittadini più ricchi, e poi a una forma di governo innovativa e rivoluzionaria nella storia dell'umanità: la **democrazia**.
È nella democrazia che nacque e si affermò l'idea di "Stato", fondata sulla **divisione dei poteri** e su un'idea di **cittadinanza** che garantiva la libertà di opinione, di voto e di partecipazione alla vita politica a ogni cittadino, eccetto donne, stranieri e schiavi che ne erano invece esclusi. La democrazia greca pose quindi le basi delle concezioni politiche e giuridiche della nostra società occidentale.
Di questo percorso, **Atene**, città marinara, aperta e ricca di arte e cultura, fu il modello più alto, grazie a uomini come Solone, la prima grande figura politica, e Clistene, il padre della democrazia ateniese.
Sparta, invece, rappresentò l'altro modello di evoluzione politica, sociale e culturale, quello oligarchico, agricolo e conservatore, dedito alle attività militari in costante stato di guerra con i nemici interni ed esterni, tra i quali la stessa Atene.

6.1 Sparta: un'oligarchia aristocratica

Le origini di Sparta e la società spartana

L'antica città di **Sparta** sorgeva nella regione della **Laconia**, una vasta area pianeggiante nel Peloponneso percorsa dal fiume Eurota. La sua fondazione risale all'inizio dell'età del ferro, quando, in seguito al crollo della civiltà micenea, la popolazione dei Dori discese nel sud della Grecia.

I Dori, penetrati nel territorio con la forza e inizialmente circondati da una popolazione locale assai ostile, si trovarono nella necessità di creare **una forte organizzazione politica, militare e sociale**, che fosse capace di conservare il dominio sull'intera regione sottomessa. A tal fine attuarono una rigida divisione della società in classi, ossia in gruppi nettamente separati tra loro. Al vertice della società spartana erano gli **spartiati**: una ristretta minoranza formata dagli uomini adulti, **discendenti diretti dei Dori**, che godevano di tutti i diritti e si occupavano esclusivamente della guerra, erano cioè dei cittadini-soldato.

La maggioranza della popolazione, invece, era costituita dai discendenti di coloro che abitavano la Laconia all'epoca dell'invasione dorica: i **perieci** e gli **iloti**.

I perieci (in greco "gli abitanti dei dintorni", ovvero dei centri minori intorno a Sparta), pur essendo liberi, erano esclusi dalla vita politica; si dedicavano ad attività artigianali e commerciali che fruttavano anche buoni guadagni. Gli iloti (termine greco che significa "catturati", "presi") erano invece gli abitanti originari ridotti in schiavitù o i nemici catturati in guerra, non avevano alcun diritto e lavoravano la terra, che era proprietà esclusiva degli spartiati.

La costituzione spartana

Secondo la leggenda, l'ordinamento politico della città di Sparta fu opera del mitico legislatore **Licurgo** (IX secolo a.C. circa) che ricevette direttamente dall'oracolo di Delfi il fondamento della legge spartana; si trattava in realtà del risultato di decenni di evoluzione passato alla storia con il nome di ***Grande Rhetra***.

lessico

Costituzione dal vocabolo latino *constitutio*, a sua volta dal verbo *constituere*, "istituire" ma anche "dare stabilità", è l'unione delle leggi fondamentali di uno Stato o di un'organizzazione.

Secondo la **costituzione** di Sparta – che non era scritta, a differenza di quelle emanate in molte altre città greche – gli Spartani dovevano essere suddivisi in tre tribù e cinque unità territoriali; a capo di tutti stavano due **re** (*archaghètai*) e ventotto **anziani** (*ghèrontes*).

I due re persero pian piano il loro antico potere: essi infatti esercitavano per lo più funzioni sacerdotali e soltanto in tempo di guerra assumevano il comando dell'esercito.

I ventotto anziani, eletti a vita dall'assemblea generale degli spartiati (**apèlla**) e scelti sempre nell'ambito delle famiglie più aristocratiche fra quanti avevano superato i sessant'anni, costituivano, insieme ai due re, la cosiddetta **gherusìa**, cioè l'"assemblea degli anziani". Questo organo collegiale, presieduto dai due re, esercitava i supremi poteri dello Stato: proponeva e discuteva le leggi, si occupava dei diversi settori dell'amministrazione e assumeva la funzione di giudice nei processi più importanti, quelli cioè che prevedevano pene severe come la morte o l'esilio.

Figure importantissime dell'ordinamento politico spartano erano i **cinque èfori**, ossia i "sorveglianti", che, a partire dal 753 a.C., venivano **eletti anno per anno** dall'apélla ma su designazione della

Il leggendario legislatore di Sparta
Busto di Licurgo, tradizionalmente considerato l'autore della costituzione spartana.

LA DIVISIONE IN CLASSI A SPARTA

CLASSE E ORIGINE	CARATTERISTICHE
Spartiati Discendenti diretti dei Dori	Guerrieri e detentori della **proprietà terriera**; i soli a esercitare i **diritti politici**
Perieci Abitanti del territorio prima dell'invasione dei Dori, a cui si sottomettono spontaneamente	Conservano la **libertà individuale**, ma sono **privi dei diritti politici**
Iloti Abitanti del territorio prima dell'invasione, alla quale si oppongono	Costretti alla condizione di **schiavi**

LA DISTRIBUZIONE DEI POTERI NELLA COSTITUZIONE DI LICURGO

gherusìa
assemblea che detiene il potere supremo

designa → **5 èfori**: eletti ogni anno, sono i custodi delle leggi

compongono → **28 anziani**: eletti a vita tra gli spartiati con età superiore ai 60 anni; **2 re**: con funzioni religiose e militari

elegge (5 èfori) — elegge (28 anziani)

apélla
assemblea di tutti gli spartiati di età superiore ai 30 anni

gherusìa, che così se ne assicurava il favore. Il loro potere andò nel tempo sempre più rafforzandosi così che da semplici "custodi" della disciplina dei cittadini, a poco a poco divennero una specie di tribunale supremo, cui tutti erano sottoposti, re compresi.
L'apélla comprendeva i soli cittadini che avessero compiuto i trent'anni di età; l'assemblea si riuniva una volta al mese, in occasione del plenilunio, e sebbene avesse la prerogativa di eleggere gli anziani e gli èfori, non aveva però facoltà d'iniziativa in quanto i suoi membri dovevano limitarsi a votare con un "sì" o con un "no" le leggi che erano state proposte e discusse dalla gherusìa.
Il perno dello Stato spartano erano, dunque, gli spartiati, che si ritenevano tutti uguali perché al loro interno non dovevano esserci disparità sociali né economiche. La costituzione spartana, nonostante la presenza dei due re, era quindi l'espressione di un'**oligarchia aristocratica e conservatrice**, fondata su una rigida disciplina militare e volta a salvaguardare il potere degli aristocratici detentori della proprietà terriera.

I discendenti di Eracle
La tradizione greca associava la discesa dei Dori nel Peloponneso con il ritorno degli Eraclidi, i figli di Eracle, che rientravano in patria dopo molte peripezie. Per questo gli Spartani, ritenendosi diretti discendenti dei Dori, riconoscevano in Eracle il loro capostipite. Nell'immagine Eracle contro il gigante Cicno (VI secolo a.C.).

3 La Lega peloponnesiaca

Nel corso dei secoli VIII e VII a.C. anche Sparta – come altre città della Grecia – mostrò una chiara tendenza ad allargare e potenziare la propria egemonia. L'assoluta supremazia della città dorica divenne però una realtà solo nel VI secolo a.C.: dopo aver assoggettato i rivali più temibili ed aver conquistato la fertile regione confinante della **Messenia**, Sparta divenne la città più potente di tutto il Peloponneso e costituì la **Lega peloponnesiaca**, una fitta rete di alleanze militari fra tutte le città-stato di quella regione chiamate a sostenere e a combattere al fianco di Sparta.

GUIDA allo STUDIO

1. Per quale motivo i Dori dovettero creare una forte struttura politica, militare e sociale?
2. Chi erano i perieci e gli iloti?
3. Chi rappresentava il cardine dello Stato spartano e perché?

le FONTI

Laboratorio

Lavorare con

L'educazione militare alla base della società spartana

Lo storico Plutarco in questo brano descrive in che modo venivano educati a Sparta bambini e bambine all'epoca del legislatore Licurgo (IX secolo a.C.).

Autore Plutarco
Opera *Vita di Licurgo*
Data II secolo d.C.
Tipologia fonte testo storiografico

I ragazzi venivano presi da Licurgo stesso non appena avevano sette anni e venivano divisi in compagnie, dove avevano regolamento e cibi uguali in modo da abituarli a vivere sempre insieme sia nel gioco che nello studio.
Come capo era scelto quello che si distingueva per coraggio e astuzia e gli altri lo prendevano come modello, ubbidendo ai suoi ordini e sottoponendosi alle sue punizioni. Imparavano a leggere e a scrivere solo quel poco che era necessario, mentre tutto il resto dell'educazione era diretto a imparare a obbedire, sopportare gli sforzi e vincere in combattimento.
Licurgo aveva dedicato la massima cura anche all'educazione delle donne. I corpi delle ragazze dovevano essere allenati attraverso la corsa, la lotta, il lancio del disco e del giavellotto, in modo che i bambini fossero generati da donne robuste. Per eliminare poi ogni scontrosità e timidezza abituava le ragazze non meno dei ragazzi a cantare e danzare nude durante le feste, alla presenza dei giovani. [...]
Le autorità di quando in quando mandavano fuori in luoghi diversi della campagna i giovani che sembravano più validi, permettendo di portare con sé soltanto un pugnale, il necessario per mangiare e nulla più. I giovani durante il giorno si disperdevano in luoghi nascosti, dove aspettavano tranquilli; come arrivava la notte scendevano nelle strade e aggredivano tutti gli iloti che capitava loro di incontrare. Spesso entravano anche nei campi e ammazzavano i contadini più robusti e battaglieri.

vivere sempre insieme: la vita di gruppo era un elemento centrale dell'educazione spartana: persino gli adulti fino ai trent'anni avevano l'obbligo di dormire nelle camerate insieme ai compagni e di consumare pasti comuni (i cosiddetti "sissizi", istituiti secondo la tradizione proprio da Licurgo).

mandavano fuori: si tratta di una prova di coraggio, chiamata *krupteia*, che sanciva il passaggio dalla vita giovanile a quella adulta; si svolgeva fuori della città e prevedeva una serie di prove nelle quali i giovani dovevano dimostrare forza fisica e audacia.

donne: alla donna, elemento fondamentale per la procreazione, e quindi per la conservazione della classe guerriera al potere, veniva riconosciuta una funzione importantissima. Mettere al mondo un figlio era infatti considerato un atto eroico come l'andare in guerra. Inoltre, per sopperire ai lunghi periodi di assenza degli uomini, impegnati in battaglia, la donna svolgeva tutte le mansioni legate all'economia della famiglia.

iloti: per diventare veri e propri guerrieri i giovani Spartani dovevano uccidere o un animale feroce o un nemico. A Sparta il nemico per eccellenza erano gli iloti: era quindi consuetudine compiere questo rito di iniziazione uccidendone il maggior numero possibile.

Guerrieri affrontati, particolare di un vaso a figure nere del VI secolo a.C.

Per COMPRENDERE

1. Come veniva scelto il capo dei ragazzi?
2. Quali erano gli scopi principali dell'educazione spartana?
3. L'educazione femminile era diversa da quella maschile?

6.2 Atene: dalle origini alle riforme democratiche di Solone e Clistene

La storia politica di Atene: dalla monarchia all'arcontato

Secondo la tradizione, le origini di Atene si intrecciano con le gesta del mitico eroe **Teseo**, il sovrano che conquistò l'Attica, una penisola bagnata dal Mar Egeo, e riunì tutti i villaggi attorno a un unico centro: **Atene**.
A partire dal secolo VIII a.C. anche in questa città, come a Sparta, la caduta del potere regio fu il risultato di un graduale processo; occorre tuttavia notare che, mentre a Sparta si andava sempre più consolidando un conservatorismo oligarchico, ad Atene invece il predominio aristocratico fu un fenomeno transitorio.
Con l'andar del tempo e il moltiplicarsi dei compiti governativi, in Atene – come anche in altre città greche – la figura del re perse infatti progressivamente importanza, fino a che venne sostituita da quella di **tre arconti, scelti anno per anno** sempre e solo tra gli aristocratici.
Ad essi vennero attribuite le funzioni fondamentali esercitate prima dal re: l'arconte *basilèus* presiedeva agli atti di culto, l'arconte **eponimo** (così detto in quanto dava il nome all'anno in corso) svolgeva le funzioni giudiziarie; l'arconte **polemarco** si occupava degli aspetti militari in qualità di comandante.
A questi primi tre **magistrati** ne furono in seguito aggiunti altri **sei**, chiamati **tesmotèti**, ossia "custodi della legge": costoro dovevano sovrintendere all'applicazione delle leggi. Si ebbe così il **collegio dei nove arconti**, i cui membri alla fine del mandato annuale, purché riconosciuti irreprensibili nell'esercizio delle loro funzioni, entravano a far parte a vita del consiglio dell'**Areòpago**. Questa assemblea – che prendeva il nome dal luogo in cui si tenevano le sedute, cioè la collina (in greco *pàgos*) dedicata al dio Ares di fronte all'acropoli – giudicava i delitti di sangue, curava la retta amministrazione della giustizia e delle finanze, controllava l'operato dei magistrati e la dignità degli aspiranti all'arcontato.

lessico

Eponimo dal greco *epí*, "sopra", e *ónoma*, "nome", indica sia i magistrati che danno il nome all'anno sia i personaggi storici o mitici che danno il nome a un luogo.

Polemarco dal greco *pòlemos* "guerra" e *àrchein* "essere a capo", è il comandante dell'esercito.

Magistrato in ambito storico questo termine indica generalmente colui che ricopre una carica pubblica, a differenza del significato odierno che designa solo coloro che hanno il compito di giudicare (giudici).

Il mitico re di Atene
Teseo uccide il Minotauro assistito dalla dea Atena. Con l'uccisione del Minotauro la città di Atene non era più tenuta a versare il pesante contributo di quattordici giovani da dare in pasto al "mostro".

Un'altra importante istituzione ateniese era l'**ecclesìa** (che in greco significa "assemblea"), formata da tutti i cittadini maschi sopra i vent'anni; nel periodo arcaico questa assemblea aveva soltanto la funzione di prendere atto delle deliberazioni degli altri organismi politici della città.

La società ateniese

Per comprendere meglio il funzionamento delle istituzioni politiche ateniesi di questo periodo, occorre tener presente l'organizzazione della società, suddivisa essenzialmente in due classi: gli **aristocratici** e il ***dèmos***. Gli aristocratici, detti anche eupatrìdi (letteralmente "di buon padre"), appartenevano a famiglie che facevano risalire le proprie origini alla mitologia; costoro possedevano la gran parte delle terre coltivabili, godevano del diritto di cittadinanza e potevano quindi ricoprire cariche politiche. Alla vita pubblica invece non potevano partecipare i membri del *dèmos*, composto sia da contadini e pastori più poveri, sia da artigiani e mercanti che nel tempo si erano arricchiti e che costituivano il grosso dell'esercito oplitico.
L'esclusione dalle cariche pubbliche della maggior parte della popolazione causò una situazione di forte tensione sociale, di fronte alla quale però l'oligarchia dominante rimase passiva, forse inconsapevole della necessità di un mutamento profondo richiesto sia da parte dei più poveri sia dagli arricchiti; questi ultimi erano divenuti più numero-

si in seguito al progressivo svilupparsi di un'economia mercantile a scapito dell'antica economia agraria delle classi al potere.

Le leggi scritte di Dracone

Il clima di inquietudine e disordini sociali portò anche a un primo tentativo di tirannide, che non riuscì tuttavia a placare il malcontento (632 a.C.). In seguito la popolazione si ribellò e chiese all'arconte **Dracone** di emanare un codice di leggi che regolamentasse i delitti di sangue (**624 a.C.**). La legislazione draconiana, che al contrario di quella spartana venne scritta, passò alla storia per la sua estrema durezza e severità, al punto che le sue leggi furono dette "scritte col sangue". Dracone istituì anche il **primo tribunale pubblico**, i cui giudici, gli efèti, vi accedevano per elezione.

Sebbene l'opera di Dracone non risolse le problematiche sociali e finì anzi per acuire il risentimento della popolazione, tuttavia le sue leggi costituirono un importante tentativo di regolamentare la vita cittadina in quanto ponevano fine alla vendetta dei singoli, sottraevano la giustizia alla sfera privata e aprivano la strada all'affermazione della giustizia collettiva e della prima arcaica concezione di diritto penale.

Atena protettrice della città
Il mito narra che, nel momento in cui gli Ateniesi si trovarono a dover scegliere la divinità protettrice, vi fu una gara tra Poseidone e Atena, che offrirono un dono ai cittadini: il primo regalò loro il cavallo, Atena offrì l'ulivo e insegnò loro a coltivarlo. Il popolo scelse Atena, che fece della città una ricca produttrice di olio.

La costituzione timocratica di Solone

Nel **594 a.C.**, di fronte ai crescenti contrasti sociali tra aristocrazia e *dèmos*, fu nominato arconte, con poteri eccezionali di arbitro e legislatore, **Solone**, uomo che per nascita apparteneva alla classe degli eupatrìdi. Egli cercò di far fronte ai problemi della società ateniese con una serie di riforme. Un primo intervento fu quello di risolvere la situazione di difficoltà economica e sociale dei contadini, allora causa di forte malcontento. Coloro che coltivavano la terra per conto dei grandi proprietari erano costretti a pagare un canone (prima in natura e successivamente in denaro); quando non riuscivano a saldare il proprio debito – in caso di carestie o altre difficoltà –spesso cadevano in una condizione servile. Solone allora attuò una **riforma agraria** che innanzitutto cancellava i debiti, aboliva la schiavitù per debiti e restituiva alcuni terreni ai contadini più poveri. Egli inoltre intervenne nel settore del commercio attraverso una serie di leggi a favore degli artigiani e con la **regolamentazione dei pesi e delle misure**.

In campo politico e sociale Solone cercò di creare un sistema che rispecchiasse la nuova realtà di Atene e decise perciò di concedere la **rappresentanza politica ai nuovi gruppi sociali emergenti**, che contribuivano in maniera decisiva al benessere economico della città. Egli pertanto sostituì a un regime strettamente oligarchico una **costituzione apertamente timocratica**, cioè basata sul censo, dividendo la popolazione in quattro classi, **non secondo la nascita ma secondo la ricchezza**.

Le nuove classi erano: i **pentacosiomedimni**, i **cavalieri**, gli **zeugìti** e i **teti**. In base a tale sud-

LE NUOVE CLASSI SOCIALI DELLA RIFORMA SOLONICA

Pentacosiomedimni →	i ricchi proprietari terrieri che avevano un reddito annuale di oltre 500 medimni di grano o 500 metreti di olio o vino (medimni e metreti erano unità di misura locali)
Cavalieri →	coloro che godevano di un reddito tra i 500 e i 300 medimni di grano o metreti di vino o olio; erano chiamati così poiché avevano la possibilità di allevare cavalli e di formare la cavalleria dell'esercito
Zeugiti →	dal greco *zèugos*, cioè giogo, erano così chiamati perché ritenuti in condizione di possedere una coppia di buoi da aggiogare per arare i campi (piccoli proprietari terrieri)
Teti →	i salariati che vivevano facendo gli artigiani o i braccianti

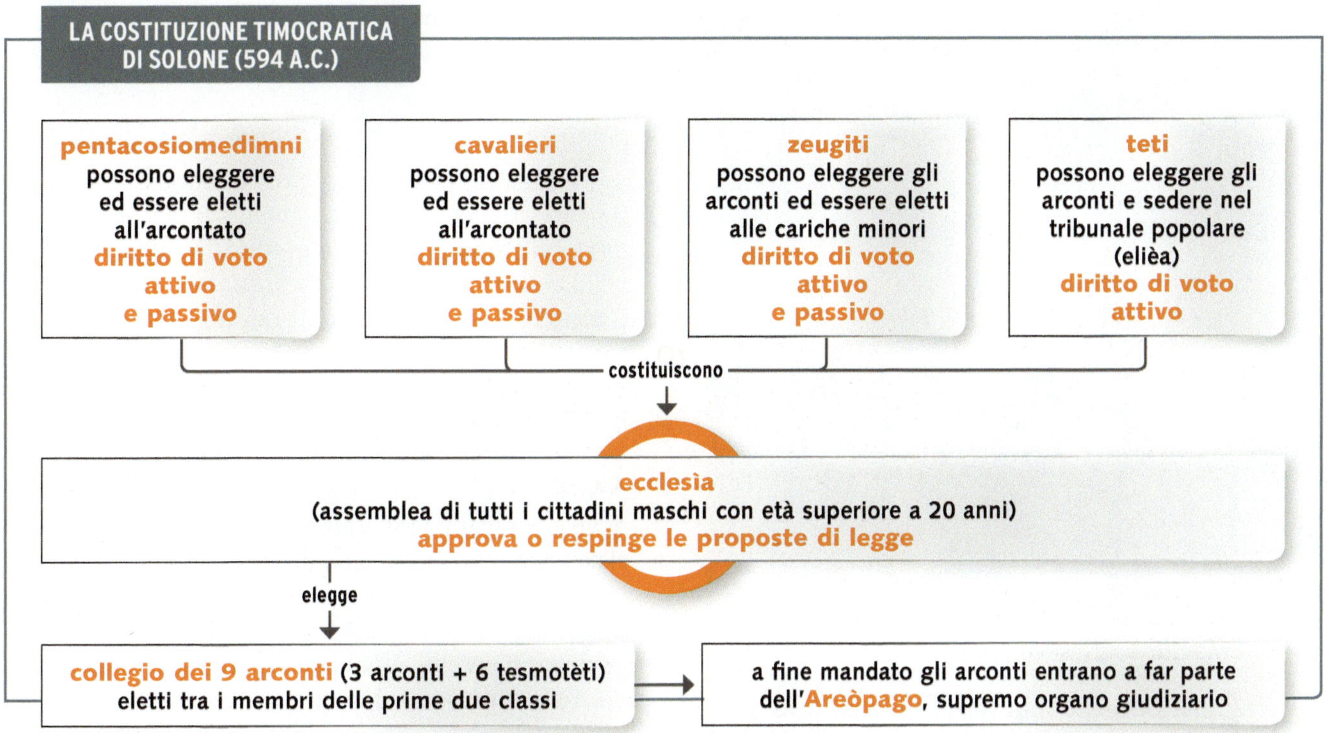

divisione furono stabiliti gli obblighi del cittadino riguardo alle imposte e alla prestazione del servizio militare, nonché le prerogative di ciascuno nella vita politica in modo corrispondente al proprio reddito.

Le prime due classi potevano infatti eleggere ed essere elette alla massima carica dell'arcontato; gli zeugìti potevano a loro volta eleggere gli arconti ed essere eletti alle cariche minori; infine i teti potevano solo eleggere gli arconti e sedere nel tribunale popolare. Quest'ultimo, chiamato **elièa**, era composto dai **cittadini estratti a sorte** che avrebbero fatto parte di una giuria popolare con il compito di giudicare l'imputato a prescindere dalla sua classe di appartenenza.

Sebbene Solone avesse affrontato la grave situazione di malcontento sociale delle classi più povere contrastando il potere e i privilegi degli aristocratici – fino ad allora fondamentalmente indiscussi – questa costituzione non poté comunque cancellare d'un tratto le tensioni interne alla cittadinanza: i nobili infatti ritenevano d'aver perduto troppo potere con le nuove leggi, mentre le altre classi d'aver ottenuto troppo poco. Pertanto si ebbero presto nuove agitazioni e nuovi scontri soprattutto tra i primi tre gruppi sociali.

La tirannide di Pisistrato

Approfittando di tale instabilità politica e sociale, l'aristocratico **Pisistrato** instaurò un regime tirannico dal **560** al **528 a.C.**, anno della sua morte. Benché avesse assunto il potere con la forza, Pisistrato, uomo di spiccata intelligenza e vivo acume politico, fu amato da gran parte della popolazione più povera, di cui si era fatto difensore, perché governò seguendo le leggi e le istituzioni tradizionali, che non furono mai abolite; inoltre contribuì allo sviluppo della città: sotto di lui fiorirono l'agricoltura e i commerci, le lettere e le arti si svilupparono, le opere pubbliche si moltiplicarono arricchendo la città di nuovi edifici e salvando dalla disoccupazione molti cittadini.

I suoi figli e successori, **Ippia** e **Ipparco**, non si rivelarono però all'altezza del padre, finendo così per rendersi ben presto odiosi al popolo. Nel 514 a.C. una congiura uccise Ipparco, mentre nel 510 a.C., con l'aiuto di milizie spartane, gli Ateniesi riuscirono a cacciare Ippia dalla città. Egli, desideroso di vendicarsi, si rifugiò nell'Asia Minore presso il satrapo persiano **Artaferne** e fece ogni tentativo per ottenerne l'aiuto, istigandolo persino a muover guerra alla sua patria.

Atene e la democrazia: la costituzione di Clistene

Crollata la tirannide ad Atene, ripresero le lotte per il potere, che condussero all'elezione di **Clistene** ad arconte eponimo; costui, nonostante appartenesse a un'importante famiglia aristocratica, a partire dal **508 a.C**, pose subito mano alle riforme, fermo nel proposito di dare ad Atene un maggior ordine sociale e una maggiore stabilità ed equità

Passatempi da ricchi
Giovani aristocratici passano il tempo divertendosi; particolare di un bassorilievo, 510 a.C.

politica. Clistene provvide a rafforzare e a sviluppare ulteriormente il governo della città **in senso democratico.**
Con l'evidente obiettivo di spezzare il dominio aristocratico e di condividere la gestione dell'attività politica con le altre classi sociali, egli procedette a una nuova classificazione dei cittadini **prescindendo sia dalla nascita sia dalla ricchezza**.
Attenendosi a criteri puramente geografici, basati cioè solo sulla **zona di residenza**, Clistene suddivise tutto il territorio dell'Attica in **tre zone** (città, costa e pianura); suddivise poi ciascuna di queste tre zone in dieci unità territoriali più piccole chiamate **trittìe** (quindi trenta in tutto), le quali a loro volta vennero divise in numerose unità territoriali e amministrative minori dette **demi** (cento in tutto). Poi, con un criterio stavolta di ordine sociale, distribuì tutti gli abitanti dell'Attica in **dieci tribù**, facendo sì che ciascuna tribù fosse formata da tre trittìe, non uniformi bensì una della pianura, dove abitavano i ricchi possidenti, una della costa, dove lavoravano i mercanti, e una della città, dove risiedevano artigiani e contadini.
Questo comportò che in ogni tribù fossero immessi cittadini di condizione sociale ed economica diversa perché appartenenti alle quattro classi della costituzione soloniana e quindi rappresentanti i più svariati interessi politici ed economici. In questo modo i **diversi gruppi sociali erano mescolati tra loro** ed erano rappresentati senza squilibri negli organi di governo. Eliminata così ogni antica distinzione fra ricchi e poveri, aristocratici e popolani, pescatori e agricoltori, artigiani e commercianti, tutti i cittadini venivano a trovarsi affiancati gli uni agli altri e a formare una sola aggregazione, una stessa unità politica nell'ambito della tribù.
Inoltre, per ottenere una rappresentanza uniforme, Clistene portò a **dieci** il numero dei membri di ogni magistratura; in questo modo ai nove arconti si affiancò un **segretario**, mentre il tribunale popolare, l'elièa, fu suddiviso in dieci sezioni (**corti di giustizia**). Infine, ogni tribù ebbe un proprio corpo di fanteria e cavalleria, al comando di uno **stratèga** (comandante).

Un nuovo apparato legislativo

Per completare la sua riforma, Clistene creò la **bulè** (o assemblea dei Cinquecento, cioè cinquanta membri sorteggiati per ciascuna tribù), un organo di governo riconosciuto come il primo esempio nella storia di **assemblea politica proporzionalmente rappresentativa**, perché, attraverso l'elezione dei suoi membri tramite le tribù, assicurava che tutti i gruppi sociali di cui si componeva la tribù partecipassero al governo.
Riunita nel buleutèrio (sala del consiglio), la bulè esercitava funzioni importantissime: preparare le leggi, assistere gli arconti, ascoltare le relazioni degli strateghi, gestire la politica estera nei suoi

LA COSTITUZIONE DEMOCRATICA DI CLISTENE (508 a.C.)

ecclesìa
assemblea popolare dei cittadini divisi in 10 tribù

sorteggia:

- 50 membri per ogni tribù che compongono la **bulè** o assemblea dei Cinquecento →
  - prepara le leggi
  - cura l'amministrazione finanziaria
  - segue la politica estera
  - assiste gli arconti e gli strateghi
  - vigila sull'esercito, sui culti religiosi e sui lavori pubblici
- partecipanti all'**elièa** (tribunale popolare) diviso in 10 corti di giustizia

elegge:

- **arconti**: 9 arconti + 1 segretario
- **strateghi**: 10 comandanti militari, 1 per tribù

sviluppi, curare l'amministrazione finanziaria dello Stato e vigilare sull'esercito, sulla religione e sui lavori pubblici. Le leggi proposte dalla bulè e le questioni statali più rilevanti venivano però sempre esaminate dall'**ecclesìa**, l'assemblea popolare, i cui poteri venivano così rinsaldati e ampliati, tanto da renderla il massimo **organo deliberativo** dello stato democratico.

lessico
Organo deliberativo che ha la facoltà di decidere in merito a importanti provvedimenti per lo Stato.

Per garantire la stabilità di questa organizzazione politica, Clistene introdusse una nuova procedura secondo la quale un cittadino particolarmente influente, ritenuto pericoloso per le istituzioni, poteva essere allontanato dalla città per dieci anni, se nella pubblica assemblea seimila cittadini avessero votato segretamente a favore del suo allontanamento. Siccome il voto si doveva scrivere sopra un frammento di coccio (*òstrakon*), tale procedura fu detta **ostracismo**. Questa pratica però ebbe vita breve: ben presto infatti ci si rese conto che essa, offrendo a chiunque la possibilità di liberarsi dell'avversario e di far così tacere la voce dell'opposizione, tendeva a trasformarsi in un'arma troppo pericolosa nella lotta politica.

Cocci per votare
Esemplari di *òstraka* rinvenuti sull'acropoli di Atene; vi si leggono i nomi di Temistocle, figlio di Neocle, e di Ippocrate, figlio di Anassileo.

Limiti della democrazia ateniese

La riforma di Clistene, passata alla storia come primo esempio di governo democratico, non produsse tuttavia una democrazia come la intendiamo ai nostri giorni. Il nuovo ordinamento politico riconosceva, è vero, l'uguaglianza di fronte alla legge e il diritto di partecipare al governo dello Stato a tutti i cittadini e quindi anche a chi esercitava i lavori più umili; tale diritto era però più apparente che reale: infatti la stragrande maggioranza di costoro era praticamente obbligata a rinunciarvi, in quanto neppure Clistene aveva previsto una **pubblica retribuzione per chi veniva eletto**. Stando così le cose, era evidente che chi era costretto a lavorare e a guadagnare per vivere doveva forzatamente rinunciare a qualsiasi candidatura: ecco perché le cariche pubbliche continuarono come in precedenza a essere ricoperte da quei pochi che avevano ricchezza e tempo e potevano quindi dedicarsi senza danno per se stessi a fare politica e a regolare la vita dello Stato.
Questa riforma, inoltre, per quanto aperta a esigenze di giustizia e di democrazia, escludeva da qualunque diritto politico una rilevante massa di persone, che pure viveva in città e produceva ricchezza: basti pensare agli stranieri liberi residenti ad Atene, detti **meteci**, ai numerosissimi **schiavi**, nonché alle **donne**.

GUIDA allo STUDIO

1. Quali furono le riforme di Dracone?
2. Perché Solone emanò una costituzione timocratica?
3. In che modo Clistene riuscì a dare un impulso più democratico alla politica ateniese?

6.3 La società delle pòleis greche

Una vita sociale tutta al maschile

Per un cittadino della Grecia antica la vita in comune assumeva un'importanza fondamentale non solo nella sfera pubblica, nello svolgimento cioè dell'attività politica e lavorativa, ma anche in quella privata, nei momenti dedicati al culto degli dèi o al divertimento. Ad avere una vita sociale vera e propria erano tuttavia solo gli uomini, i quali – per discutere di politica o di affari e per mantenere vivi i rapporti di amicizia – erano soliti riunirsi in associazioni ben definite. Nella società ateniese, ad esempio, erano assai diffuse (soprattutto in ambiente aristocratico) le **eterìe**, organizzazioni chiuse cui era possibile accedere solo dopo aver prestato giuramento. Le attività delle eterìe venivano svolte prevalentemente nel corso di riunioni informali, più spesso in occasione di cene, **banchetti** e **simposi** (il momento successivo al pranzo in cui si beveva il vino e si discuteva dei più vari argomenti), durante i quali gli uomini potevano confrontare le loro idee e stringere accordi e alleanze politiche o private.

A Sparta, invece, l'educazione e la vita degli spartiati era interamente dedicata all'allenamento militare, al rafforzamento del corpo e del coraggio, attraverso una disciplina ferrea che iniziava a sette anni e non terminava mai. Il compito individuale di ogni spartiata era quello di difendere sia la propria condizione di privilegio rispetto al resto della popolazione, sia la propria città a qualunque costo.

Uomini e donne: vite separate

Assai diversa era invece la vita sociale della **donna ateniese**, che non godeva dei diritti e dei privilegi dell'uomo, né svolgeva attività politica: il suo **ruolo** era **marginale** e, anche se aveva il titolo di cittadina, non ne aveva le prerogative. Fin da piccole le donne venivano educate a coltivare come loro principali virtù il silenzio e la **fedeltà assoluta**, con un'impostazione quindi radicalmente diversa dalla vita dell'uomo, cui erano invece riconosciuti non solo tutti i diritti politici e patrimoniali, ma anche quello di essere infedele. Le donne inoltre non partecipavano alla vita sociale della città, non andavano a teatro e potevano uscire solo in determinate occasioni: funerali, cerimonie religiose o feste di famiglia.

In generale, dunque, la donna restava **relegata entro le mura domestiche** e più precisamente nella parte della casa a lei riservata, detta **ginecèo**, dove lavorava al telaio, preparava il corredo, controllava il lavoro degli schiavi e badava all'educazione dei figli. Questi, se femmine, restavano con lei sino al momento delle nozze, che avvenivano assai presto, intorno ai quindici anni; se maschi, e ap-

lessico

Ginecèo dal greco *gyné*, "donna", era la parte della casa in cui vivevano le donne, composta dalla stanza del talamo (la camera matrimoniale), una sala per il lavoro e una per le visite.

Banchetti e simposi

Per i Greci il banchetto rappresentava un momento di confronto, di divertimento e relax. I convitati mangiavano sdraiati su comodi letti, davanti ai quali si trovavano tavolini bassi con i piatti colmi di vivande. Dopo il pasto aveva inizio il simposio, un momento di svago allietato dalla presenza delle schiave (le donne libere non erano ammesse), che ballavano e suonavano.

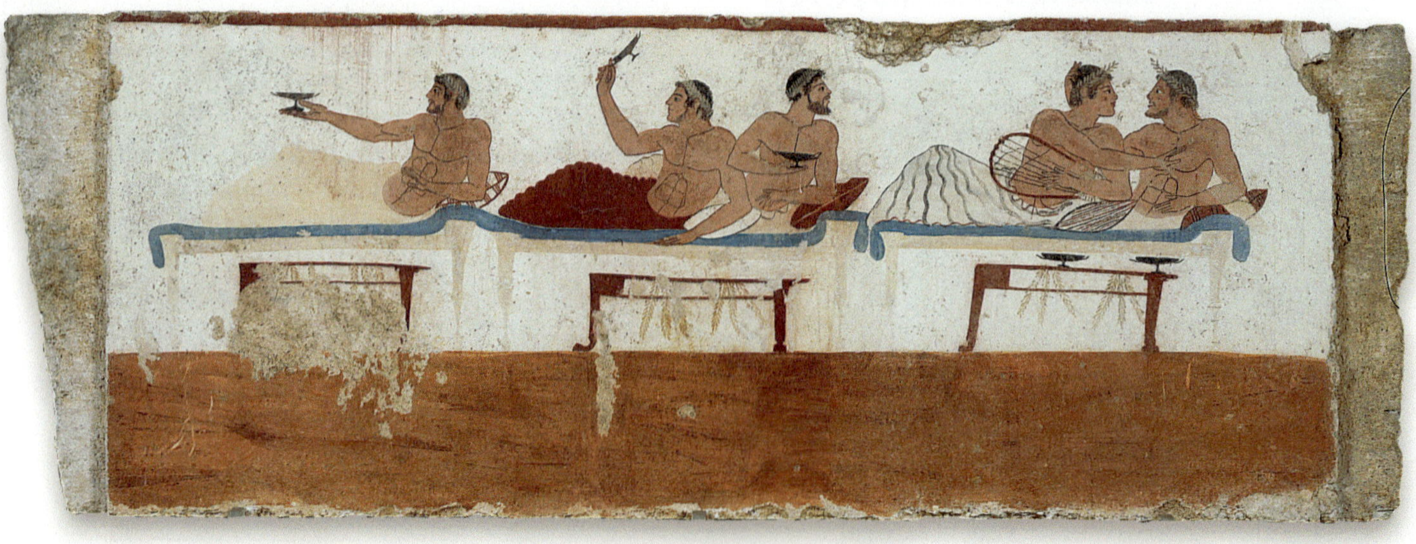

Donne alla fontana
Andare a prendere l'acqua alla fontana era una delle rare occasioni per le ateniesi per uscire di casa e incontrare altre donne. Nelle famiglie aristocratiche, però, le donne erano esentate perché era un compito riservato alle schiave.

partenenti a una famiglia agiata, al compimento del settimo anno venivano affidati alle cure di uno schiavo, il pedagogo (*paidagogòs*, in greco "colui che guida il fanciullo"), che insegnava loro i primi rudimenti del sapere.

Le donne di Sparta

Le disparità fra uomo e donna, così marcate nella società ateniese, a Sparta erano meno evidenti; tanto è vero che molti stranieri si stupivano della totale assenza di regole sul comportamento femminile nella costituzione spartana. In effetti, le donne di questa città erano molto più **indipendenti** delle loro simili nel resto della Grecia, pur restando anch'esse escluse dalla vita politica.
Come i loro mariti, erano **libere** di muoversi e di dedicarsi all'attività che preferivano, che fosse il canto, la danza o le attività fisiche. Non erano tenute ai lavori domestici e alla cura dei bambini, perché a questo pensavano le schiave e le nutrici. Scopo principale delle donne spartane era quello di fortificarsi fisicamente, per poter generare figli robusti, pronti a diventare i futuri **soldati** al servizio della **potenza militare** della loro patria. Le ragazze andavano a scuola all'età di 6 o 7 anni e cominciavano a vivere in comunità, dove si addestravano negli esercizi atletici e nella lotta. A 18 anni, se aveva superato le prove di adattamento, abilità e coraggio, la ragazza era pronta per sposarsi: le veniva assegnato un marito e le era permesso di tornare a casa. In caso di fallimento, perdeva i diritti di cittadina e andava a ingrossare le fila dei perieci.

Gli schiavi, elemento essenziale della società greca

Un aspetto che caratterizzava la società greca era la presenza degli **schiavi**. In tutto il mondo antico la maggior parte degli schiavi proveniva dal bottino di guerra o dalle razzie dei pirati; si trattava di persone di ogni età e condizione sociale, che in seguito alla cattura perdevano la libertà. Così, uomini e donne ridotti in schiavitù diventavano una **fonte di guadagno molto redditizia**, in quanto venivano venduti al mercato degli schiavi e destinati dai loro padroni alle più diverse mansioni.

Ritenuti **indegni di godere dei diritti politici e civili**, essi erano chiamati a svolgere i lavori più pesanti e a sopportare le fatiche più dure. Non esisteva infatti alcun settore produttivo che non prevedesse l'impiego degli schiavi: persino il più povero dei contadini o degli artigiani greci mirava a disporre di uno o due di essi. Ciò accadeva anche perché il lavoro manuale nell'antica Grecia era considerato umiliante e come tale disprezzato anche dal cittadino più modesto.
Gli schiavi non rappresentavano solo un bene economico; essi svolgevano anche un importante ruolo all'interno della società del tempo. Era la loro presenza infatti a consentire all'uomo greco di partecipare all'attività politica e più in particolare all'assemblea popolare, dove si discutevano i problemi più delicati e si decidevano le questioni più importanti. Il fatto che gran parte del lavoro venisse svolto dagli schiavi faceva sì che molti dei loro padroni potessero partecipare agli animati dibattiti che si accendevano un po' dovunque in città: nelle piazze, nelle strade, nelle botteghe e nei teatri.

Il duro lavoro nelle miniere
Uno dei lavori più duri per gli schiavi era quello nelle miniere d'oro, d'argento e di marmo, in cui il minatore era costretto a strisciare all'interno di lunghe e tortuose gallerie che portavano al luogo di scavo. Nell'immagine, uno schiavo impiegato in miniera frantuma la roccia a colpi di piccone.

GUIDA allo STUDIO

1. Quale funzione svolgevano i banchetti e i simposi?
2. Quali erano le differenze fra le donne di Sparta e quelle di Atene?
3. Quale importanza rivestiva la schiavitù nella società greca?

La vita quotidiana in Grecia: le donne e i figli

Tutte le informazioni che possediamo sulla Grecia antica provengono da storici, poeti e drammaturghi, che ci parlano soprattutto della vita pubblica e militare; per questo motivo non sappiamo molto sulla vita privata e soprattutto sul mondo femminile e sul punto di vista delle donne. Grazie però ad altri tipi di fonti (pitture vascolari, statue e steli funerarie, alcuni passi di scrittori antichi) è stato comunque possibile ricavare documenti sulla sfera privata dei Greci, anche se queste notizie riguardano quasi sempre le abitudini familiari dei ceti più ricchi.

Fidanzamento e matrimonio Quando si sposava, la donna passava dalla sorveglianza del padre a quella del marito. A scegliere il futuro sposo era il padre, che in genere combinava il matrimonio quando la fanciulla era molto giovane (6-7 anni). Giunta all'età di 14-15 anni, la ragazza andava sposa a un uomo più anziano di lei, a cui portava in dono una ricca dote, che però non le apparteneva. Le donne ateniesi non potevano infatti possedere beni propri: se una sposa rimaneva vedova, veniva data in moglie a uno zio o al parente più stretto, qualunque fosse la sua età, proprio per evitare che il patrimonio uscisse dalla famiglia. Nell'immagine una *kòre*, statua di fanciulla, proveniente dall'Acropoli di Atene.

La cerimonia nuziale Le cerimonie nuziali si svolgevano dopo il tramonto: la sposa, velata, usciva dalla sua casa per recarsi in quella dello sposo stando in piedi su un carro (come nell'immagine), seguito dalla famiglia a piedi, che portava i regali: mobilio, vasi, gioielli, abiti e profumi. Gli amici illuminavano il percorso con le torce e suonavano musica per scacciare gli spiriti maligni. Il rito prevedeva che la sposa mangiasse una mela o un altro pezzo di frutta, per indicare che da allora in poi il suo mantenimento sarebbe dipeso da suo marito.

L'esposizione dei neonati Il figlio era considerato dal padre come una sua proprietà. Quando in una famiglia greca nasceva un figlio il padrone di casa poteva decidere se riconoscerlo o esporlo, cioè abbandonarlo sulla strada in una pentola di coccio. Talvolta i neonati venivano raccolti da famiglie che non potevano avere figli, ma purtroppo la maggior parte di loro finiva al mercato degli schiavi.

Tessere la tela La tessitura era l'attività per eccellenza riservata alle donne nel mondo greco. All'interno delle mura domestiche le abili mani femminili intrecciavano i fili di un tessuto che sarebbe servito ad abbigliare i familiari, ad arredare la casa, a rivestire i corpi dei defunti. Nell'immagine Penelope, sposa di Odisseo, davanti al figlio Telemaco e alla sua famosa "tela".

L'educazione dei figli Le materie insegnate a scuola erano teatro, retorica, politica, arte, lettura, scrittura, matematica e musica. Dopo le "elementari" alcuni ragazzi seguivano corsi di studio superiori per quattro anni. A 18 anni entravano nella scuola militare per altri due anni. Le femmine generalmente non andavano a scuola, ma imparavano a prendersi cura del buon andamento della casa aiutando la madre. Poteva accadere che imparassero a leggere e a scrivere, ma gli uomini non vedevano di buon occhio questa pratica, poiché una donna istruita avrebbe avuto troppo potere. Nell'immagine una scena di vita scolastica dipinta su un vaso del V secolo a.C.

SINTESI

6.1 La fondazione della città di **Sparta** risale all'inizio dell'età del ferro, quando i Dori discendono nel Peloponneso. La rigida struttura della società spartana prevede al suo vertice una minoranza di **spartiati**, che gode di tutti i diritti e si occupa della guerra, contrapposta a una maggioranza di **perieci**, uomini liberi dediti all'artigianato e al commercio, e di **iloti**, schiavi senza alcun diritto.
Il mitico legislatore **Licurgo** dà agli Spartani una costituzione, suddividendoli in tre tribù e cinque unità territoriali, con a capo due re con funzioni sacerdotali e militari, e ventotto anziani, che insieme formano la **gherusìa**, l'assemblea dei trenta. Altre fondamentali figure dell'ordinamento politico sono gli **èfori**, i custodi delle leggi. Nel VI secolo a.C. Sparta crea la **Lega peloponnesiaca**, che unisce tutte le città-stato del Peloponneso sottomesse al suo dominio.

6.2 Ad Atene la figura del re è sostituita da quella di tre **arconti**, scelti solo tra i nobili. A questi tre magistrati si aggiungono i sei **tesmotèti** che esercitano il potere esecutivo. Tutti insieme formano il collegio dei nove arconti, i quali, una volta terminato il mandato, vanno a far parte del consiglio dell'**Areòpago.** L'**ecclesìa** invece è l'assemblea di tutti i cittadini maschi sopra i vent'anni, convocata per prendere atto delle deliberazioni degli altri organismi politici. La società ateniese è suddivisa in **aristocratici**, gli eupatrìdi, e ***dèmos***, composto da mercanti, artigiani e coltivatori. Solo gli eupatrìdi hanno però accesso alle cariche pubbliche e questo causa una forte tensione sociale che porta a una legislazione estremamente severa a opera dell'arconte **Dracone.**
Nel 594 a.C. **Solone** getta le basi di una **costituzione timocratica** basata sul censo, dividendo la popolazione in quattro classi. Questa costituzione causa comunque tensioni interne, che portano a un periodo di instabilità politica destinato a concludersi con la tirannide di **Pisistrato** (560 a.C.).
Nel 508 a.C., dopo la fine della tirannide, le lotte per il potere si concludono con la **costituzione democratica** di **Clistene**, in base alla quale tutti i cittadini, divisi in tribù, hanno il diritto di eleggere e di essere eletti. Questa riforma non prevede però una retribuzione per chi viene eletto, perciò chi è costretto a lavorare per vivere deve rinunciare alle cariche pubbliche. Sono poi esclusi da qualunque diritto politico i meteci (gli stranieri residenti), le donne e gli schiavi.

6.3 Per un cittadino dell'antica Grecia condurre una vita sociale molto attiva costituisce un aspetto irrinunciabile. Nello svolgimento dell'attività politica o lavorativa, nei momenti di relax e di divertimento, l'**uomo greco** è solito trascorrere il suo tempo in compagnia di altri uomini suoi pari, riuniti in associazioni ristrette. Del tutto prive di una vita sociale sono invece le **donne.** Relegate entro le mura domestiche possono uscire solo in determinate occasioni. Assai dura è anche la vita degli **schiavi**, obbligati a svolgere le mansioni più dure e faticose.
Essi tuttavia rappresentano un elemento importante della società del tempo: con il loro lavoro permettono all'uomo greco di partecipare all'attività politica.

PER COSTRUIRE LE COMPETENZE

TEMPO

1. Completa la cronologia.

753 a.C.	A .... viene introdotta l'elezione annuale degli èfori
624 a.C.	Viene emanato da .... il codice legislativo
594 a.C.	.... viene nominato arconte
560 a.C.	Inizio della tirannide di .... che dura .... anni
.... a.C.	Clistene viene eletto arconte ....

LESSICO

2. Associa a ogni termine il relativo significato e indica se appartiene alle istituzioni di Sparta [S] o Atene [A] quando viene indicato.

A. Apèlla [A] [S]
B. Polemarco [A] [S]
C. Arconte [A] [S]
D. Gherusìa [A] [S]
E. Èfori [A] [S]
F. Areòpago [A] [S]
G. Costituzione
H. Ecclesìa [A] [S]
I. Eupatrìde [A] [S]
J. Magistrato
K. Meteco [A] [S]
L. Ostracismo

a. Assemblea di tutti gli spartiati
b. Straniero
c. Possibilità di allontanare da Atene un politico ritenuto nocivo per le istituzioni
d. Custodi delle leggi
e. Insieme delle leggi fondamentali di uno Stato
f. Assemblea formata dai 28 anziani e dai 2 re
g. Magistrato supremo
h. Capo dell'esercito
i. Chi detiene una carica pubblica
j. Tribunale
k. Assemblea ateniese di tutti i cittadini maschi
l. Sinonimo di aristocratico, nobile

EVENTI E PROCESSI

Sparta

3. Completa il testo inserendo i seguenti concetti o termini.

controllare la regione – diritti politici – Dori – iloti – la popolazione locale – Laconia – liberi – nord – originaria – perieci – politica – politici – schiavitù – sociale – spartiati – terre – territori – tre

I Dori giungono in .... da .... Si scontrano con .... e quindi si danno una organizzazione sia ...., sia .... al fine di .... Ne consegue la divisione di Sparta in .... classi sociali:

a) Gli .... erano i discendenti dei .... Possedevano le .... e avevano i diritti ....

b) I .... provenivano dai .... vicini. Erano .... ma non avevano ....

c) Gli .... erano la popolazione .... e vivevano in ....

4. Riprendendo i nomi e le funzioni prima incontrate nel "Lessico" ricostruisci in maniera schematica la Costituzione di Licurgo.

Atene

5. Completa la mappa relativa all'evoluzione politica di Atene in sintesi.

Origini mitiche: ....
....

↓

La figura del re viene sostituita da tre ....: il ...., l' .... e il .... come accadrà ad ....

↓

Il collegio degli arconti, composto anche da sei ...., viene eletto dall'ecclesìa, che è ....

↓

Riforma di Solone: società divisa in 4 classi:
....
....

↓

Riforma di Clistene: divisione dell'Attica in ...., ..., ..., ciascuna divisa in 10 .... composta da ....

LAVORO SULLE FONTI

6. Ti vengono proposti due testi che hanno come argomento i due modelli politici che hai studiato. Nel primo il poeta spartano Tirteo loda l'origine divina della Costituzione della sua città e i valori fondamentali in cui credere. Nel secondo lo storico Tucidide riporta il famoso discorso agli ateniesi dello stratega Pericle (cap.7) in cui esalta il modello politico della sua città. Dopo aver letto i brani rispondi alle domande.

[I due re] Dopo aver ascoltato Febo, da Pito riportarono in patria oracoli del dio e parole infallibili: «L'assemblea sia presieduta dai re, cari agli dei i quali hanno a cuore la prediletta città di Sparta, poi gli anziani della gherusia, infine il popolo che ubbidisce alle giuste leggi.». [...] È bello che un uomo valoroso muoia lottando per la sua patria, caduto tra i combattenti della prima fila, [...] combattiamo con coraggio per questa terra e moriamo per i figli senza risparmiare affatto le nostre vite. O giovani, suvvia, combattete resistendo gli uni accanto agli altri e non date inizio né alla fuga vergognosa né al panico, ma fate grande e coraggioso entro il diaframma il vostro animo e non siate troppo attaccati alla vita mentre combattete contro i guerrieri (nemici); e gli anziani, le cui ginocchia non sono più agili, non fuggite abbandonandoli, i vegliardi. [...] Suvvia, ognuno resista divaricando bene le gambe, piantato a terra con entrambi i piedi, avendo morso il labbro coi denti.

Noi abbiamo una forma di governo che non guarda con invidia le costituzioni dei vicini, e non solo non imitiamo altri, ma anzi siamo noi stessi di esempio a qualcuno. Quanto al nome, essa è chiamata democrazia, poiché è amministrata non già per il bene di poche persone, bensì di una cerchia più vasta: di fronte alle leggi, però, tutti, nelle private controversie, godono di uguale trattamento; e secondo la considerazione di cui uno gode, poiché in qualche campo si distingue, non tanto per il suo partito, quanto per il suo merito, viene preferito nelle cariche pubbliche; né, d'altra parte, la povertà, se uno è in grado di fare qualche cosa di utile alla città, gli è di impedimento per l'oscura sua posizione sociale.

a. Perché la Costituzione spartana ha origini divine?
b. Quali sono le istituzioni spartane che vengono citate?
c. Quali sono i valori e i comportamenti spartani che vengono esaltati?
d. Quale forma di governo viene citata nel secondo testo?
e. Perché si chiama così?
f. Quali sono i requisiti per avere una carica pubblica ad Atene?

RIELABORAZIONE (verso l'orale)

7. Utilizzando il lavoro fatto nella sezioni precedenti prepara una scaletta con i fatti e i concetti principali che ti possa guidare in un eventuale colloquio, cercando di mettere sempre i due modelli a confronto.

Sparta

- Le origini
- L'organizzazione sociale statica
- La Costituzione di Licurgo
- Il ruolo della donna
- Il ruolo degli schiavi

Atene

- Le origini
- L'evoluzione della struttura sociale
- La Costituzione di Solone
- La Costituzione di Clistene
- Il ruolo della donna
- Il ruolo degli schiavi

capitolo 7

Le guerre persiane e l'Atene di Pericle

L'impero persiano e la guerra con la Grecia

(1) A partire dalla **Perside**, regione dall'altopiano iranico che si affaccia sul Golfo Persico, l'avanzata persiana verso Occidente non incontra ostacoli e si sbarazza facilmente dei diversi regni incontrati lungo il cammino.

(2) Nel periodo di massima espansione l'**impero persiano** copre tutti i territori compresi tra l'Indo a est, il Danubio a ovest e il Nilo a sud; queste regioni sono popolate da quasi cinquanta milioni di abitanti, in gran parte raccolti all'interno di affollati centri urbani, come Susa, Ecbatana, Persepoli, Babilonia, sparsi un po' dovunque e spesso separati da enormi distanze.

(3) La **strada regia**, costruita sotto il regno di Dario, permetteva di percorrere la distanza fra la capitale **Susa** e **Sardi**, in Asia Minore (circa 2400 km), in pochi giorni invece dei tre mesi impiegati prima.

(4) Nel 499 a.C. le **città greche dell'Asia Minore** si ribellano al dominio persiano: è la premessa dello scontro.

(5) Le ***póleis* greche** resistono ai tentativi di espansione dei Persiani e non vengono conquistate nemmeno dopo un lungo conflitto.

Inizio del V secolo a.C.
Massima espansione dell'impero persiano

499 a.C.
Rivolta delle città greche dell'Asia Minore

490 a.C.
Battaglia di Maratona

480 a.C.
Battaglia di Salamina

477 a.C.
Nasce la Lega di Delo

460 a.C.
Ascesa di Pericle

Agli inizi del V secolo a.C. il ricco ed evoluto mondo greco attirò le mire conquistatrici dei **Persiani**, che già avevano sottomesso le colonie greche dell'Asia Minore. Ne scaturì un **lungo conflitto** combattuto per terra e per mare, probabilmente la prima guerra "internazionale" dell'Occidente.

Alla fine la superiorità dei Persiani invasori fu sconfitta di fronte agli atti di coraggio e di astuzia dei Greci, che avevano lottato in difesa della propria **indipendenza**, superando per la prima volta la divisione politica caratteristica delle *pòleis*.

Da allora si aprì per la Grecia l'**età classica**, che conobbe i più alti traguardi politici e culturali.

Dalle guerre persiane fu **Atene** a uscire particolarmente rafforzata e sicura di sé, e in brevissimo tempo stabilì sulle *pòleis* a lei alleate una supremazia politica ed economica: per la città iniziò il cosiddetto "secolo d'oro".

Grazie a **Pericle**, la figura centrale dell'Atene classica, la **democrazia** raggiunse il suo più alto livello di maturità: per la prima volta nella storia, la retribuzione economica dei cittadini eletti o sorteggiati garantì a tutti un'effettiva **partecipazione diretta** al governo della città; lo Stato si identificò pienamente nei suoi cittadini e la società beneficiò di provvedimenti così avanzati da risultare addirittura moderni.

Nel contempo, Atene instaurò un vero e proprio **impero economico**, il quale, da una parte garantì alla città un elevato splendore artistico e culturale, dall'altra fece emergere tensioni con Sparta che avrebbero portato a uno scontro inevitabile.

7.1 L'impero persiano dalle origini al regno di Dario

Medi e Persiani

Tra la metà del VI e l'inizio del V secolo a.C. le *pòleis* greche, e in particolare le **colonie dell'Asia Minore**, si trovarono a diretto contatto con l'**impero persiano**, senza dubbio lo Stato più potente sorto sino ad allora nel Vicino Oriente, e più precisamente sul vasto **altopiano iranico** che si estende fra il Mar Caspio, il fiume Tigri e il Golfo Persico.

ti ricordi? Durante la prima fase della colonizzazione greca, nel X secolo a.C., i Greci si insediarono sulle coste **dell'Asia Minore**, fondando numerose **colonie**, fra cui Mileto, Efeso, Smirne.

Ne avevano posto le basi, fra l'VIII e il VII secolo a.C., i **Medi** e i **Persiani**, popoli di origine indoeuropea che parlavano la stessa lingua, avevano la stessa religione, seguivano gli stessi usi e costumi, al punto che spesso i loro nomi erano usati indistintamente per indicare l'uno o l'altro. Queste popolazioni, che si stanziarono nella regione iranica a cavallo tra l'età del bronzo e l'età del ferro, erano organizzate in tribù dedite all'agricoltura e alla pastorizia e rette da una nobiltà di guerrieri e proprietari terrieri. I primi a imporsi nello scenario storico furono i Medi, che occuparono la parte sud-occidentale dell'altopiano iranico e nel 612 a.C. diedero il colpo mortale all'ormai debole regno assiro.

Fondazione e sviluppo dell'impero persiano

Inizialmente sottomessi ai Medi e confinati nell'area orientale dell'altopiano iranico, i **Persiani** si resero presto indipendenti sotto la guida di **Ciro**, detto poi "il Grande" (559-529 a.C.), un principe appartenente alla famiglia degli Achemenidi. Costui travolse il regno dei Medi e, con una serie di inarrestabili conquiste, **sottomise** il regno di Lidia (546 a.C.), le colonie greche in Asia Minore (540 a.C.) e l'impero babilonese (539 a.C.); in seguito il suo esercito si spinse in Fenicia, Siria e Palestina. In brevissimo tempo Ciro dette vita a un impero immenso che consolidò grazie a una politica lungimirante, mostrando particolare tolleranza nei riguardi dei costumi e della religione dei vinti. Fu proprio Ciro il Grande a concedere al popolo ebraico, deportato in Babilonia, di ritornare nella loro patria, in Palestina.

Sotto i successori di Ciro, **Cambise II** (529-522 a.C.) e **Dario I** (522-485 a.C.), l'impero raggiunse la sua **massima estensione** su un vastissimo territorio che toccava a Oriente i confini dell'India e a Occidente l'Egitto, sottomesso e trasformato in una provincia persiana nel 525 a.C. Fu soprattutto Dario, chiamato il "Gran Re", a espandere i confini del proprio regno verso Occidente.

L'ampiezza senza precedenti del territorio assoggettato rese necessaria una **nuova organizzazione amministrativa**, che consentisse al re di avere tutto sotto controllo. Per questo Dario suddivise l'impero in venti **satrapìe**, cioè in **province governate** da un sàtrapo ("protettore del re"), scelto personalmente dal sovrano a cui doveva rendere conto del proprio operato. I sàtrapi amministravano l'economia delle province, che ogni anno erano tenute a versare tributi al sovrano.

La città di Dario
Particolare della grande scalinata di accesso all'Apadana (un grande cortile utilizzato per le udienze e le celebrazioni), nel palazzo reale fatto costruire da Dario I a Persepoli. I bassorilievi raffigurano scene di processione in cui i rappresentanti di tutti i popoli assoggettati recano doni al Gran Re.

Dario I e lo zoroastrismo

La politica espansionistica di Dario può essere meglio compresa avendo presente la religione persiana. Nel VII-VI secolo a.C., cioè nel periodo in cui l'impero persiano si andava formando, si era affermata una nuova religione ispirata da una figura profetica nota con il nome di **Zarathustra** (Zoroastro per i Greci), che soppiantò il patrimonio di credenze e rituali proprio dell'antica religione persiana politeista.

La nuova religione, lo zoroastrismo o mazdeismo, si fondava sul principio dell'esistenza di **due sole forze**, **in perenne contrasto** tra loro e artefici di tutte le vicende naturali e umane: il **Bene**, rappresentato dal dio **Ahura-Mazda**, e il **Male**, impersonato dal dio **Arìmane**. Da questa visione derivava il dovere morale dell'uomo di seguire il bene, vivendo con rettitudine e onestà, per potersi unire dopo la morte ad Ahura-Mazda.

CITAZIONE D'AUTORE

Il Re dei Re

Io sono Dario, il grande dei Re, il Re dei Re, il Re dei territori dove abitano popoli diversi. Quando il dio Ahura-Mazda vide che sulla terra c'era disordine, mi dette il supremo potere e mi creò Re. Io con il suo aiuto ho stabilito ovunque l'ordine e ho fatto in modo che ogni mio desiderio fosse esaudito ed eseguito.

(Iscrizione anonima da Susa, VI secolo a.C.)

I re persiani fecero dello zoroastrismo la **religione di Stato** e in particolare Dario I ne fu sostenitore accanito, certamente anche per motivi di natura politica. Riconoscendo la nuova religione, egli poté infatti consolidare il proprio potere sbarazzandosi dei **Magi**, la potente casta sacerdotale legata all'antico culto politeista. Inoltre ebbe modo di presentare la propria autorità come emanazione della volontà del dio stesso, secondo la tradizione tipica di altre civiltà vicino-orientali.

lessico

Magi termine equivalente a "filosofi", "sapienti", in uso nel mondo orientale per indicare i membri della potente classe sacerdotale.

Al pari dei suoi predecessori, infatti, Dario assorbì molti aspetti della tradizione vicino-orientale, soprattutto per quanto riguarda la concezione del potere reale: quello di un sovrano assoluto di fronte al quale tutti gli abitanti dell'impero erano sudditi. Veniva **riverito come un dio**, davanti al quale tutti i sudditi erano tenuti a prostrasi sino a terra (in greco *proskýnesis*), e considerato il padrone assoluto di tutto e di tutti per diritto divino. Nella gestione del potere il sovrano si avvaleva di un primo ministro o **Gran Visìr** (dal persiano *vezir*, "ministro") e di un **Consiglio** composto di sette membri, tutti nobili di origine persiana e di assoluta fiducia, ed era affiancato da un'efficiente burocrazia di corte, compreso un corpo di spie chiamate "orecchie del re". Risiedeva normalmente a **Susa**, la capitale dell'impero, ma usava anche spostarsi nelle altre grandi città dell'impero: Ecbatana, Pasargade, Persepoli, Babilonia.

Il Gran Re
Bassorilievo che ritrae Dario I il Grande seduto in trono.

NASCITA E CONSOLIDAMENTO DELL'IMPERO PERSIANO

612 a.C.
I Medi, dopo aver assoggettato i popoli confinanti, distruggono il potente regno degli Assiri e sottomettono i Persiani.

→

546-539 a.C.
Dopo essersi ribellato ai Medi, Ciro conquista il regno di Lidia, le colonie greche in Asia Minore e l'impero babilonese, già in decadenza.

→

529-485 a.C.
I successori di Ciro, Cambise II e Dario I, estendono i confini rispettivamente a ovest (Egitto) e a est (India).

Gli immortali
Gli arcieri della guardia persiana, detti gli immortali, che costituivano l'esercito personale del re, rappresentati su un fregio di mattoni smaltati proveniente dal palazzo di Dario a Susa (oggi conservato al Louvre di Parigi).

Infrastrutture, commercio e agricoltura

Un impero immenso come quello persiano richiedeva una **rete di comunicazione** capillare, che collegasse tutte le aree del regno. Perciò i re persiani realizzarono con il tempo una serie di grandi strade dette "**vie regie**", alcune lunghe migliaia di chilometri, dotate di stazioni di sosta e fortificazioni, che venivano percorse da un efficiente sistema postale e dagli ispettori reali, inviati dal sovrano nelle varie regioni dell'impero. Questo imponente sistema di collegamenti stradali, ulteriormente sviluppato da Dario, determinò una più larga fusione fra i diversi popoli e uno sviluppo dei commerci, che vennero intensificati anche dall'**unificazione dei pesi e delle misure** e dall'introduzione di un **sistema monetario unico**. Le monete d'oro e d'argento emesse da Dario (che presero il nome di "darici"), garantite dallo Stato, liberavano infatti i mercanti dal fastidio di controllare a ogni compravendita il peso delle varie monete che circolavano in precedenza, costituite da pezzi di metallo rozzamente squadrati.
A potenziare i traffici contribuirono poi i grandi **empori** creati nelle città più importanti e l'intraprendenza dei popoli sottomessi, che vivevano relativamente liberi e rispettati entro i confini del vasto impero e per i quali l'attività preminente restò sempre quella agricola, benché i due terzi del territorio fossero inadatti alla coltivazione sia per la natura del terreno sia per la scarsezza d'acqua. I Persiani consideravano un vero e proprio dovere il **lavoro dei campi** e in particolare la **cura degli alberi da frutto** e spesso ne diffusero la pratica tra i popoli con cui entravano in contatto. Non a caso alcune coltivazioni tipiche delle loro regioni si diffusero anche altrove. Dalla Persia, per esempio, vennero introdotti in Europa il pesco e l'albicocco, nonché una varietà di fiori coltivati, secondo le più accurate tecniche di giardinaggio. Alberi da frutto e fiori abbellirono i grandiosi parchi che circondavano i maestosi palazzi reali nelle più importanti città dell'impero.

lessico
Emporio centro di attività mercantili che convoglia i traffici di una determinata area (dal greco *emporèion*, "mercanzia, merce").

LO SVILUPPO DEI COMMERCI

Ragioni della debolezza di un grande impero

Malgrado una simile organizzazione, considerata la più efficiente e valida dell'Oriente antico, il colosso persiano presentava numerosi punti di debolezza, che ne minarono nel tempo la stabilità. Innanzitutto vi era un'**enorme varietà di lingue, religioni e tradizioni** delle popolazioni sottomesse, a cui era lasciata la libertà di coesistere accanto alla religione e la lingua ufficiali; anche l'esercito risultava quindi costituito da reparti molto diversi fra loro per etnia, armamenti e costumi. Un altro elemento era dato dalle **ingenti spese** che l'impero doveva sostenere per il **mantenimento dell'esercito e dei funzionari**. Infine pesava sui popoli sudditi la posizione di evidente privilegio acquistata a poco a poco dai Persiani e la tendenza dei sàtrapi a governare le province a loro arbitrio. Se a ciò si aggiungono gli intrighi e le congiure, che a un certo momento funestarono la corte, e il diffondersi della corruzione, comprendiamo perché la decadenza dell'impero persiano fu rapida e inesorabile.

GUIDA allo STUDIO

1. Come riuscì Ciro a creare un impero immenso?
2. Quali furono le principali iniziative assunte da Dario in ambito economico?
3. Quali erano i fattori di debolezza del grande impero persiano?

L'Iran

Il nucleo originario dell'antica Persia oggi coincide con la **Repubblica islamica dell'Iran**. Questo nome venne dato al paese il 21 marzo 1935 dallo scià **Reza Pahlavi** e significa "paese degli Arii", la popolazione indoeuropea originaria. La storia moderna del paese comincia con la cosiddetta **Rivoluzione costituzionalista** del 1906 compiuta contro l'assolutismo della dinastia Quajar. La monarchia parlamentare venne rovesciata nel 1921 da un colpo di Stato del militare Reza Pahlavi che instaurò una **dittatura** e divenne il nuovo scià. Nel 1941 il potere passò al figlio Mohammad, l'ultimo scià di Persia poiché venne rovesciato dalla **Rivoluzione islamica** del 1979 promossa dagli *ayatollah* (autorità religiose) e in particolare da **Khomeini**, che guidò l'Iran per dieci anni esercitando una vera e propria **teocrazia**. Nel nuovo secolo l'Iran ha intrapreso un forte programma nucleare e ciò ha creato una forte preoccupazione negli Stati Uniti e in Israele che temono che tale risorsa venga utilizzata a fini bellici, mentre le autorità iraniane hanno sempre sostenuto che si tratta soltanto di finalità energetiche.

Istantanea

TEHERAN L'antico impero persiano non aveva una sola capitale, ma cinque: Persepoli, Susa, Babilonia, Ecbatana e Pasargade. Teheran è diventata capitale nel 1786 e oggi l'area metropolitana conta più di 10 milioni di abitanti. È una delle città più inquinate al mondo, soprattutto a causa del traffico, ed è divisa in zone corrispondenti alle diverse classi sociali. La città alterna un'anima ultramoderna con costruzioni imponenti (come le Torri Azadi e Milad) a meravigliosi edifici storici: su tutti l'incantevole e grandioso Palazzo del Golestan, la residenza degli scià Quajar.

LA MESOAMERICA

La CIVILTÀ OLMECA

Nel VI secolo a.C. l'impero persiano giungeva al culmine della sua espansione e potenza e le *pòleis* greche si avviavano al loro massimo splendore. Dall'altra parte del mondo esisteva una civiltà molto sviluppata e complessa, quella degli **Olmechi** (che nella lingua degli Aztechi significava "gente di gomma", per la grande produzione di lattice), diffusasi nella cosiddetta **Mesoamerica**, vale a dire quella parte centrale (dal greco *mèsos*, "medio") del continente americano corrispondente agli attuali Messico, Guatemala, Honduras, El Salvador.

Questa civiltà precolombiana fiorì tra il 1200 e il 400 a.C. presso la città di **La Venta**, sulla costa meridionale del golfo del Messico, e al momento della sua massima espansione contava 20.000 abitanti.

Il popolo olmeco fu il primo della Mesoamerica a utilizzare la scrittura, a costruire **enormi complessi architettonici**, a creare un **calendario** (poi ripreso dai Maya), a sviluppare originali forme artistiche e pratiche religiose complesse e misteriose. Gli Olmechi esercitarono inoltre un'influenza notevole su tutti i popoli con cui entrarono in contatto, tanto che si parla della loro come la "cultura madre" delle altre grandi civiltà mesoamericane che si susseguirono (Maya, Zapotechi, Aztechi).

I resti della piramide di Chalcatzingo (Messico).

Testa colossale in pietra, la forma artistica più nota degli Olmechi.

Gli Olmechi praticavano **sacrifici umani** dedicati soprattutto al **dio-giaguaro**, da cui credevano discendesse il loro popolo; a questi sacrifici era connesso un gioco con una palla di caucciù: chi infatti perdeva veniva immolato.

7.2 L'impero persiano alla conquista della Grecia

Il dominio persiano in Asia Minore: le premesse del conflitto

Fin dal tempo di Ciro il Grande l'impero persiano aveva avuto come obiettivo l'**espansione verso Occidente e nel Mediterraneo**. In questo quadro, nel 540 a.C., Ciro aveva reso le colonie greche dell'Asia Minore tributarie dell'impero persiano. Tale politica continuò sotto i suoi successori. In particolare Dario, il Gran Re, mirava a impossessarsi delle isole del Mar Egeo e della Grecia, per poter poi procedere alla conquista dell'intera regione mediterranea. Per attuare il suo ambizioso piano, cominciò con il sottomettere il **regno di Macedonia** e quello della **Tracia**, a nord della Grecia, costringendoli a pagare un tributo. Raggiunse così i confini della penisola ellenica.

La ribellione delle colonie greche

In un primo tempo la dominazione persiana non ostacolò lo sviluppo economico delle *pòleis* greche dell'Asia Minore anzi lo incrementò, facendo delle città costiere i perni di una vasta attività commerciale. Da un punto di vista politico comunque favorì in queste città la nascita di tirannidi, allo scopo di limitarne le libertà e poterle quindi controllare meglio. Sotto il re Dario, però, la situazione delle peggiorò: il giogo della dominazione persiana divenne sempre più insopportabile a causa dei forti controlli e dei tributi richiesti dal re, mentre la concorrenza agguerrita delle città fenicie ostacolava i commerci. Fu così che **le colonie greche dell'Asia Minore** nel **499 a.C. si ribellarono** sotto la guida della città maggiore e più fiorente, **Mileto**.

Fra le *pòleis* greche solo **Atene**, in quella difficile circostanza, mandò in aiuto dei ribelli venti navi, a cui se ne aggiunsero altre cinque di **Eretria**, una piccola città dell'Eubea. Approdati a Mileto e unitisi ai coloni greci, gli Ateniesi piombarono improvvisamente su **Sardi**, capitale della satrapìa persiana che comprendeva le *pòleis* della costa, e se ne impadronirono incendiandola. La reazione di Dario non si fece attendere: egli inviò immediatamente un esercito a domare la ribellione delle colonie, che, dopo sei anni di lotte, **vennero tutte di nuovo assoggettate**, mentre Mileto fu punita con la totale distruzione (494 a.C.).

Sardi
Le rovine dell'antica Sardi, oggi in Turchia. La città, capitale della satrapìa dell'Asia Minore, era la tappa finale della strada regia che partiva da Persepoli.

LA RIVOLTA DELLE COLONIE GRECHE

Dal tempo di Ciro, le **città greche** dell'**Asia Minore** sono tributarie dei Persiani (540 a.C.)

↓

Nel 499 a.C. scoppia una **rivolta antipersiana** capeggiata da Mileto

↓

Soltanto **Atene** ed **Eretria** offrono aiuti alle colonie; insieme occupano Sardi, in Anatolia

↓

Dario reagisce e sconfigge i Greci, distruggendo la città di **Mileto** (494 a.C.)

La prima guerra persiana

Due anni dopo (492 a.C.) Dario si accinse ai preparativi per una **spedizione contro i Traci e i Macedoni**, che nel frattempo si erano ribellati al dominio persiano. Questa spedizione fu sentita dai Greci come una minaccia nei confronti della loro patria: ebbe così inizio il lungo conflitto fra le *pòleis* greche e l'impero persiano, tradizionalmente diviso in **prima** e **seconda guerra persiana**.

La spedizione, capeggiata dal genero di Dario, **Mardonio**, ebbe esito negativo: la flotta, giunta all'altezza del promontorio del Monte Athos, nella penisola calcidica, venne infatti travolta e dispersa da violentissime correnti, mentre l'esercito fu assalito da una bellicosa tribù di Traci e costretto a rientrare in Asia.
Una successiva missione (490 a.C.) venne allora organizzata da Dario, questa volta diretta però a conquistare tutte le isole dell'Egeo, al fine di creare una barriera tra i coloni greci dell'Asia Minore e la madrepatria. Condotto dai generali **Dati** e **Artaferne** e guidato dall'esule ateniese **Ippia**, l'esercito persiano occupò via mare le **isole Cicladi** senza quasi incontrare resistenza; raggiunse poi – sempre via mare – l'isola di Eubea, dove si impadronì della città di Eretria, devastandone i templi. Infine sbarcò sulla costa orientale dell'Attica, prendendo posizione nella pianura di Maratona, a soli quaranta chilometri da Atene. Nonostante lo squilibrio numerico fra i due eserciti, nel **490 a.C.** a **Maratona** il generale ateniese **Milziade** con un attacco a sorpresa riuscì a mettere in fuga i Persiani. A quel punto la flotta di Dario si mosse verso Atene, con la certezza di trovare la città indifesa, visto che tutto l'esercito era stato schierato a Maratona. Milziade però, intuito il piano nemico, aveva riportato i suoi soldati a marce forzate verso la costa occidentale: quando i Persiani arrivarono in vista del porto ateniese, trovarono l'esercito ateniese già perfettamente schierato e rinunciarono all'impresa, decidendo di fare ritorno in patria.
Atene era riuscita a vincere il primo scontro con l'impero persiano quasi da sola, dal momento che le truppe ausiliarie inviate da Sparta erano giunte in Attica in ritardo; Milziade fu acclamato e onorato come un eroe, ma le celebrazioni della vittoria non durarono però a lungo perché i Persiani si stavano preparando a una seconda spedizione.

ti ricordi?
Al tiranno di Atene Pisistrato erano subentrati nel governo i suoi figli **Ippia** e Ipparco; nel 510 a.C. quest'ultimo fu ucciso, mentre Ippia, cacciato dalla città, trovò rifugio in Asia Minore presso il sàtrapo persiano Artaferne, dal quale cercò di ottenere un appoggio per ritornare in patria.

La seconda guerra persiana

Morto Dario nel 485 a.C., le sorti dell'impero e del conflitto con la Grecia passarono nelle mani di **Serse**, suo figlio. Nel **480 a.C.** il nuovo re di Persia **attaccò la Grecia** con un **imponente dispiegamento di forze**: un esercito di almeno 100.000 uomini e una flotta di 1200 navi. Il suo disegno era quello di assalire la penisola contemporaneamente per mare e per terra; al fine di rendere più sicura e spedita l'avanzata delle sue imponenti forze, fece congiungere con due ponti di barche le rive dell'Ellesponto e scavare un canale nei pressi del Monte Athos per evitare il pericoloso giro intorno al promontorio, che già aveva provocato il naufragio della flotta di Mardonio durante la prima guerra persiana.
Di fronte all'incombere del pericolo persiano, Atene e Sparta e alcune città minori si unirono sotto il supremo comando militare degli Spartani nella **Lega panellenica**, che sancì l'alleanza tra le due maggiori *pòleis* greche. Il congresso della Lega panellenica, riunitosi sull'istmo di Corinto, non si trovò subito d'accordo sulla strategia da adottare: mentre gli Spartani ritenevano più utile contrastare il passo ai Persiani sull'istmo, già da tempo saldamente fortificato e facilmente difendibile, gli Ateniesi sostenevano invece la necessità di affrontare il nemico prima che entrasse nel cuore della Grecia e cioè al passo delle **Termopili** (letteralmente, le "porte calde") per terra e al promontorio Artemisio, a nord della grande isola dell'Eubea, per mare.

Guerriero greco caduto in battaglia Questa scultura proviene dal frontone del tempio di Aphaia a Egina (V secolo a.C.), ed è oggi conservata alla Glyptoteca di Monaco.

L'immagine del "barbaro"
Fondo di coppa con arciere persiano (VI secolo a.C.). Il soldato è rappresentato con un abbigliamento "esotico" e la tipica arma "barbara", l'arco. Secondo la leggenda gli arcieri persiani erano così tanti che lo scoccare simultaneo delle frecce faceva oscurare il sole.

Gli Spartani, tradizionalmente contrari a intervenire militarmente fuori del Peloponneso, solo a malincuore accettarono il piano ateniese. Ecco perché, mentre Atene mandò l'intera flotta nelle acque dell'Artemisio sotto il comando di **Temistocle**, Sparta si limitò a inviare alle Termopili 4000 Peloponnesiaci, di cui solo **300 Spartani**, al comando del re **Leonida**. Con le sue scarse truppe, cui si erano aggiunti piccoli contingenti delle altre città (in tutto non più di 6000 uomini), Leonida aveva già occupato lo stretto passo, quando vi giunse l'esercito di Serse. Si ebbe allora una delle azioni di guerra più celebrate dai poeti e dagli storici antichi: quei pochi valorosi riuscirono a resistere eroicamente ai continui assalti dei Persiani per due giorni e solo nel terzo, sorpresi alle spalle per il tradimento di un greco, furono costretti a desistere dall'azione intrapresa. Leonida, allora, fatta allontanare la maggior parte dei suoi, ne coprì la ritirata affrontando la morte sulle posizioni a lui assegnate insieme ai suoi 300 soldati.

STORIA al **cinema**

300

Stati Uniti, 2007, 117'
Regia di Zack Snyder

Ispirato a un famoso fumetto del 1998, *300* è un racconto semistorico sulla famosa battaglia delle Termopili fra gli Spartani guidati da Leonida e i Persiani di Serse. La narrazione inizia con l'uccisione da parte del giovane Leonida di un gigantesco lupo: grazie a questa prova di coraggio, egli, ritornato a Sparta, viene incoronato re. Anni dopo, messaggeri persiani giungono a Sparta ordinando alla città di sottomettersi al potente re Serse. Offeso dalle loro minacce, Leonida fa uccidere i messaggeri, consapevole di scatenare con il suo gesto la reazione persiana. Chiede dunque l'aiuto degli efori, affinché lo autorizzino ad andare in guerra; propone inoltre una strategia per respingere il potente esercito persiano: attirarlo alle Termopili, un passo angusto, stretto fra alte montagne e il mare. Gli efori, però, corrotti da Serse, consultano l'oracolo, che decreta che Sparta non deve combattere. Anche senza il consenso degli efori, Leonida decide comunque di seguire il suo piano e, con soli 300 soldati, lascia Sparta alla volta delle Termopili.

La Persia verso la disfatta totale

Il comando delle operazioni passò allora all'ateniese **Temistocle**, che persuase i suoi concittadini ad abbandonare la città, in vista di un attacco nemico, e a rifugiarsi sulle isole. Fu così che, arrivato ad Atene, Serse la trovò deserta e la saccheggiò impunemente: perfino i luoghi sacri sull'acropoli furono incendiati e distrutti. Ma Temistocle, raccolta tutta la flotta fra l'isola di Salamina e le coste dell'Attica, riuscì ad attirare le numerose e ingombranti navi persiane in uno stretto braccio di mare. Nel **480 a.C.** ebbe luogo la famosa **battaglia di Salamina**: le triremi ateniesi, agili e maneggevoli navi a tre ordini di remi, ebbero la meglio sulle navi nemiche, più lente e intralciate nelle manovre dal loro stesso numero. Serse, dopo aver assistito alla **distruzione della flotta persiana**, rientrò da sconfitto in Asia Minore.
In seguito alla disfatta di Salamina, che segnò un vero e proprio tracollo per i Persiani, Serse lasciò in Grecia una parte dell'esercito sotto la guida del generale **Mardonio**, con la speranza di poter in qualche modo riprendere in mano la situazione. Nella primavera del **479 a.C.**, tuttavia, a **Platea**, città della Beozia, **l'esercito persiano fu sconfitto** e il suo generale ucciso, nonostante le forze greche, guidate dal generale **Pausania**, fossero ancora una volta numericamente inferiori.
Nello stesso anno una nuova flotta persiana venne distrutta lungo le coste dell'Asia Minore, nei pressi del promontorio di **Micale**.

LE GUERRE PERSIANE

1 Prima guerra persiana (492-490 a.C.)
Dario I invia un contingente militare, per terra e per mare, contro la penisola ellenica (492 a.C.); la spedizione, guidata da Mardonio, ha esito negativo e l'esercito rientra in Asia. Una successiva spedizione, capeggiata da Dati e Artaferne, giunge in Attica; l'esercito persiano si scontra con i Greci di **Milziade** presso **Maratona** (490 a.C.) e ne esce sconfitto.

2 Seconda guerra persiana (480-479 a.C.)
Serse, successore di Dario, attacca nuovamente la penisola ellenica. I Persiani battono l'esercito spartano comandato da **Leonida** alle **Termopili** (480 a.C.); la flotta ateniese guidata da **Temistocle** sconfigge quella persiana a **Salamina** (480 a.C.). L'esercito persiano viene poi battuto a **Platea** (479 a.C.).

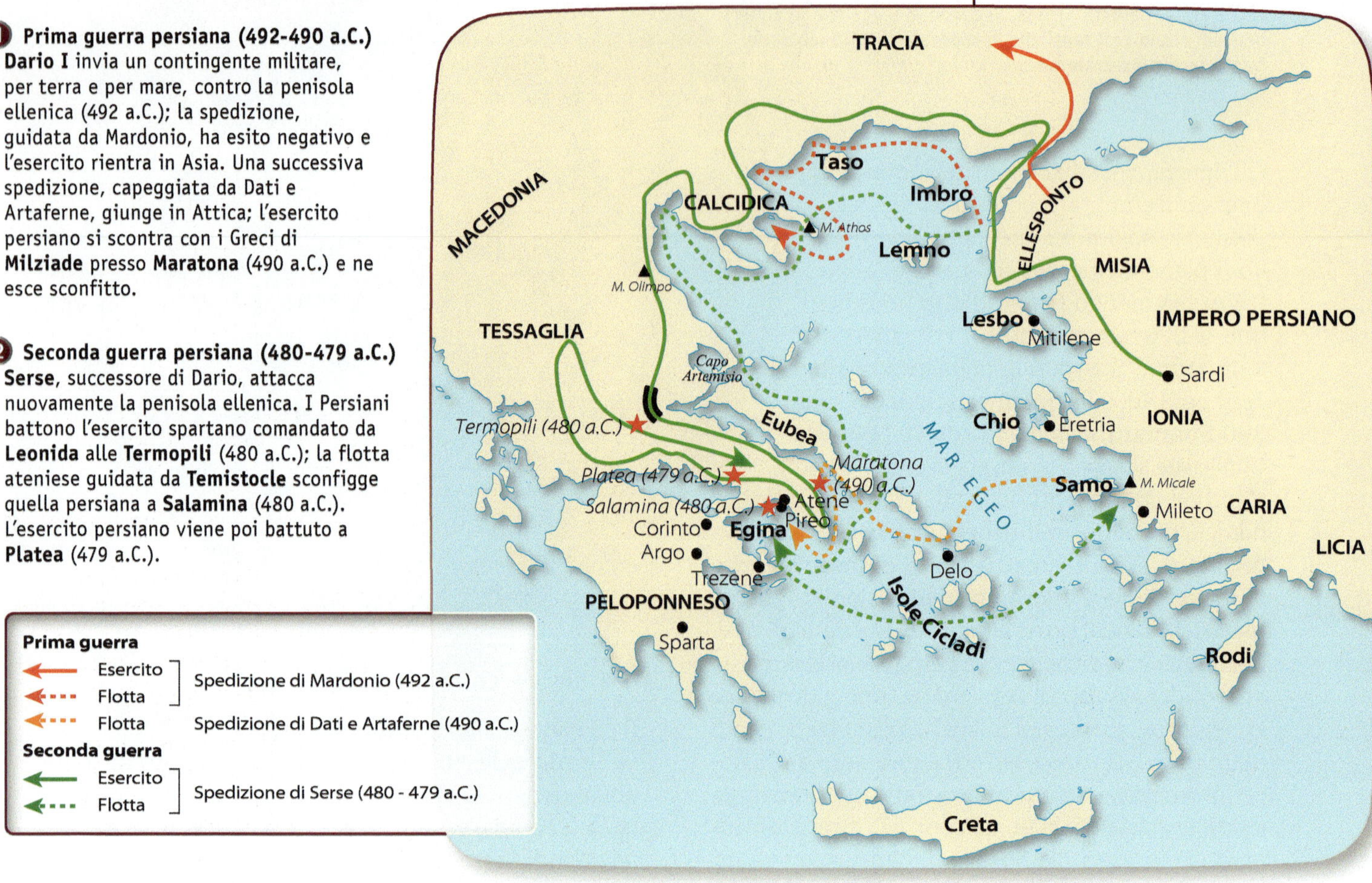

Il significato politico della vittoria greca

Il lungo e sanguinoso conflitto tra Greci e Persiani si chiuse con la vittoria delle *pòleis* greche, e soprattutto della maggiore fra esse, Atene, sull'immenso impero persiano. Tale vittoria fu il frutto dell'assoluta superiorità dell'intelligenza e del valore sul numero e sulla forza, e del fatto che i Greci avevano lottato per **conservare la propria libertà e indipendenza** contro un nemico conquistatore straniero.

Dal punto di vista ideologico, infatti, per i Greci le guerre persiane non furono soltanto un evento di carattere militare, ma rappresentarono un vero e proprio **scontro tra civiltà**, tra due opposti modi di concepire lo Stato e il potere: **la democrazia libera** delle *pòleis* greche aveva vinto sulla **monarchia assoluta** dei Persiani, considerati dai Greci come *bárbaroi*.

I Greci acquisirono la consapevolezza delle loro capacità e della loro forza, consolidando il senso di comune appartenenza alla medesima civiltà. Si aprì per la Grecia, e per Atene in particolare, un cinquantennio di pace, l'età più splendida e prospera, definita "età d'oro".

Tuttavia la vittoria sui Persiani non condusse all'unificazione del territorio greco, né alla pacificazione dei contrasti tra le *pòleis* che il comune pericolo persiano aveva temporaneamente accantonato ma che in seguito riemersero nettamente.

Intanto, in seguito al fallimento del tentativo espansionistico sulla penisola ellenica, il pericolo di una conquista persiana, fino allora incombente sulla piccola Grecia, poteva considerarsi scongiurato.

In seguito a questi eventi quasi tutte le città dell'Asia Minore si ribellarono, abbattendo le tirannidi filo-persiane e riacquistando così l'indipendenza e la libertà.

GUIDA allo STUDIO

1. Qual era l'ambizioso piano di Dario?
2. Qual era l'obiettivo perseguito da Serse durante la seconda guerra persiana?
3. Che cosa rappresentò per la Grecia la vittoria sui Persiani?

le **FONTI** Laboratorio

Lavorare con

La battaglia di Maratona

Il seguente brano, tratto dalle Storie *del greco Erodoto, opera interamente dedicata al racconto e all'analisi delle guerre persiane, descrive l'impetuoso assalto degli Ateniesi e dei Plateesi, guidati da Milziade, contro l'esercito persiano a Maratona.*

Autore Erodoto
Opera *Storie*
Data V secolo a.C.
Tipologia fonte testo storiografico

Come le truppe furono schierate e le vittime del sacrificio diedero buoni presagi, gli Ateniesi, al segnale dell'attacco, si slanciarono di corsa contro i barbari: lo spazio tra i due schieramenti era di non meno di otto stadi [*uno stadio equivale a 177,60 metri*].
I Persiani, vedendoli avanzare di corsa, li tacciavano di follia addirittura rovinosa, constatando che erano così pochi e per di più procedevano di corsa senza avere né cavalleria né arcieri. Così pensavano i barbari. Ma gli Ateniesi, quando, in linee compatte, si furono azzuffati col nemico, combatterono in modo memorabile: per primi infatti fra i Greci – a quanto, almeno, sappiamo – attaccarono il nemico a passo di corsa, per primi seppero sostenere la vista dell'equipaggiamento dei Medi e degli uomini che lo indossavano. Fino allora anche solo l'udire il nome dei Medi era sempre stato per i Greci motivo di terrore.

si slanciarono di corsa: fatto alquanto improbabile, quello raccontato da Erodoto, data la pesantezza dell'equipaggiamento dei soldati greci: essi erano infatti dotati di un elmo, di una corazza pesante, di schinieri in bronzo a protezione della parte inferiore delle gambe, una corta spada in ferro, una lancia e, infine, di uno scudo bronzeo rotondo.

linee compatte: la tecnica militare della falange oplitica prevedeva che i soldati avanzassero gli uni a fianco degli altri in modo da coprirsi vicendevolmente con gli scudi, attuando una carica vigorosa, ma breve. L'urto con il nemico risultava così molto violento soprattutto se gli avversari, come nel caso dei Persiani appunto, non fossero stati abituati alla lotta ravvicinata, ma fossero soliti attaccare con il lancio di dardi e giavellotti.

sacrificio: gli antichi Greci, prima di apprestarsi a una battaglia, erano soliti compiere dei sacrifici: molti animali venivano immolati in onore delle divinità, le quali, gratificate da tale evento, avrebbero reso propizio l'atto di guerra, garantendo un sicuro successo.

motivo di terrore: i Medi erano temuti per la potenza del loro esercito; organizzato secondo criteri innovativi, esso si componeva di reparti con unità specializzate (arcieri, lancieri, cavalleria), che venivano mosse secondo criteri tattici. Da allora il sistema del combattimento individuale, eroico, fu definitivamente superato nell'area iranica.

Lotta tra un guerriero greco e uno persiano, fondo di coppa del V secolo a.C.

Per COMPRENDERE

1. Che tipo di giudizio ti sembra esprimere Erodoto sui due schieramenti?
2. Che cosa pensarono i Persiani di fronte all'avanzata ateniese?
3. In che cosa differiva l'esercito persiano da quello ateniese?

7.3 L'impero marittimo di Atene

La formazione della Lega di Delo

La sconfitta subita dai Persiani a Platea e a Micale non riuscì a liberare i Greci dall'incubo di una nuova invasione: troppo potente era l'impero di Serse, troppo ricco di risorse in uomini e mezzi per indurre il Gran Re a mettere da parte definitivamente ogni desiderio di rivalsa. Perciò gli Ateniesi, sotto la guida di Temistocle, non indugiarono nel **ricostruire la propria città**, incendiata da Serse nel 480 a.C., erigendovi attorno una **vasta cinta muraria** e fortificando il porto del Pireo.

Per fronteggiare future azioni di conquista, gli Ateniesi, per volontà di Temistocle e di **Aristide** (uno dei generali protagonisti della storica battaglia di Salamina) e sollecitati da non poche città marittime dell'Attica, della Ionia, dell'Egeo e della Tracia, si resero promotori della **Lega di Delo** (477 a.C.), una confederazione in cui tutti gli aderenti, che godevano, in teoria, di piena parità di condizioni e di una assoluta autonomia, dovevano riunirsi almeno una volta all'anno nel santuario di Apollo nell'isola di Delo. La cura di armare le navi e il comando supremo della flotta in caso di guerra erano affidati ad Atene.

Da alleanza difensiva a strumento dell'egemonia ateniese

Compito principale della confederazione era quello di mantenere in efficienza una **forte flotta da guerra**: tutti gli alleati in possesso di cantieri e porti già funzionanti si impegnavano a inviare navi ed equipaggiamenti; chi invece non aveva tali possibilità pagava – e fu questa la più rilevante novità – un modesto contributo in denaro destinato a formare il **tesoro federale**, custodito nell'isola di Delo.

La Lega di Delo, detta anche delio-attica, nacque così con lo scopo di unire i Greci che ne facevano parte in una **difesa comune contro la minaccia persiana**. Ma ben presto fu chiaro che l'alleanza si stava traducendo da una parte in un aumento di prestigio e di potenza militare per gli Ateniesi, mentre dall'altra costituiva un prezioso strumento per controbilanciare le forze della **Lega peloponnesiaca**, guidata da Sparta. Quest'ultima, d'altra parte, malgrado quanto si era venuto verificando nel corso del conflitto con la Persia, aveva continuato a perseguire una politica di esclusiva difesa dei propri interessi sulla terraferma, respingendo qualsiasi progetto di espansione mercantile e commerciale fuori del Peloponneso. Di qui l'assoluta libertà di iniziativa lasciata agli Ateniesi di compiere un deciso e progressivo spostamento del centro dei propri interessi politici ed economici dalla terra – base tradizionale del partito conservatore – al mare, inesauribile fonte di ricchezza per i nuovi ceti mercantili.

Verso l'egemonia di Atene
Temistocle, qui ritratto, mise per primo in pratica quella politica di egemonia che nei decenni successivi fece di Atene la potenza marittima dominante del mondo greco.

Cimone e il potenziamento della Lega

In seguito alla morte di Aristide e alla cacciata di Temistocle (a causa di gelosie e giochi di potere interni alla città) il personaggio politico di maggior peso ad Atene divenne **Cimone**, figlio di Milziade.

Sotto la sua guida, infatti, la città venne consolidando la propria supremazia navale mediante alcune riforme apportate allo **statuto** della Lega che miravano a relegare le città alleate – già obbligate a dare più denaro e un maggior numero di navi di quanto non fosse stato inizialmente stabilito – al solo ruolo di città "tributarie"; Atene, invece, disponeva di una **potentissima flotta** mantenuta in gran parte a spese altrui.

> **lessico**
> **Statuto** insieme di norme che regolamentano la vita e l'organizzazione di una comunità o di un organismo politico.

Alla testa di tale flotta, nel **466 a.C.**, Cimone puntò verso le coste meridionali dell'Asia Minore (Panfilia) per liberare le città greche che ancora si trovavano sotto il giogo persiano. Alle foci del fiume **Eurimedonte**, la flotta ateniese incontrò quella persiana, assai più numerosa; non per questo Cimone esitò ad assalirla e a vincerla, costringendo così la Persia a sospendere per vari anni ogni tentativo di guerra. Da quel momento i Greci, senza ormai pericolosi rivali, divennero i **dominatori del Mediterraneo**, determinando definitivamente la separazione culturale ed economica tra mondo greco e civiltà orientali.

LEGA DI DELO E LEGA PELOPONNESIACA

- La **Lega di Delo**, stipulata tra città marittime dell'Attica, dell'Egeo, della Ionia e della Tracia, fa capo ad **Atene**, che ha il comando nelle azioni di guerra e il controllo della flotta comune; i suoi membri sono tenuti a fornire navi o a versare un contributo, che va a costituire un **tesoro federale** custodito sull'isola di Delo.

- Fondata da **Sparta** nel VI secolo a.C., la **Lega peloponnesiaca** raduna quasi tutte le città-stato del Peloponneso, della Beozia e delle regioni di Corinto, Megara e Delfi; queste *pòleis* sono obbligate ad accogliere una guarnigione spartana, a pagare un tributo e a fornire alla Lega contingenti militari quando necessario.

Contrasti ad Atene tra aristocratici e democratici: l'ascesa di Pericle

Nel frattempo alla ribalta della vita pubblica ad Atene era salito **Pericle**. **Aristocratico** di nascita ma **di principi democratici**, Pericle aveva saputo a poco a poco conquistare l'incondizionata fiducia della parte popolare e divenirne il massimo esponente in **aperto contrasto con Cimone, capo della fazione aristocratica** e di idee oligarchiche conservatrici. Principale motivo di dissidio furono i rapporti con Sparta. Per gli aristocratici occorreva cercare una pacifica convivenza con gli Spartani, al fine di poter contare anche sulle loro forze nel caso di una nuova guerra contro i Persiani; per i democratici era necessario liberarsi dall'invadenza spartana per dare ad Atene una posizione di indiscusso primato.

Nel 466 a.C. Sparta dovette fronteggiare una ribellione degli **iloti** e dei Messeni, una popolazione stanziata nel Peloponneso sud-occidentale. Cimone aveva ottenuto che fosse mandato in aiuto della città peloponnesiaca un contingente militare, ma il governo spartano, visto che la guerra si protraeva a lungo e temendo che i soldati ateniesi diffondessero fra le truppe idee democratiche, licenziò bruscamente il contingente alleato. I democratici allora, approfittando del risentimento degli Ateniesi, chiesero e ottennero l'immediata **rottura di ogni rapporto con Sparta**, un mutamento di governo e **l'ostracismo di Cimone**.

Fu così che Pericle restò capo indiscusso nel panorama politico ateniese. Infatti dal 460 a.C. in poi, per circa trent'anni consecutivi, egli venne eletto alla carica di stratega.

ti ricordi?

Gli **iloti** erano i discendenti degli abitanti del territorio di Sparta prima dell'invasione dei Dori. Essi furono ridotti in schiavitù dagli spartiati.

L'**ostracismo** era una procedura ateniese secondo la quale un cittadino ritenuto pericoloso poteva essere mandato in esilio per dieci anni.

GUIDA allo STUDIO

1. A che scopo e da chi fu creata la Lega di Delo?
2. Qual era e come si modificò il ruolo di Atene all'interno della Lega?
3. Chi era Pericle e di quale parte politica era il principale esponente?

7.4 La politica di Pericle: riforme e innovazioni

Atene verso la supremazia assoluta

Una volta raggiunto il potere, Pericle si trovò impegnato su due fronti diversi: l'impero persiano, che aveva ripreso le azioni offensive nel Mediterraneo orientale, e Sparta, che si era unita a Tebe e aveva mandato un esercito nella Grecia centrale. Con i **Persiani** si arrivò a un accordo con la **pace di Callia** (449 a.C.), che sancì la fine delle ostilità e il rispetto reciproco. Con **Sparta** invece fu stipulata una **tregua trentennale** (446 a.C.), che comunque sanciva di fatto la divisione delle *pòleis* greche in due sfere di influenza: una sotto l'egemonia di Sparta e l'altra sotto quella di Atene; da allora le due città non furono più in grado di allearsi agendo per il bene comune di tutta la Grecia, come invece era avvenuto durante le guerre persiane.

Ebbe così inizio un periodo di sostanziale stabilità, nel corso del quale Atene raggiunse l'apice della sua potenza: nessun ostacolo infatti si frapponeva ormai alla **politica di tipo chiaramente "imperialistico"** perseguita da Pericle. A tal fine, nell'intento di svuotare del suo significato iniziale la Lega di Delo, il cui tesoro e la cui sede già da alcuni anni erano stati trasferiti ad Atene, Pericle – malgrado una forte opposizione – dette inizio alla totale **trasformazione degli alleati in sudditi**. Egli cominciò col chiamare l'ecclesìa (l'assemblea generale di tutti i cittadini ateniesi) a sostituire il consiglio federale della Lega di Delo nelle decisioni di sua competenza; obbligò poi tutti gli aderenti alla Lega a restare nell'alleanza senza possibilità di sottrarvisi pena la distruzione e dichiarò, infine, di voler utilizzare per l'abbellimento di Atene i tributi che, nonostante la fine della guerra contro la Persia, le città federate continuavano a dover versare.

Sotto la guida di Pericle, dunque, giunse a compimento il lento processo di trasformazione che fece della Lega delio-attica lo **strumento dell'egemonia politica ed economica di Atene nell'Egeo**.

> **lessico**
> **Imperialismo**
> politica di espansione con l'intento di imporre il controllo politico ed economico sui territori assoggettati.

> **CITAZIONE D'AUTORE**
> **Le virtù di Pericle**
> *Quando prese la decisione di entrare nella vita politica, Pericle scelse le difese della gran massa dei poveri, non quella dei pochi benestanti. Si mostrava di rado in pubblico e prendeva la parola solo nelle occasioni più importanti, affinché il popolo non si stancasse facilmente di lui. Fece sì che in città si dessero spettacoli popolari, banchetti e processioni in continuazione, intrattenendo la gente con divertimenti raffinati. Ogni anno mandava in mare 60 navi e l'equipaggio era composto da cittadini che, per otto mesi, ricevevano lo stipendio e venivano istruiti per costituire l'equipaggio di una nave da guerra.*
> **(Plutarco, *Vita di Pericle*, I-II secolo d.C.)**

Busto di Pericle, al cui nome è legata l'epoca di maggior splendore della città di Atene.

Un nuovo principio di partecipazione alla vita politica

Per quanto riguarda il governo di Atene, Pericle sembrò preoccuparsi soprattutto di conquistare la fiducia dei concittadini, di **accrescere la prosperità dello Stato**, di **consolidare il regime democratico**.

Egli anzitutto introdusse l'importante riforma dell'Areòpago, l'organo aristocratico per eccellenza, che fu privato dei suoi poteri politici principali trasferiti agli altri organi democratici, in particolare all'ecclesìa, l'assemblea popolare.

Poi affrontò un nodo ancora irrisolto nel funzionamento della *pòlis* ateniese: la costituzione democratica, fondata sull'annualità e sul sorteggio delle cariche, richiedeva che ogni anno un rilevante numero di cittadini si distogliesse dalle abituali occupazioni per dedicarsi alla vita pubblica; tuttavia dei circa 40.000 cittadini in possesso dei pieni diritti politici e civili, quasi la metà apparteneva alla classe dei lavoratori salariati (**teti**), i quali, pur godendo in teoria del diritto di essere eletti a ricoprire le cariche pubbliche, ne erano di fatto esclusi, avendo la necessità di lavorare per sopravvivere.

Il primo provvedimento con il quale Pericle fece fronte a tale situazione fu una legge che conferiva il **pagamento di due oboli ai membri dell'elia**, il tribunale del popolo, l'organismo giudiziario aperto alla partecipazione dei cittadini della quarta classe. Una tale disposizione, oltre a rafforzare la componente popolare nell'elia e a offrire anche ai più poveri la possibilità di ricoprire cariche giudiziarie, comportò il successivo riconoscimento del principio della **retribuzione dei pubblici uffici**: di qui il pagamento di quattro oboli al giorno agli arconti e di cinque ai buleuti, e quindi la possibilità non soltanto giuridica, ma anche pratica, per tutti i cittadini, di porsi candidati alle magistrature dello Stato e di accettare in caso di elezione l'incarico loro affidato. Un principio, dunque, di eccezionale importanza, unico nella storia dell'antichità.

> **lessico**
> **Obolo** dal greco *obelòs*, "spiedo", è il nome di una moneta corrente ateniese così chiamata perché in epoca micenea gli "spiedi" in ferro venivano usati proprio come moneta di scambio.

Diritti e obblighi dei cittadini ateniesi

Lo scenario politico ridisegnato da Pericle dunque era ispirato al principio dell'**uguaglianza dei cittadini di fronte alla legge** (in greco *isonomìa*). Tutti i maschi adulti di età superiore ai trent'anni avevano il diritto di partecipare alla vita pubblica, cioè di prendere la parola nelle assemblee e di accedere alle varie cariche politiche, che, con l'eccezione della carica elettiva di stratega, venivano assegnate per sorteggio. Non stupisce dunque che proprio in quest'epoca i filosofi coniarono il termi-

Lavorare con le FONTI

Laboratorio

La democrazia ad Atene

Autore Tucidide
Opera *La guerra del Peloponneso*
Data V secolo a.C.
Tipologia fonte testo storiografico

Atene fu la pólis *dove le trasformazioni politiche furono più profonde e durature. Attraverso un acceso scontro sociale fra le famiglie aristocratiche e il* dèmos *(popolo), si era giunti, già a partire dal VI secolo a.C., alla formazione di un governo democratico. Personaggi come Solone, Clistene e soprattutto Pericle, sono legati all'esperienza di questa democrazia, rimasta unica nel mondo antico. Lo storico Tucidide nel seguente brano fa emergere con straordinaria lucidità le prerogative e le particolarità del sistema di governo sperimentato nella città attica.*

Il nostro sistema politico non si propone di imitare le leggi di altri popoli: noi non copiamo nessuno, piuttosto siamo noi a costituire un modello per gli altri. Si chiama democrazia, per il fatto che nell'amministrare si qualifica non rispetto ai pochi, ma alla maggioranza. Le leggi regolano le controversie private in modo tale che tutti abbiano un trattamento uguale, ma quanto alla reputazione di ognuno, il prestigio di cui possa godere chi si sia affermato in qualche campo non lo si raggiunge in base allo stato sociale di origine, ma in virtù del merito; e poi, d'altra parte, quanto all'impedimento costituito dalla povertà, per nessuno che abbia le capacità di operare nell'interesse dello stato è di ostacolo la modestia del rango sociale.

altri popoli: il riferimento è a Sparta, che, secondo gli Ateniesi, aveva attinto per la sua costituzione alle leggi della vicina Creta. Nella retorica propagandista filoateniese il confronto con Sparta era fondamentale per far emergere il netto contrasto con la democratica Atene.

maggioranza: una delle caratteristiche della costituzione ateniese era quella di essere amministrata nell'interesse dei più.

merito: le cariche pubbliche venivano attribuite in base a un unico criterio, ovvero in base al merito personale del cittadino.

Per COMPRENDERE

1. Quale definizione di democrazia è possibile leggere nel testo di Tucidide?
2. In un regime democratico, secondo Tucidide, in base a quali principi l'individuo può acquisire prestigio?

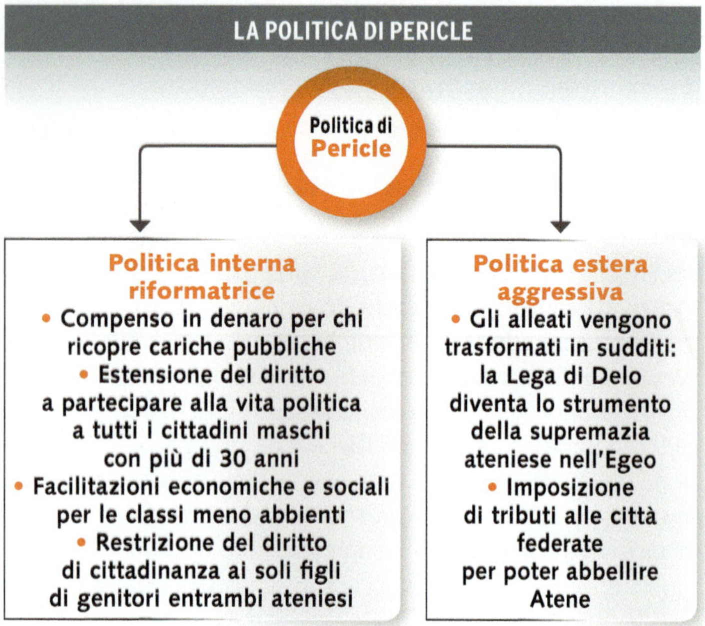

ne *demokratìa*, ossia governo del popolo, per definire il sistema politico ateniese.
I cittadini ateniesi di quel tempo godevano anche di una serie di **facilitazioni economiche e sociali**, che riguardavano soprattutto i più poveri. Pericle cercò con ogni mezzo di **vincere la miseria dei ceti meno abbienti**, compiendo a carico dello Stato elargizioni ai poveri e occupandoli in grandi imprese di pubblica utilità: furono creati operosi arsenali e ricchi mercati e venne inaugurato il grande cantiere per la **ricostruzione dell'acropoli**, distrutta durante la seconda guerra persiana. Dal IV secolo a.C. in poi, inoltre, fu introdotto lo stanziamento di una somma di denaro da parte dello stato (il *theórikon*), per consentire ai cittadini più poveri l'ingresso gratuito a teatro e successivamente ad alcune feste pubbliche.

Lo strumento per il sorteggio
Il *klerotérion* era lo strumento con il quale si estraevano a sorte i cittadini di Atene chiamati a ricoprire una carica pubblica. Questi, infatti, secondo il sistema della democrazia ateniese, dovevano essere designati casualmente fra tutti i cittadini che godevano del diritto di voto passivo.

I cittadini ateniesi avevano anche precisi doveri: il **pagamento delle tasse**, in base al reddito; il **servizio militare** e, nel caso dei più ricchi, le **liturgie**, ossia l'allestimento di determinati servizi o opere pubbliche che lo Stato non poteva pagare.
Per contenere però il numero dei cittadini che in Atene potevano godere dei diritti politici e dei vari privilegi, Pericle rese più **ristretto il diritto di cittadinanza**, riconoscendolo soltanto a coloro che avevano **sia il padre sia la madre ateniesi**.

lessico
Liturgia A differenza del significato antico, ossia l'obbligo da parte dei cittadini più ricchi di contribuire alle opere pubbliche, il termine liturgia (dal greco *leiturgìa*, "pubblico servizio") identifica oggi l'insieme dei riti e delle preghiere della religione cristiana.

Democrazia e imperialismo

In generale, i radicali cambiamenti introdotti da Pericle da un lato gli assicurarono la piena fiducia della maggior parte dei cittadini; dall'altro gli procurarono la violenta opposizione degli aristocratici, che cercarono di indebolirlo politicamente, colpendo i suoi amici e collaboratori attraverso atti d'accusa, processi e anche omicidi.
Nonostante fosse l'**unico protagonista** della scena politica Pericle agì sempre entro i termini della costituzione, senza venire meno alle sue idee avanzate e senza trasformarsi in tiranno. Il suo ruolo nella vita pubblica ateniese non fu mai sostenuto dalla forza o da pressioni sui cittadini elettori, ma si basò sul prestigio, sull'autorevolezza, sull'onestà personale e sulla forza persuasiva dei suoi discorsi.
Tuttavia la principale accusa mossa a Pericle, su cui gli oppositori politici trovarono terreno fertile, fu la **contraddizione** tra democrazia e imperialismo.
Ad una politica interna improntata su criteri di democrazia avanzata faceva da contro altare una politica estera **autoritaria e aggressiva**. Il mantenimento del governo democratico, infatti, comportava grande dispendio di denaro pubblico; soprattutto la retribuzione delle cariche politiche non fu vista di buon occhio dai conservatori perché si utilizzavano i tributi degli alleati per alimentare il *dèmos*.

GUIDA allo STUDIO

1. In che modo Pericle svuotò la Lega di Delo del suo significato iniziale?
2. A quali principi si ispirava l'azione politica di Pericle e quali novità introdusse ad Atene?
3. Quali erano i principali diritti e quali gli obblighi dei cittadini ateniesi al tempo di Pericle?

7.5 L'Atene di Pericle: capitale dell'arte e dell'economia

Lo sviluppo intellettuale e artistico

Negli anni che seguirono all'accordo di pace tra Sparta e Atene, Pericle si impegnò per accrescere la prosperità della *pólis* ateniese.
Amante del bello come nessun altro uomo politico del tempo, cercò di rendere la sua città splendida sotto ogni aspetto, al punto da farne la capitale artistica e intellettuale della Grecia, proprio nel momento in cui il genio ellenico raggiungeva la sua pienezza e la sua maturità nelle arti figurative, in particolare con lo scultore Fidia, e nell'architettura, con la costruzione del Partenone sull'acropoli.
Il V secolo a.C., inizio della cosiddetta **età classica**, fu il "secolo d'oro" anche della letteratura, del teatro, della filosofia. Proprio in questo periodo, infatti, il genere letterario della **tragedia** raggiunse l'apice della propria grandezza, grazie alle opere di Eschilo, Sofocle ed Euripide, che nelle loro **opere teatrali** affrontavano i temi più sentiti dell'epoca (le guerre persiane o le vicende politiche che interessavano le diverse *pòleis*, talvolta raccontate in chiave mitologica). La partecipazione agli spettacoli tragici divenne non solo un momento di grande coesione per i cittadini, ma anche uno strumento per promuovere i valori civili e politici della *pòlis*. Grande fioritura ebbe anche la **commedia**, grazie alle opere comiche di Aristofane, l'**oratoria**, specchio di una civiltà matura e sicura di sé che poteva vantare nomi come quello di Lisia, e la **poesia lirica**, grazie alle composizioni di Simonide e Pindaro.

Nel V secolo a.C. Atene vide anche la fioritura della **storiografia**, grazie alle monumentali opere di Erodoto, lo storico delle guerre persiane, e di Tucidide, che descrisse lo scontro tra Atene e Sparta. La **filosofia**, infine, nata nelle colonie dell'Asia Minore del VI secolo a.C., trovò proprio in Atene il terreno fertile per raggiungere la propria maturità; il filosofo Anassagora divenne consigliere di Pericle, e il grande filosofo Socrate iniziava allora a diffondere il suo pensiero.
La seconda metà del V secolo a.C. conobbe lo sviluppo anche di un'altra disciplina: la **medicina**. Grazie a Ippocrate, ritenuto il padre della medicina occidentale, si dette più importanza all'osservazione del malato e allo studio dei sintomi. Ippocrate fu soprattutto un grande maestro: fondò una scuola di formazione e definì le regole di comportamento (il famoso giuramento), cui ogni medico doveva (e ancora oggi deve) attenersi nel corso della sua carriera.

lessico

L'**oratoria** è l'arte di parlar bene in pubblico e di persuadere gli ascoltatori tramite i discorsi.

La **storiografia** è la narrazione scritta degli eventi storici.

Una statua "classica"
Questa statua, nota come Zeus di Capo Artemisio (ma rappresentante probabilmente Poseidone), è un raro esempio di opera originale in bronzo; la maggior parte delle statue greche infatti ci è giunta solo attraverso le copie in marmo fatte in epoca romana. La figura umana di epoca classica è l'espressione degli ideali artistici e civili della società greca.

concetti chiave

Età classica

La definizione di "età classica" viene usata convenzionalmente per indicare il periodo della storia greca che intercorre tra la fine delle guerre persiane (479 a.C.) e la morte di Alessandro Magno (323 a.C.). In molti casi, però, con età classica si è indicato un modello di perfezione assoluta e ineguagliabile, degno di essere ammirato e imitato dalle epoche successive. Al di là di questa interpretazione, l'età classica corrisponde a una fase della storia greca antica, molto complessa e ricca di fermenti che hanno portato a maturazione le premesse dei secoli precedenti e gettato le basi degli sviluppi futuri. In campo politico, economico e sociale, il prodotto di questo periodo è la fioritura della *pòlis*, città-stato indipendente e democratica, che proietta la propria consapevolezza di sé in un grande splendore culturale e artistico. In questo senso, dunque, l'età classica trova la sua più alta espressione nell'Atene del V secolo.

L'acropoli di Atene

Sede del palazzo reale nella lontana epoca micenea, fin dai primi anni di vita della *pòlis* l'acropoli di Atene divenne il luogo sacro per eccellenza. Qui si celebravano i culti delle molte divinità greche, primo tra tutti quello di Atena, protettrice della città. Nel 480 a.C., durante la seconda guerra persiana, i nemici invasero l'acropoli e la profanarono, distruggendo i templi e saccheggiandone le offerte. Gli Ateniesi furono talmente colpiti da questo evento che decisero di non rimuovere le rovine lasciate dalla distruzione persiana per conservare la memoria dell'affronto subito. Nel corso del V secolo a.C., tuttavia, l'acropoli divenne il centro di un'intensa attività edilizia voluta da Pericle, che in qualità di protettore delle arti curò la costruzione di grandi edifici nella parte meridionale della città alta. Fu così che nel giro di pochi decenni sull'acropoli di Atene sorsero alcuni tra i più significativi monumenti dell'architettura greca.

Il Partenone Tempio principale dell'acropoli, il Partenone deve il suo nome alla parola greca *parthènos* ("fanciulla vergine"), usata per indicare la dea Atena, alla quale era dedicato. A quest'opera, mirabile per la proporzione e l'armonia degli elementi architettonici, è strettamente legato il nome dello scultore Fidia, supervisore di tutto il progetto, oltre che autore dei bassorilievi che ornavano l'edificio e di una statua d'oro e d'avorio della dea, oggi andata perduta.

Le panatenee Il giorno della nascita di Atena si svolgeva una grande festa, le panatenee. Ogni anno una lunga processione attraversava la città fino ad arrivare all'altare della dea sull'acropoli, dove le veniva offerto in dono un peplo (una veste) ricamato dalle donne ateniesi. Sempre nella stessa occasione, però ogni quattro anni, si svolgevano anche i giochi panatenaici, competizioni sportive e artistiche i cui vincitori venivano premiati con anfore di olio sacro.

L'Eretteo A fianco del Partenone sorgeva l'Eretteo (letteralmente "scuotitore della terra"), tempio dedicato al dio del mare Poseidone. Su una parete laterale è ancora oggi visibile una loggetta sorretta da colonne a forma di graziose fanciulle, dette "cariatidi", perché secondo la leggenda alcune schiave provenienti dall'antica città di Carie, in Laconia, erano servite da modelle agli architetti.

Il teatro di Dioniso Lungo il pendio dell'acropoli sorgeva il teatro dedicato a Dioniso. La grande gradinata a semicerchio garantiva agli spettatori una buona visuale e un'ottima acustica; sul proscenio (corrispondente al nostro palcoscenico) recitavano gli attori. Per essere ben visibili anche da lontano gli attori (tutti rigorosamente uomini, anche per le parti femminili) utilizzavano calzature con la suola alta e abiti dai colori sgargianti; indossavano poi una maschera, che, oltre a caratterizzare il personaggio, consentiva di amplificare la voce.

Atene cuore del commercio nel Mediterraneo

Sotto Pericle Atene divenne il più **importante e attivo centro commerciale e finanziario** del mondo greco e, al pari di Siracusa e Cartagine, uno dei più floridi del Mediterraneo. Le ragioni principali di questo straordinario sviluppo risiedono negli eventi bellici e politici che interessarono la Grecia in questo periodo.

Tetradracma ateniese
Questa moneta d'argento, il cui valore corrispondeva a quattro dracme, reca l'effigie di una civetta, simbolo della città, e le prime tre lettere del nome di Atene.

Da una parte ci fu lo sconvolgimento economico determinato dalle guerre persiane: il conflitto infatti decretò il declino commerciale e finanziario delle colonie greche dell'Asia Minore, che erano rimaste isolate rispetto al retroterra asiatico, loro naturale mercato; in questo modo il primato economico passò a poco a poco alle città della Grecia e in particolare a quelle che si affacciavano sul mar Egeo, prima fra tutte Atene.

Dall'altra ci fu **l'intraprendenza del ceto medio ateniese**, che comportò un notevole aumento di ricchezza e un diffuso benessere. Il *dèmos* infatti favorì l'intensificarsi di attività commerciali e industriali, agevolate anche dall'afflusso di lavoratori stranieri (meteci) e da un sempre maggior numero di schiavi, a scapito dell'economia agricola, fonte di ricchezza e sostentamento delle vecchie famiglie aristocratiche.

Il Pireo, mercato della Grecia

Il maggiore rilievo politico di Atene, la crescita economica e finanziaria di alcuni strati sociali, l'intensificarsi delle importazioni di grano dall'Egitto, dalla Sicilia e dalle regioni dell'Asia Minore, indispensabili a nutrire una popolazione in progressivo aumento, e infine il continuo flusso di forestieri contribuirono tra l'altro a determinare un eccezionale sviluppo del **porto ateniese del Pireo**. Definito a buon diritto "il mercato della Grecia", questo porto si trasformò in breve tempo in una sorta di piccola città con proprie infrastrutture, con grandi magazzini per le merci, con le banchine per lo scarico simultaneo di numerose navi. Ma il Pireo divenne anche un importante centro finanziario con veri e propri istituti di credito, diretti da ricchi ed esperti banchieri, i trapeziti (dal greco *tràpeza*, "banco"), in grado di effettuare ogni operazione di deposito, cambio e prestito. Strumento essenziale per queste attività era la **moneta**, il cui uso dette origine a diversi sistemi monetari: tra le più utilizzate in Grecia vi era la mina, mentre in età periclea, ad Atene, fu diffusissima la **dracma**, che corrispondeva alla centesima parte di una mina.

La distanza di circa sette chilometri che separava Atene dal Pireo poteva però costituire una seria difficoltà soprattutto in caso di attacco bellico: tagliare i contatti con il porto, sede della flotta navale e punto di approvvigionamento per ogni genere di merce, significava mettere in ginocchio la città. Ecco perché, al fine di scongiurare una tale eventualità, Pericle fece costruire in due soli anni

Il porto di Atene
La pianta mostra il complesso formato dalla città di Atene e dalla sua zona portuale, il Pireo, con le tre insenature naturali del Kantharos (lo scalo commerciale), di Zea e di Munichia (i bacini militari). Due lunghi bastioni, il Muro settentrionale e quello meridionale, proteggevano le importantissime vie di comunicazione tra il porto e la città, mentre un'ulteriore linea difensiva includeva più a sud il borgo di Falero.

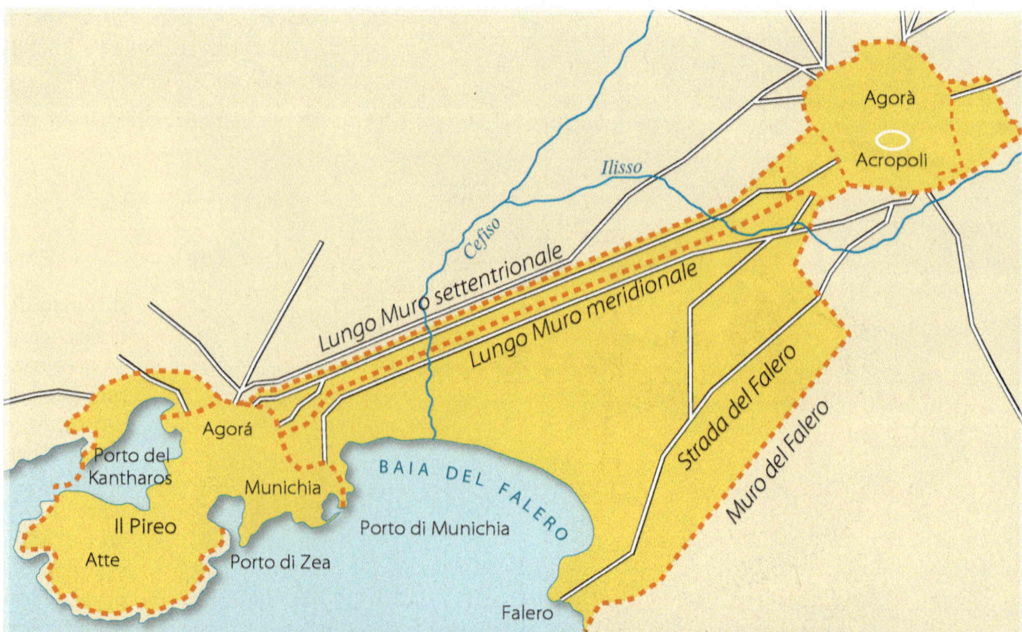

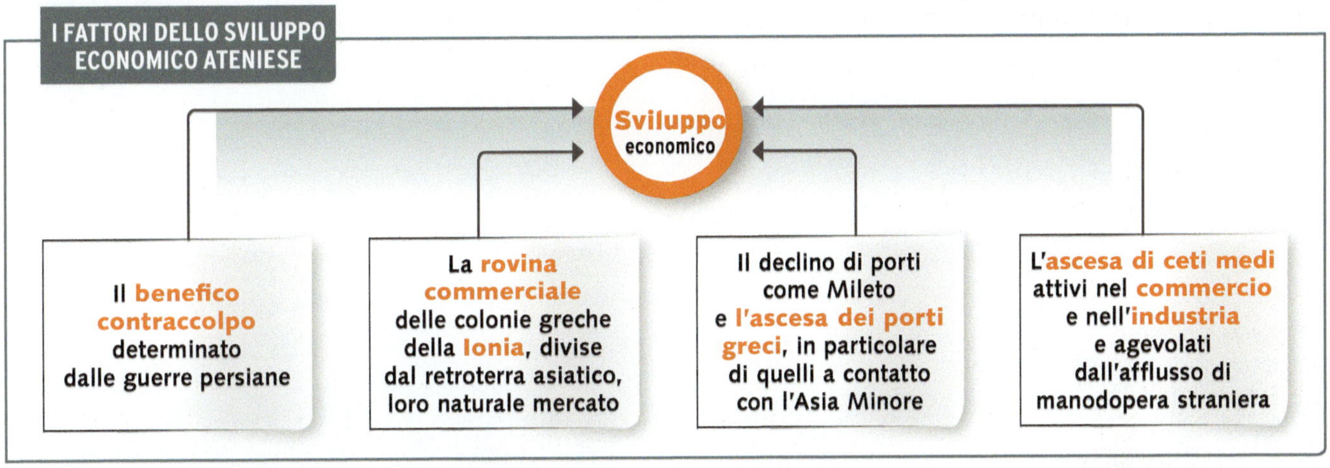

le cosiddette **lunghe mura** a protezione delle vie di comunicazione tra il porto e il centro urbano.

Artigianato, attività estrattiva e commercio marittimo

Intorno al VI-V secolo a.C. quindi il Pireo divenne uno degli scali più trafficati e importanti. Qui attraccavano navi provenienti dall'Egitto, dal Mar Nero, dalla Magna Grecia, dalla Macedonia e dall'Asia Minore, che ripartivano cariche di finissimi prodotti dell'artigianato e dell'industria locale, destinati ad alimentare i mercati di tutto il bacino del Mediterraneo. Per avere un'idea dello sviluppo industriale e commerciale ateniese, basti ricordare che al Pireo giungevano navi che importavano ferro e bronzo da Cipro, tappeti e lane dalla Frigia, vini pregiati da Lesbo, pesce salato dal Ponto Eusino (il Mar Nero), oggetti di lusso dal Vicino Oriente. Al movimento di importazione ne corrispondeva uno non meno intenso di esportazione, alimentato da una fiorente attività artigianale che realizzava prodotti di particolare valore, come mobili, stoffe ma soprattutto di oggetti di ceramica. Vasi, piatti e anfore di ogni genere, lavorati e decorati nelle botteghe dei ceramisti attici, costituivano infatti una preziosa merce di scambio, come dimostrano i reperti archeologici rinvenuti in quasi tutti i siti del Mediterraneo.

Fu inoltre in questo periodo che cominciò a essere particolarmente curata anche l'attività estrattiva, la quale procurò agli Ateniesi grandi quantità di marmo bianco statuario e di argento, prezioso metallo cui venne ad aggiungersi l'oro ricavato dalle miniere del Pangeo in Tracia.

Notevole intralcio alle comunicazioni via mare derivava però dall'esistenza di forti gruppi di pirati, che assalivano le navi e le saccheggiavano. Un altro problema fu invece la mancanza di una rete stradale; ciò impedì il moltiplicarsi delle relazioni fra città e città e quindi favorì l'isolamento delle varie *pòleis*, soprattutto di quelle che non si affacciavano sul mare.

GUIDA allo STUDIO

1. In che modo si manifestò il fiorire delle arti e del sapere nell'Atene di Pericle?
2. Quali furono i fattori alla base dello sviluppo economico, commerciale e finanziario della città attica?
3. Che tipo di merci transitava nel grande porto ateniese del Pireo?

Navi mercantili
Dovendo affrontare lunghi e pericolosi viaggi, l'equipaggio di una nave mercantile, oltre a saper condurre l'imbarcazione, era anche in grado di combattere in caso di attacco da parte dei pirati. Nell'immagine, una nave attica da trasporto dipinta su una coppa del V secolo a.C.

La ceramica greca:
tecniche e produzione

In tutta l'antichità i recipienti di ceramica erano indispensabili nella vita di tutti i giorni. Servivano al trasporto e alla conservazione di qualunque tipo di prodotto, sia alimentare che di altra natura. Non solo, anche le tegole, le lampade, le statuette votive, i giocattoli erano fatti di terracotta. Ad Atene le botteghe dei vasai si trovavano nel **quartiere del Ceramico**, che prende il nome proprio da questo tipo di lavorazione. Esistevano tantissimi tipi di vasi, ognuno con una forma adatta all'uso a cui era destinato. Per la varietà delle forme, la qualità della produzione e la raffinatezza delle decorazioni la **ceramica greca** era considerata un **prodotto di lusso** apprezzato ovunque, come dimostrano i numerosissimi ritrovamenti in tutto il Mediterraneo e non solo.

I vasi erano modellati sul **tornio**, una piatto di pietra che veniva fatto girare da un apprendista mentre il **maestro vasaio** plasmava e levigava l'argilla. Una volta ultimato, il vaso veniva lasciato seccare al sole e in seguito rifinito, decorato e poi cotto. Nell'immagine un cratere (vaso per il vino) dipinto con una scena di lavorazione della ceramica; sulla destra è raffigurata la dea Atena, protettrice degli artigiani.

I contenitori di uso quotidiano generalmente non erano decorati; esisteva comunque una grande produzione di oggetti di lusso destinati ad abbellire le dimore signorili o all'esportazione. Questi vasi erano **finemente dipinti** con temi di varia natura, dai racconti del mito, agli dèi, alle scene di vita quotidiana. Nel VI secolo a.C. si eseguiva la tecnica delle "**figure nere**", che consisteva nel dipingere le immagini con vernice scura sulla superficie rossa della terracotta (immagine di sinistra). A partire dal secolo successivo, invece, si diffuse la tecnica opposta, più raffinata, detta delle "**figure rosse**", poiché si dipingeva lo sfondo risparmiando la figura, che così assumeva il colore naturale del vaso cotto (immagine di destra).

SINTESI

7.1 L'**impero persiano**, fondato tra l'VIII e il VII secolo a.C., si rafforza e si consolida sotto la guida di Ciro il Grande. Con i suoi successori, Cambise II e Dario I, l'impero raggiunge la sua **massima estensione**, toccando a oriente i confini dell'India e a occidente l'Asia Minore e l'Egitto. La religione è lo zoroastrismo, fondata sul principio dell'esistenza delle forze del bene e del male; grazie allo zoroastrismo gli imperatori consolidano il proprio potere, presentando la propria autorità come emanazione della volontà divina. Altri punti di forza dell'impero sono: l'**organizzazione del territorio** diviso in province, satrapìe, governate da un sàtrapo; la realizzazione di **grandi strade** di comunicazione; l'**unificazione** dei **pesi**, delle **misure** e del **sistema monetario**. I punti di debolezza dell'impero consistono soprattutto nel **miscuglio di popoli** da cui è formato, diversi per lingua e per cultura, nelle forti spese per la corte, nella tendenza dei sàtrapi a governare le province a loro arbitrio.

7.2 I Persiani conducono una politica espansionistica verso Occidente e nel Mediterraneo: **Ciro il Grande** rende tributarie dell'impero le **colonie greche dell'Asia Minore**, mentre **Dario** sottomette il regno di Macedonia e quello della Tracia, raggiungendo così i confini della penisola ellenica. Dopo la ribellione delle colonie greche dell'Asia Minore, l'impero persiano intraprende una spedizione contro la Grecia. Ha così inizio un conflitto tra le *póleis* e l'impero, diviso, per tradizione, in **prima** e **seconda guerra persiana** (rispettivamente 492-490 a.C. e 480-479 a.C.). Le guerre sono condotte in un primo momento da Dario e poi, dopo la sua morte, dal successore **Serse**. Tra gli scontri rimasti famosi ricordiamo: la battaglia di **Maratona**, che vede vincitore sull'esercito persiano il generale ateniese **Milziade**; lo scontro delle **Termopili**, celebrato dai poeti e dagli storici per l'eroica resistenza del re spartano **Leonida**; e infine la battaglia navale di **Salamina**, che porta alla vittoria delle *póleis* greche, soprattutto di Atene, e al fallimento del tentativo espansionistico persiano verso la penisola ellenica.

7.3 Per fronteggiare eventuali nuove invasioni dei Persiani, nel 477 a.C. gli Ateniesi promuovono la costituzione della **Lega di Delo**, una confederazione di città marittime che ha come scopo principale quello di mantenere sempre efficiente una potente flotta da guerra. All'interno della Lega, Atene assume progressivamente una posizione predominante. Nel frattempo Sparta assume un'analoga posizione privilegiata nei confronti delle città del Peloponneso all'interno della **Lega peloponnesiaca**.

7.4 Nella vita pubblica ateniese il democratico **Pericle**, eletto stratega nel 460 a.C., assume sempre più un ruolo di rilievo. Egli intraprende una serie di operazioni militari che si concludono con la **pace di Callia** (449 a.C.), che segna la fine della lotta contro i Persiani, e con un accordo di **tregua trentennale con Sparta** (446 a.C.) che sancisce la divisione delle *póleis* greche in due sfere di influenza. Gli alleati della Lega di Delo diventano sudditi ateniesi e sono costretti a restare nella Lega e a versare tributi per l'abbellimento di Atene, che diventa città egemone nel Mediterraneo. Per incentivare la partecipazione di tutti i cittadini alla vita politica, Pericle stabilisce il principio della **retribuzione dei pubblici uffici**; inoltre istituisce **facilitazioni economiche e sociali** per le classi meno abbienti.

7.5 Nel trentennio di pace dell'età di Pericle, Atene diventa la **capitale artistica e intellettuale** della Grecia e il più importante **centro commerciale e finanziario** del Mediterraneo. Il Pireo, il porto di Atene, diventa il mercato di tutta la Grecia e il punto di incontro di armatori, banchieri e mercanti. Pericle inoltre avvia un ambizioso programma di **lavori pubblici** grazie ai quali ricostruisce completamente l'**acropoli** abbellendola con nuove costruzioni, come, ad esempio, il Partenone.

PER COSTRUIRE LE COMPETENZE

SPAZIO

1. Facendo ricorso alla carta di pagina 122 e allo schema di pagina 125 crea una scaletta a punti elenco che mostri le tappe principali dell'espansione dell'impero persiano. Inserisci poi nella carta qui di lato i seguenti luoghi.
   - Sardi
   - Mileto
   - Maratona
   - Termopili
   - Salamina
   - Platea

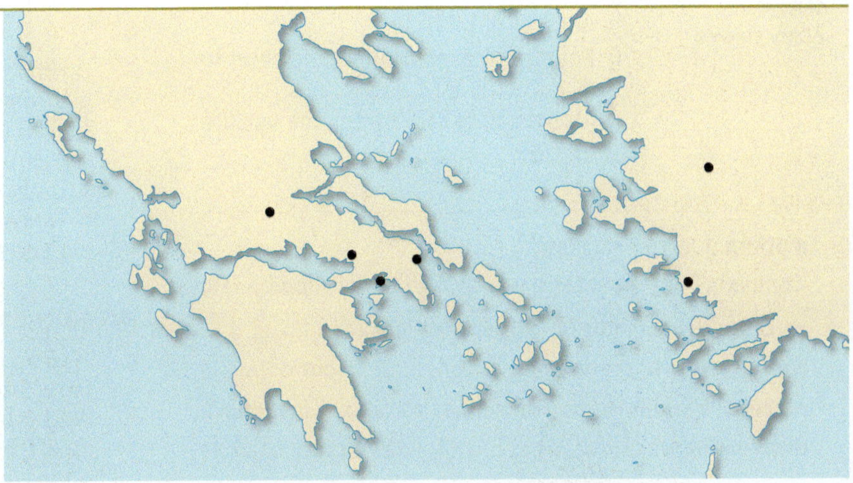

TEMPO

2. Completa la cronologia.

546 a.C.	Ciro il .... conquista il regno di ....
540 a.C.	Ciro costringe le colonie dell'........ a versare .... alla Persia
529 a.C.	Morte di ....
499 a.C.	Le città dell'........ si ribellano ai ....
.... a.C.	Distruzione di ....
490 a.C.	A .... il generale ateniese .... sconfigge i Persiani.
480 a.C.	Il figlio di Dario, ..., riprende la guerra contro la Grecia.
.... a.C.	Presso il passo delle .... gli Spartani guidati da .... resistono eroicamente e poi soccombono ai Persiani.
480 a.C.	Presso l'isola di .... la gigantesca flotta .... viene distrutta da quella ....
479 a.C.	Il generale greco .... sconfigge i Persiani a ....
460 a.C.	Inizio della carriera politica di Pericle, eletto ...., per circa .... anni di fila
.... a.C.	La pace di Callia stabilisce ....

3. Associa a ogni termine il relativo significato e completa le definizioni mancanti.

A. Dracma
B. Emporio
C. Imperialismo
D. Isonomia
E. Lega
F. Liturgia
G. ....
H. Panellenico
I. Trireme
J. Zoroastrismo

a. Religione di Stato dei Persiani
b. Moneta ....
c. Centro di commercio; dalla parola greca che significa ....
d. Uguaglianza dei cittadini di fronte alla legge
e. Contribuzione obbligatoria al pagamento delle opere pubbliche; mentre oggi significa ....
f. Insieme di tutti i greci
g. Nave da guerra
h. Alleanza di città
i. Politica di espansione con l'intento di ....
j. Moneta, dalla parola greca che significa 'spiedo'

EVENTI E PROCESSI

La prima guerra persiana

4. Completa il seguente testo utilizzando i termini appropriati.

La causa del conflitto fu la ribellione delle .... Nel 492 a.C. la spedizione .... contro Traci e Macedoni venne vista come una minaccia. Una nuova missione persiana, nel .... a.C., voleva conquistare le isole dell'........ . Il momento culminante fu la battaglia di ...., a cui seguì l'attacco persiano ad .... L'esito fu la .... persiana.

La seconda guerra persiana

5. Completa il testo utilizzando i seguenti termini.

Atene – frenare – Temistocle – Platea – 479 a.C. – Lega panellenica – Serse – Sparta – Leonida – ateniese – persiana – spartani – duplice – 480 a.C.

Il figlio di Dario, ..., riprese la guerra contro i Greci nel .... Il suo piano prevedeva un .... attacco, via mare e via terra. I Greci reagirono con la creazione della ...., che vide l'alleanza delle due più grandi città: .... e .... Alle Termopili gli .... guidati dal re .... riescono a .... l'avanzata persiana. A Salamina la flotta ...., guidata da ...., riuscì con abilità a distruggere la flotta .... A ...., nel ...., l'esercito persiano guidato da Mardonio venne sconfitto da quello greco, guidato da Pausania.

Le riforme di Pericle

6. Completa il testo utilizzando i seguenti termini.

l'uguaglianza – oboli – legge – eliea – democrazia – candidarsi – incarico – eletti – l'isonomia – ateniese – retribuzione

Per favorire la partecipazione alla politica, Pericle emanò una .... che prevedeva il pagamento di due .... ai membri dell'........ . Il passo successivo fu la .... degli incarichi pubblici. Questi interventi ebbero come risultato la possibilità data a tutti i cittadini di .... alle cariche politiche e di accettare l'........, se venivano .... Il principio che sta alla base di tale riforma è ...., vale a dire .... tra tutti i cittadini di fronte alla legge. Fu così che venne coniato il termine .... per indicare la politica ....

STORIA E ARCHEOLOGIA

7. Un'importante scoperta archeologica, connessa con le guerre persiane, è la cosiddetta "colmata persiana". Cerca sui libri e su Internet informazioni in merito e rispondi alle seguenti domande.

a. Da quale monumento ateniese provengono i reperti?
b. Quale fatto storico fu alla base dell'accumulo di tali materiali?
c. Quali sono gli oggetti più importanti rinvenuti?

INTERPRETAZIONI STORIOGRAFICHE

8. Ti viene proposto il ritratto di Pericle fatto dallo storico Plutarco (I-II secolo d.C.), che ne mostra luci e ombre. Mentre leggi il brano individua quali sono, secondo lo storico, gli aspetti positivi del personaggio e quali quelli negativi.

Tucidide definì aristocratico il governo di Pericle, "che era a parole una democrazia, nei fatti il potere sotto il primo cittadino", molti altri, invece, dicono che per la prima volta sotto di lui il popolo prese parte alle cleruchie [colonizzazioni], ai sussidi per il teatro e alla spartizione di denaro, che fu abituato male e che divenne dissoluto e spendaccione anziché moderato e lavoratore, si consideri per i medesimi fatti la causa di [questo] cambiamento. In principio, come infatti è stato detto, opponendosi alla fama di Cimone, traeva a sé il popolo, ma essendo inferiore per beni e ricchezze, con le quali quello si conciliava i poveri, offrendo ogni giorno un pranzo a chi tra gli Ateniesi ne aveva bisogno, vestendo i più anziani e privando i suoi campi dei recinti affinché quelli che volevano ne cogliessero i frutti, Pericle sconfitto in questo si volse alla distribuzione dei beni pubblici, avendoglielo consigliato Damone di Damonide di Oia, come ha detto Aristotele. E rapidamente avendo corrotto la moltitudine con paghe per il teatro e per le giurie e con altre elargizioni e coregie, se ne servì contro l'assemblea dell'Aeropago, di cui lui stesso non faceva parte, poiché non era stato eletto né arconte eponimo né tesmoteta né re né polemarco. Infatti queste cariche erano designate a sorte da tempo antico, e per mezzo di esse gli eletti salivano sull'Aeropago.

(Plutarco, *Vite parallele*, Pericle, 9)

RIELABORAZIONE (verso l'orale)

9. Utilizzando il lavoro fatto nelle sezioni precedenti completa la mappa con i fatti e i concetti principali, che ti possa guidare in un eventuale colloquio.

Temistocle distrugge la flotta persiana | *sottomette la Lidia, le colonie greche dell'Asia Minore, l'impero babilonese* | *rafforza la supremazia ateniese* | *nel 490 a.C. gli ateniesi sconfiggono i Persiani* | *la ribellione delle colonie in Asia Minore, la distruzione di Mileto, la spedizione contro la penisola ellenica* | *intensifica la partecipazione democratica alla politica* | *impone tributi alle città alleate* | *i Persiani vogliono espandersi anche nel Mediterraneo* | *i Persiani vengono definitivamente sconfitti nel 479 a.C.* | *Atene impone la sua egemonia sulle città alleate* | *300 Spartani frenano i Persiani* | *si ha la massima estensione, dall'India all'Egitto*

Le fasi dell'espansione persiana
Ciro il Grande: ....
Dario I: ....

→ **Incontro con il mondo greco**
....

→ **Prima guerra persiana**
Causa della guerra: ....
Maratona: ....

→ **Seconda guerra persiana**
Termopili: ....
Salamina: ....
Platea: ....

→ **Affermazione di Atene**
Lega di Delo: ....
Cimone: ....

→ **Età di Pericle**
Politica interna: ....
Politica estera: ....

LABORATORIO DELLE COMPETENZE

PASSATO/PRESENTE

10. Dopo aver studiato il sistema politico della *pòlis* greca, fai una ricerca sul sistema elettorale italiano per l'elezione del sindaco e scegli le giuste opzioni nella seguente tabella.

Sistema elettorale nei Comuni con più di 15.000 abitanti (più di 10.000 in Sicilia)	Si vota con il sistema *maggioritario* | *proporzionale* per il sindaco: chi ottiene oltre il *40* | *50%* dei voti risulta subito eletto. Se nessun candidato ottiene più del 50% dei voti, i due più votati vanno al *ballottaggio* | *suffragio* che si svolge due settimane dopo. All'eventuale *ballottaggio* | *suffragio* risulta eletto il candidato che ha ottenuto più voti. Il *60* | *70%* dei seggi del consiglio comunale va alle liste collegate al candidato sindaco vincitore. Il resto dei seggi è diviso tra le altre liste in modo *maggioritario* | *proporzionale* ai voti ricevuti. I candidati sindaco non eletti, collegati a liste che abbiano ottenuto almeno un seggio, sono automaticamente *consiglieri* | *assessori* comunali.
Sistema elettorale nei Comuni con meno di 15.000 abitanti (meno di 10.000 in Sicilia)	Si vota con il sistema *maggioritario* | *proporzionale* per il sindaco e per il consiglio comunale a un *solo* | *doppio* turno. Vince il candidato a sindaco che ha ottenuto il maggior numero di voti, anche se non rappresentano la maggioranza assoluta (anche, cioè, se ha ottenuto meno del *40* | *50%*). A ogni candidato sindaco è *associata una* | *sono associate due lista* | *liste* di candidati per il consiglio comunale. La lista collegata al candidato sindaco vincente ottiene i *due terzi* | *tre quarti* dei seggi del consiglio, il resto dei seggi è diviso in modo *maggioritario* | *proporzionale* tra le altre liste. In ogni lista risulta eletto il candidato sindaco e chi ha ottenuto più voti di preferenza.

MODELLI A CONFRONTO

11. Recupera le informazioni contenute nel capitolo 6 e compila una tabella che mostri l'evoluzione delle istituzioni democratiche ateniesi.

	Solone	Clistene	Pericle
Diritto di voto attivo			
Diritto di voto passivo			
Chi emana le leggi			
Chi applica le leggi			
Giudici e tribunali			
Potere militare			
Retribuzione degli incarichi pubblici			

La POLITICA e la DEMOCRAZIA

COSTITUZIONE ITALIANA

Art. 1 • L'Italia è una **Repubblica democratica**, fondata sul lavoro. [...]

Art. 3 • Tutti i cittadini hanno **pari dignità sociale** e sono **eguali davanti alla legge**, senza distinzione di sesso, di razza, di lingua, di religione, di opinioni politiche, di condizioni personali e sociali. [...]

Parole e concetti

Politica e **democrazia** sono due parole nate nella Grecia antica. La prima deriva da *politèia* (costituzione), a sua volta derivante da *pòlis* (città). La politica è dunque tutto quello che concerne la costituzione, l'organizzazione e l'**amministrazione** dello Stato – che in Grecia coincideva con la città – nei suoi aspetti teorici e pratici. Democrazia è il "**potere** (*kràtos*) **del popolo** (*dèmos*)". Può essere **diretta**, quando il potere viene esercitato da tutti i membri della comunità (nella *pòlis* il potere era affidato all'assemblea di tutti i cittadini, con l'esclusione però di stranieri, donne e schiavi), oppure **indiretta**, se il potere è esercitato attraverso dei rappresentanti scelti con una **votazione**.

Cittadini e non più sudditi

La *pòlis* greca si è differenziata dalle città-stato precedenti per l'emergere della figura del *polites*, colui che partecipa alla vita politica, sociale e economica della sua città e la difende, **cittadino attivo** e non più suddito (che significa "sottomesso").
Questa partecipazione si è sviluppata soprattutto ad **Atene**, attraverso una serie di riforme che hanno visto il susseguirsi di tre forme di governo: la monarchia (potere accentrato in una sola persona), l'oligarchia (potere concentrato nelle mani di pochi) e, infine, la democrazia. Atene è sempre stata orgogliosa della propria condizione. In una famosa tragedia greca, i *Persiani* di Eschilo, si dice degli Ateniesi che «di nessun mortale essi sono chiamati servi, né sudditi». In un'altra, *Le Supplici* di Euripide, incontriamo una vera e propria lode: «La nostra città non è soggiogata dal potere di un uomo solo. Atene è libera. È il popolo che vi regna; a turno i cittadini, diventati annualmente magistrati, amministrano lo Stato». Per gli antichi Greci, la differenza fondamentale fra loro e gli altri popoli, considerati "barbari", consisteva proprio nel fatto di essere **liberi**, mentre gli altri erano schiavi. Le guerre persiane vanno lette proprio come una strenua difesa delle libertà conquistate. I Greci usavano, e secondo alcuni storici prediligevano, come uno dei principi fondamentali della democrazia, il termine *isonomìa*, cioè l'**uguaglianza** di tutti i cittadini **davanti alla legge**.

Una delle principali conquiste delle democrazie moderne è il diritto di manifestare pubblicamente e liberamente le proprie idee.

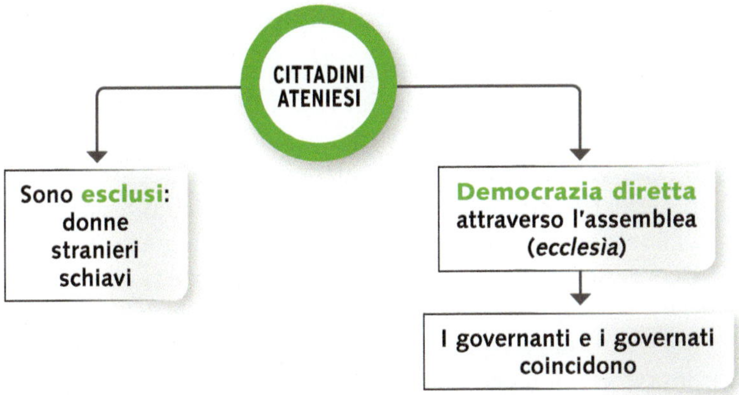

COSTITUZIONE ITALIANA

Art. 71 • [...] Il popolo esercita l'iniziativa delle leggi, mediante la proposta, da parte di almeno cinquantamila elettori, di un progetto redatto in articoli.

Art. 75 • È indetto *referendum* popolare per deliberare l'abrogazione, totale o parziale, di una legge o di un atto avente valore di legge, quando lo richiedono cinquecentomila elettori o cinque Consigli regionali. [...]

La proposta soggetta a *referendum* è approvata se ha partecipato alla votazione la maggioranza degli aventi diritto, e se è raggiunta la maggioranza dei voti validamente espressi. [...]

Gli esclusi della democrazia ateniese

Ad Atene, tuttavia, la partecipazione alla politica della città non era riservata a tutti, ma soltanto ai cittadini liberi, maschi, ateniesi e maggiorenni. Donne, schiavi e stranieri non avevano accesso né alle assemblee, né alle votazioni, né tantomeno avevano la possibilità di ottenere cariche pubbliche. È stato calcolato che avessero i diritti politici circa 40.000 uomini su una popolazione di 300.000. Dunque, il termine democrazia aveva un significato in parte diverso rispetto a quello attuale.

La democrazia oggi in Italia

Il diritto alla **partecipazione** alla politica dello Stato è oggi esteso, nel nostro Paese, a tutti i cittadini maggiorenni. Tale diritto, che si esprime attraverso i meccanismi di votazione, è una conquista recente: il suffragio universale maschile risale al 1912 e la prima volta in cui votarono le donne fu in occasione del referendum del 2 giugno 1946 (per scegliere la forma di Stato dell'Italia dopo la seconda guerra mondiale). Al giorno d'oggi la democrazia diretta sul modello ateniese è praticamente inapplicabile, dal momento che il numero dei cittadini di uno Stato moderno è, nella stragrande maggioranza dei casi, enormemente superiore a quello dei cittadini di una comunità di dimensioni limitate come poteva essere l'antica Atene. Per questo motivo le democrazie odierne sono perlopiù democrazie indirette, ovvero si basano su un altro principio, quello della **rappresentanza**, per cui i cittadini scelgono con il voto coloro che li rappresenteranno nelle istituzioni, ai quali danno il mandato di farsi portavoce della loro volontà.

Tuttavia forme di democrazia diretta esistono ancora oggi nel nostro ordinamento: l'istituto del **referendum** è quello più di frequente applicato. Vi si ricorre quando si vuole **abrogare** o confermare una legge o parte di essa e su questo si chiede a tutti cittadini di esprimersi. L'articolo 75 della nostra

> **lessico**
> **Abrogare** il termine deriva dal latino *ad* "via da" e *rogare* "promulgare una legge"; significa dunque sopprimere una legge.

La forma principale di democrazia diretta è il referendum abrogativo; nell'immagine un manifesto dei referendum italiani del 2011, che videro una netta vittoria dei "sì".

Nelle votazioni politiche e amministrative l'elettore deve indicare la sua scelta nella scheda elettorale.

Costituzione stabilisce che siano i cittadini stessi a richiederlo e che possono esprimere il proprio voto tutti i cittadini che hanno il diritto di eleggere i deputati. Il referendum è valido se vi partecipa la maggioranza degli aventi diritto e la proposta è approvata se ottiene la maggioranza dei voti validi.
Un altro istituto di democrazia diretta presente nel nostro ordinamento è la **legge di iniziativa popolare**. Almeno 50.000 elettori possono proporre una legge che deve essere discussa e approvata dal Parlamento (art. 71).

La democrazia oggi nel mondo

La democrazia è un sistema diffuso in tutto i paesi del mondo? La risposta è no. Per rispondere a questa domanda occorre allargare lo sguardo oltre gli aspetti relativi alla forma di organizzazione del governo e prendere in considerazione altri fattori, tra cui i diritti di libertà e di uguaglianza. Il settimanale inglese "The Economist" ha elaborato un "indicatore di democrazia" (*Democracy Index*), che si basa su 5 parametri: il sistema elettorale e il pluralismo nel dibattito delle idee, le libertà civili, il governo, la partecipazione dei cittadini alla politica, la partecipazione culturale alla società.

L'elettorato

In un sistema di democrazia rappresentativa, dove i cittadini scelgono chi ha il compito di rappresentarli nelle istituzioni, si parla di **elettorato attivo**, costituito da chi può esercitare il voto, e di **elettorato passivo**, cioè costituito da chi ha i requisiti per essere votato.
Oggi in Italia il diritto di voto è riconosciuto dalla Costituzione (art. 48) a tutti coloro che hanno raggiunto l'età minima indicata dalla legge costituzionale, senza nessun'altra distinzione. Per il diritto di elettorato attivo è perciò sufficiente che gli elettori abbiano compiuto i 18 anni, nel caso di elezioni della **Camera dei deputati**, mentre devono avere 25 anni per l'elezione del **Senato**. Invece, per essere eletti alla carica di deputa-

LA "MAPPA" DELLA DEMOCRAZIA NEL MONDO

Dalla carta (relativa al 2011) si può osservare come in ampie zone del mondo il livello di democrazia sia piuttosto basso. I paesi in verde sono i "più democratici"; quelli con regimi autoritari, che presentano un indicatore inferiore a 2, sono in rosso scuro.

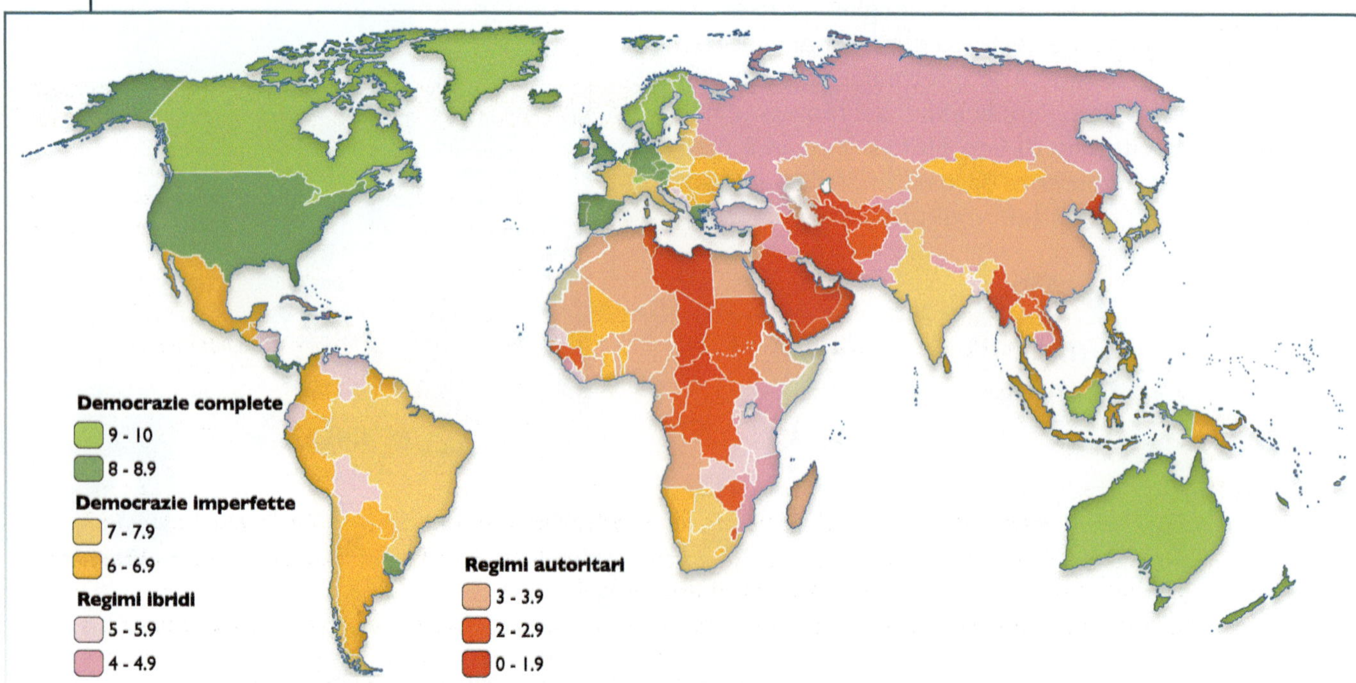

COSTITUZIONE ITALIANA

Art. 48 • Sono elettori tutti i cittadini, uomini e donne, che hanno raggiunto la maggiore età.
Il voto è personale ed eguale, libero e segreto. Il suo esercizio è dovere civico. [...]

Art. 69 • I membri del Parlamento ricevono un'indennità stabilita dalla legge.

to bisogna aver compiuto 25 anni, mentre per diventare senatore ce ne vogliono almeno 40. Per la carica di **Presidente della Repubblica**, infine, bisogna aver superato i 50. Alle elezioni amministrative (regionali, provinciali e comunali) possono invece votare ed essere votati tutti coloro che hanno compiuto i 18 anni.
Una questione di grande attualità che è al centro del dibattito pubblico riguarda la retribuzione delle cariche politiche. La Costituzione prevede un'indennità per i membri del Parlamento (art. 69) e un assegno e una dotazione per il presidente della Repubblica (art. 84); anche ai ministri e ai consiglieri regionali spetta uno stipendio per la durata del loro mandato. Molti altri rimborsi di varia natura, tra cui la **diaria**, sono previsti dalla legge per chi ricopre le principali cariche politiche. I consiglieri comunali, invece, percepiscono un compenso solo quando partecipano alle sedute del Consiglio comunale.

lessico
Diaria: rimborso giornaliero per spese di viaggio, vitto e alloggio, per chi lavora fuori sede.

Internet e la democrazia

Un argomento di estrema attualità è il rapporto tra la rete **Internet** e la democrazia. Il nuovo strumento di comunicazione permette, anche se non in tutto il mondo (per esempio in Cina è controllato dal governo), una **circolazione di idee** più ampia, più accessibile, più immediata e più trasparente. Con le attuali leggi si possono esprimere liberamente le proprie opinioni attraverso i **blog**, i **forum** e i **social network**. Secondo alcuni osservatori, da una struttura piramidale del controllo delle informazioni si è passati a una struttura allargata a tutti. Internet non ha filtri da parte del potere politico e permette a tutti e a costo zero di esprimersi. Ormai le reazioni dell'opinione pubblica attraverso Twitter o Facebook vengono prese in considerazione anche dagli organi di informazione tradizionali. I partiti e i movimenti politici utilizzano Internet quale strumento di sondaggio e di circolazione di idee e proposte.

Oggi attraverso la rete Internet chiunque può esprimere preferenze e opinioni che i partiti e i movimenti politici tengono in considerazione.

ATTIVITÀ

CONFRONTO

Completa la tabella.

	Democrazia ad Atene	Democrazie moderne
Diritto di voto	Spettava a:	Spetta a: ....
Esclusione dei diritti politici	Non spettavano a:	Non spettano agli stranieri, se non dopo aver ottenuto la cittadinanza (con criteri che variano da paese a paese)
Potere legislativo	Democrazia diretta in quanto:	Democrazia indiretta in quanto: ....
Potere di governo	Cittadini eletti o scelti tramite	Politici scelti dal Parlamento o direttamente dai
Misure di controllo	Ostracismo, vale a dire	Costituzione scritta Divisione e bilanciamento dei ....

PROPOSTE DI DISCUSSIONE

1. **Al compimento della maggiore età di quale elettorato farai parte? Per quali elezioni puoi esprimere il tuo voto?**
2. **Circa la retribuzione ai politici, prova a esprimere in un breve testo di 10 righe la posizione di chi vuole abbassarla in maniera sensibile e di chi invece vuole mantenerla ai livelli attuali.**
3. **Secondo te Internet è davvero uno strumento democratico nel senso più ampio del termine? Motiva la tua risposta.**

capitolo 8

La crisi delle pòleis e l'ascesa della Macedonia

La guerra del Peloponneso

5 Mentre le *pòleis* sono divise e continuamente in lotta tra loro, il **regno di Macedonia**, grazie all'energica politica di **Filippo II**, si estende in ogni direzione. Sconfitto l'esercito delle città greche, Filippo è infine padrone della Grecia intera.

4 La perdita di prestigio di Sparta favorisce l'ascesa di **Tebe**, che per un decennio (371-362 a.C.) è la ***pòlis* egemone** del mondo greco.

3 L'**impero persiano** torna all'inizio del IV secolo a.C. a minacciare le città ioniche dell'Asia Minore, che chiedono aiuto a Sparta. Sfruttando le rivalità tra le *pòleis* greche, la Persia, rientrata in possesso dell'Asia Minore, tiene indirettamente sotto controllo anche la Grecia.

2 Con la sfortunata **spedizione militare in Sicilia** (413 a.C.) Atene perde parte della flotta ed è costretta sulla difensiva fino alla definitiva capitolazione nel 405 a.C., che la priva di ogni possibilità di continuare a svolgere un'autonoma politica di egemonia nel mondo greco.

1 Le differenze politiche ed economiche tra le due principali *pòleis* greche, **Sparta** e **Atene**, sono le cause dei rapporti sempre più tesi tra le due città e i rispettivi alleati, che sfoceranno poi in un conflitto aperto: la **guerra del Peloponneso** (431-404 a.C.), da cui Sparta uscirà vincitrice.

431-404 a.C.
Guerra del Peloponneso

413 a.C.
Spedizione ateniese in Sicilia

386 a.C.
Pace di Antàlcida

371-362 a.C.
Egemonia tebana

359-336 a.C.
Regno di Filippo II di Macedonia

338 a.C.
Battaglia di Cheronea

I circa cinquant'anni che seguirono la fine delle guerre persiane avevano garantito un lungo periodo di pace e prosperità per la Grecia, che comunque continuò a rimanere divisa e frazionata in numerose *pòleis*. Fra queste **Sparta** e **Atene**, con i loro due modelli politici e culturali, diversi e inconciliabili, erano desiderose entrambe di affermare la propria **egemonia** sulla penisola ellenica.
Ne nacque uno scontro, la **guerra del Peloponneso**, che per trent'anni, sebbene con pause e riprese, insanguinò gran parte della penisola ellenica, coinvolgendo anche le *pòleis* della Magna Grecia, e in seguito l'impero persiano. Fu principalmente una **guerra civile** interna al mondo greco, dalla quale Sparta uscì vincitrice, ma la sua egemonia risultò solo un debole e breve tentativo.
Nel frattempo l'**impero persiano**, risollevatosi dalla sconfitta subita, approfittò del nuovo scenario per riaffermare le proprie mire espansionistiche infliggendo un duro colpo alla libertà e all'indipendenza delle *pòleis*.
A ben poco servì l'effimero tentativo di instaurare una nuova egemonia da parte della città di **Tebe**: il mondo delle città-stato aveva iniziato il suo inesorabile declino.
In un tale stato di cose una nuova forza politica si profilava minacciosa all'orizzonte: la **Macedonia** di Filippo II.

8.1 La guerra del Peloponneso

Atene contro Sparta: le cause profonde del conflitto

Non erano ancora trascorsi tredici anni dalla firma della tregua trentennale stipulata nel 446 a.C. tra Atene e Sparta, quando fra le due città scoppiò un nuovo terribile conflitto, stavolta del tutto interno al mondo greco, passato alla storia con il nome di **guerra del Peloponneso** dalla regione che dette inizio alle ostilità. Tale è anche il titolo dato dallo storico ateniese **Tucidide** (460-400 circa a.C.) alla sua opera in cui narra le vicende della guerra. Le operazioni militari tuttavia non coinvolsero soltanto Sparta e Atene, ma finirono per insanguinare l'intera penisola greca e anche i territori di alcune colonie.

All'origine dell'insanabile contrasto fra le due città, accentuatosi nel corso del governo di Pericle, vi furono molti e diversi motivi. Fu proprio lo storico Tucidide a introdurre una distinzione che è rimasta fino ai nostri giorni: quella tra cause profonde e motivi occasionali della guerra. Le cause profonde della guerra del Peloponneso furono:

- il **diverso sistema di organizzazione sociale e politica**, aristocratico e conservatore per Sparta e democratico per Atene: per entrambe le città l'esistenza stessa della rivale era sentita come una permanente minaccia al proprio ordinamento;
- l'eccezionale posizione di prestigio e di potere conquistata da Atene con le guerre persiane e la **politica imperialista ateniese**, che aveva trovato espressione nella Lega di Delo;
- la **concorrenza commerciale** sempre più accesa di Atene a danno degli altri centri marinari (per esempio Corinto e Megara, alleate di Sparta);
- la **condotta aspra e provocatoria** assunta da Atene verso le città entrate a far parte della Lega di Delo, che aveva suscitato in tutte un malcontento a cui Sparta non poteva mostrarsi insensibile.

L'occasione dello scontro

Una gelosia e un odio determinati da simili cause profonde erano destinati a provocare un violento conflitto: le ostilità potevano scoppiare per un qualunque pretesto, e anzi erano auspicate da parte di Atene che mirava a estendere il suo predominio sull'intera Grecia. Le occasioni non si fecero attendere: nel **433 a.C.**, Atene prese a favorire l'isola di **Corcira** (l'odierna Corfù) in contrasto con la madrepatria **Corinto**, alleata di Sparta, e nel **432 a.C.**, con un decreto limitò fortemente i commerci di **Megara**, città della Lega peloponnesiaca. In seguito a questi fatti e a un pressante invito dei Corinzi, i rappresentanti di molte città si raccolsero a Sparta, dove, protestando violentemente contro l'ambizione e la prepotenza di Atene, giunsero alla decisione di muoverle guerra. Pericle accettò lo scontro, fiducioso di ottenere la vittoria grazie alla netta superiorità delle forze marittime e delle risorse finanziarie ateniesi. Si trovarono così di fronte da un lato la Lega di Delo, che aveva il proprio punto di forza nella flotta, dall'altro la Lega

Corinto
La città di Corinto, fondata dai Dori, godeva di un'ottima posizione geografica, tra l'Egeo e lo Ionio. Tra il VII e il VI secolo a.C. fu una città molto ricca e potente, fondò numerose colonie in Magna Grecia ed esercitò un fiorente commercio di vasi in ceramica. Nell'immagine i resti dell'antica città con l'acropoli sullo sfondo, chiamata Acrocorinto.

peloponnesiaca, che poteva contare su un potente esercito di terra.

La prima fase della guerra

La prima fase della guerra del Peloponneso durò dieci anni (431-421 a.C.) e fu caratterizzata da alterne vicende che videro la supremazia militare di Sparta sulla terraferma e di Atene sul mare. Nel corso del conflitto, la città di Atene fu attraversata da grandi tensioni. La **morte di Pericle**, nel **429 a.C.**, in seguito a un'epidemia di **peste**, lasciò un vuoto di potere che aprì la strada a nuovi scenari politici: si scontrarono aspramente il partito della pace, capitanato dall'aristocratico **Nicia**, e quello della guerra, capeggiato da un ricco conciatore di pelli, **Cleone**. Nicia si fece interprete degli interessi dei proprietari terrieri, le maggiori vittime dei gravissimi danni prodotti dal conflitto; Cleone, invece, portavoce delle aspirazioni popolari favorevoli alla politica imperialistica, la sola – a loro avviso – capace di procurare ad Atene sicuri vantaggi. Prevalse inizialmente la linea di Cleone, che riprese gli scontri per alcuni anni, ma in uno di questi perse la vita, al pari del comandante spartano Brasida: entrambe le città si trovarono improvvisamente senza i loro più abili comandanti.
Questa fase della guerra si concluse allora con la **pace di Nicia** (421 a.C.), dietro pressione del suo fautore da cui prese il nome, che ristabilì le condizioni precedenti allo scoppio del conflitto stipulando una tregua armata che avrebbe dovuto durare cinquant'anni. Fino a quel momento varie città erano state distrutte, le loro popolazioni massacrate e il fervore delle opere civili interrotto, ma gli equilibri di potere tra le due grandi città di fatto non erano cambiati.

Alcibiade e la spedizione in Sicilia

La pace di Nicia, che fra l'altro scontentava molti sia a Sparta sia ad Atene, aprì la via ai disegni di gloria di **Alcibiade**, discendente dalla stessa famiglia aristocratica di Clistene e di Pericle (di cui era nipote), considerato un uomo dotato di intuizione politica e di capacità militari, ma insieme molto ricco e ambizioso.
Egli infatti, come capo dell'ala più estrema del partito democratico e come continuatore del progetto di Cleone, riuscì a convincere i propri concittadini a compiere una **spedizione militare in Sicilia**, terra ricca e florida, con due scopi:

- creare un nuovo **sistema di alleati-sudditi** sul modello della Lega di Delo, per raddoppiare le forze disponibili in vista di un decisivo attacco al Peloponneso;

Alcibiade
Frequentando la casa di Pericle, Alcibiade ricevette un'ottima educazione; secondo gli scrittori antichi fu addirittura allievo di Socrate.

Storia e... Letteratura

Erodoto, Tucidide e la nascita della storiografia

Nella Grecia del V secolo a.C., in particolare ad Atene, nacque un atteggiamento diverso nel guardare al passato. Già l'epica tramandava eventi di un'età lontana, ma con il solo fine di cantare le gesta mitiche di dèi ed eroi. La nuova consapevolezza politica e culturale del mondo greco fece sorgere l'esigenza di studiare il passato comune a tutti i Greci e di approfondire la sua conoscenza. Nacque così la storia, o storiografia (dal greco *historìa*, "indagine, ricerca"), cioè l'indagine sul passato basata su una nuova coscienza storica rispetto alla tradizione leggendaria.
Il primo importante storico fu Erodoto (484-425 a.C.), autore di una poderosa opera intitolata *Le Storie*. Erodoto, pur non del tutto estraneo ai racconti mitici e alle leggende, per primo basò la sua ricostruzione storica su documenti e testimonianze, basandosi su una selezione critica del materiale e ricercando le cause dei fatti, in special modo quella delle guerre persiane, argomento centrale della sua ricerca.
L'altro grande storico del V secolo a.C. fu Tucidide (460-397 a.C.), considerato il fondatore della storiografia moderna. Nella sua opera, *La guerra del Peloponneso*, Tucidide adottò una nuova metodologia storica, razionale e obiettiva, per indagare le motivazioni profonde dei meccanismi storici e riferire i fatti come erano realmente accaduti, ricostruendoli in modo imparziale e rifiutando miti e leggende.

Statua di Tucidide davanti al parlamento di Vienna, XIX secolo.

- porre le premesse per l'**occupazione dell'Africa** settentrionale e stabilire così, una volta abbattuta **Cartagine**, il predominio ateniese sull'intero bacino del Mediterraneo.

ti ricordi?
Cartagine, colonia fondata nell'814 a.C. dai Fenici sulle coste dell'Africa nordoccidentale, aveva assunto all'epoca il controllo dei commerci nel Mediterraneo occidentale.

Al comando dei due strateghi, Nicia e Alcibiade, una poderosa flotta partì alla volta della Sicilia. Alcibiade però fu richiamato in patria, per difendersi da un'accusa di sacrilegio mossagli dai suoi avversari politici; il comandante ateniese, prevedendo l'esito sfavorevole del processo, invece di recarsi ad Atene si diresse a Sparta, dove lo raggiunse la notizia della sua condanna a morte.

Verso la fine della guerra: la sconfitta di Atene

La **spedizione in Sicilia**, dunque, compiuta nel **413 a.C.**, rimase priva del suo ideatore e si concluse con una **disfatta disastrosa**. La sconfitta ebbe un'eco vastissima in Grecia e in particolare ad Atene, che aveva perso gran parte della sua flotta e dei suoi soldati migliori, tra cui lo stesso Nicia, e che pagava così il prezzo delle proprie discordie interne; vi fu anche un colpo di stato, che però ebbe vita breve in mezzo a vendette e ribellioni interne. La rovina, a cui la città andò incontro, fu di tale entità che, malgrado ogni sforzo, Atene non ebbe più modo di risollevarsi all'antica grandezza. Ecco perché non pochi storici ritengono che l'impresa siciliana segni la fase decisiva della guerra del Peloponneso e una svolta nella storia della Grecia.
Nonostante l'inevitabile naufragio del suo sogno imperiale e la defezione di numerose città alleate, Atene riuscì a resistere ancora diversi anni, ottenendo anche dei successi, come la vittoria nella battaglia navale delle **Arginuse** (406 a.C.). Tuttavia l'anno successivo la flotta ateniese capitolò nella disfatta di **Egospotami** (405 a.C.), permettendo a **Sparta** di entrare **vincitrice** nel Pireo (404 a.C.). Fu allora che Sparta, pur rinunciando alla distruzione della città avversaria come invece avrebbero voluto alcune città della Lega peloponnesiaca, impose agli Ateniesi durissime condizioni di pace:

- abbattere le **fortificazioni** del Pireo e le lunghe mura;
- consegnare tutte le **navi**, eccetto dodici;
- abbandonare i **possedimenti** fuori dall'Attica;
- stringere alleanza con Sparta, aderendo alla Lega del Peloponneso e **rinunciando** così a una **politica autonoma**.

Gli effetti della guerra furono disastrosi per Atene, che vide tramontare lo splendore dell'età classica: all'inizio del conflitto, nel 431 a.C., la *pòlis* contava oltre 295.000 abitanti; nel 404 a.C., a guerra terminata, la popolazione cittadina era quasi dimezzata, visto che non superava le 170.000 unità. Alle pesanti conseguenze politiche ed economiche, quindi, si aggiunsero anche quelle demografiche.

Le conseguenze politiche della guerra: il regime tirannico

Dopo la capitolazione di Atene, Sparta non fece comunque buon uso della vittoria; infatti essa si impose con la forza su tutte le città greche, instaurandovi governi aristocratici, spesso sostenuti da

Caduti ateniesi
Questa stele funeraria del V secolo a.C. ritrae due soldati ateniesi caduti in battaglia: i due giovani sono qui raffigurati nel momento della partenza per la guerra.

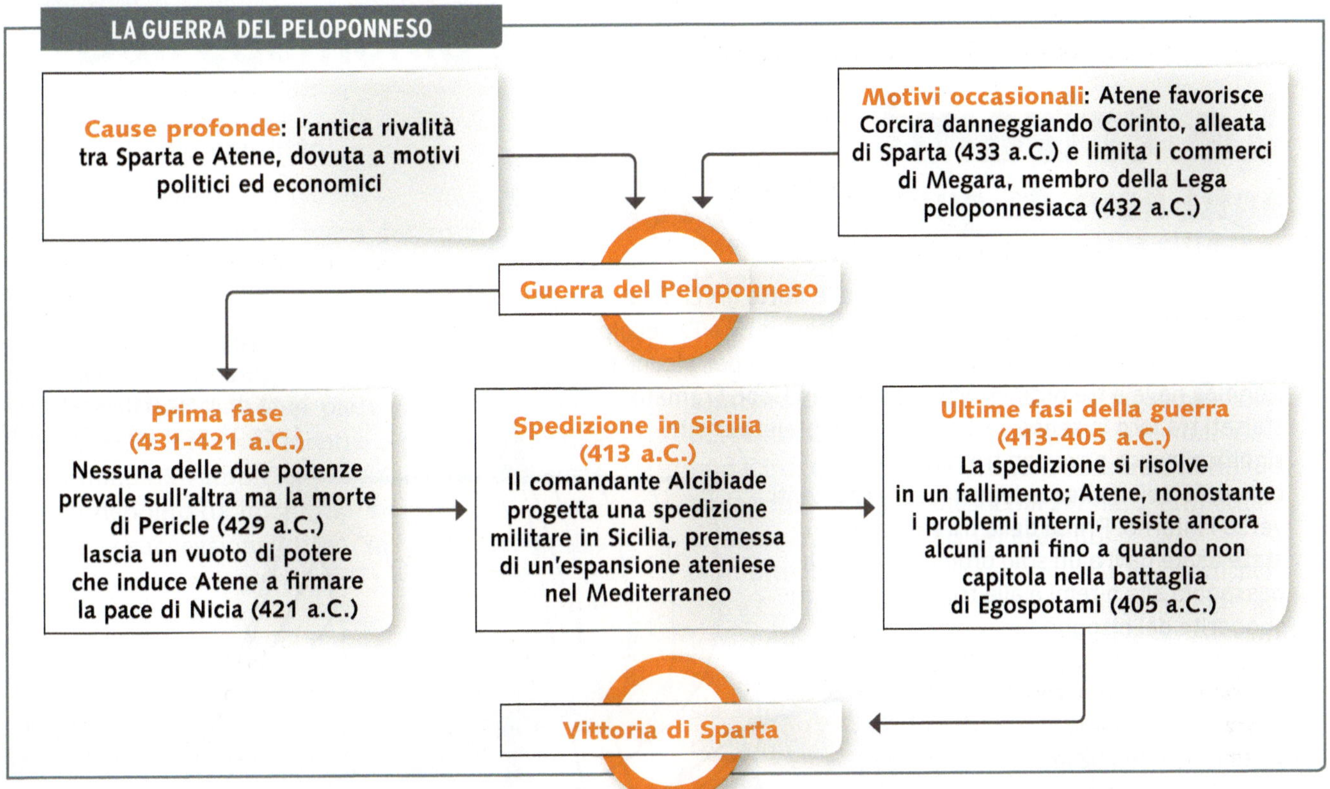

guarnigioni militari. Ciò avvenne in primo luogo ad Atene. Qui, infatti, subito dopo la resa, fu abolito il governo democratico e creato un **governo oligarchico**, retto da una commissione di trenta delegati scelti fra gli aristocratici, alleati di Sparta e per lo più esiliati dal governo ateniese e rientrati dopo la capitolazione. I trenta oligarchi, meglio noti con il nome di **trenta tiranni**, e come tali definiti in seguito dagli storici ateniesi, sostenuti da un corpo di milizie spartane accampato sull'acropoli, misero a ferro e fuoco la città con vendette, rapine, confische, esiliando o uccidendo, spesso sulla base di semplici sospetti, perfino i più insigni e benemeriti cittadini di parte democratica.

Trasibulo e il ritorno alla democrazia

Per sottrarsi alla repressione indiscriminata dei tiranni, molti cittadini ateniesi esponenti del partito democratico fuggirono e fra essi **Trasibulo**, valoroso combattente distintosi nella battaglia delle Arginuse. Trasibulo, esule a Tebe, progettò di liberare Atene dal regime filospartano. Riuscendo in pochi mesi a costituire un piccolo esercito di esiliati, penetrò nell'Attica, s'impadronì del Pireo e **cacciò i trenta tiranni**, che lo affrontarono con più di tremila uomini.

Terminata così felicemente l'impresa, Trasibulo trionfò senza accanirsi con i vinti: proclamò subito un'**amnistia**, che fu scrupolosamente osservata, ristabilì l'antica costituzione popolare di Solone e di Clistene e anche la retribuzione a spese dello stato per le cariche pubbliche.

La **democrazia restaurata** ad Atene da Trasibulo dopo la cacciata dei trenta tiranni non ebbe però vita facile, anche perché presto divamparono le polemiche sulla responsabilità degli insuccessi subiti nella guerra contro Sparta e se ne cercarono le ragioni in tutte le direzioni.

In molti arrivarono addirittura a interpretare la sconfitta come un castigo inflitto dagli dèi per l'empietà dei filosofi. Vittima di tanta confusione fu il **filosofo Socrate**, che con la sua dottrina e con l'esempio aveva cercato di opporsi alla corruzione dei costumi e ai mali che colpivano la città. Falsamente accusato da alcuni tra i suoi avversari più accaniti di offendere gli dèi e di corrompere i giovani, venne processato e condannato a morte nel **399 a.C.**

lessico

Amnistia
provvedimento legislativo di clemenza con cui viene estinto il reato e fatta cessare la pena inflitta a chi è stato processato e condannato.

GUIDA allo STUDIO

1. Quali furono le cause profonde e i motivi occasionali della guerra del Peloponneso?
2. Quali furono le conseguenze per Atene della disastrosa sconfitta inflittale dagli Spartani?
3. Che cosa comportò il ripristino della democrazia ad Atene?

Grecia e Macedonia

Dopo lunghi secoli di silenzio, la **Grecia** ritornò nel cuore dell'Europa, e soprattutto nel cuore di molti romantici, all'inizio dell'Ottocento durante la sua lotta per l'indipendenza contro il dominio ottomano. La storia novecentesca del paese è stata piuttosto travagliata: ha conosciuto la monarchia, l'effimera seconda repubblica ellenica, l'occupazione italo-tedesca durante la seconda guerra mondiale, la **dittatura dei colonnelli** e il ritorno alla **democrazia**. Una costante della storia greca contemporanea è la **crisi economica**, dovuta anche alla corruzione interna e a una spesa pubblica eccessiva. Già nel 1893 il paese fu messo sotto controllo economico da una autorità internazionale. A partire dal 2008 la Grecia è piombata in una gravissima crisi finanziaria, ancora causata dalla corruzione, dall'eccesso di spesa pubblica e dalla diffusa evasione fiscale, che ha portato a tensioni sociali altissime, all'incertezza politica e a prestiti da parte dell'Unione Europa, vincolati però a tagli molto pesanti sugli stipendi pubblici.

Con la denominazione di **Macedonia** si indica sia **una regione della Grecia** settentrionale (che ha come capoluogo Salonicco), sia lo **Stato autonomo** della penisola balcanica che si chiama, ma la controversia sul nome è ancora aperta, **Repubblica di Macedonia**. Questa zona è stata conquistata prima dai Romani e poi dai Bizantini, nel Medioevo dalla Bulgaria e dalla Serbia, e infine dall'impero ottomano. In seguito alle guerre balcaniche del 1912-13, il paese tornò alla Serbia, per fare poi parte della **Jugoslavia**, da cui si separò nel 1991. Ora è un paese a democrazia parlamentare, con una economia piuttosto povera, che punta a far parte della NATO ed è candidato a entrare nell'Unione Europea.

Istantanea

ATENE è la quinta capitale più popolosa dell'Unione Europea. La città che tanto aveva fatto per la civiltà occidentale visse poi lunghissimi periodi di declino, soprattutto durante i secoli dell'occupazione ottomana. Atene ha beneficiato negli ultimi anni di notevoli investimenti, soprattutto in occasione dei Giochi olimpici del 2004. L'ultima realizzazione è il nuovo museo dell'Acropoli. **SKOPJE**, capitale della Repubblica di Macedonia, è il centro politico, culturale ed economico del paese.

SINTESI

8.1 La **guerra del Peloponneso** ha tra le sue cause principali la rivalità tra le due città predominanti, **Sparta** e **Atene**; il diverso sistema di organizzazione sociale e politica, aristocratico per Sparta e democratico per Atene; il prestigio acquistato da Atene nelle guerre persiane; la concorrenza commerciale di Atene a danno degli altri centri marinari e il suo ruolo egemonico nella Lega di Delo. La prima fase della guerra (431-421 a.C.) vede la supremazia di Sparta sulla terraferma e di Atene sul mare. Nella seconda fase della guerra (413-405 a.C.) l'ateniese Alcibiade convince i suoi concittadini a compiere una **spedizione in Sicilia**, con l'obiettivo di estendere il predominio della città sul Mediterraneo. Il fallimento della spedizione fa perdere ad Atene parte della flotta e i migliori soldati e segna perciò la fase decisiva della guerra. Gli Spartani impongono agli Ateniesi durissime condizioni di pace e li obbliga a sottostare al governo oligarchico dei **trenta tiranni**, ma l'esule **Trasibulo** riesce a ristabilire la costituzione democratica.

8.2 Dopo le sconfitte subite dalla Grecia, l'**impero persiano** aveva iniziato un lento processo di decadenza. Alla morte di Dario II, i due figli, Artaserse e Ciro il Giovane, entrano in conflitto. Quest'ultimo, alla testa di un grande esercito composto anche da mercenari greci, è sconfitto e ucciso a Cunassa dal fratello. I Persiani riprendono una politica di aggressione nei confronti dei Greci con la persecuzione delle colonie dell'Asia Minore che invocano il soccorso di Sparta. I Persiani cercano di mettere le *pòleis* greche l'una contro l'altra e promuovono una lega anti-spartana. Sparta decide di scendere a patti con l'impero persiano accettando la **pace di Antàlcida** (386 a.C.), con la quale le città greche dell'Asia Minore ritornano suddite dell'impero, mentre quelle della Grecia vengono sottoposte al protettorato dell'impero persiano e al controllo di Sparta. A queste condizioni si ribella **Tebe**, che muove guerra a Sparta, sconfiggendola a **Leuttra** (371 a.C.) e **Mantinea** (362 a.C.). Ma l'**egemonia tebana** dura solo nove anni.

8.3 Le discordie fra le *pòleis* favoriscono le mire espansionistiche del **regno di Macedonia**, situato nella Grecia settentrionale. Il re **Filippo II**, rafforzato l'esercito con la creazione della **falange** macedone, marcia contro le città greche e le sconfigge nella **battaglia di Cheronea** del 338 a.C. Il sovrano viene ucciso nel 336 a.C. quando sta per realizzare il progetto di una spedizione contro l'impero persiano.

PER COSTRUIRE LE COMPETENZE

SPAZIO

1. Indica nella carta le seguenti città o regioni:
   - Sparta
   - Atene
   - Tebe
   - Corinto
   - Peloponneso
   - Macedonia
   - Penisola calcidica
   - Tessaglia
   - Tracia

TEMPO

2. Completa la cronologia.

433 a.C.	Atene aiuta l'isola di ...
432 a.C.	Atene limita i commerci di ..., città che faceva parte della ... ..., dunque alleata di ...
... a.C.	Morte di Pericle a causa della ...
421 a.C.	Pace tra ..., detta pace di ..., che ...
... a.C.	Spedizione in ...
406 a.C.	Vittoria di ... nella battaglia navale delle ...
405 a.C.	Pesantissima sconfitta di ... nella battaglia di ...
404 a.C.	Gli ... entrano in trionfo nel ... ...
401 a.C.	Ha luogo la lunga ... dei soldati ... dopo la battaglia di ...
... a.C.	Pace di ..., stipulata tra ... e ..., definita "vergognosa" perché ... ...
371 a.C.	Battaglia di ... dove i ... sconfissero gli Spartani
362 a.C.	Battaglia di ... dove i Tebani sconfissero ancora gli ..., però il loro generale ... ... perse la vita
... a.C.	Ascesa al trono di Macedonia di ...
338 a.C.	Le città greche vengono sconfitte a ...
336 a.C.	... viene ucciso da un ufficiale della sua scorta

EVENTI E PROCESSI

La guerra del Peloponneso

3. Sintetizza i momenti fondamentali della guerra del Peloponneso.

Prima fase	Cause: ... Alternanza tra ... Situazione politica ad Atene: ... ... Esito: ...
Alcibiade	Progetto: ... ... Accusa: ...
Spedizione in Sicilia	Risultato: ... Conseguenze: ...
Ultime fasi	Disfatta definitiva di ... Condizioni di pace: ... ...

L'ascesa di Tebe

4. Sviluppa i punti indicati.
- La pace di Antàlcida
- Successi militari tebani
- Motivi del successo
- Ragioni della rapida decadenza

L'ascesa della Macedonia

5. Rimetti nel giusto ordine logico-cronologico i diversi momenti.
- Conquista della penisola Calcidica [...]
- Conquista della Tracia [...]
- Filippo II è prigioniero a Tebe [...]
- Progetto di attacco alla Persia [...]
- Ristrutturazione dell'esercito [...]
- Sconfitta militare delle città greche [...]
- Unità politica della Grecia [...]

PERSONAGGI

6. Completa la tabella.

Pericle	Politico ateniese che cominciò la guerra ... e morì di ... nel 429 a.C.
Nicia	Politico ..., capo del partito ... ... che voleva la ... con Sparta e i suoi alleati.
Cleone	Leader del partito ... che voleva continuare la guerra.
Brasida	Comandante ...
Alcibiade	Nipote di ..., capo del partito ... ... che convinse Atene all'operazione militare in ... ...
Trasibulo	Politico e generale ... che liberò la città dai ...
Pelopida	Comandante ... che vinse la battaglia di ... ... insieme al comandante ...
Epaminonda	Creatore della tattica denominata ... e morto nella battaglia di ... nel ...

NESSI

7. Perché la guerra tra Atene e Sparta è stata chiamata "guerra del Peloponneso"? ...

8. Distingui le cause remote [R] dai motivi occasionali [O] che dettero inizio alle ostilità.
- Corinto invita Sparta a muovere guerra contro Atene [...]
- Sistema democratico contro sistema aristocratico [...]
- Atene aiuta Corcira rivale di Corinto, alleata di Sparta [...]
- Politica estera aggressiva di Atene [...]
- Malumore delle città della Lega di Delo verso Atene [...]
- Potere commerciale ateniese [...]
- Atene limita i commerci di Megara [...]

LAVORO SULLE FONTI

9. Lo storico greco Tucidide nella sua opera *La guerra del Peloponneso* racconta e analizza la guerra a non molti anni di distanza dagli eventi, che ha vissuto in prima persona. Uno dei momenti più intensi è la descrizione della peste ad Atene, che ha ucciso Pericle e colpito lo stesso autore. Riassumi il brano tenendo conto della divisione in sequenze già predisposta.

- Prese a serpeggiare in Atene l'epidemia: anche in precedenti circostanze s'era diffusa la voce, ora qui ora là, che l'epidemia fosse esplosa, a Lemno, per esempio, e in altre località. Ma nessuna tradizione serba memoria, in nessun luogo, di un così selvaggio male e di una messe tanto ampia di morti. I medici nulla potevano, per fronteggiare questo morbo ignoto, che tentavano di curare per la prima volta. Ne erano anzi le vittime più frequenti, poiché con maggiore facilità si trovavano esposti ai contatti con i malati. Ogni altra scienza o arte umana non poteva lottare contro il contagio. Le suppliche rivolte agli altari, il ricorso agli oracoli e ad altri simili rimedi riuscirono completamente inefficaci: desistettero infine da ogni tentativo e giacquero, soverchiati dal male. • A quanto si dice, comparve per la prima volta in Etiopia al di là dell'Egitto, calò poi nell'Egitto e in Libia e si diffuse in quasi tutti i domini del re. Su Atene si abbatté fulmineo, attaccando per primi gli abitanti del Pireo. Cosicché si mormorava che ne sarebbero stati colpevoli i Peloponnesi, con l'inquinare le cisterne d'acqua piovana mediante veleno: s'era ancora sprovvisti d'acqua di fonte, laggiù al Pireo. • Ma il contagio non tardò troppo a dilagare nella città alta, e il numero dei decessi ad ampliarsi, con una progressione sempre più irrefrenabile. Ora chiunque, esperto o profano di scienza medica, può esprimere quanto ha appreso e pensa sull'epidemia: dove si possa verosimilmente individuare il focolaio infettivo originario e quali fattori siano sufficienti a far degenerare con così grave e funesta cadenza la situazione. Per parte mia, esporrò gli aspetti in cui si manifestava, enumerandone i segni caratteristici, il cui studio riuscirà utile, nel caso che il flagello infierisca in futuro, a riconoscerlo in qualche modo, confrontando i sintomi precedentemente appurati. La mia relazione si fonda su personali esperienze: ho sofferto la malattia e ne ho osservato in altri il decorso.

• [...] Contemporaneo l'arrossamento e l'infiammato enfiarsi degli occhi. All'interno, organi come la laringe e la lingua prendevano subito a buttare sangue. Il respiro esalava irregolare e fetido. [...] Dentro, il malato bruciava di tale arsura da non tollerare neppure il contatto di vesti o tessuti per quanto leggeri, o di veli: solo nudo poteva resistere. Il loro più grande sollievo era di poter gettarsi nell'acqua fredda. E non pochi vi riuscirono, eludendo la sorveglianza dei loro familiari e lanciandosi nei pozzi, in preda a una sete insaziabile. Ma il bere misurato o abbondante produceva il medesimo effetto. Senza pause li tormentava l'insonnia e l'impossibilità assoluta di riposare. Le energie fisiche non si andavano spegnendo, nel periodo in cui la virulenza del male toccava l'acme, ma rivelavano di poter resistere in modo inaspettato e incredibile ai patimenti: sicché in molti casi la morte sopraggiungeva al nono e al settimo giorno, per effetto dell'interna arsura, mentre il malato era ancora discretamente in forze.

(Tucidide, *La guerra del Peloponneso*, II, 47-49)

RIELABORAZIONE (verso l'orale)

10. Costruisci una mappa che metta in relazione questi eventi.

Condizioni di pace dopo la guerra del Peloponneso
- Egemonia spartana
- Egemonia tebana
- Crisi delle *pòleis*
- Espansione della Macedonia
- Perdita dell'indipendenza da parte delle *pòleis*

LABORATORIO DELLE COMPETENZE

INTERPRETAZIONI STORIOGRAFICHE

11. I Greci hanno dato l'avvio alla storiografia. Lo scrittore Luciano di Samosata, vissuto II secolo d.C., ha scritto un famoso testo dal titolo *Del modo di scrivere la storia*, di cui viene proposto un breve estratto. Dopo averlo letto, rispondi alle domande.

Dacché sono cominciati questi avvenimenti [...] non c'è uno che non scriva una storia; anzi tutti son diventati Tucididi, Erodoti, e Senofonti. Quindi è proprio vero che la guerra è madre di ogni cosa, se ci ha partorito in una volta questo formicaio di storici. [...] Dovere dello scrittore è uno, dire i fatti come sono avvenuti. E questo non può adempiere chi teme Artaserse, del quale è medico, o chi spera di avere un robone [veste] di porpora, una collana d'oro, o un cavallo niseo in premio delle lodi che ha scritte. Non farà così Senofonte, imparziale storico, né Tucidide; ma se avrà odii privati, li porrà da parte per il pubblico bene, e farà più conto della verità che delle sue inimicizie; e se avrà colpevoli amici non li risparmierà. Chi scrive storie alla sola verità deve riguardare, a questa sola dea [deve] sacrificare, e di tutt'altro dimenticarsi; una sola misura, una sola regola [devi] avere, pensare non a chi ti ascolta ora, ma ai posteri che leggeranno i tuoi scritti.

(Luciano di Samosata, *Del modo di scrivere la storia*, in *Opere*, vol. 1, trad. di Luigi Settembrini, Bompiani, Milano 2007)

a. Qual è il compito dello scrittore secondo Luciano?
b. Quali storici vengono citati nel testo?
c. Quale giudizio viene dato sul metodo storico di Senofonte?
d. A tuo giudizio, lo storico deve essere imparziale oppure deve esprimere i propri pensieri. Motiva la tua risposta.

capitolo 9

Alessandro Magno e l'ellenismo

Dalla Macedonia all'India: l'impero universale di Alessandro

1 **Alessandro**, figlio di Filippo II e re di Macedonia, passa l'Ellesponto alla testa di 45.000 uomini e sconfigge l'esercito persiano prima presso il fiume **Granico** (334 a.C.), poi a **Isso** (333 a.C.).

2 Il grande arsenale marittimo persiano di **Tiro** cade nelle mani di Alessandro (332 a.C.); è la premessa per il definitivo crollo dell'impero persiano.

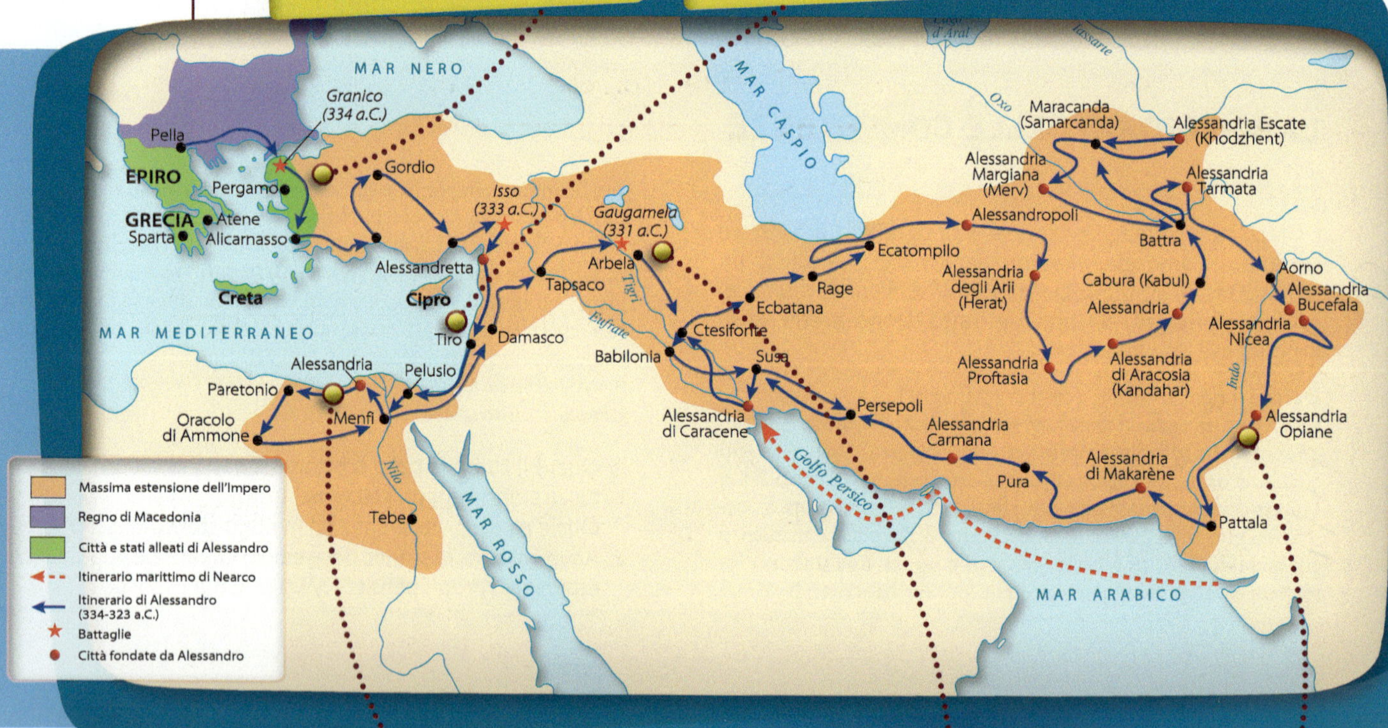

3 Il re macedone si spinge in **Egitto** e lo conquista facilmente. Qui fonda la città di **Alessandria** (332 a.C.), destinata a divenire il più grande centro economico e culturale del Mediterraneo.

4 Alessandro sconfigge definitivamente Dario III nella battaglia di **Gaugamela** (331 a.C.); l'impero persiano tramonta definitivamente.

5 La marcia dell'esercito macedone prosegue verso Oriente fino a raggiungere il fiume **Indo** (327 a.C.).

336 a.C.
Alessandro diviene re di Macedonia

332 a.C.
Conquista dell'Egitto

331 a.C.
Battaglia di Gaugamela e crollo dell'impero persiano

327 a.C.
Spedizione in India

323 a.C.
Morte di Alessandro Magno

I sogni di espansione di Filippo II furono ereditati dal giovane figlio **Alessandro**, una delle figure più carismatiche dell'antichità, la cui ascesa al potere segnò l'avvento di un'epoca nuova.

Con una serie di **inarrestabili conquiste**, il giovane sovrano trasformò il regno ereditato dal padre nel **più grande impero** mai esistito fino ad allora, riuscendo a sottomettere quasi tutto il mondo allora conosciuto: dalla Persia alla Siria, dalla Palestina all'Egitto, dalla Mesopotamia all'India.

Nasceva così un'entità politica senza precedenti per la **vastità** dei territori che ne facevano parte e per la **diversità culturale** ed **etnica** delle sue componenti.

Si assisté a un cambiamento radicale di mentalità, che superava le distinzioni particolaristiche e tendeva a una forma di **pacificazione universale** che eliminasse ogni distinzione tra vincitori e vinti e ogni contrapposizione tra **cultura occidentale**, ereditata dai Greci, e **cultura orientale**.

Il grandioso progetto politico di Alessandro Magno non sopravvisse però alla sua morte, e il suo impero si frazionò tra i suoi successori. La sua impronta rimase comunque indelebile e gettò le basi per la nascita di una nuova **civiltà**, quella **ellenistica**, che, grazie a una più agevole circolazione delle idee, fu contrassegnata dal rifiorire della produzione artistica e letteraria, della ricerca scientifica e della riflessione filosofica.

9.1 Alessandro Magno e la creazione di un impero universale

L'inizio di un'inarrestabile ascesa

Erede e successore di Filippo fu il figlio **Alessandro**, il quale aveva appena vent'anni quando, **nel 336 a.C., salì al trono** in seguito all'improvvisa morte del padre, assassinato da una guardia del corpo. Giovane audace e spregiudicato, Alessandro aveva ricevuto un'ottima educazione greca sotto la guida del filosofo Aristotele; inoltre possedeva uno straordinario coraggio, un eccezionale ingegno e grandi doti di stratega militare, di cui dovette subito dar prova per sottomettere vari popoli a nord della Macedonia ribellatisi al suo governo. Dopo la morte di Filippo anche i Greci si sollevarono nella speranza di riacquistare l'indipendenza, ma Alessandro riuscì ben presto a togliere loro ogni velleità di ribellione distruggendo Tebe e costringendoli a una nuova pace. Quindi, convocata a Corinto l'assemblea generale degli stati ellenici, rinnovò gli accordi già stipulati da Filippo e ricevette il **titolo di comandante supremo** della spedizione contro l'impero persiano.

Citazione d'autore

Filippo e Alessandro

Filippo si accorse che per natura il figlio era caparbio e si ostinava quando uno voleva imporgli la propria volontà; era invece facile indurlo con la ragione a fare ciò che doveva. Quindi da parte sua cercò sempre di convincerlo, anziché comandarlo. Non si fidò poi interamente della cura e dell'educazione che potevano impartirgli i suoi maestri [...] e mandò a cercare il più reputato e colto filosofo del suo tempo, Aristotele, cui pagò per la sua opera di maestro un salario generoso e adeguato a lui.

(Plutarco, *Vita di Alessandro*, I-II secolo d.C.)

Nella primavera dell'anno **334 a.C.** il giovane re lasciò sul trono di Macedonia l'anziano Antipatro, fidato generale di suo padre e, alla testa di un imponente esercito, **mosse verso l'Asia** deciso a voler apparire come il liberatore dell'Ellade e a vendicare le devastazioni persiane subite dalla Grecia un secolo e mezzo prima. Varcato l'Ellesponto, avanzò contro l'esercito inviato dal re di Persia **Dario III Codomano**, valoroso sovrano, ma erede di un regno indebolito dalle continue ribellioni dei diversi popoli sottomessi e dalle rivalità tra i satrapi. Sulle rive del fiume **Granico**, nella Troade, Alessandro riportò una completa vittoria (334 a.C.), che fu l'inizio di una conquista rapida e inarrestabile: in pochi mesi Alessandro divenne **padrone di tutta la parte occidentale dell'Asia Minore**. Le *pòleis* greche, infatti, stanche del dominio persiano, lo accolsero come un vero e proprio liberatore. Proseguendo la marcia verso sud-est, Alessandro giunse vittorioso fino in Cilicia, dove era intanto arrivato Dario in persona alla testa di un numeroso esercito, deciso a sbarrare il cammino al conquistatore; il contrattacco persiano però fallì, perché anche questa volta le forze nemiche vennero clamorosamente battute nei pressi di **Isso** (333 a.C.). L'esercito persiano venne infatti sbaragliato da una coraggiosa e inaspettata mossa strategica di Alessandro, che costrinse il nemico alla fuga. Dario allora si ritirò in gran fretta verso le regioni interne dell'impero, lasciando un immenso bottino e un gran numero di prigionieri.

Raffigurato come un dio
Busto di Alessandro ritratto come il dio sole Helios; copia romana da un originale greco (Roma, Musei Capitolini).

Lavorare con **le FONTI** — **Laboratorio**

Opera *La battaglia di Isso*
Data 150 a.C. circa
Tipologia fonte mosaico

Lo scontro tra due "grandi": Alessandro e Dario

Secondo alcuni storici, quest'opera raffigura la battaglia combattuta da Alessandro contro il re persiano Dario III a Isso nel 333 a.C.; secondo altri, invece, la scena non si riferisce tanto a un singolo episodio, ma rappresenta idealmente lo scontro fra l'esercito macedone e quello persiano.
Il grande mosaico, che misura circa 6 metri di lunghezza e 3 di altezza ed è composto da più di 3 milioni di minuscole "tessere", fu scoperto a Pompei, nella Casa del Fauno, dove attualmente è stata ricollocata, nella posizione originaria, una copia. L'originale è custodito nel Museo nazionale archeologico di Napoli.

Alessandro padroneggia con sicurezza il suo cavallo impennato e affronta coraggiosamente la mischia **a viso scoperto**, senza proteggersi con l'elmo: ha appena abbattuto un soldato persiano a cavallo e lo trafigge con la lancia.

Il re **Dario**, di fronte alla disfatta totale del suo esercito, **fugge** sul carro guidato dal suo auriga, che frusta concitato i cavalli e, nella foga della ritirata, travolge un guerriero caduto.

La cavalleria e la fanteria dei due eserciti si affrontano in una **mischia inestricabile**, da cui si staccano le lance, brandite verso l'alto; le armi dei Persiani abbattuti giacciono a terra.

Dario, vestito ancora con l'armatura e protetto dall'elmo, si volta indietro e tende la mano verso il guerriero abbattuto da Alessandro, quasi nel tentativo di salvarlo, ma l'esercito macedone incalza e il sovrano abbandona i suoi soldati al loro destino; lo **sguardo smarrito** del re esprime il terrore del vinto, che avverte ormai inevitabile la **rovina del suo impero**.

Per COMPRENDERE

1. Come si concluse la battaglia di Isso?
2. Quale fu la sorte del re persiano nello scontro?
3. Come è rappresentato Alessandro?

La conquista di Siria, Fenicia ed Egitto

A questo punto Alessandro decise di preparare con grande prudenza l'attacco mortale al cuore dell'impero persiano: prima di avanzare verso la Mesopotamia, ritenne però opportuno coprirsi le spalle e procedere alla conquista della **Siria** e della **Fenicia**; sulle coste di queste regioni, infatti, aveva le proprie basi di appoggio e di rifornimento la flotta persiana, la quale, essendo ben più potente ormai di quella greco-macedone, costituiva una costante minaccia per le linee di comunicazione e un potenziale pericolo di invasione per la penisola ellenica. Alessandro dette quindi inizio a un memorabile assedio alla città di **Tiro**, il più grande arsenale marittimo dell'impero persiano. Gli abitanti, dopo sette mesi di strenua resistenza, furono costretti a capitolare (332 a.C.): questo fatto costituì la decisiva premessa per la resa di tutte le navi persiane rimaste ormai prive delle necessarie basi e degli indispensabili rifornimenti. Nello stesso anno, dopo tale successo, Alessandro **si spinse verso l'Egitto** e lo conquistò senza alcuna difficoltà: questo paese infatti da quasi due secoli giaceva sotto il giogo persiano e si sottomise spontaneamente al vincitore, accogliendolo come un liberatore. Il re macedone, dal canto suo, trattò gli abitanti con generosità, rispettandone gli usi e la religione: si fece proclamare "figlio di Amon" e **successore dei faraoni** dal gran sacerdote del tempio eretto in onore del dio. L'incoronazione egiziana fu un gesto destinato ad avere un peso rilevante sul piano politico, in quanto confermava la voce popolare sull'eccezionale, quasi sovrumana, **personalità** di Alessandro e nello stesso tempo autorizzava il re macedone, erede della gloria dei faraoni, ad adottare sistemi orientali nella sua monarchia e a permettere quindi il **culto divino della sua persona**.

ti ricordi?
L'**Egitto** era stato trasformato in una provincia persiana sin dal 525 a.C., a opera di Cambise II, figlio di Ciro il Grande.

La divinizzazione di Alessandro
Su questa moneta d'argento, coniata in Egitto al tempo di Tolomeo I, Alessandro viene rappresentato con le corna di un ariete, animale sacro al dio Amon, simbolo del culto divino che circondò la figura del conquistatore macedone.

L'inarrestabile marcia verso il trono di Persia

A memoria poi del suo nome Alessandro fondò presso la foce occidentale del Nilo la città di **Alessandria** (332 a.C.), destinata a divenire in breve tempo il più importante centro culturale ed economico del Mediterraneo. Poi, nel 331 a.C., mosse di nuovo contro Dario, il quale aveva intanto raccolto un altro grande esercito e si era accampato nella pianura di **Gaugamela**, sul Tigri: qui il Macedone riportò una decisiva vittoria, destinata a segnare la totale rovina dell'impero persiano e la **morte del Gran Re**, ucciso poco dopo da un satrapo infedele. **Si dissolveva così l'antico impero persiano.**
Ormai al sicuro da attacchi per mare grazie al controllo delle coste, Alessandro proseguì la sua marcia verso est occupando Babilonia, Susa, Ecbatana e Persepoli, dove si fece incoronare **re di Persia**. Ovunque lasciò segni indelebili del proprio passaggio, facendo costruire strade militari e fondando numerose città, molte delle quali denominate

COME ALESSANDRO ORIENTALIZZÒ IL SUO IMPERO

Alessandro Magno

- mantenne i **governatori persiani** a capo delle province
- organizzò **matrimoni misti** fra Persiani e Greci per favorire l'integrazione fra le nazionalità
- ordinò una **leva militare** tra la gioventù indigena, armandola e disciplinandola secondo gli usi macedoni
- assunse il titolo di **re di Persia** e adottò il fasto e il cerimoniale dell'antica corte persiana

"Alessandria" (se ne conoscono almeno 25); Alessandro inoltre adottò lo sfarzo e gli usi persiani e prese in moglie **Rossane**, figlia di un principe della Bactriana, dando così inizio a quel processo di mescolanza e **integrazione tra i vinti e i vincitori** che doveva diventare uno degli aspetti essenziali della sua politica.

Il trionfo di Alessandro: la spedizione in India

Assoggettato l'impero persiano, Alessandro non si fermò a lungo a Persepoli; **nel 327 a.C. intraprese una spedizione in India**, approfittando delle discordie esistenti fra i prìncipi di questa terra e sollecitato dal desiderio di allargare i confini del regno oltre i limiti segnati da Dario I: egli perciò si spinse sino all'**Indo** e alla foce di questo fiume nell'Oceano Indiano, dove costruì un vasto e sicuro porto, che divenne un'importante base per i commerci con l'Estremo Oriente. Poi varcò addirittura l'Indo sottomettendo territori che nemmeno i Persiani erano riusciti a conquistare. La sete di conquista e di scoperta di Alessandro lo condusse dove nessun occidentale era mai giunto prima: **oltre i confini del mondo allora conosciuto**. In queste terre lontane, però, i soldati, fiaccati dal clima torrido e dall'asprezza del terreno, si rifiutarono di proseguire. Il sovrano, per la prima volta dopo otto anni di continue conquiste, si vide costretto a fermarsi. Aveva percorso 18.000 chilometri da quando aveva lasciato l'Europa. Di qui la celebre ritirata compiuta dall'esercito, di cui una parte venne imbarcata e posta agli ordini dell'ammiraglio **Nearco** e una parte costretta ad attraversare, sotto la guida dello stesso Alessandro, gli infuocati deserti della Gedrosia (l'odierna regione del Belucistan), la Persia e la Susiana (regione dell'attuale Iran) sino a raggiungere Susa (325 a.C.): solo allora il giovane sovrano pose fine alla sua politica di espansione.

Il fedele Bucefalo
Bucefalo, letteralmente "testa di bue", era il cavallo che Alessandro aveva fin da ragazzo. La loro unione durò per sedici anni, fino alla spedizione in India, quando il destriero morì in seguito alle ferite riportate in battaglia.

STORIA al **cinema**

Alexander

Stati Uniti, Regno Unito, 2004, 173'
Regia di Oliver Stone

Il colossal racconta le gesta di Alessandro Magno. Attraverso i ricordi dell'anziano Tolomeo, fidato generale e confidente di Alessandro, il film ripercorre la storia del protagonista, dai tempi della sua educazione sotto la guida del filosofo Aristotele fino alla sua morte. Su uno sfondo epico di guerre e battaglie si intrecciano le vicende private dei personaggi che ruotano attorno ad Alessandro: il padre Filippo II e la madre Olimpia, l'amico inseparabile Efestione e la principessa persiana Rossane. Il film si concentra sui singoli personaggi e tenta di rileggerne la psicologia in chiave moderna, incurante della scarsa consistenza storica dell'operazione. Circondata da un alone mitologico, la narrazione della parabola militare di Alessandro restituisce la figura di un condottiero implacabile, che trascina i suoi uomini in imprese ai limiti dell'assurdo. Il sapore mitologico di queste vicende è arricchito da una scenografia curata e realistica, che riproduce non solo la foga cruenta delle battaglie, ma anche la ricchezza raffinata dell'ambiente ellenistico.

L'idea di un impero universale

L'impresa di Alessandro, definito con termine latino Magno ("grande"), fu un evento senza precedenti, che cambiò il corso della storia: al termine delle sue campagne, infatti, Alessandro controllava per la prima volta una compagine politica che si estendeva su **un'area geografica praticamente illimitata**, i cui confini coincidevano con quelli del mondo allora conosciuto. Era nato dunque un **impero**, cioè un vasto organismo politico in cui la gestione del potere, concentrata nelle mani di un unico individuo, ricordava quella delle grandi monarchie vicino-orientali, dall'Egitto alla Persia. Poiché molti erano i popoli, le culture, le lingue e le tradizioni che si trovavano a convivere al suo interno, quello di Alessandro fu dunque **il primo esempio di impero universale** della storia. Alessandro, sempre animato dal pensiero di **unificare e assimilare fra loro i diversi popo-**

una finestra sul mondo

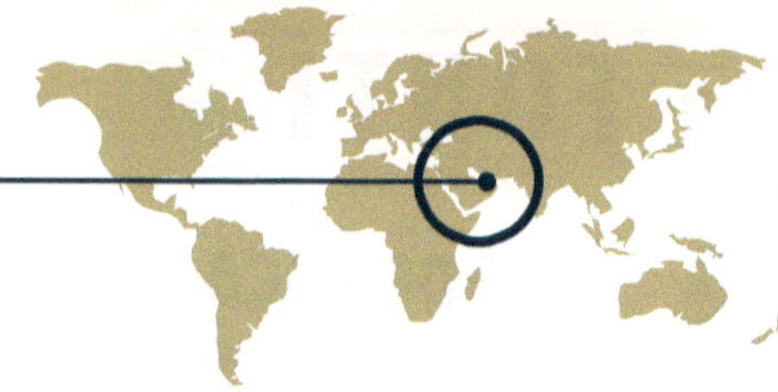

IL CONTINENTE ASIATICO

L'ASIA di ALESSANDRO

Alessandro Magno si considerava discendente di Eracle e voleva superare il suo antenato, giunto, secondo la leggenda, fino all'estremo confine del mondo: il **Grande Oceano** che si apriva alla fine delle terre conosciute, in **India**. Il desiderio di conquista portò Alessandro verso territori di cui l'Occidente aveva solo vaghe notizie. Quando giunse in India con il suo esercito, si aprì davanti ai suoi occhi un mondo del tutto **nuovo e misterioso.** Il suo lungo viaggio permise quindi di conoscere meglio il favoloso Oriente e di creare un proficuo incontro tra la cultura ellenica e quella indiana.

Alessandro lasciò tracce durature del suo passaggio. Non rase solo al suolo parecchie città (una su tutte Sangala, nell'attuale Pakistan), ma tante ne eresse a memoria del proprio nome: il suo percorso è costellato da un'**Alessandria** dopo l'altra. Dopo la cruenta **battaglia dell'Idaspe** (326 a.C.) contro il *raja* indiano Poro, sui luoghi del combattimento fondò due città: **Alessandria Nicea** ("la Vittoria", ora Jalalabad in Afghanistan) e **Alessandria Bucefala** (oggi Jhelum, nella regione pakistana del Punjab), dedicata al suo adorato cavallo, morto in battaglia.

Moneta coniata intorno al 323 a.C. per commemorare le imprese di Alessandro in India.

L'esercito di Alessandro attraversò regioni dai nomi esotici, come la **Gedrosia** e l'**Aracosia** (l'Afghanistan), l'attuale **Talikan** (sempre in Afghanistan) – dove, secondo il *Milione* di Marco Polo (1298 circa) si sarebbero fermati alcuni suoi soldati – la **Bactriana**, patria della principessa Rossane, la **Drangiana** e la **Sogdiana.** Il mondo era diventato un poco più piccolo.

I resti del tempio di Jandial a Taxila, nell'attuale Pakistan.

9.2 Dopo Alessandro: la civiltà ellenistica

La nascita delle monarchie ellenistiche

Il nuovo impero persiano-macedone si presentava assai più instabile di quello di Dario I, non tanto per la sua vastità quanto per il desiderio di molti Greci di riacquistare la loro indipendenza e per l'insanabile contrasto tra i vincitori e i vinti, a cui invano lo stesso Alessandro aveva cercato di porre rimedio. Dopo la morte di Alessandro, in un primo momento si tentò di far prevalere il principio della discendenza legittima – Rossane era infatti in attesa di un figlio – mediante una **reggenza** per mantenere l'unità politica delle diverse parti dell'impero. Di lì a poco tuttavia si aprì un'aspra contesa fra i generali di Alessandro in lotta tra loro per la successione. I **diàdochi** erano uniti dalla comune venerazione per il loro re, ma si fecero interpreti delle divergenze fra le varie regioni dell'impero e delle loro tendenze separatistiche. Queste regioni, dopo lunghe e sanguinose guerre durate più di quarant'anni (323-281 a.C.), acquistarono la loro piena autonomia, determinando così il dissolvimento dell'unità territoriale realizzata da Alessandro e la formazione di **tre grandi regni ellenistici**, destinati a sopravvivere fino alla conquista romana: la **Siria**, l'**Egitto** e la **Macedonia**.

Tali regni erano caratterizzati da una notevole estensione territoriale, da una popolazione composta anche da diverse etnie, da un ambiente naturale molto vario e di conseguenza da economie diverse fra loro, a seconda del clima e delle risorse offerte da ciascuna regione.

lessico

Reggenza esercizio provvisorio del potere al posto del legittimo sovrano che è impossibilitato a governare a causa della minore età o di motivi di salute.

Diàdochi dal greco *diàdochos*, "successore".

I REGNI ELLENISTICI

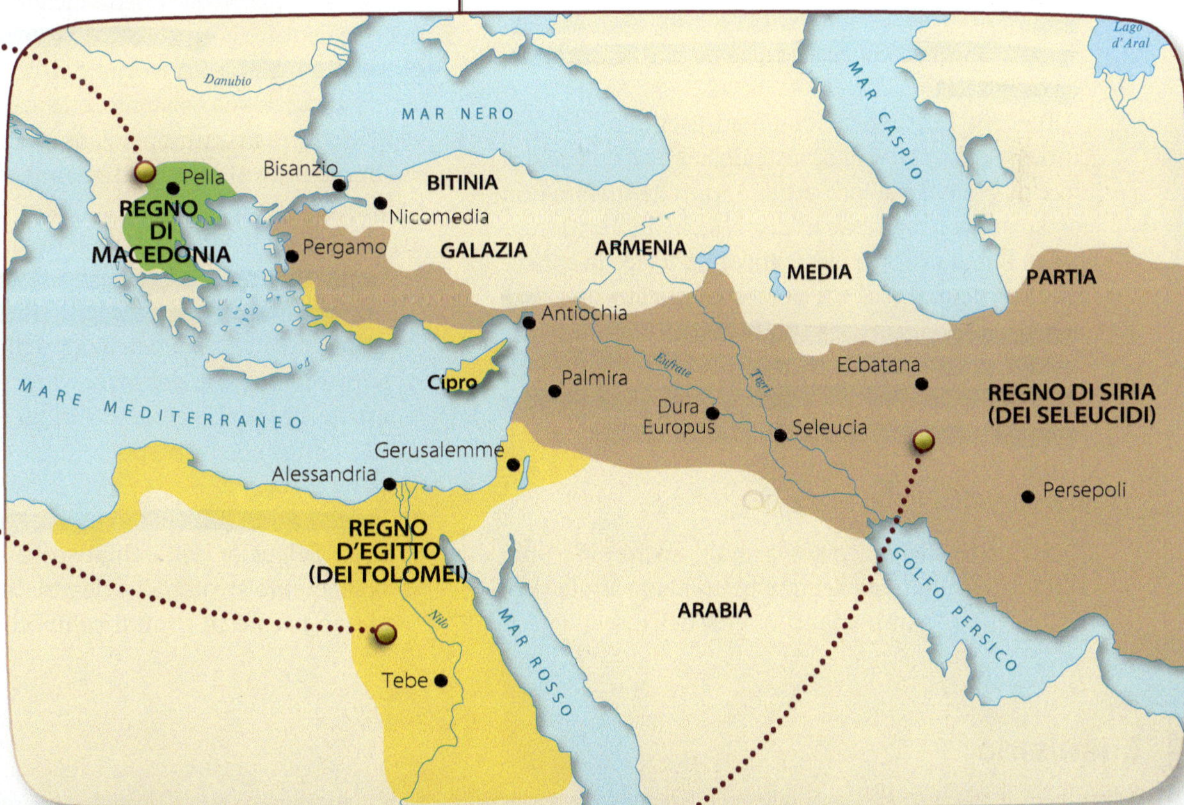

Il **regno di Macedonia**, governato inizialmente dal generale Antipatro, è il più piccolo e il più debole dei regni ellenistici, poiché è sottoposto a continue lotte con i Greci, mai rassegnati ad accettare la tutela macedone.

Il **regno d'Egitto** tocca in sorte alla dinastia dei Tolomei, che governano rispettando religione, usi, costumi. Sotto di loro **Alessandria**, scelta come capitale del regno, diventa non solo il centro del commercio internazionale, ma anche del sapere: la scuola alessandrina eredita la cultura greca e la ricchissima biblioteca diventa la più grande del mondo antico.

Il **regno di Siria** (detto anche "dei Selèucidi") è il più grande fra quelli sorti dallo smembramento dell'impero di Alessandro: comprende quasi tutta la parte asiatica, dal Mediterraneo all'Indo. Nel corso degli anni alcuni suoi territori si renderanno indipendenti, dando origine a **molti regni minori**: Pergamo, Bitinia, Galazia e, più tardi, Armenia, Bactriana e Partia.

Una nuova civiltà fra Oriente e Occidente

La morte prematura di Alessandro non ne vanificò l'opera: dall'incontro fra Occidente greco e Oriente persiano sorse infatti un **nuovo tipo di civiltà**, che verrà chiamata dagli storici **ellenistica**.
In quest'epoca, ricca di **trasformazioni**, la civiltà ellenica si diffuse in tutto il bacino del Mediterraneo, e in buona parte anche nei territori asiatici, mescolandosi con gli aspetti più originali della cultura orientale.
Altre città, lontane dalla madrepatria greca, divennero protagoniste della politica e dello sviluppo economico e culturale: Alessandria d'Egitto, Antiochia, Pergamo, Rodi, in cui fervevano nuove correnti di pensiero letterario, scientifico e religioso e nuove forme d'arte.

Dalla pòlis alla monarchia assoluta

Da un punto di vista politico l'elemento che differenziò l'età ellenistica rispetto alla civiltà greca classica fu il nuovo modello di gestione territoriale che vide l'affermarsi del **sistema monarchico** a scapito di quello della ***pòlis*** e la conseguente **formazione** di un certo numero **di regni** più o meno grandi, **retti da sovrani assoluti**.
A capo di ciascun regno ellenistico c'era un re, spesso **venerato come una divinità**, secondo l'uso orientale.
Altri centri di potere, come ad esempio i templi, furono lasciati liberi di attendere alle loro funzioni e di svolgere la loro attività, purché questo non ostacolasse o mettesse in discussione l'autorità centrale. Forse proprio per controbilanciare le conseguenze negative di un potere di questo tipo, i re ellenistici profusero somme ingenti in **opere pubbliche**, imponenti e monumentali, destinate evidentemente **a meravigliare** e a dare nello stesso tempo lavoro ai ceti più bassi della società.

Il nuovo volto delle città

Ogni regno ellenistico aveva una, o anche più d'una, città capitale, situata sempre in un luogo strategico. Una delle più importanti novità dell'età ellenistica risiede nell'ideazione di una struttura urbanistica differente rispetto a quella che caratterizzava la *pòlis* greca. Le nuove città furono infatti costruite su una pianta geometricamente ben definita, con **strade regolari e perpendicolari** fra loro; gli edifici residenziali acquisirono poi un'importanza sempre più grande, mentre quelli destinati a ospitare le attività pubbliche e di governo furono relegati in uno spazio via via più ridotto. Inoltre l'agorà non costituiva più il fulcro degli affari economici e dell'attività politica, incentrata ora nel **palazzo del re**.
La cultura trovò appositi spazi per essere celebrata: le città ellenistiche infatti videro nascere **biblioteche** e appositi luoghi, chiamati **musei**, dove gli studiosi potevano incontrarsi e dove venivano conservati libri e opere d'arte.
Per la grande estensione del territorio le città più piccole potevano disporre di una certa autonomia politica, amministrativa, fiscale e giudiziaria. La vastità dei regni impose anche un dislocamento dell'esercito e quindi la creazione di vari centri di comando sul territorio.

Un incredibile sviluppo economico

Grandi innovazioni si ebbero anche sul piano economico in seguito a un notevole **sviluppo dei traffici e dei commerci**, favorito dall'ampliamento della rete stradale già esistente, che aveva inglobato la capillare infrastruttura persiana e che, estendendosi dal fiume Indo al Mar Mediterraneo, collegava l'Oriente con l'Occidente. A facilitare scambi e commerci di ogni genere contribuirono principalmente:

- un più intenso uso dei grandi fiumi navigabili e l'impiego di **navi** sempre **più grandi e sicure** oltre che la costruzione di porti, dighe e soprattutto fari, che favorivano la navigazione anche di notte, rendendo in tal modo più brevi i tempi per il trasporto e più ridotti i prezzi delle merci;
- la formazione di nuove **grandi città** (Alessandria, Seleucia, Antiochia) sorte in punti particolarmente strategici e destinate a trasformarsi ben presto in grandi centri commerciali;

concetti chiave

Ellenismo

Il termine e il concetto stesso di ellenismo si devono allo storico tedesco J.G. Droysen (*Storia dell'ellenismo*, 1836-1843); egli vide l'arco di tempo fra la morte di Alessandro (323 a.C.) e la conquista romana dell'Egitto (31 a.C.) come caratterizzato dall'assorbimento, ma anche dalla trasformazione della lingua, della religione, dei modelli politici, dei costumi, della cultura greci in tutte le regioni dell'impero macedone. Greci e non Greci furono protagonisti alla pari di una cultura "universale" incentrata sì sui valori della grecità classica, ma che, grazie alla "lingua comune" greca, seppe unificare mondi culturali sviluppatisi autonomamente senza che si perdessero le originali caratteristiche di ciascuno.

- l'accresciuto numero delle **monete** poste **in circolazione** grazie alle ingenti quantità di metallo prezioso accumulato nei secoli presso la corte orientale;
- lo straordinario sviluppo dell'**attività delle banche**, anche nei centri più lontani, che tendevano ad agevolare ogni forma di scambio mediante il pagamento per titoli di credito.

Espansione della produzione e nuove rotte commerciali

Lo sviluppo dei commerci in età ellenistica derivò inoltre dalla **specializzazione nella produzione di beni** di ogni genere. I prodotti scambiati erano i più vari e comprendevano vasi di ceramica provenienti dall'Attica, metalli, legno, papiro, vino e olio d'oliva in gran parte originari dei paesi mediterranei.
In particolare aumentò sul mercato la richiesta dei **prodotti rari e costosi** (profumi, incenso, perle, pietre preziose, sete, stoffe colorate, vetri), che arrivavano dalle più remote regioni dell'Africa e dell'Estremo Oriente ed erano destinati ad accrescere il lusso delle classi ricche e privilegiate.
Un **lusso** e uno **sfarzo** che esigevano però anche una grande quantità di **schiavi**, provenienti soprattutto dalla zona dell'attuale Etiopia, in Africa.
Allo sviluppo dei traffici contribuì infine la scoperta di **nuove rotte commerciali**. Sulla scia delle grandi conquiste di Alessandro, molti navigatori si avventurarono in terre fino ad allora sconosciute o mai raggiunte dai Greci: dalla Spagna alle coste dell'Europa occidentale, dall'Africa occidentale alle terre dell'India. Alcuni di questi esploratori hanno lasciato traccia di sé nelle leggende di età ellenistica che fiorirono sul loro conto. Simili viaggi contribuirono inoltre a favorire **nuove conoscenze geografiche**, che condussero alla composizione di trattati sull'argomento, in gran parte andati perduti, e alla stesura di carte di una certa precisione.

Grandi ricchezze e squilibri sociali

L'espansione dei traffici e dei commerci non contribuì comunque a migliorare il tenore di vita delle classi più povere, le quali seguitarono a essere sfruttate come prima, se non peggio. Anche in quest'epoca, infatti, **enormi ricchezze**, prodotte attraverso l'attività agricola e commerciale, si accumularono nelle mani di pochi, mentre la massa della popolazione continuò a vivere **in condizioni di estremo bisogno**. In base ai calcoli effettuati da studi moderni, solo il 5% della popolazione aveva l'opportunità di godere della ricchezza complessiva dell'epoca. Questo stato di cose spiega perché spesso negli stati ellenistici si manifestavano espressioni di **malcontento popolare**, che, in qualche caso, sfociarono in azioni di aperta rivolta, subito represse nel sangue.
Il **denaro**, che affluiva nelle casse del sovrano anche attraverso rigide forme di tassazione, non veniva infatti usato per migliorare l'esistenza dei più diseredati: esso anzi era per lo più impiegato per finanziare **spese improduttive**, come quelle per il mantenimento di una corte lussuosa, di una burocrazia sempre più numerosa e di un esercito mercenario da impegnare a sostegno di costosissime guerre di espansione e di conquista.

Un centro di cultura ellenistica
I resti della città di Pergamo, che raggiunse il suo momento di massimo splendore quando, dalla disgregazione del regno di Siria nel III secolo a.C., si formò l'omonimo regno e la città divenne un importante centro culturale ed economico.

IL COMMERCIO IN ETÀ ELLENISTICA

Dopo la morte di Alessandro ha inizio un periodo caratterizzato da un notevole incremento dei traffici commerciali. La carta mostra i prodotti più richiesti dal mercato dell'epoca e le zone di loro provenienza.

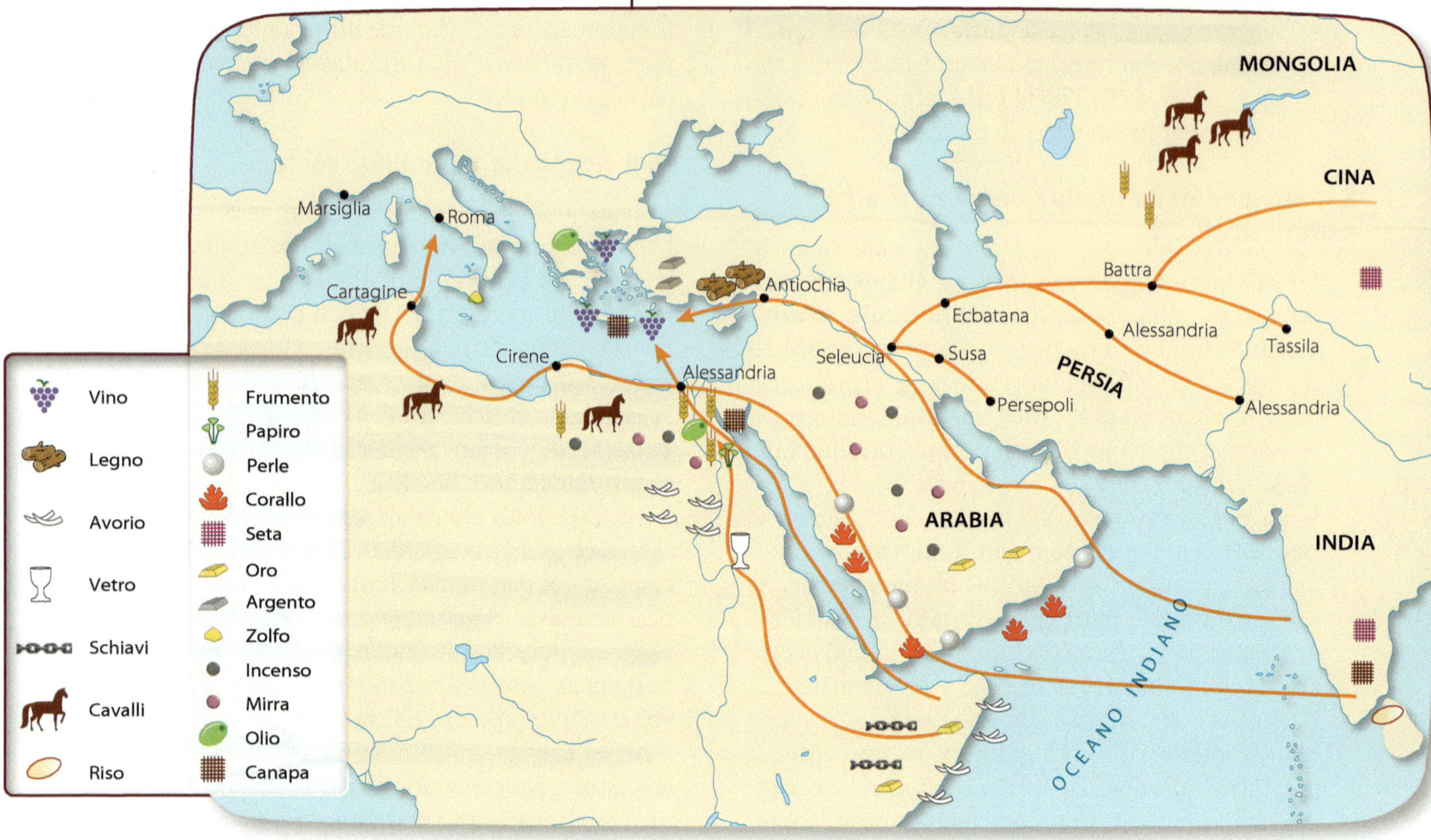

Il rinnovamento culturale e artistico

In età ellenistica ci fu una circolazione sempre più agevole e intensa degli uomini e delle idee, sulla base di una diffusa tendenza al **cosmopolitismo**: la cultura occidentale poté così meglio confrontarsi con quella orientale e viceversa. Questo dette luogo a un completo rinnovamento artistico, letterario e scientifico, anche grazie all'uso sempre più diffuso della lingua greca dell'Attica, che divenne "**lingua universale**" comune a tutti (in greco *koinè diàlektos*) nella politica, nella scienza, nelle arti e nella cultura, il cui centro non era più Atene, ma **Alessandria**.

> lessico
> **Cosmopolitismo**
> dottrina che considera tutti gli uomini come cittadini di un'unica patria (il mondo intero), rifiutando ogni distinzione di nazione e razza. Il termine deriva dal greco *kòsmos*, "mondo", e *polites*, "cittadino".

Proprio nella città egiziana intorno al III secolo a.C. il re Tolomeo I fece costruire il Museo ("Casa delle Muse") da utilizzare come centro di ricerche in tutti i campi del sapere e dove intellettuali e studiosi potevano incontrarsi e scambiare le proprie idee. Grande rilevanza per la vita culturale dell'epoca assunse la **biblioteca** del Museo, che ancora nel VII secolo d.C., all'apice della sua storia e poco prima di venir distrutta, conteneva ben 700.000 volumi.

L'ellenismo inoltre diede vita a profonde innovazioni nel linguaggio artistico. Nel campo dell'architettura, la tendenza delle monarchie ellenistiche all'autocelebrazione si tradusse nella costruzione di **imponenti opere pubbliche** (come il Colosso di Rodi o il Faro di Alessandria, andate purtroppo perdute) caratterizzate dal **gusto per il grandioso**. Nell'ambito della scultura si ebbe un significativo mutamento nella scelta dei soggetti e nel modo in cui venivano rappresentati: se gli artisti dell'età classica miravano a sottolineare la perfetta e armoniosa bellezza del corpo umano, quelli dell'età ellenistica tendevano a ritrarre l'uomo in modo realistico, con i suoi pregi e difetti, con le sue imperfezioni fisiche e le sue debolezze spirituali.

Una nuova religione

Il processo di fusione tra la cultura occidentale e quella orientale incise notevolmente anche su aspetti privati della vita dei cittadini come quello della spiritualità. La mescolanza di pratiche e credenze tipiche di culti diversi diede origine infatti a interes-

santi forme di **sincretismo** religioso, in cui divinità greche assumevano caratteri e sembianze di divinità orientali e viceversa. Fu grazie a questo fenomeno, ad esempio, che il culto per divinità di origine orientale, come quello per Mitra, dio appartenente al pantheon dello zoroastrismo, divenne sempre più popolare fra i Greci, così come la pratica di attribuire un carattere divino al sovrano.

Il progresso scientifico

Il rinnovamento culturale riguardò soprattutto le scienze, come la **matematica**, la **geometria**, l'**astronomia**.
In questo campo possono essere considerati maestri di straordinario valore **Euclide**, nato ad Alessandria d'Egitto (365-275 a.C.), autore dei celebri e studiati ancora oggi *Elementi* di geometria, e il siracusano **Archimede** (287-212 a.C.), famoso per le sue invenzioni (la carrucola mobile, la leva, la vite) e per le sue teorie sulla misura del cerchio, della sfera e del cilindro.
Strettamente collegati con gli **studi** matematici furono quelli **astronomici**, che approfondirono le precedenti ricerche già compiute da Egizi e Babilonesi. **Eratostene** di Cirene (276-194 a.C.) riuscì addirittura a disegnare una carta geografica con paralleli e meridiani e a misurare la circonferenza del globo terrestre con buona approssimazione per quel tempo; **Aristarco** di Samo (310-230 a.C.) tentò a sua volta i primi calcoli sulla distanza fra la Luna e la Terra e intuì che il nostro pianeta compie un movimento rotatorio intorno al proprio asse e in contemporanea attorno al Sole: si trattava del primo abbozzo di una visione "**eliocentrica**", destinata a rimanere per secoli in secondo piano, oscurata dalla teoria, detta "geocentrica", elaborata cinque secoli dopo da un matematico e astronomo anch'egli di cultura ellenistica, **Claudio Tolomeo** (II secolo d.C.), per il quale la Terra si trovava invece al centro dell'universo.

Il pathos della scultura ellenistica
Il gruppo del Laocoonte (l'originale greco risale al II secolo a.C.) illustra un episodio della leggendaria guerra di Troia con l'intensa drammaticità caratteristica dell'arte ellenistica.

lessico
Sincretismo termine che deriva dal greco e che indica la fusione e la mescolanza di teorie filosofiche o dottrine religiose diverse.

ti ricordi?
Una visione **eliocentrica** aveva caratterizzato, già nel III millennio a.C., anche gli studi astronomici effettuati dagli antichi popoli mesopotamici e in particolare dai Sumeri.

GUIDA allo STUDIO

1. Quali elementi differenziavano la civiltà ellenistica da quella classica?
2. Quali fattori furono alla base dell'incredibile sviluppo economico dell'età ellenistica?
3. Quali furono le principali innovazioni in ambito scientifico in età ellenistica?

Le macchine di Erone

Fra il III e il II secolo a.C. sorse ad Alessandria **una scuola meccanica** destinata a divenire famosa. Al suo interno, **tecnici e scienziati** riuscirono a trasformare una serie di semplici meccanismi in vere e proprie "macchine" anticipatrici di congegni moderni. Fra esse ricordiamo quelle realizzate dal matematico, ingegnere e inventore **Erone**. La grande intuizione di Erone fu l'**eolipila**, antesignana della macchina a vapore, basata sull'uso di una **caldaia**, contenente dell'acqua posta su un fuoco.

L'**eolipila**, il primo rudimentale motore della storia azionato dalla forza del vapore, era destinata all'apertura della porta di un tempio. Tale "meccanismo" poteva funzionare utilizzando il **calore**, che, prodotto su un apposito altare (**A**) eretto all'esterno dell'edificio, dilatava l'aria contenuta in una sottostante sfera (**B**), determinando una certa pressione sull'acqua in essa racchiusa. L'acqua così compressa tendeva a spostarsi nel recipiente (**C**) attraverso un apposito sifone (**D**). A quel punto il recipiente si abbassava tirando a sé una robusta fune, che faceva girare su di sé due grossi cardini sotterranei (**E**), determinando l'apertura della porta a essi collegata. Una volta spento il fuoco, la pressione dell'aria diminuiva e pertanto l'acqua contenuta nel recipiente rientrava nella sfera di origine. A quel punto il recipiente non esercitava più alcuna attrazione e lasciava liberi i cardini, i quali – girando in senso inverso al precedente grazie a un contrappeso (**F**) – chiudevano i due battenti, facendo assumere loro la originaria posizione di chiusura.

Un'altra importante invenzione fu l'**odometro** (dal greco *odós*, "strada" e *mètron*, "misura"), finalizzato a misurare la strada percorsa da un veicolo in base al numero dei giri compiuti dalle ruote di un carro, come l'attuale contachilometri. Questo dispositivo poteva essere applicato anche alle navi, in tal caso si chiamava **solcometro** (nell'immagine).

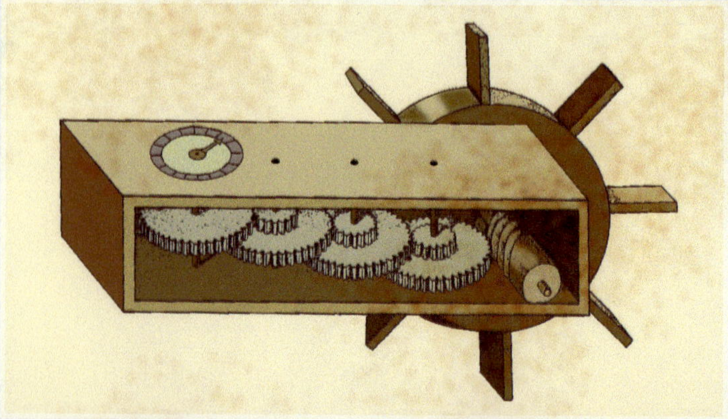

SINTESI

9.1 A Filippo II succede il figlio **Alessandro**, che diventa il comandante supremo della più audace impresa militare dell'antichità: la conquista dell'impero persiano. Dopo aver sconfitto l'esercito di Dario III nella battaglia del **Granico** (334 a.C.) e in quella di **Isso** (333 a.C.), il giovane sovrano sottomette la Siria e la Fenicia e l'Egitto, dove inaugura una politica di integrazione fra vinti e vincitori. Nel 331 a.C. Alessandro muove di nuovo guerra contro Dario, sconfiggendolo definitivamente nella battaglia di **Gaugamela**, destinata a segnare la rovina dell'impero persiano. Col desiderio di allargare i confini del regno, nel 327 a.C. intraprende una **spedizione in India**, ma non riesce a spingersi oltre la foce dell'Indo perché i suoi soldati, esausti, si rifiutano di proseguire. Alessandro si dedica allora all'**organizzazione** e al **consolidamento** dell'impero: promuove la coesistenza fra i popoli, diffonde la civiltà ellenica, fonda nuove città, fa costruire strade e porti. Nasce un **impero nuovo** con un ordinamento militare macedone, un'organizzazione politico-finanziaria persiana e un'educazione intellettuale greca. I progetti di Alessandro tuttavia vengono osteggiati sia dai Greci sia dai Macedoni, che intendono difendere il proprio status di vincitori. In questo momento di difficoltà per gli equilibri del suo regno Alessandro muore a soli trentatré anni (323 a.C.), ma la sua idea di un impero universale diviene il centro del pensiero politico e filosofico dell'età seguente.

9.2 Alla morte di Alessandro l'impero è estremamente instabile, indebolito dai contrasti tra vincitori e vinti e dal desiderio dei Greci di riacquistare l'indipendenza. A complicare la situazione interviene la lotta per la successione che contrappone i generali di Alessandro, i diàdochi. Nel corso di qualche decennio si arriva al dissolvimento dell'unità territoriale e alla formazione dei tre grandi **regni ellenistici** di Siria, d'Egitto e di Macedonia. L'eredità del conquistatore macedone non viene perduta del tutto: dall'incontro fra la cultura dell'**Occidente greco** e quella dell'**Oriente persiano** nasce una nuova civiltà, definita **ellenistica**. Nei nuovi centri ellenistici, come Alessandria, Antiochia e Pergamo fioriscono l'economia, i commerci e la cultura. Lo sviluppo economico non va però a vantaggio della popolazione: le ricchezze accumulate dai sovrani vengono destinate al mantenimento della corte, di una numerosa burocrazia e di un esercito mercenario impegnato in costose guerre di conquista. L'età ellenistica tuttavia si caratterizza anche per una straordinaria **circolazione delle idee**: la cultura occidentale si confronta con quella orientale e viceversa, fioriscono le arti e si diffondono nuove credenze religiose. Il rinnovamento culturale si ha soprattutto nell'ambito delle **scienze** come la matematica, la geometria e l'astronomia.

PER COSTRUIRE LE COMPETENZE

SPAZIO

1. Ricostruisci il percorso di conquista di Alessandro Magno riportando sulla carta, e collegandoli tra loro con delle frecce, i seguenti luoghi: Granico, Isso, Tiro, Alessandria, Gaugamela, Babilonia, Susa, Persepoli, Ecbatana, Samarcanda.

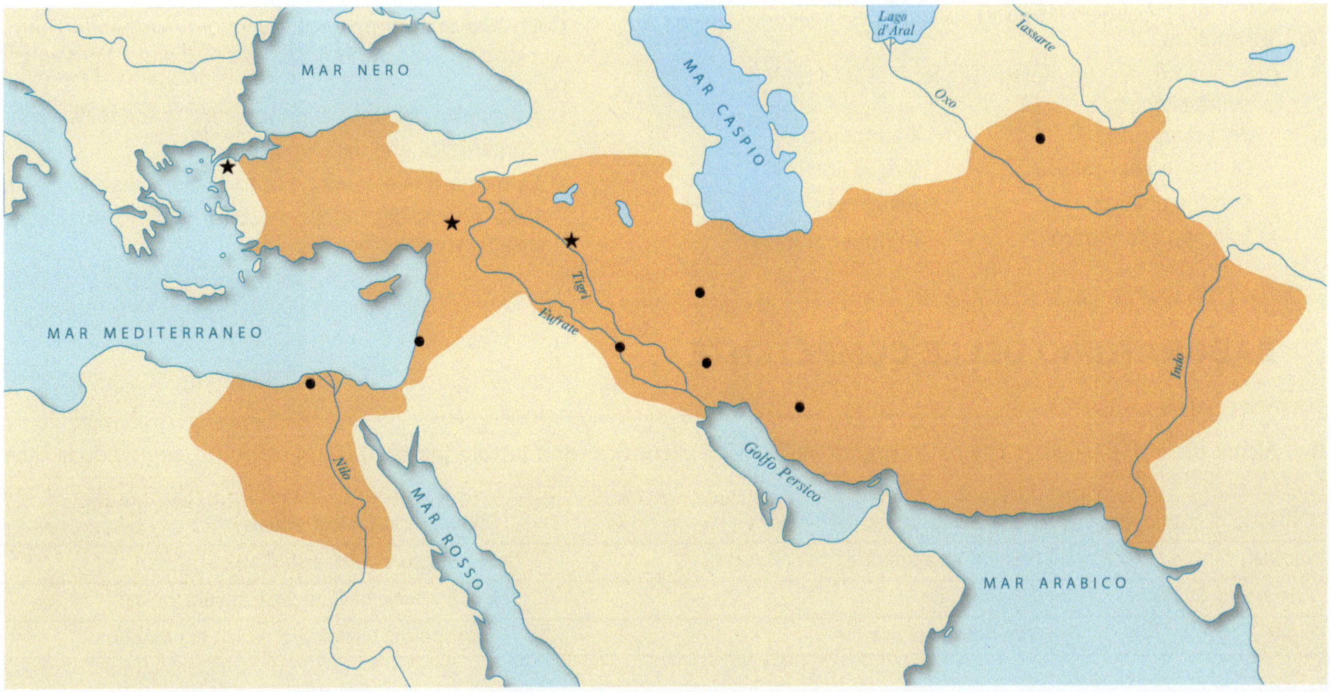

TEMPO

2. Completa la cronologia.

.... a.C.	Alessandro sale al trono di Macedonia.
334 a.C.	Vittoria di Alessandro presso il fiume ....
333 a.C.	Battaglia di ....
332 a.C.	Conquista della città fenicia di ....
.... a.C.	Fondazione, in Egitto, della città di ....
331 a.C.	Decisiva vittoria nella pianura di ....
327 a.C.	Spedizione in ....
.... a.C.	Morte di Alessandro Magno

LESSICO

3. Associa a ogni termine il relativo significato.

A. Sincretismo
B. Regni ellenistici
C. Reggenza
D. Impero
E. Geocentrismo
F. Eliocentrismo
G. Diàdochi
H. Cosmopolitismo

a. Assunzione provvisoria del potere al posto del legittimo sovrano
b. Vasto territorio formato da vari popoli e comandato da una sola persona
c. I generali di Alessandro che ambivano alla sua successione
d. Idea che ritiene tutti gli uomini cittadini di un unico Stato
e. Mescolanza di idee e di religioni
f. Teoria che pone il sole al centro dell'universo
g. Teoria che pone la terra al centro dell'universo
h. Territori in cui venne diviso l'impero di Alessandro

EVENTI E PROCESSI

L'universalismo di Alessandro Magno

4. Perché l'impero di Alessandro viene definito universale?

L'ellenismo

5. Crea una tabella che mostri i seguenti aspetti principali della civiltà ellenistica.

- Periodizzazione
- Divisione geo-politica
- Sistema politico
- Sviluppo economico
- Commercio
- Lingua comune
- Religione
- Cultura e scienza

LAVORO SULLE FONTI

6. Il personaggio di Alessandro Magno è da subito entrato nel mito. Di seguito vengono proposte due versioni di un celebre episodio della sua vita: la morte dell'adorato cavallo Bucefalo. La prima è dello storico Plutarco (I-II secolo a.C.) la seconda è contenuta in un romanzo contemporaneo. Dopo aver letto entrambi i testi, indica quali sono i riferimenti alla fonte storica contenuti nel romanzo e quali invece sono gli aspetti di invenzione.

• A seguito della battaglia contro Poro morì Bucefalo; non subito dopo, ma un poco più tardi, mentre lo curavano per le ferite, come si legge nella maggioranza delle fonti; ma Onesicrito parla di affaticamento e vecchiaia, in quanto il cavallo morì a trent'anni. Alessandro ne fu molto colpito perché riteneva di aver perso un compagno e un amico, e costruì a suo ricordo una città presso l'Idaspe chiamandola Bucefalia.
(Plutarco, *Vite parallele, Alessandro*, 61)

• Ma la gioia per quella vittoria tanto difficile e sofferta, combattuta, si può dire, contro un nemico quasi sovrumano e contro mostri di spaventosa forza fisica e di aspetto terrificante contro i quali mai i macedoni erano prima giunti a contatto, venne funestata da un evento luttuoso che precipitò il re nella più profonda costernazione. Il suo cavallo Bucefalo, ferito nel corso del combattimento e azzoppato nell'urto contro un elefante, dopo un'agonia di quattro giorni morì. Il re lo pianse come se fosse morto un amico intimo e restò con lui finché non esalò l'ultimo respiro. Io ero presente e lo vidi mentre lo accarezzava dolcemente parlandogli sottovoce, ricordandogli tutte le avventure che avevano vissuto insieme e Bucefalo nitriva debolmente come se volesse rispondergli. Vidi le lacrime scorrere sul volto del re e lo vidi scosso dai singhiozzi quando il cavallo spirò. Gli fece costruire una tomba di pietra e fondò una città in suo onore, chiamandola Alessandria Bucefala, un onore che non era mai toccato a nessun cavallo, nemmeno ai più famosi vincitori delle corse a Olimpia. Ma in quella tomba Alessandro ha seppellito anche una parte del suo cuore e il periodo più felice della sua giovinezza perduta.
(V. M. Manfredi, *Alèxandros*, Mondadori, Milano 1998)

RIELABORAZIONE (verso l'orale)

7. Costruisci una mappa del capitolo sviluppando i temi sotto elencati, affinché ti possa essere d'aiuto per svolgere un colloquio.

- Il progetto dell'impero universale e la sua realizzazione
- L'organizzazione dell'impero
- La morte di Alessandro e la nascita dei regni ellenistici
- L'età ellenistica: sviluppo economico, fioritura culturale, progresso scientifico

LABORATORIO DELLE COMPETENZE

PASSATO/PRESENTE

8. Alcuni concetti e scoperte che hai incontrato nella civiltà ellenistica sono tuttora presenti; fai un raffronto, seguendo la tabella.

	PASSATO	PRESENTE
Concetto di cosmopolitismo	In età ellenistica ha significato?	Esempi nella società attuale
Euclide	Teoremi geometrici	Sono ancora validi e studiati?
Aristarco di Samo	Eliocentrismo	È una visione dell'universo ancora valida?
Erone	Odometro, eolipila	Corrispettivi tecnologici nati in età moderna

unità **3**

L'Italia antica e la Roma repubblicana

Cittadinanza e Costituzione
Il diritto
La cittadinanza
La schiavitù

II millennio a.C.
Popolazioni indoeuropee si insediano nella penisola italiana

814 a.C.
Fondazione di Cartagine

753 a.C
Fondazione di Roma

31 a.C.
Battaglia di Azio; massima espansione di Roma repubblicana

VIII-VI secolo a.C.
Massimo sviluppo della civiltà etrusca

509 a.C.
Fine della monarchia e inizio della repubblica romana

44 a.C.
Morte di Cesare

capitolo 10

L'Italia dalla preistoria alla Roma monarchica

L'Italia e il Mediterraneo tra l'VIII e il VI secolo a.C.

1 Dopo le invasioni di popoli indoeuropei susseguitesi nel corso del II millennio a.C., in Italia vivono genti di stirpi diverse, chiamate nel loro complesso **Italici**.

2 L'Italia centrale è abitata dagli **Etruschi**, che tra l'VIII e il VI secolo a.C. raggiungono il massimo livello di civiltà e di espansione, estendendo la loro influenza in vaste aree della penisola.

3 **Roma**, fondata secondo la tradizione nel **753 a.C.**, nasce dall'unione di villaggi latini lungo il fiume Tevere, punto d'incrocio tra le vie che collegano l'Etruria al Sud della penisola.

4 Nello stesso periodo (VIII secolo a.C.), nella penisola ellenica, si affermano le ***póleis***. Contemporaneamente i coloni greci fondano ricche città nell'Italia meridionale, la **Magna Grecia**, e in **Sicilia**.

5 I **Fenici** controllano i commerci nel Mediterraneo occidentale, dove hanno fondato numerose colonie, fra le quali **Cartagine** sulla costa dell'Africa settentrionale.

II-I millennio a.C.
La penisola italica è abitata da popoli diversi

VIII-VI secolo a.C.
Massimo sviluppo della civiltà etrusca

VI secolo a.C.
I Celti occupano l'Italia settentrionale

21 aprile 753 a.C.
Data tradizionale della fondazione di Roma

509 a.C.
Caduta della monarchia e istituzione della repubblica

All'inizio del II millennio a.C., mentre fiorivano le civiltà del Vicino Oriente e del Mediterraneo orientale, la **penisola italica**, abitata fin dall'epoca preistorica, fu interessata da un movimento migratorio di popoli **indoeuropei**, che si fusero con le popolazioni locali dando vita a un mosaico di culture. Agli inizi del I millennio a.C. l'intera penisola si presentava abitata da genti di lingua ed etnia diversa, distribuite su tutto il territorio ma con molti tratti organizzativi e culturali in comune: gli **Italici**.
A partire dalla fine del IX secolo a.C., nell'Italia centrale, si sviluppò la progredita **civiltà etrusca**, con origini tuttora incerte. Gli Etruschi, oltre ad aver influenzato le altre popolazioni italiche, svolsero una funzione di tramite tra l'Europa continentale e le civiltà del Mediterraneo; in particolare dalla Magna Grecia assimilarono molti aspetti culturali, come la scrittura, contribuendo a diffonderli nel resto della penisola.
Fra i molti popoli che occupavano la nostra penisola vi erano i **Latini**, che nell'VIII secolo a.C., mentre in Grecia sorgevano le prime *pòleis*, fondarono lungo il fiume **Tevere** una città destinata a cambiare il corso della storia: **Roma**.
Sorta in un luogo strategico, al crocevia tra il Nord e il Sud della penisola e tra il mare e gli Appennini, Roma, sotto un governo monarchico, iniziò presto a ingrandirsi e a dar vita a una civiltà originale, destinata a lasciare una profonda traccia nella storia successiva.

10.1 Gli antichi popoli italici

Dalla preistoria alle migrazioni degli Indoeuropei

Nella penisola italica le varie fasi della preistoria hanno avuto tempi diversi rispetto ad altre aree del mondo, soprattutto se le confrontiamo con l'evoluzione dei popoli e delle civiltà nel Vicino Oriente. Basti pensare che, mentre in Egitto venivano innalzate le piramidi (2600-2500 a.C. circa), in Italia gli uomini vivevano ancora in villaggi di piccole dimensioni e con un'organizzazione sociale ancora primitiva.

Le prime tracce di insediamenti umani nel territorio italico risalgono all'ultima fase del **Paleolitico** (circa 15.000 anni fa), quando la penisola si presentava quasi interamente coperta da foreste fitte e ricche di selvaggina. Solo alcuni millenni dopo, nel **Neolitico**, iniziato in Italia tra il VII e il VI millennio a.C. con molto ritardo rispetto ai territori orientali, l'uomo cominciò a dedicarsi, oltre che alla caccia e alla pesca, anche all'**agricoltura**, all'**allevamento** e alle prime forme di lavorazione artigianale e di commercio.

Nel corso del II millennio a.C. ebbe luogo un complesso movimento migratorio, che si concluse intorno al 1200-1000 a.C.: **invasori indoeuropei**, in lente ondate successive, giunsero nella penisola via terra, varcando le Alpi. Dopo avere vissuto per qualche tempo nella zona dei laghi alpini, queste nuove popolazioni si spostarono fino ai margini delle paludi della pianura padana, importandovi nuovi animali domestici, la coltivazione dei cereali e l'uso del **bronzo**. Qui si fusero con genti da tempo presenti nella zona, dando origine nell'Italia del nord (Trentino, zona dei laghi, Colli Euganei) ai primi villaggi su **palafitte**, ovvero su pali piantati presso le rive dei fiumi o dei laghi.

Nella zona dell'Emilia occidentale invece sorsero villaggi piuttosto articolati, difesi da un fossato o da un terrapieno, chiamati **terramare**.

lessico

Terramare il termine deriva da "terramarna", ossia terra scura, grassa, in dialetto emiliano. Erano così chiamati i cumuli di terra nera entro i quali vennero ritrovati i resti di questi villaggi.

Le antiche civiltà italiche tra età del bronzo ed età del ferro

Nel corso del II millennio a.C., durante l'**età del bronzo**, lungo le **valli alpine** ebbe la sua massima fioritura anche la civiltà dei **Camuni**, che si erano insediati in epoca antichissima nella Val Camonica (che deve proprio a loro il suo nome) e nella Valtellina, e si erano dedicati alla pastorizia e all'agricoltura, arricchendo fra l'altro la zona con **incisioni rupestri** di straordinario interesse per la ricostruzione della loro vita quotidiana e delle loro credenze religiose.

Sempre nell'età del bronzo fiorì in **Sardegna** la **civiltà nuragica**, chiamata così dai nuraghi, caratteristici edifici di forma troncoconica costruiti con pesanti blocchi di pietra squadrata, utilizzati come abitazioni o come rifugio in caso di attacchi nemici.

Tra il X e il IX secolo a.C. ha inizio anche nella penisola italica l'**età del ferro**. In questo periodo si sviluppò in buona parte dell'Italia centrale (Emilia, Toscana, Umbria, alto Lazio) la **civiltà villanoviana**, così chiamata da Villanova, paese vicino a Bologna dove furono rinvenute le prime testimonianze. A determinarla sembra sia stato un nuovo gruppo di Indoeuropei molto più evoluti dei loro predecessori, i quali non solo conoscevano tecniche piuttosto avanzate sia nell'agricoltura che nell'estrazione e lavorazione del ferro, ma intrattenevano anche una fitta rete di scambi con le altre popolazioni della penisola. A partire dall'VIII secolo a.C. la civiltà villanoviana venne assorbita dalla **civiltà etrusca**, che, stanziata all'incirca ne-

Le palafitte di Ledro
Sulle rive del Lago di Ledro, in Trentino, sono stati rinvenuti i resti di un insediamento palafitticolo risalente al II millennio a.C.

L'ITALIA DALLA PREISTORIA ALL'ETÀ DEL FERRO

La carta mostra la tipologia e la localizzazione degli insediamenti antichi tra il tardo Paleolitico, l'età del bronzo e l'età del ferro.

gli stessi luoghi, ne ereditò molti aspetti culturali. Dopo il 1000 a.C. le popolazioni indoeuropee si erano ormai mescolate alle popolazioni italiche **autoctone** dando vita a un mosaico di popoli che abitavano la penisola, tra i quali i Liguri, i Veneti, gli Osco-umbri, i Latini, i Sabini, i Sanniti, mentre Siculi e Sicani vivevano in Sicilia. Queste popolazioni, chiamate nel loro complesso **Italici**, avevano nomi differenti a seconda delle regioni in cui vivevano.

> lessico
> **Autoctono**
> dal greco *autòs*, "stesso" e *khthòn*, "terra"; il termine indica un popolo originario del luogo in cui vive.

Gli "Italici" e l'"Italia"

La penisola italica, come i popoli che l'abitavano, ebbe nomi diversi, secondo le epoche e i popoli che parlarono di questa terra. I Greci la chiamarono **Esperia** ("terra del tramonto", essendo geograficamente situata a ovest della Grecia), o **Enotria** ("terra del vino"), o ancora **Saturnia** ("terra sacra al dio Saturno" che, secondo il mito, scacciato dal cielo per iniziativa di Giove, vi avrebbe trovato un sicuro asilo); qualcuno utilizzava anche il nome **Ausonia** traendolo dagli Ausòni, che abitavano intorno al golfo di Napoli.

"Italia", invece, sembra derivare dal termine con il quale gli scrittori greci solevano indicare gli *Italòi* (o *Vitalòi*), popolazione che occupava l'estrema punta della penisola nella zona a sud dell'odierna Catanzaro e così chiamata perché venerava come animale sacro il toro (in latino *vìtulus*). Tale nome sino all'inizio del V secolo a.C. designò unicamente la parte meridionale della Calabria e solo con il trascorrere dei secoli venne esteso a tutte le regioni di volta in volta conquistate dai Romani e venute a far parte del loro Stato.

I nuraghi
Resti del mastio centrale del Nuraghe Nuraddeo, presso Suni in provincia di Oristano.

I POPOLI ITALICI

La carta mostra il mosaico di genti e civiltà diverse che abitano la penisola italiana tra l'VIII e il VI secolo a.C. Oltre ai popoli chiamati nel loro insieme "Italici", sul territorio italiano sono presenti i Greci, in Italia meridionale e in Sicilia, e i Fenici, in Sardegna meridionale e nella Sicilia occidentale.

Greci, Fenici e Celti

Alle popolazioni italiche, in tempi meno remoti, se ne vennero via via aggiungendo delle altre. A partire dall'VIII secolo a.C., i **Greci** iniziarono a colonizzare vaste zone dell'Italia meridionale e della Sicilia, fondando numerose città.

Sempre nell'VIII secolo a.C. i **Fenici** dettero vita in Italia a numerose colonie, che poi divennero città indipendenti come Cagliari e Palermo.

Nel VI secolo a.C. giunsero attraverso le Alpi occidentali i **Celti**, detti dai Greci "Galati" e dai Romani "Galli". Questa popolazione di origine indoeuropea si era stabilita soprattutto nell'Europa centrale, per poi dirigersi nelle più diverse direzioni, mescolandosi con le popolazioni locali. I Celti dunque si insediarono principalmente nel territorio dell'attuale Francia, chiamato successivamente dai Romani **Gallia Transalpina** (cioè "al di là delle Alpi"), e in quello dell'odierna Svizzera e dell'Italia settentrionale, chiamato **Gallia Cisalpina**, dove successivamente si scontrarono con gli Etruschi, costringendo questi ultimi ad abbandonare la pianura padana e a ritirarsi al di là dell'Appennino.

I Celti vivevano in **villaggi** ed erano dediti essenzialmente all'allevamento del bestiame; erano ordinati in **tribù** e la loro società era suddivisa su tre livelli a capo dei quali vi era il **druido**, cioè il sommo sacerdote, custode dei valori e delle tradizioni, nonché medico e uomo di legge. C'erano poi i **guerrieri**, tra le cui fila veniva eletto il **re**, che deteneva il potere militare e politico; infine il popolo, composto prevalentemente da contadini, artigiani e servitori. Alle donne era riservato solo il compito di procreare e di allevare i figli e vivevano separate dalla comunità maschile.

Forti in battaglia e ben organizzati, i Celti riuscirono a dissuadere perfino i Romani da qualsiasi tentativo di espansione ai loro danni fino al II secolo a.C.

GUIDA allo STUDIO

1. A che epoca risalgono le prime tracce di insediamenti umani nel territorio italico?
2. Quali civiltà si svilupparono nella penisola italica tra l'età del bronzo e l'età del ferro?
3. In quali modi veniva chiamata la penisola italica?

10.2 La civiltà etrusca

Una civiltà ricca e complessa

Di tutti i popoli dell'Italia preromana, gli **Etruschi** furono quelli che raggiunsero il maggiore grado di civiltà e di potenza e dettero un contributo fondamentale alla formazione della nostra civiltà, attraverso un patrimonio di idee e di tecniche in gran parte trasmesso ai Romani. Le loro **origini** non sono state del tutto svelate, ma una cosa certa è che **non** furono una popolazione di origine **indoeuropea**, poiché la loro lingua, la cui comprensione rimane tutt'ora in parte oscura, non appartiene a questo ceppo.

Fin da tempi remoti l'origine del popolo etrusco ha suscitato un profondo interesse tra gli studiosi. Molte infatti sono le tesi a questo proposito: alcuni sostengono che provenissero dall'**Oriente** e che fossero giunti in Italia guidati dal mitico re Tirreno. Altri studiosi ritengono invece che tale popolazione fosse **autoctona** e che, dopo aver assorbito la cultura villanoviana, avesse sviluppato nel tempo delle caratteristiche proprie non riscontrabili in altri popoli. Infine altri ancora ritengono, sulla base del confronto con usanze tipiche delle popolazioni nordiche, che provenissero dalle regioni dell'**Europa centrale**.

Gli Etruschi chiamavano se stessi **Rasna** o **Rasenna**, mentre erano chiamati **Tirreni** dai Greci, e **Tusci** o **Etruschi** dai Romani.

L'espansione etrusca in Italia

Gli Etruschi abitarono inizialmente un territorio corrispondente, all'incirca, alla bassa Toscana e all'alto Lazio, con l'Arno come confine settentrionale e il Tevere come confine meridionale. Questa regione, chiamata in seguito **Etruria**, era molto fertile e ricca di materie prime: il che permise un rapido sviluppo di questa civiltà e la nascita di numerosi centri quali Volterra, Populonia, Vetulonia, Veio, Cerveteri, Cortona, Arezzo e Perugia, tutti destinati a divenire nel tempo città di notevole importanza. Di qui gli Etruschi estesero ben presto il loro predominio su gran parte della penisola, allargando sempre più verso nord e verso sud la **loro supremazia**. A nord questa espansione investì la pianura dell'attuale **Emilia Romagna**, dove furono fondati centri importantissimi, come Fèlsina (l'odierna Bologna) e Marzabotto. Verso **sud**, invece, si spinsero fino all'attuale **Campania**, dove fondarono Capua e Nola. Nel VII secolo a.C., l'influenza etrusca in Italia si era dunque estesa dal Po al Sele (fiume della Campania).

Il bucchero
Il bucchero è un tipo di ceramica totalmente nera, tipica della produzione etrusca; nell'immagine un incensiere proveniente da Artimino (Prato).

Le città-stato e i primi scontri

L'organizzazione politica etrusca si basava sulle **città-stato**, rette ciascuna da un proprio re-sacerdote, detto **lucumone**, il quale agiva con assoluta indipendenza e spesso addirittura in contrasto con i lucumoni che governavano le città confinanti. Anche quando le città si riunivano in **federazioni**, come la Dodecapoli che nel VI secolo a.C. comprendeva dodici centri, i vincoli unitari erano molto deboli. Soltanto dal V secolo, accanto al lucumone, assunsero maggiore importanza l'assemblea degli aristocratici e alcuni magistrati annuali, probabilmente per influenza di altre civiltà (soprattutto di quella greca prima e di quella romana poi).

lessico
Federazione
dal latino *foedus*, "patto, alleanza", indica un insieme di più stati (o città) che si governano autonomamente secondo princìpi stabiliti da un organismo centrale.

Il sarcofago degli sposi
Questo famoso sarcofago, risalente al tardo VI secolo a.C., rappresenta una coppia di sposi durante un banchetto ed è conservato al Louvre di Parigi; un altro esemplare molto simile si trova invece al Museo di Villa Giulia, a Roma.

Durante la loro espansione gli Etruschi si scontrarono ben presto con gli interessi commerciali dei Greci e dei Fenici, che si trovavano nell'Italia meridionale; intorno alla metà del V secolo a.C. furono così costretti a rinunciare a ogni ulteriore tentativo di espansione nel Meridione: la sconfitta inflitta dai Greci agli Etruschi nella **battaglia navale di Cuma** (474 a.C.) segnò infatti l'inizio della ritirata etrusca da quest'area.
Anche nell'Italia settentrionale il loro predominio fu bloccato dalle **invasioni celtiche**. Successivamente, a causa dell'espansione romana nella penisola, gli Etruschi videro man mano restringersi il cerchio dei propri confini, al punto da essere definitivamente privati di ogni libertà e autonomia, e di essere gradualmente assorbiti dalla nascente civiltà romana.

Coltivazioni, dighe e lavorazione dei metalli

Gli Etruschi seppero dare vita a una **civiltà** piuttosto **evoluta** e si distinsero in particolare per le loro spiccate qualità di tecnici nella **coltivazione** della terra, nell'**irrigazione** e nella **bonifica** dei terreni paludosi, scavando centinaia di canali capaci di portare le acque stagnanti verso i fiumi e verso il mare. Costruirono inoltre numerose **dighe** per impedire lo straripamento dei fiumi e grandi **cisterne** per provvedere al rifornimento dell'acqua.
Molto sviluppata fu anche l'**attività estrattiva** e la **lavorazione dei metalli**, favorita dalla ricchezza dell'Etruria di giacimenti di ferro, rame e argento; del resto tutto ciò che non riuscivano a trovare *in loco* veniva importato da territori lontani, come ad esempio lo stagno, indispensabile per la produzione del bronzo, e l'oro, acquistato in Oriente per essere poi lavorato da esperti orefici.

Artigiani e commercianti

Fiorente e di alto livello fu infatti l'**artigianato**, grazie soprattutto al contatto con le popolazioni greche e fenicie. Numerose sono le testimonianze rinvenute dagli archeologi, soprattutto tra le tombe riunite nelle vaste **necropoli**: gioielli e raffinati pezzi di oreficeria, ma anche vasi decorati, bronzi dalle forme raffinate, armi lavorate, pietre incise e statue.
Grazie alla loro **abilità di naviganti** e alla loro **industria navale** gli Etruschi commerciarono in tutto il Mediterraneo, esportando i loro manufatti e le materie prime e importando prodotti provenienti da

lessico
Necropoli dal greco *nekròs*, "morto", e *pòlis*, "città"; indica un complesso di sepolture.

L'ESPANSIONE ETRUSCA

Eredi della civiltà villanoviana, gli **Etruschi** si insediano nella Toscana meridionale e nell'alto Lazio; fra l'VIII e il IV secolo a.C. danno vita a una delle civiltà più progredite e fiorenti dell'Italia antica.

Gli Etruschi si organizzano in **città-stato indipendenti** rette da un re-sacerdote, chiamato **lucumone**.

A nord l'espansione etrusca si spinge fino alla **pianura padana**; in questo territorio fondano città come Marzabotto, Fèlsina (Bologna) e Mantova.

A sud gli Etruschi penetrano nel **Lazio** e in **Campania**, fondando città come Capua e Nola.

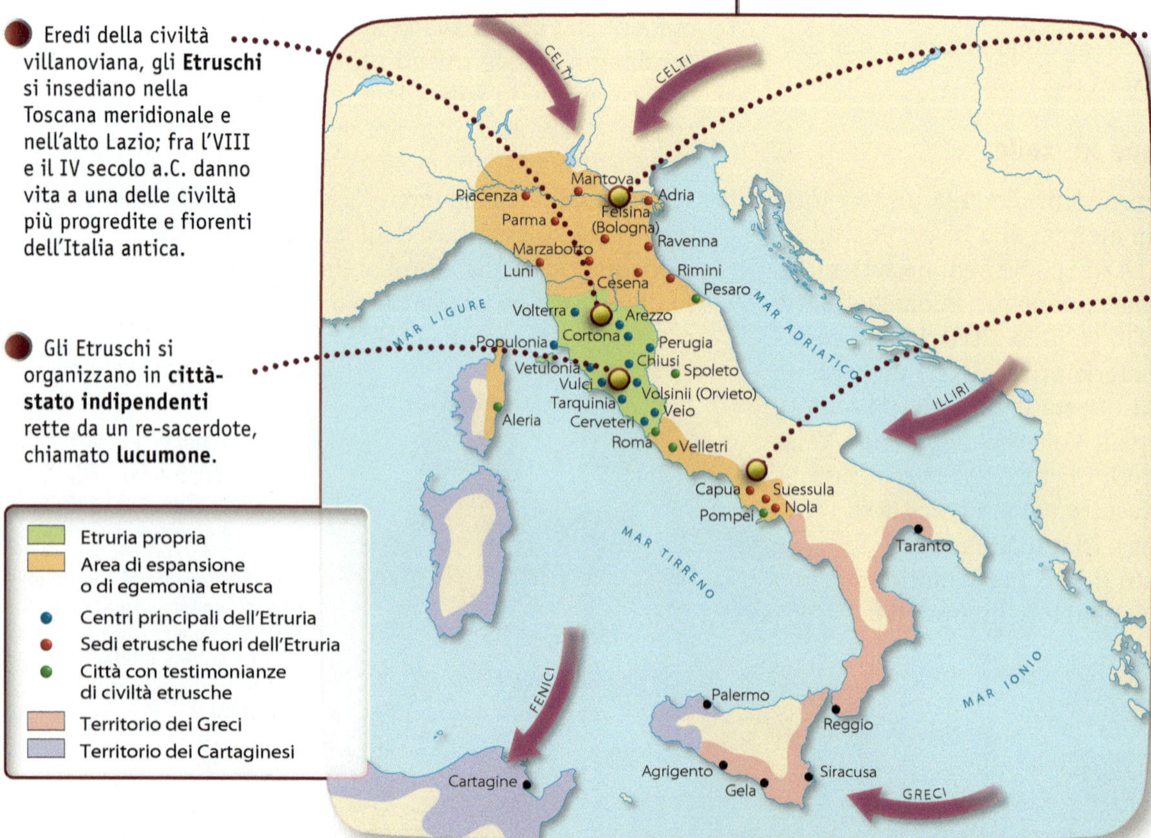

ogni paese. I contatti più stretti li ebbero tuttavia con il mondo greco dal quale ripresero anche usi e costumi oltre a credenze religiose e mitologiche.

Strade e città

In un tale fervore di opere e di iniziative commerciali si sviluppò particolarmente **la rete stradale**, il cui tracciato, per lo meno nelle sue linee principali, sarebbe stato poi seguito dalle strade romane.
Gli Etruschi per primi sostituirono agli antichi villaggi vere e proprie **città** erette in punti strategici o in località favorevoli al potenziamento di attività mercantili, agricole e minerarie. Queste città erano caratterizzate da un'attenta **suddivisione dello spazio pubblico e privato**, grazie alla presenza di cippi di confine sacri e inviolabili. In architettura furono tra i primi a utilizzare l'**arco**, costruito senza calce in modo tale che i singoli elementi si sostenessero a vicenda e fossero tutti retti dal cuneo centrale, inserito a metà dell'arco, detto "chiave di volta".

ASCESA E DECLINO DEL POPOLO ETRUSCO

Fine IX secolo a.C. Eredi della cultura villanoviana, gli Etruschi abitano la zona tra l'Arno e il Tevere

↓

VIII-VI secolo a.C. Espansione etrusca nella penisola, sia a nord che a sud, con fondazione di città-stato e di empori in posti strategici per il commercio

↓

VI-V secolo a.C. L'avanzata dei popoli italici a sud e quella dei Celti a nord costringe gli Etruschi a ridimensionare i propri confini

↓

V secolo a.C. Scontro con i Greci per il controllo del Tirreno: battaglia di Cuma (474 a.C.)

↓

III secolo a.C. Declino della civiltà etrusca a opera dei Romani, che man mano conquistano tutti i loro territori e le loro città

La religione e la scrittura

Gli Etruschi furono famosi presso tutti i popoli italici per la loro **particolare religione**. Furono maestri nell'**arte divinatoria**, cioè l'arte di interpretare la volontà degli dèi tramite segni inviati agli uomini. I **sacerdoti** etruschi, che riuscivano a "leggere" il futuro nelle interiora degli animali, nel volo degli uccelli o nei fulmini, divennero assai famosi, tanto che venivano interpellati ancora in epoca romana ogniqualvolta si dovevano assumere importanti decisioni per la collettività. Il *pàntheon* etrusco, ripreso in parte da quello greco, consisteva in **divinità celesti** e **divinità infernali**, che accompagnavano il defunto nell'Aldilà. Gli dèi venivano adorati in templi, costruiti su alti podi simili a quelli greci, o in grandi santuari. A differenza dei Greci o dei Romani, questo popolo ha lasciato **testimonianze scritte scarse** e spesso molto **brevi**: si tratta perlopiù di iscrizioni relative all'ambito funerario. Sappiamo comunque che gli Etruschi utilizzarono, a partire dall'VIII secolo a.C., un **alfabeto di tipo greco** adattato alla propria lingua; quest'ultima tuttavia, non essendo di origine indoeuropea, non può essere messa in relazione con lingue conosciute come il latino o il greco ed è quindi di difficile interpretazione, tanto che a tutt'oggi non è stata ancora completamente tradotta.

La Tavola di Cortona
Questa tavola in bronzo, che riporta un atto giudiziario, è uno dei testi etruschi più lunghi finora conosciuti; come si vede dall'immagine l'etrusco si scriveva da destra a sinistra.

GUIDA allo STUDIO

1. Quali sono le origini del popolo etrusco?
2. Quali elementi contribuirono a rendere gli Etruschi una delle civiltà più sviluppate dell'Italia centrale?
3. Quali caratteristiche aveva la loro religione?

La vita oltre la morte: tombe e necropoli etrusche

Gli Etruschi credevano nella sopravvivenza dell'anima e nel prolungarsi della vita oltre l'esperienza terrena; per questo motivo dedicarono particolari cure alla **sepoltura dei defunti**. In un primo tempo, durante il periodo più antico, fecero propri alcuni caratteri della civiltà villanoviana e seguirono il rito della cremazione e la conseguente conservazione delle ceneri in urne di terracotta. In un secondo momento, a partire dal VI secolo a.C. circa, sostituirono questo rito con l'inumazione, ossia con la sepoltura dei morti, in seguito all'influenza esercitata sugli Etruschi dalle civiltà mediterranee. Fu così che ebbe origine una vera e propria **architettura funeraria**, che prevedeva la realizzazione di tombe riunite in vastissime **necropoli**, talvolta abbellite con **raffinate pitture parietali**. I dipinti realizzati sulle pareti rappresentavano spesso il defunto mentre partecipava a gare atletiche, cerimonie religiose, battute di caccia o di pesca, a danze gioiose e a conviti chiassosi; tutti elementi che hanno permesso agli studiosi di acquisire preziose testimonianze sulla vita quotidiana di questo popolo.

Le città dei morti Alcune tombe, appartenenti alle famiglie più benestanti, erano particolarmente curate e assumevano l'aspetto di veri e propri **appartamenti sotterranei**, dotati di molte stanze e pieni di ricche offerte. Le camere, scavate sotto terra nella roccia o nel tufo, erano protette, a livello del terreno, da solidissimi **tumuli** di terra. In esse non veniva trascurato alcun dettaglio, poiché l'intento era quello di creare l'illusione di una **casa** e di richiamare fedelmente al defunto l'ambiente che gli era familiare durante la vita terrena. All'interno delle necropoli, le tombe erano distribuite lungo le strade come a formare una vera e propria città dei morti. Nell'immagine una veduta della necropoli della Banditaccia di Cerveteri.

Il banchetto funebre L'usanza del banchetto e del simposio venne importata in Etruria dai Greci; furono questi ultimi inoltre a insegnare agli Etruschi la coltivazione della vite e la produzione del vino, del quale si faceva largo uso durante le feste. A differenza del mondo greco, però, presso questo popolo le **donne** godevano di una certa libertà e potevano prendere parte agli eventi pubblici e alle feste private insieme ai mariti. Nell'immagine, una scena di banchetto dalla Tomba dei Leopardi di Tarquinia.

La musica e la danza La musica e la danza erano molto importanti nella cultura etrusca e accompagnavano le feste private, le cerimonie religiose, le gare sportive oppure i cortei funebri. Le danze potevano essere eseguite sia da uomini sia da donne che si muovevano al suono dei **flauti** (*aulòi*) e di strumenti a corda, come la **lira** o la **cetra**. Danzatori, particolare della Tomba del Triclinio di Tarquinia.

I demoni dell'Oltretomba L'Oltretomba per gli Etruschi era popolato da numerosi dèmoni infernali, che accompagnavano il defunto nell'Aldilà. Fra questi i più importanti erano: **Charun**, che proteggeva l'entrata degli Inferi armato di martello, **Tuchulcha**, con il becco di rapace e attorniato da serpenti e **Vanth**, la messaggera di morte che possedeva il rotolo su cui era scritto il destino del defunto. Un demone dalla Tomba della Quadriga infernale di Sarteano.

10.3 I Latini e le origini di Roma

L'insediamento nel Lazio

Gruppi di **Latini**, popoli di origine indoeuropea per lo più dediti alla pastorizia e all'agricoltura, si erano insediati verso la metà del II millennio a.C. principalmente nella pianura a sud del Tevere, fra l'Appennino e il mare, detta sin dall'antichità **Lazio**. Altri gruppi di Latini, invece, si erano spinti fino al sud della penisola italica.

I Latini delle terre meridionali decaddero assai presto, eclissati dalla maggior potenza e civiltà delle colonie greche; quelli del Lazio riuscirono invece a evolversi nel territorio che avevano occupato, fondando intorno al XII secolo a.C., in luoghi alti e facilmente difendibili, alcuni centri abitati, come Ardea, Tusculo, Aricia, Lavinio; questi villaggi, pur governandosi autonomamente, erano riuniti in **leghe a base** essenzialmente **religiosa** e si mantenevano in relazione di buon vicinato fra loro. Una di queste leghe, la **Confederazione latina**, acquistò intorno al X secolo a.C. una posizione di predominio sull'intera regione.

Il centro della Confederazione latina era il villaggio-fortezza di **Alba Longa** (l'odierna Castel Gandolfo), che, divenuto un potente centro, verrà in seguito distrutto da Roma.

La ricerca delle origini nel mito

La storia della **fondazione di Roma** ha esercitato un grande fascino su tutti i più importanti scrittori latini nel corso dei secoli, tanto da sconfinare spesso nella **leggenda** e dare vita a una tradizione di racconti dal sapore mitologico, in cui sono stati proiettati i valori e i fondamenti della cultura latina e che nascondono spesso una realtà storica diversa. La tradizione vuole che la città di Roma fosse stata fondata dai discendenti della famiglia reale di Alba Longa. Secondo il poeta **Virgilio** (I secolo a.C.), che volle creare un'origine mitologica per nobilitare Roma, **Enea**, eroe troiano sopravvissuto alla distruzione della sua città da parte degli Achei, fuggì insieme al padre Anchise e al figlio Ascanio sulle coste del Lazio. Qui fu accolto dal re Latino,

IL LAZIO ANTICO

1. Il **Lazio antico** si estende su un territorio compreso tra il corso del Tevere a nord, i monti Prenestini a est, il promontorio di Anzio a sud.

2. Intorno al XII secolo a.C. i **Latini** iniziano a fondare numerosi centri abitati, come Ardea, Tuscolo, Ariccia e Lavinio, riuniti in **leghe** o **federazioni** accomunate dai medesimi usi e costumi, oltre che dalla lingua.

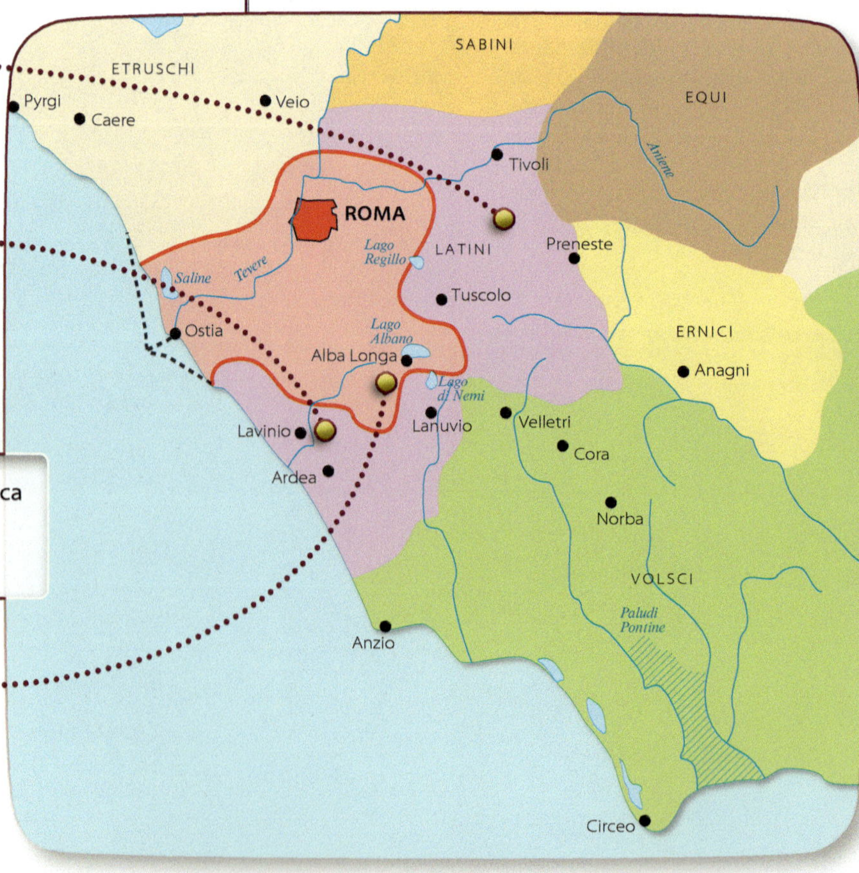

Territorio di Roma monarchica (secoli VIII-VI a.C.)

Attuale foce del Tevere

3. Nel X secolo a.C. la **Confederazione latina**, con a capo la città di **Alba Longa**, acquista una posizione predominante sull'intera regione.

La scrofa bianca
Secondo la leggenda, una volta giunto nel Lazio, Enea sognò il dio Tiberino il quale gli predisse che avrebbe trovato un scrofa bianca con trenta piccoli e che in quel luogo suo figlio Ascanio avrebbe fondato trent'anni dopo la città di Alba Longa.

di cui sposò la figlia Lavinia e fondò la città di Lavinio. Ancora secondo la leggenda, Ascanio, chiamato anche con il nome latino **Iulo**, una volta stabilitosi sui Monti Albani, fondò la città di Alba Longa e ne divenne il primo re, inaugurando così la stirpe di trenta re da cui discenderanno **Romolo** e Remo, due gemelli abbandonati per motivi dinastici e sopravvissuti grazie alla famosa lupa che li avrebbe allevati. Romolo, dopo aver ucciso il fratello Remo in seguito a una lite, avrebbe fondato la città di Roma che, secondo la tradizione, sarebbe avvenuta il **21 aprile 753 a.C.**

Il colle Palatino, primo nucleo di Roma

Più che di fondazione bisogna parlare di una formazione lenta e graduale. La prima zona occupata dai Latini fu il colle **Palatino**, dove, intorno al X secolo a.C., venne creato un primo stanziamento sul versante che guarda il **Tevere**, là dove il fiume è diviso dall'Isola Tiberina e quindi più facilmente guadabile. Si trattava di un punto di passaggio obbligato non solo per il commercio che si svolgeva da nord a sud, collegando Etruschi e Campani, ma anche per quello che dal mare si sviluppava per via fluviale verso l'interno del Lazio e dell'Italia centrale e viceversa. Solcando le profonde acque del Tevere, grosse barche discendevano lungo la corrente dagli Appennini verso il mare cariche di generi alimentari e ne ripartivano con le stive piene di **sale**. Il sale, che era ricavato dalle saline alla foce del Tevere e che le popolazioni dell'Italia centrale non avevano modo di procurarsi altrove, era importantissimo per la conservazione dei cibi.

Lo sviluppo dei commerci e l'occupazione degli altri colli

Così ai piedi del Palatino, sul punto d'incontro di un così intenso traffico, si costituì ben presto un **fiorente mercato** di derrate agricole, di bestiame, e soprattutto di sale.
I pochi chilometri che dividevano Roma dal Tirreno, e quindi dall'intenso traffico fenicio, greco ed etrusco sul Mediterraneo, erano inoltre facilmente superabili per mezzo della via navigabile che era allora il Tevere, molto più ricco di acque di quanto non lo sia oggi.
Il progressivo evolversi di un'**economia di scambio** sollecitò la creazione di empori commerciali, in cui confluivano le merci in arrivo e da cui partivano quelle da esportare.
Fu così che nuovi gruppi latini dell'interno furono indotti a occupare, nella zona circostante il Palatino, altri colli, come l'Esquilino, il Quirinale, il Celio, il Viminale e il Campidoglio (l'Aventino verrà abitato a partire dal IV secolo a.C.), sempre sulla riva sinistra del Tevere, e a dare origine tra l'VIII e il VII secolo a.C. a **nuovi villaggi**. Lentamente questi villaggi si ingrandirono e si unirono fino a formare **una sola città**, destinata nella sua storia millenaria a conquistare gran parte del mondo allora conosciuto: **Roma**.

GUIDA allo STUDIO

1. Chi erano i Latini e come erano organizzati?
2. Quali sono le origini mitiche di Roma?
3. Per quale motivo il colle Palatino fu scelto come primo nucleo della città?

L'isola Tiberina e i sette colli

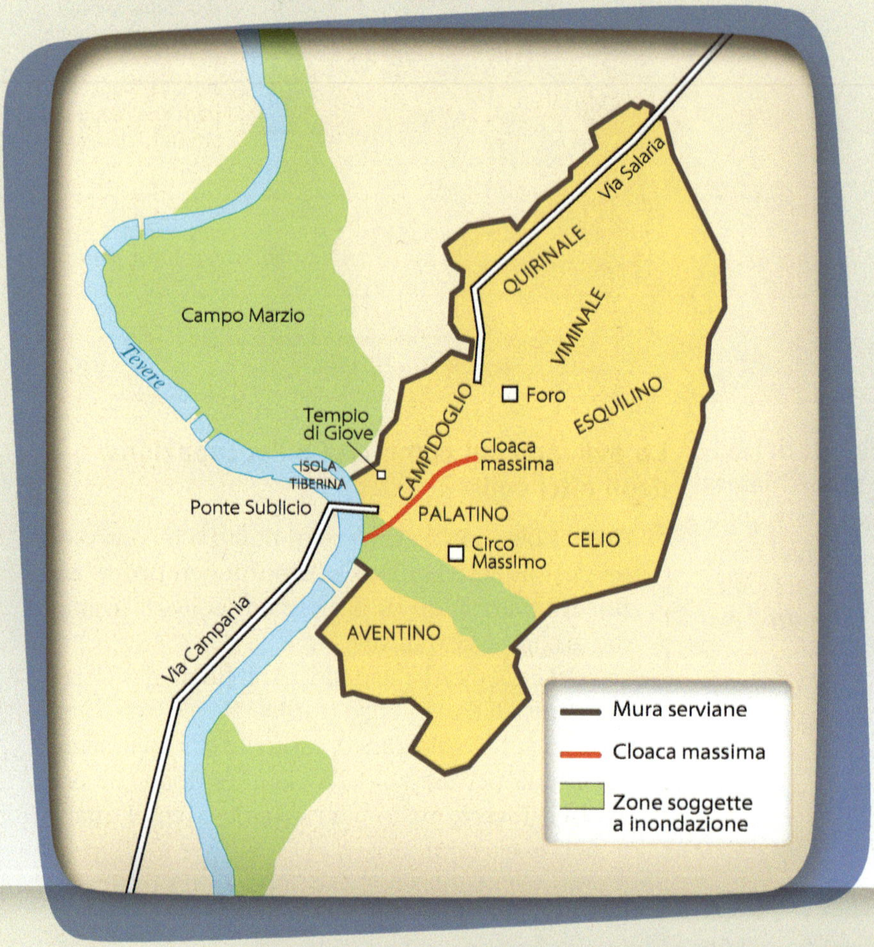

La Roma delle origini consisteva semplicemente in alcuni **villaggi** sparsi vicino al fiume **Tevere**, nel tratto in cui la presenza dell'**isola Tiberina** permetteva un facile guado del fiume. In quel punto infatti, in età arcaica, confluivano le strade che collegavano il Nord e il Sud della penisola italiana e il mare con l'entroterra. Lungo quelle strade transitavano pastori, contadini e mercanti che nella pianura davanti all'isola si scambiavano le merci dando così vita a un mercato.
Agli inizi del III secolo a.C., sull'isola Tiberina fu edificato un **tempio dedicato a Esculapio**, dio della medicina. Da allora l'isola è sempre stata luogo di cura per malati, fino all'età moderna quando fu costruito un ospedale tutt'ora operativo. Anche i **ponti romani Cestio** e **Fabricio**, che collegavano l'isola alle rive del Tevere, sono ancora oggi visibili e in uso, tranne il **ponte Emilio**, detto "ponte rotto" perché ne resta in piedi solo un'arcata.

Veduta aerea dell'isola Tiberina e dei ponti Cestio e Fabricio.

Dall'alto al basso: il Palatino visto dal Foro romano; una veduta aerea del Campidoglio; il palazzo del Quirinale.

Il primo dei colli a essere abitato fu il **Palatino**, circondato da alcuni pendii scoscesi e quindi ben difendibile; proprio su di esso la leggenda colloca nel 753 a.C. la **fondazione di Roma** da parte di Romolo, che vi tracciò il *pomerium*, il primo perimetro sacro della città. I ritrovamenti archeologici hanno portato alla luce i resti di antiche capanne risalenti a quel periodo e che confermerebbero all'incirca la datazione della leggenda.
Il Palatino fu sede delle prime feste religiose della Roma arcaica e dall'età repubblicana ospitò i templi della *Magna Mater* e di Giove. Era un luogo prestigioso, dove molte famiglie nobili presero dimora e dove successivamente numerosi imperatori romani costruirono la residenza, il *Palatium* (palazzo), che prende il nome proprio dal colle. Oggi sul Palatino sono visibili le rovine dei palazzi imperiali, di templi e di numerose abitazioni.

Il **Campidoglio** era il più piccolo dei sette colli, composto da due alture unite da una piccola valle. Su una delle due alture (*Capitòlium*) sorgeva il tempio dedicato alla **Triade capitolina** (Giove, Giunone e Minerva), il più venerato a Roma, la cui edificazione fu iniziata in età monarchica dai Tarquini e ultimata all'inizio della repubblica dai primi consoli. Sull'altra altura (*Arx*) sorgeva la **rocca della città**, luogo fortificato e protetto da alte mura.
In età moderna, lo scultore **Michelangelo Buonarroti** (1475-1564) fu incaricato di progettare un nuovo Campidoglio: la piazza, l'ampia scalinata di accesso e i palazzi circostanti, come sono visibili tuttora. Oggi il Campidoglio è sede del Comune di Roma e dei Musei Capitolini.

Il colle del **Quirinale** era in origine formato da quattro alture. Secondo la tradizione fu sede di un primo villaggio di Sabini e del loro leggendario re Tito Tazio, che si alleò con Romolo dopo la fondazione di Roma. Il Quirinale era sede di un tempio dedicato al dio **Quirino**, da cui derivò il nome del colle, e anche della residenza del re di origine sabina Numa Pompilio.
In età moderna, sul Quirinale fu costruito lo splendido palazzo che fu prima la residenza estiva dei papi e poi il palazzo reale dei re d'Italia.
Oggi il palazzo del Quirinale è la residenza ufficiale del **Presidente della Repubblica italiana**, e conserva quindi l'antico ruolo di sede del potere politico insieme a un altro colle, il **Viminale**, sede della Presidenza del Consiglio dei Ministri e del Ministero dell'Interno.

10.4 I sette re della tradizione

La Roma dei re: tra storia e leggenda

La ricostruzione storica degli eventi legati alla Roma dell'età regia è resa difficoltosa da confusioni e contraddizioni, quasi sempre dovute all'imprecisione con cui gli storici antichi redassero i loro testi. Inoltre vi era la tendenza della tradizione ad anticipare eventi e riforme di età posteriore o a concentrare in un limitato periodo di tempo o in una sola figura ciò che invece era espressione e risultato di una lenta evoluzione.

Se le fonti antiche fondono **verità storiche** e **invenzioni mitologiche**, è tuttavia da ritenersi certa l'esistenza di un **governo monarchico** nei primi due o tre secoli di vita della città, anche se ciò non impedisce che si nutrano dubbi sull'opera militare e civile attribuita ai singoli re, sull'ordine della loro successione, sul nome, sul numero e persino sull'esistenza di alcuni di loro.

Romolo e Numa: i primi due re

Secondo la tradizione, dunque, per i primi due secoli e mezzo Roma fu governata da **sette re**, al primo dei quali, **Romolo**, vennero attribuiti la **fondazione della città** e il suo popolamento. Si fa inoltre risalire a lui il merito di avere incoraggiato la fusione di gruppi di Romani e gruppi di **Sabini** e di avere accolto entro le mura un altro popolo di origine latina, i **Luceri**.

Sempre secondo la tradizione, dopo la morte di Romolo venne eletto un re sabino, **Numa Pompilio**, il cui governo fu **pacifico**: egli innalzò infatti templi e altari, istituì ordini sacerdotali, organizzò il calendario e stabilì in particolare tutte le cerimonie del culto.

Alcuni studiosi ritengono che oltre a essere leggendario il racconto della fondazione di Roma, siano mitologiche anche le figure dei primi due re. Gli antichi storici romani avrebbero quindi personificato nel "guerriero" Romolo il fondatore della città e il primo a darle un ordinamento militare e politico, mentre la creazione di tutte le istituzioni religiose sarebbe stata attribuita al "pacifico" Numa. Questi due re pertanto sarebbero solamente gli **eroi eponimi** di tutte le riforme a loro attribuite; così Romolo è "l'uomo della forza" (dal greco *rhòme*, "forza fisica"), mentre Numa è quello della legge (dal greco *nòmos*, "legge"). Tuttavia altri storici considerano solo Romolo una figura mitica, mentre i re a partire da Numa li ritengono figure realmente esistite.

ti ricordi?

Come uno dei tre arconti ateniesi, l'**eponimo** è il personaggio che dà il nome all'anno della sua carica o a un luogo.

La lupa capitolina

La statua rappresenta la cosiddetta "lupa capitolina", un bronzo tradizionalmente ritenuto etrusco, al quale in epoca rinascimentale furono uniti i due gemelli, opera di Antonio del Pollaiolo (1431-1498), in omaggio alla tradizione sulle origini di Roma.

Lavorare con le FONTI

Laboratorio

La fondazione della città di Roma

Autore Tito Livio
Opera *Ab urbe condita*
Data 27 a.C.-17 d.C.
Tipologia fonte testo storiografico

Lo storico romano Tito Livio (59 a.C.-17 d.C.) dedicò tutta la vita alla stesura della monumentale opera sulla storia di Roma, Ab urbe còndita *("Dalla città fondata"). Tutta la narrazione, che ha come scopo principale l'esaltazione della grandezza di Roma, intreccia poeticamente storia e leggenda. I brani seguenti raccontano rispettivamente il momento della fondazione e quello del popolamento della nuova città. Uno degli episodi più celebri è il "ratto delle sabine" riportato nel secondo brano: si tratta della leggenda secondo la quale Romolo, dopo aver fondato Roma, si rivolge alle popolazioni vicine per stringere alleanze e ottenere delle donne con cui procreare e popolare la nuova città. Ai vicini che si rifiutano di collaborare risponde con l'astuzia: organizza un grande spettacolo per attirare gli abitanti della regione e ne rapisce le donne.*

Non senza motivo gli dèi e gli uomini scelsero per la fondazione della città un tale luogo, con colli saluberrimi [= *dal clima favorevole*], un fiume nel quale inoltrarsi per trasportarvi i prodotti agricoli dell'interno e per ricevere le merci che giungevano dal Mediterraneo, vicino al mare quanto occorre per le nostre necessità, ma non esposto, per l'eccessiva vicinanza, all'incursione di truppe straniere.
Un luogo posto al centro dell'Italia e favorevole come nessun altro all'incremento della città. La prova di tutto ciò sta nella rapida ascesa e nell'ampiezza di una città tanto recente.

dèi: il rito di fondazione di una città, etrusca o latina, era preceduto da un rituale. Un sacerdote che interpretava la volontà degli dèi, aveva il compito di delimitare uno spazio sacro tra cielo e terra: l'attraversamento di questa zona da parte di uccelli indicava, a seconda della direzione del volo, il gradimento o la disapprovazione degli dèi circa la fondazione della nuova città.

fiume: il Tevere era allora sottoposto a periodiche piene e quindi più facilmente transitabile; in corrispondenza dell'odierna isola Tiberina, il fiume assumeva i tratti di un guado sul quale si creò, con la convergenza di tribù di varie provenienze, una zona di scambi e di mercato.

centro: Roma, grazie al ponte che sorgeva sul guado tiberino, costituiva un passaggio obbligato tra l'Etruria e la Campania; di qui passava anche la via Salaria, che dalle saline di Ostia, controllate da Roma, portava verso l'interno della penisola.

Arrivò moltissima gente, anche per il desiderio di vedere la nuova città [...]. I Sabini, poi, vennero al completo, con tanto di figli e consorti. Invitati ospitalmente nelle case, dopo aver visto la posizione della città, le mura fortificate e la grande quantità di abitazioni, si meravigliarono della rapidità con cui Roma era cresciuta. Quando arrivò il momento previsto per lo spettacolo e tutti erano concentratissimi sui giochi, allora, come convenuto, scoppiò un tumulto e la gioventù romana, a un preciso segnale, si mise a correre all'impazzata per rapire le ragazze.

Sabini: i Sabini erano un antico popolo dell'Italia centrale, stanziatisi nell'area compresa tra il Tevere, il Nera e l'Appennino marchigiano, in corrispondenza cioè delle odierne province di Rieti e dell'Aquila.

mura fortificate: Roma, come del resto gli altri insediamenti latini, venne dotata di massicce mura per difendersi dai continui attacchi dei popoli confinanti, soprattutto i montanari della Sabina, che periodicamente calavano a valle con le loro greggi, saccheggiando tutto ciò che incontravano.

Per COMPRENDERE

1. Quali elementi hanno permesso un rapido sviluppo di Roma?
2. Secondo quale rituale vengono fondate le città etrusche e latine?

Tullo Ostilio e Anco Marzio: il periodo delle conquiste

Alla morte di Numa, sempre secondo la tradizione, i cittadini elessero re prima **Tullo Ostilio**, romano, il cui regno fu coinvolto in continue guerre con i popoli vicini, e successivamente **Anco Marzio**, sabino e nipote di Numa Pompilio.

Se i regni di Romolo e di Numa rappresentano il periodo della formazione di Roma e dei suoi primitivi ordinamenti, quelli di Tullo Ostilio e di Anco Marzio rappresentano invece il periodo delle **prime conquiste romane**. Oggi infatti è storicamente dimostrato che sotto il terzo e il quarto re ebbero luogo alcuni avvenimenti cui accenna il racconto della tradizione: la distruzione della città di **Alba Longa** (alla metà del VII secolo a.C.), con il conseguente assorbimento del suo territorio e dei suoi abitanti, la **guerra** contro le città del Lazio meridionale, nonché la costruzione di molte **opere pubbliche**, tra cui il primo ponte in legno sul Tevere.

La dinastia etrusca

Dopo la morte di Anco Marzio gli storici antichi narrano che Roma fu governata da un'influente **famiglia di origine etrusca**, quella dei **Tarquini**; anche se il racconto è intrecciato a vari elementi leggendari, è comunque attendibile la presa del potere da parte di re etruschi e l'inizio della **dominazione straniera** su Roma, che rimase per circa un secolo sotto il loro potere.

Lucio Tarquinio Prisco ricoprì la carica regia immettendo **usi e costumi** propri della **civiltà etrusca**; inoltre bonificò l'area del Foro con la costruzione di una **grande fogna**, la *Cloaca maxima*, e **abbellì la città** con nuovi templi e grandi monumenti. Sotto di lui furono allargati i confini del regno, grazie a ripetute vittorie sui **Sabini,** portando a termine così l'**assoggettamento del Lazio**.

Il sesto re fu **Servio Tullio** (nome tipicamente romano, anche se in base ad alcune teorie era di origine etrusca), al quale la tradizione attribuisce sia il merito della costruzione delle cosiddette **"mura serviane"**, una nuova cinta muraria lunga ben 11 chilometri, sia un'importante **riforma costituzionale**.

Tarquinio il Superbo e la monarchia assoluta

L'ultimo re fu **Tarquinio il Superbo**, a cui le fonti antiche attribuiscono metodi di governo dispotici: si circondò di collaboratori etruschi e cercò di rafforzare il suo potere sottraendosi al controllo del senato (l'assemblea degli anziani). Contemporaneamente, Tarquinio il Superbo accrebbe la potenza di Roma riportando molte vittorie sui Volsci, sui Rutuli e sugli Equi. Nel 509 a.C., infine, strinse **un trattato di commercio** e di navigazione con **Cartagine**, la più grande potenza marittima di allora: l'accordo era una prova evidente dell'importanza economica raggiunta ormai da Roma.

Secondo la tradizione, l'accresciuto potere del re etrusco, che si era inoltre proclamato giudice supremo di Roma e aveva reso ereditaria la carica di re, finì però con lo scatenare **una rivolta degli aristocratici**, i quali trovarono l'appoggio dell'esercito e della cittadinanza: Tarquinio venne cacciato dalla città, venne **abolita la monarchia** e istituita la **repubblica (509 a.C.)**.

I SETTE RE DI ROMA

Romolo fonda la città e le conferisce il primo ordinamento politico-militare

↓

Numa Pompilio stabilisce gli ordini sacerdotali e le cerimonie religiose, organizza il calendario

↓

Tullo Ostilio distrugge Alba Longa e ingaggia una guerra contro le altre città latine

↓

Anco Marzio come il suo predecessore intraprende una politica di espansione

↓

Tarquinio Prisco immette elementi della cultura etrusca e bonifica e abbellisce la città

↓

Servio Tullio fa costruire le "mura serviane" e vara una nuova riforma costituzionale

↓

Tarquinio il Superbo conclude un trattato commerciale con Cartagine, accresce la potenza di Roma, instaura una monarchia assoluta

GUIDA allo STUDIO

1. Quali furono e da chi vennero condotte le prime conquiste romane?
2. Che cosa sancì l'importanza economica raggiunta da Roma sotto Tarquinio il Superbo?
3. A che cosa si deve il passaggio dalla monarchia alla repubblica?

10.5 Le istituzioni della Roma monarchica

Tribù e curie, gens e familiae

A Romolo venne attribuita dalla tradizione, oltre alla fondazione delle più antiche **istituzioni sociali, politiche** e **militari** che regolavano la vita della nuova comunità, anche la divisione dell'intera popolazione romana in **tre tribù**: Ramnensi (cioè i Romani), Tiziensi (cioè i Sabini) e Luceri. Alla tribù spettava il compito di allestire i contingenti militari: per il servizio militare obbligatorio, ma non permanente, infatti, ogni tribù doveva fornire 1000 fanti e 100 cavalieri, cosicché l'esercito romano arcaico, chiamato **legione** (dal latino *lègere*, "raccogliere, scegliere"), era costituito da 3000 fanti e 300 cavalieri. Ciascuna tribù era a sua volta divisa in **10 curie** (dal latino *coviria*, "riunione di uomini") e ogni curia in **10 genti** (*gèntes*, al singolare *gens*), ciascuna delle quali composta di un numero più o meno grande di **famiglie** (*familiae*). La famiglia era la struttura di base della società romana delle origini, sia dal punto di vista giuridico che economico. Le *gentes* erano gruppi di famiglie **discendenti da un antenato comune** (ad esempio la *gens Iulia, Claudia, Valeria*) e probabilmente esistevano già prima che si costituisse lo Stato romano. Nel periodo arcaico, l'**appartenenza** di ciascun romano **alla *gens*** era di fondamentale importanza dal punto di vista politico, sociale ed economico, per questo motivo, anche nei secoli successivi, ogni romano portava il nome gentilizio, cioè il nome di appartenenza alla ***gens***.

La famiglia era sottomessa all'autorità del capofamiglia, il ***pater familias***. Proprietario dei beni della famiglia e incaricato di svolgere le cerimonie religiose, soprattutto nei primi secoli della storia di Roma egli aveva **diritto di vita e di morte** (*patria potèstas*) su tutti i membri della famiglia, che comprendevano, oltre ai parenti stretti, anche nipoti, parenti lontani, schiavi, **clienti**. Le donne erano completamente sottomesse prima al padre e poi al marito; nell'età monarchica la donna di condizione agiata viveva per lo più isolata con pochissime occasioni di uscire dalle proprie stanze come, per esempio, per cerimonie religiose, funerali e matrimoni.

> **lessico**
> **Cliente** cittadino libero o schiavo liberato, legato a un potente da un rapporto di protezione in cambio di favori.

Il senato, il re e i comizi curiati

L'assemblea dei capi delle *gèntes*, detti *pàtres* ("padri"), era il **senato** o assemblea degli anziani (dal latino *sènex*, "vecchio", "anziano"), l'organo principale dell'aristocrazia romana, la cui istituzione era anch'essa attribuita dalla tradizione a Romolo. Il senato era composto in origine solo da 200 membri, 100 Romani e 100 Sabini, mentre ne era-

LA SOCIETÀ DELLA ROMA MONARCHICA

la popolazione viene suddivisa in **tre tribù**

→ ogni tribù è divisa in 10 **curie**
→ ogni curia è divisa in 10 ***gentes***
→ ogni ***gens*** conta un numero più o meno grande di ***familiae***
→ la famiglia è l'elemento di base della società romana ed è sottomessa all'autorità del ***pater familias***, che ha diritto di vita o di morte su tutti i membri

→ ogni tribù deve fornire 1000 fanti e 100 cavalieri ciascuna
→ si costituisce l'esercito, la **legione**, che consta di 3000 fanti e 300 cavalieri

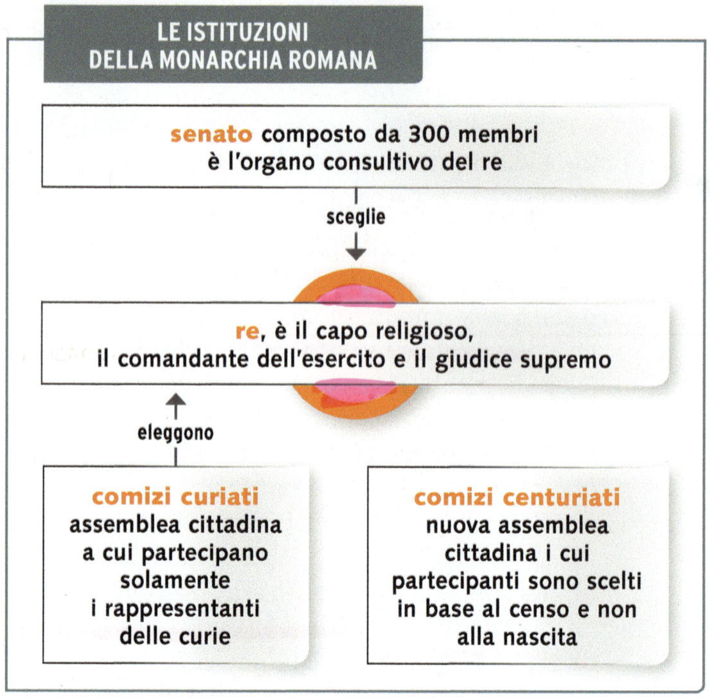

Famiglia e matrimonio
Una coppia di sposi con le mani congiunte a indicare l'accettazione del vincolo matrimoniale. La perpetuazione della stirpe aveva un'importanza fondamentale nel mondo romano e matrimonio e famiglia erano elementi essenziali del suo universo giuridico.

no esclusi i Luceri; secondo la tradizione fu Tarquinio Prisco a chiamarli a far parte del senato in numero di 100, portando i senatori a 300 membri. Il senato affiancava il re deliberando su importanti questioni di politica interna ed estera, e sceglieva tra i suoi membri il nuovo re.
Il **re** (*rex*) era capo religioso, compilatore delle leggi (*leges regiae*), supremo giudice e, in caso di conflitto, comandante dell'esercito. Egli non otteneva la corona per diritto di nascita, ma era scelto dal senato e **veniva eletto** dai **comizi curiati**. I comizi curiati erano un'assemblea che riuniva tutti i cittadini delle curie e che aveva funzione di reclutamento militare, di amministrazione territoriale e soprattutto di **conferimento del potere** (*impèrium*) al nuovo re. Ciò dimostra come fosse il popolo il depositario del potere e come il re lo esercitasse in nome dell'intera comunità.

La riforma serviana

Al re Servio Tullio, viene attribuita dalla tradizione un'**importante riforma costituzionale**; egli introdusse una nuova assemblea, i **comizi centuriati** (così detti perché i cittadini erano suddivisi in gruppi di cento uomini, le centurie), che si basavano sul principio di partecipazione dei cittadini agli affari del governo in base non più alla nascita ma al **censo**, cioè al patrimonio di ciascuno, analogamente a quanto era avvenuto nelle *pòleis* greche.
La maggior parte degli studiosi oggi ritiene che l'ordinamento centuriato non risalga all'epoca di Servio Tullio, cioè al VI secolo a.C., ma solo alla fine del V secolo a.C. e applicato nella sua ultima forma, dopo successive e complesse trasformazioni, non prima del IV secolo a.C. Probabilmente l'ordinamento centuriato è il risultato di più riforme avvenute nel corso di quasi due secoli, ma che la tradizione volle nel loro insieme attribuire a Servio Tullio, anche allo scopo di accostarle alle importanti riforme ateniesi di **Solone**.

ti ricordi?
In Atene, nel 594 a.C., l'arconte **Solone** instaurò un regime politico timocratico, cioè basato sul censo e non sulla nascita, dividendo la popolazione in quattro classi secondo la ricchezza e fissando gli obblighi dei cittadini riguardo al servizio militare.

GUIDA allo STUDIO

1. Che cosa si intende per *gens* e *familia*? Quali funzioni avevano nella società romana?
2. Qual era il ruolo della donna nella Roma monarchica?
3. In che cosa consisteva l'importanza della riforma serviana?

SINTESI

10.1 I primi insediamenti nella penisola italica risalgono al Paleolitico. Nel corso del II millennio a.C. gruppi di **indoeuropei** si insediano nell'Italia settentrionale, fondendosi con le popolazioni della zona. Qui danno origine ai primi villaggi su **palafitte** e alle **terramare**. Nel corso dell'età del bronzo si sviluppano la civiltà dei **Camuni**, nelle valli alpine, e la **civiltà nuragica**, in Sardegna. Nell'età del ferro fiorisce nell'Italia centrale la **civiltà villanoviana**, assorbita poi dalla quella **etrusca**. Dopo il 1000 a.C. la penisola è abitata da un mosaico di popolazioni, chiamate nel complesso **Italici**; ad essi si aggiungono i **Greci** e **Fenici** nell'Italia meridionale e i **Celti**, penetrati nell'Italia settentrionale a partire dal VI secolo a.C.

10.2 A partire dalla fine del IX secolo a.C. gli **Etruschi** abitano la zona compresa tra l'Arno e il Tevere. Tra l'VIII e il VI secolo a.C. raggiungono il loro massimo livello di civiltà e di espansione, allargando verso nord e verso sud la loro supremazia. Politicamente sono organizzati in **città-stato indipendenti**, ciascuna retta da un re (lucumone) e talvolta riunite in federazioni. Gli Etruschi mettono a punto tecniche evolute di coltivazione, di bonifica e di irrigazione. Sviluppata è anche la lavorazione dei metalli, favorita dai ricchi giacimenti presenti nell'Etruria; la produzione artigianale viene esportata ovunque grazie a una flotta potente e a una efficiente rete stradale. Gli Etruschi sono famosi nell'intera penisola per la loro originale religione e soprattutto per la conoscenza dell'**arte divinatoria.**

10.3 A metà del II millennio a.C., nell'Italia centrale si insedia la popolazione indoeuropea dei **Latini**. Concentrati nel Lazio antico, a partire dal XII secolo a.C. erigono numerosi centri abitati, tra cui **Alba Longa** e più tardi **Roma**, fondata, secondo la tradizione, il **21 aprile del 753 a.C.** ma in realtà costituitasi gradualmente dall'unione di più villaggi. Il primo colle a essere occupato è il **Palatino**, dove, intorno al X secolo a.C., viene creato un villaggio non lontano dall'**Isola Tiberina**, snodo importante per il commercio del sale. In seguito vengono occupati i colli circostanti: Esquilino, Celio, Viminale, Quirinale, Campidoglio e, da ultimo, l'Aventino.

10.4 Per i primi due secoli e mezzo Roma, secondo la tradizione, è governata da **sette re.** I regni di **Romolo** e di **Numa Pompilio** rappresentano il periodo della formazione della città e dei suoi primitivi ordinamenti; quelli di **Tullo Ostilio** e di **Anco Marzio**, invece, il periodo delle prime guerre contro le città del Lazio meridionale e della costruzione di opere pubbliche. Il quinto re è l'etrusco **Tarquinio Prisco**, che abbellisce e bonifica la città; gli succede **Servio Tullio**, che fa costruire le **mura** e vara una nuova **costituzione.** L'ultimo re è **Tarquinio il Superbo**, con cui la monarchia degenera in un regime dispotico. Nel 509 a.C., con la cacciata di Tarquinio dalla città, si ha il passaggio dalla monarchia alla **repubblica.**

10.5 Romolo classifica tutti i cittadini in **tre tribù:** Romani, Sabini, Luceri; divide le tribù in **curie**, le curie in **genti** composte da **famiglie.** Organo principale dello Stato romano è il **senato**, l'assemblea degli anziani. Il **re** è capo religioso, compilatore delle leggi, giudice supremo e comandante dell'esercito; viene eletto dai **comizi curiati**, l'assemblea dei cittadini. In seguito vengono istituiti i **comizi centuriati**, basati sul censo.

PER COSTRUIRE LE COMPETENZE

SPAZIO

1. Individua nella carta le zone di insediamento delle seguenti civiltà:
   - insediamenti palafitticoli
   - Camuni
   - civiltà nuragica
   - civiltà terramaricola
   - civiltà villanoviana
   - Etruschi
   - Liguri
   - Veneti
   - Umbri
   - Piceni
   - Latini
   - Sanniti
   - Siculi
   - Greci
   - Fenici

TEMPO

2. Completa la cronologia.

II millennio a.C.	Sviluppo della civiltà dei …… in Lombardia
VIII sec. a.C.	Fusione della civiltà villanoviana con quella ……
21 aprile …… a.C.	Data tradizionale della fondazione di ……, ad opera di ……
Metà VII sec. a.C.	Distruzione della città di …… da parte ……
VI sec. a.C.	Arrivo dei ……, chiamati dai Romani ……, nell'Italia settentrionale
…… a.C.	Finisce l'età monarchica in seguito alla ……
474 a.C.	Battaglia navale di ……, che segna la fine del tentativo di espansione degli …… in Magna Grecia

LESSICO

3. Associa a ogni termine il relativo significato.

A. Rasenna
B. Cliente
C. Enotria
D. Terramare
E. Galli
F. *Gens*
G. Legione
H. Lucumone
I. Nuraghe
J. Tirreni
K. *Pater familias*
L. Senato

a. Insediamenti preistorici nell'area emiliana
b. Edificio tipico della civiltà sarda
c. Antico nome dato all'Italia dai Greci
d. Nome romano dato ai Celti
e. Persona che veniva protetta da una *familia*
f. Nome dato dai Greci agli Etruschi
g. Nome con cui gli Etruschi chiamavano se stessi
h. Re-sacerdote etrusco
i. Assemblea dei *patres* delle *gentes*
j. Nome arcaico dell'esercito romano
k. Insieme di famiglie aventi un antenato comune
l. Capofamiglia

EVENTI E PROCESSI

Le popolazioni italiche

4. Completa il testo scegliendo il termine giusto tra quelli proposti, oppure inserendo la parola, il concetto o il dato mancante.

La penisola italica conobbe lo sviluppo di civiltà *prima* | *dopo* quelle del Vicino Oriente. I primi insediamenti si ebbero nel *Paleolitico* | *Neolitico*. Durante l'età del bronzo ci fu la fioritura di due civiltà. Una si sviluppò in Lombardia, precisamente in ……, chiamata ……, le cui …… rupestri sono molto interessanti per lo studio di tale civiltà. L'altra, detta ……, fiorì in ……. Nell'età del *ferro* | *rame* nacque la civiltà ……, chiamata in questo modo perché …… ……. Essa sarà poi assorbita da quella ……. Altre popolazioni giunsero in Italia: Greci, Fenici e Celti, che si stanziarono rispettivamente in …….

Gli Etruschi

5. Quali sono le 3 ipotesi sull'origine degli Etruschi?

Le origini di Roma

6. Quali sono le origini di Roma?
La leggenda: ……
L'ipotesi storica: ……

I re di Roma

7. Completa la corrispondenza tra il personaggio e gli avvenimenti.

1	……	…… della città.
2	……	Re di origini ……, che istituisce le prime ……
3	……	Roma entra in …… con le popolazioni vicine e distrugge la città di ……
4	……	Prosegue una politica di ……
5	……	Di origine ……, introduce elementi della cultura …… e completa ……
6	……	Fa costruire le ……, e introduce una riforma di tipo ……
7	……	Fa un trattato commerciale con …… e viene cacciato da …… perché regna con atteggiamenti ……

TECNOLOGIA E LAVORO

8. Indica gli interventi degli Etruschi nei seguenti settori.
Agricoltura: ……
Idraulica: ……
Industria dei metalli: ……
Artigianato: ……
Urbanistica: ……
Architettura: ……

NESSI

I vari nomi dell'Italia

9. Completa il testo utilizzando i termini appropriati.

I Greci la chiamavano ……, che significa ……, in quanto situata a ovest. I Greci la chiamavano anche ……, cioè "terra del vino", oppure anche ……, in virtù del mito secondo cui il dio …… vi avrebbe trovato un rifugio.

Veniva chiamata anche …… dal popolo degli ……, che vivevano nei pressi di Napoli. Il nome Italia deriva dal popolo degli ……, che vivevano nell'attuale Calabria e avevano come animale sacro il ……, chiamato in latino *vitulus*. Il termine solo in un secondo tempo passò a indicare i territori conquistati dai …….

● **Le istituzioni.**

10. Completa il testo sulle istituzioni etrusche e romane utilizzando i seguenti termini.

senato – lucumone – federazione – senex – curie – città-stato – patrimonio – assemblea – esercito – aristocratici – curiati – reclutamento – re – anziano – dodecapoli – giudiziario – politica interna – amministrativa – censo – sacerdote – comizi

- La civiltà etrusca: era organizzata nella forma politica delle .... ognuna governata da un re, che era anche ...., chiamato .... Le città etrusche erano tra loro unite attraverso una ...., detta .... (in quanto composta da 12 città). Più tardi al re si affiancò un'.................... di aristocratici.
- A Roma: il senato (che deriva da ...., cioè ....) era la riunione degli .... e si occupava di .... ed estera.

Il re veniva scelto dal ...., era l'autorità massima in ambito .... e comandava l'.................... .

I comizi .... erano un'assemblea che comprendeva i cittadini delle ...., i quali dovevano conferire il potere al .... e avevano la funzione .... e di .... militare.

I .... centuriati erano costituiti in base al ...., cioè il ...., ed erano anch'essi un'assemblea.

CONFRONTI

11. Inserisci nella tabella relativa alle popolazioni incontrate nel capitolo le informazioni che conosci.

Popolazione	Dove	Organizzazione	Altre informazioni
Camuni			
Villanoviani			
Greci			
Fenici			
Celti			
Etruschi			
Romani			

RIELABORAZIONE (verso l'orale)

12. Crea una mappa riassuntiva (seguendo il modello dato) che sviluppi i principali aspetti della civiltà etrusca.

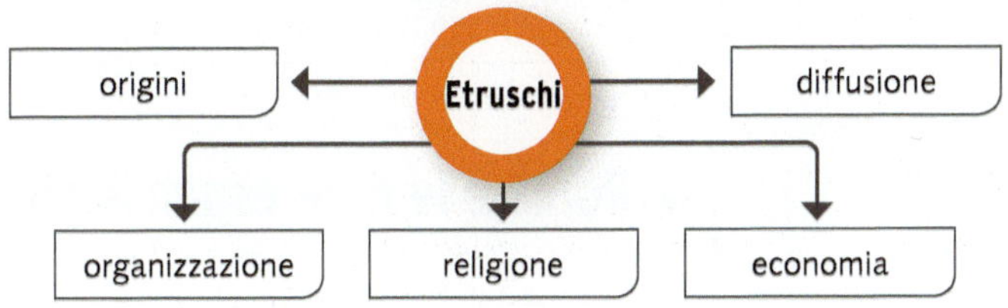

13. Crea una mappa riassuntiva (seguendo il modello dato) che sviluppi gli aspetti relativi alla nascita di Roma e alla società romana nel periodo monarchico.

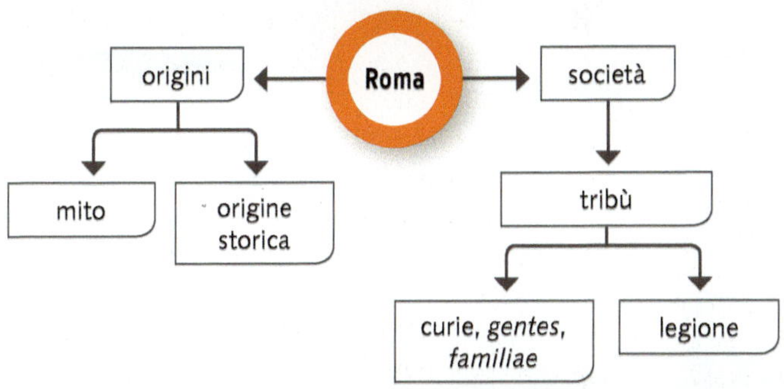

LABORATORIO DELLE COMPETENZE

CIVILTÀ A CONFRONTO

14. Recupera le informazioni relative alla periodizzazione delle civiltà antiche che hai studiato finora e riempi lo schema comparativo sul confronto cronologico mettendo gli eventi forniti nella giusta collocazione.

A Sparta si cominciano a eleggere gli efori | Cade il primo regno babilonese | Civiltà degli Accadi | Civiltà dei Camuni | Civiltà dei Sumeri | Civiltà micenea | Civiltà nuragica | Civiltà villanoviana | Confederazione latina | Fine della monarchia a Roma | Fine della tirannide ad Atene | Inizio della civiltà etrusca | Nascita di Roma | Nascono le pòleis | Periodo minoico medio

	PENISOLA ITALICA	MESOPOTAMIA	GRECIA
IV-III millennio a.C.			
II millennio a.C.			
2350-2200 a.C.			
2000-1700 a.C.			
1500-1150 a.C.			
1146 a.C.			
X-IX sec. a.C.			
X sec. a.C.			
VIII sec. a.C.			
753 a.C.			
510 a.C.			
509 a.C.			

capitolo 11

La nascita della repubblica romana

Roma e le mire espansionistiche dei popoli vicini

1 In seguito alla cacciata del re Tarquinio, gli **Etruschi** riprendono la lotta con Roma.

2 La giovane repubblica sconfigge la **Lega latina** presso il **lago Regillo** (496 a.C.).

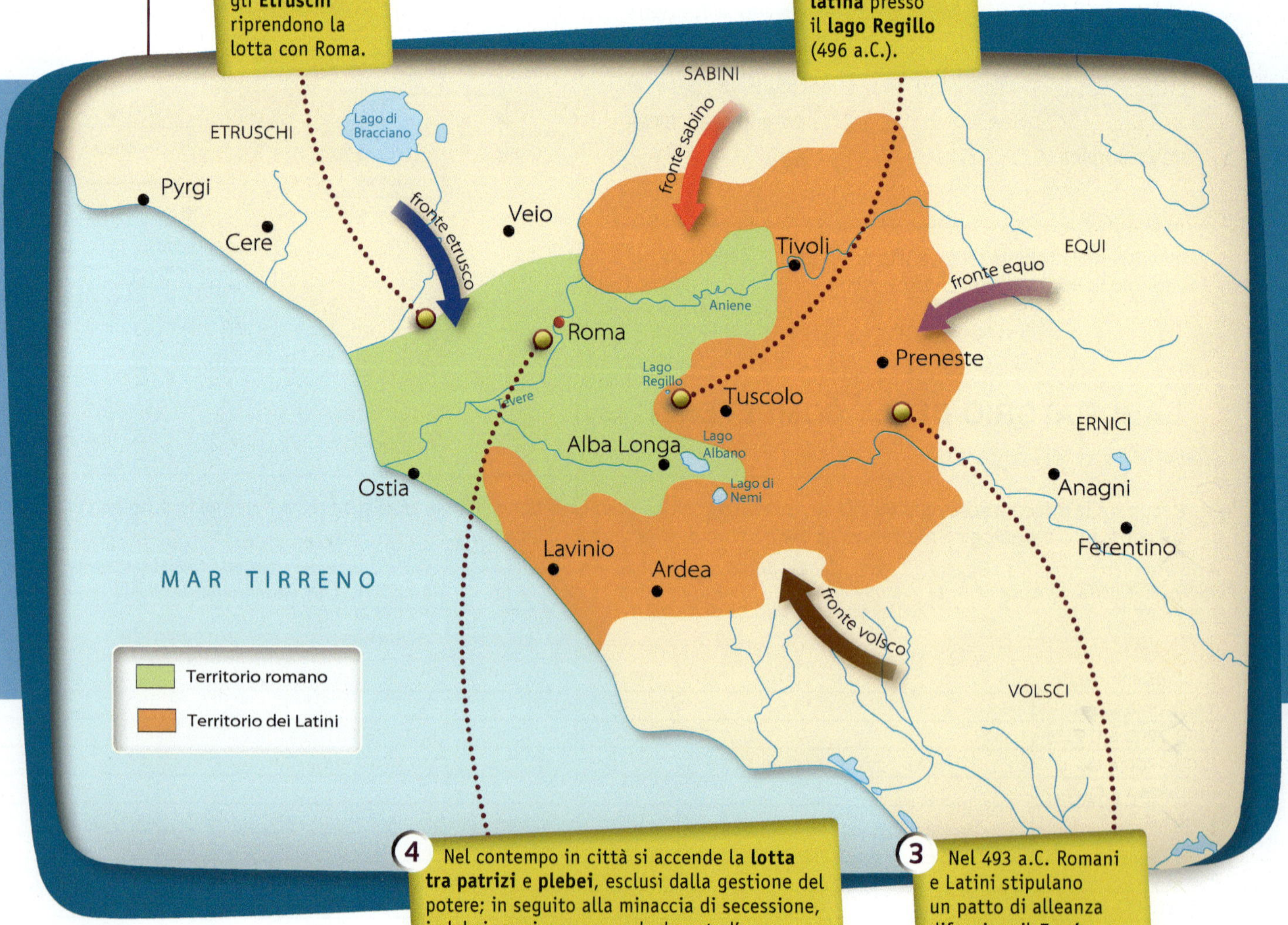

4 Nel contempo in città si accende la **lotta tra patrizi e plebei**, esclusi dalla gestione del potere; in seguito alla minaccia di secessione, i plebei raggiungono gradualmente l'accesso alle cariche pubbliche e ottengono altre misure sociali e politiche a proprio favore, come l'emanazione delle prime **leggi scritte**.

3 Nel 493 a.C. Romani e Latini stipulano un patto di alleanza difensivo, il ***Foedus Cassianum***, contro Volsci, Equi e Sabini.

509 a.C.
Nascita della repubblica romana

496 a.C.
Battaglia del lago Regillo

494 a.C.
Secessione sull'Aventino e istituzione dei tribuni della plebe

493 a.C.
Foedus Cassianum, alleanza tra Romani e Latini

487 a.C.
Legge Ortensia: i plebisciti diventano leggi valide per tutto il popolo romano

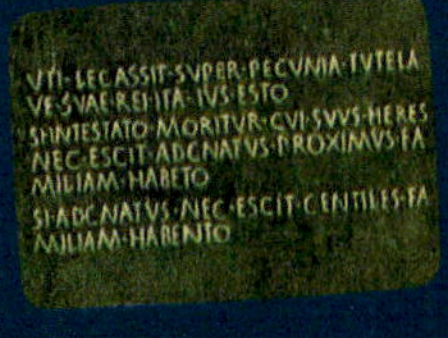

451 a.C.
Leggi delle XII Tavole

All'inizio del VI secolo a.C. la fase monarchica venne superata da una gestione allargata del potere che dette origine alla **repubblica romana**. Fin dai primi anni la repubblica dovette affrontare un duplice pericolo: difendere il territorio dalla pressione dei popoli confinanti e risolvere i numerosi conflitti politici e civili interni alla società.
Le tensioni sociali erano dovute in particolar modo alle lotte tra i nobili, i **patrizi**, e il popolo, i **plebei**, che rispecchiavano in parte quelle avvenute in molte altre città, come ad esempio nelle *pòleis* greche. A una prima fase di chiusura dell'aristocrazia e di governo oligarchico seguì anche a Roma una fase di maggior apertura e più democratica, in cui anche il popolo ebbe un ruolo politico.
La storia di Roma arcaica conobbe quindi sviluppi politici nuovi e originali, che si rivelarono il più delle volte pronti ad adeguarsi alla gestione di una città in continua trasformazione e ad adattarsi a realtà sempre diverse. Ciò portò alla maturazione della piena **coscienza politica e civile** dei Romani.
Inoltre, a partire dalle prime leggi scritte, **le leggi delle XII Tavole**, i Romani crearono un concetto razionale di **diritto**, unico nel mondo antico, che rappresenta uno dei principali aspetti lasciati in eredità alle epoche successive e che più hanno contribuito alla nascita del pensiero politico e giuridico moderno e contemporaneo.

11.1 I conflitti di Roma nel Lazio

Le guerre contro gli Etruschi e i Latini

Secondo la tradizione, la cacciata da Roma dell'ultimo sovrano **Tarquinio il Superbo** segnò l'inizio di un lungo conflitto. Egli infatti fece di tutto per **riprendere il trono**, sobillando i nemici di Roma, decisi a eliminare una rivale pericolosa perché anch'essa protesa all'espansione nell'area dell'Italia centrale. Ne nacquero lotte contro gli **Etruschi** delle città di Tarquinia e Veio, e contro **Porsenna**, re etrusco di Chiusi, il quale riuscì persino a **occupare la stessa Roma**, sia pure per un breve periodo. Anche se la leggenda ha cercato di rivisitare gli avvenimenti con deformazioni storiche e poetiche invenzioni, tendenti a nascondere gli inevitabili rovesci subiti dai Romani in campo militare, è comunque certo che, con la caduta della monarchia di stirpe etrusca, **Roma perse momentaneamente il primato sulle genti latine**, incoraggiate alla rivolta dalla difficile situazione nella quale la città si dibatteva.
La nuova repubblica romana si trovò allora a fronteggiare anche l'aggressione dei **Latini**, che si riunirono in una **lega** militare, ma finirono, dopo molti scontri, per essere battuti nel corso di una decisiva battaglia non lontano dai Colli Albani, nei pressi del **lago Regillo** (496 a.C.). Questa battaglia segnò l'inizio della ripresa per Roma, che ormai aveva assunto una posizione di città preminente nel Lazio.

Guerriero etrusco
Statuetta di bronzo di un guerriero etrusco ritrovata presso Brolio, in provincia di Arezzo.

I dioscuri
La moneta reca l'immagine di Castore e Polluce, i mitici eroi figli di Giove, che avrebbero annunciato al popolo romano la vittoria presso il lago Regillo apparendo nel Foro.

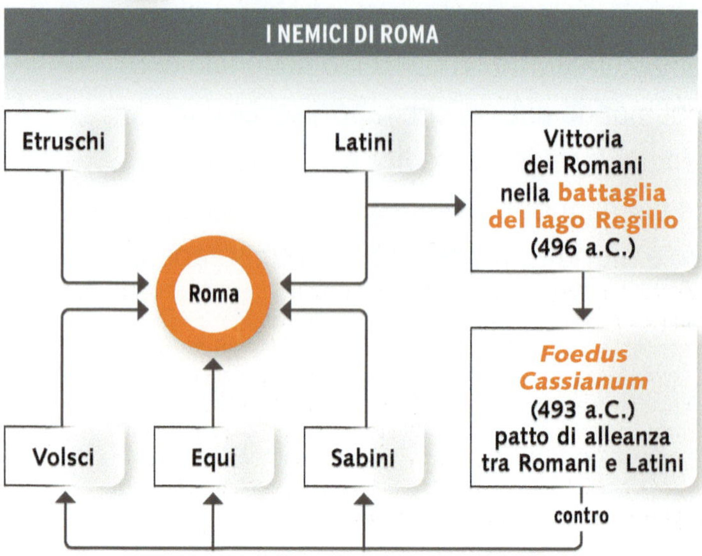

Il patto di alleanza tra Romani e Latini

In seguito alla battaglia del lago Regillo, nel **493 a.C.** i Romani e i Latini stipularono il ***Foedus Cassianum***, un **patto di alleanza difensivo** con il quale si impegnavano a un reciproco soccorso contro eventuali nemici. In tal modo essi intendevano difendere il territorio latino dalla incombente pressione dei Volsci, degli Equi e dei Sabini, che dai valichi montuosi erano scesi pericolosamente nelle pianure del Lazio. Per Roma tale patto rappresentò la più grande operazione diplomatica conclusa in quegli anni, dopo il trattato di navigazione e commercio sottoscritto con Cartagine nel 509 a.C. Grazie al *Foedus Cassianum*, infatti, Roma aveva ufficialmente ottenuto il **diritto di trattare da pari a pari con la confederazione latina** e aveva quindi fugato per sempre il pericolo di venire inglobata in quella lega. Allo stesso tempo l'alleanza con i Latini consentiva ai Romani di arrestare definitivamente la pericolosa spinta espansionistica di Sabini, Volsci ed Equi.

GUIDA allo STUDIO

1. Perché Roma si scontrò con gli Etruschi?
2. Che cosa ottenne Roma con il *Foedus Cassianum*?

11.2 I primi contrasti sociali della repubblica

Il passaggio dalla monarchia alla repubblica

Il crollo della monarchia e il conseguente passaggio alla forma repubblicana, come è stato chiaramente dimostrato dalla critica storica, non è da attribuirsi alla "rivoluzione" narrata dalla leggenda ma a un **progressivo maturare della coscienza politica** dei Romani, desiderosi di liberarsi dal lungo predominio degli Etruschi. Il potere monarchico infatti dovette cedere a poco a poco il posto a quello aristocratico. Nel momento in cui il re si trovò nell'impossibilità di provvedere da solo ai crescenti bisogni civili e militari di una città in continua espansione, fu costretto a servirsi di collaboratori scelti fra i cittadini aristocratici: questi ultimi gradualmente finirono con l'imporgli la propria volontà, preparando così una progressiva trasformazione del sistema di governo.

Quello di Roma fu, dunque, un processo di trasformazione degli istituti politici dalla monarchia all'oligarchia e, successivamente, a forme più partecipative e democratiche, non dissimile da quello verificatosi in Grecia fra il IX e il VI secolo a.C.

Il "padre" della repubblica Secondo la tradizione Lucio Giunio Bruto, qui raffigurato in un famoso ritratto conservato ai Musei Capitolini di Roma, fu tra i protagonisti della rivolta contro Tarquinio il Superbo e, insieme a Lucio Tarquinio Collatino, membro della prima coppia consolare.

A caratterizzare i primi anni della storia della Roma repubblicana furono dunque, oltre alle guerre combattute a fini strategici e difensivi con le popolazioni confinanti, anche gli importanti mutamenti che si susseguirono sul piano politico interno.

L'alba della repubblica: il quadro politico

Con l'istituzione della repubblica si aprì una nuova e importante fase nella storia delle istituzioni dello Stato romano. Se con il regime monarchico si era assistito a un progressivo accentramento dei poteri (esecutivo, giudiziario, militare e religioso) nelle mani di una sola persona, con la repubblica si arrivò invece a una **divisione di** tali **poteri** fra i **magistrati**, coloro cioè che ricoprivano le più alte cariche pubbliche, e i **comizi**, ovvero le assemblee popolari. Il nuovo **sistema di governo** prevedeva che:

- il potere militare e quello esecutivo fossero affidati a due magistrati, i **consoli**;
- il potere giudiziario ai **pretori**;
- il potere religioso al **pontefice massimo**;
- il potere legislativo ai **comizi**;
- il potere consultivo al **senato**.

Nel periodo immediatamente successivo alla nascita della repubblica, i magistrati erano eletti dai comizi ma esclusivamente fra i membri della nobiltà, mentre tutti gli altri cittadini ne erano esclusi.

ti ricordi?

A differenza del moderno significato (giudice) nell'antichità il **magistrato** era colui che assumeva una qualsiasi carica pubblica (magistratura).

lessico

Console dal latino *consùlere*, "provvedere insieme", era la più alta carica della repubblica romana. Oggi il console è il rappresentante di uno Stato in città straniere, non capitali, con funzioni amministrative.

Pretore dal latino *praeìre*, "andare avanti", cioè guidare l'esercito, era in origine il magistrato incaricato del potere militare; solo in seguito gli fu assegnato il potere giudiziario.

concetti chiave

Divisione dei poteri

Nella Roma repubblicana veniva applicata la divisione dei poteri, già presente nella democrazia ateniese; infatti il potere di fare le leggi spettava ai comizi, quello esecutivo ai consoli e quello giudiziario ai pretori. Questa divisione si perderà nel corso della successiva storia romana e del Medioevo, con l'avvento delle monarchie assolute.

Sarà l'Illuminismo, nel Settecento, a riproporre, in nome della libertà, la ripartizione del potere tra più istituzioni.

Nel trattato *Lo spirito delle leggi* (1748) il filosofo francese Montesquieu affermava: «Tutto sarebbe perduto se un'unica persona o un unico corpo di notabili, di nobili o di popolo esercitasse questi tre poteri: quello di fare le leggi, quello di eseguire le risoluzioni pubbliche e quello di punire i delitti o le controversie dei privati».

La divisione dei poteri è uno dei principi fondamentali degli stati democratici di oggi. In essi il potere legislativo è affidato al parlamento eletto dal popolo, il potere esecutivo al governo e quello giudiziario a una magistratura indipendente che fa rispettare le leggi.

I patrizi e la repubblica aristocratica

Era sorta quindi una **repubblica aristocratica**, nella quale al potere del re fu sostituito quello dei nobili o **patrizi** (da *patres*, titolo assegnato ai membri del senato). Costoro appartenevano alle più antiche famiglie proprietarie terriere che si ritenevano discendenti dai padri fondatori di Roma e, nell'età monarchica, erano stati i soli a collaborare con il re e a partecipare al governo.
Nel nuovo ordinamento repubblicano, grazie al prestigio sociale e alle ricchezze di cui disponevano, erano proprio i patrizi a detenere l'accesso esclusivo a tutte le cariche, dalle più alte magistrature agli ordini sacerdotali e ai tribunali. Ciò dimostra come la cacciata di Tarquinio il Superbo e la successiva trasformazione istituzionale furono opera dell'aristocrazia, determinata ad accaparrarsi il supremo potere dello Stato.
Ristretti in una minoranza e rinserrati in una classe sociale chiusa (la cosiddetta "serrata del patriziato"), i patrizi tendevano tenacemente a conservare i privilegi acquisiti fin dalla nascita e a non lasciarseli usurpare.

I plebei

Oltre ai patrizi, l'altra classe sociale che costituiva la cittadinanza romana era quella dei **plebei**. I plebei erano tutti coloro che non appartenevano a famiglie nobili, erano per lo più agricoltori, commercianti e piccoli artigiani, rappresentavano la **maggioranza della popolazione** ed erano divisi in:

- plebei **ricchi**, che costituivano la minoranza e che, migliorata la propria posizione economica sotto i Tarquini, aspiravano alle cariche e agli onori e non accettavano di essere esclusi dai vantaggi politici goduti dalla nobiltà;
- plebei **poveri**, la maggioranza, che desideravano soprattutto liberarsi da una condizione di indigenza resa ancora più grave e insopportabile dalle continue guerre.

A differenza dei patrizi, i plebei, che pure avevano preso parte come soldati alle guerre contro i vicini popoli laziali, non ne avevano tratto alcun vantaggio, perché erano esclusi dalle magistrature e non avevano gran peso neppure nelle votazioni delle leggi, dal momento che il senato, e quin-

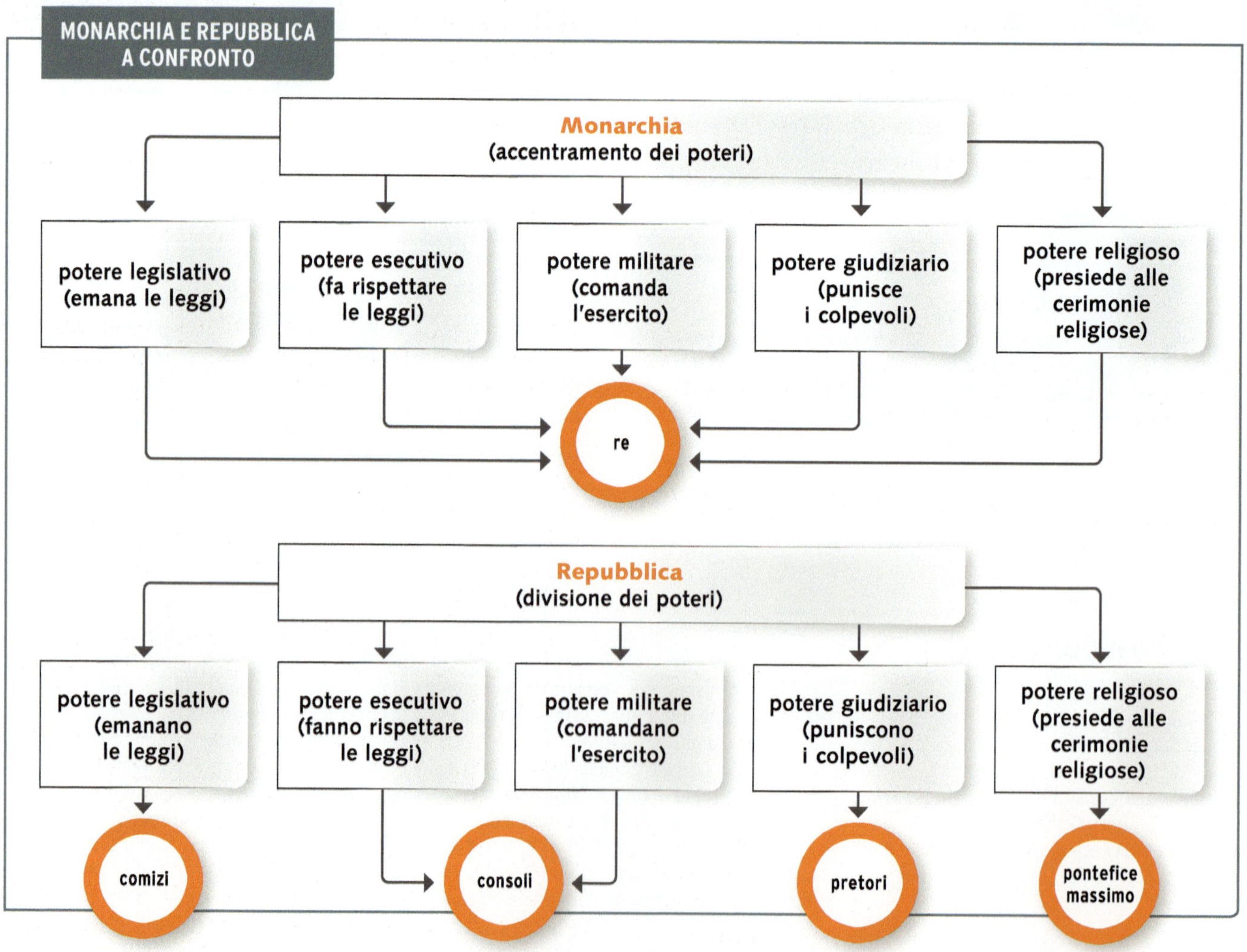

di la classe patrizia, aveva un effettivo potere di controllo e influenza anche sulle decisioni dei comizi popolari.

▲ **Il forte senso di appartenenza dei patrizi**
Per gli aristocratici era un punto di orgoglio sottolineare la nobiltà e il prestigio della *gens* alla quale appartenevano. Il bassorilievo mostra degli uomini in toga, forse dei magistrati patrizi.

Le cause di povertà dei plebei

La posizione dei plebei nell'ambito della società era andata peggiorando a causa di un progressivo impoverimento: tutte le **operazioni militari** che Roma aveva dovuto sostenere dopo la caduta della monarchia, specialmente contro gli Etruschi e contro i Latini, avevano finito per ridurre gran parte di loro nella **miseria** più totale. I plebei, infatti, essendo per lo più **piccoli proprietari terrieri** che lavoravano da sé il proprio podere, ogni volta che dovevano attendere ai loro doveri militari, erano costretti ad abbandonare il lavoro dei campi, lasciandoli incolti e perdendo così la produzione agricola o trovandoli saccheggiati dai nemici.
Inoltre, non ricevendo nell'esercito alcuno stipendio e per giunta dovendo acquistare a proprie spese le armi e l'attrezzatura militare, erano obbligati ad accumulare debiti con i cittadini più ricchi e in particolare con i patrizi, i quali, invece, avevano la possibilità di far lavorare le loro terre dagli schiavi e dai propri clienti.
Ciò consentiva ai ricchi di non sentire troppo il peso della guerra, tanto più che avevano un'altra fonte di guadagno nell'uso esclusivo dell'**agro pubblico** (*ager publicus*), cioè del territorio sottratto ai nemici vinti, che diventava proprietà dello Stato, ma che poi veniva ceduto in affitto a quanti avevano i mezzi per coltivarlo.
I patrizi a loro volta si rifacevano dei danni subiti in guerra opprimendo con l'usura i contadini debitori. La condizione dei plebei era così divenuta assai difficile; né, cessata la guerra, scompariva per questo la loro miseria, perché si trovavano oppressi dalle **severe leggi sui debiti**. In virtù di esse i debitori insolventi divenivano **proprietà dei creditori** e, nel caso in cui entro sessanta giorni nessuno si fosse offerto di liberarli, potevano essere **venduti come schiavi** fuori del territorio romano oppure addirittura uccisi.

CITAZIONE D'AUTORE
Le condizioni dei plebei
Un così generale malcontento fu accresciuto dal tristissimo caso di un veterano [soldato al termine del servizio], *il quale era accorso nel Foro e si era messo a raccontare tutte le sue disgrazie Egli aveva una veste sudicia e un aspetto pietoso e ripugnante insieme; inoltre i capelli e la barba in disordine davano al suo viso un aspetto incolto e selvaggio. Il veterano [...] mostrava le cicatrici delle ferite riportate in guerra e dichiarava che, mentre combatteva contro i Sabini, a causa della devastazione dei campi non solo aveva perduto il raccolto, ma aveva avuto la casa bruciata e il bestiame rubato; come se ciò non bastasse, gli era stato imposto di pagare una ingiusta tassa e pertanto aveva dovuto contrarre un debito.*
(Livio, *Ab urbe condita*, I a.C - I d.C.)

La lotta dei plebei per la conquista dei diritti civili

Il divario politico, economico e sociale che opponeva i patrizi ai plebei era divenuto sempre più ampio, cosicché nel V secolo a.C. sfociò in vere e proprie lotte. I plebei richiedevano **leggi più eque** sui debiti, una distribuzione dell'agro pubblico più giusta e un'amministrazione della giustizia più equilibrata, e, sul piano politico, pretendevano di accedere alle cariche pubbliche e specialmente al **consolato**. Erano trascorsi appena quindici anni dalla cacciata dei Tarquini e due dalla battaglia del lago Regillo, quando nel **494 a.C.** i plebei per la prima volta si ribellarono, abbandonarono Roma e si ritirarono armati sull'**Aventino** (secondo altre fonti sul

Monte Sacro), dove stabilirono una vera e propria **comunità, contrapposta a quella dei patrizi**, con leggi, istituzioni e culti propri.
Tale rivolta prese il nome di **secessione**: termine, questo, che esprime il concetto del "ritirarsi in disparte" e che ancora oggi viene utilizzato per indicare l'atto di separazione di un determinato gruppo da un'entità statale o sociale di cui faceva parte.

Il diritto di veto
Moneta romana che celebra l'istituto del diritto di veto per i tribuni della plebe.

Verso il superamento della crisi: l'intervento di Menenio Agrippa

Posti di fronte al pericolo di dover rinunciare alla maggior parte dei lavoratori della terra e dei soldati, i patrizi avvertirono tutta la gravità della situazione e fecero numerose promesse e assicurazioni, ma i plebei non vollero cedere.
Fu allora che lo Stato romano decise di inviare **Menenio Agrippa**, un plebeo che si era distinto per le sue capacità militari, a pacificare gli animi dei secessionisti, confidando nel fatto che i plebei lo avrebbero ascoltato, date le comuni origini. Consapevole del ruolo fondamentale che la plebe svolgeva all'interno dello Stato, secondo la tradizione egli riuscì a sanare i profondi contrasti tra patrizi e plebei raccontando l'**apologo** "delle membra ribellate contro lo stomaco". Agrippa narrò che una volta le parti del corpo si ribellarono al ventre, perché sostenevano di dover faticare anche per lui, che rimaneva invece in ozio. Di conseguenza decisero di interrompere ciascuna la propria attività; in breve non solo il ventre, ma tutto quanto il corpo si trovò fortemente indebolito. In quel momento però le membra si resero conto che anche il ventre aveva una sua funzione e che solo la collaborazione di tutti avrebbe assicurato la salute del corpo. In tal modo Agrippa convinse i plebei che solo la **cooperazione** con i patrizi avrebbe potuto garantire gli interessi di entrambi e salvaguardare così l'unità dello Stato romano: grazie al suo intervento, la secessione terminò e le attività politiche di Roma poterono riprendere.

lessico
Apologo breve racconto simbolico finalizzato a illustrare le ragioni di una decisione.

LA LOTTA DEI PLEBEI

Progressivo impoverimento dei plebei, costretti ad abbandonare le loro terre per combattere e a contrarre debiti che spesso non riescono a pagare, cadendo in uno stato di schiavitù

↓

I plebei rivendicano leggi sui debiti più eque, parità di diritti civili e politici con i patrizi, possibilità di accedere all'agro pubblico

↓

Rivolta dei plebei e secessione sull'Aventino

↓

Mediazione di Menenio Agrippa

↓

I plebei ottengono di eleggere due rappresentanti, i tribuni, dotati di diritto di veto su ogni legge contraria agli interessi della plebe

Gli esiti della secessione plebea

In virtù di queste azioni, il movimento plebeo riuscì a ottenere l'elezione di due propri rappresentanti, i **tribuni**, a cui venne delegato il compito di opporsi, grazie al potere di **veto** che era stato loro attribuito, all'approvazione di qualsiasi legge o iniziativa ritenuta contraria agli interessi della plebe. I tribuni acquisirono numerosi altri diritti, tra i quali l'inviolabilità personale, e successivamente anche quello di poter affiancare i consoli nelle loro funzioni militari durante le guerre più gravose.
I plebei ottennero anche una loro esclusiva assemblea presieduta dai tribuni, i **concili plebei** (*concilia plebis*), le cui decisioni, i **plebisciti**, erano inizialmente vincolanti soltanto per la plebe.

lessico
Tribuno dal latino *tribus*, "tribù", nella Roma delle origini era il capo religioso, politico e militare della tribù.

Veto facoltà di non approvare un provvedimento legislativo o di bloccarne l'applicazione.

Plebiscito dal latino *plebis* "del popolo" e *scitus* "decreto", era la decisione presa dai comizi plebei su proposta dei tribuni.

GUIDA allo STUDIO

1. Che cosa si intende per repubblica aristocratica?
2. Quali erano le maggiori rivendicazioni dei plebei?
3. Quale fu il ruolo di Menenio Agrippa durante la lotta tra patrizi e plebei?

11.3 Le riforme e il risanamento della frattura sociale

La rivendicazione di leggi scritte: le XII Tavole

Dopo aver ottenuto l'istituzione dei tribuni della plebe, un'altra iniziativa dei plebei destinata al successo fu quella di pretendere la compilazione di un primo **codice di leggi scritte**, dal momento che fino ad allora le leggi erano trasmesse oralmente e la loro gestione era prerogativa esclusiva della classe patrizia.
La richiesta di creare una commissione per la stesura del codice, avanzata nel 461 a.C. da un tribuno, provocò naturalmente una vigorosa reazione dei patrizi, che alcuni anni dopo furono però costretti a cedere. La tradizione narra dell'invio in Magna Grecia e ad Atene di tre membri del senato per studiare le istituzioni greche, al ritorno dei quali sarebbe stato scritto il primo codice di Roma; oggi però gli storici dubitano della veridicità di questi racconti. È invece storicamente certa la decisione che consoli e tribuni abbandonassero la carica e che fossero eletti al loro posto **dieci magistrati straordinari** (i *decemviri*), insigniti dell'**autorità assoluta** per un anno, a garanzia di un'assoluta libertà d'azione, e incaricati di attendere alla composizione di un codice di leggi scritte uguali per tutti. Questi magistrati adempirono scrupolosamente all'incarico avuto e nel **451 a.C.** esposero nel Foro le leggi compilate, incise su **dodici tavole di bronzo**.

Una raccolta di leggi elaborata nel tempo

Il processo di stesura di queste leggi fu quindi interpretato dalla leggenda, che attribuiva a un unico evento la nascita della legislazione scritta a Roma. Occorre considerare che una raccolta di un codice legislativo così complesso non può essere stata compilata tutta in una volta, ma deve essere stata **il risultato di un lungo e faticoso processo di elaborazione**. Nonostante ciò, è plausibile l'esistenza di un consistente **nucleo più antico** che va fatto risalire al primo periodo della repubblica e più precisamente alla metà del V secolo a.C., il che è dimostrato dall'arcaismo della lingua e dall'evidente arretratezza delle concezioni giuridiche e morali delle norme delle XII Tavole, tra cui il divieto di matrimonio fra patrizi e plebei. Ma al di là dell'arretratezza delle sue norme le **leggi delle XII Tavole** segnarono un grande progresso nell'ordinamento interno di Roma in quanto dettavano precise disposizioni sul diritto di proprietà, sul testamento, sulla famiglia, sottraendole all'arbitrio dei patrizi. Inoltre queste leggi costituirono il primo fondamento della complessa legislazione che fu elaborata nei secoli successivi da Roma e che arrivò a porre i fondamenti del diritto moderno in Occidente.

Altre riforme a favore della plebe

Un nuovo passo avanti verso l'equiparazione dei diritti di patrizi e plebei venne compiuto nel 445 a.C. grazie alla **legge Canuleia**, su iniziativa del tribuno Gaio Canuleio, il quale ottenne la revoca

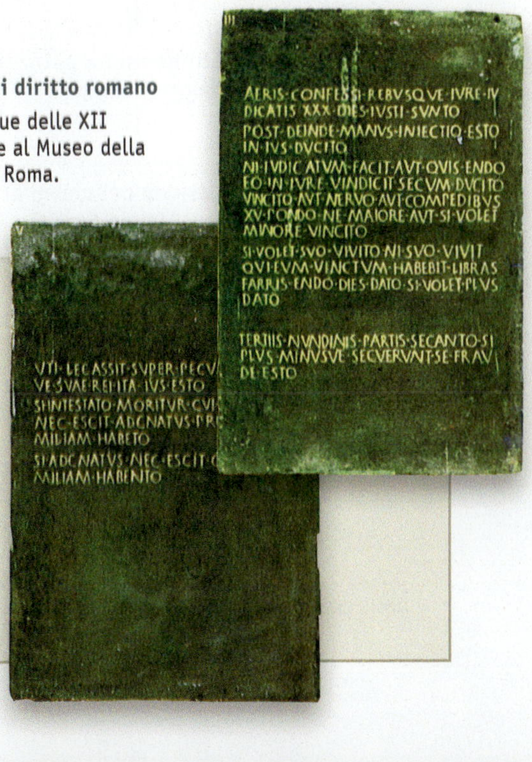

Il primo codice di diritto romano
Riproduzione di due delle XII Tavole, conservate al Museo della Civiltà Romana di Roma.

concetti chiave

Diritto

Il diritto è l'insieme delle consuetudini tradizionali e delle leggi, che in una società stabiliscono ciò che è permesso e ciò che è vietato, definendo così i diritti e i doveri di ogni cittadino. Proprio nell'ambito del diritto la civiltà romana ha esercitato, e ancora oggi esercita, una profonda influenza sulla società moderna. A partire dalla fondazione di Roma, collocata tradizionalmente nel 753 a.C., il popolo romano costituì nel tempo un insieme articolato di norme e di leggi volte a regolare i rapporti familiari, la proprietà privata, i rapporti tra i cittadini, dando vita a un diritto che è stato poi adottato e utilizzato dai vari popoli europei. Tappa fondamentale di questo processo è la stesura delle XII Tavole, il primo documento romano di leggi scritte, che è stato arricchito nel corso dei secoli, in base alle sollecitazioni e alle esigenze della società in continuo mutamento.

della proibizione delle **nozze fra patrizi e plebei**, sancita dalle XII Tavole, e quindi il riconoscimento della validità giuridica del matrimonio fra appartenenti a due ceti diversi. Questa modifica permise a molti plebei, attraverso il matrimonio, di entrare a far parte di alcune tra le più importanti famiglie patrizie.
Un'altra grave **ingiustizia** doveva però ancora essere eliminata: quella della **ripartizione delle terre** conquistate che costituivano l'agro pubblico, la maggior parte delle quali andava a finire nelle mani dei patrizi. La lotta, che i plebei dovettero ancora una volta sostenere, non fu meno aspra e dura delle precedenti: tuttavia, malgrado un'accanita resistenza, la plebe, aiutata da due abili tribuni, Gaio Licinio Stolone e Lucio Sestio Laterano, riuscì a ottenere un nuovo chiaro successo. Infatti nel 367 a.C. i patrizi si trovarono costretti a convertire in legge le proposte dei due tribuni, le cosiddette **leggi Licinie-Sestie**, le quali prevedevano che nessun cittadino potesse possedere più di 500 **iugeri** (ossia circa 125 ettari) di agro pubblico e che il rimanente fosse ripartito in piccoli lotti tra i plebei. Inoltre esse stabilivano il fondamentale **diritto dei plebei di accedere al consolato**, da cui fino ad allora erano stati esclusi; pochi anni dopo, infatti, fu eletto il primo console plebeo.

> **lessico**
> **Iugero** dal latino *iugum*, "giogo", era per i Romani l'unità di misura della superficie seminativa e corrispondeva allo spazio arato in media in una giornata da una coppia di buoi al giogo (da cui il termine).

LE TAPPE DELLA PARIFICAZIONE DEI DIRITTI

451 a.C. Leggi delle XII Tavole
↓
445 a.C. Matrimonio tra patrizi e plebei (legge Canuleia)
↓
367 a.C. Ammissione dei plebei al consolato (leggi Licinie-Sestie)
↓
326 a.C. Abolizione della schiavitù per debiti (legge Petelia Papiria)
↓
300 a.C. Ammissione dei plebei alla carica di pontefice massimo (legge Ogulnia)
↓
287 a.C. I plebisciti, cioè le decisioni dell'assemblea della plebe, sono equiparati a leggi valide per tutti (legge Ortensia)

Il nuovo ruolo politico dei plebei

A questo punto la situazione politica interna di Roma risultava decisamente migliorata nei confronti dei plebei, soprattutto di quelli più ricchi, i quali tuttavia si vedevano ancora preclusa la possibilità di accedere a molte magistrature e quindi di ottenere la **concreta applicazione delle leggi** ad essi favorevoli, ormai approvate in via definitiva ma troppo spesso ostacolate se non addirittura ignorate dai magistrati patrizi. Di qui il sorgere di nuovi contrasti per conquistare una **piena parità di diritti politici** e con essa il diritto a ricoprire, oltre al consolato, anche le più alte cariche pubbliche.
Anche questa volta i plebei riuscirono a ottenere il successo delle loro rivendicazioni: nel 326 a.C. con la legge Petelia Papiria fu **abolita la schiavitù per debiti**. A poco a poco i plebei conseguirono anche il diritto a ricoprire tutte le più importanti **cariche civili e religiose**: nel 300 a.C., con la legge Ogulnia, i plebei ottennero il diritto di accedere alla massima carica religiosa, quella di **pontefice massimo**.
La parificazione politica di patrizi e plebei fu però veramente completa solo quando le assemblee della plebe, chiamate ora **comizi tributi** (*comitia plebis tributa*), poterono emanare le loro deliberazioni in forma obbligatoria non solo per i plebei ma anche per i patrizi. Ciò avvenne nel 287 a.C. con la **legge Ortensia**: essa rese i plebisciti **validi per tutto il popolo romano**.
A questo punto si può considerare conclusa la lotta tra patrizi e plebei; gli organi plebei "rivoluzionari" erano stati gradualmente integrati all'interno dell'ordinamento statale romano, assumendo valore politico per l'intera comunità. Era così nata una nuova classe dirigente e quindi una nuova nobiltà patrizio-plebea.
Sopravvivevano però delle gravi problematiche riguardanti la condizione economica e sociale dei plebei più poveri; tali problematiche emergeranno in tutta la loro gravità nei secoli successivi.

GUIDA allo STUDIO

1. Quali furono le principali conquiste politiche dei plebei?
2. Quali ambiti riguardavano le disposizioni previste dalle XII Tavole?
3. Quando si stabilì una completa parificazione di diritti tra patrizi e plebei?

Lavorare con le FONTI

Laboratorio

Data 451-450 a.C.
Tipologia fonte codice di leggi

Le leggi delle XII Tavole

Le leggi delle XII Tavole, incise su tavole di bronzo ed esposte nel Foro nel 451 a.C., sono il primo codice scritto di leggi romane. Esse trasferirono nell'ambito del diritto scritto una serie di norme tradizionali, allo scopo di regolare i rapporti familiari e sociali. Assunte a fondamento della formazione del cittadino, le leggi delle XII Tavole venivano apprese a memoria nelle scuole romane. Del testo originale ci resta soltanto un certo numero di frammenti, per lo più molto brevi, ma che forniscono un importante contributo per la comprensione delle istituzioni e della società romane.

Dalla Tavola IV (rapporti familiari)
Se un padre ha venduto il figlio tre volte, il figlio sarà libero dal padre.

padre: un padre poteva decidere di vendere i propri figli o farli "esporre" (cioè abbandonarli), semplicemente evitando di sollevarli tra le braccia quando gli venivano presentati dopo la nascita. Quando un figlio veniva venduto come schiavo e riusciva ad affrancarsi, cioè a liberarsi dal padrone, ricadeva sotto la potestà paterna, dalla quale si liberava soltanto nel caso in cui, venduto come schiavo per tre volte, fosse riuscito per tutte e tre le volte ad affrancarsi. Il potere assoluto del *pater familias* nel diritto romano non ha eguali presso nessun altro popolo del Mediterraneo, ma presenta alcune somiglianze con le leggi di altre popolazioni contemporanee.

Dalla Tavola VII (proprietà e mantenimento delle strade)
[...] Se qualcuno pianta una siepe vicino al fondo altrui, non può sporgerla oltre il confine. Se si tratta di un muro egli deve stare lontano un piede dal confine, se pero è una casa, deve osservare due piedi di distanza. Se egli fa una fossa o uno scavo, deve stare tanto lontano quanta è la loro profondità. Nel caso di un pozzo la distanza sia di sei piedi. Un albero di olivo o di fico può essere piantato solo a nove piedi di distanza dal confine del vicino, le altre piante a cinque piedi di distanza.

confine: le disposizioni riguardanti la proprietà fondiaria mettono in luce acutezza e profondità di vedute dei legislatori romani, unite a un senso di equità e di giustizia. Esse prevedevano, infatti, l'obbligo per il proprietario di un appezzamento di terra di lasciar libero intorno al proprio fondo uno spazio, per rendere possibile ad altri il passaggio.

Dalla Tavola VIII (illeciti)
Se uno rompe una parte del corpo a un altro e non si accordano, si applica la legge del taglione.
Se qualcuno recita un malefizio, sia punito con la morte.
Chi avrà lanciato un incantesimo contro il raccolto altrui, sia punito con la morte.
Un patrono se reca danno a un cliente, sia maledetto.

taglione: la legge del taglione è un principio di diritto in uso presso le popolazioni antiche e consiste nella possibilità riconosciuta a una persona che abbia ricevuto un'offesa di infliggere a colui che l'ha recata un danno uguale all'offesa ricevuta.

patrono: nell'antica Roma il patrono (in latino *patronus*, "protettore", da *pater*, "padre") era un cittadino di una certa autorevolezza, in genere patrizio, chiamato così per via del legame, detto di *patrocinio*, ossia di protezione, che aveva con gli schiavi affrancati o i plebei indigenti.

Dalla Tavola X (regole per i funerali)
Nessuno deve aggiungere oro a una pira funebre. Ma se i suoi denti sono tenuti insieme dall'oro e sono seppelliti o bruciati con lui, l'azione sia impunita.

oro: si tratta di una disposizione in merito al lusso funerario. Si vietava infatti di collocare nella tomba che custodiva il cadavere, o nell'urna contenente le ceneri del morto, oggetti d'oro, fatta eccezione per i premi ottenuti in guerra o per le legature dei denti. Si vietava anche di piallare il legno destinato al rogo, così come di assoldare donne che seguissero il feretro emettendo prolungati lamenti e straziandosi il viso.

Per COMPRENDERE

1. Che ruolo ricopriva il padre nella famiglia romana?
2. Dall'analisi del documento, quali considerazioni puoi trarre sull'ordinamento giuridico romano in età repubblicana?
3. Perché, a tuo avviso, si permetteva di collocare nella tomba solo premi ottenuti in guerra?

11.4 L'ordinamento politico della Roma repubblicana

La carriera politica: il *cursus honorum*

Nella Roma repubblicana, il cittadino che godeva di pieni diritti poteva accedere, secondo il proprio censo, a **tre diverse carriere politiche**: quella **senatoria**, quella **equestre** e quella **inferiore**. Ma come si articolavano tali carriere?

Solo dopo aver compiuto il servizio militare e aver raggiunto un'età minima di trent'anni, il cittadino romano poteva candidarsi alle magistrature. Iniziava allora il ***cursus honorum*** (letteralmente "corso degli onori"), ovvero il percorso che i cittadini romani dovevano seguire per accedere alle varie cariche pubbliche, da quella più bassa in grado (la questura) fino a giungere alla massima carica (il consolato). E così un uomo a trent'anni poteva divenire questore, a quaranta edile o tribuno e a quarantatré console.

Le magistrature repubblicane

Chi veniva eletto svolgeva le funzioni proprie di ciascuna carica:

- i **questori** amministravano l'**erario**, ossia il tesoro pubblico, controllavano le spese dello stato e accompagnavano, in qualità di tesorieri, i consoli e i pretori in guerra;
- gli **edili** sorvegliavano i mercati e i pubblici spettacoli, provvedevano alla costruzione e alla manutenzione delle opere pubbliche;
- i **tribuni della plebe**, oltre al privilegio dell'**inviolabilità** e al diritto di veto avuti in origine, avevano in seguito ottenuto altre importanti prerogative così da avere una diretta influenza negli affari di governo;
- i **pretori**, dapprima soltanto **ministri di giustizia** nei processi civili, furono in seguito addetti anche al governo di speciali territori (le province) con pieno potere civile e militare;
- i **consoli** ricoprivano la carica più alta della repubblica romana, con poteri militari e politici; eletti in numero di due, governavano insieme ma ciascuno aveva il diritto di veto sulle proposte dell'altro.

A queste magistrature, tutte di **durata annuale**, se ne aggiungevano altre due, nelle quali si poteva rimanere in carica più o meno di un anno:

- i **censori**, che, eletti ogni cinque anni tra i senatori, effettuavano i **censimenti**, ovvero aggiornavano le liste dei cittadini e ne **accertavano l'entità delle ricchezze**; sceglievano inoltre fra gli ex magistrati i nuovi membri del senato; **vigilavano sulla moralità dei costumi** e allontanavano dai pubblici uffici quanti se ne erano mostrati indegni. A causa della delicatezza e complessità delle loro funzioni, essi restavano in carica **diciotto mesi**, tempo necessario a svolgere il loro compito, dopodiché la carica restava vacante fino al nuovo censimento;
- il **dittatore**, che, nominato dai consoli per incarico del senato solo **in casi eccezionali** e nei momenti di grave pericolo per la repubblica, cioè quando occorreva la massima unità e prontezza d'azione, aveva **pieni poteri** e godeva pertanto di un'autorità assoluta (*imperium maximum*), ossia priva di qualsiasi controllo: non era soggetto nemmeno al veto dei tribuni. Proprio per questo motivo non poteva restare in carica più di sei mesi.

lessico

Censimento il termine deriva dal verbo latino *censère*, "valutare"; era la registrazione dei cittadini in base alle ricchezze (censo) per fissarne le tasse e la classe sociale. Anche negli stati moderni vengono effettuati periodici censimenti della popolazione per stabilirne il numero di abitanti e acquisire qualsiasi informazione riguardante la collettività: in Italia, ad esempio, avvengono generalmente ogni dieci anni.

Il censimento
Il bassorilievo ritrae un censore intento a registrare i dati sulla popolazione.

LE MAGISTRATURE REPUBBLICANE

Magistrature ordinarie

Permanenti (annuali)

- **2 consoli** dirigono la politica e l'amministrazione dello Stato, comandano l'esercito, propongono nuove leggi all'assemblea del popolo (comizi centuriati).
- **6 pretori**, 2 presiedono all'attività giudiziaria a Roma e (successivamente) 4 governano le province.
- **4 edili** curano l'edilizia cittadina, le strade, il mercato e gli spettacoli.
- **10 tribuni della plebe** controllano l'attività dei magistrati a Roma e hanno diritto di veto. Propongono nuove leggi all'assemblea della plebe (comizi tributi).
- **2 questori** (che in seguito divengono 4) amministrano l'erario, gestiscono la spesa pubblica e in qualità di tesorieri accompagnano i consoli e i pretori in guerra.

Non permanenti

- **2 censori** eletti ogni cinque anni, restano in carica per diciotto mesi. Redigono la lista dei senatori e accertano il patrimonio (censo) di quanti godono del diritto di cittadinanza. Giudicano la moralità pubblica e privata dei cittadini: il loro giudizio è inappellabile.

Magistratura straordinaria

1 dittatore nominato dai consoli su incarico del senato solo in caso di necessità e per uno scopo specifico (emergenza militare o civile), abdica subito dopo avere esaurito il suo compito; non può comunque restare in carica per più di sei mesi. Non è soggetto al veto dei tribuni.

I tratti fondamentali delle magistrature

Le caratteristiche delle magistrature repubblicane, oltre alla **completa gratuità** prevista **per le singole cariche**, in base alla quale chi era chiamato a ricoprirle non riceveva retribuzione alcuna, erano due: l'annualità e la collegialità.
L'**annualità** comportava per tutti i magistrati, esclusi i censori e i dittatori, il permanere in carica un anno, secondo un principio rigidissimo, al quale si cominciò a venire meno solo nell'ultimo periodo della repubblica. Una volta conferita, la magistratura non poteva essere revocata sino alla scadenza del mandato neanche dal popolo, che era sovrano nell'assegnarla: infatti non era ammesso, contrariamente a quanto avviene oggi, che con un semplice voto di sfiducia o del senato o dei comizi il magistrato venisse destituito. Scopo dell'annualità era di impedire che il potere si concentrasse a lungo nelle mani di pochi e di **porre un freno all'arbitrio** di chi esercitava pubbliche funzioni, sotto la minaccia di chiamarlo, una volta tornato privato cittadino, a rendere conto del suo operato in tribunale. Per tale motivo quindi, il magistrato aveva piena responsabilità di quanto compiva.
La **collegialità** invece si basava sul principio del **controllo reciproco**, finalizzato a evitare ogni possibile eccesso di potere ed escludere il rischio di un ritorno della monarchia. In caso di dissenso, infatti, il magistrato poteva opporsi all'iniziativa di un collega mediante un vero e proprio "diritto di veto" (*intercessio*), che bloccava immediatamente tale iniziativa. Questo diritto ovviamente **non** era ammesso **in caso di guerra** per evidenti ragioni di sicurezza pubblica.

Un espediente in caso di lunghe guerre: la promagistratura

Il principio dell'annualità comportava però il grave inconveniente di **spezzare la continuità** nella guida del governo e soprattutto nel comando dell'esercito, quando le operazioni belliche si protraevano oltre il limite di un anno. In tal caso, poiché la direzione passava da un console a un altro, potevano facilmente sorgere confusione e difformità nella formulazione dei piani e nell'emissione degli ordini, con grave danno per l'efficienza sul piano militare e strategico. Si escogitò quindi l'espediente della **promagistratura**, mediante il quale i consoli **continuavano a comandare** l'esercito con il titolo di **proconsoli**: costoro però, dal punto di vista giuridico, erano dei **semplici cittadini** investiti di particolari funzioni. Tale diritto di proroga spettava comunque soltanto al senato, che poteva così creare magistrati di fatto senza che lo fossero di diritto, sottraendone la nomina ai comizi e legandoli in tal modo alle proprie direttive.

GUIDA allo STUDIO

1. Che cosa era il *cursus honorum*?
2. Quali erano le tre caratteristiche fondamentali delle magistrature romane?
3. Per quale motivo si decise di creare la promagistratura?

11.5 Le massime istituzioni dello Stato

La gestione del potere

Le istituzioni più importanti della Roma repubblicana erano il **consolato**, il **senato** e le **assemblee**. A ciascuno di questi organi di governo spettavano compiti diversi, e, a sua volta, la divisione dei poteri e delle sfere di competenza assicurava una gestione partecipativa degli affari pubblici a tutti i cittadini.

Le funzioni dei consoli

I **due consoli** erano i capi dello Stato in quanto detentori dell'*imperium* (che in età monarchica era appartenuto al re) per la durata di un anno, ed esercitavano funzioni:

- militari di **comando dell'esercito** in guerra, con il potere di arruolare truppe, nominare ufficiali, **imporre tributi** per le necessità militari;
- **politiche e civili** di **governo** della città con **potere esecutivo**; potevano **convocare il senato** per chiedere pareri sui problemi più gravi e **riunire i comizi** per discutere ed eventualmente fare approvare le proposte di legge da loro stessi formulate.

Essi inoltre godevano dell'**eponimìa**, cioè del diritto di dare il proprio nome all'anno in cui erano in carica.

Le funzioni del senato

Il senato, formato esclusivamente da tutti gli ex magistrati e dai membri delle famiglie più nobili, era il massimo **organo consultivo** dello Stato e, oltre a controllare insieme ai consoli la pubblica amministrazione, dava pareri sulla pace, sulla guerra, sull'opportunità di chiamare tutti i cittadini alle armi o di sospendere ogni attività civile o politica (*iustitium*). Aveva anche la facoltà di deliberare **feste e sacrifici**, di permettere la pratica di nuovi **culti**, di condurre le **trattative diplomatiche**. Presiedeva inoltre alla stipulazione dei contratti di **appalto** di imprese pubbliche e alla riscossione delle imposte; giudicava infine l'operato dei magistrati allo scadere della carica.

> **lessico**
> **Appalto** contratto con cui un'impresa assume l'impegno di eseguire un'opera o un servizio in cambio di denaro.

Ben presto il senato divenne il più **competente e autorevole** organo dello Stato e ogni **senatoconsulto**, ovvero ogni parere espresso dal senato, pur non essendo giuridicamente vincolante per il magistrato che lo richiedeva, in pratica veniva sempre seguito. I senatori, per lunghissimo tempo in numero di 300, restavano in carica per **tutta la vita**. Essi si riunivano generalmente nella **curia** (che si trovava nel Foro), sotto la presidenza del **magistrato convocante**, il quale aveva anche la facoltà di emettere multe a carico degli assenti non giustificati. Con il passare del tempo, l'influenza esercitata dal senato nella soluzione delle questioni più delicate andò aumentando al punto che nessun magistrato osò più allontanarsi da quanto veniva a lui suggerito.

Storia e... Arte Architettura — Il Foro, centro della vita politica di Roma

Nella Roma arcaica, la zona dove sorgeva il Foro era semplicemente il luogo di sosta e di mercato antistante l'isola Tiberina. Nella Roma repubblicana, questo spazio assunse un ruolo molto importante divenendo il centro della vita politica, economica e religiosa della città; per questo motivo fu dotato di una struttura urbanistica più definita. Pur continuando in parte a essere il principale mercato cittadino su cui si affacciavano numerose botteghe, era anche il luogo di riunione dei comizi popolari, delle varie magistrature e, all'interno della Curia, del senato.
A partire dal V secolo a.C. nel Foro furono edificati due templi, un'area sacra e altri edifici pubblici, e per la prima volta venne dotato della pavimentazione in pietra.
Nei secoli successivi, il Foro cambiò aspetto adeguandosi allo sviluppo politico-sociale e territoriale di Roma: si arricchì di nuovi edifici e assunse un carattere più rappresentativo con nuovi templi, archi e colonne onorarie.

Veduta odierna del Foro romano, visto dai piedi del colle Campidoglio.

L'ORDINAMENTO CENTURIATO

CLASSE I	CLASSE II	CLASSE III	CLASSE IV	CLASSE V	CLASSE VI
Patrimonio: oltre 100.000 assi	Patrimonio: da 75.000 a 100.000 assi	Patrimonio: da 50.000 a 75.000 assi	Patrimonio: da 25.000 a 50.000 assi	Patrimonio: da 11.000 a 25.000 assi	Proletari o nullatenenti
Centurie: 80 di fanteria e 18 di cavalleria armate con elmo di cuoio, corazza, schinieri, scudo rotondo di bronzo, lancia e spada	Centurie: 20 armate con elmo di cuoio, schinieri, scudo rettangolare di legno e cuoio, lancia e spada	Centurie: 20 armate con elmo di cuoio, scudo di legno e cuoio, lancia e spada	Centurie: 20 truppe ausiliarie armate con lancia e giavellotto	Centurie: 30 di fanti e 4 di operai arcieri, genieri (fabbri, falegnami) e suonatori armati con arco, frecce, fionde	Centurie: 1 esentata dal servizio

I comizi

Ai comizi, assemblee convocate e presiedute da un magistrato, partecipavano tutti i cittadini. I comizi votavano le **leggi**, **eleggevano i magistrati** e ne approvavano o meno gli atti. Avevano inoltre il diritto di **giudicare** in via definitiva **i condannati a morte** che chiedevano di appellarsi al popolo. Ecco perché si parla di una **triplice competenza** dei comizi: legislativa, elettorale e giudiziaria.
I comizi si dividevano in curiati, centuriati e tributi. I **comizi curiati** erano l'assemblea che ebbe meno rilevanza nella vita politica della repubblica romana. Sorti sin dall'età più antica, dopo aver svolto un ruolo politico e civile durante il periodo regio, i comizi curiati vennero perdendo a poco a poco ogni importanza in epoca repubblicana, mantenendo funzioni ormai solamente simboliche, come l'attribuzione dell'investitura ai magistrati eletti, e religiose.

I comizi centuriati

I comizi centuriati, che la tradizione attribuiva alla riforma del re Servio Tullio ma che in realtà erano frutto di un'evoluzione politica e sociale svoltasi nell'arco di alcuni secoli, costituivano **la più importante assemblea romana**; essi erano formati da **tutti i cittadini**, patrizi o plebei che fossero, divisi in **sei classi** in base al loro censo (calcolato in **assi**) e dunque alla loro diversa capacità di procurarsi un equipaggiamento militare. Le **classi** erano a loro volta suddivise in 193 **centurie** (gruppi di cento uomini): 18 di cavalieri, 80 di armati pesanti, 90 di armati alla leggera, 4 di operai militari e 1 di proletari, coloro cioè il cui patrimonio consisteva solo nei figli (la prole, in latino *proles*). Metà delle centurie era costituita dai cittadini fino a 46 anni (*juniores*) e rappresentava l'**esercito combattente**; l'altra metà, formata dai cittadini fino a 60 anni (*seniores*), provvedeva alla **difesa della città**. L'ordinamento centuriato aveva stabilito inoltre che le riunioni e le votazioni nei nuovi comizi si facessero per centurie e che **ogni centuria** corrispondesse a **un voto**. È chiaro che, applicando un tale sistema, veniva a determinarsi una posizione di netto vantaggio per i cittadini più ricchi e forniti di maggiore censo, i quali formavano un numero maggiore di centurie (18+80, in tutto 98) rispetto al resto della popolazione (90+4+1, in tutto 95) e quindi avevano a disposizione un maggior numero di voti ed erano perciò i veri detentori del potere dello Stato. Nello stesso tempo essi avevano anche più gravi oneri da assolvere nell'ambito della vita finanziaria e militare della comunità. Tale **costituzione**, non era però del tutto sfavorevole nei confronti dei plebei, in quanto concedeva a tutti l'opportunità di migliorare le proprie condizioni economiche e di essere ammessi alle classi superiori; ecco perché ogni cinque anni si ripeteva la valutazione del censo, attraverso un censimento. In ogni caso, con il passare del tempo, i comizi centuriati assunsero funzioni sempre maggiori in campo sia legislativo sia elettorale, si sostituirono completamente ai comizi curiati e godettero della più ampia libertà di decisione e d'iniziativa su ogni questione di ordine politico e militare. Essi avevano inoltre il compito di eleggere consoli, pretori e censori.

lessico
Asse la più diffusa moneta pesante di bronzo fuso di età repubblicana.

nei suoi affari; doveva inoltre vestire con estrema modestia e sobrietà.

Il ruolo della donna nella società romana era legato essenzialmente al suo essere **madre** e alla sua capacità di assicurare una discendenza. Le donne trascorrevano la loro giornata prevalentemente in casa, dedite alle faccende quotidiane, alla cura e all'educazione dei figli, ai quali dovevano trasmettere le **virtù civiche romane**. Le matrone, ovvero le signore di rango elevato, potevano disporre di schiave per svolgere i lavori domestici più faticosi: un lusso, questo, che le donne del popolo non potevano permettersi.

Storia delle donne

La posizione privilegiata delle Vestali

Le giovani vergini di rango aristocratico, se in possesso di determinati requisiti, potevano essere designate a ricoprire la carica di sacerdotesse della dea Vesta, divinità del focolare domestico. Le Vestali, il cui sacerdozio durava trent'anni, avevano un ruolo importantissimo poiché a loro spettava il compito di custodire il tempio dedicato alla dea e di mantenere acceso, al suo interno, il sacro fuoco di Vesta, simbolo della continuità della famiglia e, più in generale, dell'intera comunità. La diversa condizione delle vestali rispetto alle altre donne romane era, d'altra parte, sancita legalmente: in una legge delle XII Tavole si diceva infatti che le sacerdotesse erano libere dall'autorità del *pater familias* e sottoposte unicamente al controllo del pontefice massimo. A loro era inoltre consentito fare testamento, testimoniare senza giuramento, uscire in assenza di un accompagnatore di sesso maschile e circolare per le vie di Roma su un piccolo carro da parata, simbolo di grande prestigio. Di contro, per ogni negligenza erano severamente punite e qualora fossero venute meno al voto di castità la pena consisteva nell'essere sepolte vive.

▲ Bassorilievo che raffigura le sacerdotesse di Vesta durante un rito con il fuoco sacro.

Il carattere collettivo e razionale della religione romana

L'unico ambito in cui le donne potevano in qualche modo emanciparsi era quello religioso, ma ciò era possibile solo per le **sacerdotesse della dea Vesta**, le quali godevano di determinati privilegi. Tali privilegi derivavano non solo dalla sacralità che circondava la loro figura, ma anche dal fatto che esse erano chiamate a svolgere una funzione sociale e politica molto importante.

La religione a Roma era un fatto collettivo e i membri dei collegi sacerdotali, che organizzavano le cerimonie religiose, avevano compiti che interessavano la vita dello Stato e di ogni cittadino.

I Romani erano politeisti e il loro *pantheon* era caratterizzato dalla presenza di molti dèi: la divinità suprema era **Giove** (lo Zeus dei Greci), a cui tutti gli altri dèi erano soggetti come i membri della *familia* erano soggetti all'autorità del padre.

Inoltre, vi erano altri aspetti non meno rilevanti: a differenza di quella greca, la religione romana aveva un **carattere razionale e pratico** in cui predominavano **principi utilitaristici**: per ogni aspetto dell'esistenza e per ogni attività di rilievo i Romani avevano un dio a cui rivolgersi. I riti e le preghiere, infatti, traevano origine dalla vita campestre, dalla guerra e da interessi precisi: si veneravano gli dèi che proteggevano lo Stato, le case, le famiglie e le molteplici attività dell'uomo nella vita pubblica e privata, affinché in compenso delle offerte e delle preghiere accordassero un'equivalente assistenza e protezione. Come gli Etruschi, i Romani intendevano ingraziarsi gli dèi e conoscere la loro volontà attraverso i **sacrifici** e l'**arte divinatoria**. I sacerdoti osservavano le viscere degli animali sacrificati e altre manifestazioni naturali, come il volo degli uccelli o la caduta dei fulmini, e accertavano se gli dèi erano favorevoli alle azioni che i magistrati si accingevano a compiere. Accanto a una religione "pubblica" e collettiva, ne esisteva anche un'altra, che veniva praticata privatamente e all'interno delle mura domestiche: ogni famiglia romana venerava infatti i propri geni tutelari, i Lari e i Penati, protettori della casa e dei suoi abitanti, o i Mani, le anime dei parenti defunti.

GUIDA allo STUDIO

1. Quali tipi di matrimonio esistevano nell'antica Roma?
2. Qual era il ruolo della donna all'interno della società romana?
3. Quali erano i caratteri peculiari della religione romana?

SINTESI

11.1 Dopo la cacciata da Roma, Tarquinio il Superbo sobilla le popolazioni nemiche dei Romani per cercare di riprendere il potere. Nel corso delle guerre con i popoli confinanti (Volsci, Equi, Latini, Etruschi) i Romani si trovano in difficoltà, ma in seguito sconfiggono definitivamente i Latini nella **battaglia del lago Regillo** (496 a.C.). Il ***Foedus Cassianum***, stipulato nel 493 a.C., sancisce un patto difensivo tra Romani e Latini contro eventuali nemici.

11.2 Posta al riparo dalle mire espansionistiche, Roma può dedicarsi alla definizione del nuovo sistema di governo repubblicano. I poteri sono divisi fra i **due consoli** che hanno il potere militare ed esecutivo, i **pretori** quello giudiziario e il **pontefice massimo** che esercita il potere religioso; il potere legislativo è detenuto dai **comizi**, mentre quello consultivo dal **senato**.
I magistrati sono eletti direttamente dai comizi fra gli appartenenti al ceto patrizio. Roma si trova ben presto ad affrontare il **conflitto tra i patrizi e i plebei**; questi ultimi costituiscono la maggioranza della popolazione e sono divisi in plebei ricchi, che aspirano alle cariche pubbliche, e in plebei poveri, che desiderano soprattutto liberarsi dalla condizione di indigenza.
I plebei insorgono e si ritirano sull'Aventino nel 494 a.C. Grazie all'intervento di Menenio Agrippa si istituiscono due **tribuni della plebe** con diritto di veto per le leggi ritenute svantaggiose per il popolo.

11.3 Nel 451 a.C. viene redatto un codice di leggi scritte, le **leggi delle XII Tavole**, che segnano un grande progresso nell'ordinamento interno di Roma. In seguito i plebei ottengono leggi più eque sui debiti e sul matrimonio, una più giusta distribuzione dell'agro pubblico e infine **la parificazione politica con i patrizi**: gli viene consentito l'accesso alle supreme magistrature della repubblica e la **legge Ortensia** del 287 a.C. rende obbligatorie per tutto il popolo le deliberazioni dei comizi tributi.

11.4 Nella Roma repubblicana gli incarichi pubblici sono dette **magistrature** e riguardano una molteplicità di funzioni. Le caratteristiche fondamentali delle magistrature sono tre: la **gratuità**, l'**annualità** e la **collegialità**. L'annualità pone un freno all'arbitrio di chi esercita pubbliche funzioni: il magistrato, data la temporaneità del suo mandato, ha piena responsabilità di quanto compie. La collegialità invece si basa sul principio del controllo reciproco, per evitare abusi.

11.5 Il governo della cosa pubblica è affidato ai **consoli**, al **senato** e alle **assemblee**. I due consoli sono i capi dello Stato, esercitano il potere esecutivo e danno il proprio nome all'anno. Il senato è il massimo organo consultivo dello Stato e ogni sua decisione viene sempre seguita. I cittadini, riuniti nei comizi votano le leggi, eleggono i magistrati e giudicano i condannati a morte. I **comizi centuriati**, nati in epoca monarchica sulla base del censo, sono l'assemblea più importante, che riunisce tutti i cittadini divisi in classi e a loro volta in centurie. I **comizi tributi** sono invece organizzati su base territoriale per tribù. L'uguaglianza fra i cittadini, tuttavia, non riguarda le donne, gli schiavi e gli stranieri, e soltanto gli esponenti delle famiglie ricche possono dedicarsi a pieno al governo della repubblica, dal momento che le cariche politiche non sono retribuite.

11.6 Le **donne romane** sono prive dei diritti politici e civili e completamente subordinate all'autorità del *pater familias*. La loro vita si svolge per lo più all'interno delle mura domestiche, dove si dedicano alla cura del marito, dei figli e della casa. L'unico ambito in cui godono di qualche privilegio è quello religioso, dove ricoprono la carica di sacerdotesse della dea Vesta. I sacerdoti svolgono un ruolo non solo religioso ma anche politico poiché hanno compiti che interessano la vita dello Stato e di ogni cittadino. La **religione romana**, politeista, ha un **carattere razionale e pratico**. Per ogni aspetto dell'esistenza e per ogni attività di rilievo i Romani hanno un dio a cui rivolgersi.

PER COSTRUIRE LE COMPETENZE

TEMPO

1. Completa la cronologia.

496 a.C.	Battaglia del .... in cui i Romani sconfiggono ....
494 a.C.	Secessione ....
.... a.C.	Viene stipulato il *Foedus Cassianum*, un .... che stabilisce ....
.... a.C.	Nel Foro romano vengono esposte ....
445 a.C.	Viene emessa la legge .... che sancisce ....

.... a.C.	Emanazione delle leggi .... che stabilivano ....
326 a.C.	Viene abolita la .... con la legge ....
300 a.C.	Viene concesso ai .... il diritto di accedere alla carica di ....
.... a.C.	Grazie alla legge Ortensia i .... sono validi....................

LESSICO

2. Associa a ogni termine il relativo significato.

A. Censimento
B. Comizi centuriati
C. Veto
D. Console
E. Magistrato
F. Mani
G. Secessione
H. Penati
I. Plebiscito
J. Pontefice
K. Senatoconsulto

a. Chi a Roma deteneva una carica pubblica
b. Maggior carica della repubblica
c. Anime dei parenti o antenati defunti
d. Deliberazione del senato
e. Chi gestiva i culti religiosi
f. Assemblea dei cittadini romani
g. Allontanamento di un gruppo da un'entità di cui faceva parte
h. Possibilità di bloccare un provvedimento di legge
i. Deliberazione presa dalla plebe
j. Registrazione dei cittadini sulla base della ricchezza
k. Divinità protettrici della casa

EVENTI E PROCESSI

Patrizi e plebei

3. Crea una tabella, seguendo l'esempio dato, che metta a confronto le due classi sociali romane.

Patrizi	Plebei
Chi erano	Chi erano
Condizione dopo le guerre	Condizione dopo le guerre
Perché non vogliono l'integrazione	Perché vogliono l'integrazione
Conseguenze della lotta	Conseguenze della lotta

La religione

4. Scrivi un breve testo (5-7 rr.) che contenga i seguenti nomi e concetti: politeismo, Giove, carattere collettivo e pratico, arte divinatoria, religione pubblica e privata.

Le magistrature

5. Crea una tabella che elenchi le magistrature della repubblica romana con la relativa funzione e caratteristica.

NESSI

Le leggi

6. Assegna a ogni legge ottenuta dai plebei il contenuto e gli effetti ottenuti.

Nome della legge	Disposizioni	Effetti
XII Tavole	....	....
Legge Canuleia	....	....
Leggi Licinie-Sestie	....	....
Legge Petelia Papiria	....	....
Legge Ogulnia	....	....
Legge Ortensia	....	....

Le istituzioni

7. Scegli tra le seguenti funzioni quelle spettanti rispettivamente ai consoli [C], al senato [S], ai comizi centuriati [CC] e ai comizi tributi [CT]

- Chiamata alle armi [.....]
- Comando dell'esercito [.....]
- Convocazione dei comizi [.....]
- Dare pareri su un'eventuale guerra [.....]
- Dare pareri sulle leggi [.....]
- Eleggere gli edili [.....]
- Eleggere i magistrati [.....]
- Eleggere i questori [.....]
- Giudicare i condannati a morte [.....]
- Giudizio sui magistrati [.....]
- Governo della città [.....]
- Imposizione dei tributi [.....]
- Proporre le leggi [.....]
- Stabilire contratti per le opere pubbliche [.....]
- Votare le leggi [.....]

CONFRONTI

8. Confronta la ripartizione del potere a Roma in epoca monarchica e in epoca repubblicana, completando la seguente tabella.

Monarchia		Repubblica
CARICA	TIPOLOGIA DI POTERE	CARICA
Re	Legislativo [emanare le leggi]	Comizi
....	Esecutivo [............]	....
....	....	....
....	....	....
....	....	....

LAVORO SULLE FONTI

9. Dopo aver letto il testo originale dell'apologo di Menenio Agrippa, così come lo ha riportato lo storico Tito Livio, rispondi alle seguenti domande.

Si decise allora di mandare alla plebe, come portavoce, Menenio Agrippa, uomo dotato di straordinaria dialettica e ben visto per le sue origini popolari. Una volta introdotto nel campo, pare che raccontò questo apologo con lo stile un po' rozzo tipico degli antichi: «quando le membra del corpo umano non costituivano ancora un tutt'uno armonico, ma ciascuna di esse aveva un suo linguaggio e un suo modo di pensare autonomi, tutte le altre parti erano indignate di dover sgobbare a destra e a sinistra per provvedere a ogni necessità dello stomaco, mentre questo se ne stava zitto zitto lì nel mezzo a godersi il bendidio che gli veniva dato. Allora, decisero di accordarsi così: le mani non avrebbero più portato il cibo alla bocca, la bocca non si sarebbe più aperta per prenderlo, né i denti lo avrebbero più masticato. Mentre, arrabbiate, credevano di far morire di fame lo stomaco, le membra stesse e il corpo tutto eran ridotti pelle e ossa. In quel momento capirono che anche lo stomaco aveva una sua funzione e non se ne stava inoperoso: nutriva tanto quanto era nutrito e a tutte le parti del corpo restituiva, distribuito equamente per le vene e arricchito dal cibo digerito, il sangue che ci dà vita e forza». Mettendo in parallelo la ribellione interna delle parti del corpo e la rabbia della plebe nei confronti del senato, Menenio riuscì a farli ragionare.
(Tito Livio, *Storia di Roma*, II, 32)

a. Quale concetto vuole trasmettere Menenio Agrippa?
b. Esponi in sintesi il contesto storico in cui si colloca l'episodio, vale a dire il dissidio tra patrizi e plebei.

RIELABORAZIONE (verso l'orale)

10. Costruisci una mappa che sviluppi e metta in relazione questi eventi.
- Fine della fase monarchica
- Espansione di Roma nel Lazio
- Istituzioni repubblicane
- Questione sociale: lotta tra patrizi e plebei
- Conseguenze del conflitto sociale interno
- Società romana: famiglia e religione

LABORATORIO DELLE COMPETENZE

CIVILTÀ A CONFRONTO

11. Confronta la democrazia ateniese e le sue istituzioni (vedi capitolo 6) con quelle della repubblica romana costruendo una tabella come quella data nell'esempio.

Atene	Roma
Cittadinanza (inclusi ed esclusi):	Cittadinanza (inclusi ed esclusi):
Assemblea dei cittadini:	Assemblea dei cittadini:
Governo:	Governo:
Comando dell'esercito:	Comando dell'esercito:
Potere giudiziario:	Potere giudiziario:
Limiti:	Limiti:

PASSATO/PRESENTE

12. Crea una tabella che metta a confronto le istituzioni della repubblica romana con quelle della Repubblica italiana.

Repubblica romana	Repubblica italiana
Potere legislativo:	Potere legislativo:
Potere esecutivo:	Potere esecutivo:
Potere giudiziario:	Potere giudiziario:
Senato:	Senato:
Pretore:	Pretore:
Console:	Console:
Questore:	Questore:
Dittatore:	Dittatore:
Plebiscito:	Referendum:

Il DIRITTO

COSTITUZIONE ITALIANA

Art. 70 • La **funzione legislativa** è esercitata collettivamente dalle due Camere.

L'importanza del diritto romano

Possiamo definire il **diritto** come l'insieme delle norme e delle leggi che regolano, con carattere di obbligatorietà, i rapporti sociali, politici ed economici al fine di realizzare una **civica e ordinata convivenza**.
Il diritto romano, indicato con la parola *ius*, rappresenta il massimo livello di sviluppo della cultura giuridica nel mondo antico e uno dei più importanti contributi che la civiltà romana ha fornito a quelle successive, inclusa la nostra.
La stessa scienza che studia il diritto e il complesso delle interpretazioni delle norme è definita con il termine **giurisprudenza**, che deriva dal latino *ius*, "diritto", e *prudentia*, "saggezza", "prudenza", a significare che la saggezza umana deve essere usata nell'applicazione della legge. Il bravo giurista è infatti colui che sa adeguare la norma generale ai casi particolari che di volta in volta gli si presentano.

Norme sociali e norme giuridiche

Nell'ambito del diritto si è soliti fare una fondamentale distinzione tra **norme sociali** e **norme giuridiche**. Le prime sono norme di tipo morale, religioso o anche semplicemente di buona educazione, che regolano il comportamento degli uomini e che derivano dalla coscienza individuale, dai valori e dalle credenze proprie di una comunità in un dato momento storico: si tratta di norme di carattere consuetudinario, non vincolanti per l'intera comunità. Le norme giuridiche sono invece emanate dallo Stato e sono obbligatorie e vincolanti per tutti.
Una seconda importante distinzione è poi quella fra **diritto pubblico** e **diritto privato**. Nel primo caso si tratta di norme di interesse generale: ad esempio quelle inerenti al funzionamento dello Stato e degli enti pubblici o al rapporto fra i cittadini e le istituzioni. Nel secondo caso si tratta di norme che incidono sugli interessi dei singoli e che regolano i rapporti fra gli individui: ad esempio nella sfera patrimoniale, personale e familiare. Questa distinzione, alla base dell'ordinamento giuridico della Roma antica, è fondamentale anche oggi. Del diritto pubblico fanno principalmente parte il **diritto costituzionale**, il **diritto amministrativo**, il **diritto penale**, il **diritto processuale** (civile e penale)

lessico

Diritto costituzionale parte del diritto comprendente le norme che garantiscono le libertà e i diritti fondamentali dei cittadini e quelle che regolano il funzionamento degli organi dello Stato, le loro competenze e i rapporti fra di essi.

Diritto amministrativo parte del diritto pubblico che regola i rapporti tra i cittadini e l'amministrazione pubblica.

La Camera dei deputati italiana durante una seduta. Ai due rami del Parlamento (Camera e Senato) la Costituzione affida il potere di emanare le leggi.

e il diritto internazionale; del diritto privato, invece, a loro volta, il **diritto civile** e il diritto commerciale.

Le fonti del diritto a Roma...

Le **fonti del diritto** sono l'insieme dei fatti e degli atti che vengono riconosciuti idonei a introdurre, modificare o eliminare le norme di comportamento su cui si regge una società. Possono essere **scritte** o **non scritte**, e in quest'ultimo caso sono fondate sulle consuetudini trasmesse oralmente.
Nella Roma arcaica non esistevano leggi scritte, ma norme basate sulla morale collettiva, sulla consuetudine e sulle tradizioni. Il **diritto consuetudinario** romano venne codificato per la prima volta in un testo scritto nel V secolo a.C., le **XII Tavole**. Si tratta di un passaggio fondamentale nella storia di Roma, frutto di una lunga battaglia della **plebe romana** per porre un freno alle interpretazioni arbitrarie delle leggi da parte dei patrizi e per ottenere maggiori diritti e più giustizia.

... e oggi

Negli stati moderni la fonte primaria del diritto è rappresentata dalla **Costituzione**, la carta fondamentale che fissa i principi basilari di tutto l'ordinamento statale e alla quale tutte le altre leggi devono ispirarsi. Proprio per verificare la conformità delle leggi alla Costituzione esiste un apposito organo dello Stato, che in Italia è la **Corte costituzionale**.
Nel nostro paese, le altre fonti del diritto sono le **leggi ordinarie dello Stato** (emanate dal Parlamento), i **decreti legislativi** (emanati dal Presidente della Repubblica su proposta governativa), i **decreti legge** (emanati dal Governo); seguono poi gli statuti, le leggi regionali e le altre norme emanate dagli enti locali.
Fonti del diritto sono anche i **codici**, testi giuridici che raccolgono tutte le leggi relative a una determinata materia e che ne offrono una sistemazione organica. Nel diritto dello Stato italiano abbiamo quattro codici fondamentali in base alla "materia" trattata: nell'ambito del diritto privato, il **Codice civile** e il **Codice di procedura civile**, che regolano i rapporti fra i cittadini (famiglia, successioni, società, contratti); nell'ambito del diritto pubblico, il **Codice penale** e il **Codice di procedura penale**, che stabiliscono quali comportamenti devono essere considerati illeciti, e quindi sono **reati**, e quali sono le pene da infliggere a chi li commette.
Molto importanti sono anche le fonti del **diritto inter-**

lessico

Diritto internazionale
parte del diritto che regola i rapporti fra gli Stati che fanno parte della comunità internazionale. Le sue norme sono il frutto di accordi e trattati oppure di consuetudini.

Diritto commerciale
parte del diritto privato che disciplina in modo puntuale i rapporti che si instaurano fra imprese commerciali oppure fra le imprese e l'insieme dei risparmiatori e dei consumatori.

Il capo provvisorio dello Stato Enrico De Nicola firma nel 1947 il testo della Costituzione italiana, la fonte principale del diritto italiano.

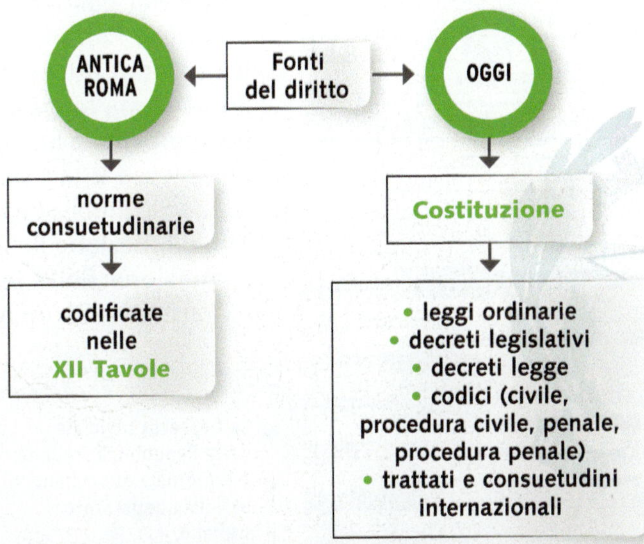

COSTITUZIONE ITALIANA

Art. 71 • L'iniziativa delle leggi appartiene al Governo, a ciascun membro delle Camere ed agli organi ed enti ai quali sia conferita da legge costituzionale.
Il popolo esercita l'iniziativa delle leggi, mediante la proposta, da parte di almeno cinquantamila elettori, di un progetto redatto in articoli.

Art. 74 • Il Presidente della Repubblica, prima di promulgare la legge, può con messaggio motivato alle Camere chiedere una nuova deliberazione.
Se le Camere approvano nuovamente la legge, questa deve essere promulgata.

nazionale, i trattati e la consuetudine internazionale che regolano i rapporti fra gli Stati, e quelle del cosiddetto **diritto comunitario** che definiscono le relazioni tra gli Stati membri dell'Unione Europea: si tratta di tutti quegli atti emessi da organi comunitari che si inseriscono nell'ordinamento giuridico degli Stati membri in un livello, di norma, superiore a quello delle leggi ordinarie degli Stati stessi.

Come si emanava una legge a Roma...

Nel diritto romano la *lex* era una norma di origine popolare: proposta da un magistrato, veniva infatti presentata al popolo riunito in assemblea (nei comizi centuriati e nei comizi tributi), affinché la discutesse e la votasse. Le leggi più importanti venivano poi trascritte su tavole e affisse in pubblico.

... e come si fa una legge oggi

Una **legge** è un testo normativo formato da una serie più o meno lunga di articoli. Per diventare tale, deve essere approvata dall'organo dello Stato a cui la Costituzione attribuisce il potere legislativo, che, nelle moderne democrazie, come nel caso dell'Italia, è il Parlamento. Il percorso attraverso il quale una legge viene approvata è lungo e complesso e la Costituzione lo stabilisce nel Titolo I, Sezione II: "La formazione delle leggi" (artt. 70-82). Innanzi tutto la legge deve essere proposta al Parlamento; questa proposta può essere avanzata da qualunque membro del Parlamento, dal Governo (in questo caso si chiama **disegno di legge**), dai Consigli regionali, dal Consiglio Nazionale dell'Economia e del Lavoro, oppure, infine, da cinquantamila cittadini elettori (la cosiddetta **legge di iniziativa popolare**).

SERIE GENERALE

Anno 143° — Numero 268

GAZZETTA UFFICIALE DELLA REPUBBLICA ITALIANA

PARTE PRIMA — Roma - Venerdì, 15 novembre 2002 — SI PUBBLICA TUTTI I GIORNI NON FESTIVI

La Gazzetta Ufficiale, oltre alla Serie generale, pubblica quattro Serie speciali, ciascuna contraddistinta con autonoma numerazione:
1ª Serie speciale: Corte costituzionale (pubblicata il mercoledì)
2ª Serie speciale: Comunità europee (pubblicata il lunedì e il giovedì)
3ª Serie speciale: Regioni (pubblicata il sabato)
4ª Serie speciale: Concorsi ed esami (pubblicata il martedì e il venerdì)

SOMMARIO

LEGGI ED ALTRI ATTI NORMATIVI

LEGGE 13 novembre 2002, n. 256.

DECRETO LEGISLATIVO 31 ottobre 2002, n. 257.

DECRETI PRESIDENZIALI

DECRETO DEL PRESIDENTE DEL CONSIGLIO DEI MINISTRI 15 ottobre 2002.

ORDINANZA DEL PRESIDENTE DEL CONSIGLIO DEI MINISTRI 8 novembre 2002.

DECRETI, DELIBERE E ORDINANZE MINISTERIALI

Ministero della giustizia

DECRETO 4 novembre 2002.

Ministero dell'economia e delle finanze

DECRETO 10 ottobre 2002.

DECRETO 18 ottobre 2002.

DECRETO 25 ottobre 2002.

DECRETO 12 novembre 2002.

La Gazzetta ufficiale della Repubblica Italiana è il giornale quotidiano ufficiale dello Stato italiano.

Dopo l'approvazione del Parlamento, la legge deve essere promulgata dal Presidente della Repubblica entro un mese; può però accadere che il capo dello Stato rilevi degli elementi di incostituzionalità nella legge stessa: in questo caso la rinvia alle Camere (art. 74).
Una volta promulgata, la legge viene pubblicata sulla ***Gazzetta Ufficiale***, la fonte ufficiale di comunicazione delle norme emanate dallo Stato, ed entra in vigore quindici giorni dopo o entro il termine previsto dalla legge stessa.
In alcune situazioni particolari di necessità e urgenza, inoltre, il Governo può ricorrere al **decreto legge**, cioè un atto che ha il valore di una legge ordinaria; il decreto, tuttavia, perde la sua efficacia se non viene convertito in legge dal Parlamento entro sessanta giorni dalla sua pubblicazione (art. 77).

Il diritto di famiglia nell'antica Roma

Un aspetto importante del diritto civile che ha contraddistinto la società romana è stato il diritto di **famiglia**. Per tutto il periodo monarchico e repubblicano, infatti, la famiglia romana era dominata dal *pater familias*, che deteneva un'autorità assoluta, la *patria potestas*. Era lui il capo indiscusso che svolgeva la funzione di giudice, con **potere di vita e di morte sui membri della sua famiglia**, i quali gli dovevano un'obbedienza totale. Le donne erano del tutto prive di diritti civili. Una legge delle XII Tavole stabiliva che "*le donne, anche se in età adulta, devono essere sotto tutela, eccettuate le vergini vestali*". I figli a loro volta potevano essere addirittura venduti o esposti.
Solo in epoca imperiale si passò a una concezione più "moderna" dell'istituto familiare: la *patria potestas* venne limitata e si iniziò a tenere conto dei diritti degli altri membri del gruppo familiare: le donne romane, ad esempio, poterono godere dell'uso della propria dote – ovvero di quei beni che ogni donna portava in dono al marito per contribuire agli oneri del matrimonio – o del diritto di tutela sui figli.

Il diritto di famiglia nella Costituzione italiana e la successiva riforma

In Italia, la base del diritto di famiglia va cercata nel testo della Costituzione, che fissa le norme fondamentali negli articoli 29, 30 e 31. L'articolo più importan-

COSTITUZIONE ITALIANA

Art. 29 • La Repubblica riconosce i diritti della famiglia come società naturale fondata sul matrimonio.
Il matrimonio è ordinato sull'eguaglianza morale e giuridica dei coniugi, con i limiti stabiliti dalla legge a garanzia dell'unità familiare.

Art. 30 • È dovere e diritto dei genitori mantenere, istruire ed educare i figli, anche se nati fuori dal matrimonio. [...]
La legge assicura ai figli nati fuori dal matrimonio ogni tutela giuridica e sociale, compatibile con i diritti dei membri della famiglia legittima. [...]

Art. 31 • La Repubblica agevola con misure economiche e altre provvidenze la formazione della famiglia e l'adempimento dei compiti relativi, con particolare riguardo alle famiglie numerose.
Protegge la maternità, l'infanzia e la gioventù, favorendo gli istituti necessari a tale scopo.

Manifestazione a favore del divorzio negli anni Settanta.

te è il 29: il testo costituzionale riconosce l'istituto matrimoniale come fondamento della famiglia. Nel 1970, poi, nel nostro paese venne introdotto con una legge l'istituto del **divorzio**, cioè dello scioglimento legale del matrimonio, che venne confermato da un referendum del 1974.
L'articolo 30 tutela poi i figli, anche quelli nati al di fuori del matrimonio, e l'articolo 31 prescrive alcune agevolazioni nei confronti dell'istituzione familiare. Però il principio dell'uguaglianza tra i coniugi, nonostante venga riconosciuto dalla Costituzione, è rimasto a lungo inapplicato perché condizionato dalla legislazione civile che risaliva all'epoca fascista. Soltanto nel **1975** venne varata una **riforma del Codice Civile** che accoglieva il dettato costituzionale sulla **parità di diritti fra i coniugi**. La legislazione intervenne su un altro aspetto importante, quello dell'infedeltà coniugale di uno dei coniugi, o **adulterio**. Fino alla riforma, esso era considerato un reato penale se a praticarlo era la moglie, anche se soltanto occasionalmente. Il marito invece poteva incorrere nell'azione penale solo se il rapporto extraconiugale aveva un carattere stabile. Con la riforma venne infine eliminato l'istituto della **dote**, che risaliva all'epoca romana.

ATTIVITÀ

RIELABORAZIONE

1. **Completa la seguente tabella.**

IL DIRITTO

Norme sociali Sono le regole di tipo	Norme giuridiche Sono emanate da ....
Diritto pubblico Sono le norme di carattere	Diritto privato Sono le norme ....
Si divide in: diritto ...., diritto ...., diritto ...., diritto ...., diritto	Si divide in: diritto .... e diritto ....

PROPOSTE DI DISCUSSIONE

2. **Alla luce di quanto letto, rifletti (secondo le modalità proposte dall'insegnante) sul valore attuale della famiglia, come istituzione giuridica e sul suo ruolo sociale, in particolare per quanto riguarda i compiti educativi.**

capitolo 12

Roma conquista la penisola

L'espansione romana nell'Italia centro-meridionale

1 Tra il V e il III secolo a.C. **Etruschi**, **Galli** e **Italici** cercano di contrastare la crescente potenza di Roma, che si sta estendendo progressivamente verso sud e verso nord.

2 Nel **390 a.C.**, dopo aver vinto sul fiume Allia, i **Galli** saccheggiano e incendiano Roma.

5 Tra il 268 a.C. e il 264 a.C. anche l'**Italia centrale** (Etruria, Umbria e Piceno) entra per sempre nell'orbita romana. Per gestire i nuovi territori Roma costruisce un'articolata ed efficace **struttura politico-amministrativa**, fatta di colonie, municipi, prefetture e città federate.

4 Le città greche del Meridione, minacciate dalla spinta espansionistica romana, chiedono l'intervento di Pirro, re dell'Epiro. Alla fine della **guerra tarantina** (282-272 a.C.), nella quale sono coinvolte anche Cartagine e la Sicilia, l'intera Italia meridionale è ormai sotto il dominio romano.

3 L'espansione verso sud porta i Romani a scontrarsi con i **Sanniti**, interessati anch'essi all'egemonia sull'area campana. Le alterne vicende delle **guerre sannitiche** (343-290 a.C.) terminano con la vittoria di **Sentino** (295 a.C.) e la definitiva affermazione romana.

405-396 a.C.
Guerra con gli Etruschi e caduta di Veio

390 a.C.
I Galli saccheggiano e incendiano Roma

343-290 a.C.
Guerre sannitiche

282-272 a.C.
Guerra tarantina

268-264 a.C.
Conquista dell'Italia centrale

Lo **sviluppo territoriale** e l'**espansione militare** di Roma furono molto rapidi. Fin dalle prime guerre con i popoli confinanti emerse infatti un atteggiamento vincente che caratterizzerà l'intera storia di Roma: la capacità di assorbire i migliori aspetti politici e culturali delle popolazioni con cui entrava in contatto.

Dopo essere divenuta la principale città del Lazio, Roma dovette difendere i propri confini, minacciati dagli **Etruschi** e da un nuovo pericolo, i **Galli**, che riuscirono a spingersi fino alle porte della città, mettendola a ferro e fuoco.

Roma ne uscì comunque vincitrice: la sua espansione nella penisola divenne ormai inarrestabile e da **difensiva** si trasformò in **offensiva**.

Dopo alterne vicende e brucianti sconfitte i Romani, in meno di un secolo, riuscirono a vincere i **Sanniti**, le armate greche di **Pirro** e le ultime resistenze etrusche, conquistando così l'intera Italia centro-meridionale: per la prima volta Roma si affacciava come nuova potenza all'interno del Mediterraneo e dei suoi complicati equilibri.

I Romani riuscirono ad amministrare un territorio così vasto grazie alla concretezza e la razionalità proprie della loro mentalità, utilizzando soluzioni diversificate a seconda dei popoli o città assoggettate, dei pericoli da arginare o dei vantaggi da trarre, secondo il principio del ***divide et impera***, "dividi e governa", che sarà alla base della futura potenza romana.

12.1 Le guerre di Roma per il predominio nell'Italia centro-meridionale

Verso la conquista del Lazio: Roma contro Veio

Malgrado i successi conseguiti nelle guerre contro i popoli confinanti e la stipulazione dell'alleanza con i Latini (*Foedus Cassianum*), alla fine del V secolo a.C. la situazione era per Roma ancora incerta: il pericolo più grande era costituito da una nuova possibile **offensiva degli Etruschi**, la cui sovranità territoriale si estendeva sino alla sponda settentrionale del Tevere, dove sorgeva la città di **Veio**, importante fortezza militare.
Ecco perché a un certo momento i Romani, approfittando del crollo del predominio degli Etruschi nell'Italia meridionale in seguito alla loro sconfitta contro i Greci a Cuma (474 a.C.) e della pressione esercitata dai Galli sulla frontiera settentrionale dell'Etruria, attaccarono la potente città e, sotto la guida del **dittatore Marco Furio Camillo**, la espugnarono dopo un lungo **assedio** che la tradizione, forse per analogia con quello di Troia ad opera degli Achei, fa durare dieci anni (405-396 a.C.). Proprio in occasione di questa memorabile impresa fu introdotto dal senato l'uso di **dare ai soldati una paga** (*stipendium*), che, oltre a consentire ai meno abbienti di procurarsi in modo più agevole le armi, permetteva loro di non rovinarsi completamente sul piano finanziario nel caso di operazioni militari troppo lunghe e frequenti.
La distruzione di Veio contribuì a rendere più rapido il raggiungimento del **primato politico ed economico sul Lazio**, che Roma ormai andava perseguendo da tempo, a scapito del popolo etrusco. Inoltre, la rilevante estensione di agro pubblico a disposizione servì a risolvere almeno in parte il problema della plebe, alla quale ora veniva offerta la possibilità di trovare una dimora e un lavoro nelle fertili terre da poco conquistate.

I Galli invadono Roma

In quegli anni, tuttavia, l'Italia centrale fu interessata da un'**invasione di Galli** (o Celti), che, già stanziati nelle regioni settentrionali della penisola, erano attirati dalla necessità di terre nuove da coltivare e dalle ricchezze delle città etrusche. I Romani non riuscirono a opporsi alla violenza conquistatrice degli invasori e, malgrado l'impegno dell'esercito, nel **390 a.C.** vennero battuti presso il fiume **Allia**, un piccolo affluente del Tevere, a pochi chilometri da Roma. Fu allora, per la prima volta nella sua storia, che Roma, il cui esercito era impegnato in altre campagne militari, fu sottoposta a **saccheggio** e a **incendio**; solamente un gruppo di valorosi si rinchiuse in Campidoglio deciso a salvare l'onore delle armi.

LE INCURSIONI DEI GALLI

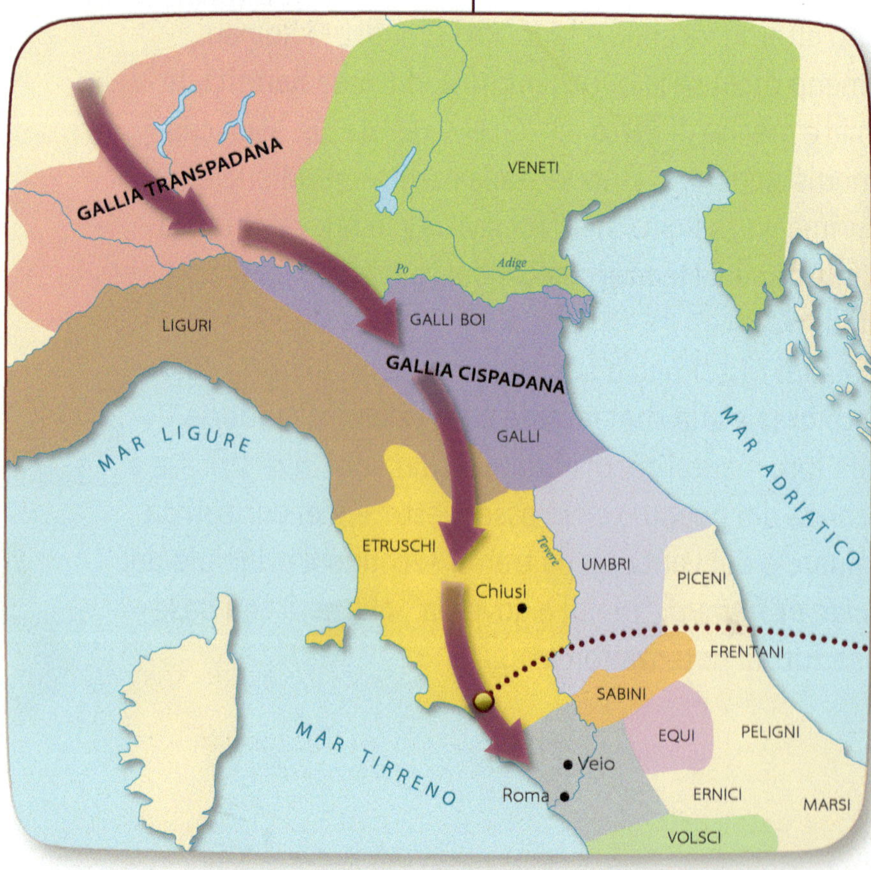

La carta mostra le incursioni dei Galli, che nel IV secolo a.C., sotto la guida di Brenno, attaccarono le più importanti città etrusche e giunsero a saccheggiare Roma.

Lavorare con le FONTI

Laboratorio

Le oche del Campidoglio salvano Roma

Nel 390 a.C. Roma venne assediata dai Galli guidati da Brenno. La tradizione vuole che ai nemici, che avevano già messo a ferro e fuoco la città, rimanesse da conquistare il Campidoglio, ultima roccaforte romana. I Galli, trovato un passaggio sicuro, iniziano di notte la salita al colle, ma lo starnazzare delle oche sveglia la guarnigione romana che prontamente respinge i nemici.

Autore Tito Livio
Opera *Ab urbe condita*
Data 27 a.C.-17 d.C.
Tipologia fonte testo storiografico

I Galli, poiché si erano resi conto [...] che l'erta [salita] nei pressi del tempio di Carmenta poteva essere superata senza difficoltà, una notte debolmente rischiarata inviarono prima in avanscoperta un uomo disarmato per accertare che il passaggio fosse praticabile; poi, passandosi le armi nei punti più difficili, appoggiandosi a vicenda e spingendosi verso l'alto gli uni con gli altri a seconda della natura del terreno, raggiunsero la cima in un tale silenzio che non solo riuscirono a passare inosservati alle sentinelle, ma non svegliarono nemmeno i cani che invece sono animali sensibilissimi ai rumori notturni. Non sfuggirono però alla vigilanza delle oche che, nonostante la grande penuria di viveri, erano state risparmiate perché sacre a Giunone. E questo fatto salvò i Romani. Svegliato infatti dal verso e dallo starnazzare delle oche, Marco Manlio, che era stato console tre anni prima e si era sempre distinto in campo militare, afferrando le armi e insieme chiamando gli altri a imitarlo, si fece avanti e mentre i suoi compagni correvano in disordine a armarsi, con un colpo di scudo ricacciò giù dal pendio un Gallo che era già riuscito a raggiungere la sommità dell'erta. Ma siccome la sua caduta travolse quelli che gli venivano dietro, altri Galli, colti dal panico, nel tentativo di aggrapparsi con le mani alle rocce alle quali aderivano con il corpo, lasciarono cadere le armi e finirono sotto i colpi di Manlio. Essendosi nel frattempo aggiunti anche altri Romani, i nemici vennero ricacciati dalle rocce con lancio di frecce e di pietre, così che l'intero contingente di Galli fu respinto con successo franando rovinosamente giù dal precipizio.

Carmenta: Carmenta era una ninfa delle sorgenti, una delle divinità arcaiche di Roma. Possedeva il dono della profezia e proteggeva le partorienti e le levatrici. A lei erano dedicati i *Carmentalia*, che si festeggiavano a metà di gennaio.

armi: l'armamento dei Galli consisteva generalmente in uno scudo e una lancia, ma alcuni guerrieri utilizzavano anche l'ascia o la spada, oppure coltelli da combattimento. La qualità dell'armamento dipendeva dalla ricchezza di ogni guerriero: le spade più economiche, racconta lo storico Polibio, si piegavano e dovevano essere raddrizzate col piede dopo ogni fendente.

oche: tra gli animali sacri a Giunone vi erano le oche; alcune di esse erano allevate dalle sacerdotesse della dea nel recinto del tempio sul Campidoglio. A differenza di quanto si ritiene oggi, che con tale epiteto si suole indicare una persona poco intelligente, l'oca era ritenuta un simbolo di verità e purezza.

I corni da guerra
Durante i combattimenti i Celti incitavano i propri guerrieri, e spaventavano gli avversari, con il suono del *charnyx*, il corno da guerra composto da un lungo tubo con una terminazione a forma di testa di cinghiale, animale venerato come simbolo di forza fisica.

Per COMPRENDERE

1. In che modo i Galli riescono ad arrivare in cima alla rocca?
2. Perché, in seguito a questo episodio, la dea Giunone fu venerata come salvatrice di Roma?

Ma, proprio quando gli ultimi difensori romani stavano per avere la peggio, giunti ormai dopo sette mesi di duro assedio al completo esaurimento delle loro forze, i Galli, forse richiamati nella pianura padana da un'inattesa incursione di Veneti, si ritirarono dopo avere ottenuto una grossa somma come prezzo del riscatto. Così la **giovane repubblica** fu **salva**.

La nuova politica offensiva di Roma

Una volta ripresisi dai danni dell'invasione gallica, i Romani avvertirono la necessità di rendere più efficiente e meglio organizzato il loro **esercito**, avviando così quel processo di trasformazione che avrebbe finito per farne uno dei più formidabili strumenti di guerra creati nel mondo antico.
Roma, infatti, aveva cambiato ormai la sua azione in politica estera da prevalentemente difensiva, soprattutto nei confronti della Lega latina, degli Etruschi e degli altri popoli laziali, in offensiva. In seguito alla vittoria su Veio, infatti, Roma dette inizio a una lunga serie di guerre di conquista anche al di fuori del territorio laziale, che la porteranno in poco più di un secolo alla conquista dell'Italia centrale e meridionale, trasformandosi da città-stato in grande potenza del Mediterraneo.
Gli storici si sono interrogati sulle motivazioni di questo cambiamento di linea politico-militare di Roma. Probabilmente entrarono in gioco più cause: il bisogno di nuove terre, la ricerca di nuovi commerci, ma anche la necessità di dominare popolazioni e città che avrebbero potuto mettere a rischio la supremazia ormai raggiunta da Roma.

Lo scontro con i Sanniti

Anche il popolo confinante dei **Sanniti** era in piena espansione in Campania, una delle regioni più fertili della penisola; si trattava di una stirpe di pastori e di agricoltori, che abitavano un'ampia zona compresa nell'attuale territorio di Abruzzo, Molise, Campania settentrionale e alta Lucania, e che, pur divisi in varie tribù, formavano una grande confederazione.
Il timore dell'accresciuta potenza sannita nell'Italia meridionale spinse Roma ad accogliere la richiesta di aiuto rivoltale dalle città campane di **Capua** e **Teano**, che avevano visto invadere il proprio territorio dalle truppe dei Sanniti, e a dichiarare loro guerra. Gli scontri si protrassero per circa cinquant'anni (343-290 a.C.) a causa di diversi motivi, e in particolare:

- la difficoltà dei Romani di battersi su un **territorio accidentato e montuoso**, e per di più poco noto come quello appenninico, e di dover sostenere in mezzo a enormi ostacoli le continue azioni di **guerriglia** condotte con decisione dai Sanniti, invece esperti di quei luoghi;

lessico

Guerriglia la guerriglia è una tecnica di combattimento che consiste in imboscate e incursioni fulminee messe in atto da piccoli gruppi armati.

Guerrieri sanniti
In questa pittura proveniente da una tomba di Nola, in Campania, si vedono un cavaliere e due fanti sanniti dopo un combattimento. Oltre che di elmo, scudo e corazza sono armati di giavellotto; quest'ultimo, chiamato *pilum*, fu ripreso dai Romani e introdotto nel loro armamento a partire proprio dalle guerre sannitiche.

LE GUERRE SANNITICHE (343-290 a.C.)

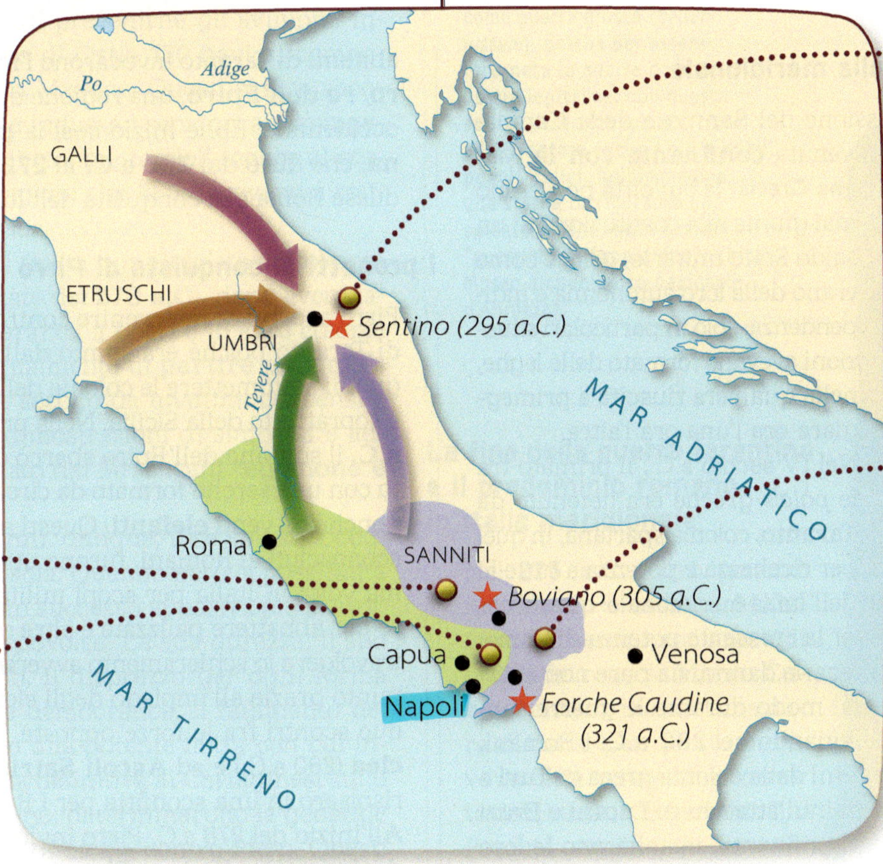

1 La popolazione italica dei **Sanniti** è stanziata in un vasto territorio corrispondente alle attuali regioni di Abruzzo, Molise, Campania settentrionale e Alta Lucania.

2 I tentativi dei Sanniti di occupare le **fertili pianure campane** si scontrano con la resistenza di città come **Capua** e **Teano**, che invocano l'aiuto dei Romani.

3 La **prima guerra sannitica** (343-341 a.C.) si conclude con un sostanziale equilibrio fra i due avversari. Nella **seconda guerra** (326-304 a.C.), i Romani sono sconfitti e subiscono l'umiliazione delle **Forche Caudine** (321 a.C.); in seguito contrattaccano occupando **Boviano**, capitale del Sannio (305 a.C.).

4 La **terza guerra** dura dal 298 al 290 a.C. La svolta avviene con la vittoria romana a **Sentino** nel **295 a.C.**, contro una coalizione di Sanniti, Etruschi, Galli e Italici dell'Appennino. In seguito a questa battaglia, l'ultima resistenza sannita è gradualmente piegata e Roma inizia la **conquista della penisola.**

- la capacità dei Sanniti di coinvolgere nella lotta antiromana quasi tutte le popolazioni appenniniche, nonché i nemici di Roma: Etruschi, Umbri e Galli.

Ciononostante, alla fine i Romani risultarono vittoriosi perché riuscirono a dividere le forze della coalizione antiromana con un'accorta strategia militare.

Le tre fasi delle guerre sannitiche

Tre furono le fasi principali delle guerre sannitiche. La **prima** (343-341 a.C.) si concluse con l'annessione di Capua da parte di Roma, a cui seguì la stipula di un accordo con i Sanniti.

Durante la **seconda** fase (326-304 a.C.) i Romani subirono una durissima sconfitta tra Cosenza e Benevento nel **321 a.C.**, in seguito alla quale l'esercito fu costretto a sfilare denudato sotto le lance incrociate dei nemici, in un episodio noto come **"Forche Caudine"**, uno dei momenti più umilianti della storia di Roma. Dopo una lunga tregua, i combattimenti ripresero per poi concludersi con la presa della capitale del Sannio, **Boviano**, da parte dell'esercito romano, nel 305 a.C., a cui seguì l'anno successivo un nuovo trattato di pace.

La **terza** e ultima fase (298-290 a.C.) ebbe inizio quando i Romani vennero a conoscenza di un'alleanza stretta tra i Sanniti e una coalizione di Etruschi, Galli e Umbri. Lo scontro più importante ebbe luogo nel **295 a.C.** nei pressi di **Sentino** (oggi Sassoferrato, nei pressi di Fabriano nelle Marche), che portò i Sanniti a sottomettersi alle condizioni imposte da Roma.

Impossessatasi una volta per tutte del Sannio, Roma iniziò a fondare delle **colonie** al fine di scongiurare una nuova insurrezione e possibili attacchi di altre popolazioni del Mezzogiorno. A questo punto il dominio di Roma comprendeva larga parte dell'Italia centro-meridionale: oltre al Lazio, numerose zone dell'Etruria e dell'Umbria, la Sabina, il Sannio, la Campania e le terre costiere del Mar Tirreno.

GUIDA allo STUDIO

1. Con quale scopo venne istituita la paga ai soldati in occasione della guerra contro Veio?
2. Quali furono i motivi principali della lunga durata delle guerre sannitiche?
3. Che cosa comportò l'esito di queste guerre?

pendenti dalla madrepatria, quelle fondate da Roma continuavano a fare parte integrante del territorio della repubblica e costituivano elementi non già di disgregazione, bensì di salda coesione nella compagine dello Stato. Le colonie venivano popolate per lo più dai **veterani**, militari anziani che al termine delle campagne di guerra ricevevano un appezzamento di terreno sottratto ai nemici e vi si trasferivano con le famiglie; la loro **fedeltà** era quindi **assoluta** e Roma poteva sempre contare su di loro in caso di bisogno.
Esistevano due tipologie di colonie: le **colonie romane** e le **colonie latine**.
Le **colonie romane** erano principalmente città di nuova fondazione, costituite da cittadini di Roma, i quali godevano di **tutti i diritti politici e civili** e potevano tornare a Roma in occasione dei comizi per esercitarvi il diritto di voto. Questi cittadini romani con pieni diritti furono divisi in 35 tribù, che formavano la classe dominante e servivano anche come circoscrizioni elettorali e distretti di leva militare. Questo tipo di colonie aveva una finalità soprattutto di controllo militare di un territorio.
Le **colonie latine** invece si amministravano da sé, conservando la **propria autonomia** ed erano popolate da coloni di etnia essenzialmente latina, i quali non godevano della cittadinanza romana, ma soltanto di **alcuni diritti**, come quello di matrimonio e di commercio con Roma; essi avevano comunque la possibilità di ottenere la cittadinanza trasferendosi a Roma. Queste colonie erano obbligate a fornire a Roma dei contingenti militari.

I DOMINI ROMANI NEL 264 a.C.

1 Nel **264 a.C.** Roma ha sotto il suo diretto dominio **un quinto dell'intero territorio** peninsulare (25.000 chilometri quadrati con circa un milione di abitanti, di cui oltre 300.000 atti alle armi).

2 Su tutto il territorio i Romani fondarono numerose **colonie**, con le quali si favorì la romanizzazione dei territori.

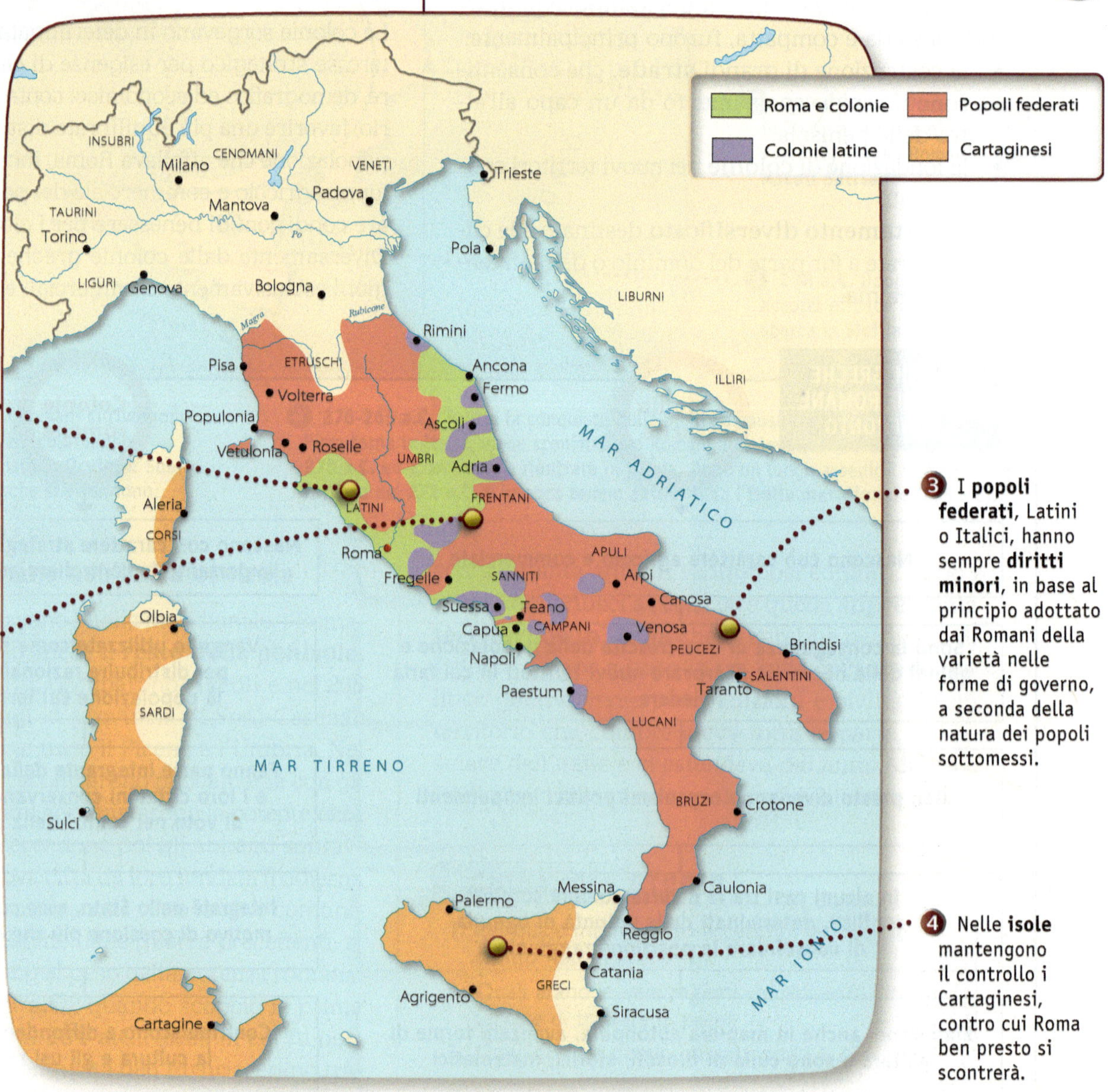

3 **I popoli federati**, Latini o Italici, hanno sempre **diritti minori**, in base al principio adottato dai Romani della varietà nelle forme di governo, a seconda della natura dei popoli sottomessi.

4 Nelle **isole** mantengono il controllo i Cartaginesi, contro cui Roma ben presto si scontrerà.

Municipi, prefetture e città federate

Per quanto riguardava invece le città sottomesse, i Romani applicarono il principio del *dìvide et ìmpera* ("dividi e governa"), che consisteva essenzialmente nella creazione di **una grande varietà di governi**, di diritti, di obblighi e di alleanze, secondo la diversa natura dei popoli vinti che rimanevano così separati fra loro e più difficilmente potevano allearsi contro la capitale.

A tale scopo furono creati i **municipi**, città per lo più preesistenti al dominio romano, che si governavano da sé con propri magistrati; gli abitanti godevano dei **diritti civili, ma non politici**; tra i doveri nei confronti di Roma, vi era quello di pagare i tributi per le spese di guerra, fornire alcuni contingenti di milizie, mantenerli in efficienza finché erano in servizio, e infine usare la moneta coniata nelle zecche romane.

In alcuni casi però, e per qualche particolare merito, erano riconosciuti alle singole città il diritto di voto nei comizi romani e quello di accesso alle cariche pubbliche.

Le **prefetture** invece erano tutte le città italiche soggette a Roma, che, prive di qualsiasi autonomia, non si governavano da sé, ma erano rette da un governatore romano, il **prefetto** appunto; esse erano le più severamente trattate e private di ogni autonomia e libertà, in quanto soggette a tutti gli oneri dei cittadini romani senza possibilità di godere alcuno dei loro privilegi.

Colonia romana
Rovine di *Alba Fucens* (vicino ad Avezzano in Abruzzo), colonia fondata dai Romani nel 303 a.C. nel territorio degli Equi.

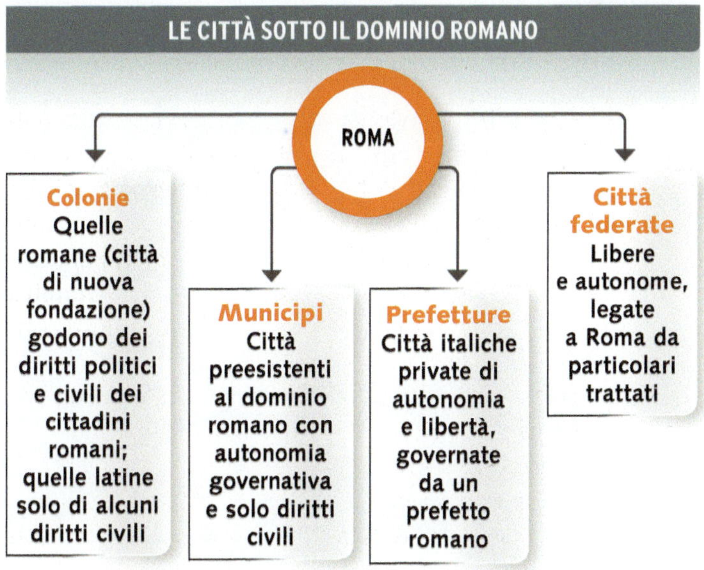

Le rimanenti **città** erano considerate alleate o **federate** e libere. Congiunte a Roma attraverso particolari trattati (in latino *foedera*, "patti"), le città federate si governavano con magistrati e leggi propri e dovevano provvedere di viveri gli eserciti romani che passavano attraverso il loro territorio e, se poste sul mare, rifornire la flotta romana di navi, rematori e marinai.

Una nuova potenza a livello mediterraneo

Queste città e questi piccoli stati andavano a formare un corpo compatto sotto l'abile direzione di Roma e tutti concorrevano a promuovere la sua grandezza e la sua ricchezza. Roma, infatti, si era trovata a gestire un territorio vasto e diversificato e aveva conosciuto uno sviluppo economico e demografico notevole, grazie ai bottini di guerra ma anche ai nuovi fertili territori, ai nuovi mercati, ai tributi imposti alle città alleate.

La grande forza di Roma fu anche la capacità di trattare le popolazioni sottomesse o alleate quasi sempre con lungimirante moderazione. Era nato quindi un organismo politico destinato a entrare nel novero delle "potenze" mediterranee e ad assicurarsi così un ruolo di primo piano per molti secoli.

GUIDA allo STUDIO

1. In che modo i Romani seppero mantenere la loro autorità sui popoli vinti?
2. Che differenza c'era tra le colonie romane e quelle latine?
3. In che cosa consisteva il principio del *dìvide et ìmpera*? Cosa comportò l'attuazione di tale principio?

Gestione e controllo del territorio: viabilità e centuriazione

La conquista della penisola italiana rese necessaria la costruzione di una **rete viaria**, e quella romana fu tra le più sviluppate dell'antichità. Lo scopo era quello di rendere più rapido lo spostamento degli eserciti durante le guerre, ma anche di **favorire il commercio** in tempo di pace. Le strade, che generalmente partivano tutte da Roma, prendevano il nome dal loro ruolo, come ad esempio la **via Salaria** dal commercio del sale, o dal nome dal magistrato che l'aveva fatta costruire. La prima strada a essere costruita fu la **via Appia**, iniziata nel 312 a.C. dal censore Appio Claudio. A questa ne seguirono molte altre. Il nome e il tracciato di queste strade sono ancora oggi rintracciabili nella viabilità della nostra penisola.

Un tratto della via Appia, definita dagli stessi Romani *regina viarium*, "regina delle strade", per la cura con la quale veniva mantenuta e per la bellezza dei monumenti sepolcrali che ornavano i suoi lati, i cui resti sono ancora oggi visibili.

Dall'alto al basso: il ponte di Augusto a Rimini, un tratto della pianura padana, un modellino di agrimensore.

Dopo aver appreso dagli Etruschi l'uso dell'**arco** in architettura, gli ingegneri romani divennero i più grandi costruttori di **ponti**, necessari per oltrepassare un ostacolo naturale (un fiume o una zona paludosa). Dapprima fu utilizzato il legno, come per il **Sublicio** sul Tevere, primo ponte a essere costruito, e in seguito si adoperò la pietra. Molti di questi ponti sono ancora oggi visibili e in uso, come il **ponte di Augusto** a **Rimini**, i ponti **Milvio**, **Fabricio** e **Cestio** a Roma, e molti altri sia in Italia che all'estero nelle ex province romane.

Una volta conquistato un territorio, i Romani vi consentivano l'insediamento di nuovi coloni perché fosse sfruttato razionalmente e messo in produzione. A ogni colono veniva assegnato un lotto, detto **centuria** perché era la centesima parte dell'area suddivisa. Il processo di misurazione era quindi detto **centuriazione**: per prima cosa, quando era necessario, si diboscava e si bonificava l'area, tramite la costruzione di canali di drenaggio; poi si procedeva a tracciare un reticolo di linee parallele e ortogonali, **cardini** e **decumani**, che delimitava i singoli appezzamenti. Ancora oggi in alcune zone sono visibili gli effetti della centuriazione romana.

Per procedere alla centuriazione era necessaria un'attenta misurazione del territorio; il delicato compito era affidato a tecnici specializzati detti **agrimensori**, da *agri mensura*, "misura dell'agro, del terreno". Costoro, che in seguito furono chiamati anche a tracciare il corso delle strade e a elaborare vere e proprie carte catastali, si servivano della **groma**, uno strumento composto da due bracci, alle cui estremità pendevano quattro fili a piombo, fissati su un'asta verticale.

SINTESI

12.1 Alla fine del V secolo a.C., Roma affronta gli **Etruschi**, e dopo una guerra durata dieci anni, dal 405 al 396 a.C., espugna la potente città di **Veio**. A questo successo si contrappone la prima invasione dei **Galli**, che nel 390 a.C. vincono i Romani presso il **fiume Allia** e arrivano a incendiare e saccheggiare Roma. Dopo l'invasione gallica i Romani riorganizzano l'esercito e iniziano l'espansione verso la Campania scontrandosi con i Sanniti, forte popolazione di pastori e di agricoltori stanziati negli attuali Abruzzo e Molise. Iniziano così le **guerre sannitiche**, le quali, divise dagli storici in tre fasi, durano dal 343 al 290 a.C. Dopo esser stati battuti e aver subito l'umiliazione delle **Forche Caudine**, nel 321 a.C., i Romani contrattaccano: dapprima occupano Boviano, capitale del Sannio, e nel 295 a.C. sconfiggono definitivamente a **Sentino** una coalizione formata da Sanniti, Etruschi, Umbri e Galli.

12.2 Alla fine delle guerre sannitiche il territorio romano confina con la Magna Grecia. La città di **Taranto**, minacciata dall'espansionismo romano, chiede aiuto a **Pirro**, re dell'Epiro, che decide di intervenire con l'obiettivo di riunire sotto di sé la Magna Grecia e la Sicilia. Sbarcato nel 280 a.C. a Taranto con un potente esercito, Pirro sconfigge i Romani a **Eraclea**, nel 280 a.C., e ad **Ascoli Satriano**, nel 279 a.C. Il suo obiettivo primario è comunque la conquista della Sicilia, per poter attaccare poi Cartagine. Propone quindi la pace ai Romani, i quali, respinte le sue richieste, lo sconfiggono a **Malevento** (poi detta Benevento) nel 275 a.C.; nel 272 a.C. assediano Taranto, estendendo così la loro egemonia su tutta l'**Italia meridionale**. Tra il 268 e il 264 a.C. assoggettano poi il **Piceno**, l'**Umbria** e l'**Etruria**. I confini dello Stato romano raggiungono così i fiumi Magra e Rubicone a nord e lo stretto di Messina a sud.

12.3 Una volta conquistato il dominio di buona parte della penisola, i Romani mostrano una notevole capacità nel mantenere la loro autorità sui popoli vinti e nel fondere in un'unitaria organizzazione politica genti estremamente diverse per tradizione e civiltà. I mezzi che usano per realizzare una federazione salda e compatta sono principalmente: la costruzione di **grandi strade**, la fondazione di **colonie** in punti strategici della penisola, il diverso trattamento riservato alle città sottomesse secondo il principio del ***divide et impera*** ("dividi e governa") e la possibilità data ai popoli vinti di mantenere usi e costumi propri. Le colonie sono di due tipi: romane e latine; le prime sono costituite da cittadini romani, le seconde da coloni con diritti limitati. Inoltre per controllare il territorio vengono fondati i **municipi**, le **prefetture** e vengono conclusi trattati con le **città federate**. Nasce così un organismo politico destinato a entrare nel gruppo delle grandi "potenze" mediterranee.

PER COSTRUIRE LE COMPETENZE

SPAZIO

1. Indica nella carta la zona occupata dai Sanniti e inserisci poi le seguenti località.
   - Veio
   - Allia
   - Forche Caudine
   - Taranto
   - Sentino
   - Eraclea
   - Ascoli Satriano
   - Benevento

TEMPO

2. Completa la cronologia.

405 a.C.	Inizia l'assedio di ... guidato da ...
... a.C.	I Galli sconfiggono i Romani presso ... ed entrano a ..., per poi ritirarsi una volta ottenuto ...
343 a.C.	Inizia la guerra tra Roma e ...
321 a.C.	I Romani subiscono una pesante umiliazione: l'episodio sarà ricordato come ... ...
... a.C.	Presso ... i Romani sconfiggono una coalizione di ... ...
282 a.C.	Inizio della guerra ...
... a.C.	I Romani sconfiggono Pirro a ..., ribattezzata poi ...
272 a.C.	Definitiva conquista di tutta ...
264 a.C.	Presa di ... e conquista dell'...

LESSICO

3. Associa a ogni termine il relativo significato.

A. Città federata
B. Colonia
C. *Divide et impera*
D. Giurisdizione
E. Guerriglia
F. Municipio
G. Prefetto
H. Prefettura
I. *Stipendium*
J. Veterano

a. Città italica soggetta a Roma
b. Città che manteneva i propri magistrati
c. Governatore romano
d. Città libera che doveva rifornire di viveri l'esercito romano
e. Principio del potere romano sui territori conquistati
f. Soldato che ha militato per molti anni
g. Insediamento romano creato in un territorio strategico
h. Oggi è la sfera di competenza di un giudice
i. Particolare tecnica di combattimento
j. Paga data ai soldati

EVENTI E PROCESSI

Le guerre sannitiche

4. Completa la tabella individuando le cause, le modalità, le fasi e gli effetti della guerra tra Romani e Sanniti.

Cause	La paura ...
Modalità	Caratteristica del territorio: ... Tattiche di guerra: ... Sistema delle alleanze: ...
Fasi:	1) ... 2) ... 3) ...
Esito	Roma domina ...

La guerra tarantina

5. Crea una mappa che metta in relazione i seguenti eventi.
- Vero obiettivo di Pirro
- Pretesto della guerra
- Fasi della guerra
- Esito

NESSI

6. Completa la tabella relativa ai territori conquistati da Roma indicando per ogni tipologia rispettivamente: i diritti che avevano o non avevano, i doveri verso Roma, l'eventuale autonomia politica.

Colonie romane	Colonie latine	Municipi	Prefetture	Città federate
Diritti ...	Diritti ...	Diritti ...	Diritti ...	Diritti ...
Doveri ...	Doveri ...	Doveri ...	Doveri ...	Doveri ...
Autonomia ...	Autonomia ...	Autonomia ...	Autonomia ...	Autonomia ...

LAVORO SULLE FONTI

7. Dopo aver letto il seguente passo tratto dalla monumentale *Storia di Roma* di Tito Livio rispondi alle seguenti domande.

Mentre mormoravano queste cose, arrivò l'ora fatale dell'ignominia, destinata a rendere tutto, alla prova dei fatti, ancora più doloroso di quanto non avessero immaginato. In un primo tempo ricevettero disposizione di uscire dalla trincea senza armi, con addosso un'unica veste. I primi a essere consegnati e incarcerati furono gli ostaggi. Poi fu ingiunto ai littori di scostarsi dai consoli, cui fu invece tolta la mantella da generali: spettacolo questo che suscitò così grande compassione anche tra quanti poco prima si erano scagliati contro i consoli proponendo di consegnarli al nemico e di farli a pezzi, che ciascuno dei presenti, dimentico della propria sorte, distolse lo sguardo da quella profanazione di una simile autorità, come dalla vista di qualcosa di abominevole. I consoli furono i primi a esser fatti passare seminudi sotto il giogo; poi, in ordine di grado, tutti gli ufficiali vennero esposti all'infamia, e alla fine le singole legioni una dopo l'altra. I nemici stavano intorno con le armi in pugno, lanciando insulti e dileggiando i Romani. Molti vennero minacciati con le spade, e alcuni furono anche feriti e uccisi, se l'espressione troppo risentita dei loro volti a causa di quell'oltraggio offendeva il vincitore.

(Tito Livio, *Ab urbe condita*, libro IX, 5-6)

a. A quale famoso episodio si riferisce?
b. A cosa furono costretti i soldati romani?
c. Contestualizza l'episodio in un breve testo.

RIELABORAZIONE (verso l'orale)

8. Riorganizza le conoscenze e i concetti del capitolo creando una mappa che ti possa servire per il colloquio. Utilizza e completa i seguenti blocchi forniti in disordine.

- Rapporti tra Roma, le colonie e i federati
- Cause della guerra tarantina
- Invasione dei Galli
- Effetti della guerra tarantina
- Guerra con Pirro
- Guerre sannitiche
- Guerra con gli Etruschi

LABORATORIO DELLE COMPETENZE

PASSATO/PRESENTE/STORIA LOCALE

9. Facendo riferimento alla carta di p. 244 approfondisci la storia di alcune strade romane. Attraverso una ricerca completa i dati richiesti nella seguente tabella.

Strada	Destinazione	Città e territori attraversati
Via Appia		
Via Salaria		
Via Popilia		
Via Aurelia		
Via Flaminia		
Via Latina		
Via Cassia		

10. In una seconda fase, individua una strada romana che passa nella tua regione (se non ce ne fossero scegline una a piacere) e cerca le seguenti informazioni: data di fondazione, spiegazione del nome, itinerario con le principali città toccate, stato attuale (usa l'esempio come riferimento). Cerca poi un'immagine che ne mostri lo stato attuale.

Nome	Data	Origine del nome	Percorso	Stato attuale
Via Flaminia	220 a.C.	Fatta costruire dal console Gaio Flaminio	Roma-Rimini Città: Terni, Spoleto, Foligno, Nocera Umbra, Gualdo Tadino, Fano, Pesaro	Strada Statale SS 3

La CITTADINANZA

COSTITUZIONE ITALIANA

Art. 2 • La Repubblica riconosce e garantisce i **diritti inviolabili** dell'uomo [...].

Art. 3 • Tutti i cittadini hanno pari **dignità sociale** e sono **uguali** davanti alla legge, senza distinzione di sesso, di razza, di lingua, di religione, di opinioni politiche, di condizioni personali e sociali. [...]

Il cittadino romano e la politica

È nel mondo greco che nasce il concetto di "cittadino" (*polítes*), ovvero di colui che partecipa alla vita politica della città (*pólis*), ne rispetta le leggi ed è pronto a difenderla con le armi. La cittadinanza della *pólis* (soprattutto nel modello ateniese) escludeva le donne, gli stranieri residenti (i meteci) e gli schiavi.

A Roma la città è la *civitas* e il cittadino *civis*. La **partecipazione politica** è un valore fondamentale anche nella Roma repubblicana, dove, non a caso, per indicare lo Stato viene usato il termine *res publica*, che significa "cosa pubblica". La parola *res publica* si riferisce però anche a una specifica forma di governo, la repubblica appunto, tradizionalmente opposta alla monarchia e organizzata attorno a un'articolata serie di istituzioni (consolato, senato, tribunato e altre magistrature). È in età repubblicana (509-31 a.C.) che le **virtù civiche** assumono importanza sempre maggiore e contribuiscono a formare l'identità dell'uomo romano in quanto cittadino, impegnato ad accrescere la potenza e il prestigio dello Stato.

L'idea romana di cittadinanza

Nella storia dell'umanità, uno degli apporti più originali della civiltà romana è proprio l'idea di **cittadinanza**, intesa come appartenenza di diritto a uno Stato che garantisce diritti precisi ai suoi abitanti, facendone dei **cittadini e non** dei **sudditi**. Anche a Roma, come in Grecia, a godere del diritto di cittadinanza, infatti, erano soltanto gli uomini liberi e, almeno inizialmente, solo i più abbienti, che potevano dotarsi di un equipaggiamento militare.

Ad ogni modo è senz'altro vero che, da quando venne istituita la repubblica, i Romani percepirono di aver conquistato la libertà e il godimento di determinati diritti: *civis romanus sum*, "sono cittadino romano", era la formula con cui veniva orgogliosamente rivendicata l'appartenenza a una comunità di uomini liberi. In effetti, i privilegi di cui godevano i cittadini romani li distinguevano nettamente da tutti gli altri popoli che Roma mano a mano andava sottomettendo: fra questi vi era il diritto di votare nei comizi centuriati e nei comizi tributi; quello di partecipare alla spartizione dei bottini e delle terre conquistate; quello di appellarsi, per i delitti più gravi, a un tribunale di Roma o composto di magistrati romani.

L'estensione del diritto di cittadinanza

La cittadinanza romana fu un diritto-privilegio che si allargò man mano che si estendevano i suoi domini, ma non fu una concessione data con facilità. Per averla i *socii* italici scatenarono una guerra contro i Ro-

La classe dirigente della Roma repubblicana.

mani, che si concluse con la **concessione di questo diritto** a tutti gli italici a sud del Po (88 a.C.). La cittadinanza a tutti gli abitanti liberi dell'impero venne concessa poi nel 212 d.C. da Caracalla con la *Constitutio Antoniana*.
In questo modo si sarebbe creata col tempo una salda organizzazione statale, fondata non tanto sulla forza, quanto su un **diritto comune**, ovvero su leggi, dalle quali tutti – vincitori e vinti – poterono trarre sicuro profitto.

La cittadinanza oggi

Anche oggi la parola **cittadinanza** indica l'appartenenza di un individuo a uno Stato, con tutta la serie di diritti e doveri che da questa gli derivano. Il concetto moderno di cittadinanza nasce con le **grandi rivoluzioni del XVIII secolo**, quelle **americana e francese**, che lo ridefinirono alla luce dei principi di **libertà e uguaglianza**: il cittadino, infatti, in contrapposizione al suddito delle monarchie assolute, è colui che appartiene a una nazione e che possiede le libertà e alcuni **diritti inalienabili**. Il documento storico fondamentale in tal senso è la *Dichiarazione dei diritti dell'uomo e del cittadino* emessa nel 1789, all'inizio della Rivoluzione francese.

> lessico
> **Diritti inalienabili** sono quei diritti a cui non si può e non si deve rinunciare (vita, libertà, perseguimento della felicità).

La Costituzione italiana fa propri i grandi principi di libertà, di uguaglianza e inviolabilità dei diritti a partire dai *Principi fondamentali* (artt. 1-12). Inoltre tutta la prima parte della Costituzione (artt. 13-54) è dedicata a definire questi diritti: civili, etico-sociali, economici e politici. In particolare, sul valore della cittadinanza, va ricordato l'art. 22. Il cittadino oltre ai diritti ha verso lo Stato anche numerosi **doveri** politici, economici, di fedeltà e di rispetto (art. 52, 53, 54).
Nel XX secolo il concetto di cittadinanza ha ampliato notevolmente il suo significato. Nel 1992, infatti, il trattato di Maastricht ha istituito la nuova **cittadinanza europea**: è cittadino dell'Unione Europea chiunque abbia la cittadinanza di uno Stato membro.

L'insieme delle bandiere degli Stati membri dell'Unione Europea costituisce il simbolo di una nuova cittadinanza.

Come si ottiene la cittadinanza italiana

Avere la cittadinanza italiana significa possedere la pienezza dei diritti civili e politici sanciti dalla Costituzione. I **diritti civili** riguardano la inviolabilità e la libertà della persona; i **diritti politici** assicurano la partecipazione dei cittadini alla vita e al governo dello Stato.
La legge italiana determina anche i modi con cui si acquisisce la cittadinanza italiana. I principali sono:

- **per diritto**: chi è figlio (per nascita, riconoscimento o adozione) anche di un solo genitore italiano;
- **per matrimonio**: lo straniero se coniugato con cittadino italiano che risiede legalmente in Italia da almeno 2 anni dalla celebrazione del matrimonio;
- **per legge**: cittadini stranieri nati in Italia, o figli di residenti da almeno 10 anni, che abbiano prestato servizio militare (o civile) o ricoperto un incarico pubblico o optino per la cittadinanza italiana al compimento dei 18 anni; oppure i minori di 18 anni stranieri adottati da cittadini italiani; oppure il figlio minore di 18 anni, quando uno dei genitori acquista la cittadinanza italiana;
- **per naturalizzazione**: cittadini stranieri con particolari benemerenze.

L'acquisizione della cittadinanza italiana si basa, dunque, tuttora prevalentemente sul cosiddetto *ius san-*

COSTITUZIONE ITALIANA

Art. 22 • Nessuno può essere privato, per motivi politici, della capacità giuridica, della cittadinanza, del nome.

Art. 52 • La difesa della Patria è sacro dovere del cittadino. [...]

Art. 53 • Tutti sono tenuti a concorrere alle spese pubbliche in ragione della loro capacità contributiva. [...]

Art. 54 • Tutti i cittadini hanno il dovere di essere fedeli alla Repubblica e di osservarne la Costituzione e le leggi. [...]

Immigrati che hanno ottenuto la cittadinanza australiana.

guinis (**"diritto del sangue"**): è cittadino italiano chi è figlio di italiani, anche se nato all'estero o adottato. In altri paesi ci si basa invece sullo *ius soli* (**"diritto del suolo"**), per cui è cittadino di quel paese (con qualche limitazione) chi vi nasce (per esempio negli USA il diritto è acquisito automaticamente). In Francia è cittadino francese chi nasce in Francia anche da genitori stranieri, purché residenti da almeno 5 anni. In Germania gli anni devono essere 8. In Italia lo *ius soli* è applicato soltanto in caso di genitori **apolidi** o sconosciuti. I figli di genitori stranieri nati, cresciuti e istruiti in Italia hanno invece l'obbligo di richiedere formalmente la cittadinanza italiana. Dato che in Italia, come in altri paesi europei, si è già arrivati alla seconda generazione di immigrati, oggi molti giuristi considerano lo *ius sanguinis* un concetto sostanzialmente superato.

lessico
Apolide colui che, avendo perduto la cittadinanza di origine e non avendone assunta altra, non è cittadino di alcuno Stato.

ATTIVITÀ

CONFRONTO

Compila una tabella comparativa sul diritto di cittadinanza ad Atene, a Roma e in Italia oggi.

Atene	Roma	Italia repubblicana
Essere cittadino significa: ...	Essere cittadino significa: ...	Essere cittadino significa: ...
Sono cittadini: ...	Sono cittadini: ...	Sono cittadini: ...
Sono esclusi dalla cittadinanza: ...	Sono esclusi dalla cittadinanza: ...	Sono esclusi dalla cittadinanza: ...

capitolo 13

Roma si espande nel Mediterraneo

I domini di Roma dopo le guerre puniche

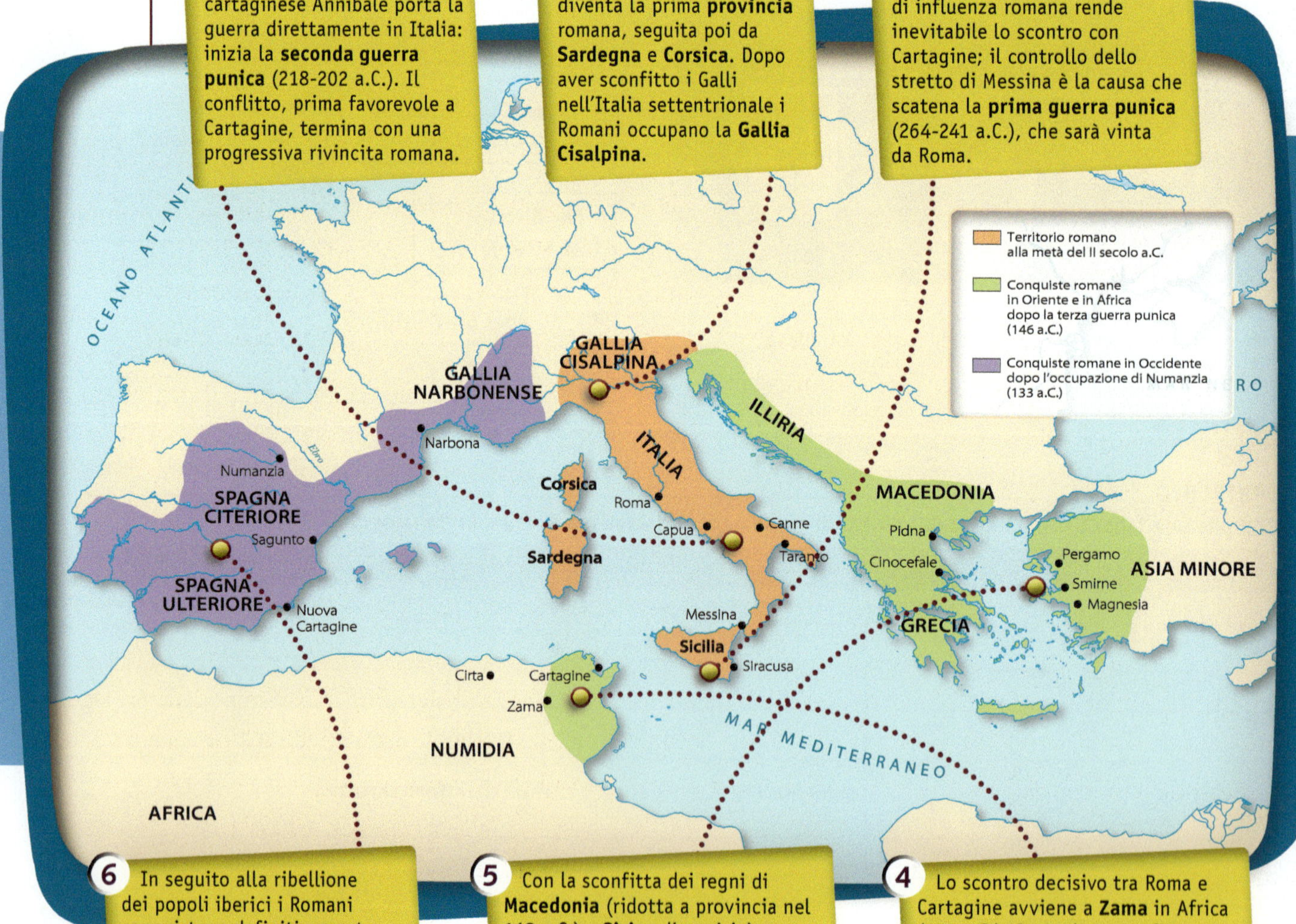

1 L'allargamento della sfera di influenza romana rende inevitabile lo scontro con Cartagine; il controllo dello stretto di Messina è la causa che scatena la **prima guerra punica** (264-241 a.C.), che sarà vinta da Roma.

2 Dopo la guerra, la **Sicilia** diventa la prima **provincia** romana, seguita poi da **Sardegna** e **Corsica**. Dopo aver sconfitto i Galli nell'Italia settentrionale i Romani occupano la **Gallia Cisalpina**.

3 Nel 218 a.C. il generale cartaginese Annibale porta la guerra direttamente in Italia: inizia la **seconda guerra punica** (218-202 a.C.). Il conflitto, prima favorevole a Cartagine, termina con una progressiva rivincita romana.

4 Lo scontro decisivo tra Roma e Cartagine avviene a **Zama** in Africa (202 a.C.). Cartagine, sconfitta, riesce nel tempo a riprendersi. Ritenuta troppo pericolosa, la città punica verrà nuovamente attaccata durante la **terza guerra punica** (149-146 a.C.) e distrutta; l'**Africa** sarà ridotta a provincia.

5 Con la sconfitta dei regni di **Macedonia** (ridotta a provincia nel 148 a.C.) e **Siria** e l'acquisizione del regno di **Pergamo** (provincia d'Asia, 133 a.C.), la politica imperialistica di Roma raggiunge il suo obiettivo più ambizioso: il **predominio nell'intero bacino mediterraneo**.

6 In seguito alla ribellione dei popoli iberici i Romani conquistano definitivamente la Spagna e la suddividono in due province: **Spagna Citeriore** e **Spagna Ulteriore**. Poi per collegare questi territori all'Italia creano la provincia della **Gallia Narbonense**.

264-241 a.C.
Prima guerra punica

218-202 a.C.
Seconda guerra punica

149-146 a.C.
Terza guerra punica e distruzione di Cartagine

148 a.C.
La Macedonia diventa provincia romana

133 a.C.
Nascita della provincia d'Asia

133 a.C.
Presa di Numanzia: divisione della Spagna in Citeriore e Ulteriore

La conquista della penisola italiana proiettò **Roma**, fino ad allora ripiegata sull'entroterra, verso il bacino del **Mediterraneo**. La necessità di nuovi sbocchi per un'attività commerciale su base marittima condusse i Romani allo scontro frontale con la città di **Cartagine**, ricca colonia fenicia sulle coste nordafricane e padrona incontrastata del Mediterraneo occidentale. Le due città si affrontarono in tre grandi scontri, le **guerre puniche**, alla fine delle quali Cartagine fu distrutta e tutti i suoi possedimenti entrarono a far parte dell'orbita romana.
Le guerre con Cartagine resero Roma ancora più forte e consapevole di sé: il potenziamento dell'esercito dette i suoi frutti sul campo e il sistema di annessione e di gestione politica dei territori conquistati si dimostrò un efficace mezzo di consolidamento dell'**egemonia romana**. Roma era quindi pronta per un diverso uso della sua **potenza**, non più dettato da ragioni di carattere difensivo ma finalizzato alla pura **conquista** di nuovi domini. Nella prima metà del II secolo a.C., questo desiderio di assoggettare nuovi territori spinse i Romani a Oriente, verso la Grecia e l'Asia Minore.
Così Roma entrò in contatto con la più evoluta e raffinata civiltà greco-orientale, dalla quale la cultura romana cominciò a essere profondamente influenzata: molti Romani abbandonarono lo stile di vita semplice e sobrio che avevano avuto per secoli, con esigenze e aspettative nuove che saranno causa di grandi mutamenti socio-politici.

13.1 La prima guerra punica

Cartagine: una grande potenza marittima

Con l'occupazione dell'Italia meridionale, Roma gettava le basi per divenire una **potenza commerciale** in tutto il Mediterraneo. Inevitabile a questo punto divenne lo scontro con **Cartagine**, la ricca colonia fondata dai Fenici sulla costa nordafricana che dominava incontrastata sul Mediterraneo occidentale.

Cartagine era una **repubblica oligarchica** e **mercantile**, aveva un ordinamento politico meno avanzato di quello romano e mancava di coesione sociale interna. Il governo rappresentava principalmente la classe dei ricchi e operava nel loro interesse, mentre l'esercito era composto di mercenari stranieri, che non avevano interesse a difendere l'indipendenza e la libertà della città. Quest'ultimo elemento avrebbe giocato a suo sfavore nel conflitto con Roma.

Verso il conflitto: la delicata situazione della Sicilia

Roma e Cartagine avevano mantenuto sino ad allora relazioni pacifiche, stipulando anche diversi trattati di commercio e di navigazione. Era comunque inevitabile che, col mutare dei rispettivi interessi, mutasse anche il loro rapporto. Roma, infatti, dopo aver conquistato il Meridione, era interessata a tutelare lo sviluppo e il potenziamento delle attività marinare di città come Napoli e Taranto e dello stretto di Messina, strategico per il passaggio delle merci.

La situazione era ormai diventata così tesa che sarebbe bastato un **semplice pretesto** per innescare la scintilla di uno scontro armato.

L'occasione venne offerta dalla delicata situazione che si era venuta a creare in **Sicilia**: alcuni mercenari campani detti **Mamertini** (uomini di *Ma-*

DUE CITTÀ, UNA DI FRONTE ALL'ALTRA

	Cartagine	Roma
ANNO DI FONDAZIONE	814 a.C.	753 a.C.
INIZIATIVA DELLA FONDAZIONE	Fenici	Latini
LUOGO DI FONDAZIONE	Costa nordafricana, sul territorio dell'attuale Tunisia	Colle Palatino, sulla riva sinistra del Tevere, nell'Italia centrale
ESPANSIONE TERRITORIALE	Coste della Spagna, dell'Africa del Nord, Baleari, Sardegna, Corsica e Sicilia occidentale, isole Canarie e Madera nell'Atlantico	L'intera estensione peninsulare dell'Italia, dai fiumi Magra e Rubicone fino alla Calabria
CARATTERI DELLA COSTITUZIONE	**Repubblica oligarchica**, dominata dai gruppi sociali più ricchi e priva di coesione interna. Un consiglio di 300 membri nominati a vita eleggeva i due suffeti, con carica annuale, che amministravano la città	**Repubblica basata su una divisione dei poteri** tra più organi (senato, consoli, comizi) e caratterizzata da una sufficiente collaborazione tra i diversi gruppi sociali
COMPOSIZIONE DELL'ESERCITO	Faceva ricorso a molte **forze straniere e mercenarie**: in caso di sconfitta era difficile reperire nuove truppe	Si componeva di **forze italiche e cittadine**: in caso di sconfitta era agevole trovare nuove truppe
CAMPO DI BATTAGLIA PREFERITO	Il **mare**, sul quale operava una potente flotta	La **terraferma**, sulla quale fanteria e cavalleria operavano con successo
RAPPORTO CON I VINTI	**Sfruttamento** a fini commerciali	Forme di **integrazione** all'interno dello Stato

COME SI ARRIVA AL CONFLITTO FRA ROMA E CARTAGINE

Siracusa intende controllare l'intera Sicilia

↓

i Mamertini si impadroniscono di Messina controllandone lo stretto

↓

Siracusa vuole cacciare i Mamertini, che chiedono aiuto a Cartagine

↓

i Cartaginesi arrivano a Messina come occupanti: i Mamertini chiedono aiuto ai Romani

↓

Roma decide di intervenire per evitare che Cartagine controlli lo stretto di Messina e ostacoli il dominio romano del Mediterraneo

mers, il dio della guerra Marte) si erano impadroniti di **Messina**, dove si erano arricchiti imponendo tributi alle navi di passaggio nello stretto. Minacciati da **Siracusa** che voleva cacciarli dall'isola, i Mamertini invocarono l'aiuto di **Cartagine**; tuttavia, malcontenti della tutela dei Cartaginesi, che si comportavano da occupanti più che da alleati, nel **264 a.C. chiesero l'aiuto di Roma**. I Romani, che avevano ottimi motivi per accogliere questa richiesta poiché la presenza **punica** nello stretto di Messina costituiva una grave minaccia per i loro interessi economici, inviarono un contingente armato in Sicilia: la **guerra aveva inizio**.

La costruzione della flotta

Fino ad allora i Romani avevano combattuto sempre sulla terraferma, ma per opporsi efficacemente a una potenza marittima come Cartagine era necessario contrastarla anche sui mari. Per raggiungere tale scopo costruirono con eccezionale rapidità una **flotta da guerra** composta da 120 navi. Aggiunsero poi a ognuna di queste una specie di ponte mobile d'arrembaggio chiamato **corvo**, capace di agganciare per mezzo di robusti arpioni le navi nemiche per abbordarle. Questa tecnica di combattimento permetteva di utilizzare al meglio le capacità dell'esercito romano, perché consentiva di trasformare lo scontro navale in battaglia terrestre.

ti ricordi?

Il **264 a.C.** è anche l'anno in cui i Romani portarono a compimento la conquista dell'Etruria.

lessico

Punico dal latino *Puni* o *Poeni*, il nome con il quale i Romani chiamavano i Fenici.

La vittoria navale di Milazzo e la guerra d'Africa

Forti di questa innovazione bellica, i Romani riportarono una prima vittoria a **Milazzo** (260 a.C.).

I porti di Cartagine
Le fonti antiche riportano che Cartagine era dotata di due porti, comunicanti tra loro: uno, di forma rettangolare, era adibito all'attività mercantile; l'altro, di forma circolare, era invece il porto militare, al centro del quale sorgeva un isolotto che ospitava la sede dell'ammiragliato. I resti del porto militare sono ancora oggi visibili sulla costa dell'odierna Tunisia.

LA PRIMA GUERRA PUNICA (264-241 a.C.)

3 Roma riprende le ostilità in **Sicilia.** Con la vittoria navale romana presso le **isole Egadi**, i Cartaginesi abbandonano l'isola e trattano la pace (**241 a.C.**).

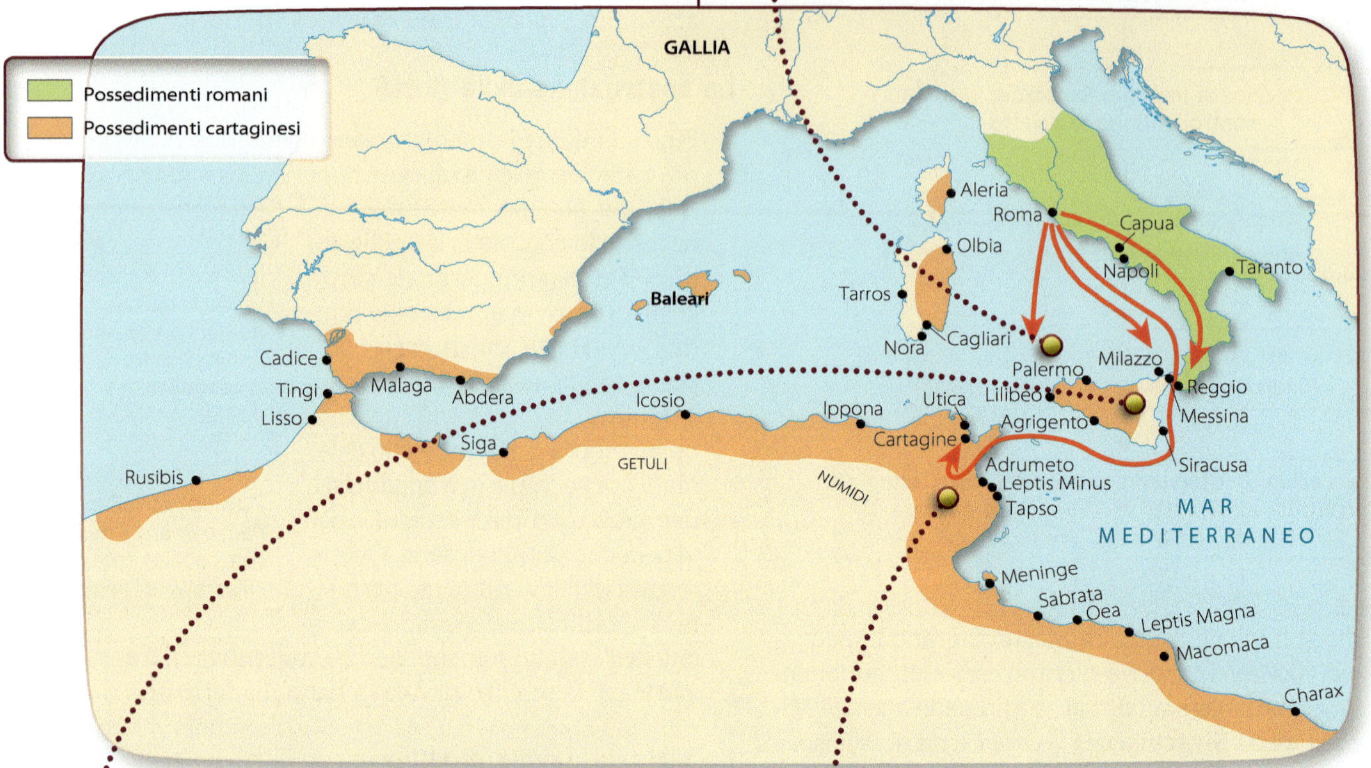

1 Nel **264 a.C.** i Romani inviano un esercito a Messina per aiutare i Mamertini contro i Cartaginesi che avevano occupato la città. Dopo aver costruito una flotta da guerra, i Romani sconfiggono i Cartaginesi presso **Milazzo** (260 a.C.).

2 Nel 256 a.C. i Romani inviano delle navi in Africa contro Cartagine. La spedizione fallisce e il console **Attilio Regolo** viene fatto prigioniero.

Incoraggiati da questo successo, i Romani nel **256 a.C.** decisero di portare la guerra sul **suolo africano**: numerose navi approdarono nelle vicinanze di Cartagine, sbarcandovi un corpo di spedizione agli ordini dei due consoli **Marco Attilio Regolo** e **Lucio Manlio Vulsone**.
A questo punto però il senato commise il **gravissimo errore** di richiamare il console Manlio Vulsone in Sicilia, lasciando così in Africa il solo Attilio Regolo con forze insufficienti: dopo una serie di scontri, l'esercito romano fu sconfitto e lo stesso console Attilio Regolo fu fatto prigioniero (255 a.C.). Nonostante le ingenti perdite anche in Sicilia, i Romani proseguirono a combattere per altri 13 anni. Fu allora che i Cartaginesi, stremati anch'essi dal lungo conflitto, mandarono a Roma degli ambasciatori a chiedere la pace insieme all'ostaggio Attilio Regolo. Secondo la tradizione, egli, conoscendo la debolezza del nemico, convinse però il senato a non accettare la proposta e tornò quindi a Cartagine in catene, dove venne ucciso tra orribili tormenti.

La vittoria alle Egadi e le conseguenze della guerra

Per quanto esausti, i Romani compirono l'ultimo sforzo: nel 241 a.C. al comando del console **Gaio Lutazio Catulo** le navi romane attaccarono a sorpresa la flotta nemica presso le **isole Egadi**, riportando una vittoria così schiacciante che i Cartaginesi furono indotti a concludere una **pace** dalle **pesanti condizioni**:

- abbandono della Sicilia e delle isole circostanti;
- divieto di fare guerra agli alleati di Roma;
- restituzione dei prigionieri senza riscatto e pagamento di un forte indennizzo.

GUIDA allo STUDIO

1. Quali erano i motivi di contrasto tra Roma e Cartagine?
2. Quale fu il pretesto dal quale scaturì il conflitto?
3. Quali furono le conseguenze della guerra per Cartagine?

Le navi da guerra romane

Già dal tempo di Tarquinio il Superbo Roma possedeva una flotta mercantile, ma fu solo con la prima guerra punica che la città si trovò nell'assoluta necessità di creare una vera e propria flotta militare. Al pari di quelle greche, anche le navi da guerra romane avevano dimensioni e peso differenti e solcavano il mare sfruttando la forza del vento con le vele o quella degli uomini con i remi. In caso di necessità, vele e remi erano utilizzati insieme. Costruite e riparate nei numerosi cantieri (*navalia*) - attivi inizialmente soprattutto nei porti dell'Italia meridionale che producevano anche navi mercantili - le navi da guerra, più leggere e veloci delle altre, erano chiamate **triremi** se a tre ordini sovrapposti di remi e **quinqueremi** se a cinque. Le navi da combattimento per eccellenza erano triremi lunghe circa 40 metri e larghe poco più di 5, che pesavano circa 120 tonnellate e raggiungevano una notevole velocità.

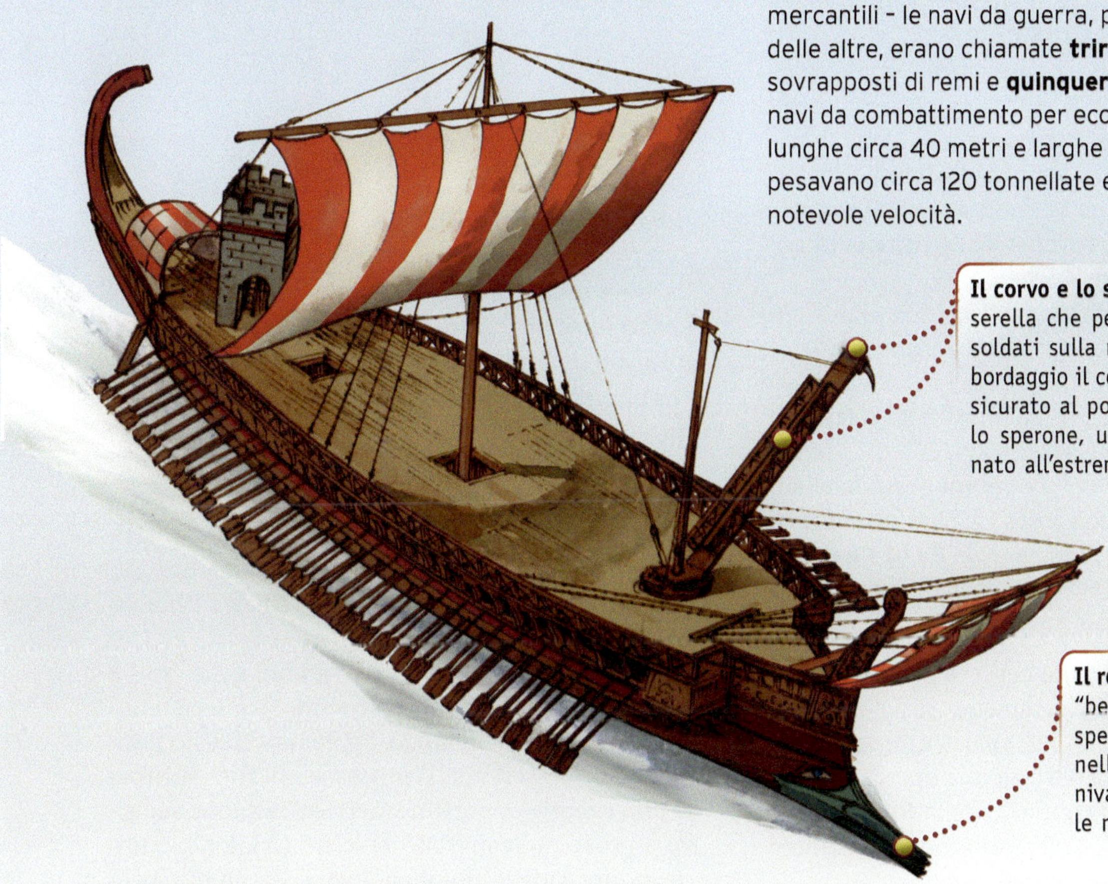

Il corvo e lo sperone Il corvo era la passerella che permetteva il passaggio dei soldati sulla nave nemica; durante l'abbordaggio il corvo veniva abbassato e assicurato al ponte dell'altra nave tramite lo sperone, un gancio di ferro posizionato all'estremità del corvo.

Il rostro Dal latino *rostrum*, "becco di volatile", era lo sperone di bronzo infisso nella prua con il quale veniva perforato lo scafo delle navi nemiche.

L'equipaggio Ogni nave era affidata a un comandante (*magister*) e a un timoniere (*gubernator*). Inoltre l'equipaggio era costituito dai rematori, reclutati di solito tra gli schiavi, e dai marinai veri e propri, scelti per lo più tra i plebei e gli schiavi liberati (*liberti*) o forniti dagli alleati. A costoro si affiancava un certo numero di soldati di marina, appositamente addestrati. Per il sostentamento di questo equipaggio, ciascuna nave aveva in dotazione cibo e provviste per un massimo di otto giorni.

13.2 La seconda guerra punica

Le prime province romane

Benché logorata da 23 anni di scontri, Roma ottenne grandi vantaggi dalla guerra con Cartagine: il più importante fu che la **Sicilia** (tranne Siracusa sua alleata) divenne la **prima provincia romana**: i suoi abitanti furono cioè sottoposti a un governatore, privati dei loro diritti e costretti a pagare un **tributo**. Successivamente, approfittando della rivolta contro Cartagine di alcune truppe mercenarie rimaste senza paga, divennero province anche la **Sardegna** e la **Corsica** (235 a.C.).

Ma i Romani, per rendere ancora più saldo il loro predominio, nel **230 a.C.** sottomisero anche gli **Illiri**, un popolo stanziato nella regione corrispondente alle attuali Dalmazia e Albania, che da tempo terrorizzava gli alleati italici esercitando la **pirateria** nel Mare Adriatico.

Nel decennio successivo l'esercito romano si scontrò anche con le temibili tribù galliche dell'Italia settentrionale. Dopo la vittoria decisiva a **Casteggio** (222 a.C.), i fertili territori della **pianura padana** andarono così a formare la terza provincia romana, la **Gallia Cisalpina**.

lessico

La **Gallia Cisalpina**, cioè "al di qua delle Alpi", corrispondeva all'Italia settentrionale e all'attuale Svizzera; i Romani la distinguevano dalla Gallia Transalpina ("al di là delle Alpi"), che corrispondeva all'attuale Francia.

La riscossa dei Cartaginesi

Nel frattempo, **Cartagine** cercava con ogni mezzo di riemergere economicamente e di riorganizzare il proprio esercito. Per ricostruire la potenza di un tempo, predispose alcune operazioni militari per assumere il controllo della **Spagna**, regione ricchissima di miniere di argento, stagno e rame e di altre risorse fondamentali.

Insospettiti e preoccupati, nel 226 a.C. i Romani conclusero un trattato con i Cartaginesi, in cui entrambe le parti si impegnavano a non oltrepassare il fiume **Ebro**, nel nord della penisola iberica. Nel **219 a.C.**, però, i Cartaginesi erano diventati abbastanza forti per rompere questo accordo e, sotto la guida del valoroso condottiero **Annibale Barca**, assediarono **Sagunto**, colonia greco-spagnola alleata di Roma: era l'inizio di una **nuova guerra**.

La lunga marcia di Annibale in Italia

Annibale aveva un piano ben preciso: portare **la guerra nella penisola italiana via terra**. Così, dopo aver lasciato il comando in Spagna al fratello **Asdrubale**, nella primavera del **218 a.C.**, partì alla volta dell'Italia, dove giunse **attraverso le Alpi** con soli 25.000 uomini, 6000 cavalli e pochi elefanti, tutti in misere condizioni. Aveva percorso un cammino lungo e difficile, attraversato alte catene montuose, paesi inospitali e vie sconosciute, senza sicure possibilità di approvvigionamento per il suo esercito. Eppure riuscì a prendere i Romani di sorpresa e di batterli presso i fiumi **Ticino** e **Trebbia** nel 218 a.C.; proseguì poi verso sud e nel 217 a.C., sul lago **Trasimeno**, sconfisse nuovamente l'esercito nemico. Sebbene a questo punto la via verso Roma sembrasse aperta, Annibale non ritenne opportuno sferrare l'attacco decisivo e proseguì la marcia verso il Meridione, giungendo in **Apulia** (Puglia), dove sperava di trovare numerosi alleati.

Elefanti guerrieri
La statuetta in terracotta del III secolo a.C. riproduce il tipico equipaggiamento di cui erano dotati gli elefanti utilizzati durante i combattimenti. Questi animali furono una formidabile arma di sfondamento, ma non disponevano dell'agilità necessaria per compiere manovre.

L'intervento di Quinto Fabio Massimo

Rendendosi conto della gravità della situazione, il senato affidò il comando al **dittatore Quinto Fabio Massimo**. Egli attuò una nuova tecnica di combattimento che consisteva nel tenersi sulle alture controllando le mosse del nemico da lontano disturbandolo con continue azioni di **guerriglia**. Tuttavia, nonostante i successi riportati, il dittatore fu aspramente criticato dagli avversari politici per il suo modo di combattere troppo guardingo, scambiato per mancanza di coraggio, che gli valse l'appellativo di **"Temporeggiatore"**.

LA STRATEGIA DI ANNIBALE

Annibale intuisce che la vera forza di Roma è nel suo **sistema di alleanze** italiche

↓

Per rompere tale sistema decide di **invadere l'Italia**. Nel 218 a.C., attraverso le Alpi, il generale cartaginese irrompe nella pianura padana

↓

I Romani sono presi alla sprovvista e vengono battuti ripetutamente presso i fiumi **Trebbia** e **Ticino** (218 a.C.), al **Trasimeno** (217 a.C.) e a **Canne** (216 a.C.)

La disfatta di Canne e la strategia di Annibale

Per queste ragioni, allo scadere della dittatura, a Quinto Fabio Massimo non fu rinnovata la nomina. I due nuovi consoli, il patrizio **Lucio Emilio Paolo** e il plebeo **Marco Terenzio Varrone**, decisero di scendere subito in battaglia. Altro non aspettava Annibale, il quale sfruttando la loro **inesperienza tattica** e manovrando con geniale strategia le sue forze, riuscì ad aggirare le legioni avversarie con la sua numerosa e agguerrita **cavalleria** e a distruggerle presso **Canne** (nel nord dell'attuale Puglia) nel **216 a.C.** Fu una **tremenda disfatta** per l'esercito romano: lo stesso console Emilio Paolo cadde sul campo e numerosi ufficiali, insieme a più di 40.000 soldati, vennero uccisi o fatti prigionieri.

Nonostante la grande vittoria riportata a Canne, Annibale **non osò** neppure allora **marciare su Roma**, ritenendo il suo esercito troppo esiguo per abbattere la città, che poteva a sua volta contare su numerosi alleati (colonie, municipi, città federate ecc.). Egli quindi cercò di sollevare contro Roma il maggior numero possibile di nemici. A questo scopo, promosse disordini nelle città dell'Italia meridionale e in Sicilia, convincendo **Capua e Siracusa** a schierarsi dalla sua parte. Nel 215 a.C., concluse un'alleanza con **Filippo V di Macedonia**, convincendolo a dichiarare guerra a Roma: la città si trovò così impegnata anche su quest'altro fronte (**prima guerra macedonica**, 215-205 a.C.).

Il nemico di Roma
Busto marmoreo di Annibale, conservato al Museo del Prado, Madrid.

ti ricordi? La **Macedonia** era uno degli stati ellenistici sorti all'inizio del III secolo a.C. in seguito alla caduta dell'impero di Alessandro Magno. Gli altri erano il regno d'Egitto e il regno di Siria.

La controffensiva romana

I Romani a loro volta risposero prontamente alle mosse di Annibale: dopo avere abilmente bloccato la situazione in Macedonia, espugnarono Siracusa – che cadde nel 212 a.C. nonostante le macchine da guerra ideate dal fisico e matematico **Archimede** – e poi Capua e Taranto, che tre anni prima aveva aperto le sue porte al Cartaginese. Ridotto nella condizione di non poter più lasciare l'estremo lembo dell'Italia Annibale decise di richiamare dalla Spagna il fratello **Asdrubale**, il quale però venne affrontato e **sconfitto** dai Romani sul fiume **Metauro**, nelle Marche, nel **207 a.C.**
L'anno successivo i Cartaginesi vennero costretti ad abbandonare anche la Spagna, grazie al valore di un giovane condottiero romano, **Publio Cornelio Scipione**.

Scipione in Africa: la fine della guerra

Poco tempo dopo, Scipione venne eletto **console** e si recò con un corpo di spedizione in **Africa**: egli infatti era convinto che per allontanare Annibale dall'Italia era necessario attaccare direttamente Cartagine. Scipione non aveva torto perché il governo punico, di fronte all'inattesa iniziativa romana, **richiamò** Annibale dall'Italia per organizzare l'ultima resistenza.
Si trovarono così di fronte due grandi generali, i cui eserciti dettero vita, nei pressi della città di **Zama** (oggi in Tunisia) a una delle più famose battaglie dell'antichità, conclusasi con la piena sconfitta delle forze puniche (**202 a.C.**). Scipione, per ricordare la sua impresa, ebbe da allora il soprannome di "**Africano**". Annibale invece, costretto all'esilio, vagò di corte in corte nell'inutile tentativo di trovare nuovi nemici contro Roma, sino a che nel 183 a.C. evitò la cattura suicidandosi.
La **pace** fu stipulata poco dopo a durissime condizioni. Cartagine fu costretta a:

- rinunciare ai propri possedimenti fuori dell'Africa;

Lavorare con le FONTI

Laboratorio

La sconfitta di Canne

La battaglia di Canne, in Puglia, combattuta nell'agosto del 216 a.C., rappresentò per Roma la più grande disfatta di tutta la seconda guerra punica. Essa è rimasta famosa per la capacità militare dimostrata da Annibale, che alla testa di 40.000 Cartaginesi riuscì a battere un esercito due volte più numeroso. Lo storico romano Tito Livio ricorda l'episodio, paragonandolo alla sconfitta del fiume Allia subita dai Romani nel Lazio nel 390 a.C. a opera dei Galli, guidati da Brenno.

Autore Tito Livio
Opera *Ab Urbe condita*
Data 27 a.C.-17 d.C.
Tipologia fonte testo storiografico

All'alba Annibale, mandati avanti i soldati delle Baleari ed altre milizie dotate di armi leggere, passato il fiume così come l'aveva fatto passare a ciascun reparto, dispose in tal modo l'esercito in ordine di combattimento [...]. Levatosi un grido [...] la battaglia si accese subito con i reparti armati alla leggera; poi l'ala sinistra della cavalleria gallica e spagnola si urtò contro l'ala destra romana [...]. Sul finire della battaglia equestre entrò in campo la fanteria [...]. Tutti quanti furono sbaragliati; quelli che potevano cercavano di riprendere il cavallo per fuggire [...]. Allora da ogni parte cominciò una fuga disordinata. Si dice che siano stati trucidati quarantamilacinquecento soldati di fanteria, duemilasettecento cavalieri ed una quantità quasi eguale di Romani e di alleati [...]. Caddero, inoltre, ottanta senatori o coloro che avevano esercitato quelle magistrature, in virtù delle quali avevano il diritto di essere prescelti per il senato [...]. Si dice che in quella battaglia furono fatti prigionieri tremila soldati di fanteria e millecinquecento cavalieri. Questa è la battaglia che fu celebre quanto la sconfitta del fiume Allia; tuttavia meno grave per le conseguenze che ne derivarono, in quanto a Canne il nemico si fermò; fu, invece, più terribile ed indecorosa per la strage inflitta all'esercito romano. Infatti, se da un lato la fuga al fiume Allia consegnò al nemico la città, dall'altro salvò l'esercito; a Canne, invece, appena cinquanta soldati seguivano il console [*Marco Terenzio Varrone*] che fuggiva, mentre quasi tutto l'esercito seguì la sorte dell'altro console che moriva [*Lucio Emilio Paolo, che fu ucciso*].

Baleari: le isole Baleari, al largo della Spagna, erano un possedimento cartaginese dalla seconda metà del VI secolo a.C.

gallica: l'esercito di Annibale era composto, oltre che da Africani (Cartaginesi e Libici) e Iberici, anche da mercenari galli.

fiume: le fonti antiche indicano l'*Aufidus*, ovvero l'Ofanto, presso Barletta; tuttavia in base a ricerche più recenti si ritiene che la battaglia si svolse presso il fiume Fortore, vicino alla località di Carlantino.

magistrature: per accedere al senato era necessario aver ricoperto tutte le altre magistrature, a cui a sua volta si poteva accedere dopo avere prestato almeno 10 anni di servizio nell'esercito.

Allia: il 18 luglio del 390 a.C. presso il fiume Allia, un piccolo affluente del Tevere, i Galli infersero una dura sconfitta ai Romani; questo fatto aprì ai Galli la strada verso Roma, che fu messa a ferro e fuoco.

Parte frontale di una corazza appartenuta a un ufficiale cartaginese che reca l'effige di Baal Hammòn, una delle principali divinità puniche (III-II secolo a.C.).

Per COMPRENDERE

1. Indica le perdite subite dai Romani secondo Livio: a) fra i soldati di fanteria; b) fra i cavalieri; c) fra i senatori.
2. Quale fu, secondo te, il motivo delle alte perdite nella fanteria?
3. Perché secondo Livio la sconfitta di Canne fu meno grave di quella del fiume Allia, ma più terribile?

LA SECONDA GUERRA PUNICA (218-202 a.C.)

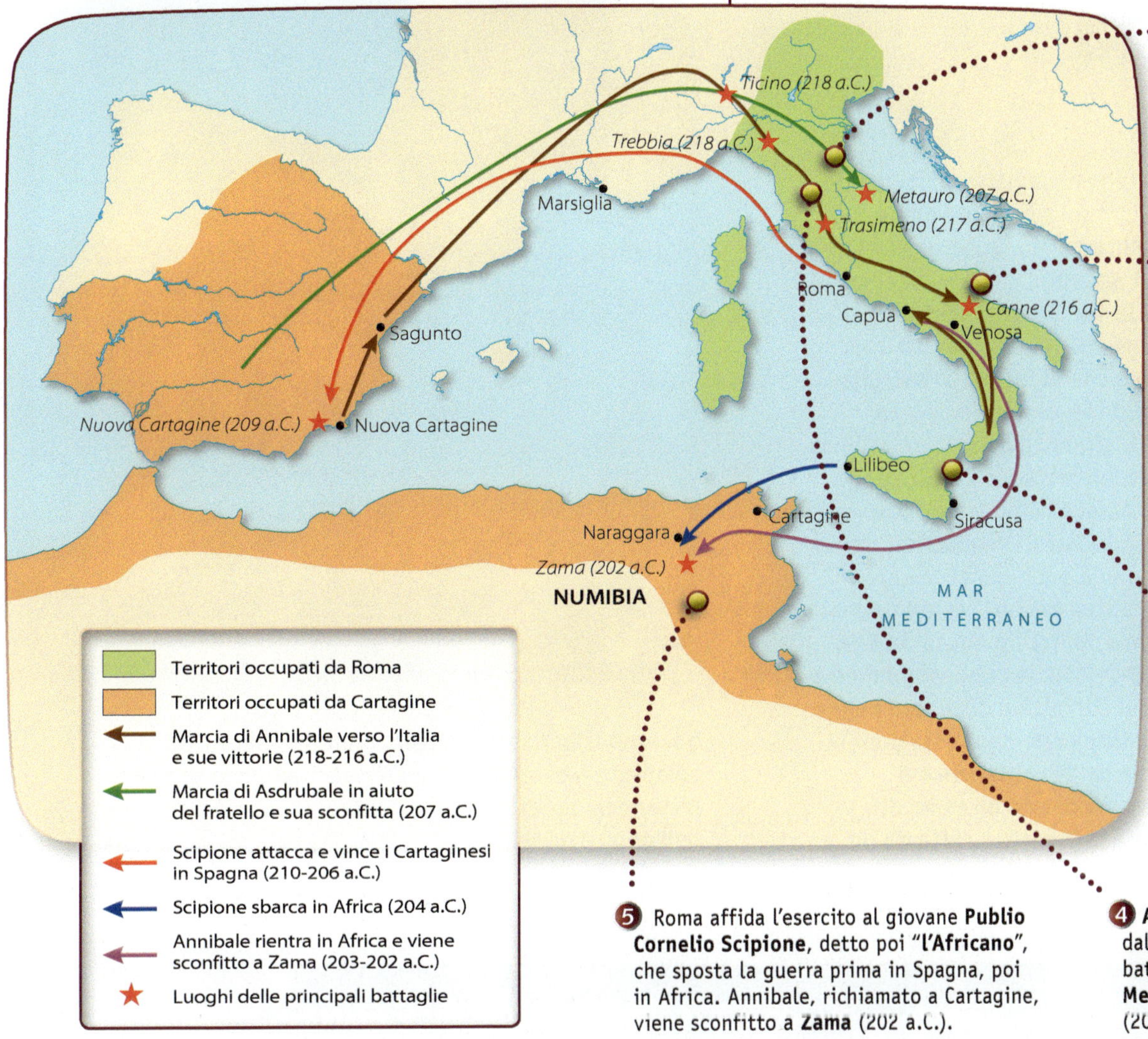

1. Annibale, partito dalla Spagna, giunge in Italia attraverso le Alpi e batte i Romani in tre successive battaglie, presso il **Trebbia**, il **Ticino** e il **Trasimeno** (218-217 a.C.).

2. La prudenza mostrata dal dittatore Quinto Fabio Massimo non è gradita ai Romani, che lo sostituiscono con due consoli, **Marco Terenzio Varrone** e **Lucio Emilio Paolo.** Questi decidono di dare battaglia: a **Canne** l'esercito romano viene sbaragliato e Annibale ha ormai la strada libera per Roma (216 a.C.).

3. Annibale sobilla numerose città dell'Italia meridionale contro Roma; i Romani però passano al contrattacco e assediano Siracusa, Capua e Taranto.

4. **Asdrubale**, chiamato dalla Spagna, viene battuto presso il fiume **Metauro**, nelle Marche (207 a.C.).

5. Roma affida l'esercito al giovane **Publio Cornelio Scipione**, detto poi **"l'Africano"**, che sposta la guerra prima in Spagna, poi in Africa. Annibale, richiamato a Cartagine, viene sconfitto a **Zama** (202 a.C.).

- consegnare al vincitore tutti gli elefanti e le navi, tranne dieci;
- non intraprendere nessuna guerra senza il permesso di Roma;
- pagare la somma di 10.000 talenti d'argento come indennizzo.

Le ragioni della superiorità romana

L'esperienza dello scontro con Annibale aveva dimostrato quanto solido fosse il sistema politico instaurato in Italia, basato non tanto sulla forza quanto sul **consenso**. Le popolazioni sottomesse da Roma, pur diverse per lingua, tradizioni e costumi, erano state spesso accolte come alleate o addirittura erano entrate a far parte del nuovo Stato: per questo si erano sentite solidali con Roma e l'avevano sostenuta contro i Cartaginesi. Lo **sbaglio maggiore di Annibale** fu perciò proprio quello di aver pensato che le popolazioni italiche nutrissero nei confronti di Roma gli stessi sentimenti di avversione dei Cartaginesi.
Uno dei periodi più tormentati della storia romana si concludeva quindi con il **predominio di Roma sul Mediterraneo occidentale**. In pochi decenni, la città laziale era diventata ormai la principale potenza marittima, sia dal punto di vista economico che militare.

GUIDA allo STUDIO

1. Quali sono le motivazioni che spinsero Cartagine a conquistare la Spagna?
2. Quale fu la strategia di Annibale in Italia?
3. Che cosa rendeva il sistema politico romano più saldo di quello cartaginese?

PASSATO PRESENTE

Tunisia

Le terre dell'attuale **Tunisia** hanno conosciuto i passaggi di popoli, regni e religioni che si sono avvicendati nel Mediterraneo. Sono passati i Romani, i Vandali, i Bizantini e nel VII secolo gli Arabi. Dal 1954 la Tunisia è uno Stato indipendente. Il paese fu guidato per 30 anni da **Habib Bourguiba**, che di fatto ha costruito la Tunisia moderna. Di ideologia socialista, Bourguiba ridusse l'influenza del potere religioso nella vita pubblica (pur restando l'islam la religione ufficiale), spinse l'emancipazione femminile a livelli sconosciuti in qualsiasi paese arabo e creò una scuola pubblica efficiente e gratuita. Nel 1987, ormai malato, venne deposto con un **colpo di Stato** militare guidato da **Ben Alì**. Nell'inverno 2010-2011, la crisi economica e il regime sempre più corrotto e dispotico hanno causato inedite e impreviste manifestazioni di piazza, note come la "**Rivoluzione dei gelsomini**", che hanno portato all'esilio di Ben Alì. Attualmente la Tunisia è retta da un governo islamico moderato, guidato dal partito chiamato Movimento della Rinascita (detto anche *Ennahda*), oggetto di forti contestazioni da parte dell'opposizione.

Istantanea

TUNISI Oggi Cartagine è un sobborgo di Tunisi, la città dei Bey (la carica dei signori ottomani della città). La medina, la parte vecchia della città, è un affascinante labirinto di negozi, bancarelle, botteghe artigianali, vicoli, piazzette, palazzi e moschee; nel 1979 è stata dichiarata Patrimonio dell'Umanità dall'Unesco. Il suo *suq*, il mercato, è un trionfo di colori, aromi e profumi, un formicaio incantevole dove ci si perde. Ma il luogo oggi più "dinamico" di Tunisi è la moderna Piazza della Kasbah, la sede di molti ministeri e il luogo delle durissime manifestazioni anti-governative guidate dal Fronte di salvezza nazionale.

13.3 L'espansione di Roma verso Oriente

I nuovi orientamenti "imperialisti" della politica estera romana

Dopo la sconfitta di Zama, che segnò l'inizio del **declino della potenza cartaginese**, si venne a poco a poco determinando un nuovo indirizzo nella politica estera romana, ispirato non più a ragioni di difesa immediata – come era avvenuto contro i Galli o contro Pirro – o di difesa preventiva – come si era verificato contro i Sanniti o Cartagine –, ma a un evidente **desiderio di conquiste** a vasto raggio da parte di tutte le classi sociali e quindi a una politica offensiva di tipo **"imperialistico"**, esercitata ai danni di paesi liberi e indipendenti in territori sempre più lontani da Roma. L'aristocrazia senatoria infatti, tranne la parte più tradizionalista che temeva radicali mutamenti sociali e politici dello Stato, vedeva nelle nuove imprese militari la possibilità di **arricchirsi** sfruttando le risorse dei territori assoggettati. Le classi medie, costituite dalla massa dei commercianti, industriali, banchieri, appaltatori di forniture militari, vivevano a loro volta all'ombra dell'esercito e prosperavano accaparrandosi sempre più vasti mercati. Le classi popolari, infine, trovavano nell'esercizio delle armi e nelle guerre, oltre all'occasione di porre in luce le proprie doti militari, anche la possibilità di accaparrarsi nuove terre e parte del bottino di guerra.

La seconda guerra macedonica

La nuova linea della politica di Roma risultò evidente nel corso delle altre **due guerre**, che i Romani combatterono contro la **Macedonia**, che aveva approfittato delle discordie tra i vari stati ellenistici per estendere il suo predominio sul Mediterraneo orientale. Inoltre era necessario vendicarsi di **Filippo V**, colpevole di essersi alleato con i Cartaginesi durante la seconda guerra punica e di aver scatenato un conflitto che, nonostante la vittoria, aveva in parte sottratto forze a Roma (prima guerra macedonica, 215-205 a.C.). L'occasione dello scontro giunse quando Roma, forte degli impegni presi con le ***pòleis* greche** per assicurarsi l'appoggio di queste contro Filippo V, corse loro in aiuto all'ennesimo tentativo del sovrano macedone di limitarne l'autonomia. La **seconda guerra macedonica** scoppiò quindi nel **201 a.C.** e si concluse con la sconfitta dell'ambizioso sovrano macedone a **Cinocefale**, in Tessaglia, nel **197 a.C.** I Romani fecero annunciare durante i giochi istmici del 196 a.C. a Corinto, in mezzo alla gioia generale, la **concessione della libertà alle *pòleis* greche**. Con quest'abile iniziativa politica, Roma riuscì ad accrescere la propria influenza su tutto il mondo ellenico, ma l'equivoco non durò a lungo.

Filippo V
L'effigie del re di Macedonia incisa su una moneta d'argento.

Lo scontro con la Siria

Nel **191 a.C.**, infatti, molti Greci, resisi conto che Roma con i suoi atteggiamenti "liberali" intendeva unicamente accattivarsi le simpatie della popolazione e favorire un rapido sviluppo della propria influenza nella penisola, si decisero a prendere le armi e a chiamare in aiuto **Antioco III, re di Siria** della dinastia dei Seleucidi; costui, dunque, negando ai Romani ogni diritto di intervenire nelle questioni interne della Grecia, si affrettò ad aprire le ostilità e a sbarcare nella penisola ellenica. Qui però venne battuto e costretto a rientrare in

concetti chiave

Imperialismo

Con il termine imperialismo si indica una precisa strategia, portata avanti da uno Stato in genere con guerre o azioni militari, tesa alla conquista e allo sfruttamento politico ed economico di altri paesi o territori, al fine di creare un "impero". In questo senso la formidabile estensione del dominio di Roma, ma soprattutto l'inarrestabile serie di conquiste e di campagne belliche che ne resero possibile la realizzazione in un arco di tempo relativamente breve, rappresenta uno dei primi e più chiari esempi di imperialismo. Se da una parte i primi scontri della Roma arcaica contro i popoli confinanti possono essere interpretate come guerre di difesa, le successive operazioni militari nel sud della penisola italica e l'espansione nel bacino del Mediterraneo presentano infatti tutte le caratteristiche delle guerre di offesa e conquista. Gli storici, quindi, hanno in generale definito imperialista la politica di potenza dell'antica Roma, almeno dal IV secolo a.C. in poi, in quanto basata su un piano strategico determinato e coerente. L'imperialismo è un fenomeno che ha contrassegnato, in nuove forme e con obiettivi diversi, l'età moderna e contemporanea.

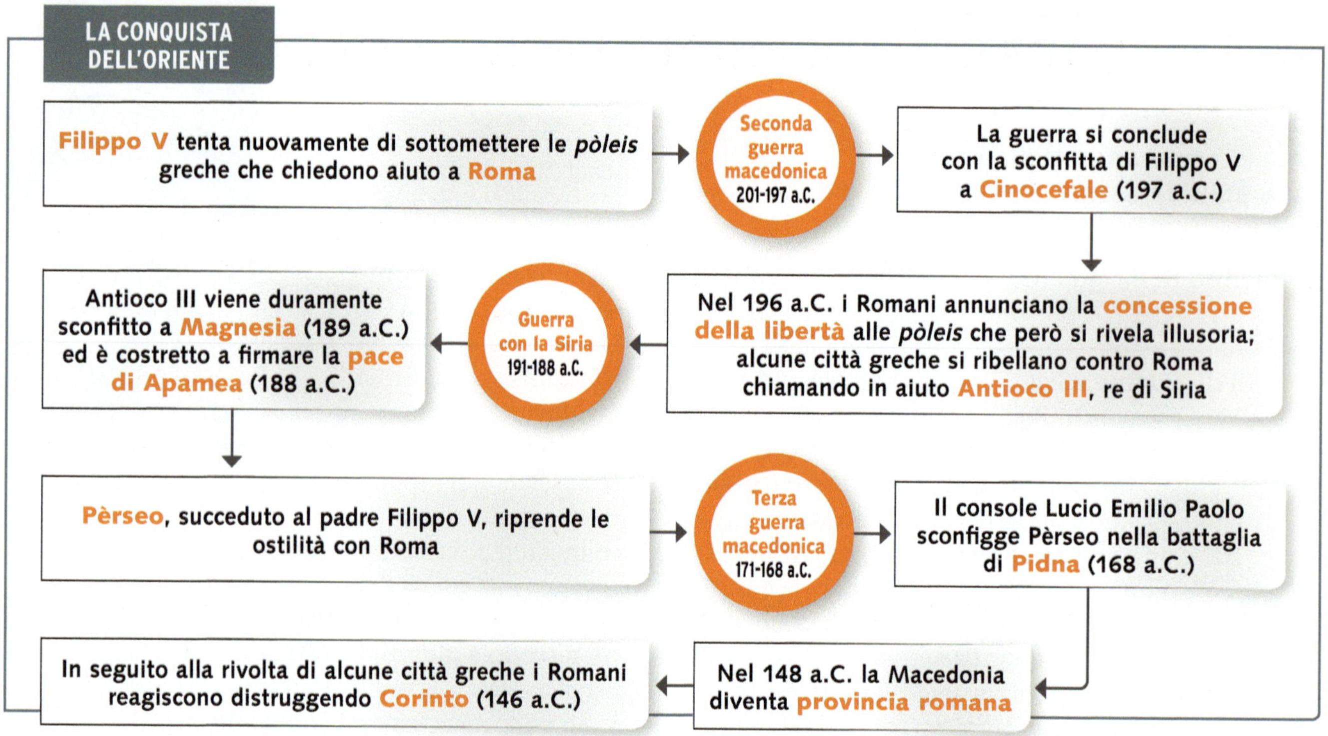

Asia Minore, dove fu di nuovo duramente sconfitto nei pressi di **Magnesia** (189 a.C.); la **pace di Apamea** che ne seguì (**188 a.C.**) sanciva la divisione dei territori asiatici tra gli alleati dei Romani.

La terza guerra macedonica

Grazie alla sconfitta del re di Siria, Roma si rafforzò ulteriormente in Oriente, avviandosi a nuove esperienze militari. Nel **171 a.C.**, **Pèrseo**, figlio di Filippo V, che si avvaleva dell'aiuto delle fazioni antiromane costituitesi in alcune città elleniche, riprese le ostilità. Nel **168 a.C**. il console Lucio Emilio Paolo sconfisse definitivamente il giovane sovrano macedone a **Pidna**.
Come diretta conseguenza di questa nuova guerra (la terza), nel 148 a.C. **la Macedonia venne ridotta a provincia**, la prima verso Oriente. Due anni dopo, alcune *pòleis* greche si riunirono in una lega contro Roma e si ribellarono al dominio straniero, ma furono sconfitte. La dura reazione dei Romani culminò nella **distruzione di Corinto** (**146 a.C.**), città a capo della lega. L'amministrazione dei territori greci, a cui i Romani non imposero per il momento il regime provinciale, fu sottoposta alla giurisdizione dei governatori romani della Macedonia, ponendo definitivamente la Grecia e l'intero mondo ellenico sotto il controllo di Roma.

Roma di fronte ai nemici sconfitti

Dal confronto fra i diversi trattati stipulati da Roma dal periodo delle guerre puniche a quelle macedoniche, è possibile constatare che una delle direttive della politica estera romana fu quella di **spogliare lo Stato nemico dei suoi possedimenti a vantaggio dei propri alleati**. A Cartagine, infatti, dopo Zama furono sottratti i territori in Africa a vantaggio di Massinissa, re di Numidia e alleato di Roma; a Filippo V fu lasciata la sola Macedonia e venne concessa la libertà a tutte le *pòleis* greche; ad Antioco III rimase la sola Siria, mentre gli altri suoi possedimenti in Asia Minore passarono al re di Pergamo, Eumene, e alla repubblica di Rodi, fedeli alleati di Roma.
Un'altra regola era quella di **distruggere la flotta** dei propri nemici: in tal modo Roma si assicurava l'impero dei mari, indispensabile per il compimento dei suoi disegni. Roma usò poi un'accortezza speciale in Oriente: si fece pagare somme ingenti, ma **evitò** con la maggior cura possibile **di assumere l'aspetto di uno Stato conquistatore**. Roma infatti voleva far vedere e far credere di avere combattuto soltanto per la libertà e in aiuto dei suoi alleati.

GUIDA allo STUDIO

1. Quale fu, dopo la fine delle guerre puniche, il nuovo indirizzo della politica estera romana?
2. Quali furono le principali vicende e le conseguenze delle guerre macedoniche?
3. Quale fu l'atteggiamento di Roma di fronte ai nemici sconfitti?

13.4 La terza guerra punica e le nuove province

La nascita della provincia d'Africa

Dopo la disfatta di Zama, Cartagine era riuscita a risollevarsi sfruttando le **risorse commerciali** e **agricole** del suo territorio, tanto da richiamare su di sé lo sguardo preoccupato di Roma e in particolare dei ceti mercantili, ansiosi di eliminare una volta per sempre la **concorrenza punica** ed ereditarne le iniziative commerciali. Si costituì quindi una forte corrente di opinione, guidata da **Marco Porcio Catone** detto il **Censore**, che puntava al definitivo annientamento dell'avversario, decisa dunque a riprendere le ostilità. L'occasione naturalmente venne ben presto trovata quando i Cartaginesi, costretti in seguito alla pace del 202 a.C. a rinunciare a ogni intervento di politica estera, reagirono con forza all'ennesima prepotenza del re della Numidia Massinissa, alleato romano. Ciò scatenò la **controffensiva romana**, che nel 149 a.C. inviò in Africa il suo esercito. Dopo qualche difficoltà le legioni romane, al comando di **Publio Cornelio Scipione l'Emiliano**, distrussero totalmente Cartagine nel **146 a.C.**, dopo un lungo e durissimo assedio: i cittadini punici furono venduti come schiavi e la tradizione vuole che sul suolo fosse sparso del sale, affinché non vi crescesse sopra più niente. Nasceva la nuova **provincia d'Africa**.

L'espansionismo romano in Occidente

In quegli stessi anni l'espansionismo romano non conobbe soste neppure in Occidente. Roma infatti, dopo avere riconquistato la Gallia Cisalpina perduta al tempo di Annibale e avere sottomesso **Veneti** e **Liguri** in seguito ad accanitissimi scontri, era riuscita ad assicurare i propri confini setten-

Efeso, capitale della provincia d'Asia
La via dei Cureti (sacerdoti della dea Artemide) a Efeso, colonia greca sulla costa dell'Asia Minore; nel 129 a.C. la città divenne capitale della provincia romana d'Asia.

concetti chiave

Provincia

La provincia, in Italia, è un ente territoriale dotato di autonomia amministrativa che sta a metà fra la regione e il comune. Nell'antichità romana la provincia indicava ben altro. La parola latina *provincia* fu all'inizio sinonimo di "sfera di competenza" di un magistrato dello Stato. A partire dal III secolo a.C., e precisamente dopo le prime due guerre puniche, nel momento in cui la repubblica si trovò a gestire l'amministrazione delle zone conquistate, si indicò con il nome di "provincia" qualsiasi territorio diverso da Roma o dall'Italia peninsulare. Nella provincia, intesa come territorio sottomesso, i Romani all'inizio dell'anno inviavano loro rappresentanti (proconsoli o propretori), con l'incarico di amministrare la giustizia, disporre la riscossione dei tributi e mantenere l'ordine interno. I cittadini residenti nella provincia non avevano, se non in seguito a particolari concessioni, il diritto di cittadinanza romana ed erano, in tutto e per tutto, tributari del potere centrale.

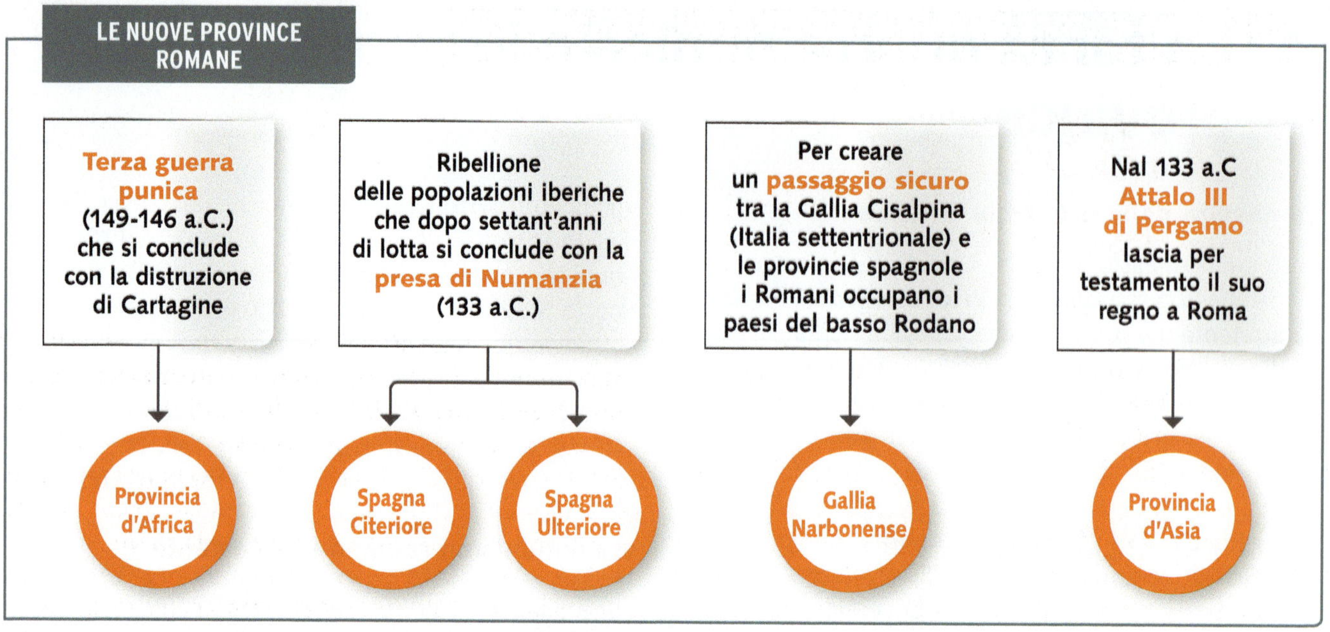

trionali raggiungendo la barriera delle Alpi, fondando **nuove colonie** e costruendo **nuove strade**. Molto più impegnativo fu invece lo sforzo che Roma dovette affrontare per sottomettere definitivamente le **popolazioni iberiche**, ribellatesi al suo dominio: la lotta durò quasi settant'anni e si concluse solo con la presa della città di **Numanzia** (133 a.C.), l'ultimo focolaio di resistenza iberica.
L'intera penisola fu suddivisa in **due province**, dette rispettivamente **Spagna Citeriore** e **Spagna Ulteriore**. Quindi, per stabilire con esse un sicuro collegamento terrestre, i Romani occuparono i paesi del basso Rodano, dando così origine alla provincia della **Gallia Narbonense** (dal capoluogo Narbona, nel sud-ovest della Francia).

La provincia d'Asia

Nello stesso anno della caduta di Numanzia, Roma riuscì a estendere anche all'Asia Minore quel processo di trasformazione dell'egemonia in occupazione militare, già attuato con successo in Macedonia e in Grecia.
Nel **133 a.C.** infatti il re **Attalo III**, successore di Eumene sul trono del **regno di Pergamo** e alleato di Roma, morendo senza figli, lasciò per testamento alla città tiberina tutto il suo regno, che comprendeva la Misia, la Lidia, parte della Caria e la Frigia, cioè quasi tutta l'Asia Minore occidentale. Il senato, sia pure fra le incertezze di alcuni ambienti politici, si affrettò a farne una **nuova provincia** con il nome di **Asia**. Le tendenze imperialistiche avevano così vinto in pieno, essendo ormai anche il bacino orientale del Mediterraneo sotto il diretto controllo di Roma.

Il governo delle province

Roma, divenuta ora la potenza egemone dell'intero Mediterraneo, governava i suoi nuovi territori per lo più attraverso la creazione di province. Il governo delle province era affidato esclusivamente a magistrati romani chiamati **pretori**, non soggetti al controllo e al veto dei tribuni della plebe e investiti del supremo **potere amministrativo**, **militare** e **giudiziario**. La parte del territorio provinciale non **confiscato** dallo Stato era lasciata agli abitanti, i quali erano soggetti a pesanti tributi e gravati da frequenti forniture in natura, che si esigevano tanto per le retribuzioni delle diverse cariche quanto per gli approvvigionamenti della capitale. **Enormi ricchezze** affluivano perciò nelle casse dello Stato e in quelle private dei governatori: fatto questo che fu causa di imbrogli e anche di lotte fra i più potenti cittadini, desiderosi di ottenere con qualsiasi mezzo il comando di una provincia quale insostituibile fonte di arricchimento.

lessico
Confisca
requisizione di beni privati attuata dallo Stato. Nell'antica Roma la confisca era prevista come un diritto che un popolo vincitore esercitava su un popolo sottomesso.

GUIDA allo STUDIO

1. Per quale motivo Cartagine, dopo la disfatta di Zama, faceva ancora paura a Roma?
2. Quali nuove province furono acquisite da Roma nel decennio successivo alla distruzione di Cartagine?
3. Quale elemento scatenò feroci lotte tra i più potenti cittadini romani per accaparrarsi il governo delle nuove province?

LA CINA

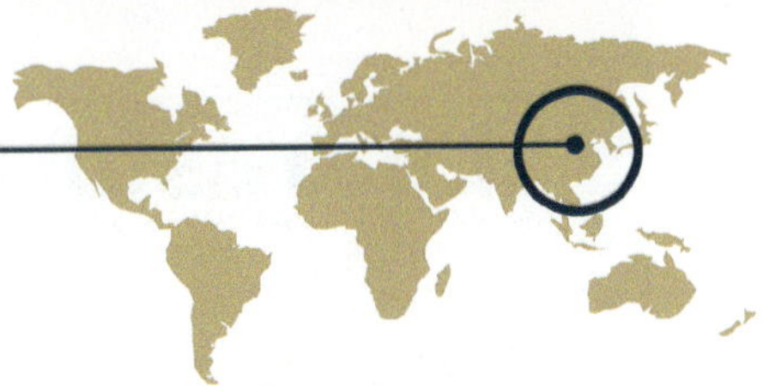

La NASCITA dell'IMPERO CINESE

Mentre in Grecia fioriva l'ellenismo e a Roma si strutturava la repubblica, in Cina si costituiva un **nuovo impero**, una grande potenza politica e militare destinata a sopravvivere, tra fasi alterne, per oltre ventuno secoli, fino al 1911. Tra il V e il IV secolo a.C., nel periodo dei **Regni Combattenti**, il territorio cinese era suddiviso in numerosi stati in lotta fra loro; fra questi regni, prevalse quello di **Qin**, a ovest del Fiume Giallo, nella ricca e ben protetta regione dello Shaanxi. Fra il 230 e il 221 a.C., Ying Zheng, re di Qin, riuscì a sconfiggere uno dopo l'altro i suoi avversari e a **unificare tutta la Cina**, assumendo il titolo di **Qin Shi Huang Di**, "Primo Augusto Imperatore della dinastia Qin". Proprio dal nome Qin deriverebbe infatti la parola "Cina".

La potenza militare della Cina di questo periodo è testimoniata dallo straordinario ritrovamento dell'**esercito di terracotta**, scoperto a breve distanza dal mausoleo di Shi Huang Di e solo in piccola parte portato alla luce. Si tratta di un complesso di oltre 7000 statue di soldati armati di tutto punto, di 600 cavalli e di un centinaio di carri da guerra.

Alcune statue dell'esercito di terracotta.

Durante il regno di Shi Huang Di (221-206 a.C.) e nei primi anni della successiva **dinastia Han** (206 a.C.-220 d.C.), **l'impero si consolidò** attraverso la costituzione di un efficiente apparato amministrativo, lo sviluppo di tutti i settori produttivi, dall'agricoltura alle attività artigianali e commerciali, e la costruzione di imponenti opere di ingegneria civile, come dighe, canali, mura difensive; sotto Shi Huan Di partì infatti la costruzione della **Grande Muraglia**.

Un tratto della Grande Muraglia.

13.5 Le trasformazioni della società romana

Le diverse forme dell'"imperialismo" romano

La straordinaria serie di conquiste, realizzate da Roma in tempi relativamente brevi, ha richiamato anche di recente l'attenzione degli storici, desiderosi di poter trovare i motivi che la determinarono. Su un argomento così complesso però sono state date le risposte più diverse. Alcuni studiosi hanno infatti parlato di un **imperialismo aggressivo**, in quanto fondato su **operazioni militari** studiate nei più minuti particolari e condotte con fredda determinazione e con totale assenza di scrupoli. Altri, negando l'esistenza di piani premeditati, hanno invece visto nell'azione di conquista il risultato di un **imperialismo di tipo "opportunistico"**, scaturito da una serie di situazioni favorevoli, che Roma si limitò a sfruttare abilmente.
Altri invece hanno sostenuto che quello romano fu un **imperialismo di tipo militarista**, voluto cioè dai militari, che le continue guerre avevano trasformato in una specie di potente casta, capace di imporre a tutti la propria volontà. Altri ancora invece hanno giudicato trattarsi di un **imperialismo economico**, imposto dai ricchi capitalisti, dagli appaltatori di opere pubbliche, dai fornitori dell'esercito e da quanti erano interessati ai traffici e ai commerci e quindi all'ampliamento dei territori da sfruttare. Infine, di diversa opinione sono alcuni storici che hanno fatto propria la tesi dell'**imperialismo difensivo**, secondo la quale i Romani avrebbero attaccato soltanto per difendersi, trovandosi presi da un gigantesco ingranaggio, per il quale, uscendo da una guerra vittoriosa, erano costretti ad affrontarne subito un'altra per non mettere in pericolo le conquiste fatte.
Sicuramente tutte queste teorie, se realmente considerate, sembrano avere un fondo di verità, anche se nessuna da sola riesce a spiegare un fenomeno tanto vasto e complesso. Infatti è plausibile che la politica e la strategia di Roma, nel corso della sua espansione, si siano andate trasformando da necessità difensive nei confronti dei popoli confinanti in aggressione imperialista, soprattutto dopo la decisiva vittoria su Cartagine a Zama.

Le conseguenze dell'imperialismo: sviluppo e arricchimento culturale

La rilevante espansione di Roma nel Mediterraneo occidentale e in quello orientale ebbe numerose **conseguenze sulle strutture sociali e sulla mentalità del popolo romano**. Un aumento territoriale di proporzioni così rilevanti, realizzato per di più in un breve periodo di tempo, nonché gli stretti contatti con popolazioni tanto diverse per tenore di vita e per costumi, determinarono a Roma una profonda trasformazione, che interessò ogni aspetto della vita dei suoi cittadini: da quello morale a quello economico e politico.

Il trofeo
Rilievo di epoca repubblicana del II secolo a.C., opera di un artista ellenistico, che presenta a sinistra una corazza con decorazioni e al centro, tra due trofei, un grande scudo con la testa della dea Minerva.

I Romani infatti ebbero l'opportunità di ampliare i propri orizzonti usuali e di confrontarsi costruttivamente con il **mondo greco**, di cui cominciarono ad assimilare l'**eredità culturale**.
Questo arricchimento interessò soprattutto la parte più evoluta della società, che valorizzò la raffinatezza dell'**arte** e della **letteratura** greca, cercando di rimodellare sul loro esempio anche le espressioni della cultura romana, destinata a raggiungere da allora in poi un'eccezionale fioritura.

La difesa della cultura romana

Lo stimolante contatto con il mondo greco tuttavia suscitò anche **perplessità e rimostranze**: parte dell'aristocrazia vi si oppose duramente, ritenendolo un grave pericolo per la genuinità della cultura romana. La raffinatezza dell'arte e della cultura greca e il lusso dei popoli orientali contribuirono infatti in modo decisivo ad **allontanare i Romani da quella semplicità di vita e di costumi** che essi avevano ereditato dagli avi e che per secoli li avevano caratterizzati.
La Grecia, con la quale i Romani erano entrati in contatto, non era considerata più come quella classica: in base al giudizio di alcune fonti del tempo, dietro l'apparente splendore della cultura ellenistica c'era una società decadente e infiacchita, senza più gusto per il lavoro e senza più amore per la libertà.
Inoltre, se un tale contatto aveva da una parte portato i Romani ad apprezzare meglio i valori dell'arte, dall'altra, invece, aveva contribuito a destare in loro dopo tanti anni di guerra il desiderio di uno **stile di vita più comodo e raffinato**, in case ampie e spaziose, in mezzo ad arredi preziosi, vesti eleganti, servi ben addestrati e cibi ricercati.
Secondo molti, questo desiderio costituiva un danno alla sobrietà antica e all'attaccamento tradizionale alla famiglia e alla terra. Per queste ragioni, non mancò chi volle erigersi a difensore della tradizione nella speranza di ritornare alla semplicità e alla purezza degli antichi costumi (*mos maiorum*): primo fra tutti Marco Porcio Catone, detto il Censore per la carica che aveva esercitato mostrando la propria severità morale.

La nascita del latifondo

Altra fondamentale conseguenza delle grandi conquiste fu l'improvviso **afflusso di ricchezze** dalle province a tutto vantaggio dell'**aristocrazia senatoria**. Questa, infatti, più di ogni altra classe, aveva avuto modo di arricchirsi dalla spartizione del **bottino di guerra** e **dall'esproprio delle terre conquistate**, la maggior parte delle quali era andata a finire nelle sue mani, dando così origine a **immensi latifondi**, a tutto danno dei piccoli e medi proprietari, cioè della maggior parte dei cittadini romani e italici.

lessico

Esproprio si tratta di un provvedimento tramite il quale un bene che appartiene a privati viene sottratto a questi ultimi e trasferito tra i possedimenti dello Stato.

Latifondo dal latino *latus*, "ampio", e *fundus*, "fondo, podere", quindi proprietà vasta, estesa.

Storia e... Letteratura — Il teatro comico latino

Negli anni fra la seconda e la terza guerra punica, la commedia latina conobbe una grande fioritura. Questo genere, pur continuando a prendere spunto dalle commedie greche (i testi erano solitamente la traduzione o la rielaborazione di modelli greci), raggiunse risultati di grande originalità grazie alle opere di Tito Maccio Plauto (255-154 a.C.) e Publio Terenzio Afro (184-159 a.C.). Il primo arricchì le trame dello spirito latino di una forza comica vivace e provocatoria, che fino ad allora aveva trovato espressione solo nel teatro popolare. Le commedie di Plauto riscuotevano un notevole successo di pubblico anche perché mettevano in scena vicende molto semplici e riconducibili a uno schema ricorrente: quello dell'amore tra due giovani, ostacolato dalle rispettive famiglie o dalle differenze sociali, che riesce infine a trionfare grazie alle trovate ingegnose di un servo astuto. Le commedie di Terenzio invece erano destinate un pubblico più colto e raffinato. Nato a Cartagine e giunto a Roma come schiavo di un senatore, Terenzio fu liberato grazie alle sue doti di scrittore. Rispetto a Plauto fu più fedele ai modelli greci; anche la sua comicità era più sobria, mentre maggiore interesse era dedicato all'approfondimento psicologico dei personaggi o a tematiche particolari, come l'educazione dei giovani e la natura dell'essere umano.

Una compagnia teatrale romana prova lo spettacolo che metterà in scena (mosaico da Pompei).

La creazione di questi latifondi si trasformerà, a partire dal II secolo a.C. in poi, in uno dei maggiori problemi all'interno della società romana, con conseguenti gravi scontri politici, sociali ed economici.

Crisi economica e mutamenti sociali

Un tale accentramento della proprietà terriera derivava anche dalla **precaria situazione dei piccoli e medi proprietari**. Costoro, infatti, a causa del loro impegno in numerose e prolungate campagne belliche e a causa delle frequenti devastazioni nemiche, si erano visti costretti ad abbandonare a poco a poco le loro terre e a cederle ai ricchi; questi ultimi, invece, possedendo numerosi **schiavi e attrezzature** (mulini, granai, frantoi), erano in condizione di produrre non solo per il proprio consumo, ma anche per il mercato. Nel completo disinteresse dello Stato, quindi, ai piccoli proprietari terrieri, tra l'altro mal compensati per il servizio militare prestato e quasi esclusi da ogni divisione del bottino, non restava che lavorare a giornata, a paga bassissima, come braccianti presso un grande latifondista, accontentandosi di ricevere come ricompensa l'ottava parte del raccolto. Tutto ciò ebbe naturalmente riflessi negativi sul **reclutamento dell'esercito**, il cui nerbo era costituito proprio dai piccoli proprietari: il loro impoverimento rischiava infatti di escluderli dalla milizia, in base a quanto stabiliva la costituzione serviana.

All'impiego dei piccoli proprietari era comunque preferibile l'utilizzo della manodopera schiavile, non solo più abbondante in quanto parte del bottino di guerra, ma anche **meno costosa** e **più sicura**, dal momento che non era chiamata a svolgere il servizio militare.

Del resto i servi erano sempre più presenti in ogni ramo della vita privata e pubblica: i cittadini li impiegavano non solo nei campi o in miniera, ma gli affidavano anche la **cura della casa** e l'**istruzione dei figli** (molti **pedagoghi** erano schiavi di origine greca); lo Stato, a sua volta, vi faceva ricorso nella propria amministrazione e nei pubblici appalti.

lessico

Pedagogo dal greco *pàis*, "bambino", e *ago*, "condurre", era lo schiavo incaricato di curare l'istruzione e la formazione dei fanciulli.

La condizione degli schiavi

In quel periodo si sviluppò quindi un **fiorente commercio di schiavi**: tra il II e I secolo a.C. furono venduti più di 500.000 schiavi di guerra, a cui si aggiunsero quelli comprati e i loro figli, tanto da raggiungere una cifra che oscillava tra 1.200.000 e 3.000.000 di individui presenti nella penisola italiana.

Presso i Romani, così come in tutto il mondo antico, esistevano importanti teorie tese a giustificare la schiavitù e basate su una considerazione comune: il lavoro era un fattore di degradazione per l'uomo. L'uomo veramente libero, infatti, era quello **libero dalle occupazioni materiali**. Lo schiavo, privo della capacità di deliberazione e quindi incapace di scelte autonome, avrebbe trovato solo nella sfera della proprietà familiare la sua corretta collocazione come **strumento di lavoro**.

Esso infatti era **proprietà assoluta** del padrone; poteva essere venduto e persino ucciso, come poteva anche essere reso libero e diventare così un **liberto**. In sostanza il suo stato dipendeva dalla mitezza o dalla ferocia del padrone. Alcuni schiavi, per la verità, specie se vivevano nella casa del proprietario, erano trattati abbastanza umanamente; ma nella maggior parte dei casi erano oppressi in ogni maniera, incatenati e tormentati, sfruttati dagli speculatori e chiusi in fetide baracche (*ergastula*).

Proprio per tali motivi, infatti, nel 136 a.C., nella zona di Enna in Sicilia, scoppiò una **rivolta** di servi capeggiata da **Euno**, schiavo di origine siriana. Ben presto agli insorti si unirono addirittura gli abitanti del posto, chiedendo l'autonomia da Roma e facendo guerra aperta ai loro oppressori. Le autorità romane riuscirono, sia pure faticosamente e in tempi non brevi, a reprimere la rivolta nel sangue. Questa tuttavia fu solo la prima delle numerose "**guerre servili**" che da allora impegnarono Roma per oltre un secolo.

La dura vita degli schiavi
Medaglione identificativo che lo schiavo romano portava al collo; vi è incisa la scritta: "Afferrami bene perché non fugga e riportami al mio padrone".

Città popolate
Rilievo con veduta di una città tardo-repubblicana, densamente edificata per accogliere una popolazione sempre più numerosa e turbolenta.

L'urbanesimo

A causa dell'impiego degli schiavi nei lavori agricoli, inoltre, sempre più persone dalle campagne decisero di **trasferirsi a Roma o nelle grandi città** in cerca di fortuna. Tutto ciò diede luogo al fenomeno dell'**urbanesimo**: nei centri urbani, e soprattutto a Roma, si concentrò una massa di individui che cercava di sopravvivere grazie a impieghi occasionali e alle periodiche **frumentazioni**, ovvero le pubbliche distribuzioni gratuite di grano, o mettendosi al servizio di famiglie più ricche. Ai braccianti privi di lavoro e ai piccoli proprietari impoveriti si aggiungeva una massa di **avventurieri** e di **sbandati**, provenienti anche da paesi lontani, gente inquieta e senza un'occupazione e quindi **fonte** di **disordine** e di **tumulti**.

I nuovi ricchi e i contrasti tra classi sociali

La repubblica, che fra il V il IV secolo a.C. aveva visto realizzata, per lo meno sul piano giuridico, una certa equiparazione di diritti e di doveri fra plebei e patrizi, nella realtà era dunque tornata a poco a poco nelle mani di questi ultimi. Le **famiglie più potenti** avevano preso a manovrare con il denaro perfino i comizi e a non risparmiare prepotenze, soprusi e corruzione pur di conservare l'esclusività del potere.

Inoltre, fra l'oligarchia dominatrice e le classi plebee si era venuta formando una terza classe di cittadini, di modesta origine sociale ma ricca: quella dei **cavalieri** (*equites*).

I cavalieri erano originariamente un semplice gruppo militare chiamato per censo a costituire i reparti di cavalleria all'interno dell'ordinamento centuriato. Durante l'espansione territoriale di Roma, grazie a una legge che vietava ai senatori di praticare una qualsiasi attività imprenditoriale o commerciale diversa dallo sfruttamento delle proprie terre, la classe dei cavalieri aveva avuto modo di **accumulare ricchezze**, intrecciando una fitta rete di relazioni commerciali, aprendo attività economiche e botteghe di ogni tipo, o provvedendo alle forniture militari. Inoltre si occupavano della riscossione delle tasse nelle terre occupate, che poi versavano allo Stato, trattenendo come compenso una percentuale della somma; coloro che svolgevano quest'ultima attività erano detti **pubblicani** e, per la verità, non godevano di buona fama a causa dei continui abusi commessi a danno dei provinciali.

Si trattava di una vera e propria **"aristocrazia del denaro"**, destinata a divenire ben presto rivale della tradizionale nobiltà, terriera e senatoria. I cavalieri, consapevoli di costituire una classe sociale ricca e influente, erano infatti disposti a tutto pur di uscire dalle condizioni di inferiorità politica in cui versavano: un **capo spregiudicato e ambizioso** avrebbe certamente trovato in costoro dei potenti sostenitori, disposti momentaneamente anche ad allearsi con i popolari pur di ottenere vantaggi economici e politici.

Di qui l'origine di un'altra grave **frattura nella società romana**, che poneva di fronte gli aristocratici da un lato, decisi a mantenere il potere di cui ormai da tempo disponevano, e i cavalieri e i popolari dall'altro.

GUIDA allo STUDIO

1. In che modo i diversi storici hanno spiegato l'imperialismo romano?
2. Individua e argomenta le principali conseguenze di carattere culturale, economico e sociale dell'imperialismo romano.
3. In che modo venivano trattati gli schiavi?

La domus romana:
una vita da ricchi

Le famiglie più ricche potevano permettersi di vivere in una ***domus***, un'abitazione piuttosto grande composta da molte stanze con funzioni diverse. La *domus* era la casa di città e si differenziava sia dalla **villa suburbana**, un'abitazione posta fuori delle mura cittadine, dove risiedevano coloro che volevano allontanarsi dalla confusione della città, sia dalla **villa rustica**, situata in aperta campagna e dotata di appositi spazi adibiti ai lavori agricoli.

Soprattutto dopo il contatto con il modo greco e orientale la *domus* dei ceti più agiati iniziò a diventare **più grande e raffinata**, pur conservando il sobrio schema abitativo tradizionale. Furono aggiunti nuovi spazi, come la biblioteca, i bagni privati, la sala per i banchetti (*triclinium*) e il **peristilio**, un giardino piuttosto ampio con molte piante, delimitato da un elegante colonnato e ornato da fontane, piscine e statue.

Le stanze della domus All'interno della *domus* vi erano **numerose stanze.** Quelle che si affacciavano sulla strada erano di solito le più rumorose e per questo molte famiglie le affittavano ad altri per farne delle **botteghe** o dei negozi (*tabernae*); spesso tali ambienti erano anche adibiti a locali di ristoro, dove poter consumare pasti veloci e bere vino in compagnia. Ai piani superiori c'erano le **camere da letto**, i *cubicula*, fornite di semplici letti in legno e casse per riporre i vestiti.

L'ingresso Alle case romane non si accedeva direttamente dalla strada, ma occorreva attraversare uno stretto corridoio ripartito in due ambienti, detti *vestibulum* e *fauces*, sempre sorvegliati da uno schiavo. Spesso nel pavimento del vestibolo era raffigurato un cane da guardia accompagnato dalla scritta *cave canem*, ovvero "attenti al cane".

L'*atrium* L'*atrium* era il fulcro della casa. Sede del primitivo focolare domestico e luogo in cui il *pater familias* si occupava dei suoi affari, questa stanza si trasformò man mano in un cortile aperto al centro del quale si trovava l'*impluvium*, una vasca per la raccolta dell'acqua piovana. L'acqua veniva convogliata nella vasca grazie alla struttura del tetto (*compluvium*) e poi incanalata in una cisterna sotterranea. L'apertura permetteva inoltre l'ingresso della luce all'interno della casa, poiché le finestre che davano all'esterno erano piccole per evitare che dalla strada entrassero i rumori o i ladri. Nell'immagine l'*atrium* di una *domus* a Castellammare di Stabia.

La sala dei banchetti La sala dove si svolgevano i **banchetti** e si intrattenevano gli ospiti era chiamata *triclinium*; il nome derivava da quello dei lettini, posizionati ai lati della stanza, su cui i Romani erano soliti mangiare in posizione semi-sdraiata. I commensali erano assistiti dagli schiavi domestici che servivano loro cibi prelibati e vino.

Affreschi e mosaici Le *domus* più raffinate erano decorate con vetri colorati alle finestre, statue, rilievi a stucco e **affreschi variopinti**. Questi ultimi passarono dal più austero stile geometrico, fatto di fasce colorate, alla raffigurazione realistica di paesaggi, elementi naturali, architetture e scene di vita quotidiana. I pavimenti poi erano spesso abbelliti da **mosaici**, sui quali erano rappresentati animali, piante e fiori, insieme a motivi ornamentali di vario genere, come losanghe, triangoli, scacchiere. Questo affresco proviene dalla Villa dei Misteri di Pompei (I secolo a.C.).

SINTESI

13.1 Con l'occupazione dell'Italia meridionale, Roma entra nell'area dominata da Cartagine, con la quale fino ad allora ha tenuto amichevoli relazioni economiche. Lo scontro è inevitabile e scoppia così la **prima guerra punica** (264-241 a.C.). L'andamento del conflitto è inizialmente favorevole ai Romani, che si preparano a combattere sul mare, costruendo una flotta. Nel 260 a.C. presso **Milazzo** ottengono una grande vittoria; incoraggiati da questo successo, i consoli **Attilio Regolo** e **Manlio Vulsone** sbarcano in Africa, ma la decisione del senato di richiamare Vulsone in Sicilia provoca la sconfitta delle legioni comandate in Africa dal solo Regolo. La guerra ha termine nel 241 a.C. con la vittoria definitiva dei Romani alle **Isole Egadi**, a cui segue un trattato di pace molto svantaggioso per Cartagine.

13.2 Dopo la prima guerra punica la **Sicilia** diventa la prima provincia romana, seguita dalla **Sardegna** e dalla **Corsica**. In seguito Roma sottomette gli Illiri e sconfigge i Galli in Italia settentrionale, dando vita a una nuova provincia, la **Gallia Cisalpina**. Nel frattempo Cartagine riprende le armi. Inizia così la **seconda guerra punica** (218-202 a.C.). Dalla Spagna il generale **Annibale** passa in Italia attraverso le Alpi, coglie di sorpresa l'esercito romano e lo sconfigge nelle battaglie del **Ticino** e del **Trebbia** (218 a.C.) e sul **lago Trasimeno** (217 a.C.). Annibale non prosegue verso Roma, ma si ferma in Puglia, dove affronta nuovamente i Romani sconfiggendoli a **Canne** nel 216 a.C., ma neanche a questo punto il condottiero cartaginese osa sferrare l'attacco decisivo a Roma. I Romani nel frattempo si sono riorganizzati grazie all'appoggio degli alleati italici. I Cartaginesi guidati da Asdrubale vengono sconfitti sul **fiume Metauro** nel 207 a.C. Nel 204 a.C. Publio Cornelio **Scipione** sbarca in Africa, spingendo Annibale a lasciare l'Italia per difendere la patria, e nel 202 a.C. lo vince a **Zama**.

13.3 Dopo la vittoria di Zama, si determina un nuovo indirizzo nella politica estera romana, ispirato non più a ragioni di difesa, bensì a un desiderio di conquiste a vasto raggio: una **politica di tipo "imperialistico"**, esercitata ai danni di stati liberi e indipendenti in territori quasi sempre lontani. Da qui inizia una straordinaria serie di conquiste realizzate in tempi relativamente brevi. Con le **guerre macedoniche** Roma sottomette definitivamente la Macedonia, che nel 148 a.C. diventa la prima provincia verso Oriente, e pone anche la Grecia sotto il suo dominio.

13.4 Con la **terza guerra punica** (149-146 a.C.) Cartagine viene totalmente distrutta e viene creata la **provincia d'Africa**. Dopo aver riconquistato la **Gallia Cisalpina**, perduta ai tempi di Annibale, i Romani occupano la **penisola iberica** dividendola in due province (**Spagna Citeriore** e **Spagna Ulteriore**) e conquistano la zona del basso Rodano, dando così origine alla **Gallia Narbonense**. Nel 133 a.C., ereditando il regno di Pergamo dal re Attalo III, il senato romano dà vita alla nuova **provincia d'Asia**. Il governo delle province è affidato ai pretori, magistrati non soggetti al controllo e al veto dei tribuni della plebe. Gli abitanti delle province sono soggetti a pesanti tributi, che affluiscono nelle casse dello Stato e in quelle dei privati cittadini.

13.5 L'espansione di Roma nel Mediterraneo è causa di profonde **trasformazioni in ambito sociale, politico ed economico**. Il contatto con la cultura greca e con il lusso dei popoli orientali allontana i Romani dalla loro antica semplicità, suscitando il desiderio di una vita comoda e raffinata. L'aristocrazia si arricchisce con la spartizione del bottino di guerra e con l'esproprio delle terre conquistate creando **immensi latifondi**. Con le guerre arrivano anche molti **schiavi**. I piccoli proprietari, impoveritisi, si trasformano in braccianti e coloni o si trasferiscono in città. Intanto, accanto alla nobiltà tradizionale, si forma una nuova **aristocrazia del denaro** composta dai **cavalieri** arricchitisi con le attività commerciali.

PER COSTRUIRE LE COMPETENZE

SPAZIO

1. Posiziona sulla carta le seguenti località, segnalando in rosso quelle coinvolte nella prima guerra punica e in nero quelle della seconda.
- Canne
- Capua
- Isole Egadi
- Milazzo
- Sagunto
- Siracusa
- Zama

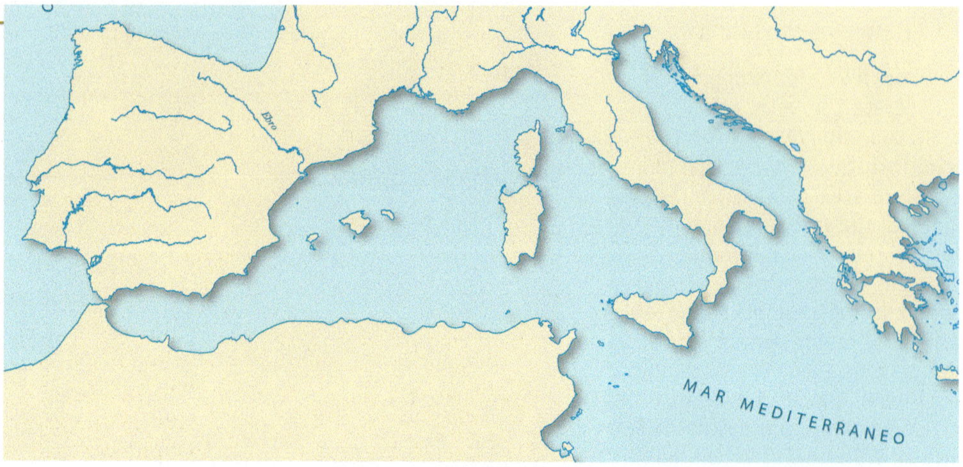

TEMPO

2. Completa la cronologia.

814 a.C.	Anno della fondazione di ......
260 a.C.	Battaglia navale di ......
...... a.C.	I Romani portano la guerra sul suolo Africano
241 a.C.	Con la battaglia ...... finisce la ......
219 a.C.	Assedio di ......
...... a.C.	Annibale oltrepassa le ...... e sconfigge i Romani presso ......
216 a.C.	A ......, nell'attuale regione ......, l'esercito romano venne annientato da ......
...... a.C.	Nella battaglia presso il Metauro viene sconfitto e ucciso ......
202 a.C.	Battaglia a ......, in ......, dove ......
201 a.C.	Inizio della seconda guerra ......
148 a.C.	La ...... diventa la prima ...... romana a Oriente
146 a.C.	Distruzione di ...... e di ......

LESSICO

3. Associa a ogni termine il relativo significato.

A. Corvo
B. Illiri
C. Imperialismo
D. Guerra servile
E. Latifondo
F. Liberto
G. Pedagogo
H. Provincia
I. Punici
J. Temporeggiare

a. Schiavo reso libero
b. Rivolta degli schiavi
c. Cartaginesi
d. Ponte usato per l'arrembaggio
e. Territorio esterno alla penisola italica sottomesso a Roma
f. Popolazione stanziata tra Dalmazia e Albania
g. Vasta proprietà agricola
h. Politica espansionistica a danno di altre popolazioni
i. Aspettare a prendere una iniziativa in attesa del momento più opportuno
j. Educatore e maestro

EVENTI E PROCESSI

Prima guerra punica

4. Completa la mappa sulla prima guerra punica.

Le cause remote: ...... → Il pretesto: ......

↓

La prima fase:
Milazzo: ......
Suolo africano: ......

↓

Le conseguenze: ...... ← La seconda fase: ......

Seconda guerra punica

5. Ricostruisci i momenti fondamentali della seconda guerra punica completando le informazioni e rimettendo i fatti storici nel giusto ordine.

1	I Cartaginesi conquistano la Spagna per le risorse naturali.
......	Annibale attraversa le Alpi e sconfigge i romani prima ...... e poi ......
......	Il Temporeggiatore tiene Annibale lontano da Roma
......	In Spagna ...... riconquista i territori e scaccia i Cartaginesi
......	La città spagnola di ...... viene conquistata da ......
......	La riscossa romana comincia con la conquista, in Sicilia, di ......
......	Nel 202 a.C. a ...... l'esercito cartaginese viene definitivamente sconfitto da ......
......	Nel 216 a.C. l'esercito romano subisce una tremenda disfatta a ......
......	Sul Metauro i Romani sconfiggono ......

Terza guerra punica

6. Costruisci uno schema relativo alla terza guerra punica, che preveda 3 passaggi: la causa, la conquista, l'effetto.

NESSI

7. Completa le voci sull'imperialismo romano.

- Le motivazioni della volontà espansionistica

La nobiltà: ......
Le classi medie: ......
La plebe: ......

- Le mete dell'espansionismo

Occidente ......
Oriente ......

- Le tipologie dell'imperialismo romano

......
......
......

- Le conseguenze

In ambito culturale ......
......
In ambito economico ......
......
A livello sociale ......
......
A livello urbanistico ......
......

FONTI A CONFRONTO

8. La storiografia e la letteratura romana non potevano non parlare del più grande nemico che Roma abbia avuto. Ti vengono proposti due ritratti di Annibale: uno dello storico Tito Livio e l'altro del poeta Silio Italico, autore del poema latino *Punica*, dedicato alla seconda guerra con Cartagine. Dopo aver letto i brani confronta in un breve testo (10 rr.

circa) i due ritratti, sottolineando le affinità e soprattutto le differenze.

Aveva grandissima audacia nell'affrontare i pericoli, grandissima prudenza in mezzo ai pericoli stessi. Da nessuna fatica il suo corpo poteva essere oppresso o il suo animo piegato. Tollerava parimenti il caldo e il freddo; la misura del mangiare e del bere veniva determinata dal bisogno naturale, non dall'ingordigia; i tempi della veglia e del sonno non erano distinti né dal giorno né dalla notte: quello che gli avanzava dalle attività da sbrigare lo dedicava al riposo; e quel riposo non era cercato né grazie a un morbido letto né col silenzio; molti spesso lo videro che giaceva a terra coperto dal mantello militare, tra le sentinelle e i corpi di guardia. L'abito in nulla si distingueva fra i suoi commilitoni; si distinguevano [invece] le armi e i cavalli. Era di gran lunga il primo, ugualmente fra i cavalieri come tra i fanti, per primo andava in battaglia, per ultimo si ritirava a battaglia finita. Queste tanto grandi virtù dell'uomo erano eguagliate da grandi vizi: una crudeltà disumana, una perfidia più che cartaginese, nessun rispetto per il vero, per il sacro, nessun timore per gli dèi, nessun riguardo per i giuramenti, nessuno scrupolo religioso.
(Tito Livio, *Ab Urbe condita*, libro XXI, 5-9)

Spinto dalla sua indole, avido, mancatore di fede fu questi,
di grandissima astuzia, noncurante del giusto.
Nessun rispetto degli dei in guerra, un valore
malvagio che disprezzava le glorie della pace; in profondo
una sete ardente di sangue umano; con tutte
le sue giovani forze voleva distruggere le Egadi,
infamia dei suoi padri e affogare i trattati nel mare siculo.
Dà ascolto a Giunone e con le speranze di gloria travaglia
il suo cuore. Nei sogni notturni invade il Campidoglio,
o valica a rapidi passi la cima delle Alpi.
Spesso i suoi servi alla porta, svegliati dal sonno, temettero
la sua voce feroce nel vasto silenzio,
e lo trovarono immerso nel sudore, che scatenava
future battaglie e conduceva guerre immaginarie.
Questa rabbia contro l'Italia e il paese di Saturno l'aveva
aizzata quand'era bambino la furia paterna.
(Silio Italico, *Punica*, I, 56-71)

RIELABORAZIONE (verso l'orale)

9. Riorganizza le conoscenze e i concetti studiati nel capitolo e costruisci una mappa, che ti possa aiutare per un eventuale colloquio, utilizzando e ampliando i seguenti punti.
   a. Conquista dell'Italia meridionale
   b. Scontro con Cartagine (prima, seconda e terza guerra punica)
   c. Politica espansionistica romana: verso oriente e verso occidente
   d. Guerre macedoniche
   e. Nascita delle province
   f. Effetti dell'espansionismo: sociali, politici, economici

LABORATORIO DELLE COMPETENZE

PASSATO/PRESENTE

10. Della presenza romana nei territori conquistati ci restano ancora tracce concrete come monumenti, strade, ponti. Associa a ognuna delle seguenti immagini di città la provincia romana in cui si trovava.

Spagna Ulteriore – Spagna Citeriore – Gallia Narbonense – Provincia d'Asia – Provincia d'Africa

Cartagine	Pergamo	Sagunto	Narbona	Cartagena
....	....	....	....	....
....	....	....	....	....

11. Dopo aver fatto una ricerca crea, per ognuna delle località sopra citate, una breve scheda che contenga:
   - Localizzazione geografica attuale
   - Periodo dell'occupazione romana
   - Breve descrizione delle vestigia romane ancora visibili

La SCHIAVITÙ

COSTITUZIONE ITALIANA

Art. 13 • La **libertà personale** è inviolabile.
Non è ammessa forma alcuna di detenzione, di ispezione o perquisizione personale, né qualsiasi altra restrizione della libertà personale [...].

Art. 23 • Nessuna **prestazione** personale o patrimoniale può essere imposta se non in base alla legge.

Un nome e un concetto

La parola schiavitù deriva dal termine "schiavo", in latino *sclavus*, *slavus*, " prigioniero di guerra slavo", che a suo volta derivava dal greco bizantino *sklabós*, "slavo", per indicare il commercio di schiavi di origine slava nel Medioevo. I Romani usavano invece la parola latina *servus*

Col termine schiavitù si intende il **diritto di proprietà** che un uomo esercita su un altro uomo privo di libertà e di diritti giuridicamente riconosciuti. Questo diritto si esercita anche sui prodotti del suo lavoro (che spesso consiste in attività ritenute poco onorevoli o troppo faticose) e in molti casi anche sulla sua famiglia e sui suoi discendenti.

Tutte le civiltà antiche, da quelle mesopotamiche a quella egizia, da quella greca a quella persiana, fino a quella romana, hanno largamente praticato questa forma di sottomissione della persona. In queste civiltà la schiavitù ha retto veri e propri sistemi economici, oltre che politici e sociali.

In Europa è andata progressivamente scomparendo. La data ufficiale della sua **abolizione** formale può essere considerata l'8 febbraio 1815, quando i partecipanti al **Congresso di Vienna** sottoscrissero una *Dichiarazione contro la* ***tratta*** *dei negri*.

Una schiava romana ripone gli indumenti della sua padrona.

lessico

Congresso di Vienna insieme dei negoziati che si svolsero tra il 1814 e il 1815 tra le potenze vincitrici dello scontro con Napoleone (Austria, Russia, Prussia e Gran Bretagna), a cui parteciparono anche tutti gli altri Stati europei.

Tratta trasferimento illegale di persone da un paese a un altro a scopo di guadagno e di sfruttamento.

La schiavitù in Grecia e a Roma

La schiavitù era dunque un aspetto centrale sia nella civiltà greca che in quella romana, che non solo la riconoscevano legalmente, ma la ritenevano **moralmente giustificabile** e **socialmente accettabile**. Gli schiavi erano considerati delle merci al pari del bestiame o dei prodotti agricoli. Aristotele nella *Politica* scrive che "lo schiavo è un oggetto di proprietà animato". In Grecia dunque lo schiavo era tale per natura. A Roma, invece, lo era se lo stabiliva la legge e infatti poteva essere liberato, attraverso la manomissione (così chiamata perché il padrone davanti al pretore lo toccava in testa con una verga) che lo rendeva liberto. Durante la fase imperiale i diritti dei liberti aumentarono e fu anche concessa ad alcuni la cittadinanza. Sia in Grecia sia a Roma, grazie al lavoro schiavile le classi dirigenti poterono dedicarsi al governo, alla guerra, all'arte e agli studi scientifici e filosofici.

Le norme nazionali e internazionali contro la schiavitù

Oggi la schiavitù è considerata un **reato molto grave** dalla legislazione di tutti i paesi e, almeno sulla carta, severamente punita; è giudicata ripugnante e inaccettabile in qualsiasi parte del mondo. Non esiste ai nostri giorni alcuno Stato moderno e sviluppato la cui economia sia basata, perlomeno legalmente, sul lavoro schiavistico.

A partire dal secondo dopoguerra, l'adesione della maggioranza degli Stati a organizzazioni internazionali e a trattati per la tutela dei diritti umani ha ridotto in maniera drastica il fenomeno della schiavitù, almeno nel senso tradizionale del termine. L'articolo 4 della *Dichiarazione universale dei diritti umani*, approvata nel 1948 dall'Assemblea generale dell'**ONU**, è esplicito nel condannare e proibire la schiavitù, così come l'articolo 5 della *Carta dei diritti fondamentali dell'***Unione Europea** che recepisce a sua volta nel suo testo la precedente dichiarazione. La *Carta* è stata stilata nel 2000 e non si può fare a meno di notare che, se all'alba del terzo millennio si sente l'esigenza di proibire esplicitamente in un documento la schiavitù e il lavoro forzato, forse esiste ancora il timore che tali fenomeni possano ancora ripresentarsi in qualche forma.

lessico

ONU: sigla dell'Organizzazione delle Nazioni Unite, il più importante degli organismi internazionali contemporanei, fondato dopo la fine della seconda guerra mondiale, nel 1945, con scopi riguardanti principalmente il mantenimento della pace e della sicurezza internazionale.

Unione Europea: nata nel 1992 con il trattato di Maastricht, è un'organizzazione internazionale che lega alcuni Stati europei con scopi comuni di integrazione economica e politica.

CARTA DEI DIRITTI

Art. 5 •

1. Nessuno può essere tenuto in condizioni di schiavitù o di servitù.
2. Nessuno può essere costretto a compiere un lavoro forzato o obbligatorio.
3. È proibita la tratta di esseri umani..

La tutela degli esseri umani nel **diritto alla libertà** è sancita anche dalla **Costituzione italiana** (art. 13). La Legge 228/2003 ha ulteriormente inasprito le pene previste dall'articolo 600 del Codice penale italiano:

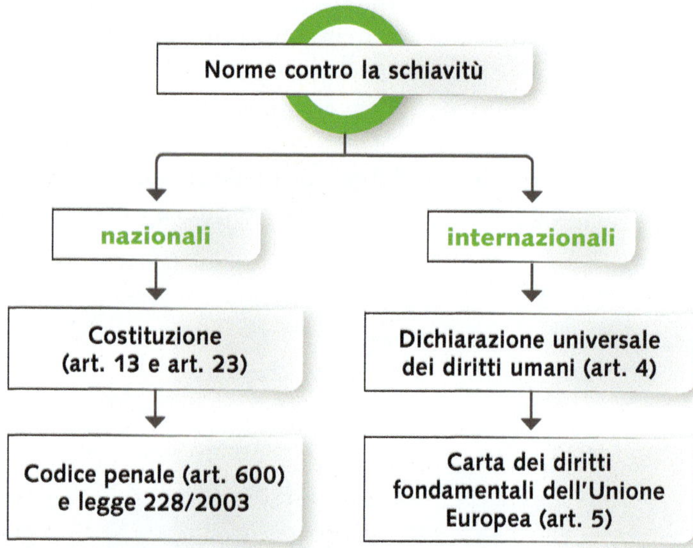

Lo sfruttamento del lavoro minorile è una delle forme attuali di schiavitù.

LA SCHIAVITÙ NEL XXI SECOLO

La carta mostra la distribuzione nel mondo delle nuove forme di schiavitù nel XXI secolo.

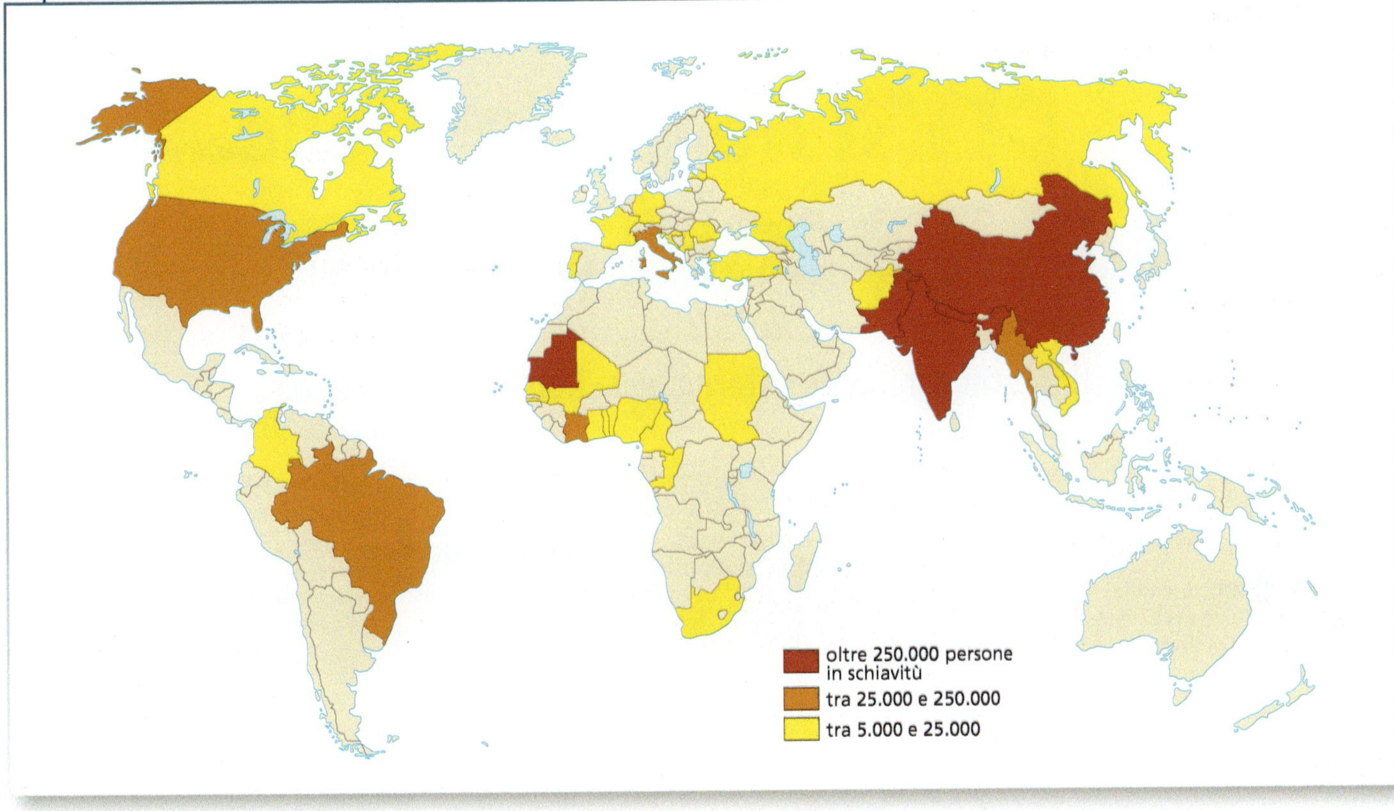

per chi riduce un'altra persona in schiavitù o in condizioni simili è prevista la reclusione da 8 a 20 anni. Se le forme di costrizioni lavorative, sessuali o di accattonaggio sono esercitate nei confronti di un minore o se sono dirette allo sfruttamento della prostituzione o al prelievo di organi, la pena aumenta di un terzo. Come si vede, la legge italiana, adeguandosi alle condizioni odierne, punisce molto severamente un gran numero di reati genericamente riconducibili al concetto di schiavitù, anche se non nelle sue forme tradizionali.

La schiavitù nel mondo di oggi

Nella società attuale, tuttavia, esistono ancora fenomeni che possono essere assimilabili alla schiavitù. Ne sono un esempio, la condizione delle donne avviate alla prostituzione contro la loro volontà, l'utilizzo di manodopera clandestina proveniente dai paesi sottosviluppati costretta al lavoro nero in condizioni degradanti e lo sfruttamento del lavoro minorile. Il sociologo americano Kevin Bales nel suo importante saggio *I nuovi schiavi. La merce umana nell'economia globale* (2000) ha studiato analiticamente il fenomeno del moderno schiavismo, calcolando che al mondo ci sono circa 27 milioni di persone costrette a lavorare in modo forzato e senza compenso, completamente prive di ogni libertà. Gli ambiti dello sfruttamento sono la prostituzione, l'estrazione e la produzione di carbone, i lavori agricoli di vario tipo e la lavorazione di beni a basso livello tecnologico.

ATTIVITÀ

PROPOSTE DI DISCUSSIONE

Ti invitiamo ad approfondire il problema dello schiavismo contemporaneo. Attraverso una ricerca sui siti delle principali organizzazioni umanitarie (Amnesty International, Croce Rossa, Human Rights Watch, Anti-Slavery International, Global Alliance against Traffic in Women, Center for the Protection of Children's Rights, ECPAT Italia e altre che conosci o ti vengono indicate) costruisci una mappa dello sfruttamento umano ai giorni nostri, individuando le aree e le tipologie più diffuse.

capitolo **14**

La crisi della repubblica: dai Gracchi a Silla

Conflitti interni e minacce esterne nella Roma del I secolo a.C.

1 Divenuta padrona incontrastata del Mediterraneo, Roma viene minacciata da **Giugurta**, re di **Numidia**; nella guerra che segue (111-105 a.C.) emerge il console **Gaio Mario**, uomo di punta dei popolari e fautore della riforma dell'esercito.

2 Al nord due tribù germaniche, i **Teutoni** e i **Cimbri**, minacciano i confini delle province romane; Mario ferma la loro avanzata sconfiggendoli rispettivamente ad **Acque Sestie** (102 a.C.) e ai **Campi Raudi** (101 a.C.).

3 I ceti dominanti di Roma si dimostrano insensibili di fronte alla richiesta degli Italici di avere la cittadinanza romana. Il malcontento esplode nella **guerra sociale** (91-88 a.C.), al termine della quale le genti italiche ottengono gli stessi diritti dei cittadini romani.

5 Il contrasto fra gli aristocratici e i popolari porta alla **guerra civile** fra **Mario** e **Silla**, terminata con la vittoria degli aristocratici e la **dittatura** di Silla (82-79 a.C.).

4 In Oriente la linea dura nei rapporti con i provinciali provoca un conflitto armato, nel quale **Mitridate**, re del Ponto, riaccende la resistenza antiromana (88 a.C.).

133 a.C.
Riforma agraria di Tiberio Gracco

123 a.C.
Leggi di Gaio Gracco

107 a.C.
Consolato di Gaio Mario

91-88 a.C.
Guerra sociale

88-82 a.C.
Guerra civile tra Mario e Silla

82-79 a.C.
Dittatura di Silla

Dopo aver assunto un ruolo egemone nel Mediterraneo, nella seconda metà del II secolo a.C. Roma non solo entrò in contatto con nuove culture, ma accumulò anche enormi ricchezze. A beneficiarne furono soprattutto l'**aristocrazia terriera** e la nuova classe dei **cavalieri**, che reclamava il diritto a partecipare più attivamente alla vita politica. A queste richieste si aggiunsero le rivendicazioni dei cittadini impoveriti dalle lunghe guerre e dalla iniqua distribuzione delle terre conquistate.

In questo contesto di tensioni sociali si inserirono le **riforme** dei fratelli **Gracchi**, che intendevano arginare il problema del latifondismo e dell'urbanesimo e favorire la concessione della cittadinanza agli Italici, per creare un fronte comune contro la **nobiltà senatoria.** Ma il tentativo fallì per l'opposizione dell'aristocrazia terriera, ormai non più disposta a perdere i propri privilegi politici ed economici.

Questo fatto contribuì ad approfondire la **frattura** all'interno della società romana con gli **aristocratici** da una parte, i **popolari** dall'altra. Questi ultimi appoggiarono l'ascesa di **Gaio Mario**, l'"uomo nuovo", al quale l'aristocrazia senatoria contrappose **Lucio Cornelio Silla**: lo scontro tra questi due capi si trasformò ben presto in una **guerra civile**. Inoltre la riforma militare voluta da Mario favorì la nascita di **eserciti** legati non più alle istituzioni ma ai singoli comandanti: strumento che avrebbe svolto un ruolo chiave nei convulsi decenni che avrebbero portato alla fine della repubblica.

14.1 Le riforme agrarie dei Gracchi

La legge agraria di Tiberio Gracco

Le trasformazioni sociali prodotte dall'imperialismo romano resero presto necessaria una riforma capace di affrontare i più gravi problemi del momento, innanzitutto quelli dell'**urbanesimo** e del **latifondismo**. Infatti, solo ripopolando le campagne e ricostituendo la piccola proprietà terriera sarebbe stato possibile dare inizio a un'efficace opera di ricostruzione morale e politica dello Stato.

I primi a tentare di rimediare alla preoccupante situazione furono i due fratelli **Tiberio** e **Gaio Gracco**.

Nel 133 a.C., dopo essere stato eletto **tribuno della plebe**, Tiberio Sempronio Gracco presentò un progetto di **riforma agraria**, i cui cardini erano i seguenti:

- nessuno poteva conservare più di 500 iugeri (equivalenti a 125 ettari) del terreno pubblico per sé e più di 250 per ciascuno dei suoi figli maschi; il tutto **non poteva superare i 1000 iugeri** come possesso permanente e garantito;
- le **terre** che rientravano allo Stato, grazie al nuovo limite imposto al possesso dell'agro pubblico, dovevano essere **distribuite fra i cittadini poveri** in piccole proprietà non cedibili di 30 iugeri ciascuna.

In questo modo Tiberio, che in seguito a un viaggio attraverso la penisola aveva visto con i propri occhi la reale condizione delle campagne italiche, sperava non solo di risollevare le sorti dell'agricoltura e di ricostituire la classe dei piccoli proprietari terrieri, ma anche di allontanare dalla città la massa dei disoccupati, fonte di disordini e tumulti, e di liberare dalla miseria buona parte dei poveri con l'opportunità di un onesto lavoro. D'altra parte, il progetto di riforma, tutt'altro che rivoluzionario, urtava il meno possibile gli **interessi dei grandi latifondisti**, ai quali veniva riconosciuto il pieno possesso, e non più il semplice uso, del terreno pubblico che restava loro assegnato.

L'opposizione alla riforma

Tuttavia contro la proposta di Tiberio non mancò di manifestarsi il **malcontento dei patrizi**, che si vedevano sottrarre redditi rilevanti, nonché il controllo dei nullatenenti, cioè di quelle persone prive di beni e censite solo per la loro presenza fisica, che, tornando a lavorare la terra e allontanandosi da Roma, non potevano più essere manovrate agilmente durante le votazioni politiche.

Non ci si deve quindi meravigliare dell'opposizione cieca e ostinata che parte dell'oligarchia senatoria

La centralità dell'agricoltura

L'agricoltura costituiva l'attività economica principale della Roma repubblicana e ciò in ragione anche della particolare conformazione del territorio della penisola, adatto ai vari tipi di coltivazione. I prodotti più comuni erano il frumento (che veniva anche importato dalle province in grandi quantità), la vite, l'olivo e il miele. Il bassorilievo mostra dei lavoratori agricoli nell'atto di pigiare l'uva con i piedi, prima fase della produzione del vino.

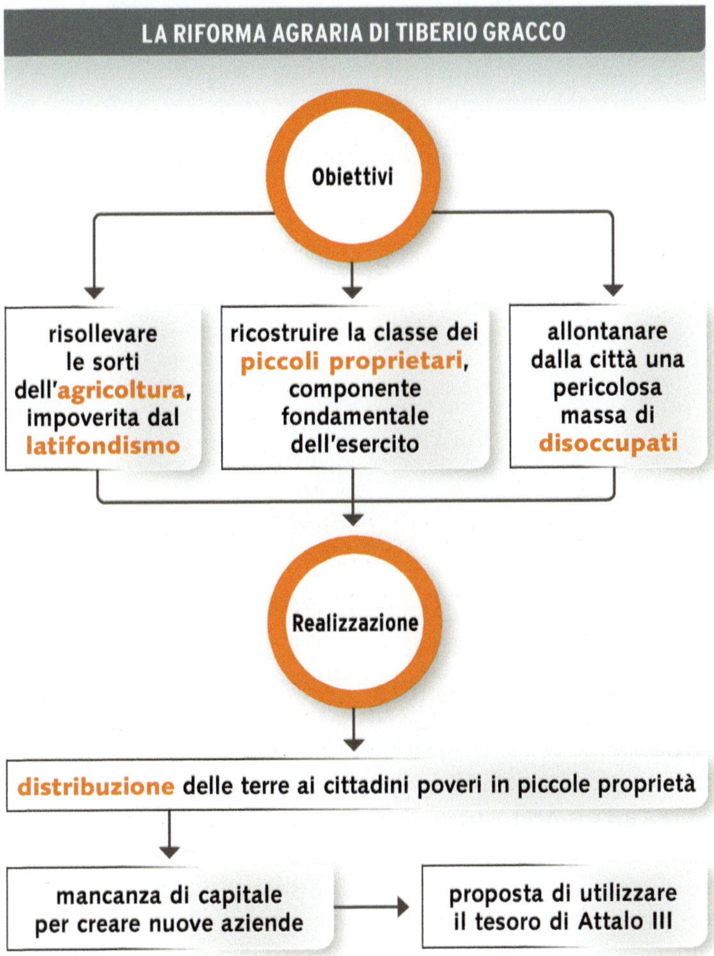

oppose all'approvazione della proposta di legge: i senatori riuscirono addirittura a persuadere il tribuno Marco Ottavio a porre il **veto** all'iniziativa del collega Tiberio. In conseguenza di ciò, la proposta graccana avrebbe dovuto ritenersi decaduta, né, secondo le norme in vigore, poteva essere ripresentata per quell'anno.
Tiberio perciò fu posto dinanzi all'alternativa di abbandonare il suo disegno o di contrastare l'opposizione dei senatori con un'iniziativa senza precedenti: la richiesta di deposizione del suo collega. Si trattava di una richiesta incostituzionale, dato che un magistrato, una volta eletto, non poteva essere revocato.
Nei comizi tributi tutte le 35 tribù votarono però a favore dell'immediata sostituzione di Marco Ottavio con un tribuno favorevole a Tiberio, così che la proposta di legge poté essere approvata.

La fine di Tiberio Gracco

La pratica attuazione della riforma tuttavia incontrò altre difficoltà non solo per l'opposizione del senato, ma anche per la mancanza dei capitali necessari a creare, nei terreni ridistribuiti, nuove aziende agricole. Per ovviare a quest'ultimo problema Tiberio fece allora votare una nuova legge, in base alla quale il **tesoro** che **Attalo III** re di Pergamo aveva donato a Roma doveva essere impiegato per fornire ai piccoli proprietari i mezzi necessari per l'acquisto di bestiame e di attrezzi agricoli e quindi per un più razionale sfruttamento della terra. Questa iniziativa però indusse gli avversari del tribuno ad accusarlo di piani tirannici e ad attendere la fine del mandato per processarlo e affossare la legge.
Tiberio, allora, per continuare la sua opera e conservare l'immunità, decise di presentarsi come **candidato** a tribuno anche per l'anno successivo, violando però apertamente la prassi costituzionale, che prevedeva fra un'elezione e un'altra un intervallo di almeno dieci anni. Ciò contribuì ad accrescere su di lui le **ire** e i **sospetti** dell'oligarchia senatoria, decisa a impedirne la rielezione. Nell'estate del 133 a.C. sorsero così gravi disordini e ben presto le cose si misero al peggio per **Tiberio**, che, colto di sorpresa nel corso di una tumultuosa assemblea dei comizi tributi, venne **ucciso** insieme a 300 suoi fedeli sostenitori, mentre altri furono costretti all'esilio.

ti ricordi?
Nel 133 a.C., lo stesso anno della proposta di riforma agraria di Tiberio, re **Attalo III**, sovrano di Pergamo e alleato di Roma, morendo senza figli lasciò alla città tiberina i suoi possedimenti in Asia Minore occidentale e nominò erede dei suoi beni il popolo romano.

L'elezione a tribuno di Gaio Gracco

Alla morte di Tiberio, che insanguinò per la prima volta nella storia di Roma l'assemblea popolare, seguì un periodo di lotte fra i sostenitori della riforma agraria e coloro che la avversavano, finché nel 123 a.C. il popolo riuscì a far eleggere tribuno **Gaio Sempronio Gracco**, fratello di Tiberio. Una volta eletto, Gaio cominciò con il fare approvare una **legge frumentaria**, ossia un provvedimento in base al quale ogni cittadino povero residente nella capitale poteva prelevare mensilmente dai pubblici granai un certo quantitativo di frumento a un prezzo "politico", inferiore quasi della metà a quello corrente. Evidentemente con tale legge egli mirava a procurarsi quella popolarità di cui aveva bisogno, per conquistare ancora una volta il tribunato e procedere quindi con sicurezza sulla via delle riforme.

Il programma riformatore di Gaio Gracco

Ottenuta così nell'estate del 123 a.C. la rielezione anche per l'anno successivo – in base a una particolare legge, approvata qualche anno prima, che ri-

Distribuzione di pane
Affresco proveniente da Pompei che mostra una scena di distribuzione gratuita di pane. Le distribuzioni di pane, come quelle di grano, furono ritenute dall'oligarchia senatoria un pretesto da parte di alcuni uomini politici per accattivarsi il favore della plebe e poter aumentare il loro prestigio.

conosceva per il tribunato la piena legalità del rinnovo della carica (*iteratio*) –, Gaio Gracco si dedicò subito all'attuazione di un vasto piano di leggi. Sebbene la carenza di fonti storiografiche impedisca di ricostruire a fondo i fatti, sembra che Gaio, dopo aver ripreso la **legge agraria di Tiberio** (del resto mai ufficialmente abrogata) con il proposito di restituirle vigore, abbia dato pratico inizio al suo programma, sviluppandolo in **tre direzioni**:

- assicurare allo Stato i **mezzi finanziari** per affrontare le spese derivanti dall'applicazione della legge frumentaria e dalla costruzione di pubblici granai;
- liberare la città dalla grande massa dei **nullatenenti**;
- conquistare l'appoggio dei **cavalieri** e farne il sostegno delle proprie iniziative contro l'opposizione senatoriale.

Le leggi di Gaio Gracco

Per conseguire il primo obiettivo, il tribuno varò una legge che prevedeva tutta una serie di **nuove imposte**, compresa la **decima** dei prodotti del suolo, a carico della **provincia d'Asia**, da poco costituita.

lessico
La **decima** è il tributo corrispondente alla decima parte del raccolto che l'agricoltore doveva pagare allo Stato.

Con un'altra legge che prevedeva la **fondazione di nuove colonie** (prevedendole anche nelle province) cercò invece di allontanare i nullatenenti dalla capitale e di fare sfollare i braccianti disoccupati dalle campagne.
Con queste iniziative, che creavano un nuovo sbocco per l'impiego del proletariato, Gaio dette prova di avere compreso che l'unica difesa contro la disoccupazione agricola era un esteso e ben regolato sistema di **emigrazione**.
Infine, per assicurarsi l'appoggio dei cavalieri, presentò una **legge giudiziaria**, in base alla quale i tribunali preposti ai processi per corruzione indetti contro i governatori delle province dovevano essere formate da giudici scelti fra i **cavalieri** e non più fra i rappresentanti eletti dal senato. Questa legge comportava il passaggio del **controllo sull'amministrazione delle province** dall'ordine senatorio all'ordine equestre, il quale oltretutto già gestiva la riscossione delle tasse attraverso suoi funzionari (i publicani). Così facendo Gaio Gracco rendeva la classe dei cavalieri l'unica in grado di fare da contraltare al potere politico dei senatori, nonostante molti fossero gli interessi comuni e le opportunità di passaggio dall'una all'altra.

Cittadino romano
Questa statua ritrae un cittadino romano di pieno diritto abbigliato con la tipica veste maschile, la toga, e i calzari. Il diverso colore e la foggia della toga erano un segno inconfondibile dell'appartenenza a una determinata classe sociale o carica pubblica.

LE LEGGI DI GAIO GRACCO

LEGGE	CONTENUTO	FINALITÀ
Legge frumentaria	Acquisto del frumento a prezzo dimezzato per i poveri dal granaio pubblico	Conquistare popolarità presso le classi meno agiate
Legge sulla provincia d'Asia	Imposizione di tasse a carico della neonata provincia asiatica	Fare cassa per lo Stato in modo da poter applicare la legge frumentaria
Legge sulle colonie	Incentivo alla creazione di nuove colonie come sbocco per i nullatenenti romani	Combattere la disoccupazione agricola
Legge giudiziaria	Composizione delle giurie dei tribunali relativi ai processi di corruzione per i governatori delle province con giudici scelti fra i cavalieri	Trasferire il controllo sull'amministrazione delle province dall'ordine senatorio a quello equestre

Il diritto di cittadinanza agli Italici

Restava ancora da risolvere il complesso problema degli alleati italici. Fra essi infatti cresceva di giorno in giorno la consapevolezza dei propri meriti, fondata sulla ferma convinzione di avere con il proprio sangue concorso al potenziamento militare e politico di Roma, la quale, dal canto suo, continuava a privarli di ogni privilegio o beneficio: primo fra tutti quello del diritto di cittadinanza, che avrebbe permesso loro di votare, essere ammessi alle pubbliche cariche, partecipare alle distribuzioni di terre e al godimento di tutti gli altri diritti politici e civili.

Ecco perché all'inizio del **122 a.C.**, proprio mentre era al culmine della sua potenza, Gaio decise di risolvere tale problema proponendo di **estendere il diritto di cittadinanza a tutta la popolazione italica**. Era chiaro che con l'immissione degli Italici tra i cittadini, lo Stato non solo avrebbe compiuto un atto di giustizia, ma avrebbe anche chiamato a partecipare all'attività politica non più una ristretta cerchia di persone residenti a Roma, ma l'intera popolazione della penisola.

La morte di Gaio Gracco e il trionfo dell'oligarchia senatoria

Anche questa volta però gli aristocratici riuscirono a opporsi ai tentativi di riforma: essi infatti finirono addirittura per coalizzarsi con la plebe cittadina, che, pur avendo sostenuto Gaio Gracco e il suo programma, non intendeva dividere con gli italici né i privilegi politici e civili, né i vantaggi della riforma agraria. Scoppiò pertanto una serie di tumulti, nel corso dei quali il giovane tribuno scelse, per sfuggire agli avversari, di **farsi uccidere** da un servo (121 a.C.).

Con la morte di Gaio e con il conseguente rafforzamento del prestigio e della **potenza del senato**, le aspirazioni delle classi popolari subirono un gravissimo colpo. La riforma agraria venne infatti svuotata a poco a poco di ogni significato e fu di nuovo concessa la formazione del latifondo con la conseguente progressiva scomparsa della classe dei piccoli proprietari.

Tutti i problemi politici, sociali ed economici che ormai minavano la vita della repubblica romana tornarono a emergere più gravi di prima. Inoltre, gli eventi sanguinosi che avevano portato all'uccisione dei Gracchi introdussero nella vita politica di Roma il ricorso molto frequente alla violenza, che restò presente e anzi preponderante per tutto il I secolo a.C., fino alla fine della repubblica.

GUIDA allo STUDIO

1. Che cosa prevedeva la riforma agraria di Tiberio e perché suscitò la ferma opposizione degli aristocratici?
2. Quali furono le principali iniziative politiche di Gaio Gracco e perché si può dire che esse si posero in continuità con la politica di Tiberio?
3. Quali conseguenze ebbe la proposta di Gaio di concedere la cittadinanza agli Italici?

14.2 L'ascesa di Gaio Mario

Nuovi contrasti sociali: lo scontro fra popolari e ottimati

In seguito alle lotte che avevano accompagnato i tentativi di riforma da parte dei due Gracchi, nella società romana si era creata una spaccatura costituita da due **fazioni contrapposte**: da una parte c'erano i **popolari** (*populares*), lo schieramento politico interprete degli interessi dell'ordine equestre e dei plebei che avevano sostenuto i Gracchi; dall'altra gli **ottimati** (*optimates*), esponenti delle principali famiglie nobili riunite nel senato, che avevano contrastato e sconfitto i due giovani riformatori. Alla difesa delle tradizioni antiche e dei privilegi esclusivi della nobiltà da parte degli ottimati si contrapponeva l'attenzione dei popolari a problemi come la distribuzione del grano, la ripartizione delle terre e la tutela degli alleati italici. La contrapposizione tra ottimati e cavalieri era in realtà meno profonda di quanto si potrebbe pensare, per il fatto che entrambi gli ordini appartenevano alla fascia più ricca della società, e non di rado i loro esponenti provenivano dalle medesime potenti famiglie romane. L'alleanza tra cavalieri e plebei nella fazione dei popolari era quindi spesso fondata su motivi opportunistici allo scopo di sottrarre poteri politici agli ottimati o ottenere vantaggi economici, ma frequenti erano i voltafaccia ogniqualvolta si presentava l'occasione.

La guerra contro Giugurta

In contemporanea al delinearsi di nuove tensioni sociali, si apriva per Roma un **nuovo periodo di guerre**, fra le quali quella contro **Giugurta**, re della Numidia, che più di ogni altra doveva porre in chiara luce la **corruzione** e la **decadenza morale dell'aristocrazia senatoria** e di quanti guidavano allora la vita politica di Roma. Giugurta, uomo di ingegno e di valore, nipote del re **Massinissa**, si era impossessato con la forza del regno di Numidia dopo aver eliminato i propri cugini, Adèrbale e Ièmpsale (112 a.C.), che con lui condividevano il governo. Egli inoltre aveva fatto assassinare numerosi mercanti romani e italici residenti in Numidia che si erano schierati dalla parte di Adèrbale, provocando forti proteste da parte dei commercianti che si sentirono colpiti nei loro interessi.

ti ricordi?
Il re **Massinissa** di Numidia, spogliato dei suoi possedimenti dalla vicina Cartagine, si era alleato con Roma nella seconda guerra punica e come compenso aveva visto restituiti i propri domini.

Il senato, dove molti nobili erano stati corrotti con il denaro da Giugurta, aveva in un primo tempo riconosciuto l'usurpatore come legittimo sovrano. In seguito però, dietro alle pressioni dei cavalieri, aveva dichiarato guerra a Giugurta (111 a.C.). Il conflitto tuttavia si era trascinato stancamente senza portare grandi risultati, a causa:

- dell'indecisione della classe senatoria, sempre propensa a evitare una lotta di cui non vedeva l'immediata utilità;
- dell'inettitudine e la **disonestà dei comandanti**;
- dell'intrinseca **difficoltà delle operazioni belliche**, condotte per lo più non contro eserciti regolari, ma contro bande armate agili nella fuga e abili negli agguati.

Un momento di svolta si ebbe nel **107 a.C.**, quando fu nominato console **Gaio Mario**, esponente dello schieramento popolare.

L'ascesa di Gaio Mario e la riforma militare

Gaio Mario era un "**uomo nuovo**" (*homo novus*), proveniente da una famiglia non romana né nobile, ma era un abile comandante militare. Forte dell'**appoggio delle masse popolari e dei cavalieri** e spinto dalla necessità di superare le difficoltà dell'arruolamento, cominciò anzi-

lessico
Uomo nuovo cittadino che raggiungeva i vertici della carriera politica pur non essendo nobile perché proveniente da una famiglia non senatoria, cioè equestre o plebea, o anche di origini non romane.

La Fortezza di Giugurta
Questa fortezza naturale, che si trova oggi al confine tra la Tunisia e l'Algeria, è nota come la Tavola di Giugurta; il suo nome deriva dal fatto che il re di Numidia la utilizzò come roccaforte durante la guerra con i Romani.

le FONTI

Lavorare con

Laboratorio

La "nobiltà" di Mario

Mario, dopo aver condotto vittoriosamente la guerra contro Giugurta (111-105 a.C.), consolidò ulteriormente la sua fama di esponente dei popolari e di homo novus, *cioè non legato alla nobiltà romana. Nella sua opera sulla guerra giugurtina lo storico Sallustio (86-35 a.C.) riporta il discorso pronunciato da Mario dopo essere stato eletto console per la prima volta (107 a.C.), in cui egli rivendica con orgoglio di aver ottenuto l'ambita carica unicamente per le sue abilità militari e le sue qualità umane.*

Autore Sallustio
Opera *La guerra contro Giugurta*
Data I secolo a.C.
Tipologia fonte testo storiografico

Io so assai bene quali grandi difficoltà sono collegate alla carica che mi è stata assegnata: fare preparativi per la guerra e nello stesso tempo risparmiare le finanze dello stato. Costringere la gente al servizio militare senza però obbligarla con la violenza. E tutto ciò farlo in mezzo a persone che ci odiano e che lavorano contro di noi.

A questo si aggiunga: se gli altri commettono degli errori, mettono avanti in loro difesa l'antica nobiltà, le grandi imprese dei loro antenati, la potenza dei loro parenti ed amici, la grande folla dei loro clienti. Io posso solo far conto su me stesso e debbo quindi crearmi una sicurezza attraverso il mio valore di uomo e la mia incorruttibilità: non ho altri appoggi.

Per ispirare la vostra fiducia, io non posso esibire i ritratti e i trionfi dei miei avi; ma, se ce n'è bisogno, lance, vessilli, decorazioni al merito e altre ricompense al valor militare; e inoltre le mie cicatrici, tutte sul petto. Son questi i miei ritratti, la mia nobiltà: essa non m'è stata trasmessa, come a quelli la loro, ma me la sono guadagnata a furia di fatiche e di rischi.

Io non so esprimermi con arte e non ho neppure studiato le lettere greche, ma conosco a fondo le cose che sono utili alla repubblica: dare addosso al nemico, difendere un presidio, aver paura d'una cosa sola, e cioè del disonore. Sono questi i principi che impartirò ai miei uomini.

E non li terrò a stecchetto riservando a me un trattamento da signore, né mi farò un vanto delle loro fatiche: così deve comportarsi chi sa che gli uomini a cui comanda sono cittadini. Infatti, se io mi tenessi al sicuro tra gli agi e opprimessi i soldati a furia di punizioni, non mi comporterei da comandante, ma da padrone.

persone che ci odiano: si tratta dell'aristocrazia senatoria, che Mario, soprattutto nel corso della campagna elettorale per il consolato, aveva tacciato di corruzione e immoralità. Anche per tale motivo, oltre che per le origini popolari del candidato, l'elezione di Mario era stata fortemente osteggiata dalla classe degli ottimati.

appoggi: le difficoltà che Mario incontrò agli esordi della sua carriera a Roma dimostrano quanto fosse arduo per un *homo novus* affermarsi nella società romana del tempo. Al consolato infatti accedeva di norma solo chi apparteneva a famiglie nobiliari, i cui esponenti avessero già assunto tale carica in passato.

nobiltà: il riferimento non è alla "nobiltà di classe" ma alla "nobiltà d'animo", che in un uomo politico romano veniva misurata sulla base di alcuni requisiti: la *fides*, ovvero la capacità di rispettare la parola data; la *concordia*, cioè l'abilità di scendere a compromessi per salvaguardare il bene della repubblica; la *iustitia*, ovvero l'attitudine a condurre la guerra e a trattare gli alleati e gli stranieri con lealtà; la *clementia*, cioè l'atteggiamento magnanimo verso i vinti; infine la *prudentia*, ovvero il dono di saper rinunciare alla gloria personale per il bene comune.

lettere greche: nonostante i Romani nutrissero per il mondo greco diffidenza e sospetto, gli riconobbero da sempre una superiorità culturale indiscutibile, tanto che ben presto lo studio delle lettere greche divenne fondamentale per la formazione intellettuale del cittadino romano.

Ritratto marmoreo di Gaio Mario.

Per COMPRENDERE

1. Qual è, secondo Mario, il diverso comportamento di un aristocratico e di un "uomo nuovo" di fronte ai propri errori?
2. Come definisce Mario la sua "nobiltà"?
3. Come intende trattare i suoi soldati?

tutto con il **riformare le basi del reclutamento**, ammettendo al servizio volontario e retribuito anche i nullatenenti. L'aspetto rivoluzionario di questa riforma consisteva nell'**annullare** i requisiti di **possesso terriero** indispensabili per l'ingresso nell'esercito.

A creare le premesse di una così rivoluzionaria riforma era stata la progressiva scomparsa della classe dei piccoli proprietari, impoveriti dalla partecipazione alle frequenti guerre e dai debiti, i quali avevano costituito sino ad allora la principale fonte di reclutamento dell'esercito romano: i contadini-soldato, chiamati alle armi solo in caso di guerra.

CITAZIONE D'AUTORE

Mario preferisce i doveri ai piaceri

Mi chiamano volgare e rozzo, perché la mia mensa non è elegante, perché non apprezzo un cuoco e un istrione [attore] più di un villico [contadino]. Confesso queste cose! Da mio padre, e da altri uomini illustri, ho appreso una regola: le eleganze alle donne, il lavoro agli uomini; le armi sono più decorose degli arredi; la grandezza sta più nella gloria che nell'eccesso. Facciano pure costoro le cose che desiderano [...]; se la spassino nei banchetti dedicandosi a deliziare il ventre. Lascino a noi il sudore, la polvere, che per noi sono più gradevoli dei banchetti.

Sallustio, *Guerra contro Giugurta*, I secolo a.C.

Nasce l'esercito di mestiere

Di fronte alla necessità di rafforzare l'esercito attraverso nuove e massicce "operazioni di leva" e di colmare i vuoti lasciati dai piccoli proprietari, non restava altra via da percorrere se non quella proposta da Mario: una via estremamente **pericolosa per le istituzioni tradizionali**, destinata com'era a creare le basi per il predominio dei proletari nell'esercito con l'inevitabile conseguenza della sua trasformazione in **esercito di mestiere**.

I proletari, infatti, privi di ogni altro mezzo di sussistenza che non fosse quello fornito loro dallo Stato attraverso il servizio militare, avevano, al contrario dei possidenti, tutto l'interesse a essere tenuti sotto le armi, dove venivano regolarmente **stipendiati** e potevano sperare nel bottino di guerra, nonché nei premi e nelle ricompense concessi dai comandanti, che in sostanza potevano decidere della ricchezza o della povertà dei loro soldati.

La costituzione dell'esercito di mestiere ebbe inoltre come diretta conseguenza quella di creare dei **soldati devoti al proprio comandante** e di aprire la strada a quella supremazia del singolo generale che tanto danno avrebbe arrecato alle istituzioni repubblicane.

Vittoria di Mario contro Giugurta

L'iniziativa assunta da Mario non lasciò però intravedere subito quali negativi sviluppi avrebbe potuto produrre. Egli, d'altra parte, incoraggiato dal **successo politico** conseguito e dal consistente rafforzamento dell'esercito, ottenuto grazie alla più numerosa leva di soldati, era ben presto partito per l'**Africa** e aveva preso a logorare la **resistenza di Giugurta**.

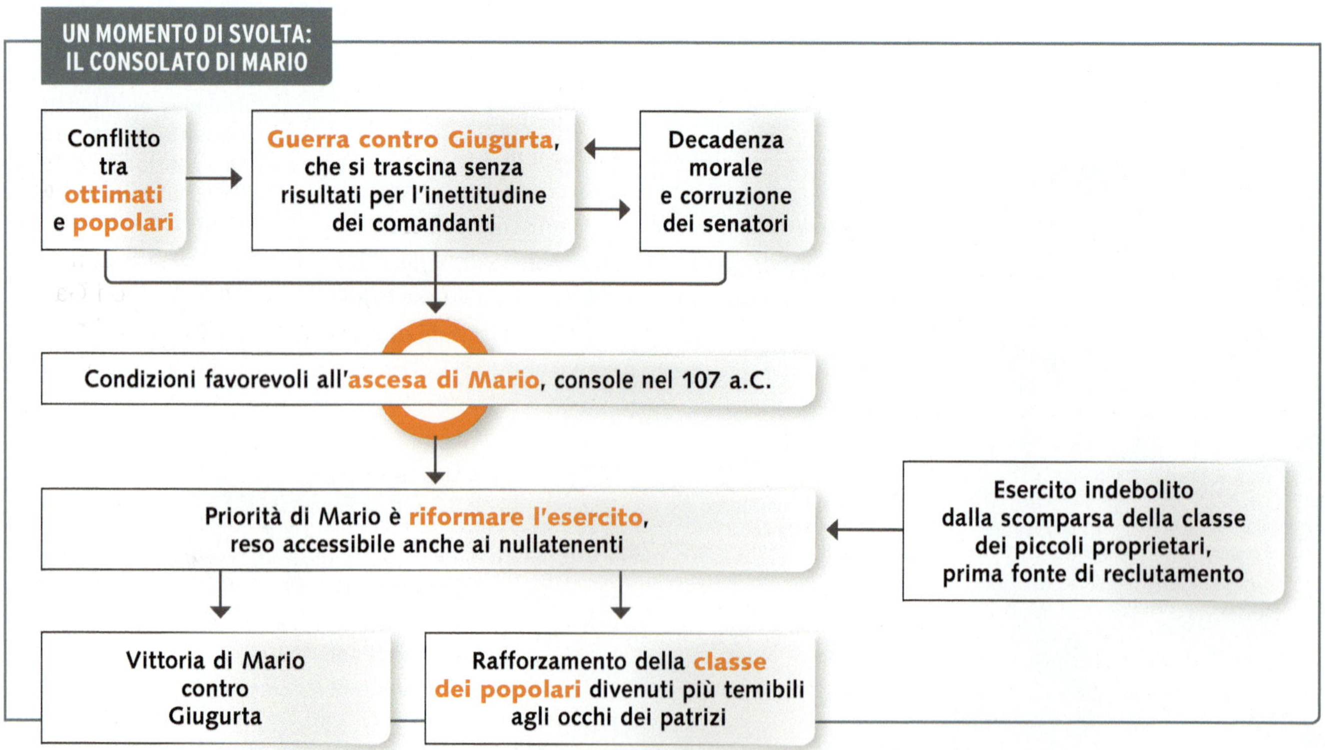

Corteo trionfale
Fregio del tempio di Apollo Sosiano, con una rappresentazione di processione trionfale (20 a.C. circa).

Alla fine era riuscito nel 105 a.C. a **concludere vittoriosamente** le operazioni, portando così a termine una guerra destinata ad aprire nuove vie per i **commerci** e a rafforzare l'**influenza di Roma** sul territorio africano.
Il consolato di Gaio Mario nel 107 a.C. aveva dunque costituito una vera e propria rivincita del partito popolare sulla reazione aristocratica, così come l'ingresso dei proletari nell'esercito aveva reso i popolari decisamente più forti e temibili.

L'esercito riformato contro i Cimbri e i Teutoni

L'intervento e l'abilità di Mario si resero nuovamente necessari nella **guerra** contro i **Cimbri** e i **Teutoni**, delle **tribù** nomadi **germaniche** che provenivano dalle regioni baltiche e che si erano spinte verso sud alla ricerca di nuove terre in cui insediarsi. Particolarmente pericolosi si erano dimostrati i Cimbri, che nel 105 a.C. erano riusciti a battere l'esercito romano ad **Arausio** (oggi Orange), nella Gallia Narbonense, nel corso di una sanguinosissima battaglia, destinata a essere considerata il più grosso disastro militare toccato a Roma dopo Canne.
Dopo una simile vittoria nulla sembrava potesse più trattenere i Cimbri dal passare le Alpi e piombare in Italia: per fortuna però essi, forse impensieriti dalla difficoltà del valico alpino o spaventati dalla fama della potenza romana, si diressero verso ovest e penetrarono prima in **Gallia** e poi in **Spagna**; in seguito rientrarono in Gallia per **unirsi con i Teutoni**.
Ora, proprio questo rinvio dell'attacco permise ai Romani di **prepararsi più organicamente** sotto il **comando di Mario**, il quale, grazie all'appoggio dei suoi soldati, si vide **riconfermato al consolato** per cinque volte consecutive (dal 104 al 101 a.C.), secondo una procedura del tutto nuova e contraria alle leggi e alle consuetudini romane.
Fu proprio Mario a sconfiggere definitivamente i Teutoni ad **Acque Sestie** (l'odierna Aix-en-Provence, a nord di Marsiglia) nel 102 a.C. e i Cimbri ai **Campi Raudi** (una località tra l'Adige e il Po) nel 101 a.C. In seguito a tanto successo il vincitore ottenne l'onore del **trionfo** e fu chiamato dal popolo "terzo fondatore di Roma" dopo Romolo e Camillo (che, secondo la leggenda, aveva cacciato i Galli nel 387 a.C.): con queste due vittorie infatti aveva salvato Roma da un nuovo tentativo d'invasione da parte dei barbari.

concetti chiave

Trionfo

Il trionfo (*triumphum*) era una cerimonia solenne che il senato romano poteva concedere per celebrare la vittoria di un generale su un nemico straniero. Costui, di ritorno dalla sua campagna, attendeva il consenso del senato nel pomerio e, in caso di parere favorevole, sfilava per le strade di Roma – ornate per l'occasione – alla testa di un lungo corteo.
Ai senatori e ai magistrati, accompagnati dai trombettieri, seguivano i carri che trasportavano il bottino e i prigionieri di guerra incatenati o legati con le corde. Infine, preceduto dai suoi littori, da funzionari di rappresentanza e da musici e cantori, il generale vincitore sfilava su un carro trainato da quattro cavalli, tenendo con una mano uno scettro sormontato dall'aquila e con l'altra un ramoscello d'alloro.
Il generale era seguito da uno schiavo, che gli ricordava la sua natura mortale e teneva sollevata sul suo capo una corona d'alloro. Il corteo giungeva sul Campidoglio, dove il generale deponeva la corona ricevuta nel grembo della statua di Giove e offriva sacrifici.

GUIDA allo STUDIO

1. Perché l'elezione di Mario può essere considerata un momento di svolta nelle vicende politiche della Roma repubblicana?
2. Che cosa prevedeva la sua riforma dell'esercito e quali conseguenze ebbe?
3. Quali furono i principali successi di Mario in politica estera?

14.3 Dalla guerra contro gli Italici alla dittatura di Silla

L'ascesa di Silla e l'insurrezione degli italici

In contemporanea all'inarrestabile ascesa di Mario, un altro personaggio si era imposto nella scena politica romana: **Lucio Cornelio Silla**, un giovane di nobile nascita già distintosi nella guerra giugurtina, sulla cui ambizione il senato e il partito aristocratico avevano ben presto compreso di poter fare affidamento per **contrastare** il crescente prestigio del "democratico" **Mario**.
D'altra parte, la situazione si era evoluta in modo da mettere i due uomini uno contro l'altro. Alla fine del 91 a.C., infatti, erano improvvisamente insorti gli **alleati italici**: il senato aveva rifiutato di concedere loro la cittadinanza e in un tumulto era rimasto ucciso Marco Livio Druso, il tribuno che li aveva sostenuti con un ampio programma di riforme. Gli Italici allora, delusi nelle loro legittime aspettative e stanchi di dover condividere con i Romani l'oneroso impegno militare e molti obblighi economici senza il riconoscimento di alcun diritto, avevano preso le armi contro Roma, dopo aver dato vita a uno **Stato federale indipendente** ed eletto a capitale con il nome di "Italica" la città di **Corfinio** (presso Sulmona, in provincia dell'Aquila).

La guerra sociale (91-88 a.C.)

Aveva così avuto inizio la **guerra sociale** (dal latino *socii*, "alleati"), che venne duramente combattuta nell'Italia centrale per tre anni, fino a quando il senato, preoccupato per il dissesto delle casse dello Stato e per il complicarsi della situazione politica in Oriente, decise di concedere agli Italici il **diritto di cittadinanza** (89-88 a.C.): agli abitanti a sud del Po, da Rimini a Reggio Calabria venne concessa la piena cittadinanza romana, mentre al di sopra del Po, nella Gallia Cisalpina, una cittadinanza più ristretta (cittadinanza latina). Si trattava di un importante passo verso l'unificazione della penisola e verso l'integrazione delle città italiche.
Fu per l'appunto nel corso di questo sanguinoso conflitto che la rivalità fra Mario e Silla, già in atto fin dal tempo della guerra giugurtina, crebbe smisuratamente, soprattutto perché il giovane Silla aveva conquistato grande prestigio con la sua risolutezza, mentre il vecchio Mario aveva visto progressivamente diminuire la propria popolarità.

Mitridate VI in guerra contro Roma

Tale rivalità si trasformò in lotta aperta proprio nell'88 a.C. durante il consolato di Silla e in seguito ai gravi fatti verificatesi in Oriente, dove **Mitridate VI**, re del **Ponto** sul Mar Nero, una delle più ricche regioni dell'Asia Minore, aveva deciso di riunire in una grande lega tutti gli stati greci e asiatici dipendenti da Roma, assumendo un atteggiamento apertamente ostile nei riguardi della repubblica tiberina.
Confidando nell'esasperazione suscitata in quelle popolazioni dall'avidità dei governatori e degli esattori delle imposte (i pubblicani), il sovrano aveva infatti cominciato con l'ordinare lo **sterminio** in un solo giorno **di tutti i Romani** stanziati nell'Asia Minore (più di 80.000 persone), e con l'inviare un esercito in Grecia, dove gli Ateniesi e altri

La "prima moneta italiana"
Diritto e rovescio di una moneta coniata dai *socii*: su un lato otto guerrieri italici prestano giuramento, sull'altro una testa femminile con la scritta "Italia"; si tratta della prima attestazione scritta del nome della nostra nazione.

LA GUERRA CIVILE FRA MARIO E SILLA

88 a.C. → **In seguito allo sterminio dei Romani in Asia Minore, il senato dichiara guerra a Mitridate re del Ponto e affida al console Silla la spedizione militare. A causa dei gravi tumulti scoppiati a Roma il comando viene tolto a Silla e affidato a Mario. Silla marcia con l'esercito sulla capitale, affronta Mario e lo costringe a rifugiarsi in Africa.**

87 a.C. → **Silla parte per l'Oriente, mentre Mario, tornato dall'Africa a Roma, dà il via a feroci persecuzioni contro i sostenitori di Silla, prima di morire improvvisamente.**

82 a.C. → **Silla, tornato vittorioso dall'Oriente, assume la carica di dittatore a tempo indeterminato, emana le tavole di proscrizione e le leggi Cornelie che aumentano il potere dell'aristocrazia e del senato.**

popoli si erano uniti a lui (88 a.C.), convinti che si potesse finalmente porre fine al dominio di Roma in Oriente.
Il senato allora dichiarò guerra al re del Ponto e decretò l'immediato invio in Oriente di un corpo di **spedizione** agli ordini del console **Silla**. Mario e il partito dei popolari, e in particolare i cavalieri, che volevano proteggere i loro interessi in Asia, non accettarono però la decisione senatoria: di qui i gravissimi tumulti scoppiati a Roma, che indussero il senato a togliere il comando della guerra a Silla e a conferirlo a Mario.

La guerra civile

Tale decisione tuttavia ebbe drammatiche conseguenze. **Silla**, che si trovava già a Nola, da dove sarebbe partito per il Ponto, ricevuto l'ordine di tornare a Roma, **si ribellò** e marciò con l'esercito contro la capitale. **Mario**, dopo un breve e sanguinoso combattimento con le legioni del suo avversario alle porte della città, fu **sconfitto** e costretto a cercare rifugio in Africa (88 a.C.).
In tal modo, con un **atto rivoluzionario** a cui nessun generale prima di lui avrebbe osato neppure pensare, Silla **metteva l'esercito al servizio dei propri interessi** e dava inizio a una vera e propria **guerra civile**. Dopo di lui e per più di mezzo secolo la storia di Roma non sarà più fondata sul contrasto politico-ideologico fra opposti schieramenti, bensì sull'aperto **scontro fra singoli capi**, i quali, appoggiandosi a un determinato gruppo e soprattutto all'esercito, diverranno di volta in volta arbitri della situazione e primi artefici della **crisi della repubblica**.
Ottenuto di nuovo il comando dell'esercito, Silla nella primavera dell'87 a.C. partì per l'Oriente, dove proseguì la guerra contro Mitridate. Durante la sua assenza però lo schieramento dei popolari riuscì a riguadagnare la posizione e la forza perdute tanto da consentire il ritorno di Mario dall'Africa: ebbero così inizio ai danni degli aristocratici **feroci persecuzioni** che erano ancora in atto quando la morte improvvisa di Mario lasciò il suo partito senza capo.
Nel frattempo Silla concluse vittoriosamente la guerra in Oriente e, riconquistate le regioni perse, **sconfisse Mitridate**, costringendolo alla pace (85 a.C.). Forte di questo successo Silla rientrò in Italia, deciso ad affrontare i suoi avversari politici. Dopo aver affidato la pacificazione delle province a un suo generale di nome Pompeo, alla fine dell'82 a.C. tornava a occupare la capitale, sconfiggendo le ultime sacche di oppositori e facendosi attribuire illegalmente la magistratura di **dittatore** a tem-

CITAZIONE D'AUTORE

Il ritratto di Silla

Silla dunque fu di stirpe patrizia e nobile, ma di famiglia ormai quasi completamente decaduta per l'inerzia dei suoi antenati, dotato di profonda cultura letteraria sia greca sia latina, d'animo grande, avido di piaceri ma ancor più di gloria; nella vita privata era dissoluto, ma il piacere non gli fu mai di intralcio nella vita pubblica, salvo che si sarebbe potuto condurre più onorevolmente per quanto riguarda il matrimonio; era eloquente, accorto e disponibile con gli amici; nell'attività pubblica possedeva una capacità incredibile di tener nascosto il suo pensiero e di simulare; era prodigo di molte cose e soprattutto di denaro.

Sallustio, *Guerra contro Giugurta*, I secolo a.C.

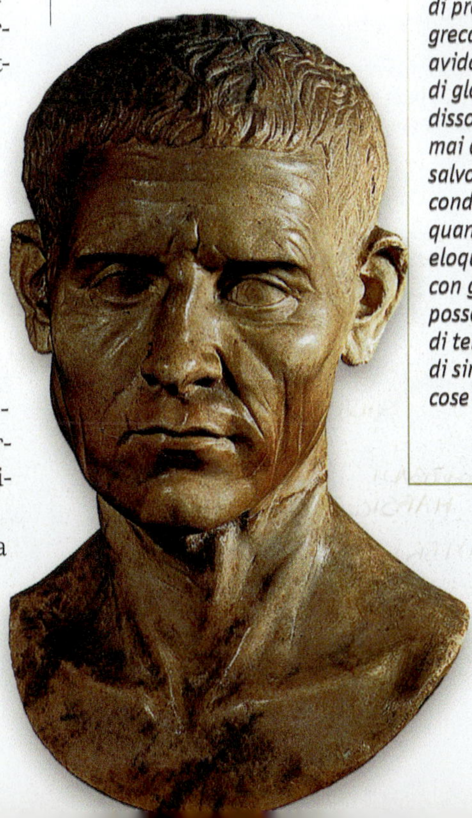

Silla, il dittatore
Busto marmoreo di Lucio Cornelio Silla.

po indeterminato, con l'intento dichiarato di varare **nuove leggi** e di riordinare lo Stato. Così, dopo Silla, la carica di dittatore perse il carattere di eccezionalità che aveva avuto in origine e divenne strumento di governo assoluto da parte di un'unica persona.

La dittatura di Silla

Assunto un potere ormai illimitato, Silla incominciò con l'eliminare tutti quei cittadini che avevano appoggiato e favorito la fazione a lui contrapposta: sulla base di semplici denunce, fece compilare apposite **liste di proscrizione**, ossia elenchi con i nomi dei suoi avversari politici che, divenuti "nemici pubblici", dovevano essere uccisi o spogliati degli averi. Si instaurò a Roma un clima di paura e sospetto che portò a numerosissimi omicidi e vendette.

Dopo aver in tal modo rafforzato la propria posizione, Silla si affrettò a dare a Roma una nuova **costituzione**, emanando un insieme di leggi – note con il nome di **leggi Cornelie** – tese ad accrescere l'importanza politica del senato, che temeva il ritorno al potere dei popolari. Per far ciò procedette ad aumentare il numero dei senatori da 300 a 600, scegliendo i neoeletti per lo più tra i suoi ufficiali ma includendovi anche rappresentanti dei cavalieri e degli Italici (ormai cittadini) con lo scopo di aumentare il consenso intorno al governo senatorio. Inoltre, allo scopo di proteggere la carica senatoria da qualsiasi intromissione esterna abolì la **censura**.

Per concentrare nelle mani della classe senatoria tutta l'autorità legislativa e giudiziaria e per esautorare i **tribuni della plebe**, ordinò che le proposte di legge presentate ai comizi dovessero avere la preventiva approvazione del senato. Inoltre, per rendere poco desiderabile questa carica, stabilì per legge che chi fosse stato tribuno non avrebbe potuto in seguito aspirare a nessuna magistratura superiore.

Previde poi speciali norme per regolare il *cursus honorum*; in particolare egli stabilì nuovi limiti di età per passare da una magistratura a un'altra.

Infine, abolendo la legge di Gaio Gracco, sottrasse ai cavalieri il potere esclusivo di amministrare la giustizia sui reati di corruzione, stabilendo che i **tribunali** fossero **costituiti solo da senatori**.

ti ricordi?

La **censura** era una magistratura che durava diciotto mesi; i censori si occupavano di controllare il censo dei cittadini e la moralità dei costumi; sceglievano inoltre i nuovi membri del senato e allontanavano i magistrati che si erano rivelati indegni.

Il Tabularium

Durante la dittatura di Silla, la città di Roma divenne oggetto di importanti interventi edilizi. Silla fece cancellare tutte le strutture riconducibili ai suoi nemici, come i trofei di Mario che commemoravano le vittorie sui Cimbri e Teutoni; al loro posto furono eretti nuovi monumenti ed edifici, come il *Tabularium*, che domina il Foro e che era destinato a essere utilizzato come archivio di Stato.

I CONTENUTI DELLA COSTITUZIONE ARISTOCRATICA SILLANA

Costituzione sillana

- Aumento del numero dei **senatori** da 300 a 600 con rappresentanti dei **cavalieri** e degli **Italici**
- Abolizione della **censura** per la carica senatoria
- Approvazione da parte del senato delle **proposte di legge** presentate ai comizi
- Svuotamento del potere dei **cavalieri** a livello giudiziario con la creazione di **tribunali di soli senatori**
- Regolamentazione del **cursus honorum**
- Separazione tra potere civile e potere militare: **pretori** e **consoli** dovevano restare in Italia durante l'anno in carica e solo nel secondo anno potevano andare a governare le province e a comandarvi le legioni stanziate su designazione del senato
- Ampliamento del **pomerio** dalla cinta esterna di Roma agli estremi limiti della parte peninsulare dell'Italia per impedire che altri s'imponessero nella politica con la forza delle armi

Misure preventive contro il rischio di una nuova dittatura

Eccezionale importanza ebbe infine l'iniziativa di **separare** in maniera netta e precisa **il potere civile da quello militare**. Venne infatti decretato che i **pretori** e i **consoli** dovessero restare durante l'anno in carica in Italia, gli uni per attendere all'amministrazione della giustizia e gli altri per dirigere gli affari politici; solamente nel secondo anno e dietro precisa designazione del senato potessero, in qualità di **propretori** e **proconsoli**, avrebbero potuto recarsi a governare una delle province e a comandarvi le legioni ivi stanziate. Dietro tale provvedimento era evidente il desiderio d'**impedire** per il futuro a chiunque altro la possibilità **di ricorrere alle forze armate** come a un elemento decisivo nella lotta politica.

A tal proposito Silla spostò la linea del **pomerio**, territorio sacro dove non si poteva entrare in armi, dalla cinta esterna di Roma agli estremi limiti della penisola italiana. Più precisamente i confini del pomerio vennero a coincidere con un perimetro comprendente le coste centro-meridionali e la linea immaginaria, che, unendo i fiumi **Magra** e **Rubicone**, collegava il Tirreno all'Adriatico. Con questo ampliamento rilevante, il dittatore si illuse di poter impedire che si ripetesse ciò che lui stesso aveva fatto, ossia che qualcun altro ricorresse alla forza delle armi per imporsi nello scenario politico: con questo provvedimento gli organi di governo di Roma avrebbero avuto la possibilità di preparare le necessarie **difese contro eventuali colpi di mano**.

Declino dell'oligarchia senatoria

Restaurato così nella sua pienezza il governo senatorio, Silla, forse nella speranza che la vita della repubblica, dopo quanto egli aveva fatto, potesse rientrare nella normalità, nel 79 a.C. si ritirava a vita privata, per morire poco dopo (78 a.C.). Dopo la sua morte, la **costituzione oligarchica** restò ancora in vigore e il senato continuò ad avere nelle mani il governo dello Stato, ma per non più di un decennio, avendo ormai esaurito la sua funzione storica come organo dirigente e centrale di tutta la vita della repubblica. Questa costituzione, pur rafforzando l'oligarchia senatoria, non sminuiva affatto il peso dell'elemento militare, bensì contribuiva in modo decisivo a farne uno strumento non più soggetto al controllo dello Stato, finendo per favorire la concentrazione di tutti i poteri nelle mani di un singolo. Ecco perché giustamente Silla è stato definito un **precursore dell'impero**.

GUIDA allo STUDIO

1. Quali erano i motivi alla base della contrapposizione tra Mario e Silla e perché si arrivò a una guerra civile?
2. Quali furono le riforme introdotte da Silla una volta divenuto dittatore?
3. Quale contraddizione presentava la costituzione varata da Silla?

SINTESI

14.1 Nel 133 a.C. il tribuno **Tiberio Gracco** presenta una **legge agraria** per risolvere gli annosi problemi del latifondismo e dell'urbanesimo. L'oligarchia senatoria, preoccupata di perdere il proprio potere, si oppone ma la proposta riesce a passare anche se la sua piena attuazione appare subito complicata. Tiberio propone di utilizzare il tesoro di Attalo III per fornire ai piccoli proprietari i capitali necessari alla formazione e al funzionamento di nuove aziende agricole. Pur di conservare l'immunità e continuare la sua opera, Tiberio si ripresenta come tribuno alla scadenza del suo mandato, violando però la prassi costituzionale che prevedeva un intervallo di dieci anni tra un'elezione e l'altra della stessa persona. Nascono così **disordini e tumulti** che portano all'uccisione di Tiberio. Nel 123 a.C. è eletto tribuno suo fratello, **Gaio Gracco**, che provvede subito a far approvare una serie di leggi a favore dei cittadini più poveri. Rieletto nel 122 a.C. propone di estendere il **diritto di cittadinanza** a tutti gli Italici ma l'aristocrazia si allea con la plebe cittadina provocando tumulti. Gaio Gracco sfugge agli avversari facendosi uccidere da un servo.

14.2 Dopo le mancate riforme dei Gracchi, nella società romana si acuisce il contrasto fra i **popolari**, interpreti degli interessi dei cavalieri e dei plebei, e gli **ottimati**, esponenti delle principali famiglie nobili. Con la fine dei Gracchi, il senato restaura il potere aristocratico, ma si apre un nuovo periodo di guerre. In Numidia, **Giugurta** si impossessa del regno a danno degli interessi economici dei mercanti romani. Il senato è indifferente, ma i cavalieri ottengono un intervento militare. La guerra non dà però grossi risultati. Nel **107 a.C.** viene eletto console **Gaio Mario**, "uomo nuovo" proveniente da una famiglia estranea alla gestione del potere politico. Egli decide di **riformare l'esercito** ammettendo al servizio volontario e retribuito anche i proletari: è il primo passo verso un **esercito di mestiere**. Nel 105 a.C. Mario vince la guerra contro Giugurta; nello stesso anno i **Cimbri**, una tribù germanica, annientano i Romani ad Arausio e si uniscono ai **Teutoni**. Mario, rieletto console per cinque volte consecutive, batte i Teutoni ad **Acque Sestie** (102 a.C.) e i Cimbri ai **Campi Raudi** (101 a.C.).

14.3 A Mario, del partito popolare, si contrappone **Lucio Cornelio Silla**, esponente della nobiltà senatoria. Tra il 91 e l'88 a.C. viene combattuta la **guerra sociale** alla fine della quale gli alleati italici ottengono la **cittadinanza romana**. Nell'88 a.C. Roma affronta una coalizione di stati asiatici e greci guidata da **Mitridate**, re del Ponto. Silla è a capo dell'esercito, ma il partito popolare riesce a farlo sostituire da Mario. Silla marcia allora contro Roma: scoppia la **guerra civile**. Ottenuto con la forza il comando, Silla parte per l'Oriente dove sconfigge Mitridate. Approfittando della sua assenza, i popolari riportano Mario al potere, ma alla sua improvvisa morte si trovano senza un capo e, al ritorno di Silla, sono sconfitti. Silla assume la carica di **dittatore** a tempo indeterminato e, con le liste di proscrizione, elimina tutti gli avversari. Emana poi una **costituzione** che rafforza il **potere del senato**; per impedire futuri colpi di Stato amplia il pomerio, il territorio sacro dove non si può entrare in armi. Nel 79 a.C. si ritira a vita privata e l'anno dopo muore.

PER COSTRUIRE LE COMPETENZE

TEMPO

1. Completa la cronologia.

133 a.C.	.... viene eletto tribuno della plebe
123 a.C.	Viene eletto tribuno della plebe .... fratello di ....
111 a.C.	Inizia la guerra contro ....
107 a.C.	Viene nominato console ....
105 a.C.	Pesante sconfitta dell'esercito romano ad .... (oggi Orange)
105. a.C.	Mario vince la guerra contro ....
102 a.C.	Mario sconfigge i .... ad Acque Sestie (che si trova nell'attuale ....)
101 a.C.	Mario sconfigge i .... ai ....
91 a.C.	Inizia la cosiddetta guerra ....
82 a.C.	Silla diventa ....

LESSICO

2. Associa a ogni termine il relativo significato.

A. Guerra civile
B. Guerra sociale
C. Iugero
D. Lista di proscrizione
E. Ottimati
F. Pomerio
G. Popolari
H. Trionfo
I. Uomo nuovo

a. Unità di misura
b. Scontro tra Roma e gli Italici
c. Fazione politica favorevole ai plebei e ai cavalieri
d. Esponenti delle principali famiglie nobili
e. Persona con carica politica ma non appartenente alla nobiltà romana
f. Cerimonia in onore di un comandante militare vincitore
g. Scontro tra cittadini romani appartenenti a fazioni contrapposte
h. Elenco degli avversari politici da eliminare
i. Territorio considerato sacro

EVENTI E PROCESSI

Le riforme dei Gracchi

3. Sviluppa i seguenti aspetti della riforma agraria di Tiberio Gracco.

a. Problemi da risolvere: ……………………………………………

……………………………………………………………………

b. Progetto: ……………………………………………………

……………………………………………………………………

c. Motivi delle proteste degli aristocratici: ……………………

……………………………………………………………………

d. Problemi di attuazione della riforma: ………………………

……………………………………………………………………

e. Nuova proposta di Tiberio: …………………………………

……………………………………………………………………

f. Esito ……………………………………………………………

4. Crea una mappa che sviluppi e metta in relazione gli aspetti principali del programma di riforme volute da Gaio Gracco.

La riforma militare di Mario

5. Completa il testo inserendo i seguenti termini.

cavalieri, nullatenenti, mestiere, piccoli proprietari, proletari, arruolamento, terriero, plebe

Il console Gaio Mario attuò una riforma militare. Il motivo principale furono le difficoltà nell'…………………… . Pertanto ammise nell'esercito anche i …………………… , rompendo con la tradizione che prevede il possesso …………………… per entrare nell'esercito. Ciò fu reso necessario dalla quasi scomparsa dei …………………… e fu appoggiato dalla …………………… e dai …………………… . Nasce così un esercito di …………………… , formato in buona parte dai …………………… .

CONFRONTI

6. Crea una tabella che metta a confronto la figura di Mario e quella di Silla sviluppando i seguenti aspetti: origine sociale, posizione politica, campagne militari, riforme/provvedimenti, fine della carriera.

NESSI

7. Scrivi un breve testo (25 rr. circa) sulla guerra civile tenendo presente la seguente scaletta.

- Definizione del termine
- Le cause
- Lo scontro Mario-Silla
- Il nuovo ruolo dell'esercito
- Il ritorno di Mario
- Il ritorno di Silla
- La nuova costituzione

RIELABORAZIONE (verso l'orale)

8. Riorganizza le conoscenze e i concetti del capitolo sviluppando lo schema fornito che ti può anche servire per il colloquio.

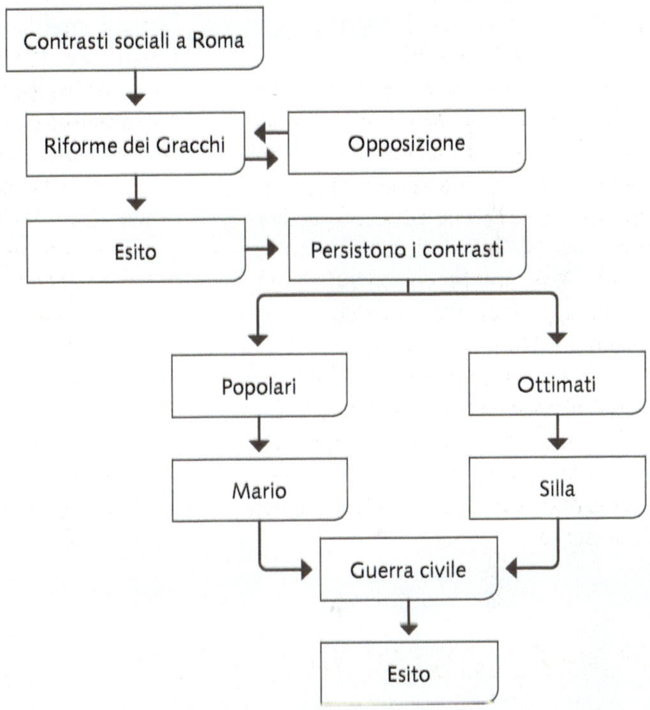

LABORATORIO DELLE COMPETENZE

PASSATO/PRESENTE

9. A pagina 292 è rappresentato il *Tabularium*, l'edificio fatto costruire da Silla per essere utilizzato come archivio di Stato. Anche nella Repubblica italiana esiste l'Archivio di Stato nazionale e gli Archivi di Stato decentrati a livello regionale e provinciale. Effettua una ricerca che sviluppi i seguenti punti:

- Cos'è un archivio di Stato
- Quali sono le sue finalità
- Cosa raccoglie l'Archivio Centrale dello Stato
- Informazioni circa l'Archivio della tua Regione o Provincia (storia e patrimonio)

capitolo 15

L'età di Cesare e la fine della repubblica

L'espansione di Roma nella tarda repubblica

2 Tra il 59 e il 51 a.C., con le sue vittoriose campagne militari, **Giulio Cesare** estende il dominio di Roma sull'intera **Gallia**: il corso del **Reno** segna da questo momento il confine con il mondo germanico.

1 Fra il 67 e il 62 a.C. **Pompeo** cambia l'assetto geopolitico dell'**Oriente ellenistico**, attraverso l'istituzione di **nuove province** tra il Mar Nero e il Mediterraneo e **alleanze** con regni locali (Galazia, Cappadocia, Giudea).

3 La **Numidia**, controllata da Pompeo durante la guerra civile, dopo la sconfitta dei pompeiani a **Tapso** (46 a.C.) diventa provincia con il nome di **Nuova Africa** ed entra a far parte del Mediterraneo romano.

4 Al termine dello scontro tra Ottaviano e Marco Antonio, governatore dell'Oriente e legato alla regina Cleopatra, l'**Egitto** cade nell'orbita romana e diventa **possedimento diretto di Ottaviano** (30 a.C.).

76-72 a.C.
Campagne di Pompeo Magno

63 a.C.
Cicerone sventa la congiura di Catilina

60 a.C.
Primo triumvirato (Cesare, Pompeo e Crasso)

44 a.C.
Uccisione di Cesare

43 a.C.
Secondo triumvirato (Antonio, Ottaviano e Lepido)

31 a.C.
Battaglia di Azio

Gli eventi degli ultimi decenni del I secolo a.C. segnarono una tappa decisiva nella storia di Roma: protagonista della vita politica non fu più la collettività, rappresentata dagli organi repubblicani, ma **singoli uomini politici**, che facevano leva sugli interessi di determinati gruppi sociali e usavano l'esercito come strumento di affermazione personale.
Dopo Silla, fu la volta di **Pompeo**, che grazie alle sue vittorie militari, divenne l'uomo più potente di Roma. Pompeo si accordò privatamente in un **triumvirato** con **Giulio Cesare**, sostenuto dal popolo, e **Crasso**, esponente dei cavalieri: insieme questi tre comandanti esercitarono un potere pressoché incontrastato.
Grazie alle importanti vittorie in Gallia, Cesare accrebbe il suo potere e il suo prestigio: il triumvirato era quindi destinato a non durare. Dopo la morte di Crasso, la rivalità tra Pompeo e Cesare esplose in una **guerra civile**, al termine della quale Cesare divenne padrone incontrastato di Roma proclamandosi dittatore a vita: fu il decisivo superamento dell'ordinamento repubblicano.
Anche l'uccisione di Cesare, avvenuta le **Idi di marzo** del 44 a.C., rese evidente che ormai la crisi delle istituzioni romane era divenuta irreversibile e il senato si trovò costretto ad appoggiarsi a un nuovo protagonista: **Ottaviano.**
Sarà proprio lui, dopo aver eliminato gli avversari politici, in particolar modo **Marco Antonio**, e aver accentrato ogni potere nelle sue mani, a porre fine alla repubblica e a dar vita al **principato**.

15.1 Le campagne di Pompeo

Ultimi sforzi del partito di Mario

Dopo il ritiro di Silla a vita privata (79 a.C.), da un lato l'**oligarchia senatoria** continuò, per lo meno per qualche tempo, a reggere con estrema durezza le redini dello Stato, dall'altro lo schieramento popolare non rinunciò a ricostituirsi e a esercitare un'**opposizione** altrettanto **dura e decisa**. I seguaci di Mario e quelli di Silla da questo punto di vista si equivalevano: si erano sempre comportati come due minoranze, disposte a lottare accanitamente fra loro per il potere anche e soprattutto con metodi illegali e violenti. Molti fra i sostenitori di Mario, scampati alle persecuzioni sillane, si erano nel frattempo ritirati in Spagna e raccolti intorno al generale **Quinto Sertorio**, che, con grande abilità militare e politica, nell'80 a.C. aveva posto sotto il suo controllo quasi tutta la penisola iberica, organizzando una strenua resistenza.

L'ascesa di Pompeo e la sconfitta di Sertorio

All'inizio del **76 a.C.** il senato, preoccupato della situazione in Spagna, stabilì di inviare nella penisola iberica come **comandante supremo** l'energico **Gneo Pompeo**, discendente di una nobile famiglia e uno dei più attivi luogotenenti di Silla, distintosi nella lotta contro Mario e i suoi seguaci al punto da ottenere il soprannome di "Magno". Sertorio seppe far fronte al suo nuovo avversario, ma poco tempo dopo fu ucciso a tradimento: Pompeo fu così libero di domare i rivoltosi e di riassoggettare tutta la Spagna (72 a.C.), dimostrando le proprie doti militari e la propria audacia. Dopo la pacificazione della Spagna, tuttavia, Roma avrebbe dovuto affrontare nuove e impegnative guerre, e nuovi gravi scontri interni dettati dall'ambizione dei singoli comandanti che prevaricava ormai qualunque ordine costituito.

Il comandante supremo
Busto di marmo policromo di Gneo Pompeo ritratto in abiti militari.

La guerra servile e il consolato di Pompeo e Crasso

In realtà già nel 73 a.C. un gruppo di **gladiatori** della scuola di Cuma divenne protagonista di una **pericolosa rivolta** guidata da Spartaco, ex prigioniero di guerra proveniente dalla Tracia. Egli convinse circa settanta dei suoi compagni ad unirsi a lui nella lotta per la liberazione dalla schiavitù: in breve tempo, grazie anche a un gran numero di schiavi fuggitivi, riuscì a mettere insieme un esercito di ben 70.000 uomini. Al senato servirono tre anni di combattimenti per sconfiggere definitivamente l'esercito degli schiavi (71 a.C.). La rivolta servile venne domata grazie a **Pompeo** e a **Marco Licinio Crasso**, un ricchissimo rappresentante degli interessi dei cavalieri.

> **lessico**
> **Gladiatore** dal latino *gladius* "spada corta". I gladiatori erano schiavi e prigionieri di guerra obbligati a combattere nei pubblici spettacoli. Sottoposti ad allenamenti durissimi in apposite scuole, affrontavano sanguinosi combattimenti con animali o con altri gladiatori.

I due si accordarono, contro ogni aspettativa del senato, proponendo entrambi la propria candidatura per il consolato, senza tenere in alcun conto le prescrizioni e le limitazioni imposte da Silla alla carriera politica (Pompeo tra l'altro non aveva ancora ricoperto alcuna magistratura). Il senato naturalmente si oppose: Pompeo e Crasso, benché provenienti dalle file sillane, si schierarono dalla parte dei popolari e con il loro aiuto ottennero nel 70 a.C. il consolato.
Per consolidare l'appoggio dei popolari, Pompeo e Crasso si dettero subito a **distruggere quasi del tutto l'opera di Silla**, con evidente danno per il monopolio politico esercitato dal senato.
Restituirono nuovamente autorità ai censori e ai tribuni della plebe, riconsegnarono i tribunali sulla corruzione ai cavalieri e riformarono a favore di questi ultimi il sistema tributario sillano vigente nelle province asiatiche.

Pompeo contro i pirati

Finito il consolato, Pompeo non volle assumere il governo di nessuna provincia e rimase a Roma come privato cittadino dal 69 al 67 a.C., anno in cui si vide conferire il comando supremo nella **lotta contro i pirati**; questi, numerosissimi, ormai da tempo infestavano il Mediterraneo ed erano arrivati persino ad assalire il porto di Ostia, paralizzando il commercio marittimo e rendendo difficile ai Romani il rifornimento dei viveri dall'Oriente. L'impresa, per la verità, sembrava tutt'altro che semplice, ma Pompeo non deluse le aspettative: infatti, nonostante gli fosse stato riconosciuto un amplissimo potere per tre anni (*imperium infinitum*), portò a termine le operazioni in soli tre mesi, sbaragliando gli avversari e liberando il Mediterraneo dalle loro incursioni (**67 a.C.**).

La nuova guerra contro Mitridate e il dominio di Roma sull'Asia Minore

Sull'onda del successo, nel 66 a.C. Pompeo ottenne il comando di una nuova guerra contro **Mitridate**, il vecchio nemico di Silla. Mitridate, infatti, mentre Roma era impegnata nella lotta contro Sertorio in Spagna e in quella contro i pirati nel Mediterraneo, si era impadronito della **Bitinia** (74 a.C.). Questa regione era però stata lasciata in eredità dal re Nicomede III al popolo romano.

Dopo un inizio incerto il comando venne affidato a Pompeo che nel giro di un anno riuscì a **sconfiggere del tutto Mitridate** (66 a.C.), il quale qualche anno dopo, pur di non cadere in mano dei Romani, si suicidò (63 a.C.).

Con la sua vittoria Pompeo rinsaldò **il dominio di Roma su tutta l'Asia Minore** dove furono create nuove province, deposti alcuni sovrani e stipulati trattati e alleanze. Particolarmente importante dal punto di vista economico fu la conquista della Siria, in quanto in essa confluivano tutte le grandi vie carovaniere, che, provenendo dall'India e pro-

ti ricordi?

Mitridate VI, re del Ponto, sul Mar Nero, una delle più ricche regioni dell'Asia Minore, aveva deciso di riunire in una grande lega gli stati greci e asiatici dipendenti da Roma. Nell'88 a.C. Silla lo aveva però sconfitto e costretto alla pace.

LE CAMPAGNE DI POMPEO (76-62 a.C.)

4 Nel 66 a.C. Pompeo ottiene il comando della guerra contro **Mitridate** e lo sconfigge. In seguito a questa vittoria vengono create **nuove province** (63-62 a.C.): nel Mar Nero il Ponto, la Paflagonia e la Bitinia; nel Mediterraneo la Panfilia, la Cilicia, la Fenicia e la Siria. I regni di Galazia, Cappadocia e Giudea si legano a Roma con **trattati di alleanza.**

1 Nel 72 a.C. Pompeo, nominato comandante supremo, sconfigge **Sertorio**, capo dei ribelli mariani, che nell'80 a.C. aveva assoggettato tutta la **Spagna.** La penisola iberica torna così nelle mani del senato romano.

2 Nel 73 a.C. scoppia in Italia una **rivolta dei gladiatori** capeggiata da Spartaco. Nel 71 a.C. Pompeo e Crasso domano la ribellione. In seguito a questa vittoria i due comandanti si candidano insieme al consolato, ottenendo la carica nel 70 a.C.

3 I **pirati** da tempo infestano il Mediterraneo, ostacolando i traffici commerciali di Roma. Nel 67 a.C. Pompeo ottiene l'***imperium infinitum*** e sbaraglia i pirati in soli tre mesi.

cedendo attraverso l'altopiano iranico, permettevano l'afflusso in Occidente di merci di gran valore. Alla fine del 62 a.C., dopo sei anni di assenza, Pompeo ritornò in Italia carico di tesori, di potenza e di gloria.

La corruzione a Roma e la congiura di Catilina

Gravissimi **tumulti** erano intanto scoppiati a Roma durante l'assenza di Pompeo. La **corruzione** era cresciuta spaventosamente, favorita dal fatto che il senato ormai non aveva più la forza per governare. Lo scontento serpeggiava un po' ovunque e soprattutto fra quanti, risentendo delle dure conseguenze delle proscrizioni sillane, a tutto erano disposti pur di essere reintegrati nei loro diritti. Molti nobili impoveriti non avevano alcun ritegno a provocare disordini per acquistare potere e riprendere a vivere nel lusso e nei piaceri. Né minore era l'esasperazione delle classi popolari, le quali continuavano a versare in condizioni davvero misere.

> **lessico**
> **Congiura** dal latino *coniuratio*, "giuramento comune"; indica un patto segreto e finalizzato all'eliminazione di un comune avversario politico e all'abbattimento dell'ordine costituito.

In questa situazione la repubblica corse un grave pericolo: il console in carica per l'anno 63 a.C., **Marco Tullio Cicerone**, sventò una **congiura** organizzata contro lo Stato da **Lucio Sergio Catilina**.

Cicerone, nemico di Catilina
Busto di Marco Tullio Cicerone. Oratore e uomo politico Cicerone, da sempre strenuo sostenitore del senato, aquisì un posto di primaria importanza nella fazione degli ottimati. Grazie alle sue opere è possibile ricostruire uno spaccato della vita sociale e politica della Roma nella tarda età repubblicana.

Quest'ultimo infatti dopo essersi visto preclusa l'elezione al consolato per ben due volte, decise di prendersi il potere con la forza attraverso una congiura, sostenuto da un folto gruppo di oppositori alla repubblica. La cospirazione fu però smascherata e Catilina fu accusato **pubblicamente** davanti al senato da Cicerone, che pronunciò quattro famosi **discorsi accusatori** noti con il nome di *Catilinarie*. Anche in quel momento Catilina non si arrese: mentre i congiurati arrestati a Roma venivano condannati a morte, egli fuggì in Etruria, dove aveva allestito un vero e proprio esercito. Il senato però lo bloccò presso **Pistoia** nel 62 a.C. dove venne sconfitto e ucciso.

Il ritorno di Pompeo e l'opposizione del senato

In questo stesso anno Pompeo, sbarcato a Brindisi dopo la conclusione della guerra mitridatica, chiese di poter entrare a Roma alla testa del suo esercito. Questa richiesta però era contraria alle leggi sillane sul **pomerio** e Pompeo ricevette un aperto rifiuto. Per un attimo si temette allora il pericolo di una nuova marcia armata sulla città (dopo quella di Silla); ma Pompeo, contro l'aspettativa generale, sciolse l'esercito e mosse verso Roma accompagnato soltanto da un'immensa folla accorsa da ogni parte ad ammirarlo e ad acclamarlo.

> **ti ricordi?**
> Il **pomerio** era il confine del territorio di Roma che nessun generale poteva varcare con le armi; Silla lo aveva ampliato dalle mura della città a tutta l'Italia peninsulare.

Una volta giunto nella capitale, egli ebbe un **trionfo splendido**, come non si era mai visto prima. Ma, proprio mentre si credeva al culmine della potenza, si trovò invece isolato e addirittura contrastato nei suoi progetti. Infatti, quando chiese il secondo consolato per sé e la distribuzione di terre ai suoi veterani, incontrò una **decisa opposizione nel senato**. Quest'ultimo infatti temeva di concedergli troppa autorità. Fu allora che Pompeo, irritato, **passò definitivamente dalla parte del popolo e dei cavalieri** (60 a.C.).

GUIDA allo STUDIO

1. Chi era Pompeo? Quali erano gli aspetti principali del suo programma politico e quali i suoi sostenitori?
2. Perché durante l'assenza di Pompeo la situazione a Roma divenne particolarmente difficile?
3. Per quale motivo, una volta tornato a Roma, Pompeo si trovò isolato e avversato nei suoi progetti?

15.2 L'ascesa di Cesare e la guerra gallica

Un nuovo protagonista dello scenario politico: Cesare

La scelta politica di Pompeo coincise con un altro evento: proprio in quel periodo stava rientrando dalla Spagna **Gaio Giulio Cesare**, che fino a quel momento aveva amministrato la provincia in qualità di propretore.
Cesare era un membro della *gens Iulia*, una tra le più antiche famiglie patrizie di Roma. Quando era ancora giovane **si era schierato tra i sostenitori di Mario** e, in seguito all'instaurazione della dittatura di Silla, era stato costretto ad allontanarsi dalla capitale per evitare le persecuzioni. Solo dopo la morte del dittatore la sua carriera politica aveva preso un nuovo slancio ed egli si era proposto come **nemico giurato degli ottimati**. Di ritorno dalla Spagna, Cesare volle candidarsi come console. Per essere eletto doveva però superare l'aperta opposizione del senato: ecco perché, per essere sicuro della vittoria, cercò di assicurarsi **l'appoggio di Pompeo e di Crasso**, promettendo in cambio di sostenere le loro richieste.

Il primo triumvirato e il consolato di Cesare

Cesare, Pompeo e Crasso strinsero un patto, con cui si impegnarono ad aiutarsi reciprocamente per ottenere il controllo dello Stato: nasceva così, nel **60 a.C.**, il **primo triumvirato**. In realtà non si trattava di una vera magistratura, ma di un'intesa fra privati cittadini, che univano le forze dello **schieramento dei popolari**, rappresentato da Cesare, dell'**ordine dei cavalieri**, rappresentato da Crasso e dell'**esercito**, di cui invece era espressione Pompeo. Questo patto ebbe un'**importanza eccezionale,** poiché le tre personalità più influenti del momento si accordavano per assicurarsi vantaggi reciproci e conquistavano un potere senza precedenti, togliendo ogni possibilità di iniziativa all'aristocrazia senatoria.

> **lessico** — **Triumvirato** dal latino *triumviri*, a sua volta da *tres* "tre" e *vir* "uomo".

Cesare console e la ricerca del prestigio militare

Il primo effetto del triumvirato fu l'**elezione a console di Cesare** (59 a.C.). Egli allora attivò subito il suo programma, presentando e facendo approvare direttamente dai comizi (secondo una prassi che escludeva del tutto il senato) una legge agraria favorevole ai piccoli proprietari e facendo attuare le misure di Pompeo e di Crasso che il senato aveva respinto.

La nobile famiglia di Cesare ▶
La famiglia di Cesare vantava, secondo la leggenda, origini mitologiche: la *gens Iulia*, infatti, riconosceva come capostipite Iulo, figlio del troiano Enea, il quale una volta giunto nel Lazio fondò la città di Alba Longa.

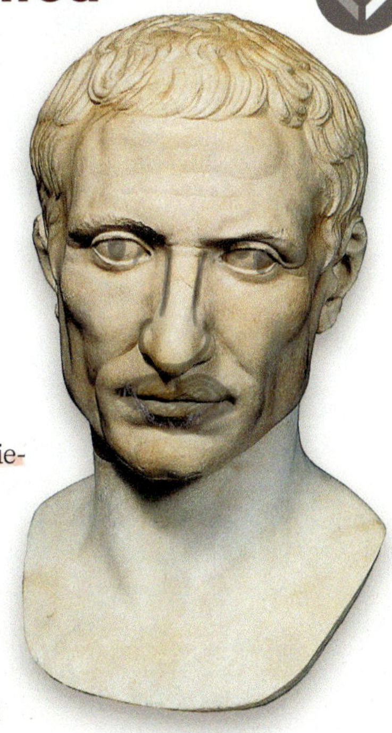

Prima che fosse terminato il suo consolato, Cesare cercò il modo di conservare il potere per il futuro e di procurarsi maggior gloria con le armi. poiché sapeva che se voleva gareggiare con Pompeo doveva **conquistare il prestigio militare**, che ancora non aveva, e procurarsi l'appoggio di un **esercito proprio**.
A tale scopo riuscì a ottenere la carica di proconsole per ben cinque anni – contrariamente a quanto prevedeva la legge – della **Gallia Cisalpina**, dell'**Illiria** e della **Gallia Narbonense**. Si trattava di territori abbastanza vicini a Roma, che gli consentivano quindi di seguire da vicino l'evolversi degli avvenimenti a Roma e se necessario di intervenire rapidamente alla testa del suo esercito. Prima di partire nel 58 a.C., per rendere ancora più sicura la propria posizione a Roma, fece allontanare dalla città i capi del partito senatorio e suoi temibili avversari: Cicerone e Marco Porcio Catone Uticense (pronipote di Catone il Censore), amici di Pompeo e capaci di convincerlo a rompere il patto del triumvirato.

La guerra gallica (58-51 a.C.)

Il campo d'azione scelto da Cesare era strategicamente uno dei più importanti. La Gallia Narbonense era infatti a diretto contatto con la **Gallia Transalpina**, un vasto territorio che comprendeva non solo l'odierna Francia, ma anche il Belgio e la Germania sulla riva sinistra del Reno: la sua conquista avrebbe certamente procurato fama e ricchezza a chi avesse avuto la

> **ti ricordi?** — La **Gallia Transalpina** era il territorio in cui i Galli si erano insediati fin dal V secolo a.C., dopo aver lasciato le regioni dell'Europa centro-settentrionale di cui erano originari.

LE IMPRESE DI CESARE IN GALLIA

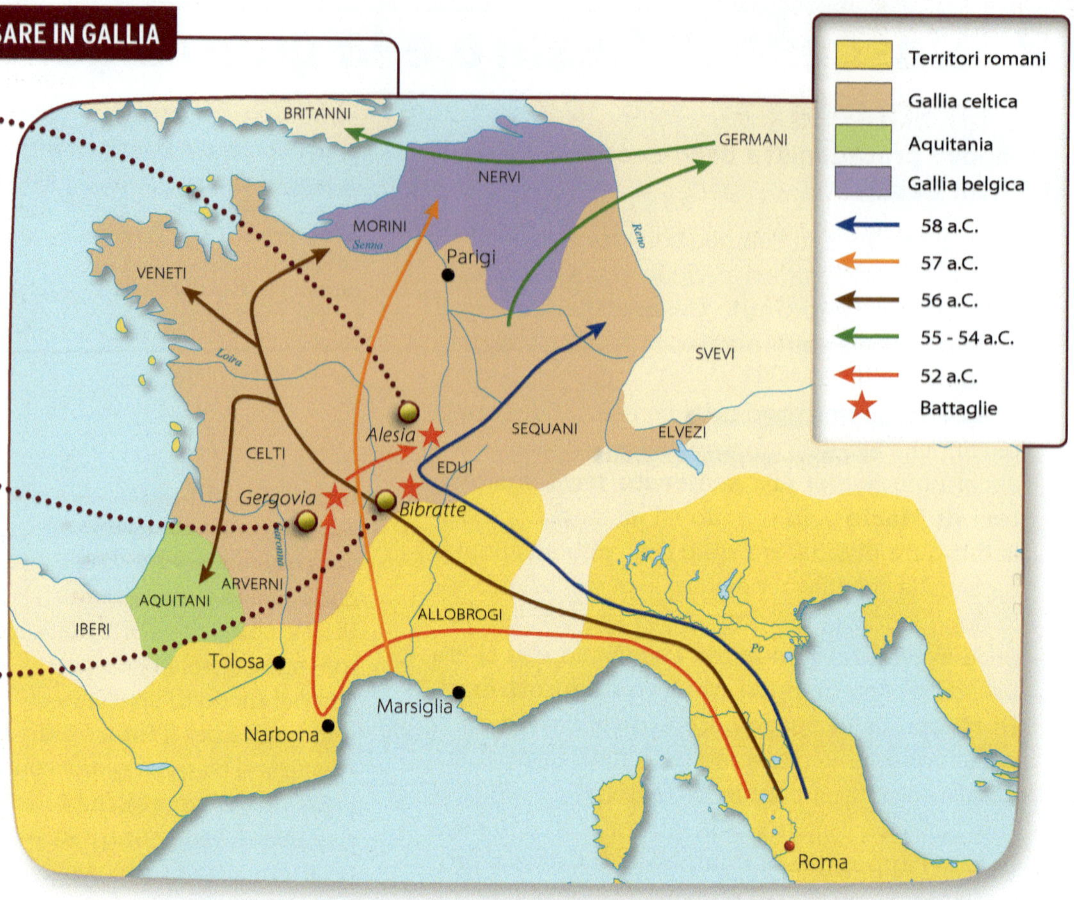

3 Con l'assedio di **Alesia** Cesare riesce a sottomettere i Galli ribelli e a costringerli alla resa.

2 A **Gergovia**, nel 52 a.C., i Romani sono battuti da Vercingetorige.

1 A **Bibratte**, nel 58 a.C., Cesare sconfigge gli **Elvezi**, che minacciavano i territori degli **Edui**.

capacità di realizzarla. Il pretesto per intervenire militarmente in queste regioni fu offerto a Cesare poco doo il suo arrivo: gli Edui, una delle tante tribù in cui erano divisi i Galli, chiesero l'intervento dell'esercito romano per arrestare la minaccia degli Elvezi, una tribù germanica stanziata nelle regioni dell'attuale Svizzera.

Cesare non esitò a intervenire e riuscì in poco tempo a respingere gli invasori verso le loro basi di partenza dopo averli battuti a **Bibratte** (58 a.C.). La stessa sorte toccò agli Svevi, altra tribù di origine germanica. In seguito a questi successi, Cesare si trovava dunque nelle migliori condizioni per dare inizio a una **decisa azione di conquista**, che gli permise, nel giro di due anni (campagne del 57 e del 56 a.C.), di impadronirsi di tutta la Gallia (dall'Aquitania al Belgio) e di portare a termine un'impresa di straordinaria importanza anche per l'avvenire dell'Europa. La **Gallia** infatti **venne da allora romanizzata** e nel corso dei secoli la sua civiltà e la sua lingua rimasero legate a quelle della Roma antica.

La spedizione in Britannia e lo scontro con Vercingetorige

Non contento del successo conseguito, negli anni successivi Cesare compì altre due spedizioni: l'una **contro i Germani** al di là del fiume Reno e l'altra nella **Britannia** (55-54 a.C.) al di là dello stretto della Manica, ponendo così le basi per una futura conquista dell'isola.

Nel **52 a.C.**, proprio quando la fama di Cesare era grandissima, i Galli si ribellarono ai loro conquistatori e si unirono sotto il comando di **Vercingetorige,** giovane e valoroso capo degli Arverni. La situazione del proconsole divenne allora difficile: eppure egli seppe fronteggiarla. Dopo esser stato battuto a **Gergovia** (presso Clermont-Ferrand), riuscì poi ad accerchiare l'avversario ad **Alesia** (presso Digione) e a costringerlo alla resa. Poi, vinte rapidamente le ultime resistenze, poté consolidare la **conquista dell'intera regione** (51 a.C.). Con questa vittoria finale Cesare assicurava definitivamente a Roma il dominio di tutta la Gallia.

GUIDA allo STUDIO

1. A quale schieramento politico apparteneva Giulio Cesare?
2. In che cosa consisteva l'eccezionalità del patto stretto tra Cesare, Pompeo e Crasso?
3. Perché Cesare cercò il prestigio militare e in che modo se lo procurò?

Lavorare con le FONTI

Laboratorio

La società dei Galli: i poteri dei druidi

Cesare non fu soltanto un politico accorto e un comandante valoroso, ma anche un attento osservatore degli eventi di cui lui stesso fu protagonista. Nei suoi Commentarii de bello gallico *("Osservazioni sulla guerra gallica"), egli ripercorre le tappe della guerra combattuta contro i Galli (58-51 a.C.), registrando con estrema cura tutti gli eventi e descrivendo luoghi, situazioni e genti. Il passo che segue descrive un aspetto importante della società e del costume dei Galli: il ruolo rilevante rivestito dai druidi.*

Autore Cesare
Opera *Commentarii de bello gallico*
Data I secolo a.C.
Tipologia fonte testo storiografico

In Gallia vi sono due categorie di uomini che sono tenuti in considerazione [...]: l'una è quella dei druidi, l'altra quella dei cavalieri. I druidi si interessano del culto, provvedono ai sacrifici pubblici e privati, interpretano le cose religiose: presso di loro si raccoglie per istruirsi un gran numero di giovani ed essi sono tenuti in grande onore e considerazione. Sono chiamati a decidere in quasi tutte le controversie pubbliche e private e se viene commesso un delitto, [...] se sorge una lite per un'eredità o una distribuzione di terreni, sono i druidi a stabilire i risarcimenti e le pene. E se qualcuno [...] non si attiene al loro giudizio, lo bandiscono dalle funzioni del culto [...]. Tutti i druidi obbediscono a un unico capo, che ha su di loro la più alta autorità. Quando costui muore, gli succede chi eccelle tra gli altri per dignità [...]; è comune opinione che l'organizzazione dei druidi sia originaria della Britannia e che di lì sia passata in Gallia [...]. I druidi non partecipano alle guerre, né pagano i tributi come gli altri, sono esenti dal servizio militare [...]. Attirati da così grandi privilegi, molti giovani si recano da loro per esserne discepoli [...]; da loro debbono imparare a memoria un gran numero di versi; per molti il periodo del noviziato dura vent'anni [...]. Il loro principale insegnamento è l'immortalità dell'anima e la sua migrazione, dopo la morte, da un corpo all'altro: essi ritengono che questa dottrina, eliminato il timore della morte, sia il più grande incitamento al valore. Vengono anche trattate e insegnate ai giovani molte questioni sugli astri e i loro movimenti, sulla grandezza del mondo e della terra, sull'essenza e sul potere degli dèi.

sacrifici: i Galli erano profondamente religiosi e compivano sacrifici per onorare gli dèi; per invocare la loro protezione non esitavano, se lo ritenevano necessario, a sacrificare degli esseri umani.

versi: lo stesso Cesare ci informa che i druidi non ritenevano opportuno mettere per iscritto i loro precetti poiché non volevano che le loro leggi fossero conosciute da alcuno; i discepoli allora erano costretti a imparare a memoria regole e norme dottrinarie.

bandiscono: presso i Galli essere banditi dalla società e dalla vita pubblica era una pena gravissima; chi subiva un simile castigo veniva considerato "empio e scellerato", non era ritenuto degno di ottenere "né giustizia né onore" ed era emarginato da tutti: si temeva infatti che dal contatto con lui si potesse restar "contaminati".

immortalità dell'anima: come per molti popoli antichi, anche per i Galli la vita non finiva con la morte. Essi ritenevano che l'anima continuasse a vivere in una dimensione ultraterrena e che solo in due occasioni potesse entrare di nuovo in contatto con il mondo dei vivi: durante la notte del *Samain* (1 novembre), durante la quale avveniva il passaggio dall'anno vecchio al nuovo, oppure con la reincarnazione, quando l'anima cioè si appropriava di un nuovo corpo e poteva finalmente "rinascere".

Il calderone di Gundestrup, sul quale sono rappresentate le divinità del *pantheon* celtico e alcuni riti praticati in loro onore.

Per COMPRENDERE

1. Elenca brevemente le principali funzioni svolte dai druidi.
2. Com'è strutturata e da dove prende origine l'organizzazione dei druidi?
3. Quali sono i privilegi di cui godono i druidi e che spingono molti giovani a diventarne seguaci?

15.3 La guerra civile tra Cesare e Pompeo

Il consolidamento del triumvirato

Quando ancora la campagna gallica era in pieno svolgimento, a Roma non mancava chi muoveva critiche più o meno velate nei riguardi dei triumviri e più in particolare di Cesare. Temendo di perdere il comando della provincia, quest'ultimo si convinse della necessità di **rinsaldare il triumvirato**. Così alla fine del **56 a.C.** si incontrò con Pompeo e Crasso a **Lucca**. Qui i tre stabilirono di farsi attribuire dai comizi il governo di alcune province per cinque anni e in particolare:

- a Pompeo quello dell'Africa e della Spagna;
- a Crasso quello della Siria;
- a Cesare la proroga del suo comando nelle Gallie.

Ciò che essi avevano pattuito venne in seguito approvato dal popolo con un **plebiscito**. Era comunque la dimostrazione di come ormai i triumviri avessero nelle loro mani il pieno controllo delle istituzioni e della vita della repubblica.

La guerra contro i Parti e la spaccatura tra Cesare e Pompeo

Nel 54 a.C. Crasso, desideroso di eguagliare i successi militari di Pompeo e Cesare e di aumentare le sue già immense ricchezze, decise di attaccare dalla Siria i **Parti**, il cui vasto regno si estendeva dalla Mesopotamia fino al fiume Indo. La spedizione in territori così lontani e poco conosciuti si risolse però in una **clamorosa sconfitta**: l'esercito di Crasso infatti fu annientato a **Carre**, e lui stesso vi trovò la morte (53 a.C.).

A complicare la situazione era nel frattempo intervenuto un altro fatto: a Roma era morta Giulia, figlia di Cesare e moglie di Pompeo. Proprio tale morte spezzò il legame principale che teneva uniti i due personaggi; la scomparsa di Crasso poi non fece che incrinare ulteriormente il loro rapporto sul quale pesarono sempre di più **gelosie** e **rivalità**.

Pompeo, infatti, poco dopo si riavvicinò al senato. Nel 52 a.C. ricevette la carica di **"console senza collega"** (una specie di dittatura con nome diverso), perché provvedesse a riportare l'ordine a Roma, che era colpita da continui tumulti e da una diffusa corruzione. Accettando questo incarico, Pompeo di fatto isolò Cesare: egli infatti aveva sotto di sé quasi tutto il territorio dello Stato, disponeva dell'esercito e delle pubbliche entrate, mentre Cesare comandava su due sole province, anche se ricchissime e a lui fedeli, e poteva fare affidamento soltanto sulle undici legioni dislocate nelle Gallie.

La guerra civile

Lo scontro frontale fra Cesare e Pompeo divenne inevitabile, allorché quest'ultimo convinse il senato a togliere al rivale il comando delle Gallie e a ordinargli di tornare a Roma da privato cittadino, sotto pena di essere dichiarato "nemico della patria". Cesare, però, invece di obbedire, **al comando di una sola legione**, il 13 gennaio del 49 a.C. attraversò il fiume **Rubicone** (presso Rimini), che segnava il confine del pomerio, e proseguì alla volta di Roma. Aveva così inizio una **nuova guerra civile**, la seconda dopo quella combattuta fra Mario e Silla, che durò per ben quattro anni (49-45 a.C.).

COME SI ARRIVA ALLA GUERRA CIVILE

Muore Giulia, figlia di Cesare e moglie di Pompeo: si rompe così il **legame familiare** esistente fra loro

↓

Crasso viene ucciso in battaglia mentre combatte contro i Parti (53 a.C.): Cesare e Pompeo sono ora **soli l'uno di fronte all'altro**

↓

Il senato affida a Pompeo il compito di riportare l'ordine nella repubblica, attraversata da tumulti e corruzione (52 a.C.)

↓

Pompeo, in qualità di **unico console**, detiene un potere enorme: decide di togliere a Cesare il comando delle Gallie

↓

Cesare sfida Pompeo e a capo di una sola legione **marcia verso Roma**

↓

Scoppia la **guerra civile** (49 a.C.).

LA GUERRA CIVILE TRA CESARE E POMPEO (49-45 a.C.)

1 Cesare non esegue l'ordine del senato di abbandonare il governo delle Gallie e con una legione varca il **Rubicone** alla volta di Roma. Pompeo fugge prima a Brindisi poi in Grecia, dove allestisce un nuovo esercito (49 a.C.).

2 Dopo essere rimasto unico padrone di Roma, Cesare si reca in **Spagna**, dove sbaraglia le legioni pompeiane (49 a.C.).

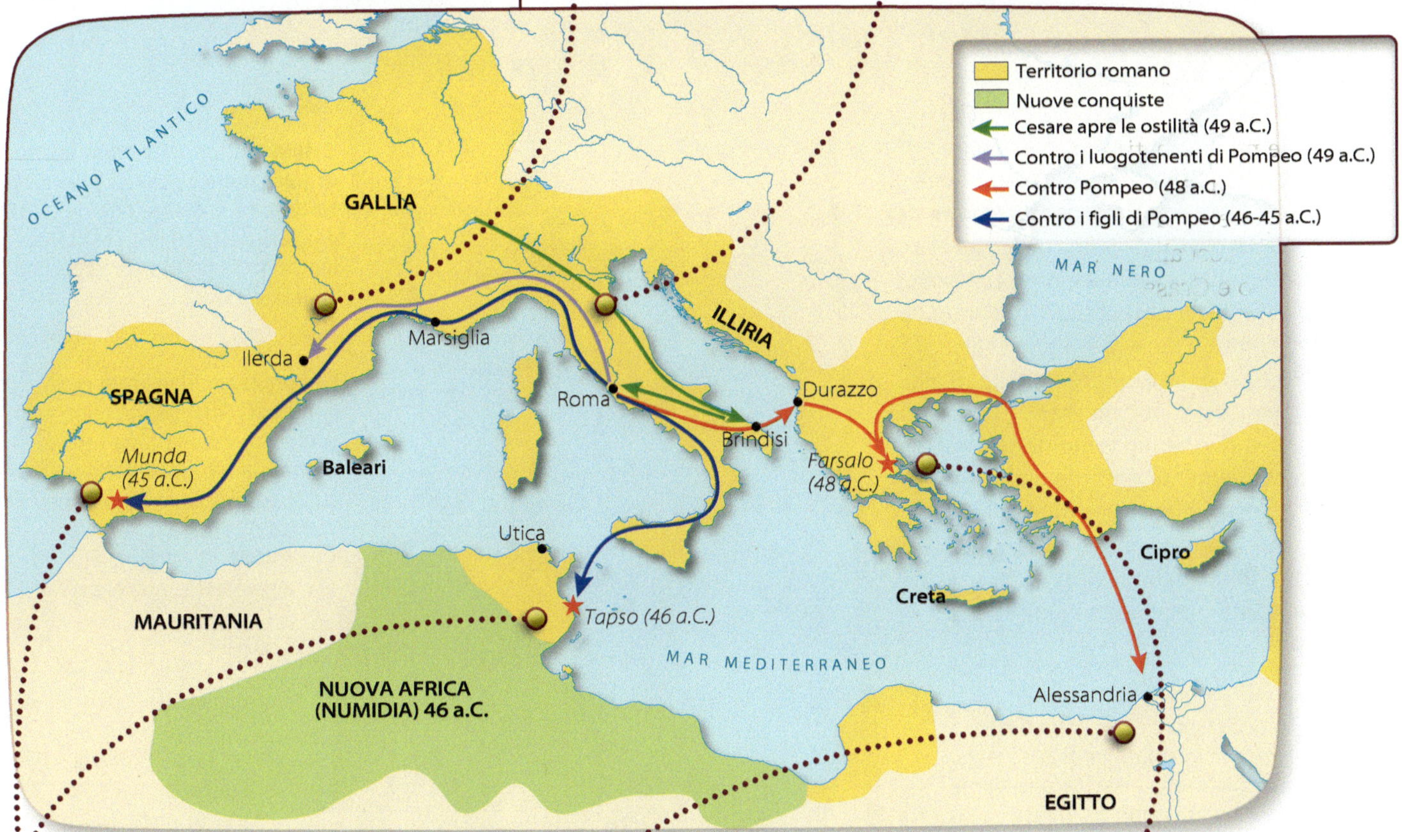

5 Cesare sconfigge definitivamente i pompeiani a **Tapso**, sulla costa orientale africana (46 a.C.), e a **Munda**, in Spagna, dove i figli di Pompeo avevano organizzato un'ultima resistenza (45 a.C.).

4 Pompeo cerca rifugio in **Egitto**, ma il re Tolomeo XIII lo fa assassinare. Cesare giunge in Egitto, fa deporre Tolomeo e mette sul trono la sorella **Cleopatra** (47 a.C.).

3 Cesare si reca in Grecia dove sconfigge l'esercito di Pompeo a **Farsàlo** (48 a.C.).

Pompeo, colto alla sprovvista dalla mossa di Cesare, si rifugiò prima a Brindisi e poi in Grecia, dove allestì un esercito di undici legioni e una flotta di 600 unità, che gli assicurava un incontrastato dominio sul mare. Intanto Cesare, trovatosi padrone di Roma, persuase i pochi senatori rimasti a passare dalla sua parte e ordinò la costruzione di una flotta. Quindi attaccò i pompeiani in Spagna (49 a.C.) e in Grecia, dove ottenne una fondamentale vittoria a **Farsàlo** (48 a.C.). Pompeo si rifugiò allora in Egitto, dove però fu fatto uccidere dal giovane faraone Tolomeo XIII, che voleva così conquistare il favore di Cesare. Cesare, tuttavia, non premiò affatto quel gesto, anzi tolse a Tolomeo il trono per affidarlo a **Cleopatra**, sorella del sovrano egiziano (47 a.C.).

La sconfitta dei pompeiani

Restava però ancora un forte nucleo di pompeiani, che avevano trovato rifugio in Africa, più precisamente in **Numidia**. Perciò Cesare li affrontò e li sconfisse a **Tapso** (46 a.C.). I capi sopravvissuti alla battaglia si dettero la morte per non cadere nelle mani del loro nemico. Grazie a questa vittoria, Cesare unì la Numidia alla provincia d'Africa con il nome di **Nuova Africa**. Dopodiché rientrò a Roma dove celebrò il trionfo delle sue vittorie. Subito dopo, partì per la Spagna, dove sconfisse gli ultimi pompeiani a **Munda** (45 a.C.). A questo punto Cesare era diventato il padrone incontrastato di Roma.

GUIDA allo STUDIO

1. Quali furono i fattori alla base della spaccatura tra Cesare e Pompeo?
2. Come riuscì Cesare a sconfiggere Pompeo?
3. Quali conquiste territoriali Cesare riuscì a ottenere nella guerra contro i pompeiani?

L'esercito pilastro della potenza romana

La grandezza di Roma, nell'intero arco della sua storia, fu strettamente legata alla perfetta **organizzazione del suo esercito**, il cui punto di forza era rappresentato dalla **legione**, composta dalla fanteria pesante. L'arruolamento dei legionari durava almeno sedici anni e potevano essere richiamati alle armi anche dopo che erano stati congedati. L'**equipaggiamento**, non eccessivamente pesante, lasciava al legionario una considerevole libertà di movimento e consisteva solitamente in una corazza, due giavellotti, uno scudo e una spada corta.

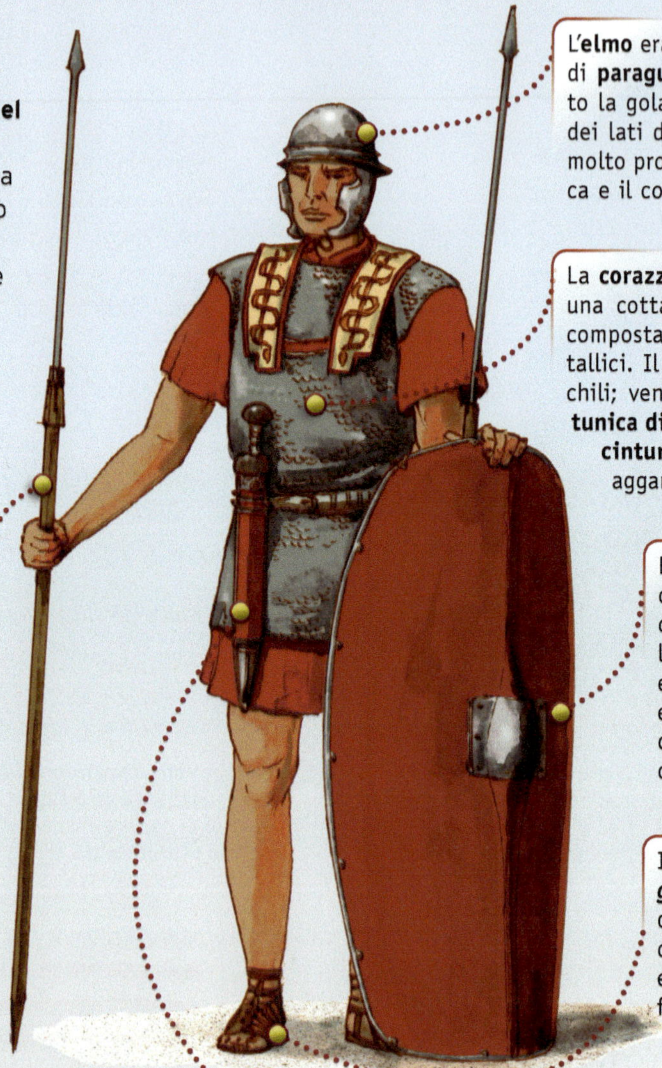

L'**elmo** era una calotta di metallo dotato di **paraguance**, che si allacciavano sotto la gola a protezione delle orecchie e dei lati del viso. La tesa posteriore era molto pronunciata per proteggere la nuca e il collo.

La **corazza**, chiamata *lorica hamata*, era una cotta di maglia, cioè una "veste" composta da una fitta rete di anelli metallici. Il suo peso variava dai 10 ai 20 chili; veniva indossata sopra una corta **tunica di stoffa** e stretta in vita da una **cintura**, il *balteus*, alla quale veniva agganciata la spada.

L'arma da lancio era il **giavellotto**, il *pilum*, composto da un'asta di legno nella quale era inserita una punta di ferro non temprato. Questa punta aveva la caratteristica di non poter più essere estratta dopo che si era conficcata nello scudo avversario, rendendolo così inservibile; se si piantava nel terreno, il *pilum* non poteva essere riutilizzato dai nemici poiché la punta si piegava e si spezzava nel punto di congiunzione con il legno.

Lo **scudo**, concavo e di forma ovale, era fatto di legno e ricoperto di cuoio, con i bordi e la parte centrale rafforzati da elementi metallici. Il suo peso era di circa 10 chili, il che gli consentiva di essere usato anche come arma di offesa.

I militari indossavano le ***caligae***, un particolare tipo di sandalo fatto di strisce di cuoio, che si allacciava alla caviglia ed era dotato di una suola rinforzata con dei chiodi.

L'arma principale dei legionari era il ***gladius***, una corta spada dotata di una lama larga a doppio taglio, particolarmente efficace nei combattimenti corpo a corpo.

I soldati di rango superiore, come i **centurioni** o i **decurioni**, indossavano un **elmo crestato** che indicava subito il loro ruolo e gli **schinieri** a protezione delle gambe, come mostra questa stele funeraria appartenuta a un comandante.

15.4 Cesare padrone incontrastato di Roma

Il programma riformatore di Cesare

Al suo rientro a Roma il vincitore mostrò moderazione e clemenza nei confronti dei propri avversari. Non creò liste di proscrizione né confiscò beni, ma volle subito impegnarsi in alcune riforme.
In campo **economico**:

- incoraggiò lo sviluppo delle attività agricole, industriali e commerciali;
- cercò con opportuni provvedimenti di risanare le finanze pubbliche.

In campo **sociale**:

- distribuì terre ai soldati veterani e ai cittadini poveri, secondo il programma già tentato dai Gracchi;
- protesse il lavoro libero contro quello degli schiavi e la piccola proprietà contro il latifondo;
- si preoccupò di dare lavoro alla massa dei disoccupati, facendo realizzare grandiose opere pubbliche (fra queste i nuovi mercati, la Basilica Giulia e un nuovo e amplissimo Foro).

In **campo giuridico, amministrativo e politico** emanò alcune leggi che rafforzavano l'autorità dello Stato, nell'interesse di tutte le classi sociali:

- punì con disposizioni severissime il delitto "politico" e la condanna a morte di un cittadino senza regolare processo;
- perfezionò la legislazione sul modo di governare le province;
- inviò 80.000 cittadini nelle colonie d'oltremare per romanizzare le province, che in questo modo diventavano più sicure;
- raddoppiò il numero dei magistrati, consapevole com'era delle esigenze di uno Stato romano divenuto sempre più vasto e complesso da gestire;
- elevò il numero dei senatori da 600 a 900, ammettendo nuovi membri scelti fra i suoi ufficiali e fra i provinciali.

A molti provinciali, inoltre, conferì addirittura il **privilegio della cittadinanza romana**: questo provvedimento annullava la differenza, un tempo importantissima, fra cittadini romani e popoli sottomessi e aveva lo scopo di favorire l'integrazione fra l'Italia e i nuovi territori conquistati.
Il nome di Cesare è legato anche a una riforma che ebbe un impatto enorme sulla vita quotidiana del tempo e destinata a sopravvivere a lungo al suo autore: l'adattamento del **calendario civile** all'anno solare, con l'aggiunta di 10 giorni all'anno rispetto alla pratica allora corrente, e di un giorno supplementare ogni quattro anni (calendario giuliano).

Cesare dittatore a vita

I cambiamenti più profondi, però, riguardarono il campo politico-istituzionale. Cesare era fermamente convinto che il governo repubblicano dovesse essere rinnovato e che la precedente costituzione, adatta a una piccola città-stato, era divenuta insufficiente a reggere un territorio così esteso. Il vastissimo impero conquistato da Roma aveva bisogno di un **governo forte e unitario**, atto a interpretare le esigenze di tutti, ricchi e poveri,

Storia e... Letteratura — Un periodo di grande fioritura culturale: prosa, poesia e filosofia

Nel I secolo a.C., nonostante la crisi che attraversava la repubblica, la produzione letteraria latina visse una stagione particolarmente felice, grazie al contributo di grandi personalità. Il contatto culturale con il mondo greco ebbe un'influenza fondamentale nelle opere del poeta Catullo, autore di raffinate liriche d'amore, di composizioni di carattere mitologico e di poesie di argomento satirico. In ambito filosofico si distinse la produzione di Lucrezio, autore del poema *Sulla natura delle cose*, che tratta dell'origine del mondo e di altre questioni cosmologiche prendendo spunto dall'epicureismo, una scuola di pensiero greca.
Anche la prosa conobbe una grande fioritura, soprattutto la storiografia. Oltre ai *Commentarii* di Cesare, che narravano gli eventi della guerra gallica e della guerra civile, si ricorda l'opera di Sallustio, il quale dedicò una monografia alla guerra giugurtina e una alla congiura di Catilina. Il più grande autore in prosa dell'età di Cesare però fu senza dubbio Cicerone, passato alla storia per le sue celebri e raffinate orazioni, in cui lanciava impietosi attacchi ai vizi e alla corruzione dei contemporanei, offrendo un quadro assai critico della società del tempo.

Riunione conviviale tra uomini di cultura, un'abitudine greca introdotta con successo nei circoli filosofici e letterari romani (mosaico romano del I secolo a.C.).

LE RIFORME DI CESARE

Diritto
- Rafforza l'autorità dello Stato
- Punisce severamente il delitto "politico" e la condanna di un cittadino senza regolare processo
- Perfeziona la legislazione sul modo di governare le province

Politica
- Assicura l'ordine pubblico
- Invia 80.000 cittadini nelle colonie d'oltremare per romanizzare le province
- Raddoppia il numero dei magistrati
- Aumenta da 600 a 900 il numero dei senatori
- Apre il senato a nuovi membri scelti fra ex ufficiali e provinciali (ai quali concede il diritto di cittadinanza)

Economia
- Incoraggia lo sviluppo economico
- Cerca di risanare le finanze pubbliche

Società
- Distribuisce terre ai soldati veterani e ai cittadini poveri
- Protegge il lavoro libero contro quello degli schiavi e la piccola proprietà contro il latifondo
- Dà lavoro ai disoccupati, facendo realizzare grandiose opere pubbliche.
- Riforma il calendario

romani e provinciali. Per tutti questi motivi Cesare volle **concentrare ogni potere nelle proprie mani**. Egli pensava che solo così sarebbero cessate le lotte fra ottimati e popolari e il governo avrebbe potuto guardare agli interessi non più di una sola classe sociale ma di tutti i Romani. Ecco perché, pur avendo rifiutato il titolo e la corona di re, egli fece trasformare la dittatura decennale, conferitagli dal senato nel giugno del 47 a.C., **in dittatura a vita**, con il titolo di ***"imperator"***, prima riservato solamente ai generali vittoriosi che lo deponevano dopo il trionfo.

Le Idi di marzo e la fine di Cesare

Molte delle riforme che Cesare aveva varato erano necessarie per adeguare l'organizzazione dello Stato romano alla nuova situazione, ma il modo in cui egli le aveva imposte e gli atteggiamenti da monarca che spesso assumeva provocarono anche insofferenze e odio.

Il vecchio partito senatorio, ostile ai cambiamenti introdotti da Cesare, pensò che fosse giunto il momento opportuno per ritornare all'antico sistema politico, illudendosi che la scomparsa di Cesare avrebbe automaticamente ricondotto a un ristabilimento della "libertà" repubblicana.

Per questo motivo nell'ambiente senatorio nacque una **congiura**, che vide fra i suoi principali aderenti **Gaio Cassio Longino** e il figliastro di Cesare **Marco Giunio Bruto**, ambedue **pompeiani**, perdonati dal dittatore, che aveva concesso loro molti privilegi.

Occorreva fare presto: come era stato annunciato il dittatore, al fine di vendicare la morte di Crasso e rafforzare i confini sul fiume Eufrate, sarebbe partito per l'Oriente.

Malgrado la notizia della congiura fosse giunta alle orecchie di Cesare, egli non volle darle credito. Il **15 marzo del 44 a.C.** (le Idi, secondo il calendario romano), appena giunto nella curia (sede del senato), egli venne assalito e trafitto a morte da 23 pugnalate ai piedi della statua di Pompeo.

Il partito senatorio riteneva che con la scomparsa del dittatore la situazione sarebbe tornata come prima: si trattava soltanto di un'illusione.

concetti chiave

Dittatura

Il termine dittatura deriva dal verbo latino *dictare*, che significa "comandare, dare ordini". Il significato originario di questa parola non ha niente a che vedere con il valore che ha assunto oggi. Nell'antica Roma, infatti, la dittatura era una magistratura straordinaria, ossia una carica cui era possibile ricorrere in situazioni particolari: se lo Stato correva un grave pericolo, i consoli potevano conferire tutti i poteri a un dittatore, che rimaneva in carica per soli sei mesi. Con il passare del tempo, la dittatura perse il suo carattere di strumento eccezionale e divenne una sorta di magistratura ordinaria, che consentiva a chi la rivestiva di assumere indisturbato il controllo pressoché totale dello Stato. Questa trasformazione, iniziata già con Silla e giunta a compimento con Cesare, è all'origine del significato odierno di "dittatura": una forma di governo arbitraria, che prevede la concentrazione illegale dei poteri nelle mani di una persona o di un gruppo.

GUIDA allo STUDIO

1. Quali erano i punti principali del programma riformatore di Cesare?
2. In che modo Cesare rafforzò il suo potere?
3. Perché e da chi Cesare fu ucciso?

15.5 La fine della repubblica

La "successione" di Cesare: Marco Antonio o Ottaviano?

L'assassinio di Cesare scatenò nuove tensioni e lotte a Roma. I suoi sostenitori erano infatti decisi a vendicarlo: fra questi, il più attivo era **Marco Antonio**, uomo astuto e deciso, stretto collaboratore di Cesare e console per quell'anno. Per conquistare il favore dei soldati e dei cittadini, Antonio distribuì loro grandi somme provenienti dal patrimonio di Cesare e lesse pubblicamente il testamento del dittatore, che lasciava erede di molti beni il popolo.

L'odio verso gli uccisori di Cesare allora crebbe a tal punto che, per sottrarsi alla folla esasperata, questi furono costretti a fuggire da Roma. Tutto ciò dimostrava chiaramente il **fallimento della congiura** dei cesaricidi (gli uccisori di Cesare): i mutamenti avvenuti in ambito politico non avrebbero più consentito la restaurazione della repubblica.

A complicare la situazione contribuì l'arrivo dall'Epiro del diciannovenne **Ottaviano**, pronipote ed erede di Cesare. Fermamente deciso ad accettare l'eredità del suo benefattore e a succedergli nella fortuna politica, si presentò senza indugi ad Antonio, pretendendo l'immediata consegna dei beni che gli spettavano per diritto.

Al rifiuto di Antonio, Ottaviano si accostò con cautela al senato e abilmente cercò di guadagnarsene la fiducia; inoltre fece ampie donazioni al popolo: atto, questo, che gli procurò il favore dei cittadini romani.

Una nuova guerra civile

Tuttavia Antonio, in qualità di console, conservava ancora il potere effettivo. Il suo scopo inoltre era seguire le orme di Cesare e diventare come lui dittatore a vita. Per far questo si scontrò dapprima con **Decimo Bruto** e lo sconfisse. Poi dovette affrontare le **truppe di Ottaviano**, che il senato aveva incaricato di marciare contro di lui, considerandolo ormai un nemico della repubblica. Ebbe inizio così una **nuova guerra civile** (la terza), che si concluse con la sconfitta di Antonio a **Modena** (43 a.C.) e la sua fuga verso la Gallia Narbonense.

Il secondo triumvirato

Dopo la clamorosa vittoria, Ottaviano chiese al senato di essere nominato console, anche se non aveva i requisiti: aveva poco più di vent'anni e non aveva mai ricoperto in precedenza altre cariche. Il senato, che si era servito di lui al solo scopo di eliminare Antonio, rifiutò. Ottaviano allora, seguendo l'esempio di Silla, marciò risoluto su Roma con otto legioni e si fece proclamare console dal popolo per la rimanente parte dell'anno. Una volta divenuto capo dello Stato, Ottaviano scelse di accordarsi in segreto con Antonio e con **Emilio Lepido**, anch'egli un generale di Cesare, facendo annullare ogni provvedimento contro di loro: si formò così il **secondo triumvirato (43 a.C.)**. Questo patto non era più solo un accordo privato, come il primo, ma **una vera e propria magistra-**

Gli eredi di Cesare
Moneta d'oro sulle cui facce sono riprodotti i ritratti di Marco Antonio (sulla sinistra) e di Ottaviano (sulla destra). La scritta li descrive come *imperatores* (comandanti supremi) e triumviri.

tura al di sopra di tutte le altre. Il popolo romano, infatti, investì i triumviri di poteri straordinari per cinque anni al fine di elaborare una nuova costituzione dello Stato.
Per prima cosa i triumviri vollero disfarsi dei nemici più pericolosi, decretando nuove proscrizioni e uccisioni, di cui rimasero vittima più di 300 senatori (fra cui anche Cicerone) e quasi 3000 cavalieri. A questo punto, restavano in campo soltanto Bruto e Cassio (fra i principali responsabili dell'assassinio di Cesare), che avevano raccolto un numeroso esercito in Grecia. Antonio e Ottaviano decisero perciò di affrontarli e nella pianura di **Filippi** (ai confini orientali della Macedonia) li sconfissero definitivamente, tanto che i due avversari si suicidarono (42 a.C.).
Ormai padroni della scena politica, i triumviri si affrettarono ad attuare una vera e propria **spartizione delle province** (40 a.C.): Antonio prese quelle orientali, Ottaviano le occidentali e l'Italia, e Lepido l'Africa.

Lo scontro tra Antonio e Ottaviano e la fine della repubblica

In seguito alla spartizione delle province, Antonio si era recato in Egitto. Qui, pur essendo sposato con Ottavia, sorella di Ottaviano, **si era legato alla regina Cleopatra**, stabilendo la sua dimora ad Alessandria. Fu a quel punto che l'alleanza fra i triumviri si ruppe. Antonio infatti cominciò a comportarsi come un sovrano orientale, tanto che si sparse la voce che volesse addirittura fare di Cleopatra la regina di un nuovo impero. Grazie al suo comportamento, che **lo faceva apparire un traditore** agli occhi dei Romani, Ottaviano si impose come l'unico **vero difensore** degli interessi della repubblica. Per prima cosa decise di **privare Lepido del governo dell'Africa** e lo costrinse ad accontentarsi del titolo di pontefice massimo, la più alta carica religiosa: in tal modo il triumvirato si mutò in duumvirato.
A questo punto decise di misurarsi direttamente con Antonio; essendo scaduti i cinque anni del mandato triumvirale, Ottaviano, spinse il senato a togliere il comando dell'Oriente ad Antonio e **dichiarò guerra a Cleopatra e all'Egitto** (32 a.C.). Lo scontro fu breve e si concluse con la vittoria di Ottaviano nelle acque di **Azio**, vicino alle coste greche, **nel 31 a.C.**
Dopo la disfatta della sua flotta, **Antonio** riuscì a fuggire in Egitto, ma, inseguito dalle truppe di Ottaviano, nel 30 a.C. **si suicidò insieme a Cleopatra**. Da quel momento l'Egitto, l'ultimo degli stati sorti dallo sfaldamento dell'impero di Alessandro, perse la sua indipendenza e divenne un **possedimento personale di Ottaviano**, che rimase dunque **solo al vertice del potere**. La vittoria di Ottaviano segnò definitivamente il **tramonto della repubblica**: dopo un secolo di guerre civili, era infatti chiaro che le istituzioni repubblicane non erano più in grado di prevenire le lotte interne fra fazioni, né di governare domini tanto vasti e genti tanto diverse. Roma aveva invece bisogno di **un capo unico**, capace di guidare gli eserciti e di garantire gli interessi di tutti i cittadini: fu così che alla repubblica subentrò l'**impero**.

GLI ULTIMI ANNI DELLA REPUBBLICA ROMANA

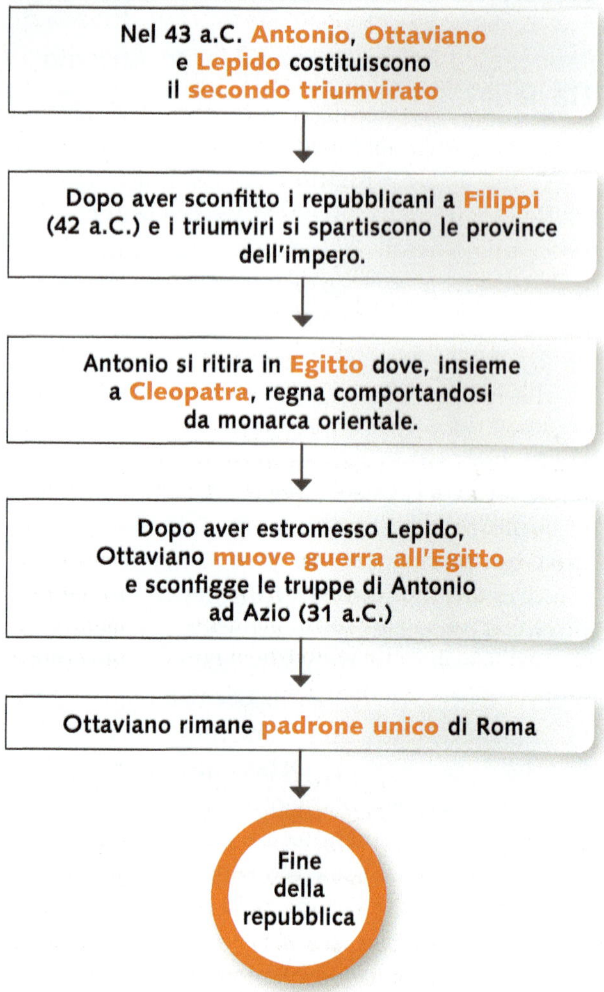

GUIDA allo STUDIO

1. Perché il senato incaricò Ottaviano di marciare contro Antonio?
2. Che differenza c'era tra il primo e il secondo triumvirato?
3. Perché si può affermare che la battaglia di Azio segnò la fine dell'età repubblicana?

SINTESI

15.1 Morto Silla, il senato governa con fermezza e nel 72 a.C. invia il comandante **Pompeo** in Spagna per sconfiggere gli ultimi sostenitori di Mario capeggiati da Sertorio. Intanto in Italia scoppia una **rivolta di gladiatori** guidata da Spartaco, nella quale si distingue Marco Licinio Crasso, che nel 70 a.C. viene eletto console con Pompeo grazie all'aiuto dei popolari e dei cavalieri. Nel 67 a.C. Pompeo vince la guerra contro i pirati e nel 66 a.C. sconfigge definitivamente Mitridate. Roma nel frattempo attraversa un periodo di crisi politica a cui il senato a stento riesce a porre rimedio: nel 63 a.C. viene sventata dal console Cicerone una **congiura contro lo Stato** organizzata da Catilina.
In questo difficile contesto Pompeo chiede il secondo consolato, ma il senato timoroso di concedergli troppi poteri, si oppone inducendo il generale a schierarsi con il popolo e i cavalieri.

15.2 Nel frattempo emerge sulla scena politica **Giulio Cesare.** Di famiglia patrizia ma avverso agli ottimati, si attira le simpatie del popolo. Nel 60 a.C. presenta la candidatura a console e viene eletto grazie al sostegno di Pompeo e Crasso, che con lui hanno sottoscritto un accordo privato che dà vita al primo **triumvirato.** Scaduto il mandato come console, ottiene per cinque anni il governo della Gallia Cisalpina, dell'Illiria e della Gallia Narbonense. Ambizioso come Pompeo, Cesare vuole accrescere i domini di Roma e il proprio prestigio, perciò dal 58 al 51 a.C. porta a compimento la conquista della Gallia sconfiggendo il re delle tribù galliche Vercingetorige.

15.3 Per contrastare il senato, Cesare rafforza il triumvirato stringendo un nuovo patto con Pompeo e Crasso: per i cinque anni successivi Pompeo governa l'Africa e la Spagna, Crasso la Siria, mentre per sé proroga il comando nelle Gallie. Ma Crasso in Siria è sconfitto dai Parti e ucciso a **Carre** (53 a.C.), mentre a Roma la morte di Giulia, figlia di Cesare e moglie di Pompeo, incrina il legame fra i due. Nel 52 a.C. Pompeo accetta l'incarico a **"console senza collega"** conferitogli dal senato e induce quest'ultimo a prendere misure contro il rivale. Nel 49 a.C. Cesare marcia su Roma e varca con una legione il **Rubicone**, limite del pomerio. Inizia così la guerra civile: Pompeo viene sconfitto a **Farsàlo** (48 a.C.) e fugge in Egitto, dove però è assassinato. Cesare, giunto in Egitto, nomina regina **Cleopatra** e in seguito sconfigge le ultime resistenze pompeiane prima a **Tapso** in Africa (46 a.C.) e poi a **Munda** in Spagna (45 a.C.).

15.4 Da solo al potere Cesare avvia una serie di **importanti riforme** in ogni settore, soprattutto a vantaggio dei piccoli proprietari, dei cavalieri e dei provinciali. Deciso a superare la costituzione repubblicana con un governo forte e unitario, assume la **dittatura a vita** con il titolo di *imperator*. Con le sue riforme suscita risentimenti e nostalgie per i vecchi ordinamenti repubblicani che portano a una **congiura** e al suo assassinio (44 a.C.).

15.5 Alla morte di Cesare si scatena una lotta non solo tra i suoi sostenitori e i repubblicani, ma anche tra **Antonio** e **Ottaviano**, che vogliono assumere il comando dello Stato. Ottaviano si fa proclamare console e nel 43 a.C. si accorda con Antonio e Lepido in un **secondo triumvirato.** Presto però la lotta per il potere compromette l'intesa e scoppia una **nuova guerra civile.** Dopo aver estromesso Lepido, Ottaviano sconfigge Antonio ad **Azio**, nel 31 a.C. Questa vittoria segna la fine dell'ordinamento repubblicano e **l'inizio dell'impero.**

PER COSTRUIRE LE COMPETENZE

SPAZIO

1. Inserisci nella carta le seguenti località.
- Munda
- Rubicone
- Alesia
- Farsàlo
- Nuova Africa
- Gallia Transalpina
- Spagna Ulteriore
- Spagna Citeriore
- Egitto
- Illiria

TEMPO

2. Completa la cronologia.

76 a.C.	.... viene inviato in Spagna per combattere ....
73 a.C.	Rivolta dei .... capeggiati da ....
...... a.C.	Congiura di ....
60 a.C.	Inizia il cosiddetto .... formato da Cesare, ... e ....
58 a.C.	Inizio delle campagne militari di .... in ....
53 a.C.	A Carre muore .... nella guerra contro i ....
...... a.C.	Cesare varca il ....: inizio della ....
48 a.C.	Cesare sconfigge .... a ....
...... a.C.	A Tapso Cesare sconfigge i ....
45 a.C.	Cesare sconfigge a .... i figli di ....
44 a.C.	....
43 a.C.	Secondo ...., composto da ...., ... e ....
...... a.C.	Battaglia di ....

EVENTI E PROCESSI

Le riforme di Cesare

3. Completa il testo inserendo i seguenti termini.

cittadinanza – proprietà – magistrati – Basilica Giulia – poveri – civile – finanze – terre – commercio – provinciali – industria – senatori – opere pubbliche – raddoppiare – ufficiali – calendario

Cesare, conclusa la guerra ...., mise in atto un vasto piano di riforme. In ambito economico risanò le .... e favorì lo sviluppo del .... e dell'............ . Distribuì le .... ai veterani e ai .... e favorì la piccola .... Dette lavoro ai disoccupati con un grande programma di .... (tra cui la ....). Tra le riforme politiche fece .... il numero dei .... per gestire uno Stato vasto e complesso. Aumentò il numero dei .... portandolo a 900 membri, tra cui fece ammettere anche gli .... e i ...., ai quali venne concessa la .... romana. Introdusse poi un nuovo ....

La fine della Repubblica

4. Metti nella giusta successione causale e/o cronologica i seguenti eventi o concetti.

- Terza guerra civile
- Congiura delle Idi di marzo
- Divisione delle province
- Antonio si lega a Cleopatra
- Atteggiamento dispotico di Cesare
- Il senato vuole ristabilire le libertà repubblicane
- Sconfitta di Bruto e Cassio
- Battaglia di Azio
- Secondo triumvirato
- Questioni sul testamento di Cesare

PERSISTENZE E CAMBIAMENTI

5. L'epoca di Pompeo e Crasso rispetto alla precedente segnata da Silla mostra sia delle innovazioni sia delle persistenze.

Continuità	Pompeo e Crasso sono politicamente seguaci di ....
	Guerra in Oriente contro ....
Cambiamenti	Il Senato viene privato ....
	Viene ripristinata l'autorità dei ....
	Viene cambiato il sistema ....

CONFRONTI

6. Crea una tabella che metta a confronto la figura di Pompeo e quella di Cesare sviluppando i seguenti aspetti: origine sociale, posizione politica ed evoluzione, carriera politica, campagne militari, riforme/provvedimenti, fine della carriera.

7. Nella fase di crisi della repubblica ci furono tre guerre civili. Recupera le informazioni sulla prima (paragrafo 14.3) e mettile a confronto creando uno schema come quello indicato.

	Prima guerra civile	Seconda guerra civile	Terza guerra civile
Periodo			
Attori			
Cause			
Eventi principali			
Esito			

8. Crea una tabella che metta a confronto i due triumvirati seguendo i punti indicati.

- Anno di nascita
- Composizione
- Caratteristica politica

RIELABORAZIONE (verso l'orale)

9. Riorganizza le conoscenze e i concetti del capitolo sviluppando il seguente schema che ti può servire anche per il colloquio.

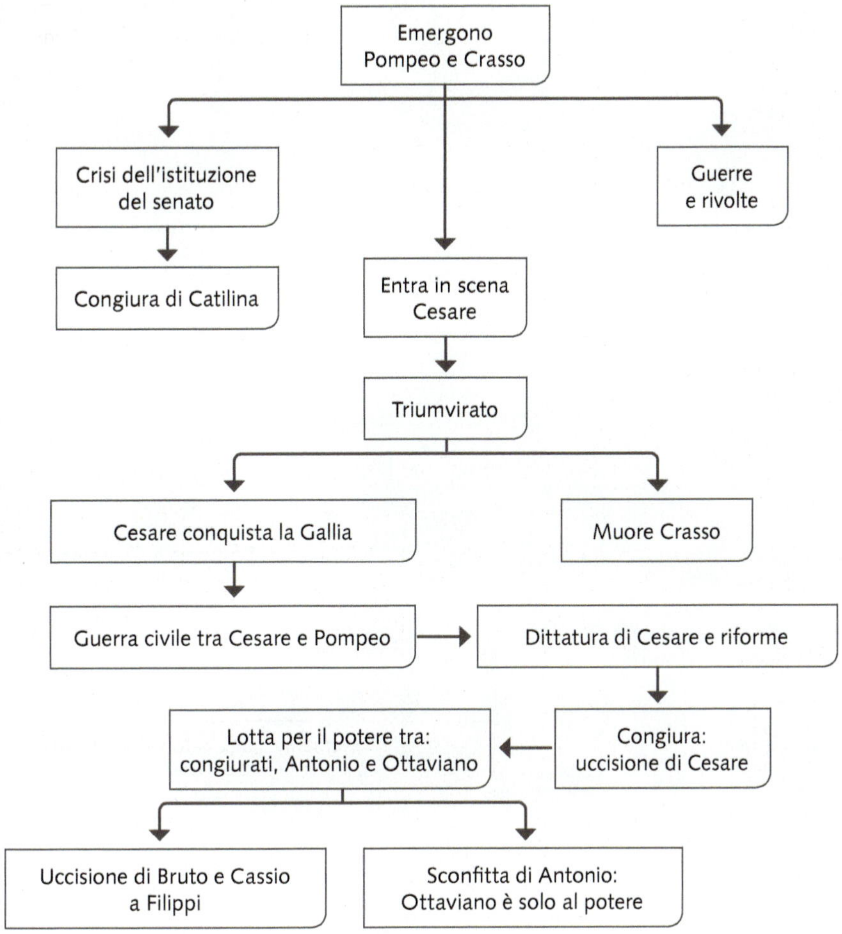

LABORATORIO DELLE COMPETENZE

FONTI A CONFRONTO

10. Un episodio noto ed emblematico sulla personalità di Giulio Cesare è la sua cattura da parte dei pirati della Cilicia (Asia Minore) presso l'isola di Farmacusa, nei pressi di Mileto. L'episodio è narrato sia da Svetonio sia da Plutarco. Dopo aver letto i seguenti brani fai un confronto tra le due fonti, indicando quali sono le affinità e le differenze sia negli episodi raccontati, sia nel modo in cui vengono raccontati.

Durante la navigazione verso Rodi, avvenuta nella stagione invernale, [Cesare] fu fatto prigioniero dai pirati presso l'isola di Farmacusa e rimase con loro, non senza la più viva indignazione, per circa quaranta giorni, in compagnia di un medico e di due schiavi. I compagni di viaggio, infatti, e tutti gli altri servi erano stati inviati immediatamente a Roma per raccogliere i soldi del riscatto. Quando furono pagati i cinquanta talenti stabiliti, venne sbarcato su una spiaggia e allora, senza perdere tempo, assoldò una flotta e si lanciò all'inseguimento dei pirati: li catturò e li condannò a quel supplizio che spesso aveva minacciato loro per scherzo.
(Svetonio, *Vita dei Cesari*, I, 4)

Non passò però molto tempo che [Cesare] s'imbarcò di nuovo, ma giunto al largo dell'isola di Farmacusa fu catturato dai pirati, che già allora dominavano il mare con vaste scorrerie e un numero sterminato di imbarcazioni. I pirati chiesero venti talenti per il riscatto e lui, ridendo, esclamò: «Voi non sapete chi avete catturato! Ve ne darò cinquanta». Dopodiché spedì alcuni del suo seguito in varie città a procurarsi il denaro e rimasto lì con un amico e due servi in mezzo a quei Cilici, ch'erano gli uomini più sanguinari del mondo, li trattò con tale disprezzo che quando voleva riposare gli ordinava di fare silenzio. Passò così trentotto giorni come se fosse circondato non da carcerieri ma da guardie del corpo, giocando e facendo ginnastica insieme con loro, scrivendo versi e discorsi che poi gli faceva ascoltare, e se non lo applaudivano li redarguiva aspramente, chiamandoli barbari e ignoranti. Spesso, scherzando e ridendo, minacciava d'impiccarli, e quelli, attribuendo la sua sfrontatezza all'incoscienza tipica dell'età giovanile, a loro volta gli ridevano dietro. Ma appena giunse da Mileto il denaro del riscatto e pagata la somma fu rilasciato, allestì subito delle navi e dal porto di quella stessa città salpò alla caccia dei pirati. Li sorprese che stavano alla fonda nelle vicinanze dell'isola, li catturò quasi tutti, saccheggiò i frutti delle loro razzie, fece rinchiudere gli uomini nella prigione di Pergamo e si recò difilato dal governatore d'Asia, l'unico, che in qualità di pretore aveva il compito di punire i prigionieri. Ma quello, messi gli occhi sul bottino (piuttosto cospicuo, in verità), disse che si sarebbe occupato a suo tempo dei prigionieri. Allora Cesare, mandatolo alla malora, tornò di corsa a Pergamo e tratti fuori dal carcere i pirati li impalò tutti quanti così come nell'isola con l'aria di scherzare, gli aveva spesso pronosticato.
(Plutarco, *Vite parallele*, XVII, 1-2)

L'Italia e i Balcani

SCALA 1 : 5 000 000 — 0 50 100 150 200 km

UCRAINA
MOLDAVIA
CHIŞINĂU
ROMANIA
BUCAREST
SERBIA
BELGRADO
BULGARIA
SOFIA
MACEDONIA
SKOPJE
TIRANA
GRECIA
ATENE
TURCHIA
MAR NERO
MARE EGEO
MAR DI MARMARA
MAR DI CRETA
Isole Ionie
Carpazi Orientali
Carpazi Merid.
Carpazi Occ.
Alpi Transilvaniche
Transilvania
Valacchia
Muntenia
Oltenia
Dobrugia
Moldavia
Bessarabia
Bucovina
Banato
Balcani Occidentali
Balcani Centrali
Piccoli Balcani
Monti Rodopi
Ludogorije
Macedonia
Tessaglia
Pindo
Peloponneso (Morea)
Attica
Arcadia
Cicladi
Sporadi Settentr.
Sporadi Merid.
Dodecaneso
Eubea (Negroponte)
Danubio
Foci del Danubio
Košice
Uzhhorod
Chernivtsi
Bălţi
Tiraspol'
Tighina
Odessa
Iaşi
Cluj-Napoca
Oradea
Timişoara
Arad
Sibiu
Braşov
Galaţi
Brăila
Ploieşti
Piteşti
Craiova
Costanza
Mangalia
Ruse
Varna
Burgas
Pleven
Plovdiv
Stara Zagora
Sliven
Edirne
Istanbul
Izmit
Bursa
Eskisehir
Smirne
Aydin
Denizli
Adalia
Salonicco
Larissa
Patrasso
Corinto
Rodi
Novi Beograd
Niš
Priština
Miskolc
Debrecen
Nyíregyháza
Seghedino
Mar di Creta
Creta (Candia)
Candia
La Canea
Monte Ida 2456
Leukà Öre 2452
Dikte Öre 2148
Cerigo
Scarpanto
Golfo di Salonicco
Golfo di Corinto
Golfo di Patrasso
Golfo di Burgas
Mitilene
Lesbo
Chio
Samo
Lemno
Taso
Samotracia
Andro
Nasso
Paro
Milo
Santorini (Thera)
Olimpo 2917
Vf. Moldoveanu 2543
Musala 2925
Rila

L'Europa

SCALA 1 : 16 000 000
0 150 300 450 600 km
ISLANDA
REYKJAVIK
VATNAJÖKULL
2119
HORN
FONTUR
DYRHÓLAEY
Stretto di Danimarca
Circolo Polare Artico
MAR DI NORVEGIA
Isole Fær Øer (Dan.)
Isole Shetland (Brit.)
Isole Orcadi (Brit.)
Isole Ebridi (Brit.)
OCEANO ATLANTICO
Isole Britanniche
NORVEGIA
2469
JOTUNHEIMEN
OSLO
Telemark
Boknafjorden
Trondheimsfjorden
LINDESNES
Skagerrak
Kattegat
Göteborg
SVEZ
MARE DEL NORD
Gran Bretagna
Scozia
1343
Ben Nevis
GRAMPIANI
Firth of Forth
Glasgow
Edimburgo
PENNINI
IRLANDA
DUBLINO
L. Neagh
B. di Donegal
Carrantuohill
1041
C. MIZEN
Man
MAR D'IRLANDA
Leeds
Liverpool
Manchester
REGNO UNITO
Galles
Birmingham
The Wash
MAR CELTICO
Inghilterra
Cornovaglia
LAND'S END
LONDRA
Tamigi
DANIMARCA
Jylland
Sjælland
COPENAGHEN
PAESI BASSI
AMSTERDAM
Frisia
Rotterdam
Amburgo
Bassopiano Germanico
Vestfalia
Elba
BERLINO
MASS. SCISTOSO RENANO
Essen
Dusseldorf
Colonia
Lusazia
BRUXELLES
BELGIO
ARDENNE
LUSSEMBURGO
LUSS.
GERMANIA
MONTI METALLIFERI
Francoforte
Mannheim
Meno
Boemia
Norimberga
Stoccarda
SELVA NERA
Danubio
Baviera
Monaco
REP. C
La Manica
Passo di Calais
Fiandre
Golfo di St. Malo
PUNTA DI S.MATTEO
MASS. ARMORICANO
Normandia
Bretagna
Senna
PARIGI
Lorena
VOSGI
Nantes
Loira
Bassopiano Francese
FRANCIA
Borgogna
GIURA
SVIZZERA
BERNA
LIECH.
VADUZ
AUSTRI
3797
Großglockner
Pizzo Bernina
4050
DOLOMITI
LUBIAN
Golfo di Biscaglia
PUNTA DE LA ESTACA DE BARES
C. FINISTERRE
Galizia
CORD. CANTABRICA
Bordeaux
MASSICCIO CENTRALE
Lione
M.Bianco
4807
4633
M.Rosa
Milano
Lago di Garda
SLOVENI
ZAGAB
Garonna
CEVENNE
4102
M.Pelvoux
Torino
Pianura Padana
Po
Guascogna
PIRENEI
Genova
Bologna
S. MARINO
MAR ADRIATICO
Porto
Douro
Meseta Sett.
SISTEMA IBERICO
Ebro
3404
Pico de Aneto
Aragona
Golfo del Leone
Provenza
Nizza
Marsiglia
MONACO
MAR LIGURE
Firenze
Tevere
PORTOGALLO
SRA. DA ESTRELA
SISTEMA CENTRALE
ANDORRA
C. DE CREUS
LISBONA
Tago
MADRID
Catalogna
Barcellona
Corsica (Fr.)
CITTÀ DEL VATICANO
2912
Gran Sasso
C. DA ROCA
Guadiana
Meseta Merid.
Penisola Iberica
ROMA
ITALIA
SIERRA MORENA
Jucar
Valencia
Golfo di Valencia
Minorca
Maiorca
Ibiza
Isole Baleari
Sardegna
Gennargentu
1834
1279
Vesuvio
Napoli
C. DE S. VICENTE
Siviglia
Guadalquivir
Andalusia
SPAGNA
Golfo di Cadice
SIST. BETICO
SRA. NEVADA
C. DE PALOS
MAR TIRRENO
Stretto di Gibilterra
Gibilterra (Brit.)
C. DE GATA
Is. Eolie
Is. Egadi
Palermo
Etna
3323
Sicilia
RABAT
Casablanca
MAROCCO
ALGERI
TUNISI
Pantelleria
C. DELLE CORRENTI
MALTA
VALLETTA
TUNISIA
ALGERIA
TRIPOLI
LIBIA
SAHARA OCCIDENTALE
Arcipelago delle Azzorre (Port.)
Graciosa
Terceira
São Jorge
São Miguel
Madeira
Desertas
Arcipelago di Madeira (Sp.)
La Palma
Isole Canarie (Sp.)
Gomera
Tenerife
Hierro
Lanzarote
Gran Canaria
Fuerteventura
60°
40°
30°
20°
10°
0°
70°

GLACIALE ARTICO
MAR DI BARENTS
CAPO NORD
Kolguev
Pen. di Kanin
MONTI TIMANI
Pečora
Narodnaja 1894
MONTI URALI
Bassopiano Siberiano Occidentale
Ob'
Lapponia
L. Inari
Pen. di Kola
MAR BIANCO
Mezen
L. Pja
L. Top
Carelia
MANSELKÄ
SUOMENSELKÄ
Ripiano dei Laghi
G. di Botnia
Oulu
Kemi
Tornio
Luleå
Umeå
Doina Sett.
Onega
L. Onega
UVALI SETT.
Bassopiano Sarmatico
Konžakovski Kamen 1569
Bacino di Kama
Perm'
Ekaterinburg
Tobol
Omsk
Čeljabinsk
FINLANDIA
SALPAUSSELKÄ
HELSINKI
Lago Ladoga
L. Bianco
Svir
Aland
STOCCOLMA
G. di Finlandia
San Pietroburgo
TALLIN
ESTONIA
Lago dei Ciudi
L. Ilmen
Volhov
Bacino di Rybinsk
RUSSIA
Vjatka
Kama
Ufa
Jamantau 1640
OBŠČI SYRT
Ural
Volga
Kazan'
Bacino di Samara
Samara
Bacino di Saratov
Nižnij Novgorod
MOSCA
VALDAI
RIALTO CENTRALE RUSSO
LETTONIA
RĪGA
MAR BALTICO
LITUANIA
Kaunas
VILNIUS
Dvina Occid.
Dnepr
Oka
Mokša
Cna
Hoper
ALTURE DEL VOLGA
Saratov
KAZAKISTAN
Lago d'Aral
UZBEKISTAN
MINSK
BIELORUSSIA
Neman
Masuria
Masovia
POLONIA
Brest
Homel'
Desna
VARSAVIA
Piccola Polonia
Cracovia
Galizia
Volinia
Styr
Teterev
KIEV
Psel
Kharkiv
Don
Volgograd
Bacino di Volgograd
Depressione Caspica
Bacino di Cimljansk
JERGENI
Volga
UCRAINA
RIPIANO PODOLICO
Podolia
Dnepr
Dnipropetrovs'k
ALTURE DEL DONEZ
Donets'k
Rostov-na-Donu
Don
SLOVACCHIA
BRATISLAVA
BUDAPEST
UNGHERIA
Pianura Ungherese
CARPAZI
Dnestr
MOLDAVIA
Prut
Bacino di Kahovka
MAR D'AZOV
Ciscaucasia
Kuban
MAR CASPIO
CHIŞINĂU
Odessa
Transilvania
ROMANIA
ALPI TRANSILVANICHE
B. di Karkinit
Crimea
1545
Str. di Kerč
CAUCASO
Elbrus 5642
GEORGIA
T'BILISI
AZERBAIGIAN
BAKI
TURKMENISTAN
BELGRADO
Valacchia
Dobrugia
Foci del Danubio
MAR NERO
BUCAREST
Craiova
Danubio
SERBIA
BALCANI
Varna
C. INCE
Kaçkar 3937
ARMENIA
EREVAN
Ararat 5137
M. Durmitor 2522
PODGORICA
Priština
BULGARIA
SOFIA
MONTI DEL PONTO
MONTI KARASU
Lago di Van
SKOPJE
Plovdiv
Istanbul
Bosforo
MAR DI MARMARA
TURCHIA
Eufrate
Murat
TAURO ARMENO
TEHERAN
MACEDONIA
Tracia
2543
ANKARA
Kurdistan
ALBANIA
Olimpo 2917
Salonicco
M. Olimpo di Bitinia
Lago Tuz
Argeo 3916
Anatolia
IRAN
PINDO
Tessaglia
MAR EGEO
Lesbo
Chio
Smirne
Esfahan
GRECIA
ATENE
Isole Ionie
Peloponneso
C. MATAPAN
Isole Cicladi
Is. Spor. Merid.
TAURO
Monti Bey 3070
Rodi
Scarpanto
NICOSIA
CIPRO
SIRIA
BAGHDAD
IRAQ
Shiraz
Creta
MAR MEDITERRANEO
LIBANO
BEIRUT
DAMASCO
ISRAELE
Tel Aviv-Giaffa
GIORDANIA
GERUSALEMME
AMMAN
KUWAIT
AL-KUWAYT
Golfo Persico
Alessandria
ARABIA SAUDITA
EGITTO
El-Giza
IL CAIRO
20°
30°
40°
50°
60°
70°
80°

Il Mondo
SCALA 1 : 80 400 000
0 1000 2000 3000 4000 km
MARE DI BEAUFORT
Stretto di Bering
Alaska
Banks
Isola Vittoria
Ellesmere
Gran Lago Degli Orsi
Gran Lago Degli Schiavi
Baia di Baffin
Baffin
Groenlandia
(Danimarca)
Circolo Polare Artico
ISLANDA
Aleutine
Golfo dell'Alaska
Baia di Hudson
MONTAGNE ROCCIOSE
C A N A D A
L. Winnipeg
Labrador
Isole Britanniche
IRLANDA
GRAN BRETAGNA
CATENA COSTIERA
GRANDI PIANURE
L. Superiore
L. Huron
L. Michigan
Missouri
STATI UNITI
MONTI APPALACHI
Mississippi
4418 Whitney
California
Rio Grande
Arcipelago delle Azzorre
PORTOGALLO
SPAGNA
OCEANO ATLANTICO
Tropico del Cancro
Hawaii
ALTOPIANO CENTRALE DEL MESSICO
MESSICO
BAHAMA
Isole Canarie
MAROCCO
CUBA
REP. DOMINICANA
GIAMAICA
HAITI
PORTO RICO (USA)
BELIZE
HONDURAS
Grandi Antille
SAINT KITTS E NEVIS
ANTIGUA E BARBUDA
DOMINICA
Piccole Antille
SAINT LUCIA
SAINT VINCENT E GREN.
BARBADOS
GRENADA
TRINIDAD E TOBAGO
GUATEMALA
EL SALVADOR
NICARAGUA
COSTA RICA
PANAMÁ
SAHARA OCC.
MAURITANIA
MALI
Niger
CAPO VERDE
SENEGAL
GAMBIA
GUINEA BISSAU
GUINEA
BURKINA FASO
SIERRA LEONE
LIBERIA
COSTA D'AVORIO
GHANA
TOGO
VENEZUELA
GUYANA
SURINAME
GUYANA (Fr.)
COLOMBIA
MASSICCIO DELLA GUYANA
OCEANO PACIFICO
Equatore
ECUADOR
Rio delle Amazzoni
Selvas
Polinesia
BRASILE
Golfo di Guinea
CORDIGLIERA DELLE ANDE
PERÙ
BOLIVIA
ALTOPIANO DEL BRASILE
Isole Tuamotu
PARAGUAY
CILE
Tropico del Capricorno
Aconcagua 6960
Paraná
Paraguay
URUGUAY
ARGENTINA
Patagonia
Isole Falkland
Canale di Drake
MARE DI WEDDELL
Circolo Polare Antartico
A N T A R

MARE DI KARA
MARE DI BARENTS
Novaja Zemlja
MONTI CERSKI
M.TI VERHOJANSK
MARE DI BERING
ALTOPIANO SIBERIANO CENTRALE
BASSOPIANO SIBERIANO OCCIDENTALE
MONTI URALI
Siberia
RUSSIA
MARE DI OHOTSK
Camciatca
FINLANDIA
BASSOPIANO SARMATICO
ESTONIA
LETTONIA
LITUANIA
RUSS.
BIELORUSSIA
POLONIA
UCRAINA
SLOV.
UNGH.
MOLDAVIA
ROMANIA
SER.
BULGARIA
GRECIA
Danubio
MAR NERO
CAUCASO
GEORGIA
AR.
AZ.
TURCHIA
Anatolia
CIPRO
LIBANO
ISRAELE
SIRIA
IRAQ
GIORDANIA
KUWAIT
BAHRAIN
QATAR
E.A.U.
OMAN
ARABIA SAUDITA
Penisola Arabica
YEMEN
ZAGROS
IRAN
Lago Bajkal
Amur
Lena
Ob
Volga
Don
DEPRESSIONE CASPICA
Lago d'Aral
MAR CASPIO
KAZAKISTAN
UZBEKISTAN
TURKMENISTAN
KIRGHIZISTAN
TAGIKISTAN
AFGHANISTAN
PAKISTAN
HINDU KUSH
ALTAI
TIAN SHAN
MONGOLIA
Gobi
KUNLUN SHAN
CINA
ALTOPIANO DEL TIBET
8611 K2
HIMALAYA
8848 Monte Everest
Brahmaputra
Indo
Gange
NEPAL
BHUTAN
BANGLADESH
INDIA
Deccan
SRI LANKA
MALDIVE
MARE ARABICO
Golfo del Bengala
BIRMANIA
LAOS
THAILANDIA
CAMBOGIA
VIETNAM
Mekong
Huang He
Chang Jiang
COREA DEL NORD
COREA DEL SUD
GIAPPONE
MARE CINESE OR.
TAIWAN
MAR DELLE FILIPPINE
MARE CINESE MERID.
FILIPPINE
BRUNEI
MALAYSIA
Borneo
Sumatra
Celebes
Molucche
Giava
Isole della Sonda
INDONESIA
Nuova Guinea
PAPUA NUOVA GUINEA
Micronesia
Melanesia
Isole Salomone
OCEANO PACIFICO
Golfo di Carpentaria
MAR DEI CORALLI
NUOVA CALEDONIA
Gran Deserto Sabbioso
AUSTRALIA
Gran Deserto Vittoria
GRANDE CATENA DIVISORIA
Gran Baia Australiana
MAR DI TASMAN
Tasmania
NUOVA ZELANDA
OCEANO INDIANO
MEDITERRANEO
EGITTO
Nilo
MAR ROSSO
SUDAN
ERITREA
Rash Dascian 4620
GIBUTI
ETIOPIA
ACROCORO ETIOPICO
SOMALIA
CIAD
Tibesti
REP. CENTRAFRICANA
SUDAN DEL SUD
UGANDA
Ruwenzori 5109
KENYA
Lago Vittoria
BACINO DEL CONGO
REPUBBLICA DEMOCRATICA DEL CONGO
RUANDA
BURUNDI
TANZANIA
SEYCHELLES
COMORE
Lago Malawi
MALAWI
ZAMBIA
ZIMBABWE
MOZAMBICO
MADAGASCAR
MAURIZIO
ANGOLA
BOTSWANA
Kalahari
SWAZILAND
LESOTHO
SUDAFRICA
M.TI DEI DRAGHI
A.: Andorra
AL.: Albania
AR.: Armenia
AUS.: Austria
AZ.: Azerbaigian
BOS. ERZ.: Bosnia-Erzegovina
CR.: Croazia
E.A.U.: Emirati Arabi Uniti
K.: Kosovo
LUSS.: Lussemburgo
MAC.: Macedonia
MO.: Montenegro
SLO.: Slovenia
SLOV.: Slovacchia
SV.: Svizzera
UNGH.: Ungheria